Craig Hunt

Linux
servidores de rede

Tradução:
Deborah Rüdiger

Revisão técnica:
Hélio Camargo Soares

Do original

Linux Network Servers

Authorized translation from English language edition. Original copyright© SYBEX, Inc.
Translation copyright© Editora Ciência Moderna Ltda., 2004.
Copyright© Editora Ciência Moderna Ltda., 2004

Todos os direitos para a língua portuguesa reservados pela EDITORA CIÊNCIA MODERNA LTDA.

Nenhuma parte deste livro poderá ser reproduzida, transmitida e gravada, por qualquer meio eletrônico, mecânico, por fotocópia e outros, sem a prévia autorização, por escrito, da Editora.

Editor: Paulo André P. Marques
Supervisão Editorial: Carlos Augusto L. Almeida
Capa: Marcia Lips
Diagramação e Digitalização de Imagens: Érika Loroza
Tradução: Deborah Rüdiger
Revisão: Daniela Marrocos
Revisão técnica: Hélio Camargo Soares
Assistente Editorial: Daniele M. Oliveira

Várias **Marcas Registradas** aparecem no decorrer deste livro. Mais do que simplesmente listar esses nomes e informar quem possui seus direitos de exploração, ou ainda imprimir os logotipos das mesmas, o editor declara estar utilizando tais nomes apenas para fins editoriais, em benefício exclusivo do dono da Marca Registrada, sem intenção de infringir as regras de sua utilização.

FICHA CATALOGRÁFICA

Hunt, Craig
Linux: servidores de rede
Rio de Janeiro: Editora Ciência Moderna Ltda., 2004.

Sistemas operacionais; redes de computadores
I — Título

ISBN: 85-7393-321-6   CDD 001642

Editora Ciência Moderna Ltda.
Rua Alice Figueiredo, 46
CEP: 20950-150, Riachuelo – Rio de Janeiro – Brasil
Tel: (21) 2201-6662/2201-6492/2201-6511/2201-6998
Fax: (21) 2201-6896/2281-5778
E-mail: lcm@lcm.com.br

Para Norman Hunt e Frank McCafferty,
que me mostraram o que significa ser um homem.

Prefácio

A Craig Hunt Linux Library é uma série de livros técnicos dedicada a proporcionar a administradores de sistema Linux profissionais a informação de que eles precisam para fazer um trabalho duro de maneira eficaz. O objetivo da biblioteca é fornecer livros altamente técnicos que sejam claros, precisos e completos. A biblioteca atualmente inclui oito títulos, com *Linux: servidores de rede* sendo a mais recente adição. A maioria dos livros desta série focaliza em grande profundidade um único assunto, e uma olhada em títulos como *Linux Apache Web Server Administration* e *Linux DNS Server Administration* mostra que a maioria dos livros da Craig Hunt Linux Library focaliza os serviços de rede.

Não importa seu envolvimento em rede: a Craig Hunt Linux Library tem o livro certo para você. Começando com *Linux System Administration*, que tem um capítulo sobre redes TCP/IP, passando por *Linux: servidores de rede*, que tem um capítulo para cada tópico de rede, até livros como *Linux Sendmail Administration*, que é totalmente dedicado a um único tópico de rede, o nível de detalhe que você precisa é fornecido pelos livros desta biblioteca.

Os papéis importantes que o Linux desempenha suportando serviços de rede não são óbvios apenas nos títulos de livros desta biblioteca, isto é claro em relatórios de indústrias que mostram o papel forte e crescente de Linux como um servidor de rede. A sociedade Apache e Linux foi há muito reconhecida por mestres profissionais da web, mas a gama de serviços de rede fornecida por Linux vai além de suporte pelo principal software de servidor de web. Linux fornece uma gama completa de serviços de rede, e *Linux: servidores de rede* cobre tudo.

Eu estou muito contente que *Linux: servidores de rede* tenha se tornado agora parte da Craig Hunt Linux Library. Este livro se ajusta bem à missão desta biblioteca, completa a seleção de títulos e acrescenta um livro de qualidade altamente aclamada. Se você conhece Linux, conhece Alan Cox. Para o não iniciado, Alan Cox é a pessoa que o *Linux Journal* chamou de "o próprio Sr. Mago da comunidade Linux". Na revisão de uma versão anterior deste livro ele disse:

"Se eu tivesse que escolher um livro de referência para um administrador iniciante de Linux ou ter um guia de referência à administração de Linux no escritório, seria este."

É o bastante!
Craig Hunt
Agosto de 2002

Agradecimentos

Este livro reuniu novamente Neil Edde e Maureen Adams, a equipe que primeiro me apresentou a Sybex. Neil, que é o editor associado da Craig Hunt Linux Library, propôs primeiro a idéia de acrescentar este livro à biblioteca. Maureen Adams, como editora de aquisições desta série, me apontou a direção certa e deu o pontapé inicial necessário para tocar este livro. Estas pessoas boas têm meu obrigado.

A editora de produção deste livro foi Kylie Johnston. Kylie merece especial obrigado por sua habilidade em manter o projeto no prazo sem alienar ninguém. Nancy Sixsmith foi a editora. Eu quero lhe agradecer pelo toque de clareza que melhorou o texto sem comprometer meu estilo de escrita. Matthew Miller foi o editor técnico. As sugestões dele foram muito úteis ao criar um livro mais preciso.

A equipe de produção da Sybex é de profissionais completos. Obrigado a Judy Fung e Nila Nichols, os compositores; Amey Garber, Dave Nash, Laurie O'Connell e Nancy Riddiough, os revisores; Tony Jonick, o ilustrador; e Ted Laux, que fez o índice.

Eu também gostaria de agradecer a Karen Ruckman da KJR Design, em Washington. Karen é fotógrafa profissional e desenhista. Eu posso atestar que ela é uma das melhores. Só os melhores fotógrafos poderiam tornar minha cara apresentável o bastante para a capa de um livro.

A vida pode ser muito ocupada e complicada; contudo, prazos finais permanecem inflexíveis e pressionam as obras. Obrigado a Kathy, Sara, David e Rebecca por me suportar e me divertir. E um obrigado especial à pequena Alana por me interromper com um sorriso encantador quando eu nem mesmo sabia que precisava ser interrompido.

Sumário

Introdução	XV
Parte 1 - Fundamentos	1
Capítulo 1 - O processo de inicialização	3
Como carregar o setor de inicialização	4
Carregando o Linux com GRUB	6
Carregando o kernel com LILO	9
Opções de configuração do LILO	9
O prompt de inicialização do Linux	14
Inicialização de driver de dispositivo de hardware	18
Carregando serviços Linux – o processo init	19
Entendendo os níveis de execução	20
Entradas de propósito especial	23
Scripts de inicialização	24
Inicialização do sistema	24
Inicialização do nível de execução	25
Controlando os scripts	27
O script rc.local	29
Módulos carregáveis	29
Como listar os módulos carregáveis	29
Resumo	31
Capítulo 2 - A interface de rede	33
Configurando uma interface Ethernet	33
Drivers Ethernet carregáveis	34
O comando ifconfig	37
Ferramentas de configuração de interface de rede	41
A interface serial	42
Conectando pela interface serial	44
Executando TCP/IP em uma porta serial	45
Instalando o PPP	45
O módulo de kernel PPP	46
O daemon PPP	47
Configurando um servidor PPP	48
Configuração de servidor PPP discado	49
Segurança de PPP	51

VIII | *Linux: servidores de rede*

Configuração de cliente PPP 53
   Scripts chat 54
   Utilizando uma ferramenta X para configurar um cliente PPP 55
Resumo 57

Parte 2 - Configurando um servidor de Internet 59

Capítulo 3 - Serviços de login 61
Iniciando serviços por demanda 62
   Números de porta e protocolo 63
   Configurando o inetd 66
   Configurando o xinetd 68
Criando contas de usuário 73
   As etapas para criar uma conta de usuário 74
   O arquivo passwd 74
   Ferramentas para criar contas de usuário 79
Configuração adicional de FTP 85
   O arquivo ftpaccess 87
Resumo 90

Capítulo 4 - Serviços de nome do Linux 91
O arquivo hosts 92
Entendendo o DNS 92
   A hierarquia do DNS 93
   Respondendo a consultas 94
O software BIND 94
   Configurando o resolvedor 95
   O resolver Lightweight 101
Como configurar um servidor de nome de domínio 102
   O arquivo de configuração named 104
   Uma configuração de apenas caching 108
   A configuração de servidor escravo 114
   A configuração do servidor mestre 116
Executando o named 129
   Processamento de sinal no named 130
   As ferramentas de controle do named 131
   Usando a tabela de hosts com DNS 135
Resumo 138

Capítulo 5 - Configurando um servidor de correio 141
Usando aliases de correio 142
   Definindo alias de correio pessoal 145
Como usar sendmail para receber mensagens 145
O arquivo de configuração do sendmail 146
   A seção Local Info 147
   A seção Options 149
   A seção Message Precedence 149
   A seção Trusted Users 150

Sumário | IX

A seção Format of Headers 151
A seção Rewriting Rules 152
A seção Mailer Definitions 155
Como configurar o arquivo sendmail.cf 158
Testando a sua configuração nova 159
Usando m4 para configurar sendmail 162
O arquivo de controle de macro m4 163
O arquivo OSTYPE do Linux 164
Criando um arquivo m4 DOMAIN 166
Construindo o arquivo m4 de configuração 169
Construindo um banco de dados do sendmail 170
Testando a configuração feita pela m4 171
Resumo 172

Capítulo 6 - O servidor web Apache 173
Instalando o Apache 173
Executando o httpd 176
Configurando o servidor Apache 178
O arquivo httpd.conf 180
Carregando Dynamic Shared Objects 182
Diretivas básicas do servidor 185
Como definir onde as coisas são armazenadas 187
Criando um índice bem elaborado 188
Definindo tipos de arquivos 189
Administrando processos filhos 189
Diretivas de ajuste de desempenho 191
Diretivas de caching 192
Definindo hosts virtuais 193
Segurança do servidor web 194
A ameaça de CGI e SSI 195
Opções de servidor para documentos e diretórios 196
Controles de configuração em nível de diretório 197
Definindo controles de acesso 198
Requerendo autenticação de usuário 200
Configurando SSL 203
Administrando seu servidor web 210
Monitorando seu servidor 211
Fazendo logs do Apache 212
Resumo 216

Capítulo 7 - Serviços de gateway de rede 217
Entendendo o roteamento 219
Como converter endereços IP para endereços Ethernet 220
Habilitando encaminhamento de pacotes IP 222
A tabela de roteamento do Linux 223
Definindo rotas estáticas 226
O comando route 226

Linux: servidores de rede

Usando roteamento dinâmico 228
   Protocolos de roteamento 228
   Executando RIP com routed 232
   Roteando com Zebra 234
   Usando gated 247
Network Address Translation 256
   Configurando o Linux como um servidor NAT 257
Resumo 258

Parte 3 - Configuração de servidor departamental 259

Capítulo 8 - Servidores de configuração para desktop 261
Entendendo os protocolos de configuração 261
   Bootstrap Protocol 262
   Dynamic Host Configuration Protocol 262
   Reverse Address Resolution Protocol 263
Instalando o servidor DHCP 264
   Excutando o dhcpd 266
   Iniciando o arquivo dhcpd.leases 267
Configurando o servidor DHCP 268
   Controlando o servidor e as operações do protocolo 269
   Opções de configuração do dhcpd 271
   Criando um arquivo dhcpd.conf 275
Configurando um servidor dhcrelay 277
Configurando um cliente DHCP 280
   Usando o cliente dhcpcd 280
   Usando o cliente DHCP pump 283
   Executando o software dhclient 286
Resumo 290

Capítulo 9 - Compartilhando arquivos 291
Sistema de arquivo Linux 292
   Permissões de arquivo Linux 292
   Mudando as permissões de arquivo 293
   O comando chgrp 295
Entendendo o NFS 296
   Instalando o NFS 298
Configurando um servidor NFS 300
   Mapeando IDs de usuário e IDs de grupo 302
   O comando exportfs 304
Configurando um cliente NFS 305
   O comando mount 306
   O comando umount 308
   Usando fstab para montar diretórios NFS 308
   Automounter 313
Entendendo SMB e NetBIOS 316
   Serviço de nome NetBIOS 317

Instalando o Samba 319
Configurando um servidor Samba 320
   As variáveis do smb.conf 321
   A seção global do smb.conf 322
   A seção homes do smb.conf 325
   Compartilhando um diretório através do Samba 326
Usando um cliente Samba do Linux 327
   Usando smbclient 328
   Usando o smbmount 329
Resumo 330

Capítulo 10 - Serviços de impressão 333
Instalando impressoras 333
Entendendo o printcap 341
   Parâmetros do printcap 342
   Exemplo de um printcap 342
Compartilhando impressoras com o lpd 345
   Como usar o lpr 345
   Gerenciando o lpd 346
Compartilhando impressoras com Samba 349
   Definindo impressoras no arquivo smb.conf 349
   A seção de compartilhamento de impressoras 351
   Opções de configuração de impressora smb.conf 352
   Usando uma impressora SMB 352
Resumo 354

Capítulo 11 - Mais serviços de correio 355
Entendendo POP e IMAP 355
   O protocolo POP 356
   O protocolo IMAP 358
Executando os daemons POP e IMAP 361
   Usando POP ou IMAP a partir de um cliente 363
Parando spam de e-mail 364
   Não seja uma fonte de spam 365
   Usando o sendmail para bloquear spam 367
   Filtrando spam no mailer 374
Resumo 382

Parte 4 - Mantendo um servidor saudável 383

Capítulo 12 - Segurança 385
Entendendo as ameaças 386
   As ameaças básicas 386
   Uma verificação de verdade 387
   Mantendo-se informado 387
Fechando as brechas 390
   Encontrando o software mais recente 390
   Removendo software desnecessário 392

XII | *Linux: servidores de rede*

Controlando acesso com tcpd 393
    Rastreando acesso remoto 394
    Arquivos de controle de acesso tcpd 395
    Controlando acesso à rede com xinetd 401
Controlando acesso com iptables 404
    Como manter regras de firewall com iptables 405
    Comandos iptables de exemplo 407
Melhorando a autenticação 408
    Sombra de senhas 409
    On-time passwords 412
    Shell seguro 415
Monitorando seu sistema 426
    Ferramentas de monitoração de segurança 427
Resumo 428

Capítulo 13 - Resolvendo problemas 429
Configurando o kernel do Linux 430
    Configurando o kernel com xconfig 430
    Instalando e compilando o kernel 435
Resolvendo problemas em um servidor de rede 437
    Ferramentas de diagnóstico 438
Verificando a interface de rede 439
    Verificando uma interface Ethernet 440
    Resolvendo conflitos de endereço 443
    Verificando uma interface PPP 448
Testando a conexão 450
    A mensagem de um ping bem-sucedido 451
    A mensagem de um ping falhado 452
Testando o roteamento 453
    Usando traceroute 453
Analisando os protocolos de rede 455
    Verificando o estado de socket com netstat 456
    Observando os protocolos com tcpdump 459
Testando serviços 462
    Testando o DNS com nslookup 462
    Como testar DNS com host 465
    Testando DNS com dig 466
Resumo 467

Apêndices 469

Apêndice A - Instalação do Linux 471
Planejamento da instalação 472
    Informação de hardware 473
    Informação de rede 475
    Considerações de software 475
    Selecionando um método de instalação 476
    Fazendo um disco de inicialização 477

Inicializando o programa de instalação 478
Particionando o disco 480
Planejamento da partição 481
Como particionar com o Disk Druid 485
Particionando com fdisk 489
Instalando o carregador de inicialização 493
Configurando o adaptador Ethernet 494
Configurando o firewall 495
Instalando o software 498
X Windows 499
O disquete de boot 501
Resumo 502

Apêndice B - Referência BIND 503
Comandos do named.conf 504
A declaração options 504
A declaração logging 511
A declaração zone 514
A declaração server 518
A declaração key 519
A declaração acl 519
A declaração trusted-keys 520
A declaração controls 520
Declaração view do BIND 9 522

Apêndice C - As macros m4 para sendmail 523
define 526
FEATURE 534
OSTYPE 539
DOMAIN 541
MAILER 545
Código local 546
DAEMON_OPTIONS 547
Roteamento de correio LDAP 548

Índice 549

Introdução

Linux é a escolha perfeita para um sistema operacional no qual construir um servidor de rede. Muito da fama de Linux como sistema de servidor vem de seu uso difundido como um sistema no qual são construídos servidores de web Apache. Mas o poder e a confiança de Linux fazem mais do que fornecer uma plataforma estável para o servidor web mais popular do mundo. Linux fornece todos os serviços mais importantes de rede em um único pacote barato.

Baixo custo, confiança e poder estão impelindo o crescimento contínuo de Linux como um sistema de servidor. Linux provou ser uma alternativa efetiva para os altos custos de servidores Unix. E provou que é mais poderoso e seguro que qualquer sistema operacional de desktop proprietário que tenta se redistribuir como um sistema operacional de servidor. Pessoas de vendas devem desejar o mercado de desktop vasto, mas como administradores de sistema profissionais, nós sabemos que a ação técnica real está com os sistemas de servidor.

A tremenda gama de serviços de rede fornecida por Linux significa que podem ser usados para todas as suas necessidades de servidor de rede. Neste livro, os servidores são categorizados como "servidores de Internet" e "servidores departamentais". Esta divisão um pouco arbitrária é feita para organizar a discussão dos vários serviços de um modo racional. Nós definimos serviços de Internet como aqueles que são oferecidos geralmente para o mundo afora ou aquele que é usado para conectar uma organização à Internet mundial. Os serviços cobertos nessa categoria são:

- Serviços Domain Name System (DNS)
- sendmail
- Apache
- Serviços de login como FTP, Telnet e SSH
- Protocolos de rota através de Zebra e gated
- Network Address Translation (NAT)

Serviços departamentais são aqueles normalmente limitados ao uso na rede interna. Os serviços cobertos nessa categoria são:

- Dynamic Host Configuration Protocol (DHCP)
- Reverse Address Resolution Protocol (RARP)
- Network File System (NFS)

XVI | *Linux: servidores de rede*

- Compartilhamento de impressora e arquivo de Samba
- Compartilhamento de impressora LPR/LPD
- Post Office Protocol (POP)
- Internet Message Access Protocol (IMAP)
- Filtro de correio procmail

Além desses tópicos específicos, este livro contém informações gerais sobre configuração de interfaces de rede e capítulos importantes sobre segurança e diagnóstico.

Linux: servidores de rede se originou de meu livro mais antigo, *Linux Network Servers 24seven*. Porém, este livro novo é mais que uma segunda edição. Embora o caráter e conteúdo que renderam altos elogios ao livro de origem permaneçam, o livro novo foi completamente refeito para os administradores de sistemas profissionais que confiam na Craig Hunt Linux Library. (Muitos dos elogios ao *Linux Network Servers 24seven* ainda estão disponíveis on-line para sua leitura.) O material introdutório do livro original foi removido para abrir espaço a detalhes mais técnicos nesta versão. Eu acredito, e espero que você concorde, que este livro novo é até mesmo melhor que seu antecessor.

Quem deveria comprar este livro

Você deve! *Linux: servidores de rede* é para qualquer um que queira aprender a construir um servidor departamental ou um servidor de Internet usando Linux. O livro não supõe que você sabe tudo de Linux. Mas supõe que você tem um bom entendimento sobre computadores e redes IP, e uma compreensão básica sobre comandos de Linux e administração de sistema Linux. Se você sentir que precisa revisar esses tópicos, comece com *Linux System Administration* (Stanfield e Smith, Sybex, 2002). É uma excelente introdução à administração de sistema Linux, e dará aos usuários de Linux toda a base de que eles precisam. Se você estiver vindo para Linux a partir de uma experiência com Windows NT, pode querer começar com *Linux for Windows NT/2000 Administrators* (Minasi, York e Hunt, Sybex, 2000).

Linux: servidores de rede ainda não fornece outra revisão dos fundamentos. Ao contrário, oferece discernimento em como conseguir serviço de rede e executar rapidamente com informações projetadas para administradores de sistema profissionais.

O crescimento de Linux está fazendo forte avanço na base atualmente instalada de servidores Unix. Se você é um profissional de Unix que treina novamente para um trabalho como administrador de sistema Linux, este livro é para você. Você se beneficiará da informação detalhada sobre comandos específicos de Linux. Adicionalmente, você ficará empolgado pela tremenda semelhança entre os dois sistemas. Este livro pode ter todas as informações que você precisa para mudar de Unix para Linux.

Os administradores de sistemas Linux acharão este livro inestimável como recurso principal para informações sobre serviços de rede. Até mesmo administradores de servidores dedicados a tarefas específicas, como servidores web ou servidores DNS, acharão este livro um texto útil de acompanhamento. Embora um administrador possa confiar em *Linux Apache Web Server Administration* ou *Linux DNS Server Administration* como um recurso principal, este livro oferece o discernimento sobre como outros serviços funcionam e como eles são configurados, que são úteis a qualquer um executando um servidor Linux.

Introdução | **XVII**

Este livro não é simplesmente uma referência para opções de configuração de servidor de rede. Ao contrário, oferece discernimento sobre como servidores reais de fato são configurados. Este livro lhe ajuda a entender como as coisas realmente funcionam, de forma que você possa tomar decisões de configuração inteligentes, que se relacionam a seu ambiente. Nenhum livro, não importa o quanto foi bem pensado ou em quanto tempo, pode fornecer exemplos precisos para toda possível situação. Este livro se esforça para lhe proporcionar a informação que você precisa para desenvolver a solução correta à sua situação por conta própria.

Como este livro está organizado

Embora pretenda-se que este livro seja lido como um todo, eu simplesmente entendo aqueles muitos administradores de sistemas que não têm o tempo para ler um texto inteiro. Eles têm que ir para o tópico em questão e obter uma idéia razoavelmente completa do "porquê", bem como o "como" daquele tópico. Para facilitar esta compreensão, material de base necessário é resumido onde o tópico é discutido, e é acompanhado através de apontadores à parte do texto onde o material de base é discutido mais completamente.

Este livro está dividido em cinco partes: fundamentos, configuração de servidor de Internet, configuração de servidor departamental, manter um servidor saudável e apêndices. As cinco partes são compostas de treze capítulos e três apêndices.

A cobertura sobre alguns serviços de rede alcança vários capítulos. Em particular, a cobertura de servidor de e-mail alcança o Capítulo 1, o Capítulo 5 e o Apêndice C; e o tópico sobre o Domain Name System alcança o Capítulo 4 e o Apêndice B. Todavia, a maioria dos tópicos é coberta em um único capítulo.

Embora capítulos individuais possam ser lidos separados (por exemplo, você poderia saltar diretamente para o Capítulo 6 para ler sobre o arquivo de configuração de servidor de web), o livro foi projetado como uma unidade. A maior parte do material de referência de capítulos é coberta em outros capítulos. Quando uma referência é feita, ela contém um apontador ao capítulo que cobre o material referenciado. Se você tem uma tarefa específica para estudar, como montar um servidor de Samba, sinta-se livre para saltar diretamente para aquele tópico. Mas se como muitos administradores de sistema, você precisa suportar a gama inteira de serviços de rede Linux, você se beneficiará de ler o texto inteiro.

Parte 1: Fundamentos

Todos os serviços de rede dependem do sistema operacional subjacente e o hardware de rede. Nesta parte, nós olhamos como o hardware de rede está configurado, e o papel que o processo de inicialização executa ao inicializar o hardware e começar os serviços de rede desejados. A Parte 1 contém dois capítulos.

Capítulo 1: O processo de inicialização

Uma descrição do processo de inicialização é fornecida, inclusive uma descrição de níveis de execução de Linux. Este capítulo descreve os dois carregadores de inicialização de Linux mais amplamente usados (LILO e GRUB) e os arquivos lilo.conf e grub.conf usados para configurá-los. O papel do núcleo ao inicializar dispositivos de hardware e o papel de init em começar todos os serviços de sistema é coberto. init e os arquivos de configuração inittab são descritos, com ênfase nos arquivos de inicialização fundamentais que um administrador de servidor de rede precisa entender.

Capítulo 2: A interface de rede

Uma interface para a rede física é requerida para todo servidor de rede. Este capítulo cobre a instalação e a configuração de uma interface de Ethernet. Sistemas Linux também podem fornecer suporte de rede pela interface serial. A interface serial é descrita, junto com o os processos getty e login, que suportam comunicações seriais. TCP/IP também pode ser suportado sobre linha serial através de software PPP. Cobre as configurações de cliente e servidor.

Parte 2: Configurando um servidor de Internet

A Parte 2 cobre a configuração do lado do servidor de serviços de Internet tradicionais. Os serviços cobertos nesta parte incluem Telnet, FTP, DNS, sendmail, Apache, gated, Zebra e NAT. A Parte 2 é composta por cinco capítulos.

Capítulo 3: Serviços de login

Linux fornece a faixa completa de serviços tradicionais que permitem aos usuários se registrar remotamente ao servidor. Os usuários com contas válidas podem se registrar remotamente usando telnet e ftp, se estes serviços estiverem em execução. Serviços como telnet e ftp são iniciados por inetd ou xinetd. Este capítulo descreve como são dadas aos usuários contas de login válidas e como inetd e xinetd são configurados para começar serviços em demanda. Também é mencionada a configuração opcional para o servidor WU-FTPD.

Capítulo 4: Serviços de nome do Linux

O Domain Name System (sistema de nome de domínio – DNS) é essencial para a operação de sua rede. Linux fornece o software Berkeley Internet Name Domain (domínio de nome de Internet Berkeley – BIND) que é o mais amplamente usado e o mais completamente testado software de servidor DNS disponível. Este capítulo fornece informações detalhadas sobre como configurar o software DNS da nova versão 9 de BIND. Também cobre a tabela de host, e como DNS e a tabela de host são usados juntos.

Capítulo 5: Configurando um servidor de correio

O sistema mais poderoso e complexo para manipular serviço de correio de Internet é o sendmail. A maioria das distribuições de Linux agrega sendmail como parte do sistema. Este capítulo lhe mostra como simplificar uma configuração de sendmail concentrando no que é importante e como criar sua própria configuração personalizada.

Capítulo 6: O servidor web Apache

O Apache, que é o servidor de web mais amplamente usado no mundo hoje, é incluído como parte da distribuição de Linux. Este capítulo explica a instalação e a configuração de um serviço de web seguro e confiável.

Capítulo 7: Serviços de gateway de rede

Todas as internets requerem roteadores. Linux fornece uma gama completa de roteamento dinâmico e estático. Várias distribuições de Linux incluem o daemon de gateway de recurso total (gated) e o novo conjunto Zebra de protocolos de roteamento. A configuração de Zebra e gated são estudadas. São discutidas forças e fraquezas de protocolos de roteamento RIP, RIPv2, OSPF e BGP oferecidos por esses pacotes. Além do roteamento, o uso da tradução de endereço de rede, que está disponível para Linux como "mascaramento de endereço", é descrito e o modo que é configurado com iptables é analisado.

Parte 3: Configuração de servidor departamental

A Parte 3 descreve a configuração de serviços essenciais para um servidor departamental que suporta os clientes de desktop. DHCP, Samba, NFS, LPR/LPD, POP, IMAP e procmail são estudados nesta parte do texto. A Parte 3 contém quatro capítulos.

Capítulo 8: Servidores de configuração para desktop

Configurar um cliente TCP/IP pode ser complexo. Um servidor de configuração alivia seus usuários desta tarefa. Linux fornece servidores de configuração de desktops para Windows e Unix pelo servidor Dynamic Host Configuration Protocol (protocolo de configuração de host dinâmico – DHCP). Um sistema Linux também pode agir como cliente DHCP. Este capítulo cobre a configuração de software DHCP de cliente e servidor de Linux.

Capítulo 9: Compartilhando arquivos

A característica mais importante de uma rede departamental é que permite a computadores desktop compartilhar arquivos de forma transparente. Linux oferece esta capacidade pelo servidor SAMBA, que fornece compartilhamento de arquivo nativo para sistemas Windows, e pelo servidor NFS, que fornece compartilhamento de arquivo para clientes Unix. Este capítulo mostra informações detalhadas sobre ambos os serviços e sobre o sistema de arquivo Linux.

Capítulo 10: Serviços de impressão

Linux fornece serviços de impressora a clientes de desktop através de SAMBA e do Line Printer Daemon (daemon de impressora de linha – LPD). O Capítulo 10 explica como impressoras são compartilhadas através desses serviços, bem como instalar e configurar impressoras locais.

XX | *Linux: servidores de rede*

Capítulo 11: Mais serviços de correio

A maioria dos sistemas desktop não pode receber mensagens diretamente da Internet. Eles confiam em um servidor de caixa postal para recolher e armazenar as mensagens para eles até que estejam prontos para lê-las. Linux inclui duas técnicas para oferecer este serviço. Post Office Protocol (protocolo de agência postal – POP), o protocolo de caixa postal tradicional, ainda é amplamente usado. O Internet Message Access Protocol (protocolo de acesso a mensagem de Internet – IMAP) possui recursos avançados, o que o torna muito popular. O Capítulo 11 cobre a instalação, a configuração e a administração de ambos os serviços.

Parte 4: Mantendo um servidor saudável

A Parte 4 focaliza tarefas que são essenciais para manter um servidor seguro e confiável, mesmo que as tarefas especificamente não sejam ligadas a serviços de rede. A Parte 4 contém dois capítulos que abrangem segurança e diagnóstico.

Capítulo 12: Segurança

Um fato triste da vida na Internet é que há pessoas lá fora que prejudicarão você se tiverem a chance. Para executar um servidor confiável, você tem que executar um servidor seguro. Este capítulo lhe diz como se manter em dia com assuntos de segurança, como tirar proveito das características de segurança excepcionalmente boas incluídas em Linux, como monitorar seu sistema para problemas de segurança e como adicionar recursos de segurança extras se você precisar deles.

Capítulo 13: Resolvendo problemas

As coisas podem e dão errado. Quando acontece, você precisa localizar e corrigir o problema. O Capítulo 13 lhe ajuda a testar e a depurar a rede, e analisar e solucionar problemas. Discute quando você precisa atualizar seu núcleo de Linux e como você pode fazer isto. Também descreve as ferramentas para analisar problemas de rede.

Parte 5: Apêndices

A Parte 5 conclui o livro com uma série de três apêndices.

Apêndice A: Instalação do Linux

Este apêndice fornece informações sobre a instalação de Linux. Red Hat Linux é usado como um exemplo. Pretende-se que este apêndice forneça informações de instalação aos leitores que mudam de Unix ou Windows NT/2000 para Linux.

Apêndice B: Referência BIND

Este apêndice oferece um resumo dos comandos de configuração de BIND 9 para o arquivo named.conf. Também oferece um resumo dos comandos de configuração de BIND 8 para administradores de sistemas Linux que ainda estão executando BIND 8. Entender as diferenças entre a sintaxe de BIND 8 e BIND 9 também ajudará os administradores na transição para o novo software.

Apêndice C: As macros *m4* para *sendmail*

Este apêndice oferece um resumo das macros m4 disponíveis para construir uma configuração de sendmail personalizada.

Convenções

Este livro usa certos estilos tipográficos para lhe ajudar a identificar rapidamente a informação importante e evitar confusão sobre o significado de palavras. Esta introdução mostra um exemplo disto no uso de uma fonte monoespacejada ao recorrer especificamente a comandos Linux. As seguintes convenções são usadas ao longo deste livro:

- Uma fonte normal, proporcionalmente espacejada é usada para o texto no livro.

- Texto em *itálico* indica termos técnicos que são introduzidos pela primeira vez em um capítulo. (Itálicos também são usados para dar ênfase.)

- `Texto monoespacejado` é usado para listagens e exemplos; e para identificar os comandos de Linux, nomes de arquivos e nomes de domínio que ocorrem dentro do corpo do texto.

- `Texto itálico monoespacejado` é usado na sintaxe do comando para indicar uma variável para a qual você deve fornecer o valor. Por exemplo, uma sintaxe de comando escrita como HelpFile=*path* significa que o *caminho* do nome da variável não deve ser digitado como mostrado; você deve fornecer seu próprio valor para *path*.

- `Texto em negrito monoespacejado` é usado para indicar algo que deve ser digitado como mostrado. Poderia ser uma entrada de usuário em uma listagem, uma linha de comando recomendada ou valores fixados dentro da sintaxe de um comando. Por exemplo, uma sintaxe de comando escrita como **HelpFile=***path* significa que o valor **HelpFile=** deve ser digitado exatamente como mostrado.

- Os colchetes na sintaxe de um comando incluem um artigo que é opcional. Por exemplo, `ls [-1]` significa que `-1` é uma parte opcional do comando ls.

- Uma barra vertical em uma sintaxe de comando significa que você deve escolher uma palavra-chave ou outra. Por exemplo, **true | false** significa escolher true (verdadeiro) ou false (falso).

Linux: servidores de rede

Além destas convenções de texto, que podem se aplicar a palavras individuais ou a parágrafos inteiros, são usadas algumas convenções para destacar segmentos de texto:

NOTA Uma Nota indica informação útil ou interessante, mas que é um tanto periférica à discussão principal. Uma Nota poderia ser pertinente a um número pequeno de redes, por exemplo ou poderia recorrer a um recurso antiquado.

DICA Uma Dica fornece informação que pode poupar tempo ou frustração, e isso pode não ser completamente óbvio. Uma Dica poderia descrever como superar uma limitação ou como usar um recurso para executar uma tarefa incomum.

AVISO Avisos descrevem armadilhas ou perigos potenciais. Se você não atender a um Aviso, pode acabar passando muito tempo se recuperando de um bug ou até mesmo restabelecendo seu sistema inteiro a partir do zero.

Sidebars

Uma Sidebar é como uma Nota, porém mais longa. Tipicamente, uma Nota possui um parágrafo ou menos de comprimento, mas as Sidebars são mais longas. A informação em uma Sidebar é útil, mas não se ajusta ao fluxo principal da discussão.

Ajude-nos a ajudá-lo

As coisas mudam. No mundo dos computadores, as coisas mudam rapidamente. Fatos descritos neste livro serão inválidos com o passar do tempo. Quando isso acontecer, nós precisaremos de sua ajuda, localizando e corrigindo imprecisões. Além disso, um livro de 600 páginas está sujeito a erros tipográficos. Avise-nos quando você encontrar um. Envie suas melhorias, dificuldades e outras correções a support@sybex.com. Para contatar o autor quanto a informação sobre livros a lançar e assuntos do Linux, vá até www.wrotethebook.com. Convém observar que os contatos devem ser feitos em inglês, já que os endereços descritos pertencem à editora norte-americana Sybex.

Parte 1

Fundamentos

Recursos:

- O papel que o BIOS (Basic Input Output System), o MBR, e o carregador desempenham ao inicializar o sistema
- Configuração de LILO e GRUB
- Como e por que são passados parâmetros para o kernel na hora da inicialização
- Níveis de execução do sistema e como eles são configurados pelo arquivo inittab
- As ferramentas chkconfig e tksysv que controlam os scripts de inicialização
- Módulos de kernel carregáveis e as ferramentas que os administram
- Como os drivers de dispositivo Ethernet são carregados e configurados
- Configurando uma interface de rede com ifconfig e a ferramenta Red Hat Network Configuration
- Como as portas seriais funcionam e como elas são usadas para a rede
- Configuração de PPP e segurança
- Criando scripts cha

1

O processo de inicialização

Este capítulo olha para o que acontece durante uma inicialização de Linux. Examina os processos que tomam lugar e os arquivos de configuração que são lidos. Inicializar é uma parte crítica da operação de um servidor. O processo de inicialização traz todo o hardware de rede on-line e inicia todos os processos do daemon de rede quando o sistema é ligado. Se o servidor não inicializar, fica indisponível a todos os usuários e computadores que dependem dele. Por isto, é essencial que o administrador de um servidor de rede entenda o processo de inicialização e os arquivos de configuração envolvidos neste processo. Afinal de contas, você é a pessoa que mantém estes arquivos de configuração e que é responsável por recuperar o sistema quando não inicializar.

A termo *boot* (inicializar) vem de *carregador de bootstrap* que, em contrapartida, vem da velha declaração "levante-se por seu próprio esforço". O significado desta expressão é que você tem que realizar tudo por conta própria, sem qualquer ajuda externa. Este é um termo adequado para um sistema que tem que começar do nada e tem que terminar executando um sistema operacional completo. Quando o processo de inicialização começa, não há nada na RAM – nenhum programa para carregar o sistema. O carregador que inicia o processo reside na memória não volátil. Em sistemas de PC, isto significa que o carregador faz parte da ROM BIOS

Inicializar um PC Linux é um processo de várias etapas. Envolve funções de PC básicas, bem como processos de Linux. Este processo complexo começa no ROM BIOS do PC; começa com o programa ROM BIOS que carrega o setor de inicialização a partir do dispositivo de inicialização. O setor de inicialização contém ou carrega um carregador de inicialização de Linux que então carrega o kernel de Linux. Finalmente, o kernel começa o processo init, que carrega todos os serviços de Linux. As próximas seções discutem este processo em detalhes.

NOTA Dois carregadores de Linux, LILO e GRUB, são cobertos neste capítulo. Para LILO é dada maior cobertura porque é o padrão para a maioria das distribuições de Linux. GRUB é coberto porque é o carregador padrão para Red Hat Linux 7.2.

Como carregar o setor de inicialização

O BIOS da ROM é configurado pelo programa de configuração de BIOS. Programas de configuração variam entre versões de BIOS diferentes, mas todos eles permitem ao administrador definir quais dispositivos são usados para inicializar o sistema e a ordem na qual estes dispositivos são verificados. Em alguns sistemas de PC, a unidade de disquete e o primeiro disco rígido são os dispositivos de inicialização, e eles são verificados nesta ordem. Sistemas que permitem inicializar do CD-ROM normalmente listam o CD-ROM como o primeiro dispositivo de inicialização, seguido pelo primeiro disco rígido.

Para um servidor Linux operacional, ajuste o BIOS da ROM para verificar o disquete primeiro e então o disco rígido, mesmo se você usar um CD-ROM inicializável para a instalação inicial. A razão para isto é simples: o disquete é usado para reiniciar um sistema operacional quando o disco rígido estiver corrompido; o CD-ROM só é inicializado para instalar ou atualizar o software de sistema. Durante uma instalação, o sistema está offline, e você tem bastante tempo para desperdiçar com um programa de configuração de BIOS. Mas durante uma quebra de um servidor operacional, o tempo é crítico. Você quer ser capaz de reiniciar o Linux e corrigir as coisas o mais rápido possível.

Os primeiros 512 bytes de um disco contêm um setor de inicialização. O BIOS da ROM carrega o setor de inicialização do dispositivo de inicialização na memória, e transfere o controle para ele. O programa bootstrap do setor de inicialização então carrega o sistema operacional.

Disquetes têm só um setor de inicialização, mas discos rígidos podem ter mais que um, porque cada partição em um disco rígido tem seu próprio setor de inicialização. O primeiro setor de inicialização no disco rígido inteiro é chamado de *registro mestre de inicialização* (MBR). É o único setor de inicialização carregado do disco rígido pelo BIOS da ROM. O MBR contém um pequeno programa carregador e uma tabela de partição. Se o MBR do DOS padrão for usado, ele carrega o setor de inicialização da partição ativa e então passa o controle ao setor de inicialização. Assim, o MBR e o setor de inicialização da partição ativa estão envolvidos no processo de inicialização.

A Figura 1.1 mostra como o processo de inicialização flui do BIOS para o MBR e então para o setor de inicialização da partição. Esta figura supõe um MBR de DOS e um carregador de Linux no setor de inicialização da partição ativa. Alternativamente, o carregador de Linux pode ser instalado no MBR para eliminar um passo no processo de inicialização.

NOTA O Apêndice A, "Como instalar o Linux", discute os prós e contras de colocar o carregador de Linux no MBR.

Capítulo 1 – O processo de inicialização | 5

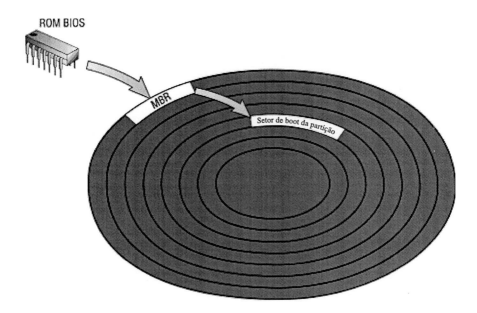

Figura 1.1 O fluxo do processo de inicialização.

O BIOS pode introduzir algumas limitações no processo de inicialização de Linux. O kernel de Linux pode ser instalado em qualquer lugar, em quaisquer dos discos disponíveis para o sistema, mas se estiver fora destes limites, o sistema poderia não ser capaz de inicializar. O carregador de Linux depende de serviços de BIOS. Algumas versões de BIOS só permitem o carregador acessar os primeiros dois discos rígidos IDE: /dev/hda e /dev/hdb. Adicionalmente, em alguns casos, somente os primeiros 1.024 cilindros destes discos podem ser usados ao inicializar o sistema. Estas limitações são o pior dos sistemas antigos. Sistemas novos têm dois controladores de disco IDE que fornecem acesso a quatro unidades de disco, e estes controladores endereçam até 8GB de armazenamento de disco dentro do limite de 1.024 cilindros. Um sistema muito antigo poderia endereçar apenas 504MB em 1.024 cilindros!

Para uma instalação de servidor, este não é um problema real. Devido a servidores não terem inicialização dupla, tudo pode ser removido do disco, e os arquivos de inicialização de Linux podem ser instalados na primeira partição sem dificuldade.

Um cliente de desktop é uma questão diferente. A maioria dos desktops tem o Microsoft Windows instalado na primeira partição. Se houver espaço disponível dentro dos primeiros 1.024 cilindros na primeira unidade de disco, use fips para criar espaço vazio e instalar a partição de inicialização de Linux lá. (Particionamento é discutido em detalhes no Apêndice A.) Caso contrário, um sistema de cliente que tem inicialização dupla é forçado a usar um dos métodos seguintes:

- Instalar o carregador de inicialização de Linux no MBR do primeiro disco, e instalar a partição de inicialização de Linux nos primeiros 1.024 cilindros do segundo disco.

6 | *Linux: servidores de rede*

- Usar LOADLIN, SYSLINUX, System Commander ou um produto semelhante para inicializar Linux de DOS, ao invés de inicializar o sistema diretamente de Linux.

- Fazer um backup completo do Microsoft Windows, e reparticionar o disco, de forma que Windows e Linux estejam nos primeiros 1.024 cilindros. Isto, é claro, requer uma reinstalação completa do Windows.

- Criar um diretório de inicialização de Linux dentro da estrutura de diretórios de Windows que contém o kernel de Linux e todos os arquivos do diretório /boot.

- Atualizar o BIOS. Isto não é tão difícil quanto pode parecer. A maioria dos sistemas permite que o BIOS seja atualizado, e muitos fabricantes de placas-mãe e fabricantes de BIOS têm atualizações de BIOS em seus sites da web. Porém, não faça isso por qualquer motivo! Um problema durante a atualização pode deixar o sistema inutilizável, e o mandar correndo para a loja de informática para comprar um chip de BIOS de substituição.

- Fazer um disquete de inicialização ou CD-ROM, e usá-lo para iniciar o Linux. Esta normalmente é a opção mais fácil.

Não fique preocupado demais sobre este problema potencial. Não é uma preocupação para servidores, e mesmo em clientes é raro. Eu instalei muitos sistemas Linux e tive este problema só uma vez. Naquele caso, era um sistema muito velho, que poderia endereçar apenas 504MB diretamente por unidade de disco. Minha solução era dar ao usuário uma unidade de 250MB de minha gaveta de tranqueiras como um segundo disco. (Eu nunca jogo fora qualquer coisa.) Eu instalei LILO no MBR do primeiro disco dele e Linux no segundo disco. O usuário estava contente, o Linux foi instalado, e eu tive menos tranqueira em minha gaveta.

Embora haja várias opções para carregar Linux, só algumas são extensamente usadas. A maioria dos sistemas usa o carregador LILO do Linux. O sistema Red Hat Linux 7.2 padroniza para usar o GRUB. Este capítulo cobre ambos os carregadores geralmente usados. Nós começamos com uma olhada na configuração default do GRUB gerada pelo programa de instalação do Red Hat.

Carregando o Linux com GRUB

Durante a instalação do Red Hat Linux 7.2, será pedido que selecione qual carregador de inicialização deve ser usado. Por padrão, o Red Hat usa o Grand Unified Bootloader (GRUB), e cria uma configuração do GRUB baseada nos valores que você seleciona durante a instalação. A Listagem 1.1 mostra a configuração do GRUB gerada pelo programa de instalação do Red Hat para um cliente de desktop. Uma configuração de cliente de inicialização dupla é usada como um exemplo porque é ligeiramente mais complexa que uma configuração de servidor (servidores normalmente não fazem inicialização dupla).

Listagem 1.1 A configuração padrão do GRUB

```
[root]# cat /etc/grub.conf
# grub.conf generated by anaconda
# Note that you do not have to rerun grub after making changes to this file
# NOTICE: You do not have a /boot partition. This means that
#         all kernel and initrd paths are relative to /, eg.
```

```
#         root    (hd0,2)
#         kernel  /boot/vmlinuz-version  ro   root=/dev/hda3
#         initrd  /boot/initrd-version.img
#boot=/dev/hda
default=0
timeout=10
splashimage=(hd0,2)/boot/grub/splash.xpm.gz
password  —md5  $1$L⁰ÒCX£Ëª$qgeIevUEDvvQAmrm4jCd31
title  Red  Hat  Linux  (2.4.7-10)
       root    (hd0,2)
       kernel  /boot/vmlinuz-2.4.7-10  ro   root=/dev/hda3
       initrd  /boot/initrd-2.4.7-10.img
title  DOS
       rootnoverify  (hd0,0)
       chainloader  +1
```

A configuração do GRUB é armazenada no grub.conf, que é um arquivo de texto simples. Linhas que começam com # são comentários, e o programa de instalação do Red Hat insere vários comentários no começo do arquivo.

A primeira linha de comando ativa nesta configuração é default=0. Este comando identifica qual sistema operacional deve ser inicializado por padrão em uma configuração de inicialização dupla. Os sistemas operacionais que estão disponíveis para o GRUB são definidos ao término da configuração. A cada sistema operacional é atribuído um número, consecutivamente a partir de 0. Assim, o primeiro sistema operacional definido é 0, o segundo é 1, o terceiro é 2, e assim por diante. Esta configuração define dois sistemas operacionais: Red Hat Linux e DOS. Red Hat Linux é listado primeiro; então, é o sistema operacional 0, e é o sistema operacional que será inicializado por padrão. Neste caso, não é realmente requerido o comando default=0 porque default é ajustado em 0 sempre que o comando default não estiver incluído na configuração. Porém, incluir o comando torna a configuração limpa e bem documentada.

A segunda linha ativa, timeout=10, também se relaciona a inicialização. O comando timeout ajusta o número de segundos que o operador tem para interromper o processo de inicialização antes do GRUB carregar automaticamente o sistema operacional padrão. Neste exemplo, o operador tem 10 segundos para selecionar o sistema operacional alternativo antes do Red Hat Linux ser inicializado automaticamente. Mesmo para sistemas que não fazem a inicialização dupla, ajuste um valor para o timeout porque isto permite ao operador interromper o processo de inicialização se for necessário passar argumentos ao kernel. Fornecer entrada para o kernel no prompt de inicialização é coberto depois neste capítulo.

O comando splashimage aponta para um arquivo que contém a imagem de fundo exibida pelo GRUB. Durante o período de timeout, o GRUB exibe um menu de inicialização. O arquivo splashimage é o fundo exibido atrás daquele menu.

Durante a instalação inicial do Red Hat Linux 7.2, você tem uma oportunidade de digitar uma senha para o GRUB. A senha digitada neste momento é armazenada no arquivo grub.conf usando o comando password. A senha "Wats?Watt?" foi digitada durante a instalação de nosso sistema de exemplo. Observe que a senha não é armazenada como texto claro. A senha é criptografada, e a opção —md5 na linha de comando password nos deixa saber que a senha está criptografada com o algoritmo Message Digest 5 (MD5). O operador tem que digitar a senha correta para obter acesso à gama completa de recursos do GRUB. O operador

8 | *Linux: servidores de rede*

pode inicializar em quaisquer dos sistemas operacionais listados no menu do GRUB sem digitar a senha; entretanto, digitação opcional, como parâmetros de kernel, não pode ser digitada sem a senha correta. Se o comando password não estiver incluído no arquivo grub.conf, uma senha não é exigida para acessar quaisquer recursos do GRUB.

O comando title define o texto exato que será exibido no menu do GRUB para identificar um sistema operacional. Os comandos que seguem um comando title e acontecem antes do próximo comando title descrevem um sistema operacional ao carregador de inicialização. A configuração de amostra define os seguintes dois sistemas operacionais:

```
title  Red Hat Linux  (2.4.7-10)
       root  (hd0,2)
       kernel  /boot/vmlinuz-2.4.7-10  ro  root=/dev/hda3
       initrd  /boot/initrd-2.4.7-10.img
title  DOS
       rootnoverify  (hd0,0)
       chainloader  +1
```

O primeiro comando title define o texto de menu Red Hat Linux (2.4.7-10). As próximas três linhas definem o sistema operacional que é inicializado quando este item for selecionado do menu do GRUB:

root (hd0,2) - Define o local físico da raiz do sistema de arquivos para este sistema operacional. Os valores definidos para o comando root são o nome de dispositivo de disco e o número de partição. Note que os nomes de dispositivo do GRUB são ligeiramente diferentes de nomes de dispositivo de Linux normais. GRUB chama o primeiro disco rígido hd0. Adicionalmente, GRUB conta partições diferentemente de Linux. GRUB conta de 0, enquanto Linux conta de 1. Assim, o valor GRUB hd0,2, em um sistema Linux que inicializa de uma unidade IDE é o mesmo que o valor Linux hda,3 – partição número 3 na primeira unidade IDE.

kernel /boot/vmlinuz-2.4.7-10 ro root=/dev/hda3 - Identifica o arquivo que contém o sistema operacional que será iniciado, e define qualquer argumento passado àquele sistema operacional no tempo de execução. Neste caso, o GRUB carregará o kernel de Linux armazenado em vmlinuz-2.4.7-10, e passará ao kernel de Linux os argumentos ro root=/dev/hda3, que diz ao kernel onde a raiz do sistema de arquivo fica situada e que deveria ser montado como somente leitura. A opção ro faz o Linux montar o root como somente leitura durante a fase inicial da inicialização. (Mais tarde, o script rc.sysinit o altera para leitura e gravação depois de completar com sucesso a verificação do sistema de arquivos.)

initrd /boot/initrd-2.4.7-10.img - Identifica um arquivo ramdisk para o Linux usar durante a inicialização. O Red Hat usa o ramdisk para proporcionar ao Linux módulos críticos que o kernel poderia precisar para acessar as unidades de disco.

O último comando title define a entrada de menu DOS. Dois comandos definem o sistema operacional carregado quando o DOS for selecionado do menu:

rootnoverify (hd0,0) - Como o comando root, este define o local físico da raiz do sistema de arquivo para este sistema operacional. Mas rootnoverify diz ao GRUB que o sistema de arquivos encontrado neste local não obedece aos padrões de múltipla inicialização, e assim não pode ser validado.

chainloader +1 - Emula a função do MBR de DOS simplesmente carregando o setor especificado e passando responsabilidades de inicialização para o carregador encontrado lá. O valor +1 é um valor de *blocklist* que define o endereço de setor do carregador relativo à partição definida pelo comando rootnoverify. +1 significa o primeiro setor da partição. Juntos, o comando rootnoverify e o comando chainloader de nosso exemplo significam que o GRUB passará o controle ao carregador encontrado no primeiro setor da primeira partição na primeira unidade IDE quando o DOS for selecionado do menu do GRUB. Neste exemplo, esta partição contém o carregador de inicialização do DOS que será responsável por carregar o DOS.

O arquivo grub.conf em seu sistema será bem parecido ao deste exemplo. A localização de arquivos pode ser diferente, e a configuração de um sistema de servidor normalmente não definirá sistemas operacionais múltiplos, mas os comandos serão essencialmente os mesmos.

O GRUB é usado com várias diferentes distribuições de UNIX. Porém, não é o único carregador de inicialização usado com Linux – ou mesmo o carregador de inicialização de Linux mais popular. O Red Hat, antes de 7.2, usava o LILO, e a maioria das outras versões de Linux ainda o usa. A próxima seção dá uma olhada na configuração do LILO.

Carregando o kernel com LILO

Embora GRUB seja uma ferramenta mais nova, o LILO (Linux LOader), o carregador do Linux, ainda é uma ferramenta versátil, que pode administrar múltiplas imagens de inicialização ;e pode ser instalado em um disquete, em uma partição de disco rígido, ou no registro de inicialização mestre. Como com o GRUB, este poder e flexibilidade vêm ao preço da complexidade que é ilustrada pelo grande número de opções de configuração de LILO.

Opções de configuração do LILO

A maior parte do tempo, você não precisa pensar na complexidade do LILO; o programa de instalação o conduzirá para uma instalação de LILO simples. É para quando a instalação padrão não fornece o serviço que você quer que você precisa entender as complexidades do LILO.

O LILO é configurado pelo arquivo /etc/lilo.conf. A Listagem 1.2 é o arquivo lilo.conf criado por um programa de instalação do Linux em um cliente de desktop que está configurado para inicialização dupla. Seu funcionamento é bem parecido com o exemplo do GRUB mostrado na Listagem 1.1.

Listagem 1.2 Um exemplo do arquivo *lilo.conf*.

```
# global   section
boot=/dev/hda3
map=/boot/map
install=/boot/boot.b
prompt
timeout=50
message=/boot/message
```

10 | *Linux: servidores de rede*

```
default=linux
# The Linux boot image
image=/boot/vmlinuz-2.4.7-10
     label=linux
     read-only
     root=/dev/hda3
# additional boot image
other=/dev/hda1
     optional
     label=dos
```

Com esta configuração, o usuário tem cinco segundos para selecionar ou o dos para inicializar o Microsoft Windows ou linux para inicializar o Linux. Se o usuário não fizer uma seleção, o LILO inicializa o Linux depois que os cinco segundos expirarem. A seção seguinte examina cada linha neste arquivo para ver como o LILO é configurado.

Um exemplo do arquivo *lilo.conf*

Um arquivo lilo.conf começa com uma seção global que contém opções que se aplicam ao processo LILO inteiro. Algumas destas entradas se relacionam à instalação de LILO por / sbin/lilo, e só está relacionada indiretamente ao processo de inicialização.

> **NOTA** O programa /sbin/lilo não é o carregador de inicialização. O carregador de inicialização do LILO é um carregador simples, armazenado em um setor de inicialização. /sbin/lilo é o programa que instala e atualiza o carregador de inicialização do LILO.

Os comentários no arquivo lilo.conf começam com um sinal de cerquilha (#). A primeira linha ativa da seção global no arquivo de amostra identifica o dispositivo que contém o setor de inicialização. A opção boot=/dev/hda3 informa que o LILO está armazenado no setor de inicialização da terceira partição da primeira unidade de disco IDE. Isto nos informa duas coisas: onde o LILO está instalado e onde não está instalado. O LILO não está instalado no MBR deste sistema; está instalado em hda3, que deve ser a partição ativa.

A opção de configuração map=/boot/map define o local do arquivo de mapa que contém as localizações físicas dos kernels do sistema operacional em uma forma que pode ser lida pelo carregador de inicialização do LILO. (GRUB não requer um arquivo de mapa porque pode ler sistemas de arquivos de Linux diretamente.) /boot/map é o valor default para a opção map, assim, neste caso, não precisa realmente ser definido explicitamente no arquivo de configuração de exemplo.

A linha install=/boot/boot.b define o arquivo que instala /sbin/lilo no setor de inicialização. (boot.b é o carregador de inicialização de LILO.) Neste caso, não é de fato requerida a linha porque /boot/boot.b é o valor default para install.

A opção prompt causa o prompt de inicialização a ser exibido. Se a opção prompt não estiver incluída no arquivo lilo.conf, o usuário tem que pressionar uma tecla Shift, Ctrl ou Alt; ou ajustar a tecla Caps Lock ou Scroll Lock para obter o prompt de inicialização. A mensagem exibida no prompt de inicialização está contida no arquivo identificado pela opção message.

Capítulo 1 – *O processo de inicialização* | **11**

No exemplo, message aponta para um arquivo chamado /boot/message que contém uma exibição de tela cheia. Se a opção message não for usada, o prompt de inicialização prompt: é usado.

A entrada timeout define quanto tempo o sistema deve esperar por digitação do usuário antes de inicializar o sistema operacional default. O tempo está definido em décimos de segundos. Então, timeout=50 informa ao sistema para esperar cinco segundos.

> **AVISO** Não use prompt sem timeout. Se a opção timeout não estiver especificada na opção prompt, o sistema não reiniciará automaticamente. Dependerá do prompt de inicialização, esperando por digitação do usuário, e nunca atingirá o tempo de espera (time out). Este pode ser um problema grande para um servidor não gerenciado localmente..

Se o intervalo de espera (timeout) for alcançado, o kernel default é inicializado. A opção default identifica o kernel default. Na Listagem 1.2, o sistema operacional que tem o rótulo "linux" é o que será iniciado por padrão. Para iniciar o Microsoft Windows como o sistema operacional default, simplesmente mude a opção default para default=dos. O resto deste arquivo de configuração fornece a informação que o LILO precisa para encontrar e inicializar o Linux ou o Windows.

A declaração image especifica o local do kernel do Linux, que é /boot/vmlinuz-2.4.7-10 neste exemplo. A opção image lhe permite colocar o kernel do Linux em qualquer lugar e denominá-lo de qualquer coisa. A capacidade de mudar o nome do kernel é muito útil quando você quiser fazer uma atualização do kernel, o que é discutido no Capítulo 13, "Diagnóstico".

Há várias opções "per-image" usadas no arquivo de configuração, algumas das quais são específicas para imagens de kernel. A opção label=linux define o rótulo que é digitado no prompt de inicialização para carregar esta imagem. Toda imagem definida no arquivo de amostra tem uma entrada de rótulo associada; se o operador quiser inicializar em uma imagem, ele tem que digitar seu rótulo.

A próxima opção, read-only, também é específica do kernel. Aplica-se ao sistema de arquivo raiz descrito previamente. A opção read-only informa ao LILO que o sistema de arquivo raiz deve ser montado como somente leitura. Isto protege o sistema de arquivo raiz durante a inicialização e assegura que a verificação do sistema de arquivo (fsck) será executada de maneira confiável. Posteriormente, no processo de inicialização, a raiz será remontada como leitura/gravação, depois que o fsck completar a sua verificação. Veja a discussão sobre rc.sysinit depois neste capítulo.

A opção root=/dev/hda3 também é específica do kernel. Define o local do sistema de arquivo raiz para o kernel. O arquivo lilo.conf deve ter uma opção raiz associada com a imagem de kernel. Se não estiver definido aqui, o sistema de arquivo raiz deve ser definido separadamente com o comando rdev. Porém, não faça isso; defina a raiz na configuração do LILO.

As últimas três linhas no arquivo de amostra definem o outro sistema operacional que o LILO pode inicializar. O outro SO (sistema operacional) fica situado na partição 1 da primeira unidade IDE, other=/dev/hda1. Como a entrada label=dos indica, é o Microsoft Windows. O comando optional informa ao /sbin/lilo, o qual é chamado de *mapper* (mapeador), que

Linux: servidores de rede

quando construir o arquivo de mapa, deve considerar este sistema operacional opcional. Isso significa que /sbin/lilo deve completar a construção do arquivo de mapa, mesmo se este sistema operacional não for encontrado.

Sempre que você modificar a configuração do LILO, invoque o /sbin/lilo para instalar a configuração nova. Até que o /sbin/lilo seja executado e tenha mapeado as opções de configuração novas, elas não têm nenhum efeito. Por outro lado, o arquivo grub.conf não requer nenhum processo especial. Mudanças para a configuração do GRUB tomam efeito imediatamente.

Só o Linux e um outro sistema operacional aparecem no arquivo de exemplo, que é o caso mais comum para clientes de desktop. Porém, o LILO pode agir como o gerenciador de inicialização para até 16 sistemas operacionais diferentes. É possível ver várias opções other e image em um arquivo lilo.conf. Múltiplas opções image são usadas ao testar kernels de Linux diferentes. A razão mais comum para múltiplas opções other é um sistema de treinamento no qual os usuários inicializam em SOs diferentes para aprender sobre eles. Em um ambiente operacional comum, só um sistema operacional é instalado em um servidor, e não mais que dois sistemas operacionais são instalados em um cliente.

Opções de hardware do *lilo.conf*

Há muito mais opções de configuração do lilo.conf do que as previamente descritas, mas você não precisará usar a maioria delas. O arquivo de configuração de exemplo na Listagem 1.2 é quase idêntico ao construído pelo programa de instalação em qualquer outro sistema. Basicamente, o pequeno subconjunto de opções descrito inclui as opções usadas para construir 99% de todos os arquivos de configuração do LILO.

O 1% de sistemas que não podem ser configurados com os comandos habituais são geralmente sistemas com dificuldades de hardware. O arquivo lilo.conf fornece várias opções para lidar com problemas de hardware.

A opção lba32 é usada quando a partição de inicialização é colocada além do limite de 1.024 cilindros. Esta opção requer um BIOS que suporte o 32-bit Logical Block Address (LBA32) para inicializar. O programa de instalação do Red Hat exibe uma caixa de verificação "Force use of LBA32" (forçar o uso de LBA32) na tela de instalação do carregador de inicialização. Se isto estiver disponível em seu BIOS, é o modo mais simples para inicializar além da barreira dos 1.024 cilindros.

A opção linear força o sistema a usar endereços de setor linear – números de setor seqüenciais – em vez do tradicional cilindro, cabeça e endereços de setor. Isto às vezes é necessário para controlar os discos SCSI grandes. É até mesmo possível definir manualmente a geometria de disco e endereços lineares das partições diretamente no arquivo de configuração do LILO. Por exemplo:

```
disk=/dev/hda
    bios=0x80
    sectors=63
    heads=32
    cylinders=827
    partition=/dev/hda1
        start=63
```

Capítulo 1 – O processo de inicialização | 13

```
partition=/dev/hda2
   start=153216
partition=/dev/hda3
   start=219744
```

Este exemplo define a geometria para a primeira unidade de disco que normalmente tem o endereço do BIOS hexadecimal 80. Os setores, cabeças e cilindros do disco estão definidos. No exemplo, o endereço linear para o começo de cada partição é também determinado. Este é um exemplo extremo de definir a unidade de disco para o sistema; eu nunca tive que fazer isto.

O comando append é outra opção do LILO relacionada a definir hardware. (Eu usei este aqui.) A opção append passa um parâmetro de configuração ao kernel. O parâmetro é uma opção específica de kernel usada para identificar hardware que o sistema não descobriu automaticamente. Por exemplo:

```
append   =   "ether=10,0x210,eth0"
```

Este comando de exemplo informa ao kernel a configuração não padronizada de uma placa Ethernet. Esta linha de opção em particular informa que o dispositivo Ethernet eth0 usa IRQ 10 e endereço de porta I/O 210. (O formato dos parâmetros que podem ser passados ao kernel é coberto em "O prompt de inicialização do Linux", depois neste capítulo.)

O Linux é muito bom em descobrir a configuração de hardware Ethernet e placas configuráveis por software são boas ao informar suas configurações. Adicionalmente, placas PCI novas não requerem todos estes valores de configuração. Em geral, não são necessários parâmetros de kernel para inicializar o sistema. Porém, esta capacidade existe para as vezes que você precisar.

Segurança de inicialização do LILO

Dois comandos de configuração do LILO aumentam a segurança de um servidor de rede. Se o servidor estiver em uma área insegura, é possível a um intruso reiniciar o sistema e obter acesso sem autorização. Por exemplo, um intruso poderia reiniciar o servidor em modo de monousuário (single-user) e essencialmente pode ter acesso de usuário root, sem senha, para parte do sistema. (Mais sobre modo monousuário depois. Por ora, apenas tenha minha palavra de que isto pode ser feito.)

Para prevenir isto, acrescente as opções restricted e password ao arquivo lilo.conf. A opção password define uma senha que deve ser digitada para reiniciar o sistema. A senha é armazenada no arquivo de configuração em um formato decodificado, assim tenha certeza de que o arquivo lilo.conf só pode ser lido pelo usuário root. A opção restricted melhora um pouco a segurança. Informa que a senha só é requerida ao passar parâmetros ao sistema durante uma inicialização. Por exemplo, se você tentar passar o parâmetro single para o sistema para conseguir inicializar em modo monousuário, você tem que fornecer a senha.

Sempre adicione a opção restrict ao usar a opção password no arquivo lilo.conf de um servidor. Usar password sem restrict pode fazer o servidor travar durante a inicialização até que a senha seja digitada. Se o console do servidor estiver inicializando sem a assistência de um operador, a inicialização pode suspender por um período longo de tempo. Usar a opção restrict com password assegura que o sistema reinicia depressa depois de uma quebra, enquanto fornece proteção adequada de acesso sem autorização pelo console.

O exemplo seguinte inclui proteção restrita por senha para inicializar o kernel do Linux. O exemplo é baseado no arquivo lilo.conf que você viu antes, com algumas linhas removidas que contêm valores default para mostrar que você pode remover estas linhas e ainda pode inicializar sem problema. A Listagem 1.3 usa o cat para listar o novo arquivo de configuração e o lilo para processá-lo.

Listagem 1.3 Como adicionar proteção de senha para o LILO.

```
[root]# cat lilo.conf
# global  section
boot=/dev/hda3
prompt
timeout=50
message=/boot/message
default=linux
# the  Linux  boot  image
image=/boot/vmlinuz-2.4.2-2
     label=linux
     read-only
     root=/dev/hda3
     password=Wats?Watt?
     restricted
# additional  boot  images
other=/dev/hda1
     optional
     label=dos
  [root]# lilo
Added linux *
Added dos
```

Após executar o /sbin/lilo, reinicie. Note que você não tem que digitar a senha no prompt de inicialização porque a configuração inclui a opção restrict. Porém, se você tentar inicializar o sistema e fornecer entrada opcional ao prompt de inicialização, você será perguntado pela senha.

O prompt de inicialização do Linux

Os processos LILO e GRUB são modificados por seus arquivos de configuração. O processo de inicialização do kernel é modificado através de digitação no prompt de inicialização. Assim como a opção append do LILO e o comando kernel do GRUB, o prompt de inicialização é usado para passar parâmetros ao kernel. Porém, a diferença é que o prompt de inicialização é usado para digitar parâmetros de kernel manualmente, enquanto os comandos kernel e append são usados para automatizar o processo quando os mesmos parâmetros devem ser passados ao kernel para toda inicialização. Use o prompt de inicialização para situações especiais, como reparar um sistema ou obter uma parte incontrolável da execução do equipamento; ou para depurar a entrada antes de ser armazenada no arquivo lilo.conf ou grub.conf.

Você raramente precisa passar parâmetros ao kernel pelo prompt de inicialização. Quando o fizer, é para mudar o processo de inicialização ou ajudar o sistema a manipular uma parte do hardware desconhecido. O comando kernel do arquivo grub.conf mostrado na Listagem 1.1 é um exemplo de uso de entrada de inicialização para mudar o processo de inicialização:

```
kernel   /boot/vmlinuz-2.4.7-10  ro  root=/dev/hda3
```

Esta linha vem do arquivo grub.conf, mas também pode ser digitado interativamente durante o processo de inicialização. Quando o menu do GRUB for exibido no momento da inicialização, o operador tem 10 segundos para selecionar um item de menu opcional, ou interromper o processo de inicialização. Interrompa a inicialização pressionando a tecla Escape. Se uma senha estiver definida no arquivo grub.conf, pressione P, e digite a senha para o GRUB. Então, pressione C para o modo de comando, e um prompt de linha de comando aparece. Este é o prompt de inicialização que permite enviar argumentos ao kernel usando o comando kernel interativamente. O formato do comando kernel é

```
kernel   file   arguments
```

onde kernel é o comando, *file* é o nome do arquivo que contém o kernel do Linux, e *arguments* são quaisquer argumentos opcionais que você deseja passar ao kernel. No exemplo do comando kernel anterior, ro root=/dev/hda3 são argumentos que mudam o comportamento de inicialização default, de forma que o sistema de arquivo raiz é montado como somente leitura. Os possíveis argumentos dependem do kernel, nem o GRUB ou o LILO são usados para controlar o processo de inicialização. Quaisquer dos argumentos de kernel descritos nesta seção podem ser enviados ao kernel desta maneira em um sistema que usa o GRUB. O prompt de inicialização do LILO é diferente, mas o funcionamento é o mesmo.

Quando o sistema for inicializado pelo LILO, a string boot: é exibida como o prompt de inicialização. O operador pode inicializar em qualquer sistema operacional definido no arquivo lilo.conf digitando seu nome no prompt (por exemplo, linux ou dos). Os argumentos são passados ao sistema operacional selecionado colocando-os na linha de comando depois do nome do sistema operacional. Um exemplo de passar parâmetros de kernel em um sistema inicializado por LILO é

```
boot:   linux   panic=60
```

Neste exemplo, boot: é o prompt, linux é o nome do kernel, e panic=60 é o parâmetro passado a este kernel. A palavra-chave linux é o rótulo atribuído ao kernel de Linux na configuração do LILO. Use o rótulo para informar ao LILO que o kernel deve receber o parâmetro. O argumento panic muda o comportamento de inicialização depois de uma quebra de sistema. É possível o kernel do Linux quebrar por um erro interno, chamado um *kernel panic*. Se o sistema quebra por um kernel panic, ele não reinicia automaticamente - pára no prompt de inicialização esperando por instruções.

Normalmente, esta é uma boa idéia . A exceção é um servidor remoto. Se você tiver um sistema que não tem um operador e os usuários remotos dependem deste sistema, pode ser melhor tentar uma reinicialização automática depois da parada. O exemplo mostrado anteriormente informa ao sistema para esperar 60 segundos e então reiniciar.

16 | *Linux: servidores de rede*

NOTA Isto pode pegar de surpresa os administradores de Windows, mas eu nunca tive uma quebra de sistema Linux. Na realidade, tive um sistema especializado (colecionando dados de mensuração de rede, e fornecendo acesso Web àqueles dados) que executou continuamente por mais de um ano sem um único problema.

Em um processo de inicialização normal, o kernel inicia o programa /sbin/init. Usando o argumento init, é possível informar ao kernel para começar outro processo em vez de /sbin/init. Por exemplo, init=/bin/sh faz o sistema executar o programa shell, que então pode ser usado para reparar o sistema se o programa /sbin/init estiver corrompido.

Inicializar diretamente pelo shell parece muito com inicializar o modo monousuário com o argumento single, mas há diferenças. init=/bin/sh não confia no programa init. single, por outro lado, é passado diretamente ao init, de forma que init pode executar procedimentos de inicialização selecionados antes de colocar o sistema em modo de monousuário. Em ambos os casos, a pessoa que inicializa o computador recebe acesso livre ao shell, a menos que password e restrict estejam definidos no arquivo lilo.conf, como descrito na seção anterior.

Controlar hardware não detectado é a segunda razão para digitar dados no prompt de inicialização, e é a razão mais comum para fazer isso durante a instalação inicial. Às vezes, o sistema tem dificuldade em detectar hardware ou detectar a configuração do hardware corretamente. Nestes casos, o sistema precisa de sua digitação no prompt de inicialização para manipular corretamente o hardware desconhecido.

Um número grande de declarações de entrada de inicialização passa parâmetros a módulos de driver de dispositivos. Por exemplo, há aproximadamente 20 drivers de dispositivo de adaptadores de host SCSI que aceitam parâmetros de inicialização. Na maioria dos casos, o sistema detecta a configuração do adaptador SCSI sem problema. Mas se não detectar, inicializar o sistema pode ser impossível. Um exemplo de passar parâmetros de kernel a Linux para identificar um dispositivo de adaptador SCSI desconhecido é

```
boot:  linux  aha152x=0x340,11,7
```

Todos os parâmetros de hardware começam com um nome de driver. Neste caso, é o driver aha152x para adaptadores das séries Adaptec 1520. Os dados depois do sinal de igual são as informações passadas ao driver. Neste caso, é o endereço de porta E/S, o IRQ e o ID de SCSI.

Outro argumento de inicialização que está relacionado diretamente à configuração de drivers de dispositivo é o argumento reserve. reserve define uma área de memória de endereço de porta E/S que é protegida de *auto-sondagem*. Para determinar a configuração de seus dispositivos, a maioria dos drivers de dispositivo sonda estas regiões de memória que podem ser usadas legitimamente para os seus dispositivos. Por exemplo, a placa Ethernet EtherLink III da 3COM está configurada para usar endereço de porta E/S 0x300 por default, mas pode ser configurada para usar quaisquer dos 21 endereços diferentes de 0x200 a 0x3e0. Se o driver 3c509 não encontrasse o adaptador instalado no endereço 0x300, pode legitimamente procurar todas as 21 regiões de endereço de base. Normalmente, isto não é um problema. Porém, em certas ocasiões, auto-sondar pode devolver os valores de configuração errados. Em casos extremos, adaptadores pobremente projetados podem travar o sistema até mesmo quando eles são sondados. Eu pessoalmente nunca vi um adaptador travar o sistema, mas alguns anos atrás eu tive uma placa Ethernet que devolvia a configuração errada. Naquele caso, eu combinei o argumento reserve com a entrada de driver de dispositivo, como neste exemplo:

```
boot:  linux   reserve=0x210,16   ether=10,0x210,eth0
```

Esta entrada de inicialização impede os drivers de dispositivo de sondar os 16 bytes que começam no endereço de memória 0x210. O segundo argumento nesta linha passa parâmetros ao driver de dispositivo ether. Informa ao driver que o adaptador Ethernet usa interrupção 10 e endereço de porta E/S 0x210. Este adaptador específico será conhecido como dispositivo eth0, que é o nome do primeiro dispositivo Ethernet. É claro que você quererá usar o adaptador Ethernet toda vez que o sistema inicializar. Uma vez que você esteja certo de que esta entrada resolve o problema de Ethernet, armazene-a como uma opção específica de kernel no arquivo lilo.conf. Por exemplo:

```
image   =   /boot/vmlinuz-2.2.5-15
     label  =  linux
     root  =  /dev/hda3
     read-only
     append   =   "reserve=0x210,16   ether=10,0x210,eth0"
```

O argumento ether também é usado para forçar o sistema a localizar adaptadores Ethernet adicionais. Suponha que o sistema detecte só um adaptador Ethernet, e você têm dois dispositivos Ethernet instalados: eth0 e eth1. Use esta entrada de inicialização para forçar o sistema a sondar o segundo dispositivo:

```
ether=0,0,eth1
```

Placas Ethernet antigas são uma grande razão para digitação de prompt de inicialização. Se você tem uma placa antiga e experimentar um problema, leia o Ethernet-HOWTO para recomendações sobre a configuração específica para sua placa. Placas Ethernet PCI novas normalmente não requerem entrada de inicialização. A maioria das placas Ethernet atuais usa módulos carregáveis para drivers de dispositivo. Se sua placa Ethernet não é reconhecida durante a inicialização, pode ser que seu módulo não esteja carregado. O primeiro passo é verificar a configuração do módulo.

 Veja a seção "Módulos carregáveis" depois neste capítulo para informações sobre como administrar módulos e para exemplos específicos de módulos carregáveis usados para drivers de dispositivo Ethernet.

Esta seção tocou em apenas um número pequeno em relação a um grande número de argumentos que podem ser digitados no prompt de inicialização. Veja o documento "BootPrompt-HOWTO", de Paul Grotmaker, para os detalhes de todos eles. A maioria dos sistemas Linux inclui os documentos HOWTO em /usr/doc.

Inicialização de driver de dispositivo de hardware

Quando o sistema inicializa, várias coisas acontecem. Você já viu a parte em que o LILO e o GRUB executam carregando o sistema operacional, mas isso é só o começo. Estes carregadores iniciam a execução do kernel de Linux, e então as coisas realmente começam a acontecer.

O kernel é o coração do Linux. Ele carrega na memória e inicializa os vários drivers de dispositivo de hardware. A maior parte dos argumentos de prompt de inicialização possíveis tem a pretensão de ajudar o kernel a inicializar o hardware, e as mensagens que o kernel exibe durante a inicialização lhe ajudam a determinar que hardware está instalado no sistema e se é inicializado corretamente.

Use o comando dmesg para exibir as mensagens de inicialização do kernel; combine com o comando less ou grep para examinar as mensagens de inicialização mais eficazmente. less lhe permite rolar as mensagens, uma tela cheia de cada vez; grep lhe permite procurar algo específico na saída de dmesg. Por exemplo, combine dmesg e grep para localizar mensagens de kernel relativas a inicialização do dispositivo Ethernet eth0:

```
$ dmesg | grep eth0
loading device 'eth0'...
eth0: SMC Ultra at 0x340, 00 00 C0 4F 3E DD, IRQ 10 memory 0xc8000-0xcbfff.
```

Esta mensagem mostra claramente o tipo de adaptador Ethernet usado (SMC Ultra) e o endereço MAC de Ethernet atribuído ao adaptador (00 00 C0 4F 3E DD). Adicionalmente, devido a SMC Ultra ser um adaptador de barramento ISA, a interrupção (IRQ 10), o endereço de memória de adaptador (0xc8000-0xcbfff), e o endereço de porta E/S (0x340) são mostrados. Todas estas informações são úteis para depurar um problema de configuração de hardware.

A maior parte dos sistemas usa Ethernet para todas as comunicações de rede, embora alguns usem outros dispositivos, como portas seriais para este propósito. Quando o kernel inicializa as portas seriais, exibe o nome de dispositivo, o endereço de porta E/S, e a IRQ de cada porta serial. Também exibe o modelo de Universal Asynchronous Receiver Transmitter (UART) que é usado para a interface serial. Sistemas antigos usavam UARTs 8250, que são inadequados para uso com modem e um problema para sistemas que precisam executar PPP. Como mostra este exemplo, sistemas atuais usam os UARTs 16550, mais rápidos:

```
ttyS00 at 0x03f8 (irq = 4) is a 16550A
ttyS02 at 0x03e8 (irq = 4) is a 16550A
```

Também de interesse para um servidor de rede são os componentes de TCP/IP do kernel. Estes componentes incluem os protocolos fundamentais, como IP (Internet Protocol - protocolo de Internet), e a interface de sockets de rede. Sockets é uma interface de protocolo

Capítulo 1 – O processo de inicialização | **19**

de aplicação desenvolvida em Berkeley para BSD Unix. Fornece um método padrão para programas falarem na rede. As mensagens de inicialização de TCP/IP de um sistema Red Hat são

```
NET4: Linux TCP/IP 1.0 for NET4.0
IP Protocols: ICMP, UDP, TCP, IGMP
IP: routing cache hash table of 1024 buckets, 8Kbytes
TCP: Hash tables configured (established 16384 bind 16384)
Linux IP multicast router 0.06 plus PIM-SM
NET4: Unix domain sockets 1.0/SMP for Linux NET4.0.
```

Ler as mensagens do kernel lhe ajuda a entender o que acontece quando o sistema inicializa. Não leia estas mensagens palavra por palavra - muitos detalhes apenas o confundirão. O que você deve fazer é olhar as mensagens para compreensão de como o sistema funciona. É claro que há variações leves entre as mensagens exibidas em vários sistemas, mas as mensagens lhe dão uma idéia muito boa do que acontece quando o kernel inicializa o hardware.

Depois que o kernel concluir sua porção do processo de inicialização, o kernel inicia o programa init, que controla o resto da inicialização.

Carregando serviços Linux - o processo *init*

O processo init, que é o processo número um, é a mãe de todos os processos. Depois que o kernel inicializa todos os dispositivos, o programa init executa e inicia todo o software. O programa init é configurado pelo arquivo /etc/inittab. A Listagem 1.4 mostra o arquivo inittab que vem com o Red Hat 7.2:

Listagem 1.4 - O arquivo *inittab*.

```
#
# inittab    This file describes how the INIT process should set up
#            the system in a certain run-level.
#
# Author:    Miquel van Smoorenburg, miquels@drinkel.nl.mugnet.org
#            Modified for RHS Linux by Marc Ewing and Donnie Barnes
#

# Default runlevel. The runlevels used by RHS are:
#    0 - halt (Do NOT set initdefault to this)
#    1 - Single user mode
#    2 - Multiuser, without NFS (The same as 3, if you do not have networking)
#    3 - Full multiuser mode
#    4 - unused
#    5 - x11
#    6 - reboot (Do NOT set initdefault to this)
id:5:initdefault:

# System initiatization.
si::sysinit:/etc/rc.d/rc.sysinit
```

20 | *Linux: servidores de rede*

```
l0:0:wait:/etc/rc.d/rc   0
ll:1:wait:/etc/rc.d/rc   1
l2:2:wait:/etc/rc.d/rc   2
l3:3:wait:/etc/rc.d/rc   3
l4:4:wait:/etc/rc.d/rc   4
l5:5:wait:/etc/rc.d/rc   5
l6:6:wait:/etc/rc.d/rc   6

# Things to run in every runlevel.
ud::once:/sbin/update

# Trap CTRL-ALT-DELETE
ca::ctrlaltdel:/sbin/shutdown -t3 -r now

# When our UPS tells us power has failed, schedule a shutdown for 2
minutes.
pf::powerfail:/sbin/shutdown -f -h +2 "Power Failure; System Shutting
Down"

# If power was restored before the shutdown, cancel it.
pr:12345:powerokwait:/sbin/shutdown -c "Power Restored; Shutdown
Cancelled"

# Run gettys in standard runlevels
1:2345:respawn:/sbin/mingetty  tty1
2:2345:respawn:/sbin/mingetty  tty2
3:2345:respawn:/sbin/mingetty  tty3
4:2345:respawn:/sbin/mingetty  tty4
5:2345:respawn:/sbin/mingetty  tty5
6:2345:respawn:/sbin/mingetty  tty6

# Run xdm in runlevel 5
# xdm is now a separate service
x:5:respawn:/etc/X11/prefdm -nodaemon
```

> **NOTA** Os comentários neste arquivo de exemplo foram ligeiramente alterados para se ajustar melhor em uma página de livro. Eles são uma versão reduzida dos comentários atuais do arquivo inittab do Red Hat.

Entendendo os níveis de execução

Para entender o processo init e o arquivo inittab, você precisa entender os *níveis de execução*, que são usados para indicar o estado do sistema quando o processo init estiver completo. Não há nada inerente no hardware de sistema que reconheça níveis de execução; eles são puramente construídos por software. init e inittab são as únicas razões porque os níveis de execução afetam o estado do sistema. Por causa disto, o modo como os níveis de execução são usados varia de distribuição para distribuição. Esta seção usa o Red Hat Linux como um exemplo.

O processo de inicialização do Linux é bem parecido com o processo de inicialização usado pelo System V Unix. É mais complexo que a inicialização em um sistema BSD de Unix, mas também é mais flexível. Como o System V,, o Linux define vários níveis de execução que

Capítulo 1 – *O processo de inicialização* | **21**

executam uma série completa de possíveis estados do sistema de não-executando (parado) até executar múltiplos processos para múltiplos usuários. Os comentários no começo do arquivo inittab de exemplo descrevem os níveis de execução:

- Nível de execução 0 faz o init fechar todos os processos em execução e cessar o sistema.
- Nível de execução 1 é usado para colocar o sistema em modo monousuário. O modo monousuário é usado pelo administrador do sistema para executar a manutenção que não pode ser feita quando os usuários estão registrados. Este nível de execução também pode ser indicado pela letra S, ao invés do número 1.
- Nível de execução 2 é um modo multiusuário especial que suporta múltiplos usuários, mas não suporta compartilhamento de arquivos.
- Nível de execução 3 é usado para proporcionar suporte multiusuário completo com a gama completa de serviços. É o modo default usado em servidores que usam o logon de console "somente texto".
- Nível de execução 4 não é usado pelo sistema. Você pode projetar seu próprio estado de sistema e implementá-lo pelo nível de execução 4.
- Nível de execução 5 inicializa o sistema como um terminal X Windows dedicado. Este nível de execução é extensamente usado como uma alternativa para sistemas configurados para lançar um ambiente desktop X na inicialização. Na realidade, o nível de execução 5 é o nível de execução default para a maioria dos sistemas Red Hat, porque a maioria dos sistemas é cliente de desktop que usa um logon de console X Windows.
- Nível de execução 6 faz o init fechar todos os processos em execução e reiniciar o sistema.

Todas as linhas no arquivo inittab que começam com um sinal de cerquilha (#) são comentários. Uma boa quantidade de comentários é necessária para interpretar o arquivo, porque a sintaxe das linhas de configuração de inittab atuais é concisa e um pouco enigmática. Uma entrada de inittab tem este formato geral:

```
label:runlevel:action:process
```

O *label* é uma tag de um ou quatro caracteres que identifica a entrada. Alguns sistemas suportam rótulos de apenas dois caracteres. Por isto, a maioria das pessoas limita todos os rótulos em dois caracteres. Os rótulos podem ter qualquer string arbitrária de caracteres, mas na prática, certos rótulos são geralmente usados. O rótulo para um getty ou outro processo de login normalmente é o sufixo numérico do tty no qual o processo está concectado. Outros rótulos usados na distribuição do Red Hat são

- id para a linha que define o nível de execução default usado pelo init
- si para o processo de inicialização de sistema
- *ln onde n é um número de 1 a 6 que indica o nível de execução que é inicializado por este processo*
- ud para o processo de atualização
- ca para a execução de processo quando Ctrl+Alt+Del é pressionado

22 | *Linux: servidores de rede*

- pf para a execução de processo quando o UPS indica uma falha de energia
- pr para a execução de processo quando a energia for restabelecida pelo UPS antes do sistema estar completamente encerrado
- x para o processo que transforma o sistema em um terminal X

O campo *runlevel* indica os níveis de execução para os quais a entrada se aplica. Por exemplo, se o campo contiver um 3, o processo identificado pela entrada deve ser executado pelo sistema para inicializar no nível de execução 3. Mais que um nível de execução pode ser especificado, como ilustrado no arquivo de exemplo pela entrada pr. Entradas que têm um campo runlevel vazio não estão envolvidas em níveis de execução específicos de inicialização. Por exemplo, uma entrada que é invocada por um evento especial, como a saudação de três dedos (Ctrl+Alt+Del), não tem um valor no campo *runlevel*.

O campo *action* define as condições sob as quais o processo é executado. A Tabela 1.1 lista todos os valores de ação válidos e o significado de cada um.

Tabela 1.1 Valores de ação válidos.

Ação	Significado
Boot	Executa quando o sistema inicializa. Ignora o nível de execução.
Bootwait	Executa quando o sistema inicializa e o init espera o processo terminar. São ignorados os níveis de execução.
Ctrlaltdel	Executa quando Ctrl+Alt+Del é pressionado, que passa o sinal SIGINT para o init. São ignorados os níveis de execução.
Initdefault	Não executa um processo. Especifica o nível de execução default.
Kbrequest	Executa quando init recebe um sinal do teclado. Isto requer que uma combinação de teclas esteja mapeada para KeyBoardSignal.
Off	Incapacita a entrada, assim o processo não é executado.
Once	Executa uma vez para todos os níveis de execução.
Ondemand	Executa quando o sistema entra em um dos níveis de execução especiais A, B ou C.
Powerfail	Executa quando o init recebe o sinal SIGPWR.
Powerokwait	Executa quando o init recebe o sinal SIGPWR e o arquivo /etc/powerstatus contém a palavra OK.
Powerwait	Executa quando o init recebe o sinal SIGPWR O init espera que o processo termine antes de continuar.
Respawn	Reinicia o processo sempre que ele termina.
sysinit	Executa antes de qualquer processo boot ou bootwait.
wait	Executa o processo ao entrar no modo de execução. e o init espera o processo terminar antes de continuar. .

O último campo em uma entrada inittab é o campo de processo. Contém o processo a ser executado pelo init . O processo aparece no formato exato que é usado para ser executado a partir da linha de comando. Portanto, o campo de processo começa com o nome do processo que será executado, seguido dos argumentos que serão passados a este processo. Por exemplo, /sbin/shutdown - t3 -r now, que é o processo executado quando Ctrl+Alt+Del for pressionado, é o mesmo comando que pode ser digitado no prompt shell para reiniciar o sistema.

Entradas de propósito especial

Usando o que você aprendeu sobre a sintaxe do arquivo inittab, dê uma olhada no exemplo da Listagem 1.4. Você pode ignorar a maior parte do arquivo; mais da metade dele consiste de comentários. Muitas das outras linhas são entradas que são usadas apenas por funções especiais:

- A entrada id define o nível de execução default, que normalmente é 3 para um console de texto ou 5 para um console X.
- A entrada ud chama o processo /sbin/update, que limpa o buffer de E/S antes da E/S de disco iniciar para proteger a integridade dos discos.
- As entradas pf, pr e ca são invocadas apenas por interrupções especiais.

AVISO Alguns administradores são tentados a mudar a entrada ca para eliminar a capacidade de reiniciar o sistema com a saudação de três dedos. Esta não é uma idéia ruim para sistemas de servidor, mas não o faça para sistemas de desktop. Os usuários precisam ter um método para forçar uma paralisação elegante quando as coisas derem errado. Se estiver desabilitado, o usuário poderia recorrer ao interruptor de energia, o que pode resultar em perda de dados e outros problemas de disco.

Seis linhas no arquivo inittab iniciam - e quando necessário, reiniciam - os processos getty que fornecem serviços de terminal virtual. Um exemplo da Listagem 1.4 os explica:

```
3:2345:respawn:/sbin/mingetty  tty3
```

O campo de rótulo contém um 3, que é o sufixo numérico do dispositivo tty3 para o qual o processo está anexado. Este getty é iniciado para níveis de execução 2, 3, 4 e 5. Quando o processo termina (por exemplo, quando um usuário termina a conexão ao dispositivo), o processo é imediatamente reiniciado pelo init.

O pathname (nome de caminho) do processo que será iniciado é /sbin/mingetty. O Red Hat usa o mingetty, que é uma versão mínima de getty especificamente projetado para suporte de terminal virtual. Em um sistema Caldera 2.2, o pathname seria /sbin/getty com a opção de linha de comando VC, que informa o getty que está servindo um terminal virtual. Porém, o resultado seria o mesmo: iniciar um processo de serviço de terminal virtual para tty3. Todo nível de execução que aceita entrada de terminal usa getty. O nível de execução 5 tem uma entrada adicional no arquivo inittab para iniciar um terminal X:

```
x:5:respawn:/etc/X11/prefdm  -nodaemon
```

Esta linha inicia - e quando necessário, reinicia - a aplicação X usada para o logon de console baseado em X requerido pelo nível de execução 5.

Cada linha no arquivo inittab manipula alguma tarefa importante. Porém, o verdadeiro coração do arquivo inittab consiste das sete linhas que seguem o comentário "System initialization" (inicialização de sistema) próximo ao começo do arquivo inittab (veja a Listagem 1.4). Elas são as linhas que invocam os scripts de inicialização. O primeiro destes é a entrada si:

```
si::sysinit:/etc/rc.d/rc.sysinit
```

Esta entrada informa ao init para inicializar o sistema executando o script de inicialização localizado em /etc/rc.d/rc.sysinit. Este script, como todos os scripts de inicialização, é um arquivo executável que contém comandos shell do Linux. Note que a entrada mostra o caminho completo para o script de inicialização. Uma das reclamações mais comuns sobre distribuições Linux diferentes é que os arquivos-chave são armazenados em locais diferentes no sistema de arquivos. Não se preocupe em memorizar estas diferenças - apenas olhe o arquivo /etc/inittab. Ele lhe informa onde exatamente os scripts de inicialização estão localizados.

As seis linhas que seguem a entrada si em inittab são usadas para invocar os scripts de inicialização para cada nível de execução. Com exceção do nível de execução envolvido, cada linha é idêntica:

```
l5:5:wait:/etc/rc.d/rc   5
```

Esta linha inicia todos os processos e serviços necessários para fornecer o suporte multiusuário completo definido pelo nível de execução 5. O rótulo é l5, que é simbólico ao nível 5. O nível de execução é, óbvio, 5. O init está direcionado a esperar até que o script de inicialização termine antes de entrar em quaisquer outras entradas no arquivo inittab que se relacionem ao nível de execução 5. O init executa o script /etc/rc.d/rc, e passa a este script o argumento de linha de comando 5.

Scripts de inicialização

Qualquer coisa que pode ser executada de um prompt shell pode ser armazenada em um arquivo e ser executada como um script shell. Administradores de sistemas usam esta capacidade para automatizar todos os tipos de processos; oLinux usa esta capacidade para automatizar a inicialização de serviços de sistema. Dois tipos principais de script são usados: o script de *inicialização de sistema* e o script de *inicialização de nível de execução*.

Inicialização do sistema

O script de inicialização do sistema executa primeiro. Em um sistema Red Hat, este é um script único chamado /etc/rc.d/rc.sysinit. Outras distribuições Linux podem usar um nome de arquivo diferente, mas todas as versões de Linux usam arquivos de script para inicializar o

Capítulo 1 – O processo de inicialização | **25**

sistema. O script rc.sysinit executa muitas tarefas de inicialização de sistema essenciais, como preparar a rede e o sistema de arquivos para uso.

O script rc.sysinit começa a inicialização de rede lendo o arquivo /etc/sysconfig/network que contém vários valores de configuração de rede ajustados durante a instalação inicial. Se o arquivo não for encontrado, a rede está desabilitada. Se for encontrado, o script atribui ao sistema o nome de host armazenado lá.

O script de inicialização executa muitas tarefas pequenas, mas importantes, como acertar o relógio do sistema, aplicar qualquer mapa de teclado e iniciar o suporte USB e PnP. Porém, a importância do script é preparar o sistema de arquivos para o uso. O script ativa o arquivo de troca que é necessário antes do espaço de troca ser usado. O script rc.sysinit também executa a verificação do sistema de arquivo, usando o comando fsck para verificar a estrutura e integridade do sistema de arquivos do Linux. Se um erro de sistema de arquivo for encontrado, o fsck simplesmente não pode reparar. O processo de inicialização pára, e o sistema reinicia em modo monousuário. Você então tem que executar o fsck manualmente, e reparar os problemas de disco por si mesmo. Quando você terminar os reparos, encerre o shell do modo monousuário. O sistema tentará reiniciar o processo de inicialização interrompido de onde partiu.

O script de inicialização monta o sistema de arquivo /proc e, depois que o fsck completa, monta o sistema de arquivo raiz como leitura e gravação. Veja que o sistema de arquivo raiz estava inicialmente montado como somente leitura. O raiz deve ser remontado como leitura e gravação antes de o sistema poder ser usado. O script também monta outros sistemas de arquivos locais listados no arquivo /etc/fstab. (O arquivo fstab é descrito no Capítulo 9, "Compartilhar arquivo".) O script rc.sysinit acaba carregando os módulos carregáveis de kernel.

Outros scripts de inicialização podem parecer diferentes do Red Hat, mas eles executam funções bem parecidas. A ordem pode ser diferente, mas as funções principais são as mesmas: inicializar o arquivo de troca, e verificar e montar o sistema de arquivos local.

Inicialização do nível de execução

Depois que o script de inicialização de sistema tiver executado, o init executa um script para o nível de execução específico. Em sistemas Red Hat, Mandrake e Caldera, isto é feito executando um script de controle e passando o número do nível de execução a ele. O script de controle, /etc/rc.d/rc, então executa todos os scripts que são apropriados ao nível de execução. Faz isto executando os scripts que estão armazenados no diretório /etc/rc*n.d* onde *n* é o nível de execução especificado. Por exemplo, se ao script rc for passado um 5, executa os scripts encontrados no diretório /etc/rc.d/rc5.d. Uma listagem deste diretório de um sistema Red Hat mostra que há muitos scripts:

Listagem 1.5 Scripts de inicialização do nível de execução.

```
$ ls /etc/rc.d
init.d   rc0.d rc2.d rc4.d rc6.d rc.sysinit
rc       rc1.d rc3.d rc5.d rc.local
$ ls /etc/rc.d/rc3.d
K03rhnsd      K35smb      K74ntpd    S05kudzu    S25netfs      S85httpd
```

26 | Linux: servidores de rede

```
K16rarpd      K45arpwatch  K74ypserv  S06reconfig  S26apmd       S90crond
K20nfs        K45named     K74ypxfrd  S08ipchains  S28autofs     S90xfs
K20rstatd     K50snmpd     K75gated   S09isdn      S40atd        S95anacron
K20rusersd    K50tux       K84bgpd    S10network   S55sshd       S99linuxconf
K20rwalld     K55routed    K84ospf6d  S12syslog    S56rawdevices S99local
K20rwhod      K61ldap      K84ospfd   S13portmap   S56xinetd
K28amd        K65identd    K84ripd    S14nfslock   S60lpd
K34yppasswdd  K73ypbind    K84ripngd  S17keytable  S80sendmail
K35dhcpd      K74nscd      K85zebra   S20random    S85gpm
```

Os scripts que começam com um K são usados para matar processos ao encerrar um nível de execução específico. Na Listagem 1.5, os scripts K são usados ao terminar o nível de execução 5. Os scripts que começam com um S são usados ao iniciar o nível de execução 5. Nenhum dos itens em rc5.d, porém, realmente é um script de inicialização. Eles são links lógicos aos verdadeiros scripts, que estão localizados no diretório etc/rc.d/init.d. Por exemplo, S80sendmail está ligado a /etc/init.d/sendmail. Isto levanta a pergunta por que os scripts são executados no diretório rc5.d, em vez de diretamente de init.d, onde eles realmente estão. As razões são simples. Os mesmos scripts são necessários para vários níveis de execução diferentes. Usando links lógicos, os scripts podem estar armazenados em um lugar e ainda podem ser acessados por todo nível de execução do diretório usado por este nível de execução. Adicionalmente, a ordem na qual os scripts são executados é controlada pelo nome do script.

Os scripts são executados em ordem alfabética, baseados no nome. Assim, S10network é executado antes de S80sendmail. Isto permite ao sistema controlar, por uma simples convenção de nome, a ordem na qual são executados os scripts. Níveis de execução diferentes podem executar os scripts em ordens diferentes, enquanto permitindo os verdadeiros scripts em init.d ter nomes simples e descritivos. A Listagem 1.6 mostra os nomes de script verdadeiros no diretório init.d:

Listagem 1.6 Os arquivos de script de *init.d.*

```
$ ls init.d
amd        functions  kdcrotate  network   rarpd       rwalld    xfs
anacron    gated      keytable   nfs       rawdevices  rwhod     xinetd
apmd       gpm        killall    nfslock   reconfig    sendmail  ypbind
arpwatch   halt       kudzu      nscd      rhnsd       single    yppasswdd
atd        httpd      ldap       ntpd      rhnsd       smb       ypserv
autofs     identd     linuxconf  ospf6d    ripngd      snmpd     ypxfrd
bgpd       ipchains   lpd        ospfd     routed      sshd      zebra
crond      iptables   named      portmap   rstatd      syslog
dhcpd      isdn       netfs      random    rusersd     tux
```

Vários destes scripts são claramente de interesse de administradores de servidores de rede:

- O script httpd inicia o servidor de web.
- O script xinet inicia o daemon Extended Internet (xinetd).
- O script named inicia o servidor de nome DNS.
- O script nfs inicia o servidor de arquivo NFS.
- sendmail inicia o servidor de e-mail.

Capítulo 1 – O processo de inicialização | **27**

É útil saber onde estes serviços realmente iniciam no caso de algo dar errado. Todos estes scripts podem ser importantes ao diagnosticar um problema de rede.

Controlando os scripts

Você pode controlar quais scripts são executados e a ordem na qual eles são executados mudando diretamente os links lógicos no diretório do nível de execução, mas esta não é a melhor maneira. É mais fácil controlar scripts de inicialização usando uma ferramenta especificamente projetada para este propósito. Sistemas Red Hat usam o comando chkconfig, que é uma ferramenta de linha de comando baseada no programa chkconfig IRIX da Silicon Graphics da versão Unix. A versão Linux tem algumas melhorias, como a capacidade de controlar quais níveis de execução os scripts executam. A opção —list do comando chkconfig exibe as configurações atuais:

```
[root]# chkconfig —list named
named 0:off 1:off 2:off 3:on 4:on 5:on 6:off
```

Este exemplo mostra a estrutura de uma linha de comando de chkconfig. chkconfig é o comando, —list é a opção, e named é o nome de um arquivo de script encontrado no diretório init.d. É o arquivo de script que o comando afeta.

Para habilitar ou incapacitar um script para um nível de execução específico, especifique o nível de execução com a opção —level, seguida pelo nome do script que você quer controlar e a ação que você quer tomar, on para habilitar o script ou off para incapacitá-lo. Por exemplo, para incapacitar named para o nível de execução 5, digite o seguinte:

```
[root]# chkconfig —level 5 named off
[root]# chkconfig —list named
named 0:off 1:off 2:off 3:on 4:on 5:off 6:off
```

chkconfig lê os comentários no arquivo script init.d para determinar os níveis de execução nos quais o script está executando por padrão, e para obter as informações necessárias para criar os links lógicos corretos no diretório de nível de execução. Estas informações devem ser encontradas no arquivo do script em um comentário que contém a palavra-chave chkconfig. Aqui está um exemplo do script ipchains:

```
[root]# grep chkconfig ipchains
# chkconfig: 2345 08 92
```

Neste comentário, a palavra-chave chkconfig é seguida por três valores:

- Primeiro, a lista de níveis de execução nas quais este script é executado por default. Aqui, a lista contém quatro níveis de execução (2, 3, 4 e 5). Se o script não estiver executando por default em qualquer nível de execução, este campo contém um traço (-).
- Depois, o prefixo numérico usado para nomear o link lógico ao arquivo de script usado durante a inicialização. Aqui, o prefixo numérico usado para inicializar é 08. Então, o link colocado no diretório de nível de execução será denominado como S08ipchains.

- Finalmente, o prefixo numérico usado para nomear o link lógico ao arquivo de script durante a paralisação. Aqui, o prefixo numérico usado para a paralisação é 92. Então, o link colocado no diretório de nível de execução será denominado como K92ipchains.

Editar o comentário de chkconfig no script no diretório init.d muda os valores que chkconfig usa para criar os links. Porém, isto não é necessário. Os valores selecionados pelo Red Hat optam por assegurar que os serviços iniciem na ordem apropriada. A única vez que você pode precisar ajustar estes valores é quando escrever seu próprio script de inicialização para um serviço personalizado.

chkconfig é usado em Red Hat e vários outros sistemas Linux. Porém, não é a única ferramenta extensamente usada para controlar scripts. tksysv, o SYSV Runlevel Manager, está disponível em várias distribuições; e executa sob X Windows. A Figura 1.2 mostra a janela do SYSV Runlevel Manager.

O SYSV Runlevel Manager lista todos os scripts de inicialização disponíveis, bem como os scripts que estão sendo atualmente usados por cada nível de execução. Cada nível de execução tem uma coluna da exibição que é dividida em scripts Start (iniciar) e Stop (parar). Estas categorias correspondem ao scripts S e K nos diretórios. Usando a simples interface visual de tksysv, você pode acrescentar scripts a um nível de execução da lista de scripts disponíveis, ou apagar scripts de um nível de execução. Você pode até mesmo selecionar um script da lista de scripts disponíveis e executá-lo em tempo real para iniciar um serviço sem reiniciar.

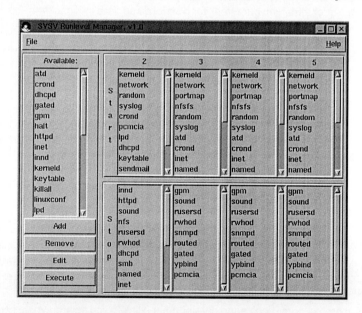

Figura 1.2 A janela de SYSV Runlevel Manager.

O script *rc.local*

Geralmente, você não edita diretamente os scripts de inicialização. A exceção para esta regra é o script rc.local localizado no diretório /etc/rc.d. É o arquivo de inicialização personalizável, e está reservado para seu uso; você pode pôr qualquer coisa que queira lá. Depois que o script de inicialização de sistema e os scripts de nível executam, o sistema executa rc.local. Como é executado por último, os valores que você ajustou no script rc.local não são sobrescritos por outro script.

Se você acrescentar software de terceiros que precisam ser iniciados no momento da inicialização, coloque o código para iniciá-lo no script rc.local. Adicionalmente, se algo não for instalado ou configurado corretamente pelo processo de instalação, pode ser configurado manualmente em rc.local.

Módulos carregáveis

Módulos carregáveis são pedaços de código objeto que podem ser carregados em um kernel em execução. Este é um recurso muito poderoso. Permite ao Linux acrescentar os drivers de dispositivo a um sistema Linux corrente em tempo real. Isto significa que o sistema pode inicializar um kernel de Linux genérico e então adicionar os drivers necessários para o hardware em um sistema específico. O hardware fica imediatamente disponível sem reiniciar o sistema.

Normalmente, você tem muito pouco envolvimento com módulos carregáveis. Em geral, o sistema detecta seu hardware e determina os módulos corretos durante a instalação inicial. Mas nem sempre. Às vezes, o hardware não é detectado durante a instalação e, em outras vezes, o hardware novo é acrescentado a um sistema em execução. Para controlar estas coisas, você precisa saber trabalhar com módulos carregáveis.

Como listar os módulos carregáveis

Use o comando lsmod para verificar quais módulos estão carregados em seu sistema. A Listagem 1.7 mostra um exemplo:

Listagem 1.7 Listando os módulos carregáveis.

```
$ lsmod
Module          Size    Used by
ide-cd          27072   0       (autoclean)
cdrom           28512   0       (autoclean)   [ide-cd]
soundcore       4464    0       (autoclean)
parport_pc      14768   1       (autoclean)
lp              6416    0       (autoclean)
parport         25600   1       (autoclean)   [parport_pc  lp]
autofs          11520   0       (autoclean)   (unused)
smc-ultra       5792    1
8390            6752    0       [smc-ultra]
nls_iso8859-1   2832    1       (autoclean)
nls_cp437       4352    1       (autoclean)
```

30 | *Linux: servidores de rede*

```
vfat           9584    1    (autoclean)
fat           32384    0    (autoclean)    [vfat]
ext3          64624    3
jbd           40992    3    [ext3]
```

Módulos carregáveis executam uma variedade de tarefas. Alguns módulos são drivers de dispositivo de hardware, como o módulo smc-ultra para a placa Ethernet SMC Ultra. Outros módulos fornecem suporte para o vasto conjunto de sistemas de arquivos disponíveis no Linux, como o sistema de arquivo ISO8859 usado em CD-ROMs ou o sistema de arquivo FAT de DOS com suporte para nome de arquivo longo (vfat).

Cada entrada na listagem produzida pelo comando lsmod começa com o nome do módulo, seguido pelo tamanho do módulo. Como indica o campo de tamanho, os módulos são pequenos. Normalmente, eles trabalham juntos para realizar o trabalho. Os inter-relacionamentos de módulos são chamados de *dependências de módulo*, que são uma parte importante de administrar módulos corretamente. A listagem lhe informa quais módulos dependem de outros módulos. Em nosso exemplo, o driver smc-ultra depende do módulo 8390. Você pode dizer isso da entrada 8390, mas não da entrada smc-ultra. A entrada 8390 lista os módulos que dependem dela sob o título Used by (usados por).

A maioria das linhas da Listagem 1.7 contém a palavra autoclean. Isto significa que um módulo pode ser automaticamente removido da memória se não for usado. autoclean é apenas uma das opções de módulo. Você pode selecionar opções diferentes ao carregar módulos manualmente.

Manutenção manual dos módulos

Os módulos podem ser carregados manualmente usando o comando insmod. Este comando é muito direto - é apenas o comando e o nome do módulo. Por exemplo, para carregar o driver de dispositivo 3c509, digite **insmod 3c509**. Isto não instala o módulo com a opção autoclean. Se você quiser que este driver seja removido da memória quando não estiver em uso, adicione a opção -k ao comando insmod, e digite **insmod -k 3c509**.

Uma limitação do comando insmod é que ele não entende dependências de módulo. Se você o usasse para carregar o módulo smc-ultra, ele não carregaria automaticamente o módulo 8390 requerido. Por isto, modprobe é o melhor comando para carregar módulos manualmente. Como com o comando insmod, a sintaxe é simples. Para carregar o driver smc-ultra, simplesmente digite **modprobe smc-ultra**.

O modprobe lê o arquivo de dependências de módulos que é produzido pelo comando depmod. Sempre que o kernel ou as bibliotecas de módulo forem atualizados, execute depmod para produzir um arquivo novo contendo as dependências de módulo. O comando depmod -a procura todas as bibliotecas de módulos padrão e cria o arquivo necessário. Depois de ser executado, você pode usar modprobe para instalar qualquer módulo e ter os outros módulos de que ele depende instalados automaticamente.

Use o comando rmmod para remover módulos desnecessários. Novamente, a sintaxe é simples; rmmod appletalk remove o driver appletalk de seu sistema.

Estes comandos de manutenção manual limitaram a utilidade em um sistema em execução, devido as coisas corretas serem normalmente feitas pelo Linux sem qualquer intervenção sua. Por exemplo, eu inicializei um sistema pequeno em minha rede doméstica, e imediatamente executei lsmod. Eu vi desta listagem que tinha instalado appletalk e ipx, e soube que não precisava de qualquer um dos dois. Digitei **rmmode appletalk**, mas a mensagem devolvida foi rmmod: module appletalk not loaded, porque o sistema já tinha removido este módulo desnecessário mais rápido do que eu pudesse digitar o comando. Adicionalmente, tentar remover um comando que está atualmente ativo devolve a mensagem Device or resource busy. Por estas razões, eu raramente precisei usar o comando rmmod em um sistema operacional.

Resumo

Este capítulo viu um servidor de rede e seu poder operacional completo. Nós fomos do BIOS da ROM para o carregador de inicialização Linux, para a inicialização de kernel para processo init e, finalmente, para os scripts de inicialização. Todas estas coisas desempenham um papel importante na inicialização do sistema, e todas elas podem ser configuradas por você.

Muitos sistemas operacionais escondem os detalhes da inicialização, supondo que o administrador será confundido pelas mensagens. O Linux não esconde nada. Aceita o fato de que, no final das contas, você está no controle deste processo, e você pode exercitar muito ou pouco este controle, como quiser. Você pode modificar o comportamento do kernel com entrada de prompt de inicialização, e controlar o comportamento do carregador Linux pelo arquivo lilo.conf ou o arquivo grub.conf. Você configura o processo init pelo arquivo inittab e controla serviços de sistema pelos scripts de inicialização. Todos estes arquivos de configuração são arquivos de texto que estão completamente sob seu controle.

Diferente do arquivo rc.local, você raramente mudará os arquivos discutidos neste capítulo. Mas quando você precisar ajustar ou depurar algo, é bom saber onde e quando as coisas acontecem no processo de inicialização. Conhecimento é uma coisa boa, até mesmo se você só usá-lo para assegurar que seus contratantes de suporte sabem sobre o que estão falando.

Uma parte importante de conhecimento adquirida deste capítulo é a compreensão de como a inicialização realmente funciona. Debaixo de todas as ferramentas diferentes fornecidas por todas as distribuições Linux diferentes há um processo de inicialização que tem muitas semelhanças. Saber onde os arquivos estão armazenados, que iniciam e configuram serviços de rede críticos é uma informação muito valiosa para qualquer administrador de rede, particularmente quando as coisas derem errado. No próximo capítulo, "A interface de rede", nós iremos a fundo no processo que configura a interface de rede do servidor.

2

A interface de rede

Nada é mais básico para a configuração de rede do que a interface que o sistema usa para se conectar à rede. Na maioria dos servidores Linux, a interface de rede é uma placa Ethernet. Sistemas Linux, contudo, não estão limitados a usar Ethernet para acesso de rede. Há vários tipos de interfaces de rede. Uma interface de rede extensamente usada é a porta serial do computador. O Linux fornece suporte excelente para comunicações de linha serial, incluindo uma ampla faixa de ferramentas para executar TCP/IP sobre uma linha serial que usa o Point-to-Point Protocol (protocolo de ponto a ponto) (PPP).

Este capítulo começa a discussão de como configurar um sistema Linux como um servidor de rede olhando como as interfaces são instaladas e configuradas. Nós começamos com a interface Ethernet, que é a interface de rede TCP/IP mais popular, e então vamos discutir como a interface serial é usada para comunicações de dados. Finalmente, este capítulo cobre como o software PPP é configurado para tornar a porta serial uma interface de rede TCP/IP.

Configurando uma interface Ethernet

Uma interface Ethernet do Linux é composta de uma placa adaptadora de hardware e um driver de software. Há muitas marcas e modelos de placas Ethernet possíveis. Selecione uma placa que esteja listada em "The Linux Hardware Compatibility HOWTO" de Patrick Reijnen, ou listada entre o hardware aprovado no site da web de seu revendedor Linux. Quando encontrar uma placa que funciona bem para você, fique com ela até que tenha uma boa razão para mudar.

Drivers Ethernet carregáveis

O software da interface Ethernet é um driver de kernel. O driver pode ser compilado no kernel ou carregado como um módulo carregável, que é a maneira mais comum de instalar um driver Ethernet. Em um sistema Red Hat, os drivers carregáveis são encontrados no diretório /lib/modules/*release*/kernel/drivers/net, no qual *release* é o número da versão do kernel. Uma listagem do diretório de drivers de dispositivo de rede encontrados em um sistema Red Hat 7.2 é mostrada na Listagem 2.1.

Listagem 2.1 Drivers carregáveis de dispositivos de rede.

```
$ cd /lib/modules/2.4.7-10/kernel/drivers/net
$ ls *.o
3c501.o              at1700.o        eepro100.o      ne2k-pci.o      slhc.o
3c503.o              atp.o           eepro.o         ne3210.o        slip.o
3c505.o              bonding.o       eexpress.o      ne.o            smc-ultra32.o
3c507.o              bsd_comp.o      epic100.o       ni5010.o        smc-ultra.o
3c509.o              cs89x0.o        eql.o           ni52.o          starfire.o
3c515.o              de4x5.o         es3210.o        ni65.o          strip.o
3c59x.o              de600.o         eth16i.o        ns83820.o       sundance.o
8139too.o            de620.o         ethertap.o      pcnet32.o       sungem.o
82596.o              defxx.o         ewrk3.o         plip.o          sunhme.o
8390.o               depca.o         hamachi.o       ppp_async.o     tlan.o
ac3200.o             dgrs.o          hp100.o         ppp_deflate.o   tun.o
acenic.o             dl2k.o          hp.o            ppp_generic.o   via-rhine.o
aironet4500_card.o   dmfe.o          hp-plus.o       ppp_synctty.o   wavelan.o
aironet4500_core.o   dummy.o         lance.o         rcpci.o         wd.o
aironet4500_proc.o   e1000.o         lne390.o        sb1000.o        winbond-840.o
arlan.o              e100.o          lp486e.o        shaper.o        yellowfin.o
arlan-proc.o         e2100.o         natsemi.o       sis900.o
```

Os drivers de dispositivo de rede carregáveis disponíveis neste sistema estão listados aqui. Alguns, como ppp_async.o e plip.o, não são dispositivos Ethernet. A maioria é facilmente identificável como drivers Ethernet, como os drivers 3COM, os drivers SMC, os drivers NE2000 e os drivers Ethernet Express.

O sistema Linux detecta o hardware Ethernet durante a instalação inicial, e instala o driver apropriado. Normalmente, este é um processo completamente automático, que não requer nenhuma contribuição do administrador de sistema, mas nem sempre. Às vezes, os adaptadores Ethernet não são detectados pela instalação inicial. Outras vezes, o adaptador é adicionado depois da instalação inicial ou um adaptador tem uma configuração que não é padrão e que deve ser comunicada ao driver de dispositivo. Em ocasiões raras, o próprio driver de dispositivo está incorreto e precisa ser substituído. Quando estas coisas acontecerem, os usuários virão a você para ajuda.

Em geral, quando o sistema reinicia, o hardware recentemente instalado é configurado pelo programa de detecção de hardware fornecido pelo revendedor Linux. Em sistemas Red Hat, o programa de detecção de hardware é o kudzu. Ele sonda o sistema e cria o arquivo de configuração /etc/sysconfig/hwconf. O arquivo é criado pelo kudzu na inicialização do sistema inicial. Todas as execuções subseqüentes de kudzu sondam o sistema e comparam os resultados a estes encontrados no arquivo hwconf. Uma nova

Capítulo 2 – A interface de rede | **35**

configuração só é criada se uma parte nova de hardware for descoberta e já não estiver no arquivo hwconf. A Listagem 2.2 é um trecho do arquivo hwconf que contém uma configuração de placa Ethernet.

Listagem 2.2 Uma configuração de placa Ethernet criada por *kudzu*.

```
-
class:  NETWORK
bus:  ISAPNP
detached:  0
device:  eth
driver:  smc-ultra
desc:  "SMC  EtherEZ  (8416):Unknown"
deviceId:  SMC8416
pdeviceId:  SMC8416
native:  1
active:  0
cardnum:  0
logdev:  0
io:  0x200
dma:  0,0
-
```

Não edite o arquivo hwconf. Colocar uma entrada manualmente neste arquivo não configura apropriadamente o hardware que não foi detectado por kudzu. Se o hardware recentemente instalado não for detectado, crie um arquivo vazio denominado reconfigSys no diretório /etc, como segue:

```
#  touch  /etc/reconfigSys
```

Então, reinicie o sistema. Esta sinalização faz o sistema Red Hat reexecutar o poderoso programa de configuração de hardware anaconda, que é usado durante a instalação inicial do Red Hat. Os leitores com uma experiência de Sun Solaris estão familiarizados com esta técnica. É quase idêntica ao modo como uma reconfiguração é forçada em um sistema Solaris. A maioria dos sistemas tem alguma técnica para forçar uma sondagem do hardware.

Se o adaptador Ethernet não for detectado durante a instalação de sistema operacional, através de kudzu ou por anaconda, você pode carregar manualmente o driver de dispositivo usando o comando modprobe descrito no Capítulo 1 "O processo de inicialização". Depois que o driver estiver instalado, também deve ser corretamente configurado.

Configurando um driver de dispositivo Ethernet

Na maioria dos casos, o sistema configura o driver de dispositivo de rede corretamente, sem qualquer ajuda do administrador de sistema. A maioria dos drivers sonda a placa para detectar a configuração correta. Adicionalmente, os drivers Ethernet esperam que os adaptadores usem a configuração default do fabricante, e se eles o fizerem, nenhuma mudança de configuração é necessária. Mas estas técnicas nem sempre funcionam. Quando acontecer do driver não reconhecer os parâmetros de configuração do adaptador Ethernet, estes podem ser passados ao kernel através do prompt de inicialização (como descrito no Capítulo 1) para os drivers que são compilados no kernel. Ajustes da configuração opcionais podem ser passados aos drivers Ethernet de módulo carregável usando o comando insmod. Por exemplo, o comando insmod que informa ao driver smc-ultra.o que use IRQ 10 e endereço de porta E/S 340 é

```
insmod  smc-ultra.o  io=0x340  irq=10
```

Adicionalmente, a maioria das distribuições fornece ferramentas para simplificar o ajuste de configuração de hardware de drivers de dispositivo Ethernet. A Figura 2.1 mostra a ferramenta Network Configuration (configuração de rede) que o Red Hat fornece. Na Figura 2.1, nós usamos a ferramenta para configurar o software TCP/IP. Selecionando a aba Hardware, nós poderíamos ter usado a ferramenta Network Configuration para ajustar o endereço de porta E/S e o IRQ para o driver de dispositivo Ethernet.

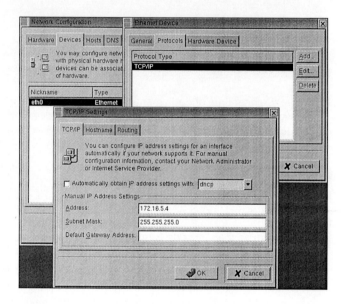

Figura 2.1 A ferramenta Network Configuration de Red Hat.

Não é necessário criar uma configuração personalizada para o driver se a placa usa a configuração default do fabricante, ou se o driver pode detectar a configuração correta. Conflitos de configuração são um problema apenas com adaptadores mais antigos. A configuração manual de hardware é necessária somente em raras circunstâncias .

Compilando um driver de dispositivo novo

Um problema até mesmo mais raro para um adaptador Ethernet é um driver de dispositivo ruim ou perdido. É possível obter hardware que é tão novo que não há nenhum driver para o hardware incorporado à distribuição Linux. Isto, é claro, quebra uma das regras básicas de selecionar o hardware correto para um servidor: nunca usar hardware que não esteja listado na lista de compatibilidade de hardware do revendedor da distribuição Linux. É claro que, às vezes, nós quebramos as regras porque temos que ter o hardware mais recente, ou porque não temos a liberdade de escolher nosso próprio hardware.

Para um driver de dispositivo operar corretamente, deve ser compilado com as bibliotecas corretas para seu kernel. Às vezes, isto significa carregar o código-fonte de driver e compilá-lo você mesmo em seu sistema.

O código-fonte para muitos drivers Ethernet para Linux pode ser encontrado em www.scyld.com, que também tem instruções completas para compilar cada driver Ethernet. Muitos drivers Ethernet dependem de outros módulos, como pci_scan.c que também deve ser carregado. Para simplificar isto, www.scyld.com também armazena os arquivos-fonte do driver no formato RPM Package Manager (SRPM). O RPM Package Manager é usado repetidamente ao longo deste livro, como uma maneira de simplificar a instalação de software.

Depois do hardware de adaptador e o driver de dispositivo estarem instalados, a interface Ethernet pode ser usada por vários protocolos de rede diferentes. Pode executar protocolos NetWare ou, como descrito no Capítulo 9, "Compartilhando arquivos", pode executar o protocolo Server Message Block (SMB). Ambos são úteis, mas o protocolo de rede principal usado em sistemas Linux é o TCP/IP. Na próxima seção, nós configuramos a interface Ethernet para TCP/IP.

O comando *ifconfig*

O comando ifconfig atribui valores de configuração de TCP/IP para interfaces de rede. Vários valores podem ser ajustados com este comando, mas apenas alguns são realmente necessários: o endereço IP, a máscara de rede e o endereço de broadcast. Suponha que nós temos uma rede que usa o endereço de rede privado 172.16.0.0 com uma máscara de subrede 255.255.255.0. Mais adiante, suponha que nós precisamos configurar um sistema denominado robin.foobird.org que tem atribuído o endereço 172.16.5.4. O comando ifconfig para configurar esta interface é

```
ifconfig  eth0    172.16.5.4  netmask  255.255.255.0  \
          broadcast  172.16.5.255
```

NOTA O endereço de rede 172.16.0.0, que é usado como um exemplo neste livro, não pode ser usado para rotear dados pela Internet. É um número de rede privado, que é posto de lado para uso em redes privadas.

O endereço IP

O endereço IP é um endereço de software específico para o TCP/IP. Cada dispositivo na rede tem um endereço único, até mesmo se a rede for tão grande quanto a Internet global. No exemplo anterior, o comando ifconfig atribui o endereço IP 172.16.5.4 para a interface Ethernet eth0. Você tem que definir um endereço IP para toda interface, manualmente ou

38 | *Linux: servidores de rede*

pelo uso de um servidor DHCP, porque a rede TCP/IP é independente do hardware subjacente, o que significa que o endereço IP não pode ser derivado do hardware de rede.

Esta abordagem tem vantagens e desvantagens, e é diferente da abordagem de endereço usada por algumas outras redes. NetBIOS usa o endereço de hardware Ethernet como seu endereço, e o IPX da NetWare incorpora o endereço Ethernet no endereço de NetWare. Usar o endereço que está disponível no hardware torna estes sistemas simples de configurar porque o administrador de sistema não precisa estar preocupado ou instruído sobre endereços de rede. Mas estes sistemas são dependentes do endereço Ethernet subjacente, tornando-os difíceis ou impossíveis de executar em redes globais. TCP/IP é mais difícil de configurar, mas tem o poder de funcionar em uma rede global.

O argumento *netmask* - O endereço IP inclui uma porção de rede que é usada para rotear o pacote pela Internet e uma porção de host que é usada para entregar o pacote a um computador quando alcançar a rede de destino. O argumento netmask identifica quais partes no endereço IP representam a rede, e quais partes representam o host. Se nenhuma netmask (máscara de rede) estiver definida, o endereço é dividido de acordo com as antigas regras de classe de endereço. Na verdade, estas regras dizem o seguinte:

- Se o primeiro byte for menor que 128, use os primeiros oito bits para a rede e os próximos 24 bits para o host.

- Se o valor do primeiro byte for de 128 a 191, use os primeiros 16 bits para a rede e os últimos 16 bits para o host.

- Se o valor do primeiro byte for de 192 a 223, use os primeiros 24 bits para a rede e os últimos oito bits para o host.

- Endereços com um primeiro byte que é maior que 223 não são atribuídos a interfaces de hardware de rede.

Com exceção da última, estas regras são usadas somente se você não fornecer um argumento netmask. Use netmask com o comando ifconfig para definir a estrutura de endereço que você quer. As classes de endereço antigas não fornecem muita flexibilidade para definir endereços. Três classes de endereço provaram ser inadequadas para controlar o número enorme de endereços na Internet e a diversidade incrível de necessidades das redes diferentes que se conectam à Internet. A solução são *endereços de IP sem classe*. Endereço sem classe trata um endereço de IP como 32 bits, que podem ser divididos de qualquer foma em partes que indicam a rede e o host. A divisão de bits é controlada através da máscara de bit. Se um bit estiver "on" (ligado) na máscara (o bit é um um), o bit correspondente no endereço é um bit de rede. Se o bit estiver "off" (desligado) (o bit é um zero), o bit correspondente no endereço é um bit de host. Aqui está nosso comando ifconfig de exemplo novamente:

```
ifconfig eth0    172.16.5.4 netmask  255.255.255.0 \
      broadcast  172.16.5.255
```

Pelas regras de classes antigas, o endereço 172.16.5.4 definiria o host 5.4 na rede 172.16. O argumento netmask 255.255.255.0 informa que os primeiros 24 bits do endereço são a parte da rede, e que só os últimos oito bits são usados para definir o host. Com esta máscara, o endereço é interpretado como host 4 na rede 172.16.5.

Máscara de endereço, máscara de subrede ou máscara de rede?

Estes três termos, máscara de endereço, máscara de subrede e máscara de rede, são usados intercambiavelmente para recorrer à mesma coisa - a máscara de bit que é usada para determinar a estrutura de um endereço. Devido ao comando ifconfig usar a palavra-chave netmask para o argumento que define a máscara de bit na linha de comando, a documentação de ifconfig recorre a este valor como a máscara de rede. Então, o termo *máscara de rede* é extensamente usado pelos administradores de sistemas.

Todos os endereços IP têm uma máscara de bit associada porque precisam implementar endereços IP sem classe. Se sua empresa comprou um bloco oficial de endereços de uma agência externa, como ARIN, você recebeu um número de rede oficial e uma máscara de endereço com ele. Este par endereço/máscara define o espaço de endereço total disponível para sua empresa. Às vezes, uma empresa subdividirá seu espaço de endereço oficial para criar redes adicionais dentro daquela estrutura de endereço. Estas redes adicionais são usadas para simplificar a administração e o roteamento, e são criadas aumentando o número de bits de rede na máscara de endereço. Tradicionalmente, os administradores de rede chamam isto de *subrede*, e às vezes eles recorrem à máscara de endereço como uma *máscara de subrede*.

Do ponto de vista do servidor de rede individual, dá na mesma. A máscara é definida da mesma maneira no comando ifconfig, embora o nome que seja dado, *máscara de endereço*, *máscara de subrede* e *máscara de rede*, seja tudo a mesma coisa.

Mesmo quando a rede que você estiver trabalhando usar um endereço IP que se conforma às regras de classe, não permita à máscara de rede de padronizar o valor de classe. Sempre defina a máscara de rede na linha de comando. Endereçar é muito importante para deixar de aproveitar; tenha certeza de que você está no controle disto. Pela mesma razão, é útil definir o endereço de broadcast.

O endereço de broadcast

O *endereço de broadcast* é usado para enviar um pacote a todos os hosts de uma rede. O endereço de transmissão padrão é composto do endereço de rede e um endereço de host 255. Dada a declaração ifconfig previamente mostrada, o endereço de transmissão default é 172.16.5.255. Usar o endereço IP 172.16.5.4 e a máscara de rede 255.255.255.0 dá um endereço de rede 172.16.5.0. Acrescente a isto o endereço de host 255 para obter 172.16.5.255. Assim, por que eu defini o endereço de transmissão, ao invés de deixá-lo como default? Porque você pode ser pego de surpresa pelo endereço de broadcast default.

Você pode verificar a configuração de uma interface Ethernet usando o comando ifconfig só com o nome da interface como um argumento de linha de comando. Isto não muda qualquer valor de configuração; exibe os valores que já foram ajustados. Aqui está um exemplo:

```
# ifconfig eth0 172.16.5.4 netmask 255.255.255.0
# ifconfig eth0
eth0  Link encap:Ethernet  HWaddr  00:60:97:90:37:51
      inet addr:172.16.5.4  Bcast:172.16.255.255
         Mask:255.255.255.0
      UP BROADCAST RUNNING MULTICAST MTU:1500 Metric:1
```

```
RX  packets:319  errors:0  dropped:0  overruns:0
TX  packets:76  errors:0  dropped:0  overruns:0
Interrupt:3  Base  address:0x300
```

Neste exemplo nós configuramos a interface, mas não definimos o endereço de broadcast, esperando que o default seja exatamente o que queremos. Ao contrário, o default parece ignorar o argumento netmask, e cria um endereço de broadcast que estaria correto se nós usássemos as regras de classe de endereço antigas. Seja específico. Há vários arquivos e scripts envolvidos em ajustar a configuração de interface de rede durante a inicialização. A menos que seja específico sobre isto, você pode não conseguir a configuração que quer.

Configurando a interface para todas as inicializações

Os valores de configuração atribuídos pelo comando ifconfig não sobrevivem a inicialização. Para configurar a interface toda vez que o sistema inicializar, o comando ifconfig deve ser armazenado em um arquivo de inicialização. Normalmente, isto não requer nenhum esforço de sua parte. Configurar a interface de rede é uma parte básica da instalação do Linux.

Durante a instalação,o Linux detecta a interface de rede; e solicita o endereço, a máscara de endereço, o endereço de broadcast, e vários outros parâmetros relacionados à rede. O programa de instalação armazena estes valores no disco, onde eles são usados depois pelo comando ifconfig. O Slackware armazena os valores em /etc/rc.d/rc.inet1; Caldera, Mandrake e Red Hat armazenam os valores em /etc/sysconfig/network e /etc/sysconfig/network-scripts/ ifcfg.*interface*, onde *interface* é o nome da interface de rede, como ifcfg.eth0. Os scripts de inicialização fornecidos por estas distribuições então usam os valores para configurar a interface.

Porém, se você quiser configurar a interface manualmente, poderia configurá-la diretamente, armazenando o comando ifconfig no script rc.local. O script rc.local é o último script de inicialização executado, assim qualquer coisa armazenada lá anula a configuração feita pelo sistema. Os seguintes comandos colocados em rc.local configurariam a interface de rede em robin exatamente da maneira que nós queríamos:

```
ifconfig  eth0  172.16.5.4  netmask  255.255.255.0  \
     broadcast  172.16.5.255
```

O comando ifconfig fornece a configuração anteriormente descrita.

Muitos administradores não editam nenhum dos scripts de inicialização diretamente, nem configuram a interface manualmente. Ao contrário, eles usam uma ferramenta de configuração de rede para corrigir qualquer problema com a configuração de interface de rede. Ferramentas de configuração são simples de usar, mas elas são diferentes em todas as distribuições Linux, e elas geralmente mudam entre lançamentos da mesma distribuição. O comando ifconfig é consistente. Funciona em todas as distribuições Linux e todos os tipos de Unix.

Ferramentas de configuração de interface de rede

A maioria das distribuições Linux oferece ferramentas gráficas ou dirigidas por menu para a interface de rede. Toda distribuição é diferente, mas todas elas fornecem alguma ferramenta. Nesta seção nós usamos a ferramenta Network Configuration fornecida com Red Hat 7.2.

Em um sistema Red Hat 7.2, a interface de rede é configurada pela ferramenta Network Configuration encontrada no menu Programs ≻ System (programas ≻ sistema). A ferramenta Network Configuration apresenta uma janela com quatro abas:

Hardware - Selecione a aba Hardware para adicionar, remover ou configurar um adaptador de rede. Para remover um adaptador, realce o adaptador na lista apresentada nesta opção, e clique o botão Delete (apagar). Para adicionar um adaptador, clique o botão Add (adicionar) e selecione o tipo de hardware, que é Ethernet, Modem, ISDN ou token ring. A janela Network Adapter Configuration (configuração de adaptador de rede) então aparece. Há caixas de entrada que aceitam um IRQ, o endereço de memória de adaptador, o endereço de porta E/S e o número de solicitação DMA. Para configurar um adaptador, selecione o adaptador da lista e clique Edit (editar). A mesma janela Network Adapter Configuration usada para adicionar um adaptador aparece, lhe dando a chance de mudar os vários valores de configuração de hardware.

Devices (dispositivos) - Selecione a aba Devices para adicionar, remover ou configurar um dispositivo de rede Linux. Para remover um dispositivo, realce o dispositivo na lista apresentada nesta aba e clique o botão Delete. Para adicionar um dispositivo, copie um dispositivo existente e edite o resultado ou clique Add e selecione o tipo de dispositivo. Uma janela de configuração de dispositivo apropriada ao tipo de dispositivo aparece. Por exemplo, a janela Ethernet Device tem três abas:

General (geral) - Use esta aba para digitar o nome de dispositivo, por exemplo, eth0, e para selecionar se o dispositivo deve ou não ser iniciado no momento da inicialização.

Protocols (protocolos) - Use esta aba para adicionar, apagar ou configurar o protocolo de rede associado ao dispositivo. O TCP/IP é configurado por esta opção

Hardware Device (dispositivo de hardware) - Use esta aba para associar o dispositivo a um adaptador de hardware específico. Por exemplo, eth0 pode ser associado ao adaptador Ethernet SMC Ultra.

Hosts (hospedeiros) - Selecione a aba Hosts para fazer entradas na tabela /etc/hosts. O arquivo de host é coberto no Capítulo 4, "Serviços de nome Linux".

DNS - Selecione a aba DNS para definir a configuração do Domain Name System (sistema de nome de domínio) para um cliente DNS. Use a aba para indicar o nome do host e o nome de domínio do sistema, e para fornecer os endereços dos servidores de nome que o sistema deve usar. A configuração de servidor DNS é coberta no Capítulo 4.

Para usar a ferramenta Network Configuration do Red Hat para entrar na mesma configuração de interface de rede que nós criamos antes com o comando ifconfig; Selecione

42 | *Linux: servidores de rede*

Programs (programas) do menu Start (iniciar), System (sistema) do menu Programs e Network Configuration do menu Start. Na janela Network Configuration, selecione a aba Devices. Nesta opção, realce o dispositivo eth0 e clique Edit. Na janela Ethernet Device, selecione a aba Protocols. Na aba Protocols, realce TCP/IP e clique Edit. O resultado desta "festa de apontar e clicar" é mostrado na Figura 2.1.

A interface na figura já foi configurada. Os campos e valores são auto-explicativos. Exceto o endereço de transmissão, esta é essencialmente a mesma configuração digitada anteriormente ao usar o comando ifconfig. Querendo ou não, este é um modo mais fácil de entrar valores de configuração, o que é uma questão de opinião pessoal. Em todas as distribuições Linux, os projetistas das ferramentas de configuração tomam algumas decisões sobre o que é necessário, onde deve ser definido, e como a interface deve parecer. Uma das grandes coisas sobre o Linux é que se você discordar do projeto da ferramenta ou se quiser fazer algo diferentemente, pode ir diretamente para os comandos que as ferramentas realmente usam para realizar o trabalho.

Neste capítulo, nós só configuramos TCP/IP em uma interface Ethernet. Isto pode o levar a acreditar que um sistema Linux requer TCP/IP e uma interface Ethernet para se comunicar com outros sistemas. Isto não é verdade. Um sistema Linux pode se comunicar sem TCP/IP, e pode ser configurado para executar TCP/IP sem uma interface Ethernet. A próxima seção olha para ambas as capacidades.

> **NOTA** É óbvio que você quer usar TCP/IP, e quer usar sua interface Ethernet. Os recursos examinados na próxima seção não substituem TCP/IP e Ethernet. Ao contrário, eles são capacidades adicionais, que lhe permitem usar a interface serial do computador de uma maneira que não seria possível em alguns outros sistemas de servidor de rede.

A interface serial

A maioria do hardware de PC vem com duas portas seriais: um conector de nove pinos ou o tradicional conector RS-232 de 25 pinos. Em ambos os casos, estes conectores fornecem todos os sinais necessários para conectar um terminal ou um modem às portas seriais.

A Figura 2.2 mostra o uso de pinos da interface RS-232 para o conector de 25 pinos completo. O lado direito da figura ilustra a parte elétrica que ocorre quando um PC se comunica com um modem, mostrando os pinos que realmente são usados durante uma troca de dados. Em telecomunicações, o modem é chamado de "equipamento de comunicação de dados" (DCE), e o PC é chamado de "equipamento terminal de dados" (DTE). A figura mostra a troca de sinais entre o DTE e o DCE.

Apenas dois dos pinos da interface são usados para mover dados. Transmit Data (transmitir dados) (TD) é usado para enviar dados do computador, e Receive Data (receber dados) (RD) é usado para ler dados no computador. Estes são os pinos 2 e 3, respectivamente, na interface RS-232, como mostrado na figura. Um modem pode se conectar diretamente ao computador porque lê dados do pino TD para o qual o computador escreve, e escreve dados no pino RD do qual o computador lê.

Capítulo 2 – A interface de rede | 43

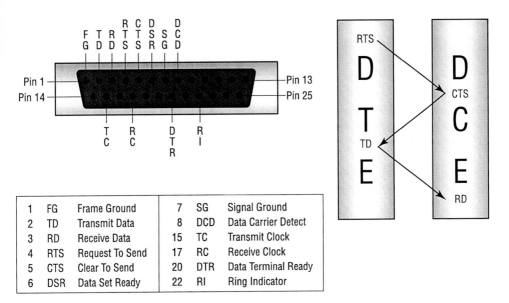

Figura 2.2 A parte elétrica do hardware RS-232.

Alguns outros pinos de interface são usados para configurar e controlar a conexão serial:

- Data Terminal Ready (DTR; pino 20) é usado pelo computador para sinalizar que está pronto para a conexão.

- Data Set Ready (DSR; pino 6) é usado pelo modem para sinalizar que está pronto para conectar.

- Data Carrier Detect (DCD; pino 8) é usado pelo modem para sinalizar que tem uma conexão boa ao computador do lado remoto da linha de telefone.

- Request To Send (RTS; pino 4) é usado pelo computador para indicar quando estiver pronto para aceitar e enviar dados.

- Clear To Send (CTS; pino 5) é usado pelo modem para indicar quando estiver pronto para aceitar dados.

Conectar um modem e um computador é direto porque eles usam os pinos da interface de maneira complementar. Porém, você terá um conflito se tentar conectar dois computadores juntos, porque ambos querem usar os mesmos pinos da mesma maneira. Por exemplo, ambos tentarão escrever para TD e ler de RD. Se você quiser fazer uma conexão direta entre dois computadores, compre um *cabo null-modem*, também chamado de *cabo de conexão direta* ou *cabo cross-over*. O cabo null-modem simplesmente cruza alguns fios, de forma que os dois computadores podem se comunicar.

Conectando pela interface serial

Independentemente se os dados passam por um modem ou de um terminal conectado diretamente, ele é controlado pelo sistema Linux da mesma maneira. Três programas controlam a conexão: init, getty e login.

init é responsável por conectar o programa getty a uma porta serial e por reiniciar o programa getty sempre que terminar. Você viu um exemplo disto na descrição do arquivo inittab no Capítulo 1.

getty monitora a porta serial. Quando getty detecta um sinal de portadora na porta, exibe o prompt login:. Lê o nome do usuário e o usa para invocar o login. Por exemplo, se getty recebesse norman em resposta ao prompt de login, emitiria o comando login norman.

login então solicita a senha do usuário, e confere a senha usando o esquema de autenticação apropriado. Um dos vários esquemas pode ser selecionado durante a instalação inicial, como descrito no Apêndice A, "Instalando o Linux". Por exemplo, a senha pode ser verificada contra a senha criptografada no arquivo /etc/passwd ou /etc/shadow. O usuário Linux tem a chance de algumas tentativas para digitar a senha correta. Depois que a senha é verificada como correta, o UID e o GID associados com o nome de usuário são atribuídos ao dispositivo tty e as seguintes variáveis de ambiente são ajustadas:

HOME - Esta variável define o diretório principal do usuário. login toma o valor do arquivo /etc/passwd.

SHELL - Esta variável define o shell de login do usuário. login toma o valor do arquivo /etc/passwd.

LOGNAME - Esta variável define o nome pelo qual o usuário é identificado no registro de sistema. login usa o nome de usuário passado a ele através de getty.

PATH (caminho) - Esta variável define o caminho de execução. login padroniza o caminho /usr/local/bin:/bin:/usr/bin.

MAIL (correio) - Esta variável define o caminho ao arquivo de correio do usuário. login usa o caminho /var/mail/spool/*username* onde *username* é o nome passado ao login através de getty.

TERM (terminal) - Esta variável identifica o tipo de terminal. login mantém a variável de ambiente TERM ajustada por getty. O valor TERM será um tipo de terminal válido do arquivo /etc/termcap.

Depois que estas variáveis forem ajustadas, login inicia o shell identificado na entrada /etc/passwd do usuário. O shell processa os arquivos de inicialização que se encontram no diretório principal do usuário. Estes arquivos de inicialização, como .bash_profile e .bashrc para o shell bash, permitem que os usuários ajustem suas próprias variáveis de ambiente; por exemplo, para definir um caminho de execução mais completo. Finalmente, o shell emite o prompt de comando ao usuário, e o usuário tem acesso ao sistema.

Todos estes processos e serviços acontecem automaticamente e não requerem quase nenhuma configuração de sua parte, além de criar uma conta de usuário para o usuário e configurar o modem para atender ao telefone. O sistema Linux básico vem com a capacidade de apoiar conexões de terminais através de portas seriais. Se você alguma vez configurou serviços de discagem em outros sistemas operacionais de PC, apreciará esta vantagem.

É claro que, mesmo em um sistema Linux, as coisas não funcionam sempre suavemente. O Linux vem com alguns programas de emulação de terminal como o seyon e minicom que podem ser usados para diagnosticar modems e links seriais.

NOTA Veja o Capítulo 13, "Diagnóstico", para informações sobre como diagnosticar com minicom.

O suporte para comunicações seriais que são construídas no Linux é a base para a execução do TCP/IP em uma linha serial. A próxima seção cobre isso.

Executando TCP/IP em uma porta serial

De muito mais utilidade que a capacidade para conectar um terminal à porta serial de seu servidor é a capacidade de executar o TCP/IP em uma porta serial. Fazer isso lhe permite executar o TCP/IP em uma linha de telefone com um modem. Isto é, claro, o modo que a maioria das pessoas se conecta à Internet através de um ISP local. Mas também é um modo para você fornecer conectividade para Internet ou sua rede de empresa para uma filial remota ou para usuários que trabalham em casa.

O Point-To-Point Protocol (PPP) fornece o mecanismo para enviar datagramas IP em uma linha de telefone. O PPP usa uma arquitetura de três camadas para realizar isto:

Camada Data Link (link de dados) - PPP usa um protocolo High-Level Data Link Control (HDLC) para fornecer a entrega de dados confiável em qualquer tipo de linha serial.

Camada Link Control (controle do link) - Um Link Control Protocol (LCP) foi especificamente desenvolvido para PPP. Abre e fecha conexões, monitora a qualidade do link e negocia os parâmetros de configuração do link.

Camada Network Control (controle de rede) - PPP é projetado para transportar uma grande variedade de protocolos de rede. Os protocolos nesta camada fornecem as informações de controle que são necessárias para personalizar o link PPP para o tipo de tráfego de rede que estiver transportando. O protocolo de controle de rede para TCP/IP é o Internet Protocol Control Protocol (IPCP).

Configurar um serviço PPP corretamente requer que todas estas camadas também estejam instaladas, e que a porta serial e o modem sobre os quais passa o tráfego estejam configurados corretamente. O resto deste capítulo olha como estas coisas são feitas em um sistema Linux.

Instalando o PPP

As camadas do Point-To-Point Protocol são implementadas no Linux como uma combinação de drivers de kernel e um daemon PPP (pppd). O protocolo de camada HDLC Data Link é instalado como um módulo de kernel, estes são os protocolos da camada Física para os dispositivos seriais dos quais PPP depende.

Os drivers de dispositivos seriais normalmente são compilados no kernel de Linux. Então, um modem externo pode ser colocado em uma porta serial sem instalar qualquer driver de dispositivo adicional. Porém, um modem interno pode requerer um driver de dispositivo especial. O software de detecção de hardware do Linux deve detectar o modem interno durante a instalação inicial do sistema operacional ou na primeira vez que o sistema for reiniciado depois que um modem interno novo for instalado. A Figura 2.3 mostra o kudzu, que detecta um modem interno recém-instalado.

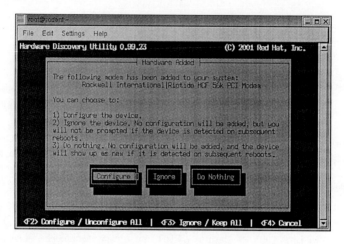

Figura 2.3 kudzu instalando um driver de modem.

Selecionar o botão Configure (configurar) instala o módulo de driver de dispositivo que fornece serviços de camada física para este modem. O kudzu é uma ferramenta do Red Hat, mas todas as distribuições Linux têm algum modo para detectar hardware recém-instalado.

Embora as porções da camada Física e da camada Data Link sejam fornecidas pelo kernel, a camada Link Control e a camada Network Control são fornecidas pelo daemon PPP. Assim, as camadas mais baixas de PPP são implementadas como módulos de kernel, e as camadas superiores são implementadas como um processo de daemon. Para que o PPP funcione, todos estes componentes devem estar instalados corretamente.

O módulo de kernel PPP

O Capítulo 1 mostrou as mensagens de kernel que são exibidas quando os drivers seriais são instalados. Similarmente, quando PPP é compilado no kernel, são exibidas mensagens sobre PPP durante a inicialização, como neste exemplo de Caldera:

```
$ dmesg | grep PPP
PPP: version 2.2.0  (dynamic channel allocation)
PPP Dynamic channel allocation code copyright 1995 Caldera, Inc.
PPP line discipline registered.
```

Se PPP for instalado por seu kernel, você está pronto para executar o daemon PPP. Na maioria dos sistemas, porém, o componente do kernel PPP não é compilado no kernel. Se não for, você tem que instalar o módulo carregável manualmente. Para fazer isto, use os comandos cobertos no Capítulo 1, e recorra aos exemplos de instalação de um driver Ethernet, anteriormente neste capítulo. O comando modprobe poderia ser usado para instalar os módulos de kernel PPP. Por exemplo, modprobe ppp_async carregaria o módulo ppp_async.o, os módulos ppp_generic.o dos quais depende, e o módulo slhc.o do qual ppp_generic depende. Isto fornece os módulos de kernel requeridos por PPP.

Como explicado no Capítulo 1, distribuições Linux diferentes usam ferramentas diferentes para manutenção da lista de módulos. Porém, todas fornecem os comandos modprobe para você especificar aqueles módulos PPP que devem ser incluídos no kernel na inicialização.

O daemon PPP

O daemon PPP é iniciado pelo comando pppd. O comando pode ser digitado no prompt shell, e está geralmente em computadores do cliente. Em sistemas de servidor, o comando normalmente é armazenado em um script shell para executar no momento da inicialização por conexões PPP dedicadas ou em demanda para conexões discadas. Sistemas Red Hat fornecem o script /etc/sysconfig/network-scripts/ifup-ppp para iniciar o daemon PPP. Porém, o script não é editado diretamente. Os valores que controlam o script ifup-ppp são encontrados no arquivo ifcfg-ppp0 no mesmo diretório. Valores podem ser colocados no arquivo ifcfg-ppp0 pela mesma ferramenta Network Configuration usada antes neste capítulo para a configuração de Ethernet.

Alguns administradores acham mais conveniente criar uma configuração pppd personalizada usando os comandos pppd padrão e arquivos de configuração. Muitos administradores acham isto tão simples quanto usar uma ferramenta de configuração gráfica, e eles gostam do fato de que os comandos e os arquivos são os mesmos em todas as distribuições Linux. A sintaxe do comando pppd é

```
pppd [tty-device] [speed] [options]
```

- *tty-device* é o nome do dispositivo serial no qual o protocolo PPP operará. Se nenhum dispositivo for especificado, o terminal de controle é o dispositivo que é usado. Como você verá depois, a habilidade para usar o terminal de controle é muito útil ao criar um servidor PPP discado.
- *speed* é a velocidade de transmissão da porta, escrita em bits por segundo.
- *options* são apenas isto - opções de linha de comando.

Há um número enorme de opções de pppd. Além de especificar opções na linha de comando, há três arquivos diferentes disponíveis para armazenar estas opções:

- /etc/ppp/options é usado para armazenar opções de PPP do sistema inteiro. Este arquivo é criado e mantido pelo administrador do sistema.
- .ppprc que cada usuário pode criar e armazenar no diretório principal dele, é usado para ajustar opções de PPP pessoais.

48 | *Linux: servidores de rede*

- /etc/ppp/options.*device* ajusta opções de PPP para um dispositivo serial específico. Por exemplo, options.ttyS0 ajusta opções de PPP para /dev/ttyS0.

Os arquivos são lidos na ordem previamente listada, o que significa que opções na última leitura de arquivo podem anular opções na primeira leitura de arquivo. Assim, a ordem de precedência para opções de todas estas fontes é como segue:

1. Opções definidas na linha de comando têm a prioridade mais alta.
2. Opções definidas no arquivo options.*device* têm a próxima prioridade.
3. Opções definidas pelo usuário no arquivo .ppprc têm a próxima prioridade.
4. Opções do arquivo /etc/ppp/options têm a prioridade mais baixa.

Olhar para esta lista eleva a preocupação de que as opções do sistema inteiro definidas no arquivo /etc/ppp/options podem ser anuladas pelo usuário com o arquivo .ppprc. Não fique preocupado demais. Itens que se relacionam à segurança de sistema não podem ser anulados pelo usuário. Adicionalmente, você sempre pode especificar opções importantes no arquivo options.*device*, que tem uma prioridade mais alta.

NOTA Há mais de 70 opções disponíveis para o comando pppd. Se você quiser ler sobre todas elas, veja *Using and Managing PPP*, de Andrew Sun (O'Reilly, 1999).

As seções seguintes cobrem apenas as opções pppd que você provavelmente mais usa. Selecionando as opções corretas, você pode configurar pppd para uma linha dedicada ou para uma linha discada como um servidor PPP ou como um cliente.

Configurando um servidor PPP

Um sistema Linux pode ser usado como um servidor PPP para conexões dedicadas e para conexões discadas. Configurar pppd para uma linha dedicada é a configuração mais simples, e fornece um bom exemplo da estrutura do comando pppd. Uma única linha inserida no arquivo de inicialização rc.local é tudo aquilo que é necessário para configurar um servidor PPP para uma linha dedicada:

```
pppd /dev/ttyS1 115700 crtscts
```

Este comando inicia o daemon PPP, e o conecta ao dispositivo serial ttyS1. Ajusta a velocidade da linha para esta linha dedicada para 115700bps.

Uma opção, crtscts, também é selecionada neste comando. crtscts liga o controle de fluxo de hardware Request To Send (RTS) e Clear To Send (CTS). O *Controle de fluxo de hardware* usa os pinos RTS e CTS na interface serial para controlar o fluxo de dados.

Sempre use controle de fluxo de hardware com PPP. A alternativa, controle de fluxo por software, envia caracteres especiais no fluxo de dados para controla-lo. O controle de fluxo por software, que também é chamado controle de fluxo em banda, na melhor das hipóteses desperdiça largura de banda para fazer algo que pode ser feito com hardware, e na pior

Capítulo 2 – A interface de rede | **49**

das hipóteses envia caracteres de controle que podem ser confundidos com os dados atuais.

O comando pppd para um cliente conectado a um link dedicado pareceria o mesmo do precedente, exceto que também teria a opção defaultroute:

```
pppd /dev/ttyS1 115700 crtscts defaultroute
```

defaultroute cria uma rota default que usa o servidor PPP remoto como o roteador default. Se uma rota default já estiver definida, esta opção é ignorada. A opção defaultroute não é usada no lado do servidor do link dedicado porque o servidor é o roteador do cliente, e então já tem que ter outra rota para o mundo externo. defaultroute é usado quando o link PPP for o único link para o mundo externo, o que às vezes é o caso. Este comando pppd de exemplo pode ser usado para conectar um escritório de filial pequeno à rede da empresa.

A configuração de PPP para uma linha dedicada é simples porque sempre há os mesmos dois sistemas conectados à linha - um de cada lado, um único servidor e um único cliente. A linha é dedicada a este único propósito e então pode ser configurada na inicialização e deixada inalterada enquanto o sistema estiver executando. Não há nenhuma necessidade de configurar o servidor para controlar os múltiplos clientes.

Entretanto, clientes e servidor PPP nem sempre estão conectados a linhas seriais dedicadas. É mais comum que eles estejam conectados por linhas seriais discadas, e configurar um servidor para linhas discadas é mais complexo que configurá-lo para linhas dedicadas.

Configuração de servidor PPP discado

Há três técnicas para criar um servidor PPP discado. A chave para duas delas é o arquivo /etc/passwd. Uma técnica é criar um script shell, geralmente denominado /etc/ppp/ppplogin, e usá-lo como o shell de login para usuários PPP discados, como neste exemplo:

```
jane:x:522:100:Jane Resnick:/tmp:/etc/ppp/ppplogin
```

Isto parece exatamente como qualquer outra entrada de /etc/passwd, e o funcionamento é exatamente do mesmo modo. É solicitado, no prompt, um nome de usuário - jane neste caso - e uma senha. Depois do usuário se registrar com sucesso,a ele é atribuído o diretório homel /tmp. O diretório /tmp é geralmente usado para usuários PPP. O sistema então inicia o shell de login do usuário. Neste caso, o shell de login é /etc/ppp/ppplogin, que é de fato um script shell que inicia o servidor PPP. Aqui está um script ppplogin de amostra:

```
#!/bin/sh
mesg -n
stty -echo
exec /sbin/pppd crtscts modem passive auth
```

Seu script ppplogin necessariamente não se parecerá com este exemplo; você cria seu próprio script ppplogin. Os comandos mesg e stty são principalmente para mostrar a você que pode pôr tudo o que pensa ser necessário no script ppplogin. A linha mesg -n impede os usuários de enviar mensagens a este terminal com programas como talk e write. É óbvio, você não quer dados estranhos sendo enviados da conexão PPP.

O comando stty -echo desliga o eco de caractere. Quando o eco estiver ligado, os caracteres digitados pelo usuário remoto são ecoados de volta ao computador remoto pelo computador local. Isto era usado em terminais de Teletipo antigos, de forma que o usuário podia monitorar a qualidade da linha discada. Se os caracteres fossem adulterados quando apareciam na tela, o usuário sabia que ele deveria desconectar e rediscar para adquirir uma linha limpa. É claro que estes dias já se foram. Ecoar caracteres por uma linha PPP não é mais usado.

O verdadeiro propósito do script, claro, é iniciar o daemon PPP, e isso é exatamente o que a última linha faz. Há diferenças definitivas entre o comando pppd que você executa aqui e o que viu na seção anterior para linhas dedicadas. Primeiro, este comando não especifica um nome de dispositivo. Isto é intencional. Quando pppd é iniciado sem um nome de dispositivo, ele é vinculado ao terminal que está controlando, e executa em segundo plano (background). O terminal que está controlando é o terminal que o login estava servindo quando lançou o script ppplogin. Isto lhe permite usar o mesmo script ppplogin para todas as portas seriais. Da mesma forma, este comando pppd não especifica uma velocidade de linha. Neste caso, a velocidade de linha é tomada da configuração da porta serial, lhe permitindo novamente usar o mesmo script para todas as portas seriais.

Os quatro itens restantes na linha de comando pppd são opções:

- A opção crtscts liga o controle de fluxo de hardware, como discutido anteriormente.

- A opção modem diz para o daemon PPP monitorar o indicador Data Carrier Detect (DCD) do modem. Monitorando DCD, o sistema local pode informar se o sistema remoto derrubou a linha. Isto é útil porque nem sempre é possível ao sistema remoto encerrar naturalmente a conexão.

- A opção passive diz ao pppd para esperar até que receba um pacote Link Control Protocol (LCP) válido do sistema remoto. Normalmente, o daemon PPP tenta iniciar uma conexão enviando os pacotes LCP apropriados. Se não receber uma resposta apropriada do sistema remoto, derruba a conexão. Usar passive dá ao sistema remoto tempo para iniciar seu próprio daemon PPP. Com passive ajustado, o pppd mantém a linha aberta até que o sistema remoto envie um pacote LCP.

- A opção auth exige que o sistema remoto se autentique. Isto não é a autenticação de nome do usuário e senha requerido por login, e não substitui a segurança de login. A segurança do PPP é segurança adicional, projetada para autenticar o usuário e o computador do outro lado da conexão PPP.

Uma alternativa para o script ppplogin é usar pppd como um shell de login para usuários PPP discados. Neste caso, uma entrada modificada de /etc/passwd poderia conter

```
ed:wJxX.iPuPzg:101:100:Ed  Oz:/etc/ppp:/usr/sbin/pppd
```

Aqui, o diretório home é /etc/ppp e o shell de login é o caminho completo do programa pppd. Quando o servidor é iniciado desta maneira, as opções de servidor geralmente são colocadas no arquivo /etc/ppp/.ppprc.

A técnica final para executar PPP como um servidor é permitir ao usuário iniciar o servidor a partir do prompt do shell. Para fazer isto, o pppd deve estar instalado com o setuid root, o que não é a instalação default. Tendo,o pppd, o setuid root, um usuário com uma conta de login padrão pode se registrar e então pode emitir o seguinte comando:

```
$ pppd proxyarp
```

Este comando inicia o daemon PPP. Depois que o cliente estiver autenticado, uma entrada ARP de proxy para o cliente é colocada na tabela ARP do servidor, de forma que o cliente aparece para outros sistemas para ser localizado na rede local.

Destas três abordagens, eu prefiro criar um shell script, que é invocado pelo login como o shell de login do usuário. Com esta abordagem, não tenho que instalar o pppd com setuid root, além de não colocar o fardo de executar pppd no usuário, e obter todo o poder do comando pppd mais todo o poder de um script shell.

Segurança de PPP

O PPP tem dois protocolos de autenticação: Password Authentication Protocol (PAP) e Challenge Handshake Authentication Protocol (CHAP). PAP é um sistema de segurança de senha simples. CHAP é um sistema mais avançado que usa strings criptografadas e chaves secretas para autenticação. Autenticação ajuda a impedir os intrusos de acessar seu servidor por suas portas seriais.

Segurança PAP

O Password Authentication Protocol é vulnerável a todos os ataques de qualquer sistema de senha reutilizável. O PAP é melhor que nenhuma segurança, mas nem tanto. O PAP envia para o PPP o nome de cliente e a senha como texto claro no início da configuração de conexão. Após esta autenticação inicial, o cliente não é autenticado outra vez. Embora espiar em uma linha serial seja muito mais difícil que espiar em uma Ethernet, senhas de texto claro de PAP ainda podem ser roubadas por alguém espiando seu tráfego de rede. Adicionalmente, uma sessão estabelecida pode ser seqüestrada por um sistema mascarando endereços.

Por causa destas fraquezas, use o PAP somente quando você precisar - por exemplo, se tiver que suportar um cliente que só pode fornecer autenticação PAP. Infelizmente, o PAP ainda é extensamente usado, e pode ser sua única opção.

Para configurar o PAP, faça entradas de senha apropriadas no arquivo /etc/ppp/pap-secrets. Um arquivo pap-secrets poderia conter o seguinte:

Listagem 2.3 Um arquivo pap-secrets de amostra.

```
# Secrets  for  authentication  using  PAP
# client   server    secret              IP  addresses
crow       wren      Wherearethestrong?  172.16.5.5
wren       crow      Whoarethetrusted?   172.16.5.1
```

Linux: servidores de rede

Dada a configuração mostrada na Listagem 2.3, crow envia o nome de cliente PPP crow e a senha Wherearethestrong? quando solicitada a autenticação por wren. wren envia o nome de cliente wren e a senha Whoarethetrusted? quando solicitada a autenticação por crow. Ambos os sistemas têm as mesmas entradas em seus arquivos pap-secrets. Estas duas entradas fornecem autenticação para ambos os lados da conexão PPP.

O campo endereço IP ao final de cada entrada define o endereço no qual o nome de cliente e a senha são válidos. Assim, só o host no endereço 172.16.5.5 pode usar o nome de cliente crow e a senha Wherearethestrong?. Ainda que esta seja uma combinação de nome de cliente e senha válida, se vier de qualquer outro endereço será rejeitado.

A opção auth na linha de comando pppd força o daemon PPP a requerer autenticação. Se requerer, voltará para PAP, mas primeiro tentará usar CHAP.

Segurança CHAP

O Challenge Handshake Authentication Protocol é o protocolo de autenticação default usado pelo PPP. O CHAP não é vulnerável aos ataques de segurança que ameaçam o PAP. Na realidade, uma conexão PPP que usa CHAP está provavelmente mais segura que sua conexão Ethernet local. Por um lado, CHAP não envia senhas de texto claro. Ao contrário, CHAP envia uma string de caracteres chamada *string de desafio (challenge string)*. O sistema buscando autenticação encripta a string de desafio com uma chave secreta do arquivo /etc/ppp/chap-secrets, e devolve a string criptografada para os servidores. A chave secreta nunca viaja pela rede e então não pode ser lida fora da rede por um bisbilhoteiro.

Adicionalmente, o CHAP autentica outra vez repetidamente os sistemas. Mesmo se um ladrão roubar a conexão por mistificação (spoofing) de endereço, ele não pode manter a conexão por muito tempo sem responder corretamente ao desafio do CHAP.

O CHAP é configurado pelo arquivo chap-secrets. As entradas no arquivo chap-secrets contêm os seguintes campos:

> **respondent** - Este é o nome do computador que responderá ao desafio do CHAP. A maioria da documentação chama de campo "cliente". Porém, clientes PPP requerem autenticação de servidores, da mesma forma que servidores requerem autenticação de clientes. O primeiro campo define o sistema que tem que responder ao desafio para ser autenticado.

> **challenger** - Este é o nome do sistema que emitirá o desafio do CHAP. A maioria da documentação chama de campo "servidor", mas como observado anteriormente, os servidores não são os únicos sistemas que emitem desafios do CHAP. O segundo campo contém o nome do computador que desafia o outro sistema para se autenticar.

> **Secret** - Esta é a chave secreta que é usada para criptografar e decifrar a string de desafio. O desafiador envia uma string de desafio ao sistema que está sendo autenticado. O respondente criptografa esta string usando a chave secreta, e manda de volta a string criptografada ao desafiador. Então, o desafiador decifra a string com a chave secreta. Se a string decifrada combinar com a string de desafio original, o sistema respondendo é autenticado. Usando este sistema, a chave secreta nunca viaja pela rede.

Capítulo 2 – A interface de rede | **53**

address - Este é um endereço escrito como um endereço IP numérico ou como um nome de host. Se um endereço estiver definido, o respondente tem que usar o endereço IP especificado. Mesmo se um sistema responder com a chave secreta correta, não será autenticado a menos que também seja o host do endereço IP correto.

A Listagem 2.4 mostra as entradas que um arquivo chap-secrets em robin poderia conter:

Listagem 2.4 Um arquivo chap-secret de amostra.

```
# cat chap-secrets
# Secrets for authentication using CHAP
# client    server    secret              IP  addresses
robin       wren      Peopledon'tknowyou  robin.foobirds.org
wren        robin     ,andtrustisajoke.   wren.foobirds.org
```

Quando robin é desafiado por wren, usa a chave secreta Peopledon'tknowyou para criptografar a string de desafio. Quando robin desafia wren, espera que wren use a chave secreta, andtrustisajoke.. É muito comum as entradas virem em pares assim. Afinal de contas, há dois lados de uma conexão PPP, e ambos os sistemas exigem autenticação para criar um link seguro. wren desafia robin, e robin desafia wren. Quando ambos os computadores estiverem seguros de que eles estão se comunicando com o sistema remoto correto, o link é estabelecido. Para isto funcionar, é claro, wren precisa das mesmas entradas em seu arquivo chap-secrets.

Por razões de segurança, é muito importante proteger o diretório /etc/ppp. Só o usuário root deve poder ler ou escrever os arquivos chap-secrets ou o arquivo pap-secrets. Caso contrário, as chaves secretas podem ficar comprometidas. Adicionalmente, somente o usuário raiz deve ser autorizado a escrever no arquivo de opções. Caso contrário, usuários poderiam definir opções PPP do sistema inteiro.

Finalmente, somente o usuário root deve poder escrever os arquivos de script ip-up e ip-down. O pppd executa o script ip-up assim que faz a conexão PPP, e executa o script ip-down depois que encerra a conexão. Estes scripts podem executar funções privilegiadas relativas à conexão de rede. Assim, permitir a qualquer um, a não ser o usuário root, modificar estes scripts compromete a segurança de seu sistema.

Configuração de cliente PPP

Configurar um cliente PPP é tão complexo quanto configurar um servidor. A razão principal para esta complexidade é o fato de que o cliente inicia a conexão PPP. Para fazer isso, o cliente deve poder discar o número de telefone do servidor e executar qualquer procedimento de login necessário. Um comando pppd para um sistema de cliente poderia se parecer:

```
pppd /dev/cua1 115700 connect "chat -v dial-server" \
     crtscts modem defaultroute
```

Você viu todas menos uma destas opções antes. Na realidade, este comando é quase idêntico à configuração de cliente PPP que nós criamos antes para o link dedicado, com exceção da opção connect. A opção connect identifica o comando usado para configurar a

54 | *Linux: servidores de rede*

conexão de linha serial. No exemplo, o comando está entre aspas porque contém caracteres em branco. O comando completo é chat -v dial-server.

O programa chat é usado para se comunicar com dispositivos, como modems, anexados a uma porta serial. A opção -v faz chat registrar informações de depuração por syslogd. No exemplo, dial-server é o nome do arquivo de script que chat usa para controlar sua interação com o modem e o servidor remoto.

Scripts *chat*

Um script chat define as etapas que são necessárias para conectar com sucesso a um servidor remoto. O script é uma lista de pares esperar/enviar. Cada par consiste de uma string que o sistema local espera receber, separados por espaços em branco da resposta que enviará quando a string esperada for recebida. Um script de exemplo poderia conter o seguinte:

Listagem 2.5 Um script chat de amostra.

```
$ cat dial-server
' ' ATZ
OK  ATDT301-555-1234
CONNECT  \d\d\r
gin:  sophie
ord:  TOga!toGA
```

O script da Listagem 2.5 contém instruções para o modem, bem como o login para o servidor remoto. A primeira linha não espera nada, que é a razão da string vazia (' '), e envia um comando de reset ao modem. (ATZ é o comando de reset Hayes padrão.) A seguir, o script espera o modem enviar a string o OK, e responde com um comando de discagem Hayes (ATDT). Quando o modem do exemplo se conectar com sucesso ao modem remoto, exibe a mensagem CONNECT. Em resposta a isto, o script espera dois segundos (\d\d) e então envia um retorno de carro (carriage-return) (\r).

A maioria dos sistemas realmente não requer nada disto, mas este script fornece um exemplo de uma seqüência de escapes de chat. O chat fornece várias seqüências de escape que podem ser usadas na string de espera ou na string de resposta. A Tabela 2.1 lista estas seqüências e os seus significados.

Tabela 2.1 Seqüências de escape e seus significados.

Seqüência de escape	Significado
\b	O caractere de retrocesso
\c	Não envia um retorno de carro de término; usado no término de uma string de envio
\d	Espera durante um segundo
\K	Uma quebra de linha

Capítulo 2 – A interface de rede | **55**

Tabela 2.1 Seqüências de escape e seus significados. (continuação)

Seqüência de escape	Significado
\n	Um caractere de nova linha
\N	Um caractere nulo ASCII
\p	Pausa de 1/10 de um segundo
\q	Envia a string, mas não a grava no registro; usado ao término de uma string de envio
\r	Um retorno de carro
\s	O caractere de espaço
\t	O caractere de tabulação
\ \	A barra invertida
\ddd	O caractere ASCII com o valor octal ddd (por exemplo, \177 é o caractere DEL)
^caractere	Um caractere de controle (por exemplo, ^G é um Ctrl+G)

As duas últimas linhas do script de exemplo são o login remoto. O script espera gin:, que são os últimos quatro caracteres do prompt login:, e responde com o nome de usuário sophie. Depois, ord:, que são os últimos quatro caracteres do prompt Password: é esperado, e TOga!toGA é enviado como uma resposta. Uma vez que o login estejar completo, o servidor remoto executa o script ppplogin, e a conexão PPP está ativa e executando.

> **NOTA** *chat é uma linguagem de script muito elementar. É comum para configurar conexões PPP porque a maioria das conexões PPP não requer um script complexo. Se o seu requerer, você pode precisar usar uma linguagem de script mais poderosa. O Linux fornece dip e expect. Para ler mais sobre dip, veja* TCP/IP Network Administration, *de Craig Hunt (O'Reilly, 2002). Para ler mais sobre expect, veja* Exploring Expect, *de Don Libes (O'Reilly, 1997).*

Utilizando uma ferramenta X para configurar um cliente PPP

Nós configuramos o PPP editando os arquivos de configuração com um editor de texto. Também é possível configurar um cliente PPP usando uma ferramenta gráfica que executa sob X Windows. Toda distribuição Linux oferece pelo menos uma ferramenta para este propósito, e um novo conjunto de ferramentas é liberado com toda versão nova do Linux. O Red Hat 7.2 sozinho oferece três ferramentas facilmente acessíveis para fazer esta tarefa. Talvez a ferramenta mais acessível seja a que é lançada clicando duas vezes o ícone Dialup Configuration (configuração de dial-up) localizado no desktop do GNOME. Isto inicia um assistente de instalação.

A primeira vez que Dialup Configuration executar, ele detecta o modem conectado ao sistema automaticamente, se nenhum ainda estiver configurado. Então passa a configurar uma conexão dial-up para o modem, pedindo o número de telefone e o nome de usuário e senha. Finalmente, uma janela rotulada de Other Options (outras opções) aparece, na qual você é encorajado a selecionar Normal ISP do menu suspenso. Normal ISP ajusta os padrões normais usados para uma conexão PPP. Estes valores default podem ser ajustados depois.

Execuções subseqüentes de Dialup Configuration exibem uma janela rotulada Internet Connections (conexões de Internet). Esta janela contém duas abas: Accounts e Modems. Selecione a aba Accounts (contas) para adicionar novos scripts de dial-up, apague os antigos, ou edite os recursos de dial-up e de PPP de um script existente. Selecione Modems para adicionar um modem novo, apague um modem existente, ou edite os recursos de um modem existente. A Figura 2.4 mostra a janela Internet Connections e a janela Edit Internet Connections (editar conexões de Internet) que aparece quando uma conexão atual na janela Internet Connections está realçada e o botão Edit (editar) é clicado.

A janela Edit Internet Connections tem duas abas. A aba Account Info (informações de conta) define o nome do usuário, senha e número de telefone usado para estabelecer a conexão. Esta aba também contém o campo Account Name (nome da conta). O Account Name é qualquer rótulo arbitrário que identifica esta conexão do usuário. Na figura, nós usamos o nome de conta Main-Office porque esta conta é usada para conectar um escritório de filial ao escritório central.

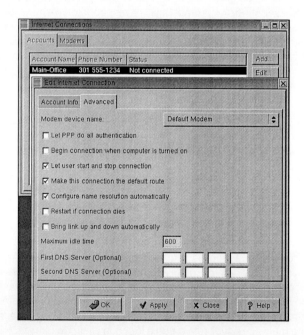

Figura 2.4 A janela Internet Connections.

A segunda aba é rotulada Advanced (avançado). A aba Advanced é usada para ajustar vários parâmetros de PPP. As ações seguintes ajustam valores de configuração por esta aba

- Selecione o modem usado para esta conexão do menu suspenso.

- Use a caixa de verificação Let PPP Do All Authentication para ajustar o parâmetro auth de PPP descrito antes.

- Use a caixa de verificação Make This Connection The Default Route para ajustar o parâmetro defaultroute de PPP descrito antes.

- Use a caixa de verificação Begin Connection When the Computer Is Turned On para iniciar a conexão PPP no momento da inicialização. Use esta configuração quando o cliente sempre conectar ao mesmo servidor e quando o cliente deve estar "sempre ligado". Esta é a configuração que você provavelmente usaria para um escritório de filial que se conecta à sede. Duas outras configurações fornecem modos alternativos para controlar quando a conexão é feita.

- Use a caixa de verificação Let The User Start The Connection para permitir ao usuário fazer a conexão manualmente antes de usar qualquer serviço TCP/IP que depende da conexão. Use esta configuração em clientes que usam servidores múltiplos. Para fazer a conexão, o usuário abre a janela Internet Connections, realça a conexão desejada e clica o botão Debug (depurar) (ou Dial [discar]). Há uma maneira final que estas conexões são feitas.

- Use a caixa de verificação Bring Link Up And Down Automatically para permitir às aplicações fazer a conexão por demanda. Quando esta caixa de verificação estiver selecionada, lançar o navegador Mozilla faz o cliente discar o servidor. A conexão é derrubada quando estiver inativa pelo tempo especificado na caixa Maximum Idle Time (tempo de inatividade máximo).

- A aba oferece duas técnicas para configurar serviço de nome (servidores DNS). Marque a caixa Configure Name Resolution Automatically se a configuração for fornecida externamente. Digite os endereços de IP de dois servidores DNS nas caixas no final da aba se a configuração de DNS estiver sendo fornecida aqui.

Decidir se usar ou não ferramentas como Dialup Configuration para configurar um cliente PPP é principalmente uma questão de gosto pessoal. Algumas pessoas preferem a interface gráfica, considerando que outros não. De qualquer modo, o resultado final é o mesmo, e a informação fornecida também é a mesma.

Resumo

Um servidor de rede requer uma interface de rede. Na maioria dos servidores, inclusive sistemas Linux, esta é uma interface Ethernet. Porém, sistemas Linux também suportam uma gama completa de serviços de rede pela porta serial. Conecte um terminal ou modem a uma porta serial Linux, e ele suportará logins de usuário. Execute o Point-To-Point Protocol (PPP), e a porta serial pode ser usada para fornecer conexões TCP/IP.

A mesma flexibilidade que o Linux mostra nos tipos de conexões de rede ele fornece, como visto, para uma gama completa de serviços de rede oferecida por um sistema Linux. No próximo capítulo, nós começamos a configurar alguns destes serviços com os serviços de Internet básicos: telnet e ftp.

Parte 2

Configurando um servidor de Internet

Recursos:

- Configurando inetd e xinetd
- Gerenciando contas de usuário
- Configurando o arquivo ftpaccess
- Entendendo o Domain Name System (DNS)
- Configurando o resolvedor stub de BIND e o Lightweight Resolver
- Criando um servidor DNS com BIND
- Gerenciando um servidor de nome com ndc e rndc
- Entendendo o arquivo sendmail.cf
- Configruando sendmail com m4
- Configurando o Apache com o arquivo httpd.conf
- Configurando SSL e controles de acesso de servidor web
- Entendendo os arquivos de log do Apache
- Configurando roteamento com route, routed e gated
- Cofigurando um servidor de tradução de endereço de rede

3

Serviços de login

Neste ponto, o Linux está instalado e a interface de rede está executando. Agora nós começamos a configurar serviços de rede para os usuários. Este capítulo cobre dois serviços tradicionais, que fizeram parte da rede TCP/IP desde o começo: Telnet e FTP.

O daemon de Telnet (telnetd) permite aos usuários se registrar e executar qualquer aplicação disponível diretamente em um servidor Linux. Alguns diriam que isto torna o sistema Linux um *servidor de computação*, porque o sistema remoto tem acesso ao poder de computação do servidor. Porém, o termo servidor de computação é confuso, porque a maioria das pessoas pensa que se relaciona somente a aplicações numéricas e científicas. Outros diriam que o acesso de login remoto torna o servidor Linux em um servidor de terminal porque os sistemas remotos agem como terminais conectados ao servidor. Porém, esta terminologia também é confusa porque muitas pessoas pensam nos adaptadores de hardware que aumentam o número de terminais que podem se conectar a um servidor quando eles ouvirem as palavras *servidor de terminal*. Neste livro, dizemos que serviços como Telnet tornam o servidor Linux um servidor de login de rede porque permite a um usuário se registrar e executar aplicações diretamente no sistema Linux. O Telnet estende à rede TCP/IP o mesmo serviço de login que foi descrito para portas seriais no Capítulo 2, "A interface de rede".

O outro serviço coberto neste capítulo é o File Transfer Protocol (protocolo de transferência de arquivo) (FTP). Ele permite aos usuários transferir arquivos para e do servidor. Como Telnet, FTP exige que um usuário se registre antes de usar o serviço.

62 | *Linux: servidores de rede*

Serviços Telnet e FTP normalmente são instalados durante a instalação inicial de Linux. O administrador de sistema então precisa assegurar o seguinte:

- Os daemons de servidor são iniciados quando forem necessários
- Os usuários têm contas válidas para se registrar nos servidores

Executar apropriadamente estas tarefas para configurar serviços de login de rede é o tópico deste capítulo.

O FTP requer as duas etapas de configuração previamente descritas, mas pode requerer configuração adicional para fornecer serviços especiais, como FTP anônimo. (*FTP anônimo* permite às pessoas que não têm uma conta de usuário válida de se registrar no sistema.) Este capítulo cobre a configuração de serviços FTP opcionais com exemplos tirados do Red Hat Linux.

> **NOTA** Questões de segurança cercam Telnet e FTP. Veja o Capítulo 12, "Segurança", para maneiras de proteger estes serviços.

O capítulo começa olhando como telnetd, ftpd e vários outros serviços de rede são iniciados quando forem necessários. Duas técnicas para iniciar serviços sob demanda são examinadas: o daemon Extended Internet Services (xinetd) usado pelo Red Hat e o daemon Internet Services (inetd) usado por várias outras distribuições de Linux. Nós começamos com os fundamentos de por que e como são iniciados serviços por demanda.

Iniciando serviços por demanda

Serviços de rede são iniciados de duas maneiras: na inicialização por um script de inicialização ou por demanda. O Capítulo 1, "O processo de inicialização", discute scripts e ferramentas que são usadas para controlar quais serviços são iniciados no momento da inicialização. A Listagem 1.6 mostra o grande número de scripts de inicialização usados para iniciar os serviços, muitos dos quais são facilmente identificados pelo nome como iniciando os serviços de rede.

Apesar do número grande de serviços iniciados pelos scripts de inicialização, muitos serviços de rede são iniciados por demanda através de inetd, ou alternativamente por xinetd. Serviços de rede que são iniciados no momento da inicialização continuam executando, quer sejam necessários ou não, mas inetd e xinetd iniciam serviços somente quando forem necessários de fato.

Cada técnica de inicialização tem suas próprias vantagens. Iniciar serviços por demanda economiza os recursos que são usados quando um serviço desnecessário é deixado executando. Por outro lado, iniciar um daemon no momento da inicialização economiza o overhead associado com inicializações repetidas para um serviço que está sob constante demanda.

Dependendo de qual seu sistema usa, o inetd ou xinetd é iniciado no momento da inicialização, e continua executando em segundo plano(background), enquanto o sistema estiver executando. O daemon escuta as portas de rede e inicia o serviço apropriado quando os dados chegam na porta associada com o serviço. Da mesma forma que getty detecta tráfego em uma porta serial e inicia o login para controlar uma conexão de terminal, inetd e xinetd detectam o tráfego na rede, e iniciam o serviço apropriado para controlar este tráfego. (Não se lembra de getty ou login? Veja o Capítulo 2.) Para entender este processo, você precisa entender um pouco sobre portas TCP/IP.

Números de porta e protocolo

Dados viajam por uma rede TCP/IP em pacotes chamados datagramas. Cada datagrama é endereçado individualmente com o seguinte:

- O endereço IP do host para o qual deve ser entregue
- O número de protocolo do protocolo de transporte que deve controlar o pacote depois de ser entregue ao host
- O número de porta do serviço ao qual os dados no pacote são destinados

Para os dados serem entregues corretamente em uma escala global, como é na Internet, o endereço IP deve ser globalmente único, e o significado do protocolo e dos números de porta devem ser familiares a todos os sistemas na rede. (O Capítulo 2 descreve como o endereço IP é atribuído à interface de rede durante a instalação.) No caso do endereço IP, você é o responsável em ter certeza que é único. (No Capítulo 13, "Diagnóstico", você verá que tipos de problemas acontecem quando o endereço IP não for único.) Protocolo e números de porta são diferentes; eles são definidos por padrões da Internet. Assim, os números de protocolo e números de porta podem ser predefinidos em dois arquivos, /etc/protocols e /etc/services que vêm com o sistema Linux.

O arquivo */etc/protocols*

Dados da rede chegam ao computador como um fluxo. O fluxo pode conter pacotes de dados de várias fontes destinados a várias aplicações. Em terminologia de telecomunicações, dizemos que o fluxo de dados é *multiplexado*. Para entregar cada pacote à aplicação correta, ele deve ser *demultiplexado*. O primeiro passo neste processo é o Internet Protocol passar o pacote ao protocolo de transporte correto. O IP determina o protocolo correto por meio do número de protocolo que está contido no cabeçalho do datagrama.

O arquivo /etc/protocols identifica o número de protocolo de cada protocolo de transporte. A Listagem 3.1 é um trecho do arquivo protocols de um sistema Red Hat.

Listagem 3.1 Um trecho do arquivo */etc/protocols*.

```
$ head  -33  /etc/protocols
# /etc/protocols:
# $Id:  protocols,v 1.3 2001/07/07  07:07:15  nalin  Exp  $
#
# Internet  (IP)  protocols
#
#     from:  @(#)protocols   5.1  (Berkeley)  4/17/89
#
```

64 | Linux: servidores de rede

```
# Updated for NetBSD based on RFC 1340, Assigned Numbers (July 1992).
#
# See  also  http://www.iana.org/assignments/protocol-numbers

ip         0  IP          # internet protocol, pseudo protocol number
#hopopt    0  HOPOPT      # hop-by-hop options for ipv6
icmp       1  ICMP        # internet control message protocol
igmp       2  IGMP        # internet group management protocol
ggp        3  GGP         # gateway-gateway protocol
ipencap    4  IP-ENCAP    # IP encapsulated in IP (officially "IP")
st         5  ST          # ST datagram mode
tcp        6  TCP         # transmission control protocol
cbt        7  CBT         # CBT, Tony Ballardie
                            <A.Ballardie@cs.ucl.ac.uk>
egp        8  EGP         # exterior gateway protocol
igp        9  IGP         # any private interior gateway (Cisco: for
IGRP)
bbn-rcc   10  BBN-RCC-MON # BBN RCC Monitoring
nvp       11  NVP-II      # Network Voice Protocol
pup       12  PUP         # PARC universal packet protocol
argus     13  ARGUS       # ARGUS
emcon     14  EMCON       # EMCON
xnet      15  XNET        # Cross Net Debugger
chaos     16  CHAOS       # Chaos
udp       17  UDP         # user datagram protocol
mux       18  MUX         # Multiplexing protocol
dcn       19  DCN-MEAS    # DCN Measurement Subsystems
hmp       20  HMP         # host monitoring protocol
```

O /etc/protocols é um arquivo de texto simples. Linhas que começam com um sinal de cerquilha (#) são comentários. Entradas ativas começam com o nome de protocolo, seguidas pelo número de protocolo, e opcionalmente por nomes alternativos para o protocolo e por um comentário descritivo. O comentário é freqüentemente útil para identificar o protocolo. Freqüentemente, o nome alternativo de um protocolo é simplesmente o nome padrão em letras maiúsculas, mas este nem sempre é o caso. Olhe para os números de protocolo 4, 10, 11 e 19. Estes nomes alternativos são mais que apenas uma mudança de caixa. Porém, nomes de protocolo não são tão importantes quanto números de protocolo. O número de protocolo está contido no cabeçalho do datagrama, e é o número que é usado para a entrega de dados.

Diferente de diferenças cosméticas, o arquivo protocols em seu sistema Linux, independentemente da distribuição, se parecerá semelhante ao trecho mostrado na Listagem 3.1. Na realidade, você pode encontrar um arquivo semelhante em qualquer sistema Unix ou Windows NT porque os números de protocolo são padronizados. Você *nunca* precisará editar este arquivo.

O arquivo /etc/protocols em sistema Red Hat 7.2 contém aproximadamente 150 linhas. Apesar do tamanho deste arquivo, só duas entradas são significantes para a maioria dos serviços de rede. Uma, tcp, define o número de protocolo para o Transmission Control Protocol (protocolo de controle de transmissão) - o TCP em TCP/IP. Seu número de protocolo é 6. A outra, udp, define o número de protocolo para User Datagram Protocol (protocolo de datagrama de usuário) como 17. Várias das entradas neste arquivo definem números de protocolo usados por protocolos de roteamento. Muitas outras entradas definem protocolos

Capítulo 3 – Serviços de login | **65**

experimentais que não são usados amplamente. TCP e UDP tem a maioria das informações nas quais você está interessado.

O arquivo */etc/services*

A segunda fase de demultiplexar os dados de rede é identificar a aplicação para a qual os dados estão endereçados. O protocolo de transporte faz isto usando o número de porta do cabeçalho do protocolo de transporte.

Os números de porta padrão estão identificados no arquivo /etc/services. Os números de porta para serviços bem conhecidos são atribuídos em padrões de Internet, assim você nunca muda o número de porta de um serviço existente. Em ocasiões raras, você pode precisar acrescentar um serviço novo ao arquivo, mas este é o único momento que você editaria este arquivo.

Embora haja alguns protocolos de transporte, há um número maior de serviços de rede. Por isso, a Listagem 3.2 é somente um pequeno pedaço do arquivo completo /etc/services encontrado em um sistema Red Hat.

Listagem 3.2 Um trecho de */etc/services*.

```
ftp             21/tcp
ftp-data        20/udp
ftp             21/tcp
ftp             21/udp
ssh             22/tcp                          # SSH  Remote  Login  Protocol
ssh             22/udp                          # SSH  Remote  Login  Protocol
telnet          23/tcp
telnet          23/udp
# 24 - private mail system
smtp            25/tcp      mail
smtp            25/udp      mail
time            37/tcp      timserver
time            37/udp      timserver
rlp             39/tcp      resource            # resource  location
rlp             39/udp      resource            # resource  location
nameserver      42/tcp      name                # IEN  116
nameserver      42/udp      name                # IEN  116
nicname         43/tcp      whois
nicname         43/udp      whois
tacacs          49/tcp                          # Login  Host  Protocol  (TACACS)
tacacs          49/udp                          # Login  Host  Protocol  (TACACS)
re-mail-ck      50/tcp                          # Remote  Mail  Checking
Protocol
re-mail-ck      50/udp                          # Remote  Mail  Checking
Protocol
domain          53/tcp      nameserver          # name-domain  server
domain          53/udp      nameserver
whois++         63/tcp
whois++         63/udp
bootps          67/tcp                          # BOOTP  server
bootps          67/udp
bootpc          68/tcp                          # BOOTP  client
bootpc          68/udp
```

```
tftp              69/tcp
tftp              69/udp
gopher            70/tcp                    #  Internet  Gopher
gopher            70/udp                       ftp-data     20/tcp
```

O /etc/services tem um formato que é bem parecido com o formato usado por /etc/protocols. Comentários começam com um sinal de cerquilha (#). Entradas ativas começam com o nome do serviço que é seguido por um par de números de porta/nome de protocolo e, opcionalmente, por um nome alternativo para o serviço e por um comentário. O par número de porta/nome de protocolo define o número de porta para o serviço, e identifica o protocolo sobre o qual o serviço executa. O nome de protocolo deve ser um nome válido definido em /etc/protocols.

Da Listagem 3.2, você pode dizer que telnet usa a porta 23 e executa sobre o protocolo de transporte TCP. Além disso, você pode dizer que Domain Name System (DNS), chamado como domain no arquivo, usa a porta 53 em TCP e UDP. Cada protocolo de transporte tem um conjunto completo de números de porta, assim um único número de porta, como 53, pode ser atribuído a um serviço para UDP e TCP. Na realidade, é possível atribuir um número de porta sob UDP para um serviço e o mesmo número de porta sob TCP para um serviço completamente diferente; porém para evitar confusão, isto nunca é feito.

O inetd e o xinetd podem monitorar qualquer porta listada no arquivo /etc/services. Qual protocolo e números de porta são monitorados por estes daemons está definido no arquivo /etc/inetd.conf para inetd ou no arquivo /etc/xinetd.conf para xinetd. Estes arquivos, por sua vez, definem quais serviços são iniciados por estes daemons. Nós começamos olhando para a configuração de inetd.

Configurando o inetd

A configuração do inetd é definida no arquivo /etc/inetd.conf. O arquivo define as portas que inetd monitora e os nomes de caminhos dos processos que iniciam quando detectam tráfego de rede em uma porta. Muitos sistemas Linux usam inetd. Na realidade, antes da versão 7.0, o Red Hat usava o inetd ao invés de xinetd. A Listagem 3.3 mostra as entradas ativas em um arquivo inetd.conf, que foi gerado em um servidor que executa Red Hat 6.2.

Listagem 3.3 Trechos de um arquivo *inetd.conf*.

```
$ grep  -v '^#'  /etc/inetd.conf
ftp        stream  tcp  nowait  root    /usr/sbin/tcpd       in.ftpd -l -a
telnet     stream  tcp  nowait  root    /usr/sbin/tcpd       in.telnetd
shell      stream  tcp  nowait  root    /usr/sbin/tcpd       in.rshd
login      stream  tcp  nowait  root    /usr/sbin/tcpd       in.rlogind
talk       dgram   udp  wait    root    /usr/sbin/tcpd       in.talkd
ntalk      dgram   udp  wait    root    /usr/sbin/tcpd       in.ntalkd
imap       stream  tcp  nowait  root    /usr/sbin/tcpd       imapd
finger     stream  tcp  nowait  root    /usr/sbin/tcpd       in.fingerd
auth       stream  tcp  nowait  nobody  /usr/sbin/in.identd  in.identd -l -e -o
linuxconf  stream  tcp  wait    root    /bin/linuxconf       linuxconf  -http
```

Toda entrada no arquivo inetd.conf mostrado na Listagem 3.3 define um serviço que é iniciado através do inetd. Cada entrada é composta de sete campos:

Name (nome) - Este campo é o nome do serviço, como listado no arquivo /etc/services. Este nome mapeia o número de porta do serviço.

Type (tipo) - Este é o tipo de serviço de entrega de dados usado. Há somente dois tipos comuns: dgram para o serviço de datagrama fornecido por UDP, e stream para o serviço de fluxo de byte fornecido por TCP.

Protocol (protocolo) - Este é o nome do protocolo, como definido no arquivo /etc/protocols. O nome mapeia um número de protocolo. Todas as entradas do exemplo têm tcp ou udp neste campo.

Wait-status (estado de espera) - Este é wait ou nowait. wait informa ao inetd para esperar pelo servidor liberar a porta antes de escutar mais solicitações. nowait informa ao inetd para começar a escutar imediatamente por mais solicitações de conexão na porta. wait normalmente é usado para UDP, e nowait normalmente é usado para TCP.

UID - Este é o nome de usuário sob o qual o serviço é executado. Normalmente, este é root, mas por razões de segurança, alguns processos executam sob o ID do usuário nobody.

Server (servidor) - Este é o nome de caminho do programa de servidor que o inetd lança para fornecer o serviço ou a palavra-chave internal que é usada para serviços simples que são fornecidos pelo inetd por si só. Na Listagem 3.3, as entradas para linuxconf e auth são bons exemplos. Estas entradas mostram o caminho completo do programa de servidor apropriado. Todas as outras entradas na Listagem 3.3, porém, compartilham o mesmo caminho de servidor: /usr/sbin/tcpd. É óbvio, que este realmente não é o caminho para o servidor ftp, o servidor telnet e qualquer outro servidor. Na realidade, o tcpd é um recurso de segurança usado pelo Linux. O tcpd é chamado de TCP Wrapper (envólucro de TCP), e é usado para prover proteção de segurança em serviços de rede. Os detalhes de como usar TCP Wrapper para melhorar a segurança são cobertos no Capítulo 12. Por ora, é suficiente saber que tcpd iniciará o servidor correto quando for chamado através de inetd.

Arguments (argumentos) - Estes são os argumentos de linha de comando que são passados ao programa de servidor. O primeiro argumento sempre é o nome do programa de servidor executado. A lista de argumento parece exatamente como o comando pareceria se estivesse sendo digitado em um prompt shell.

Como você pode ver na Listagem 3.3, o inetd.conf vem pré-configurado com vários serviços ativos. O arquivo inetd.conf default do Red Hat Linux 6.2 vem com um número igual de serviços inativos, como mostrado na Listagem 3.4.

Listagem 3.4 Serviços desabilitados por *inetd.*

```
$ grep '^#[a-z]' /etc/inetd.conf
#echo      stream tcp nowait  root    internal
#echo      dgram  udp wait    root    internal
#discard   stream tcp nowait  root    internal
#discard   dgram  udp wait    root    internal
#daytime   stream tcp nowait  root    internal
```

68 | Linux: servidores de rede

```
#daytime   dgram    udp   wait       root    internal
#chargen   stream   tcp   nowait     root    internal
#chargen   dgram    udp   wait       root    internal
#time      stream   tcp   nowait     root    internal
#time      dgram    udp   wait       root    internal
#exec      stream   tcp   nowait     root    /usr/sbin/tcpd  in.rexecd
#comsat    dgram    udp   wait       root    /usr/sbin/tcpd  in.comsat
#dtalk     stream   tcp   wait       nobody  /usr/sbin/tcpd  in.dtalkd
#pop-2     stream   tcp   nowait     root    /usr/sbin/tcpd  ipop2d
#pop-3     stream   tcp   nowait     root    /usr/sbin/tcpd  ipop3d
#uucp      stream   tcp   nowait     uucp    /usr/sbin/tcpd  /usr/lib/uucp/uucico  -l
#tftp      dgram    udp   wait       root    /usr/sbin/tcpd  in.tftpd
#bootps    dgram    udp   wait       root    /usr/sbin/tcpd  bootpd
#cfinger   stream   tcp   nowait     root    /usr/sbin/tcpd  in.cfingerd
#systat    stream   tcp   nowait     guest   /usr/sbin/tcpd  /bin/ps  -auwwx
#netstat   stream   tcp   nowait     guest   /usr/sbin/tcpd  /bin/netstat  -f  inet
#swat      stream   tcp   nowait.400         root            /usr/sbin/swat  swat
```

Comentários no arquivo inetd.conf começam com um sinal de cerquilha (#). Para incapacitar um serviço, insira um sinal de cerquilha no início de sua entrada. Para habilitar um serviço, remova o sinal de cerquilha. Por exemplo, habilite o servidor BootP removendo o sinal de cerquilha no início da entrada de bootps. Igualmente, incapacite o protocolo finger, inserindo um sinal de cerquilha antes do primeiro caractere na entrada de finger. Esta simples edição lhe dá completo controle sobre os serviços fornecidos por seu sistema Linux.

Incapacitar serviços desnecessários é uma parte importante na segurança do servidor. Não execute serviços que você realmente não usa. Todo serviço de rede é uma brecha potencial para um cracker entrar. Em nosso servidor de exemplo, nós habilitamos o ftp. É óbvio, que não deveria ser comentado na configuração de exemplo. Mas nosso servidor não oferece os serviços gopher ou pop-3. Estes serviços podem ser comentados sem prejudicar os usuários deste servidor imaginário. Em outro servidor, poderiam ser invertidos os papéis: POP poderia ser habilitado, e FTP poderia ser incapacitado. Os serviços que estão habilitados são dirigidos pelos serviços que serão oferecidos pelo servidor.

A importância de controlar o acesso para serviços de rede como um componente de segurança de sistema global é a razão principal pela qual xinetd foi criado. O daemon Extended Internet Services daemon (xinetd) executa a mesma tarefa do inetd, mas oferece melhorias nos recursos de segurança.

Configurando o *xinetd*

Uma alternativa para inetd é o Extended Internet Services Daemon (xinetd). O xinetd é configurado no arquivo /etc/xinetd.conf que fornece a mesma informação ao xinetd como inetd.conf fornece a inetd. Mas ao invés de usar parâmetros de posicionamento com significados determinados pelo local relativo deles em uma linha de configuração, xinetd.conf usa pares de atributo e valor. O nome do atributo claramente identifica o propósito de cada parâmetro. O valor configura o atributo. Por exemplo, o terceiro campo em uma entrada de inetd.conf contém o nome do protocolo de transporte. Em um arquivo xinetd.conf, o nome do protocolo de transporte é definido usando o atributo protocol, por exemplo, protocol = tcp. Porém, o xinetd pode fazer muito mais do que o inetd, assim há muito mais atributos

Capítulo 3 – Serviços de login | **69**

disponíveis para configurar o xinetd do que os sete parâmetros posicionais usados pelo inetd. O melhor modo para entender os vários atributos de xinetd é olhar para algumas configurações realísticas. A Listagem 3.5 é o arquivo xinetd.conf de um sistema Red Hat 7.2.

Listagem 3.5 O arquivo *xinetd.conf.*

```
$  cat  /etc/xinetd.conf
#
#  Simple  configuration  file  for  xinetd
#
#  Some  defaults,  and  include  /etc/xinetd.d/

defaults
{
     instances  = 60
     log_type = SYSLOG  authpriv
     log_on_success= HOST  PID
     log_on_failure= HOST
     cps   = 25 30
}

includedir  /etc/xinetd.d
```

As linhas que começam com # são comentários. A declaração defaults é a primeira entrada ativa neste arquivo. A declaração defaults é opcional, mas quando é usada, apenas uma declaração defaults pode aparecer na configuração. Use esta declaração para ajustar valores default para vários atributos. Coloque a lista de pares atributo/valor entre chaves. (Listas de pares de atributo/valor sempre são colocados entre chaves.) O arquivo xinetd.conf na Listagem 3.5 define valores default para cinco atributos diferentes:

instances (instâncias) - Isto especifica o número máximo de daemons que pode estar executando simultaneamente, para qualquer tipo de serviço. A Listagem 3.5 ajusta instances em 60, significando que não mais de 60 processos telnetd estarão executando em qualquer tempo. O xinetd não iniciará a instância sessenta e um, até mesmo se uma solicitação de serviço adicional para Telnet for recebida da rede. O default de sistema para instances é para permitir um número ilimitado de processos simultâneos para todos os tipos de serviços. O instances é ajustado para um valor numérico ou para a palavra-chave UNLIMITED (ilimitado).

log_type (tipo de registro) - Isto define onde as mensagens serão registradas. Há dois possíveis valores para este atributo:

FILE *pathname [soft_limit [hard_limit]]* - A configuração de FILE informa ao xinetd para registrar a atividade no arquivo identificado por *pathname*. Limites superiores para o tamanho do arquivo são ajustados usando *soft_limit* e *hard_limit*. Quando *soft_limit* for excedido, xinetd emite mensagens de advertência sobre o tamanho do arquivo. Quando *hard_limit* for excedido, xinetd deixa de registrar mensagens no arquivo. O default é não ter nenhum limite no tamanho do arquivo de registro.

SYSLOG *syslog_facility [syslog_level]* - A configuração de SYSLOG informa ao xinetd para usar o daemon padrão syslogd para registrar as atividades. O *syslog_facility* tem que ser ajustado a uma das facilidades definidas no arquivo

70 | *Linux: servidores de rede*

/etc/syslog.conf. O *syslog_level*, se usado, deve ter um valor de severidade para o syslogd padrão. O exemplo na Listagem 3.5 informa ao xinetd para registrar as atividades através de syslogd e usar a facilidade authpriv.

log_on_success - Isto define a informação que é registrada quando uma conexão bem-sucedida é feita a um serviço local. O arquivo xinetd.conf na Listagem 3.5 registra o endereço do cliente remoto (HOST) e o ID de processo do daemon iniciado a serviço deste cliente (PID). Há vários outros valores que podem ser registrados. Configurar corretamente o xinetd para registrar atividade de rede é coberto em detalhes no Capítulo 12.

log_on_failure - Isto define a informação que é registrada quando uma tentativa para conectar a um serviço local for malsucedida. O arquivo xinetd.conf na Listagem 3.5 registra o endereço do sistema remoto (HOST) que tentou a conexão. Configurar corretamente o xinetd para registrar atividade de rede é um tópico de segurança importante coberto em detalhes no Capítulo 12.

cps - Isto ajusta os limites de conexão, por segundo, para os serviços. O primeiro valor é o número máximo de conexões para qualquer serviço que será aceito em um único segundo. Se este número for excedido, o xinetd deixará de aceitar conexões para este serviço, e esperará o número de segundos especificado pelo segundo número antes de aceitar mais algumas conexões para aquele serviço. Os valores na Listagem 3.5 informam ao xinetd para aceitar não mais que 25 conexões para qualquer serviço em um único segundo, e esperar 30 segundos se mais de 25 tentativas de conexão forem feitas antes de aceitar mais conexões para aquele serviço. cps impede um serviço de monopolizar todos os recursos de sistemas.

Além da declaração defaults, a única outra declaração no arquivo xinetd.conf do Red Hat é includedir. A declaração includedir inclui, por referência, todos os arquivos encontrados no diretório especificado. Na Listagem 3.5, o diretório especificado é o /etc/xinetd.d, que é o diretório usado freqüentemente para este propósito. Um único arquivo pode ser incluído na configuração do xinetd.conf usando o comando include *filename*, *filename* é o nome de um único arquivo. Porém, a declaração includedir é mais poderosa porque inclui todos os arquivos de um diretório inteiro. Isto torna possível manter um arquivo de configuração separado para cada serviço. Isto soa complicado, mas na prática é simples. Os arquivos de configuração individual são muito pequenos, e devido a cada item em um arquivo se aplicar a só um serviço, o propósito e significado de cada item são mais fáceis de entender. Uma listagem do diretório /etc/xinetd.d mostra os arquivos de configuração xinetd em nosso sistema Red Hat de exemplo.

```
$ ls /etc/xinetd.d
chargen        echo       imaps          ntalk    rsh      talk     time-udp
chargen-udp    echo-udp   ipop2          pop3s    rsync    telnet   wu-ftpd
daytime        finger     ipop3          rexec    sgi_fam  tftp
daytime-udp    imap       linuxconf-web  rlogin   swat     time
```

Os arquivos em /etc/xinetd.d representam todos os serviços que podem ser iniciados através de xinetd neste sistema. Outros serviços de rede estão disponíveis neste servidor porque são iniciados através de scripts de inicialização, mas o xinetd só pode começar um serviço

Capítulo 3 – Serviços de login | **71**

para o qual tenha um arquivo de configuração. Ao acrescentar um completamente novo, o serviço de rede em demanda para este sistema requer acrescentar um arquivo de configuração novo ao diretório xinetd.d.

A maioria dos nomes de arquivos no diretório /etc/xinetd.d claramente mapeia nomes de serviços do arquivo /etc/services, mas não todos. O arquivo wu-ftpd inicia o serviço FTP, embora wu-ftpd não seja um nome de serviço padrão. Neste caso, wu-ftpd representa Washington University FTP Daemon (WU-FTPD), que é a versão de servidor FTP que é usado por default no Red Hat 7.2. O arquivo wu-ftpd é um bom exemplo de como se parecem os arquivos de configuração xinetd. A Listagem 3.6 mostra o arquivo wu-ftpd de um sistema Red Hat 7.2.

Listagem 3.6 O arquivo */etc/xinetd.d/wu-ftpd.*

```
$ cat  /etc/xinetd.d/wu-ftpd
# default:  on
# description:  The  wu-ftpd  FTP  server  serves  FTP  connections.  It  uses  \
#     normal,  unencrypted  usernames  and  passwords  for  authentication.
service  ftp
{
     socket_type = stream
     wait  = no
     user  = root
     server  = /usr/sbin/in.ftpd
     server_args = -l -a
     log_on_success += DURATION  USERID
     log_on_failure += USERID
     nice  = 10
     disable  = no
}
```

Again, lines that begin with # are comments. This file, like most of the files in /etc/xinetd.d, contains just a single service statement. The format of a service statement is:

```
service  service_name
{
     attribute_list
}
```

O *service_name* é o nome oficial do serviço do arquivo /etc/services. O *service_name* tem que mapear um número de porta. Na Listagem 3.6, o *service_name* é ftp, que mapeia o número de porta 21. (Observe na Listagem 3.6 que o nome de serviço oficial é ftp, não wu-ftpd.) O *attribute_list*, da mesma maneira que estava na declaração defaults, é uma lista de pares de atributo/valor entre chaves. O serviço ftp tem nove atributos definidos na Listagem 3.6:

socket_type - Especifica o tipo de socket usado para este serviço. Este é normalmente dgram para o serviço de datagrama fornecido pelo UDP, ou stream para o serviço de fluxo de byte fornecido pelo TCP. Há dois outros possíveis valores: raw para um serviço que se conecta diretamente a IP, e seqpacket para entrega de datagrama seqüencial. raw e seqpacket não são usados para serviços padrão. Todo arquivo de configuração xinetd no diretório xinetd.d em nosso exemplo de sistema Red Hat, ajusta socket_type para dgram ou stream.

Linux: servidores de rede

wait - Informa a xinetd se deve esperar pelo serviço para liberar a porta antes de escutar por mais conexões àquele serviço. yes significa esperar, e no significa não esperar. Freqüentemente, sockets dgram exigem xinetd esperar, e sockets stream permitem ao xinetd prosseguir sem esperar.

User - Define o nome do usuário usado para executar o serviço. Normalmente, este é root, mas por razões de segurança, alguns processos executam sob o nome do usuário nobody.

server - Este é o caminho para o programa que o xinetd deve iniciar quando detectar atividade na porta. Na Listagem 3.6, /usr/sbin/in.ftpd é o programa que é iniciado quando uma solicitação de conexão chegar na porta 21.

server_args - Estes são os argumentos de linha de comando que são passados ao programa de servidor quando é iniciado. A Listagem 3.6 mostra duas opções de linha de comando e ambas são específicas para o daemon Washington University FTP. A opção -l informa ao daemon para registrar todas as transações. A opção -a informa para ler sua configuração do arquivo ftpaccess. (Mais sobre o arquivo ftpaccess depois neste capítulo.)

log_on_success - Isto define a informação que é registrada quando uma conexão bem-sucedida é feita ao serviço FTP. Observe a sintaxe += usada com o atributo. += adiciona os valores definidos aqui aos valores previamente definidos para log_on_success na declaração defaults do arquivo xinetd.conf. (Veja a Listagem 3.5.) Se = tiver sido usado em vez de +=, os valores de log_on_success definidos na declaração defaults teriam sido substituídos por estes valores do serviço FTP. Do contrário, xinetd combinará as configurações de atributo e registrará o endereço do cliente (HOST), o ID de processo do serviço (PID), a quantidade de tempo que o cliente está conectado ao servidor (DURATION), e o nome de usuário registrado para o servidor (USERID). O registro de xinetd é novamente coberto no Capítulo 12.

log_on_failure - Isto define a informação que é registrada quando uma tentativa malsucedida para conectar ao serviço FTP é feita. Novamente, a sintaxe += é usada para adicionar os valores definidos aqui aos valores previamente definidos para log_on_failure na declaração defaults do arquivo xinetd.conf. (Veja a Listagem 3.5.) Estas configurações fazem o xinetd registrar o endereço do cliente, e o nome de usuário usado para o login falhado. O registro de xinetd é novamente coberto no Capítulo 12.

nice - Define o valor nice que xinetd usa quando lança o programa de servidor. O comando nice ajusta a prioridade para o programa de servidor. O comando nice, junto com muitas outras ferramentas de administração de sistema comuns, é coberto em *Linux System Administration*, de Vicki Stanfield e Rod Smith (Sybex, 2001).

disable - Informa ao xinetd se este serviço foi desabilitado ou não pelo administrador de sistema. Se disable for ajustado para no, o serviço está habilitado e o xinetd executa este serviço quando receber um pedido de conexão na porta deste servidor. Se disable for ajustado para yes, o serviço está desabilitado e o xinetd não começa o serviço em resposta a pedidos de conexão. Por default, os serviços são habilitados se o atributo disable não estiver incluído na configuração.

Este último atributo mostra que um administrador de sistema pode controlar os serviços iniciados através de xinetd mudando o valor do atributo disable. Isto pode ser feito editando os arquivos de configuração encontrados no diretório xinetd.d diretamente; entretanto, o Red Hat fornece um modo mais fácil para fazer isto. O comando chkconfig usado no Capítulo 2 para controlar scripts de inicialização também pode ser usado para controlar serviços iniciados pelo xinetd.

Listagem 3.7 Usando *chkconfig* para controlar *xinetd*.

```
[root]#  chkconfig  -list  wu-ftpd
wu-ftpd    on
[root]#  grep  disable  /etc/xinetd.d/wu-ftpd
           disable = no
[root]#  chkconfig  wu-ftpd  off
[root]#  chkconfig  -list  wu-ftpd
wu-ftpd    off
[root]#  grep  disable  /etc/xinetd.d/wu-ftpd
           disable = yes
```

Os primeiros dois comandos na Listagem 3.7 mostram que chkconfig acredita que o serviço FTP está pronto para executar e que o atributo disable no arquivo de configuração de wu-ftpd está ajustado para no. Então, o comando **chkconfig wu-ftpd** é digitado para incapacitar o serviço FTP. Outra rápida verificação com chkconfig e grep mostra que o FTP está agora desligado, e o atributo disable no arquivo wu-ftpd está ajustado para yes. Use o nome de arquivo de configuração (wu-ftpd, neste caso), não o nome de serviço (ftp) ao usar o comando chkconfig para habilitar ou incapacitar um serviço iniciado por xinetd.

Agora que você sabe como são iniciados telnetd e ftpd, vejamos como as contas de usuário que ele exigem são criadas. A próxima seção revisa a variedade de ferramentas que são usadas para criar contas de usuário em sistemas Linux.

Criando contas de usuário

Cada usuário que se registra para um sistema Linux é identificado por uma conta de usuário. A conta de usuário controla acesso ao sistema definindo o nome de usuário e senha que autenticam o usuário durante o login. Após o usuário ter acesso ao sistema, o identificador de usuário de conta de usuário (UID) e o identificador de grupo (GID) são usados para controlar os privilégios do usuário. Estes valores, que são definidos ao criar uma conta de usuário, controlam a segurança de sistema de arquivos e identificam que usuários controlam quais processos.

A conta de usuário é uma parte essencial de um sistema Linux, e todas as distribuições de Linux fornecem ferramentas para manter contas de usuário. Esta seção examina várias destas ferramentas, mas dá uma olhada primeiro atrás dos bastidores para ver o que estas ferramentas estão fazendo por você.

As etapas para criar uma conta de usuário

As ferramentas que diferentes distribuições Linux oferecem para simplificar o processo de adicionar uma conta de usuário podem variar, mas todas as ferramentas pedem essencialmente a mesma informação, porque o processo subjacente de adicionar uma conta de usuário é o mesmo em todos os sistemas Linux. Adicionar uma conta de usuário requer as seguintes etapas:

1. Editar o arquivo /etc/passwd para definir o nome de usuário, UID, GID, diretório principal, e shell de login para o usuário.

2. Executar uma ferramenta, como passwd, para criar uma senha criptografada para o usuário.

3. Executar mkdir para criar o diretório principal novo do usuário.

4. Copiar os arquivos de inicialização default de /etc/skel para o diretório principal do usuário. O diretório /etc/skel mantém arquivos como .bashrc, que é usado para inicializar o ambiente de bash. Um sistema Linux já vem com uma seleção de arquivos prontos em /etc/skel. Para fornecer arquivos de inicialização adicional ou diferente para seus usuários, simplesmente adicione os arquivos para o diretório /etc/skel, ou edite os arquivos que você encontrar lá.

5. Mudar a propriedade do diretório principal do usuário e os arquivos que ele contém, de forma que o usuário tenha acesso completo a todos os arquivos dele. Por exemplo, chown -r kathy:users /home/kathy.

A maioria destas etapas envolve construir o diretório principal do usuário. Porém, muito da informação sobre a conta de usuário é armazenado no arquivo /etc/passwd.

O arquivo *passwd*

Todo usuário em um sistema Linux tem uma entrada no arquivo /etc/passwd. Para ver que contas existem em um sistema Linux, apenas olhe dentro deste arquivo. A Listagem 3.8 é o arquivo passwd de nosso sistema Red Hat de exemplo.

Listagem 3.8 Uma amostra de arquivo /etc/passwd.

```
# cat /etc/passwd  root:gvFVXCMgxYxFw:0:0:root:/root:/bin/bash
bin:*:1:1:bin:/bin:
daemon:*:2:2:daemon:/sbin:
adm:*:3:4:adm:/var/adm:
lp:*:4:7:lp:/var/spool/lpd:
sync:*:5:0:sync:/sbin:/bin/sync
shutdown:*:6:0:shutdown:/sbin:/sbin/shutdown
halt:*:7:0:halt:/sbin:/sbin/halt
mail:*:8:12:mail:/var/spool/mail:
news:*:9:13:news:/var/spool/news:
uucp:*:10:14:uucp:/var/spool/uucp:
operator:*:11:0:operator:/root:
games:*:12:100:games:/usr/games:
gopher:*:13:30:gopher:/usr/lib/gopher-data:
ftp:*:14:50:FTP  User:/home/ftp:
nobody:*:99:99:Nobody:/:
```

```
craig:6VKY34PUexqs:500:100:Craig  Hunt:/home/craig:/bin/bash
sara:niuh3ghdj73bd:501:100:Sara  Henson:/home/sara:/bin/bash
kathy:wv1zqw:502:100:Kathy  McCafferty:/home/kathy:/bin/bash
david:94fddtUexqs:503:100:David  Craig:/home/david:/bin/bash
becky:tyebwo8bei:500:100:Rebecca  Hunt:/home/becky:/bin/bash
```

A maioria destas contas está incluída no arquivo passwd como parte da instalação inicial; só as últimas cinco entradas na Listagem 3.8 são contas de usuário reais adicionadas pelo administrador de sistema. A primeira entrada é a conta raiz para o administrador de sistema, mas a maior parte das outras são contas especiais, criadas para programas que precisam controlar processos ou que precisam criar e remover arquivos.

Cada entrada /etc/passwd segue o formato user:*password*:*UID*:*GID*: *comment*:*home*:*shell*, onde

- *user* é o nome de usuário. Não deve ter mais do que oito caracteres, e não deve conter letras maiúsculas ou caracteres especiais. kristin é um nome de usuário bom.

- *password* é a senha criptografada do usuário. É claro que você de fato não digita uma senha criptografada aqui. A senha criptografada é armazenada aqui pelo comando passwd. Se você usa o arquivo sombra de senha (shadow password file), e a maioria das distribuições de Linux o faz, a senha criptografada na verdade não aparecerá aqui. Ao contrário, a senha será armazenada dentro de /etc/shadow. Veja o Capítulo 12 para uma descrição do arquivo de sombra de senha

- *UID* é um número atribuído para identificar o Usuário

- *GID* é um número atribuído para identificar o Grupo ao qual perternce este usuário

- *comment* é informação de texto sobre o usuário. No mínimo, você deve ter o primeiro e último nomes do usuário. Algumas pessoas gostam de incluir o número de telefone do usuário e o número da sala do escritório. Por razões históricas, este campo é chamado às vezes de campo GECOS.

- *home* é o diretório principal do usuário.

- *shell* é o shell de login para este usuário.

Quase todas as informações necessárias para criar uma conta de usuário aparecem no arquivo passwd. As próximas seções examinam algumas destas informações em mais detalhes.

Selecionando um shell de login

Um *shell de login* (ou shell de comando) processa as linhas de comando que são digitadas pelo usuário. O Linux fornece uma seleção de vários shells de login diferentes. Vários shells são incluídos na distribuição, e muitos mais estão disponíveis na Internet. Apesar da variedade de shells, a maioria dos sites padroniza um ou dois; toda conta de usuário adicionada ao arquivo *passwd* de exemplo na Listagem 3.8 usa /bin/bash como o shell de login.

O arquivo /etc/shells é uma lista de nomes de shell válidos que são consultados por vários programas para determinar que shells estão disponíveis no sistema. A Listagem 3.9 é o arquivo /etc/shells em um sistema Red Hat.

76 | *Linux: servidores de rede*

Listagem 3.9 Shells de login disponíveis.

```
$ cat /etc/shells
/bin/bash2
/bin/bash
/bin/sh
/bin/ash
/bin/bsh
/bin/tcsh
/bin/csh
```

O arquivo /etc/shells em nosso sistema Red Hat de exemplo fornece as seguintes seleções de shell de login:

/bin/sh - Este é o Bourne Shell, que é o shell de Unix original. O Bourne Shell introduziu muitos dos principais conceitos sobre shells de comando, mas como você pode imaginar dada a idade avançada de Unix, o Bourne Shell original está seriamente antiquado. Apesar disso, sinta-se à vontade para fazer esta seleção em um sistema Red Hat, porque não há nenhum Bourne Shell armazenado em /bin/sh. Ao contrário, ele é um link para /bin/bash.

/bin/bash - Este é o Bourne-Again Shell, que é o shell mais comum em sistemas Linux. bash é o Bourne Shell com todos as melhorias modernas, como edição de linha de comando, histórico de comando, e conclusão de nome de arquivo que foram introduzidos através de programas shell mais novos.

/bin/bash2 - Esta é ainda outra versão do Bourne-Again Shell, que fornece todos os recursos de bash. No sistema Red Hat, bash2 é exatamente igual a bash porque /bin/bash2 é apenas uma ligação lógica para /bin/bash.

/bin/ash - Este é o A Shell. ash é um programa muito compacto - só 1/5 do tamanho de bash. O ash tem os recursos mínimos mantidos em um arquivo muito pequeno.

/bin/bsh - Este é o B Shell, que é outro shell mínimo projetado para fornecer recursos básicos em um pequeno pacote. O bsh é apenas um link a ash em um sistema Red Hat.

/bin/csh - Este é o C Shell. O csh é um shell de Unix antigo com um ambiente de comando e de script inspirado pela linguagem de programação C. Embora o csh original esteja agora antiquado, ele introduziu conceitos importantes, como históricos de comando, que ainda são usados hoje. Em um sistema Red Hat, /bin/csh é um link para /bin/tcsh.

/bin/tcsh - Este é o Tenex C Shell, que é o csh aumentado. O tcsh adiciona conclusão de nome de arquivo e edição de linha de comando ao shell C.

Esta lista de shells inclui quatro shells que são apenas ligações lógicas, outro que é um shell mínimo, e apenas dois shells que são extensamente usados como shells de login: bash e tcsh. Outras distribuições Linux têm outras listas, e você pode adicionar os nomes de outros shells no arquivo /etc/shells se acrescentar outros shells ao seu sistema. Se você tiver usuários que vêm a um ambiente Linux de outros sistemas operacionais Unix, eles podem exigir o Korn Shell. Duas versões do Korn Shell tem uso muito difundido:

/bin/ksh - Este é o Korn Shell, que é um dos shells de Unix mais populares, e é o que primeiro introduziu a edição de linha de comando.

/bin/zsh - O Z Shell se assemelha ao Korn Shell, e fornece recursos avançados, como conclusão de comando e verificação ortográfica embutida.

O arquivo /etc/shells fornece valores default para vários programas. Lembre-se de que a lista é apenas uma sugestão; você não tem que selecionar um shell da lista. Você pode digitar o nome do caminho de qualquer shell instalado em seu sistema, como o shell de login do usuário. Havia um exemplo disto no Capítulo 2, quando nós usamos pppd como um shell de login para configurar contas de servidor PPP.

Entendendo o ID de usuário

O campo UID é um identificador numérico único para o usuário. A faixa de números UID na maioria de sistemas Unix é de 0 a 65536. Em sistemas Linux que usam o kernel 2.4 de Linux, a faixa é de 0 a 4294967295. Números abaixo de 100 estão reservados para contas de sistema especiais, como uucp, news, mail, e assim por diante. Por definição, a conta root é UID 0. Fora estas restrições, você pode selecionar qualquer número disponível na faixa válida.

Toda conta de usuário tem um UID e pelo menos um GID. Todo arquivo e processo em um sistema Linux também tem um UID e um GID. Combinar UIDs determina a propriedade de arquivos e processos. Combinar GIDs determina o acesso de um grupo a arquivos e processos.

Em um sistema isolado, os arquivos só estão disponíveis a usuários daquele sistema. Mas em uma rede, os arquivos estão disponíveis entre sistemas por compartilhamento dos arquivos. A técnica de compartilhando de arquivo mais comum em sistemas Unix e Linux é o Network File System (NFS). O NFS usa os mesmos mecanismos de segurança de arquivo que o sistema Linux - o UID e o GID - e só pode funcionar se os IDs de usuário e IDs de grupo atribuídos aos vários sistemas na rede forem coordenados. Por exemplo, se ao usuário tyler foi atribuído a UID 505 em crow, e a daniel foi atribuído a 505 em robin, um conflito potencial poderia existir. Montar um sistema de arquivo de crow em robin daria à daniel privilégios de proprietário de arquivos que realmente pertencem a tyler! Por causa disto, deve ser tomado cuidado para desenvolver um plano de atribuição de IDs a usuários e IDs de grupo por todo sistema em sua rede.

> **NOTA** O NFS e a questão de atribuir IDs de usuário e IDs de grupo corretamente em um ambiente NFS são cobertos no Capítulo 9, "Compartilhando arquivos".

Entendendo o ID de grupo

O campo GID é usado para identificar o grupo principal ao qual o usuário novo pertence. Quando um sistema Linux é instalado pela primeira vez, são incluídos vários grupos, a maior parte do quais são grupos administrativos, como adm e daemon, ou grupos que pertencem a serviços específicos, como news e mail. O users é um grupo para todos os usuários.

Quando você usa uma ferramenta administrativa para criar uma conta de usuário, a ferramenta atribui um grupo para o usuário se você não selecionar um. Em alguns sistemas,

Linux: servidores de rede

como Slackware, a ferramenta padroniza o grupo user. Em um sistema Red Hat, o default é criar um novo grupo, que contém só o novo usuário como um membro. Nenhuma abordagem é exatamente certa para todos os casos.

O ID de grupo, como o ID de usuário, é usado para segurança de sistema de arquivos. Nos sistemas Linux, há três níveis de permissões de arquivo: privilégios de propriedade, privilégios de grupo e privilégios para todos os usuários. Se todos os usuários estiverem incluídos no mesmo grupo, como é o caso quando todos são colocados no grupo users, então todos têm os mesmos privilégios de grupo ao tentar acessar qualquer um dos arquivos. Em efeito, privilégios de grupo não são diferentes de privilégios gerais. Isto derruba o propósito do ID de grupo, que é permitir aos grupos compartilhar arquivos, enquanto protege estes arquivos de pessoas que não estão no grupo.

Da mesma forma, se um grupo é criado que contém só um usuário, o propósito do ID de grupo é derrubado - não há nenhuma razão em ter privilégios de grupo se não houver nenhum grupo. O dono de um arquivo já tem privilégio de acesso para o arquivo baseado no UID, assim o GID é desnecessário quando o grupo for de um. Usando esta abordagem,os privilégios de grupo não são diferentes de privilégios de propriedade.

Para fazer uso mais efetivo de ID de grupo, você precisa criar grupos. Desenvolva um plano para a estrutura de grupo que você usará em sua rede. Este plano não precisa ser complicado. A maioria dos administradores de rede usa uma estrutura de grupo organizacional na qual as pessoas no mesmo grupo de trabalho são membros do mesmo GID. Uma estrutura mais complexa, baseado em projetos, também é possível. Porém, tenha cuidado para não criar uma estrutura que requer muita manutenção. Projetos vêm e vão, e você não quer entrar em uma situação na qual constantemente muda grupos e move arquivos para usuários.

> **NOTA** Para suporte completo ao NFS, o plano de estrutura de grupo precisa ser coordenado entre os sistemas em sua rede. Veja o Capítulo 9 para informações sobre planejar e coordenar uma estrutura de grupo.

Criando novos grupos - Para criar um grupo, adicione uma entrada para o grupo novo no arquivo /etc/group. Todo grupo tem uma entrada no arquivo, e todas as entradas têm o mesmo formato, *name:password:gid:users* onde

- *name* é o nome do grupo.
- *password* normalmente não é usada. Deixe espaço em branco para isto, ou encha com um placeholder como x.
- *gid* é o identificador de grupo numérico. É um número entre 0 e 65536. GID 0 é usado para o grupo raiz. A maioria dos administradores reserva os números abaixo de 100 para grupos especiais.
- *users* é uma lista separada por vírgulas de usuários atribuídos a este grupo. O grupo principal de um usuário é atribuído no arquivo /etc/passwd. O /etc/group atribui grupos suplementares a um usuário.

Alguns exemplos do arquivo /etc/group em um sistema Red Hat ilustram esta estrutura.

Capítulo 3 – Serviços de login | 79

Listagem 3.10 Exemplos do arquivo */etc/group.*

```
root:x:0:root
bin:x:1:root,bin,daemon
daemon:x:2:root,bin,daemon
mail:x:12:mail
news:x:13:news
uucp:x:14:uucp
users:x:100:kathy
popusers:x:45:kathy
slipusers:x:46:
kathy:x:501:
```

Em um exemplo depois neste capítulo (recorra a "Ferramentas para criar contas de usuário"), nós criamos a conta de usuário kathy, e permitimos ao sistema criar um GID default para kathy. Por default, o Red Hat cria um grupo novo para o usuário usando o nome de usuário como o nome de grupo e usando o primeiro número disponível acima de 500 como o GID. Isso é de onde veio a entrada kathy no final deste arquivo. Adicionalmente, nós editamos o arquivo /etc/group para associar kathy aos grupos users e popusers. È pori isso que kathy aparece na lista de usuário em ambas destas entradas. Observe que kathy não está na lista de usuário do grupo kathy. Isso é porque é o seu grupo principal, que está atribuído no arquivo /etc/passwd. Então, o grupo principal dela é kathy, e os grupos suplementares dela são users e popusers. Ela tem concessão de privilégios de grupo de todos os três destes grupos.

Você pode criar um grupo novo ou pode modificar um grupo existente editando diretamente o arquivo /etc/groups. Alternativamente, você pode criar um grupo usando as ferramentas fornecidas por sua distribuição Linux. Use o comando groupadd para este propósito. Por exemplo, para criar um grupo para o departamento de vendas com um nome de sales e um GID de 890, digite **groupadd - g 890 sales**. Para adicionar um grupo novo, simplesmente selecione um nome de grupo novo, e um número de GID disponível, e digite-os no arquivo /etc/group usando o comando groupadd.

O nome ou GID numérico de um grupo existente podem ser mudados com o comando groupmod. Por exemplo, para mudar o GID atribuído ao grupo sales criado acima de 890 a 980, digite **groupmod - g 980 sales**. Para mudar o nome de grupo de sales para marketing, digite **groupmod - n marketing sales**. Um grupo existente pode ser apagado com o comando groupdel. Por exemplo, para apagar o grupo de marketing, digite **groupdel marketing**.

Indiferente de como você cria ou edita um grupo, o efeito é o mesmo. O grupo atualizado está listado no arquivo /etc/group. Da mesma maneira que há ferramentas para criar ou modificar um grupo, há ferramentas disponíveis para criar uma conta de usuário.

Ferramentas para criar contas de usuário

Todas as distribuições Linux oferecem ferramentas para lhe ajudar a criar contas de usuário. A maioria das distribuições fornece o comando useradd para este propósito. O comando useradd na Listagem 3.11 cria uma conta de usuário com o nome de usuário kathy.

80 | *Linux: servidores de rede*

Listagem 3.11 O efeito do comando *useradd*.

```
[root]# grep kathy /etc/passwd
[root]# grep kathy /etc/shadow
[root]# grep kathy /etc/group
[root]# ls -a /home/kathy
ls: /home/kathy: No such file or directory
[root]# useradd kathy
[root]# grep kathy /etc/passwd kathy:x:501:501::/home/kathy:/bin/bash
[root]# grep kathy /etc/group
kathy:x:501:
[root]# ls -a /home/kathy
. .. .bash_logout.bash_profile .bashrc Desktop    .gtkrc    .kde
.screenrc
[root]# grep kathy /etc/shadow
kathy:!!:11743:0:99999:7:::
```

As primeiras quatro linhas na Listagem 3.11 mostram que não há nenhuma entrada para o nome de usuário kathy no arquivo /etc/passwd, /etc/shadow ou /etc/group, e que o diretório /home/kathy não existe. Então o simples comando useradd kathy é digitado. Os quatro comandos depois do comando useradd mostram o tanto que mudou. O simples comando useradd cria as entradas /etc/passwd, /etc/shadow e /etc/group corretas, constrói o diretório home novo (o qual por default é nomeado de /home/kathy), e copia o arquivo /etc/skel ao diretório novo. Faz tudo requerido para um login bem-sucedido exceto criar a senha de login. Para definir a senha de login, execute passwd kathy, e digite a senha inicial do usuário.

Esta nova conta pode ser usada como está, contudo não é exatamente o que nós queremos. Primeiro, o campo de comentário da entrada /etc/passwd para kathy está vazio. Este campo mantém a forma de texto livre que descreve o usuário. Nós queremos isto para manter o nome completo do usuário. Segundo, kathy é um membro de três grupos. Nós queremos kathy nos grupos users e popusers, bem como no grupo principal dela, que é kathy. O segundo grep de /etc/group na Listagem 3.11 mostra que ela está em um só grupo - kathy. O comando usermod pode ser usado para mudar as configurações para um usuário existente, como neste exemplo:

Listagem 3.12 Como usar o comando *usermod*.

```
[root]# usermod -c "Kathleen McCafferty" -G users,popusers kathy
[root]# grep kathy /etc/passwd
kathy:x:501:501:Kathleen McCafferty:/home/kathy:/bin/bash
[root]# grep kathy /etc/group
users:x:100:kathy
popusers:x:45:kathy
kathy:x:501:
```

O comando usermod na Listagem 3.12 modifica os parâmetros para a conta identificada pelo nome de usuário kathy. A string que segue o argumento -c na linha de comando usermod é uma descrição de texto para esta conta de usuário. O usermod coloca a string no campo de comentário da entrada /etc/passwd para esta conta, como o primeiro grep claramente mostra. O argumento -G define grupos suplementares para a conta de usuário. Na Listagem

Capítulo 3 – Serviços de login | **81**

3.12, dois grupos suplementares, users e popusers, são definidos. Um grep do arquivo /etc/ group mostra que o comando usermod acrescentou kathy à lista de usuário para ambos os grupos.

Claro que em vez de ajustar uma conta com usermod, é melhor construí-la corretamente desde o começo. O comando useradd aceita os mesmos argumentos que o comando usermod. Com exceção do fato de que eu quis um exemplo agradável do comando usermod para este livro, nós poderíamos ter criado a conta kathy com o comando useradd seguinte, e teríamos tido todas as configurações que desejamos:

```
useradd -c "Kathleen McCafferty" -G users,popusers kathy
```

O comando useradd aceita uma gama extensa de opções. A sintaxe completa do comando é:

```
useradd [-c comment] [-d home_dir]
[-e expire_date] [-f inactive_time]
[-g initial_group] [-G group[,...]]
[-m [-k skeleton_dir] | -M]
[-p passwd] [-s shell] [-u uid [-o]]
[-n] [-r] login
```

Os argumentos da linha de comando useradd são

- c *comment* - O campo de comentário da entrada /etc/passwd para esta conta de usuário.

-d *home_dir* - O caminho para o diretório principal para esta conta de usuário.

-e *expire_date* - A data na qual esta conta expira. A data é digitada como um ano de quatro dígitos, um mês de dois dígitos e um dia de dois dígitos no formato *yyyy-mm-dd*. Por default, as contas não são incapacitadas automaticamente.

- f *inactive_time* - O número de dias depois que a senha expira que a conta ficará incapacitada permanentemente. -1 desliga este recurso, e -1 é o default.

-g *initial_group* - O grupo principal para esta conta de usuário.

-G *group[,...]]* - Uma lista separada por vírgulas de grupos suplementares para esta conta de usuário.

-m [-k *skeleton_dir*] | -M - A opção -m informa a useradd para criar o diretório principal do usuário, se já não existir um. Se -k estiver definido (e só pode ser usado se -m também for usado), os arquivos encontrados em *skeleton_dir* são copiados para o diretório recentemente criado. Se -k não estiver definido, os arquivos encontrados em /etc/skel são copiados no diretório recentemente criado. Alternativamente, -M pode ser especificado para informar a useradd que não deve criar um diretório home para a conta nova.

-p *passwd* - Define a senha criptografada para a conta nova. O valor digitado para *passwd* já deve estar criptografado. Adicionalmente, deve estar criptografado usando o algoritmo correto para seu sistema. Sempre é mais fácil digitar a senha separadamente com o comando passwd.

-s *shell* - O nome de caminho do shell de login para ser usado por esta conta.

-u *uid* [-o] - Define o UID numérico para esta conta de usuário. A sinalização -o informa a useradd para não rejeitar o UID se for uma duplicata de outro UID de conta. Não use UIDs duplicados. Planeje seu sistema de forma que todos os UIDs sejam únicos, e de forma que cada usuário tenha só uma conta de login que claramente identifique aquele usuário. Fazer qualquer outra coisa reduz a segurança de sistema.

-n - Informa a adduser que não deve criar um grupo com o mesmo nome que a conta de usuário. Como vimos quando criamos o usuário kathy, o sistema Red Hat também criou um grupo nomeado kathy. -n previne isto.

-r - Indica que a conta deve ser criada como uma conta de sistema; quer dizer, uma conta não-login que não é criada para um usuário. O exemplo /etc/passwd na Listagem 3.9 mostrou várias destas contas, por exemplo, news, mail e daemon.

login - *O nome de usuário atribuído à conta. A documentação de useradd chama este valor de login, mas é mais fácil e mais preciso pensar nisto como o nome de usuário.*

Apesar desta lista longa de opções de linha de comando, todos os comandos useradd de amostra mostrados na Listagem 3.11 são relativamente simples. Isso é porque nós usamos os valores default do comando. Os valores default de useradd são definidos em dois arquivos: /etc/default/useradd e /etc/login.defs.

A Listagem 3.13 mostra o arquivo /etc/default/useradd de nosso sistema Red Hat de exemplo. O arquivo contém pares de palavra-chave/valor. As palavras-chaves podem ser mapeadas facilmente para opções de linha de comando de useradd. Os valores ajustados neste arquivo são os valores default usados para as opções de linha de comando. Por exemplo, HOME=/home informa a useradd que se a opção -d não for fornecida na linha de comando, deve ser usado o nome de usuário de login para criar um diretório home para o usuário no diretório /home; e SHELL=/bin/bash informa a useradd para usar bash como o shell de login do usuário se a opção -s não for especificada na linha de comando.

Listagem 3.13 Conteúdos do arquivo */etc/default/useradd*.

```
[root]# cat /etc/default/useradd
# useradd defaults file
GROUP=100
HOME=/home
INACTIVE=-1
EXPIRE=
SHELL=/bin/bash
SKEL=/etc/skel
```

Porém, o arquivo /etc/default/useradd não é a história inteira. Olhe para o primeiro par de palavras-chave/valor na Listagem 3.13. Diz GROUP=100 que informa a useradd que se a opção -g não for especificada na linha de comando, deve ser usado 100 como o GID default. Agora, olhe de novo para a Listagem 3.12. Não há nenhuma opção -g na linha de comando useradd, contudo o grep do arquivo /etc/passwd mostra que à conta kathy foi atribuído o GID 501. É óbvio que qualquer outra coisa está funcionando aqui. Esta qualquer outra coisa é o arquivo /etc/login.defs. A Listagem 3.14 mostra o arquivo /etc/login.defs de nosso sistema Red Hat de exemplo.

Capítulo 3 – Serviços de login | **83**

Listagem 3.14 Conteúdos do arquivo */etc/login.defs.*

```
#   *REQUIRED*
#      Directory where mailboxes reside, _or_ name of file, relative to the
#      home directory. If you _do_ define both, MAIL_DIR takes precedence.
#      QMAIL_DIR is for Qmail
#
#QMAIL_DIR Maildir
MAIL_DIR /var/spool/mail
#MAIL_FILE .mail
# Password aging controls:
#
#      PASS_MAX_DAYS Maximum number of days a password may be used.
#      PASS_MIN_DAYS Minimum number of days allowed between password
changes.
#      PASS_MIN_LEN  Minimum acceptable password length.
#      PASS_WARN_AGE Number of days warning given before a password
expires.
#
PASS_MAX_DAYS 99999
PASS_MIN_DAYS 0
PASS_MIN_LEN  5
PASS_WARN_AGE 7

#
# Min/max values for automatic uid selection in useradd
#
UID_MIN     500
UID_MAX     60000

#
# Min/max values for automatic gid selection in groupadd
#
GID_MIN     500
GID_MAX     60000

#
# If defined, this command is run when removing a user.
# It should remove any at/cron/print jobs etc. owned by
# the user to be removed (passed as the first argument).
#
#USERDEL_CMD  /usr/sbin/userdel_local

#
# If useradd should create home directories for users by default
# On RH systems, we do. This option is ORed with the -m flag on
# useradd command line
#
CREATE_HOME yes
```

O arquivo /etc/login.defs parece muito maior e mais complexo que o arquivo /etc/default/ useradd. Porém, a maior parte do arquivo login.defs consiste de comentários. Toda linha que começa com um # é um comentário. É fornecida uma boa dose de comentários para explicar o propósito dos vários parâmetros definidos neste arquivo. Só dez parâmetros são realmente definidos na Listagem 3.14.

84 | *Linux: servidores de rede*

MAIL_DIR /var/spool/mail - O parâmetro MAIL_DIR define que tipo de diretório de correio deve ser criado para o usuário novo, e onde deve ser criado. Três opções estão disponíveis: um diretório de correio padrão (MAIL_DIR), um diretório de Qmail (QMAIL_DIR) ou um arquivo de correio no diretório home do usuário (MAIL_FILE). A configuração do Red Hat na Listagem 3.14 cria um diretório de correio padrão em /var/spool/mail. Depois de executar o comando useradd mostrado na Listagem 3.12, um ls em /var/spool/mail mostra um diretório de correio novo nomeado kathy.

PASS_MAX_DAYS 99999

PASS_MIN_DAYS 0

PASS_MIN_LEN 5

PASS_WARN_AGE 7 - Estes quatro parâmetros definem os valores usados para criar senhas. Três dos parâmetros (PASS_MAX_DAYS, PASS_MIN_DAYS e PASS_WARN_AGE) são usados para o período de validade da senha. Período de validade da senha é descrito no Capítulo 12 como parte da discussão do arquivo /etc/shadow. Aplicando grep ao arquivo /etc/shadow na Listagem 3.11 mostra os três valores (0, 99999 e 7) na entrada para a conta kathy recentemente criada. O quarto parâmetro, PASS_MIN_LEN, define o número de caracteres que uma senha tem que exceder para ser aceitável. Na configuração do Red Hat, isto está ajustado para 5, significando que uma senha deve ter pelo menos seis caracteres para ser aceitável.

UID_MIN 500

UID_MAX 60000 - Estes dois parâmetros definem os valores usados para atribuir um UID automaticamente. UIDs serão automaticamente atribuídos em ordem seqüencial, a partir de 500. O UID mais alto que será atribuído é 60000.

GID_MIN 500

GID_MAX 60000 - Estes dois parâmetros definem os valores usados para atribuir automaticamente um GID. GIDs serão atribuídos automaticamente em ordem seqüencial a partir de 500. O GID mais alto que será atribuído é 60000. Estes são os parâmetros que passaram o GROUP=100 configurados no arquivo /etc/default/useradd. A conta kathy foi atribuída a GID 501 porque foi a segunda conta criada neste sistema. A primeira conta foi atribuída a 500, e a conta kathy foi atribuída a 501.

CREATE_HOME yes - Este parâmetro informa a useradd se deve criar ou não um diretório home ao criar uma nova conta de usuário. Se este parâmetro for fixado em yes, useradd cria o diretório home, se a opção -m for usada ou não na linha de comando. Se este parâmetro for ajustado em no, useradd só cria o diretório home se -m for especificado na linha de comando. Indiferente de como este parâmetro é ajustado, usar -M na linha de comando useradd evita que diretório home seja criado.

Embora os 10 parâmetros previamente listados estejam ajustados no arquivo /etc/login.defs de amostra na Listagem 3.14, há um parâmetro que não foi ajustado. O parâmetro USERDEL_CMD é comentado no arquivo login.defs default do Red Hat. USERDEL_CMD define o caminho do comando userdel se um comando userdel não padrão é usado. Tendo em vista que este sistema usa o comando userdel padrão, não há necessidade de definir um caminho especial com o parâmetro USERDEL_CMD.

Use userdel para remover uma conta que é desnecessária ou não utilizada. Para remover a conta kathy, simplesmente digite **userdel kathy**, como mostrado na Listagem 3.15.

Listagem 3.15 O comando *userdel*.

```
[root]#  userdel  kathy
[root]#  grep  kathy  /etc/passwd
[root]#  grep  kathy  /etc/shadow
[root]#  grep  kathy  /etc/group
[root]#  ls  -a  /home/kathy
.  ..  .bash_logout.bash_profile  .bashrc  Desktop     .gtkrc     .kde
.screenrc
[root]#  ls  /var/spool/mail
alana kathy nfsnobody   root
```

O comando userdel remove a conta kathy de todos os arquivos administrativos, como mostrado pelas buscas de grep de passwd, shadow e arquivos de group. Porém, não remove nenhum dos arquivos do usuário, como mostrado pelos dois comandos ls. Para forçar userdel a remover todos os arquivos do usuário, execute-o com a opção -r (por exemplo, **userdel -r kathy**).

As ferramentas useradd, usermod e userdel, simplificam a manutenção de conta de usuário executando automaticamente as tarefas descritas na seção "As etapas para criar uma conta de usuário". Contas de usuário são um componente fundamental de um servidor de rede completo. A conta de usuário identifica e autentica o usuário no login, e fornece o UID e o GID usados para o sistema de arquivos e segurança de processos - local e remotamente pela rede.

Configuração adicional de FTP

Um tópico final antes de deixar o assunto de serviços de login de rede: o serviço FTP. Para acessar o servidor FTP, um usuário tem que fornecer um nome de usuário e uma senha assim como para outros serviços. O usuário kathy do exemplo pode acessar o servidor de ftp no sistema local, e se registrar. O servidor FTP ajustaria o diretório default dela para /home/ kathy, e ela poderia carregar e descarregar arquivos para e do sistema, baseado nas permissões normais de ler e escrever do arquivos dela.

Além de seu serviço padrão, o ftp fornece FTP anônimo, que permite a qualquer um se registrar para o servidor FTP com o nome de usuário anônimo e qualquer senha. Tradicionalmente, a senha usada é seu endereço de e-mail. O propósito de FTP anônimo, claro, é tornar certos arquivos publicamente disponíveis. Muitos dos grandes arquivos de Linux disponíveis da Internet estão disponíveis por FTP anônimo.

O FTP anônimo é um grande serviço, mas pode apresentar um problema de segurança - e uma grande dor de cabeça - se for incorretamente configurado. Várias etapas estão envolvidas para fazer isto direito. As etapas para criar um servidor de FTP anônimo são como segue:

1. Adicionar o usuário ftp para o arquivo /etc/passwd.
2. Criar um diretório principal ftp, de propriedade do usuário ftp, que não pode ter direito de escrita para qualquer outro usuário.

3. Criar um diretório bin sob o diretório principal ftp que seja propriedade do usuário root, e que não pode ter direito de escrita para qualquer outro usuário. Os programas necessários para o FTP devem ser colocados neste diretório.
4. Criar um diretório etc no diretório principal ftp, também de propriedade do usuário root, e não pode ter direito de escrita para qualquer outro usuário. Crie arquivos passwd e group especiais neste diretório, e mude o modo de ambos os arquivos para 444 (somente leitura).
5. Criar um diretório pub no diretório principal ftp que seja propriedade do usuário root e com permissão de escrita somente para ele; quer dizer, modo 644. Não permita aos usuários remotos armazenar arquivos em seu servidor, a menos que seja absolutamente necessário e seu sistema esteja em uma rede privada e não-conectada à outras redes. Se você tiver que permitir aos usuários armazenar arquivos no servidor, mude o proprietário deste diretório para ftp e o modo para 666 (ler e escrever). Este deve ser o único diretório no qual os usuários de FTP anônimos podem armazenar arquivos.
6. Para sistemas, como Linux, que usam links dinâmico, crie um diretório lib no diretório principal ftp que contém o carregador de execução e os módulos de biblioteca necessários para o FTP.

No Linux, configurar FTP anônimo é simples porque as etapas descritas anteriormente já foram feitas para você. A maioria dos sistemas Linux vem com FTP anônimo pré-configurado e instalado. Simplesmente selecione o componente de FTP anônimo durante a instalação inicial, ou adicione depois usando um gerenciador de pacote. A Figura 3.1 mostra os resultados de uma consulta RPM Gnome para o pacote FTP anônimo em um sistema Red Hat 7.2.

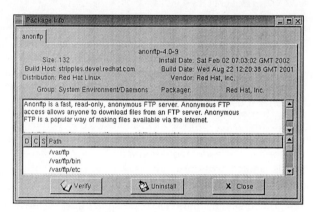

Figura 3.1 O RPM de FTP anônimo.

A Figura 3.1 mostra um sistema Red Hat no qual o pacote de FTP anônimo já foi instalado. Os efeitos da instalação são visíveis no sistema. Olhe no arquivo /etc/passwd; você notará que a conta de usuário ftp já está lá. Você também encontrará o diretório principal FTP anônimo, que é /var/ftp em um sistema Red Hat 7.2. Finalmente, teste o sistema com o comando ftp localhost, e você deve poder se registrar como anônimo.

Corretamente configurado, no FTP anônimo o risco de segurança é menor no que de um FTP regular. Se você não quiser oferecer um servidor FTP, comente a entrada ftp do arquivo inetd.conf, ou incapacite-o na configuração de xinetd. Se você especificamente não quiser FTP anônimo, não o instale na primeira vez, ou comente a entrada ftp do arquivo /etc/passwd se já estiver instalado.

O FTP básico e FTP anônimo são os únicos serviços FTP oferecidos na maioria dos sistemas Linux. O serviço básico é configurado habilitando o serviço por xinetd ou inetd, e criando contas de usuário. O FTP anônimo é configurado instalando o pacote de FTP anônimo. Para muitos sistemas Linux, isto é tudo na configuração do FTP. Porém, os sistemas Linux que usam o Washington University FTP (WU-FTPD) têm opções de configuração adicionais.

O arquivo *ftpaccess*

O WU-FTPD tem um arquivo de configuração opcional chamado /etc/ftpaccess. Este arquivo é lido se o daemon FTP for executado com uma opção de linha de comando -a. Na discussão da Listagem 3.6, vimos que Red Hat executa o daemon FTP com a opção -a, o que significa que Red Hat usa o arquivo ftpaccess. As entradas ativas no arquivo ftpaccess de Red Hat são mostradas na Listagem 3.16.

Listagem 3.16 Trechos do arquivo *ftpaccess* de Red Hat.

```
# Don't allow system accounts to log in over ftp
deny-uid  %-99  %65534-
deny-gid  %-99  %65534-
allow-uid  ftp
allow-gid  ftp
# To chroot a user, modify the line below or create
# the ftpchroot group and add the user to it.
guestgroup  ftpchroot
# User classes...
class all    real,guest,anonymous    *
# Set this to your email address
email  root@localhost
# Allow 5 mistyped passwords
loginfails 5
# Notify the users of README files at login and cwd
readme    README* login
readme    README* cwd=*
# Messages displayed to the user
message  /welcome.msg      login
message  .message     cwd=*
# Allow  on-the-fly compression and tarring
compress       yes       all
tar       yes       all
# Prevent anonymous users (and partially guest users)
# from  executing dangerous  commands
chmod         no       guest,anonymous
delete        no       anonymous
overwrite     no       anonymous
rename        no       anonymous
# Turn on  logging to /var/log/xferlog
log  transfers  anonymous,guest,real inbound,outbound
```

```
# If /etc/shutmsg exists, don't allow logins
shutdown /etc/shutmsg
# Use user's email address as anonymous password
passwd-check rfc822 warn
```

Linhas em branco, linhas inativas e a maioria dos comentários foi removido do arquivo ftpaccess para criar uma listagem que é mais satisfatória para um livro. Porém, todos os comandos ativos usados na configuração de Red Hat são mostrados na Listagem 3.16.

Os comandos deny-uid e deny-gid definem faixas de UIDs que não são permitidas para se registrar no servidor FTP. Na Listagem 3.16, UIDs e GIDs que são menores de 99 (% -99) ou maiores de 65534 (65534 -%) não são permitidos para se registrar. Isto bloqueia todos os UIDs e GIDs que normalmente são usados para contas de sistema. Porém, no sistema Red Hat, isto bloqueia também a conta de usuário ftp que é usado para FTP anônimo porque esta conta é atribuída ao UID 14 e ao GID 50. Os comandos allow-uid e allow-gid definem exceções às regras definidas pelos comandos deny-uid e deny-gid. Então, todas as contas de sistema, exceto ftp, são impedidas de se registrar neste servidor FTP.

Para entender o próximo comando, você precisa entender que o WU-FTPD oferece três tipos de serviço:

- FTP real, no qual um usuário se registra com um nome de usuário e senha padrão, e é concedido acesso a arquivos baseado no UID e GID associados a conta daquele usuário.
- FTP anônimo, no qual o usuário se registra como um convidado anônimo, e está limitado aos arquivos armazenados no diretório principal de FTP anônimo.
- FTP convidado, no qual o usuário se registra com um nome de usuário e senha padrão, e está limitado aos arquivos encontrados no diretório home do usuário.

O comando guestgroup define os usuários que estão limitados aos serviços de FTP convidado. O valor que segue o comando guestgroup deve ser um nome de grupo válido do arquivo /etc/group. Toda conta de usuário listada como um membro daquele grupo está limitada ao serviço de FTP convidado. Como indica o comentário, ftpchroot não existe como um grupo, a menos que você o crie. O comando guestgroup na configuração de Red Hat é só um exemplo. Não tem nenhum efeito real.

Se decidir limitar um usuário FTP a convidado, você tem que criar a mesma estrutura de arquivo no diretório principal do usuário como foi criado no diretório principal de FTP anônimo. Veja as etapas previamente esboçadas para criar um serviço de FTP anônimo, e duplique todas estas etapas no diretório principal de cada usuário que você limita a convidado FTP.

O comando class mapeia o endereço-fonte da conexão de FTP para uma "classe" de usuário. O formato do comando é

```
class name type address
```

onde class é a palavra-chave. *name* é o nome arbitrário que nós estamos atribuindo à classe. *type* é o tipo de serviço de FTP sendo usado, que é anonymous, guest ou real. E *address* é o endereço-fonte da conexão, escrito como um nome de domínio ou um endereço IP.

Capítulo 3 – Serviços de login | **89**

Na Listagem 3.16, o comando class atribui o nome all a conexões anônimas, convidadas e reais de todas as fontes. O * é um caractere coringa que combina qualquer coisa. Então um * por si só combina todos os endereços, enquanto *.foobirds.org combina todos os hosts no domínio de foobirds.org. Depois que a classe all estiver definida, pode ser usada em outros comandos de configuração.

O comando email define o endereço de e-mail do administrador de sistema do servidor FTP. Mude isto para um endereço de e-mail válido.

Use loginfails para ajustar um limite no número de vezes que um usuário pode entrar com a senha errada antes de a sessão ser terminada. Três senhas incorretas são um valor comum. Na Listagem 3.16, o valor é ajustado em 5.

Os comandos readme notificam o usuário que um arquivo README existe quando o usuário se registrar ou mudar de diretórios. A mensagem só é emitida se o diretório para o qual o usuário muda contém um arquivo com um nome que combina com o nome de arquivo na linha de comando readme. Na Listagem 3.16, o nome de arquivo em ambos os comandos é README*, que combina qualquer nome de arquivo que começa com a string README. Os comandos message executam uma tarefa semelhante. O comando message aponta a arquivos que contêm as mensagens de boas-vindas que são exibidas quando o usuário se registra no sistema e quando o usuário muda de diretório.

Os comandos compress e tar especificam se são permitidas ou não compressões durante o uso do ftp e o uso do tar, e quem está autorizado a usar estes serviços. Na Listagem 3.16, são permitidos ambos os serviços, e eles são autorizados a todos os tipos de usuários. Observe que "all" (todos) é a classe definida antes no arquivo ftpaccess.

Da mesma forma que serviços podem ser autorizados, comandos de FTP específicos podem ser desaprovados. A Listagem 3.16 proíbe os usuários de FTP anônimos de mudar a permissão de um arquivo (chmod), sobrescrever arquivos (overwrite), e renomear arquivos (rename); também evita que os usuários do serviço de FTP convidado mudem as permissões de arquivos.

O comando log especifica o que FTP deve registrar e quando deve ser registrado. No exemplo, o FTP registrará estatísticas de transferências de arquivos (download e upload) para usuários dos servidores de FTP anônimo, convidado e real. O comando log também pode ser usado para registrar os comandos invocados pelos usuários e qualquer violação de regras de segurança.

O comando shutdown aponta o arquivo que direciona o servidor de FTP para cessar as operações. Baseado no comando shutdown na Listagem 3.16, este servidor será desativado se instruído a fazer isso pelo arquivo /etc/shutmsg. O arquivo contém o ano, mês, hora e minuto que o servidor deve ser desativado, junto com um espaço de tempo antes da paralisação que o servidor deve deixar de aceitar conexões, e um segundo espaço de tempo que deve iniciar a derrubar conexões que foram previamente estabelecidas. Adicionalmente, o arquivo pode conter uma mensagem de texto a ser exibida antes da paralisação.

O último comando neste arquivo ftpaccess de exemplo é passwd-check. Ele informa ao FTP para advertir os usuários anônimos que não entrem um endereço de e-mail como a senha deles, mas aceite o login do usuário de qualquer maneira. Para evitar que os usuários se registrem sem entrar um endereço de e-mail, a palavra-chave warn no final do comando passwd-check de exemplo deve ser mudada para enforce.

O arquivo ftpaccess de Red Hat mostrado na Listagem 3.16 é uma configuração do WU-FTPD típica. Porém, há recursos adicionais disponíveis para o WU-FTPD. Para encontrar mais, veja a página principal de ftpaccess e os arquivos HOWTO em /usr/share/doc/wu-ftpd-2.6.1.

Resumo

O serviço Telnet permite a um usuário se conectar ao servidor e executar um programa lá. O FTP permite aos usuários mover arquivos para o servidor e para fora dele . Estes serviços simples e básicos são componentes tradicionais de todas as redes TCP/IP. O daemon de serviço de Internet (inetd) ou o daemon de serviço Extended Internet (xinetd) iniciam estes e muitos outros serviços de rede. O administrador de sistema tem que configurar inetd.conf ou xinetd.conf para iniciar os serviços que serão oferecidos pelo servidor de rede dele.

Telnet, FTP e muitos outros serviços de rede precisam identificar o usuário para conceder acesso e controlar permissão de arquivo. Então, os usuários de muitos serviços de rede têm que ter contas de usuário válidas no servidor. O Linux fornece uma gama de ferramentas que o administrador de sistema pode usar para manter as contas de usuário.

A lista extensa de serviços de rede iniciados por inetd ou xinetd não é toda a história. Alguns dos serviços de rede mais importantes são iniciados independentemente de inetd e xinetd. Os próximos quatro capítulos discutem quatro destes serviços importantes: Domain Name System (sistema de nome de domínio), sendmail, serviço de Web e roteamento. A discussão destes serviços de Internet começa no Capítulo 4, com a configuração do Domain Name System (DNS).

4

Serviços de nome do Linux

Um dos serviços mais importantes em uma rede TCP/IP é *serviço de nome*. Ele é o serviço que traduz nomes de hosts em endereços IP. No Capítulo 3, "Serviços de login", nós configuramos telnet e ftp. Sem serviço de nome, um usuário conectando a crow digita

```
telnet  172.16.5.5
```

Com serviço de nome, este mesmo comando é

```
telnet  crow
```

O resultado é o mesmo. Em qualquer caso, o usuário conecta ao host no endereço 172.16.5.5. Mas a maioria dos usuários prefere nomes de host porque eles são mais fáceis de se lembrar e mais fáceis de usar. Isto é particularmente verdade na Internet global. É possível supor que www.sybex.com é um nome válido, mas há nenhum modo intuitivo para o endereço 206.100.29.83.

Sistemas Linux usam duas técnicas para converter nomes de hosts em endereços: a tabela de hosts e o Domain Name System (DNS). O arquivo /etc/hosts é uma tabela que mapeia nomes para endereços. É um arquivo de texto simples que é pesquisado seqüencialmente para combinar nomes de hosts para endereços IP. O Domain Name System é um sistema de banco de dados hierárquico e distribuído, com milhares de servidores através da Internet, controlando consultas de nome e de endereço. O DNS é mais importante que a tabela de hosts para a operação da Internet, mas ambos os serviços desempenham o seu papel. A discussão deste capítulo de serviços de nome começa com uma olhada rápida na tabela de hosts.

O arquivo hosts

Cada entrada no arquivo /etc/hosts contém um endereço IP e os nomes associados com aquele endereço. Por exemplo, a tabela de host em crow poderia conter as seguintes entradas:

Listagem 4.1 - Uma tabela de host de exemplo.

```
$ cat /etc/hosts
127.0.0.1   localhost   localhost.localdomain
172.16.5.5  crow.foobirds.org   crow
172.16.5.1  wren.foobirds.org   wren
172.16.5.2  robin.foobirds.org   robin
172.16.5.4  hawk.foobirds.org   hawk
```

A primeira entrada nesta tabela atribui o nome localhost ao endereço 127.0.0.1. (Todo computador executando TCP/IP atribui o endereço loopback ao hostname localhost.) Rede 127 é um endereço de rede especial reservado para o loopback de rede, e host 127.0.0.1 é o endereço de loopback reservado para o host local. O *endereço de loopback* é uma convenção especial, que permite ao computador local se endereçar exatamente do mesmo modo que endereça computadores remotos. Isto simplifica o software porque o mesmo código pode ser usado para endereçar qualquer sistema, e porque o endereço é atribuído a uma interface de loopback (lo), nenhum tráfego é enviado à rede física.

A segunda entrada na tabela é a entrada para o próprio crow. A entrada mapeia o endereço 172.16.5.5 para o nome crow.foobirds.org e para o pseudônimo crow. Pseudônimos de nomes de host são usados principalmente para fornecer nomes mais curtos, como no exemplo, mas eles também são usados para fornecer nomes genéricos como mailhost, news e www. Todo computador em rede com um endereço permanente tem seu próprio nome e endereço em sua tabela de hosts.

Todo sistema Linux tem uma tabela de hosts com as duas entradas discutidas, e alguns, como o sistema na Listagem 4.1, têm algumas entradas adicionais para outros sistemas fundamentais na rede local. Esta pequena tabela fornece um auxílio para quando o DNS pode não estar executando, como durante o processo de inicialização.

Entendendo o DNS

As limitações da tabela de hosts ficam óbvias quando ela é usada para um número grande de hosts. A tabela de hosts exige que todo computador tenha uma cópia local da tabela, e cada cópia deve estar completa, porque só computadores listados na tabela de hosts local podem ser acessados através do nome.

Considere a Internet de hoje: tem milhões de hosts. Uma tabela de hosts com milhões de entradas é muito ineficiente para pesquisar e, mais importante, é impossível manter. Os hosts são adicionados e apagados da Internet todos os segundos. Nenhum sistema poderia manter tal tabela grande e mutável e poderia distribuí-la a todo computador na rede.

O DNS resolve estes problemas eliminando a necessidade de uma tabela com tudo incluído, mantida centralizadamente, substituindo-a por um sistema de banco de dados distribuído e hierárquico. O banco de dados do DNS atual tem milhões de entradas de hosts, distribuídas entre milhares de servidores. Distribuir o banco de dados deste modo reduz o tamanho do banco de dados controlado por qualquer servidor individual, que em troca reduz a tarefa de manter qualquer parte individual do banco de dados.

Adicionalmente, o DNS usa o cache local para migrar informações para quem precisa delas, sem enviar informações desnecessárias. Um servidor de cache inicia somente com a informação que precisa para localizar a raiz do banco de dados hierárquico. Então salva todas as respostas das questões colocadas pelos usuários que recebe e toda a informação de suporte aprendida quando obtendo estas respostas. Deste modo, constrói um banco de dados interno com as informações que precisa para servir a seus usuários.

A hierarquia do DNS

A hierarquia do DNS pode ser comparada à hierarquia do sistema de arquivos do Linux. Nomes de hosts em domínios individuais, em paralelo com arquivos em diretórios individuais e, assim como o diretório raiz do sistemas de arquivo, o DNS também tem um domínio raiz.

No sistema de arquivos e no sistema DNS, os nomes dos objetos revelam a estrutura hierárquica a partir de uma raiz. Nomes de arquivos vão do mais geral, a raiz (/), para o mais específico, o arquivo individual. Nomes de domínio começam com o mais específico, o host, e se movem ao mais geral, a raiz (.). Um nome de domínio que começa com um host e vai para a raiz é chamado de um *nome de domínio completamente qualificado* (FQDN). Por exemplo, wren.foobirds.org é o FQDN de um dos sistemas em nossa rede imaginária.

Os domínios de topo de nível (TLDs) - como org, edu, jp e com - são servidos pelos servidores raiz. O domínio de segundo nível, foobirds no exemplo, é o domínio que foi nomeado oficialmente para nossa organização imaginária. Quando você tiver nomeado um domínio oficialmente por seu domínio pai, um ponteiro é colocado no domínio pai, que aponta a seu servidor como o servidor responsável pelo seu domínio. É esta delegação de autoridade que torna seu domínio parte do sistema de domínio global. Como delegar autoridade para subdomínios é coberto depois neste capítulo.

> **NOTA** Este livro supõe que você já tem um nome de domínio oficial e endereço IP. Se você não tem, e precisa de informação sobre como obter um nome de domínio ou endereço IP, veja *TCP/IP Network Administration*, Terceira Edição, de Craig Hunt (O'Reilly, 2002).

A analogia para o sistema de arquivos vai além da estrutura de nomes. Arquivos são encontrados seguindo um caminho do diretório raiz através diretórios subordinados até o diretório designado. A informação no DNS é localizada de uma maneira semelhante. O Linux aprende o local do sistema de arquivo raiz durante o processo de inicialização do arquivo grub.conf ou do arquivo lilo.conf. Similarmente, seu servidor de DNS localiza os servidores raiz durante a inicialização lendo um arquivo, chamado *hints file*, que contém os nomes e

Linux: servidores de rede

endereços dos servidores raiz. (Você criará este arquivo depois neste capítulo.) Através consultas, o servidor pode achar qualquer host no sistema de domínio começando na raiz e seguindo os ponteiros pelos domínios até que alcance o domínio designado.

Respondendo a consultas

Para responder uma consulta para informações de DNS, o servidor de nomes local tem que ter a resposta à consulta ou saber qual servidor de nomes tem. Nenhum único sistema tem conhecimento completo de todos os nomes na Internet; os servidores sabem a respeito de seus domínios locais e adquirem conhecimento sobre outros domínios uma consulta de cada vez.

Aqui está como funciona. Suponha que você quer o endereço de www.sybex.com. Em efeito, você está pedindo o registro de endereço para www do banco de dados de sybex.com. Uma consulta para este registro de endereço chega ao servidor de nomes local. Se o servidor souber o endereço de www.sybex.com, responde a consulta diretamente. Se não sabe a resposta, mas sabe qual servidor controla sybex.com, ele consulta este servidor. Se não tiver nenhuma informação, ele consulta um servidor raiz.

O servidor raiz não responde diretamente a consulta de endereço. Ao contrário, aponta ao servidor local um servidor que pode responder consultas para o domínio sybex.com. Ele faz isto enviando para o servidor local um registro de servidor de nomes que lhe diz o nome do servidor para o domínio sybex.com e um registro de endereço que lhe diz o endereço daquele servidor. O servidor local então consulta o servidor de domínio sybex.com e recebe o endereço para www.sybex.com.

Deste modo, o servidor local aprende o endereço do host, bem como o nome e endereço dos servidores para o domínio. Ele guarda em cache estas respostas e as usará para responder diretamente as consultas sobre o domínio sybex.com sem aborrecer os servidores raiz novamente.

O software BIND

Na maioria dos sistemas Linux, o DNS é implementado com o software Berkeley Internet Name Domain (BIND). Duas versões de BIND estão atualmente com uso difundido:

- BIND 8 esteve por toda parte durante anos, e é encontrado em muitas distribuições de Linux.
- BIND 9 é a mais recente versão de BIND, e é encontrado em algumas distribuições de Linux novas, como Red Hat 7.2. Este capítulo focaliza no BIND 9.

> **NOTA** Se você estiver executando BIND 8, a informação coberta aqui ainda é aplicável porque BIND 8 e BIND 9 são bem parecidos. Qualquer diferença é observada no texto.

O DNS do BIND é um sistema cliente/servidor. O cliente é chamado de resolvedor, e forma as consultas e as envia ao servidor de nome. Todo computador em sua rede executa um resolvedor. Muitos sistemas só executam um resolvedor.

Capítulo 4 – Serviços de nome do Linux | **95**

Tradicionalmente, o resolvedor de BIND não é implementado como um processo separado. É uma biblioteca de rotinas de software, chamado o *código de resolvedor*, que está ligado em qualquer programa que requeira serviço de nomes. A maioria dos sistemas Linux usa a implementação de resolvedor tradicional, que é chamada de um *resolvedor stub*. Devido a ser amplamente usado, o resolvedor stub obtém a maioria da cobertura neste capítulo. Porém, BIND 9 também oferece a biblioteca Lightweight Resolver e o daemon Lightweight Resolver (lwresd) como uma alternativa para o resolvedor tradicional. Sistemas executando BIND 9 não têm que usar lwresd, e Red Hat 7.2 não o usa. Porém, nós cobrimos lwresd depois no capítulo, de forma que você saiba quando e como é usado.

O lado de servidor do BIND responde as consultas que vêm do resolvedor. O daemon de servidor de nome é um processo separado, chamado named. A configuração do named é muito mais complexa do que a configuração do resolvedor, mas não há nenhuma necessidade de executar o named em cada computador. (Veja a seção "O arquivo de configuração de named" depois neste capítulo para saber mais a respeito de named e o arquivo named.conf.)

Devido a todos os computadores em sua rede - se eles são clientes ou servidores - executarem o resolvedor, comece sua configuração de DNS configurando o resolvedor.

Configurando o resolvedor

O resolvedor do Linux é configurado por dois tipos de arquivos. Um tipo diz ao resolvedor que serviços de nomes usar e em que ordem usá-los. Este tópico é discutido no final deste capítulo. O outro arquivo de configuração, /etc/resolv.conf, configura o resolvedor para sua interação com o Domain Name System. Toda vez que um processo que usa o resolvedor começa, ele lê o arquivo resolv.conf, e guarda em cache a configuração, durante a vida do processo. Se o arquivo /etc/resolv.conf não for encontrado, uma configuração default é usada.

A configuração de resolvedor default usa o comando hostname para definir o domínio local. Tudo depois do primeiro ponto no valor retornado pelo comando hostname é usado como o domínio default. Por exemplo, se hostname devolver wren.foobirds.org, o valor default para o domínio local é foobirds.org.

A configuração default usa o sistema local como o servidor de nomes. Isto significa que você tem que executar o named se não criar um arquivo resolv.conf. Geralmente, eu penso que você deveria criar um arquivo resolv.conf, até mesmo se executar named no host local. Há três razões para isto. Primeira, o arquivo resolv.conf fornece um meio de documentar a configuração. Qualquer um pode ler o arquivo e pode ver a configuração que você selecionou para o resolvedor. Segunda, os valores default que funcionam com uma versão de BIND podem mudar com uma liberação futura. Se você ajustou explicitamente os valores que quer, não tem que se preocupar em como os valores default mudam. E terceira, até mesmo se estiver usando a máquina local como um servidor de nomes, o arquivo resolv.conf lhe permite definir servidores de backup para aumentar a confiabilidade.

Os comandos de configuração de resolvedor

O software BIND 9 entregue com o Red Hat 7.2 usa o mesmo arquivo de configuração de resolvedor que o software BIND 8 usado em muitos sistemas Linux. Os comandos que contém são idênticos aos encontrados em uma configuração de resolvedor de BIND 8. O resolv.conf é um arquivo de texto que pode conter os seguintes comandos:

nameserver *address* - O comando nameserver define o endereço IP de um servidor de nome que o resolvedor deve usar. Até três comandos nameserver podem ser incluídos na configuração. Os servidores são consultados na ordem em que aparecem no arquivo, até que uma resposta seja recebida ou o resolvedor interromper. (Veja a sidebar "Intervalos de resolvedor" para informações sobre estes intervalos.) Normalmente, o primeiro servidor de nome responde a consulta. O único momento em que o segundo servidor é consultado é se o primeiro servidor tiver caído ou estiver inalcançável. O terceiro servidor só é consultado se o primeiro e segundo servidores tiverem caídos ou inalcançáveis. Se nenhuma entrada nameserver for encontrada no arquivo resolv.conf, o servidor de nome que executa no host local é usado como default.

domain *domainname* - O comando domain define o domínio local. O domínio local é usado para ampliar o hostname em uma consulta, antes de ser enviado ao servidor de nome. Se o comando domain não for usado, os valores definidos no comando search são usados. Se nenhum comando for encontrado no arquivo resolv.conf, o valor derivado do comando hostname é usado. Não importa como o valor de domínio local está ajustado, ele pode ser anulado para um usuário individual ajustando a variável de ambiente LOCALDOMAIN.

search *searchlist* - O comando search define uma lista de domínios que são usados para ampliar um hostname antes de ser enviado ao servidor de nome. *searchlist* contém até seis nomes de domínio, separados por um espaço em branco. Cada domínio especificado na lista de pesquisa é pesquisado na ordem, até que a consulta seja respondida. Ao contrário do comando domain, que cria uma lista de pesquisa default que contém apenas o domínio local, o comando search cria uma lista de pesquisa explícita que contém todos os domínios especificados em *searchlist*.

options *option* - O comando options modifica o comportamento padrão do resolvedor. Há várias opções disponíveis para BIND 8 e BIND 9:

debug - Liga a depuração. Quando a opção debug é ajustada, o resolvedor imprime mensagens de depuração na saída padrão. Estas mensagens são muito informativas para depurar problemas de resolvedor ou de servidor, mas, na realidade, esta opção é de valor marginal. Ligar a depuração na configuração de resolvedor básica produz muita saída, e produz isto em horas impróprias. Use as ferramentas de depuração descritas no Capítulo 13, "Resolvendo Problemas". As ferramentas de teste de DNS descritas lá lhe permitem ligar a depuração de resolvedor quando você estiver pronto para fazer o teste, de forma que você obtém a saída adicional na hora que realmente puder usá-la.

ndots:*n* - Define o número de pontos que indicam quando o resolvedor deve juntar valores da lista de pesquisa para o hostname antes de enviar a consulta ao servidor de nome. Por default, o resolvedor não modificará um hostname se contiver um ponto. Como resultado, o hostname crow será estendido com um valor da lista de pesquisa antes de ser enviado ao servidor de nome, mas o hostname sooty.terns não. Use a opção ndots para modificar este comportamento. Por exemplo: ndots:2.

Esta opção diz ao resolvedor para usar a lista de pesquisa em qualquer hostname que contém menos de dois pontos. Com esta configuração, crow e sooty.terns são estendidos com um valor da lista de pesquisa antes de ser enviado pela primeira vez ao servidor de nome.

A opção ndots muda como o resolvedor controla consultas, mas ele só muda realmente a ordem na qual as coisas são feitas. O hostname inalterado é a primeira ou a última consulta enviadas ao servidor de nome. Se ndots for ajustado em 1 (a configuração default), sooty.terns é enviado ao servidor sem modificação. Quando o servidor não soluciona este nome, o resolvedor emite consultas adicionais com os valores da lista de pesquisa até que obtenha uma resposta ou a lista termine. Se ndots for ajustado em 2, sooty.terns é modificado com o primeiro valor na lista de pesquisa antes de ser enviado ao servidor de nome. Se o servidor não soluciona o nome, o resolvedor tenta todos os valores na lista de pesquisa e então envia o hostname inalterado ao servidor de nome. Em qualquer caso, exatamente as mesmas consultas são feitas. Só a ordem das consultas é mudada.

O único momento que ndots é requerido é se algum componente de seu domínio pudesse ser confundido com um domínio do nível de topo, e se você tiver usuários que constantemente truncam hostnames daquele domínio. Neste caso raro, as consultas seriam enviadas primeiro aos servidores raiz para resolução no domínio de nível de topo antes de eventualmente voltar a seu servidor local. É uma forma muito ruim de aborrecer os servidores raiz por nada. Use ndots para forçar o resolvedor a estender os hostnames problemáticos com seu nome de domínio local, de forma que eles serão solucionados antes de alcançar os servidores raiz.

timeout:*n* - Ajusta o intervalo de tempo de consulta inicial para o resolvedor. Por default, o intervalo é de cinco segundos para a primeira consulta para todo servidor. Intervalos de consultas subseqüentes são baseados em uma fórmula que usa este valor inicial e o número de servidores (veja a sidebar "Intervalos de resolvedor" para uma explicação detalhada). Mude este valor só se você souber com certeza que seu servidor de nome geralmente leva muito mais tempo que cinco segundos para responder. Neste caso raro, aumentar este valor reduz o número de consultas duplicadas.

attempts:*n* - Define o número de vezes nas quais o resolvedor tentará novamente uma consulta. O valor default é 2, o que significa que o resolvedor tentará novamente uma consulta duas vezes com todo servidor em sua lista de servidor antes de devolver um erro à aplicação. O número de tentativas pode precisar ser aumentado se você tiver uma conexão de rede pobre, que freqüentemente perde consultas, como a conexão para um escritório remoto em um país em desenvolvimento ou na ponta de um link de satélite de banda estreita. Na maioria dos casos, este valor não precisa ser mudado.

rotate - Liga a possibilidade de compartilhamento de carga entre os servidores de nome, executando uma rotatividade entre eles. Normalmente, o resolvedor envia a consulta ao primeiro servidor na lista de servidor de nome, e só envia a consulta a outro servidor se o primeiro servidor não responder. Tradicionalmente, foram definidos o segundo e terceiros servidores de nome para fornecer backup de serviço de nome. Não era pretendido que eles fornecessem compartilhamento de carga. A opção rotate configura o resolvedor para compartilhar a carga de trabalho de servidor de nomes uniformemente entre todos os servidores. Aqui está como funciona: suponha que o arquivo resolv.conf tem as seguintes entradas nameserver:

```
nameserver   172.16.5.1
nameserver   172.16.5.3
nameserver   172.16.55.1
```

Além disso, suponha que o FTP pediu ao resolvedor o endereço de crow, o Telnet pediu o endereço de kestrel, e o Apache pediu o endereço de grackel. Sem a opção rotate ajustada, todas as três consultas de endereço são enviadas ao servidor de nome em 172.16.5.1. Com a opção rotate ajustada, a consulta para crow é enviada ao servidor em 172.16.5.1, a consulta para kestrel é enviada ao servidor em 172.16.5.3, e a consulta para grackel é enviada em 172.16.55.1. O resolvedor começa no topo da lista de servidor, envia uma consulta a cada servidor na lista, e então começa no topo novamente.

Implementar o compartilhamento de carga ao nível de resolvedor só faz sentido se você tem um número grande de resolvedores envolvidos, e mais de um servidor robusto. Por exemplo, suponha que você tem um empreendimento grande com 50.000 clientes, e que são configurados os resolvedores de todos estes clientes exatamente do mesmo modo. Todos os 50.000 enviariam todas as consultas deles para o primeiro servidor na lista de servidores de nome. A opção rotate espalharia o trabalho uniformemente entre todos os servidores centrais.

Porém, este normalmente não é o caso. A maioria das configurações de resolvedor lista um servidor de nome local (como o servidor de nome na subrede local) primeiro, e lista outros servidores só como servidores de backup. Com este modelo, há tantas configurações de resolvedor diferentes quanto há subredes, e nenhum servidor é designado para mais do que o número de clientes em uma única subrede. Neste caso comum, ajustar a opção rotate é desnecessário e até mesmo indesejável porque a topologia da rede já equilibra a carga.

no-check-names - Incapacita a verificação de nomes de domínio para compatibilidade com a RFC 952, "DOD Internet Host Table Specification" (especificação de tabela de host Internet do DOD). Por default, nomes de domínio que contêm um sublinha (_), caractere não-ASCII ou caracteres de controle ASCII são considerados errados. Use esta opção para trabalhar com hostnames que contêm um sublinha.

Filosoficamente, não estou louco por conferir nomes ruins durante o processo de consulta. Verificar nomes neste ponto não parece estar no espírito do antigo provérbio de interoperabilidade, "Seja conservador com o que envia e liberal

Capítulo 4 – Serviços de nome do Linux | **99**

com o que aceita". Pessoalmente, eu prefiro controlar a compatibilidade com os RFCs na fonte. As fontes de nomes de domínio incorretos são os arquivos de zona que contêm estes nomes. Eu acho muito melhor usar os recursos de servidor de nomes para verificar nomes incorretos quando o arquivo de zona está carregado do que verificar os nomes durante um processo de consulta de resolvedor. Então, uso esta opção para incapacitar a verificação no resolvedor.

inet6 - Faz o resolvedor consultar por endereços IPv6. A versão do Protocolo de Internet (IP) usado na Internet de hoje é IPv4. O IPv4 usa os mesmos endereços de 32 bits usados neste livro. O IPv6 usa endereços diferentes, de 128 bits. O IPv6 é um protocolo futuro para o qual as redes estão evoluindo. Só use esta opção se você conectar a uma rede IPv6 experimental. Esta opção não deve ser usada em um ambiente empresarial comum.

sortlist *addresslist* - O comando sortlist define uma lista de endereços de rede que são preferidos a outros endereços. O *addresslist* é uma lista de pares de endereço e máscara (por exemplo, 172.16.5.0/255.255.255.0). Para qualquer uso, exige que o host remoto tenha mais que um endereço atribuído a um único nome, que o caminho de rede para um destes endereços seja claramente superior aos outros, e que você saiba exatamente qual caminho é superior. Por default, a preferência de endereço é ajustada pelo servidor, e os endereços são usados pelo resolvedor na ordem na qual eles são recebidos.

Um comando sortlist que atribui a preferência ao endereço de subrede local acima de todos os outros é o único sortlist que é geralmente usado. Muitos administradores usam tal comando sortlist como de costume. Mas tentar usar o comando sortlist para ordenar endereços de redes remotas pode prejudicar mais do que ajudar, a menos que você tenha um entendimento muito claro de como as redes são exatamente configuradas e como elas falam umas com a outras. Desta forma, o sortlist raramente é usado para ordenar endereços remotos.

Intervalos de tempo para o resolvedor

O intervalo de tempo padrão para a primeira consulta é ajustado em cinco segundos, e o resolvedor pode usar até três servidores de nome. O resolvedor envia a primeira consulta ao primeiro servidor na lista de servidores com um intervalo de cinco segundos. Se o primeiro servidor não responde, a consulta é enviada ao segundo servidor na lista, com um intervalo de cinco segundos. Se o segundo servidor não responde, a consulta é enviada ao terceiro servidor na lista, com um intervalor de cinco segundos. A cada servidor na lista é dada uma chance para responder, e a cada servidor é dado o intervalo de cinco segundos completos. Esta primeira rodada de consultas pode levar 15 segundos.

Se nenhum servidor responder a primeira rodada de consultas, o intervalo é dobrado e dividido pelo número de servidores, para determinar o valor do novo intervalo. A consulta é então enviada novamente. Por default, o resolvedor tenta novamente duas vezes, embora isto possa ser mudado com o comando retry. Supondo os defaults, o resolvedor envia uma consulta inicial e duas novas tentativas para um total de três tentativas, que dão os seguintes intervalos:

Intervalos com um servidor - A primeira consulta tem um intervalo de cinco segundos, a segunda de 10 segundos, e a terceira de 20 segundos. Dado isto, o resolvedor espera 35 segundos antes de abandonar a consulta quando um servidor estiver definido.

> **Intervalos de tempo para o resolvedor (continuação)**
>
> **Intervalos com dois servidores** - A primeira rodada de consultas tem um intervalo de cinco segundos para cada servidor, a segunda rodada também é de cinco segundos, e a terceira rodada é de 10 segundos. Isto dá um valor de intervalo total de 20 segundos por cada servidor, que significa que o resolvedor espera até 40 segundos antes de abandonar uma consulta quando dois servidores estiverem definidos.
>
> **Intervalos com três servidores** - A primeira rodada de consultas tem um intervalo de cinco segundos para cada servidor, a segunda rodada é de três segundos, e a terceira rodada é de seis segundos. (Dividindo 10 ou 20 por 3 não resulta em um número inteiro - os valores do intervalo entre 3 e 6 são truncados para valores de número inteiros.) Isto dá um valor de intervalo total de 14 segundos por cada servidor que significa que o resolvedor espera até 42 segundos antes de abandonar uma consulta quando três servidores estiverem definidos.
>
> Sem esta fórmula, que reduz o intervalo baseado no número de servidores, duas novas tentativas com três servidores levaria 105 segundos para interromper se o resolvedor usou os mesmos valores de intervalo 5, 10 e 20 segundos usados para um servidor. Mesmo o usuário mais paciente ficaria exasperado! Adicionalmente, quando vários servidores de nomes são usados, não é necessário dar a cada um deles muito tempo para solucionar a consulta. É altamente improvável que todos eles venham a cair ao mesmo tempo. Um intervalo de consulta, quando três servidores são configurados, provavelmente indica que há algo errado com sua rede local, não com todos os três servidores remotos. Por causa desta fórmula de intervalo, a confiança adicionada a três servidores só custa, no máximo, sete segundos.

Um arquivo resolv.conf de exemplo

Suponha que você está configurando uma estação de trabalho Linux de nome mute.swans.foobirds.org (172.16.12.3) que não executa seu próprio servidor de nomes. A Listagem 4.2 mostra um arquivo resolv.conf razoável.

Listagem 4.2 - Um arquivo */etc/resolv.conf* de amostra.

```
$ cat /etc/resolv.conf
search  swans.foobirds.org  foobirds.org
nameserver  172.16.12.1
nameserver  172.16.5.1
```

A configuração tem duas entradas nameserver. O endereço do primeiro servidor de nome é 172.16.12.1. Ele está na mesma subrede que mute. O outro servidor de nome (172.16.5.1) é o servidor principal para o domínio foobirds.org. Tendo em vista a eficiência do sistema, envie consultas ao servidor na subrede local. Para propósitos de backup, envie consultas ao servidor de domínio principal quando o servidor local tiver caído.

O comando search diz ao resolvedor para expandir hostnames, primeiro com o subdomínio local swans.foobirds.org e então com o pai daquele domínio foobirds.org. Esta lista explícita dá para os usuários da estação de trabalho o comportamento que eles esperavam. Em versões mais antigas de BIND, o default era procurar o domínio local e seus pais. O default em BIND 8 e BIND 9 é procurar só o domínio default. Esta lista de procura explícita emula o antigo comportamento.

Capítulo 4 – Serviços de nome do Linux | **101**

Os comandos domain e search são mutuamente exclusivos. Seja qual for o comando que aparece por último no arquivo resolv.conf é o que define a lista de procura. Para ter mais de um domínio na lista de procura, use o comando search. O valor default derivou do comando hostname. O valor digitado pelo comando domain, e o valor atribuído à variável de ambiente LOCALDOMAIN definem apenas um domínio - o domínio local. O domínio local se torna o único valor então na lista de procura. O comando search é o método preferido para definir a lista de procura.

O resolver Lightweight

O BIND 9 introduziu uma nova biblioteca resolver lightweight (de peso leve). A nova biblioteca pode ser ligada em qualquer aplicação, mas foi projetada para aplicações que precisam usar endereços IPv6. O suporte para IPv6 aumentou a complexidade do resolvedor ao ponto de ser difícil de implementar como um resolvedor stub tradicional. Por isto, o resolvedor lightweight divide o resolvedor em uma biblioteca usada pelas aplicações e um daemon de resolvedor separado que controla o tamanho do processo do resolvedor. As rotinas de biblioteca enviam consultas a porta 921 UDP no host local usando o protocolo do resolvedor lightweight. O daemon do resolvedor pega a consulta, e a soluciona usando protocolos de DNS padrão.

O daemon do resolvedor é lwresd. É essencialmente um servidor cache de nomes que recursivamente soluciona consultas para a biblioteca do resolvedor lightweight. O lwresd não requer o mesmo nível de configuração que um servidor de um cache, porque alguns valores default, como a lista de servidores raiz, são compilados em lwresd. Ao contrário, lwresd usa os mesmos comandos de configuração que o resolvedor stub, e lê sua configuração de resolv.conf. Porém, lwresd interpreta os comandos nameserver de uma maneira ligeiramente diferente. Se comandos nameserver estiverem definidos em resolv.conf, lwresd trata os servidores listados lá como expedidores e tenta remeter todas as consultas a estes servidores para resolução.

O lwresd é iniciado pelo comando lwresd. O Red Hat não inclui um script de inicialização para lwresd. Se você precisar executar lwresd para suportar IPv6 em sua rede, acrescente um comando lwresd ao script de inicialização rc.local. (Veja o Capítulo 1, "O processo de inicialização", para informações sobre rc.local.) O comando lwresd usa a seguinte sintaxe:

```
lwresd   [-C config-file]  [-d debuglevel]  [-f -g -s]  [-i pid-file]
      [-n #threads]  [-P listen-port]  [-p port]  [-t directory]
      [-u user-id]  [-v]
```

O comando lwresd tem vários argumentos, a maioria você nunca usará. Eles são como segue:

-**C** *config-file* - Define o nome do caminho do arquivo de configuração se /etc/resolv.conf não for usado. É sempre melhor usar o arquivo de configuração padrão para simplificar o diagnóstico.

-**d** *debuglevel* - Habilita a investigação de depuração. Esta é a mesma saída de depuração usada com named.

-f - Executa lwresd no primeiro plano, ao invés de executá-lo em segundo plano como um daemon padrão. Geralmente, isto só é usado para depurar.

-g - Executa lwresd no primeiro plano, e registra tudo por stderr. Novamente, isto só é usado para depurar.

-s - Grava estatísticas de uso de memória em stdout. Isto só é de interesse dos desenvolvedores de BIND.

-i *pid-file* - Define o nome do caminho do arquivo no qual lwresd grava seu ID de processo. O default é /var/run/lwresd.pid. Mudar nomes de caminho default não leva a nada e complica o diagnóstico.

-n *#threads* - Especifica o número de threads que deveriam ser criadas através de lwresd. Por default, lwresd cria uma thread para cada CPU.

-P *listen-port* - Especifica a porta que deve ser usada para consultas da biblioteca de resolvedor lightweight. A porta padrão é 921. Mudar a porta complica o diagnóstico.

-p *port* - Especifica a porta na qual devem ser enviadas consultas de DNS aos servidores de nome. A porta padrão é 53. Isto só é mudado para testes especiais com um servidor que usa uma porta não padronizada.

-t *directory* - Define um diretório chroot para executar lwresd chroot. Se -t for usado, lwresd fará chroot para *directory* depois de ler /etc/resolv. Isto é usado para limitar o acesso que lwresd tem ao sistema de arquivos no caso de o processo lwresd ficar comprometido por um intruso.

-u *user-id* - Define o ID de usuário sob o qual o processo lwresd executará. O lwresd começa sob o ID de usuário root, e muda para *user-id* depois de completar as operações que necessitam de privilégios de usuário root, tal como vincular (binding) para a porta 921. Isto é usado para limitar o dano que um intruso poderia causar se ele ganhasse controle do processo lwresd.

-v - Relata o número de versão, e sai.

Na maioria dos casos, o comando lwresd é executado sem qualquer opção. Os valores defaults estão corretos para a maioria das configurações de lwresd. E lembre-se, lwresd não é necessário para a maioria dos sistemas. A maior parte das aplicações usa o resolvedor stub tradicional.

Como configurar um servidor de nome de domínio

Há três configurações básicas para o servidor de nomes:

- Um *servidor de caching* é um servidor não-autorizado. Obtém todas as suas respostas para consultas de servidor de nomes de outros servidores de nomes.

- O *servidor escravo* é considerado um servidor autorizado porque tem um banco de dados de domínio completo, transferido do servidor mestre. Também é chamado de servidor secundário porque é o backup para o servidor principal.

- O *servidor mestre* é o servidor principal para o domínio. Carrega as informações de domínio diretamente de um arquivo de disco local mantido pelo administrador de domínio. O servidor mestre é considerado autorizado para o domínio, e suas respostas a consultas são sempre consideradas precisas.

> **NOTA** A maioria dos servidores combina elementos de mais de uma configuração. Todos os servidores guardam em cache as respostas, e muitos servidores principais são secundários para algum outro domínio. Misture e combine estas configurações de servidor em seu servidor quando necessário para sua rede.

Crie só um servidor mestre para seu domínio. É a última fonte de informação sobre seu domínio. Criar mais de um mestre poderia arruinar a confiança dos dados. Crie pelo menos um servidor escravo. Ele compartilha a carga de trabalho, e fornece auxílio para o servidor mestre. A maioria dos administradores de domínio cria dois servidores escravo oficiais para aumentar a confiança. Use servidores de caching ao longo da rede para reduzir a carga no servidor mestre e nos secundários, e reduzir tráfego de rede colocando servidores de nomes perto de seus usuários. Para aumentar o desempenho, muitos administradores de rede colocam um servidor de caching em cada subrede ou em cada departamento.

Até cinco tipos de arquivos diferentes são requeridos para uma configuração de named. Todas as configurações requerem estes três arquivos básicos:

arquivo de configuração named - O arquivo de configuração named.conf define parâmetros básicos, e aponta para as fontes de informação de banco de dados de domínio que podem ser arquivos locais ou servidores remotos.

hints file - O hints file, ou cache, fornece os nomes e endereços dos servidores raiz que são usados durante a inicialização.

arquivo de host local - Todas as configurações têm um banco de dados de domínio local para solucionar o endereço de loopback para o localhost .

Os outros dois arquivos que são usados para configurar named só são usados no servidor mestre. Estes são os dois arquivos que definem o banco de dados de domínio:

arquivo de zona - O arquivo de zona define a maioria da informação. É usado para mapear nomes de host para endereços, para identificar os servidores de correio, e fornecer uma variedade de outras informações de domínio.

arquivo de zona reversa - O arquivo de zona reversa mapeia endereços IP para nomes de host, que é exatamente o oposto do que o arquivo de zona faz.

> **NOTA** Uma *zona* é o pedaço do espaço de nome de domínio sobre o qual um servidor mestre tem autoridade. O arquivo de banco de dados de domínio que contém a informação sobre a zona é chamado de um *arquivo de zona*. Uma zona e um domínio não são equivalentes. Por exemplo, tudo no arquivo de banco de dados está em uma única zona, até mesmo se o arquivo contém informações sobre mais de um domínio.

Para configurar o servidor de DNS, você precisa entender como configurar todos os cinco arquivos de configuração. Comecemos olhando para o arquivo named.conf. É usado em todo servidor de nome, e define a configuração básica.

O arquivo de configuração *named*

Quando BIND 8 foi introduzido, tudo sobre o arquivo de configuração named mudou: seu nome, os comandos que contém, a estrutura dos comandos e a estrutura do arquivo. Administradores familiarizados em configurar a versão anterior de BIND foram forçados a começar do nada. Mas a introdução de BIND 9 foi menos traumática. O arquivo named.conf de BIND 9 tem a mesma estrutura, uma sintaxe semelhante, e só dois comandos adicionais.

A estrutura dos comandos de configuração de named.conf é semelhante à estrutura da linguagem de programação C. Uma declaração termina com um ponto-e-vírgula (;), literais são inclusos entre aspas (" "), e itens relacionados são agrupados dentro de chaves ({}). O BIND fornece três modos para inserir um comentário. Um comentário pode ser incluído entre /* e */, como um comentário da linguagem C. Ele pode começar com duas barras (/ /), como um comentário de C++; ou pode começar com uma marca de cerquilha (#), como um comentário de shell. Os exemplos neste livro usam comentários no estilo de C++, mas você pode usar quaisquer dos três estilos válidos que queira. A sintaxe completa de cada comando é coberta no Apêndice B, "Referência de BIND".

Há onze declarações de configuração válidas para BIND 9.1, que é a versão de BIND entregue com o Red Hat 7.2. Elas estão listadas alfabeticamente na Tabela 4.1 com uma breve descrição de cada comando.

Tabela 4.1 - Declarações de configuração de *named.conf.*

Comando	Uso
acl	Define uma lista de controle de acesso
controls	Define o canal de controle para o programa de controle named
include	Inclui outro arquivo no arquivo de configuração
key	Define chaves de segurança para autenticação
logging	Define o que será registrado e onde será armazenado
lwres	Faz o servidor agir como um servidor de resolvedor lightweight (só BIND 9)
options	Define opções de configuração globais e defaults
server	Define os recursos de um servidor remoto
trusted-keys	Define as chaves de criptografia DNSSEC para o servidor
view	Mostra diferentes visões dos dados de zona para clientes diferentes (só BIND 9)
zone	Define uma zona

As próximas seções usam exemplos para ilustrar a função e formato dos comandos geralmente usados. Este capítulo é um tutorial que focaliza nas configurações comuns usadas em redes operacionais. O Apêndice B dá a sintaxe de todos os comandos, até mesmo os que raramente são usados. Adicionalmente, "Linux DNS Server Administration", parte da Biblioteca Linux de Craig Hunt da Sybex, é um livro sobre DNS para leitores que querem até mesmo mais exemplos.

A declaração *options*

A maioria dos arquivos named.conf abre com uma declaração options. Apenas uma declaração options pode ser usada. A declaração options define parâmetros globais que afetam a forma que o BIND opera. Também ajusta os valores defaults usados por outras declarações no arquivo de configuração. A declaração options, geralmente mais usada, define o diretório de trabalho para o servidor:

```
options {
        directory   "/var/named";
};
```

A declaração começa com o comando options. As chaves incluem uma lista de opções, e a palavra-chave directory define o diretório no qual named lerá e gravará arquivos . O nome de diretório também é usado para completar qualquer nome de arquivo especificado no arquivo de configuração. O literal entre aspas é o nome de caminho do diretório. Note que a cláusula directory e a declaração options terminam com um ponto-e-vírgula.

Como você verá depois na seção de ferramenta de controle de named neste capítulo, que o named grava vários arquivos diferentes, que são usados para conferir o estado do servidor de nomes. A declaração options pode ser usada para mudar os nomes de caminho default dos arquivos individuais. Porém, geralmente é melhor manter o nome padrão para cada arquivo de estado e armazenar estes arquivos no diretório identificado pelo comando directory. Fazer assim torna as coisas mais simples para outros que tentam diagnosticar um problema de servidor de nomes em seu sistema.

Podem ser ajustadas várias opções que afetam todas as zonas ou todos os servidores. Na maioria dos casos, é melhor ajustar estes valores especificamente pela zona ou servidor que estão sendo afetados. Os projetistas de BIND ajustaram os valores defaults corretamente para a maioria das zonas e servidores. Zonas e servidores que precisam de outros valores são exceções, e eles devem ser tratados como tal, definindo os recursos excepcionais diretamente na declaração zone ou server - não na declaração options. Você verá exemplos de como definir opções na declaração zone na próxima seção.

Uma opção usada na ocasião é forwarders. A opção forwarders faz o servidor local expedir para uma lista específica de servidores todas as consultas que não pode solucionar a partir de seu próprio cache. Isto constrói um cache rico nos servidores selecionados. Os servidores selecionados devem estar em sua rede local porque o ponto de construir o cache rico é reduzir o número de consultas enviadas sobre a rede de área inteira. Isto é principalmente útil se sua WAN custa por uso, como fazem algumas redes ISDN.

106 | *Linux: servidores de rede*

Uma opção forwarders de exemplo é

```
options {
    directory  "/var/name";
    forward  first;
    forwarders  {  172.16.5.1;  172.16.12.1;  };
};
```

A opção forward first diz que o servidor local deve tentar os forwardes antes de tentar obter uma resposta de qualquer outro servidor externo. Isto é o default, assim esta opção realmente não precisa ser especificada. O outro possível valor é forward only, que diz ao servidor que só pode falar com os forwarders. Mesmo se os forwardes não estiverem respondendo, o servidor local não está autorizado a achar a própria resposta quando forwarders only é especificado. A opção forwarders lista os endereços dos servidores para os quais são remetidas as consultas.

A declaração *zone*

As declarações zone são as declarações mais importantes no arquivo de configuração, e elas constituem a importância do arquivo named.conf. Uma declaração zone executa as seguintes funções de configuração críticas:

- Define uma zona que é servida por este servidor de nomes.
- Define o tipo de servidor de nomes que este servidor é para a zona. Um servidor pode ser um servidor mestre ou um servidor escravo. Tendo em vista que isto está definido em uma base por zona, o mesmo servidor pode ser o mestre para algumas zonas enquanto será escravo para outras.
- Define a fonte de informação de domínio para uma zona. O banco de dados de domínio pode ser carregado de um arquivo de disco local ou pode ser transferido do servidor mestre.
- Define opções de processo especiais para a zona.

Uma declaração zone de exemplo ilustra todas estas funções:

Listagem 4.3 - Uma declaração *zone* de exemplo.

```
zone  "foobirds.org"  in  {
    type  master;
    file  "foobirds.hosts";
    check-names  fail;
    notify  yes;
    also-notify  {  172.16.80.3;    };
    allow-update  {  none;  );
};
```

A declaração começa com o comando zone. O nome da zona é escrito como um literal incluso em aspas. A palavra-chave in significa que esta zona contém endereços IP e nomes de domínio de Internet. Isto é o default, assim in realmente não é requerido. As chaves incluem uma lista de opções para esta zona.

Capítulo 4 – *Serviços de nome do Linux* | **107**

A opção type master diz que este servidor é o servidor mestre para o domínio de foobirds.org. Outros possíveis valores são

slave (escravo) - Isto identifica o servidor como escravo para o domínio.

hints (sugestões) - Isto identifica o arquivo de sugestões (hints file) que é usado para inicializar o servidor de nome durante a inicialização.

stub (fragmento) - Isto identifica um servidor stub. Os servidores stub são servidores escravos que só carregam os registros do banco de dados do servidor mestre. Isto é usado principalmente para servidores não-recursivos que querem recorrer uma pergunta a outro servidor da mesma forma que servidores raiz recorrem a perguntas a outros servidores. Isto raramente é usado em uma rede operacional da empresa.

A opção file "foobirds.hosts" aponta o arquivo que contém a informação de banco de dados de domínio. Para um servidor mestre, este é o arquivo que é criado pelo administrador de domínio.

As últimas quatro opções estão no exemplo principalmente para ilustrar como as opções são usadas com zonas. A opção check-names fail especifica o que o servidor deve fazer se achar nomes de host inválidos no arquivo de zona. O default é um servidor mestre abortar o carregamento do arquivo de zona e exibir uma mensagem de erro. (Sendo default , esta opção não é necessária de fato.) Valores alternativos para esta opção são warn e ignore. warn exibe uma mensagem de advertência, e carrega de qualquer maneira a zona, que é o default para servidores escravo. ignore apenas ignora qualquer erro.

As opções notify e also-notify determinam se o servidor mestre notifica servidores escravos quando a informação de zona for atualizada. Servidores escravos periodicamente conferem o arquivo de zona mestre para ver se foi atualizado. Com a opção notify yes, o servidor mestre envia uma mensagem DNS NOTIFY para os servidores escravos, para fazê-los conferir o arquivo de zona imediatamente. Isto é feito para manter o banco de dados mestre e escravo firmemente sincronizados. A opção notify yes é o default, assim não precisa ser especificada.

Normalmente, a mensagem DNS NOTIFY só é enviada a servidores de nome oficiais que estão listados no arquivo de zona. A opção also-notify {172.16.80.3;} diz para o servidor mestre também notificar 172.16.80.3. Este sistema não é um servidor escravo oficial, mas mantém uma cópia completa do banco de dados de zona por algum outro propósito.

A opção allow-update especifica quais clientes são autorizados a atualizar o arquivo de zona dinamicamente. Na Listagem 4.3, allow-update está ajustada para nenhum, significando que estas atualizações dinâmicas não serão autorizadas. Sendo esta a configuração default, a linha allow-update na Listagem 4.3 não é requerida. Alternativamente, os endereços IP de sistemas autorizados a executar atualizações dinâmicas poderiam estar listados dentro das chaves da declaração allow-update.

O maior problema com a opção allow-update é que concede um privilégio poderoso e perigoso baseado em nada mais do que um endereço IP.Quem alguma vez mudou o endereço de uma interface de rede com o comando ifconfig, sabe que é muito fácil fazer um sistema Linux parecer ter qualquer endereço que se deseje. Confiar em um endereço IP realmente não fornece segurança. Este poder potencialmente perigoso deve ser tão firmemente limitado quanto possível. Ao usar allow-update, só o servidor DHCP deve ser autorizado a executar atualizações, e o único modo aceitável para permitir a um servidor

108 | *Linux: servidores de rede*

DHCP do Linux atualizar dinamicamente um servidor DNS do Linux é executá-los em um mesmo host. O seguinte comando allow-update limita atualizações dinâmicas a processos que executam no servidor de nome:

```
allow-update  {  localhost;  };
```

Antes do BIND 9, allow-update era o único modo para assegurar atualizações dinâmicas. O BIND 9 adicionou a opção update-policy, que é uma nova opção de zone que concede privilégios de atualização dinâmicos baseado na assinatura criptográfica do pacote de atualização. update-policy e allow-update são mutuamente exclusivos. Você pode usar um ou outro em uma declaração zone, mas não ambos. Usar update-policy para permitir atualizações dinâmicas de DHCP requer um servidor DHCP que suporte DNS dinâmico (DDNS) e forneça assinaturas criptográficas. DHCP é coberto no Capítulo 8, "Servidores de configuração de desktop". Para ler mais sobre DDNS, DNSSEC e o uso de assinaturas criptográficas em DNS, veja *Linux DNS Server Administration* por Craig Hunt, Sybex, 2001.

Na maioria dos arquivos named.conf, as declarações zone são mais simples que o exemplo mostrado antes. Vejamos alguns exemplos mais realísticos de configurações de servidor de nome.

Uma configuração de apenas caching

A *configuração de apenas caching* é a base de todas as configurações de servidor, porque todos os servidores guardam as respostas em cache. A configuração apenas caching mais comum é mostrada na Listagem 4.4. Este arquivo named.conf está baseado no exemplo encontrado na documentação de BIND 9 com leves modificações para nossa rede imaginária.

Listagem 4.4 - Uma configuração apenas caching comum.

```
$  cat  /etc/named.conf
//
//  accept  queries  from  the  local  subnet
//
acl  "subnet12"  {  172.16.12.0/24;  };
options  {
      directory  "/var/named";
      allow-query  {  "subnet12";  };
};

//
//  a  caching  only  nameserver  config
//
zone  "."  {
      type  hint;
      file  "named.ca";
};

zone  "0.0.127.in-addr.arpa"  {
      type  master;
      file  "named.local";
};
```

O arquivo named.conf na Listagem 4.4 abre com uma lista de controle de acesso. Use o comando acl para atribuir um nome arbitrário a uma lista de itens que serão subseqüentemente referenciados por este nome. Na Listagem 4.4, o comando acl atribui o nome subnet12 a uma lista de endereços. Neste caso, a lista contém só um endereço de rede, mas poderia ter mais. O nome subnet12 é então referenciado na opção allow-query na declaração options.

A opção allow-query limita os clientes dos quais serão aceitas consultas ao servidor de DNS. Por default, um servidor BIND aceita consultas de qualquer fonte. Porém, um servidor de apenas caching não é anunciado para o mundo externo, e em geral é intenção que sirva só a um número limitado de sistemas locais. A opção allow-query na Listagem 4.4 assegura que este servidor somente fornecerá serviço aos clientes na rede 172.16.12.0.

A opção directory na declaração option define o diretório default para named. No arquivo de exemplo, é /var/named. Todas as referências de arquivo subseqüentes no arquivo named.conf são relativas a este diretório.

As duas declarações zone nesta configuração apenas caching são encontradas em todas as configurações de servidor. A primeira declaração zone define o hints file que é usado para ajudar o servidor de nome a localizar os servidores raiz durante a inicialização. A segunda declaração zone torna o servidor o mestre para seu próprio endereço de loopback, e aponta para o arquivo de host local.

A configuração de apenas caching do Red Hat

A configuração apenas caching é a configuração de servidor DNS mais comum; na realidade, muitos sistemas são entregues com configuração apenas caching já pronta. O Red Hat fornece uma configuração apenas caching em formato RPM. A Figura 4.1 mostra uma consulta do RPM Gnome para o pacote Red Hat que contém a configuração de servidor apenas caching.

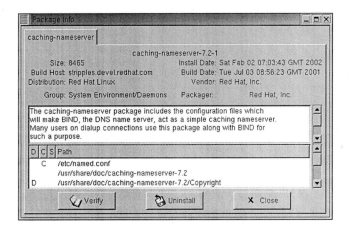

Figura 4.1 - *Um RPM do servidor DNS apenas caching.*

110 | *Linux: servidores de rede*

Instalar o RPM caching-nameserver-7.2-1 cria o arquivo named.conf mostrado na Listagem 4.5.

Listagem 4.5 - O arquivo named.conf de Red Hat.

```
// generated by named-bootconf.pl

options {
     directory  "/var/named";
     /*
     * If there is a firewall between you and nameservers you want
     * to talk to, you might need to uncomment the query-source
     * directive below. Previous versions of BIND always asked
     * questions using port 53, but BIND 8.1 uses an unprivileged
     * port by default.
     */
     // query-source address * port 53;
};

//
// a caching only nameserver config
//
zone "." IN {
     type  hint;
     file  "named.ca";
};

zone "localhost" IN {
type  master;
     file  "localhost.zone";
     allow-update { none; };
};

zone "0.0.127.in-addr.arpa" IN {
     type master;
     file "named.local";
     allow-update { none; };
};
key "key" {
     algorithm  hmac-md5;
     secret  "eabDFqxVnhWyhUwoSVjthOue0bYtvQUCiSuBqHxDRWilSaWMoMORNLmyEbJr";
};
```

Muitos dos comandos de configuração neste arquivo named.conf são comandos que nós já vimos. A opção directory, a declaração zone para a zona "." e a declaração zone para a zona "0.0.127.in-addr.arpa" foram todos cobertos. Mas há alguns itens novos.

O primeiro é a opção query-source, que é comentada na declaração options no começo do arquivo. O comentário insinua que isto pode ser necessário se você tiver um firewall. É claro que qualquer coisa é possível com um firewall, mas é improvável que esta opção seja necessária. Por default, servidores de BIND 8 e BIND 9 enviam consultas a servidores remotos que usam a famosa porta 53 como a porta de destino e uma porta não-privilegiada gerada fortuitamente como a fonte. Isto é exatamente como a maioria dos serviços TCP/IP opera - eles usam portas conhecidas como portas de destino e portas não-privilegiadas geradas fortuitamente como a fonte. Muitos firewalls não impedem tráfego de envio que origina em uma porta não-privilegiada; se eles fizessem, eles bloqueariam essencialmente todo o tráfego de saída. Se, por alguma razão, seu firewall bloquear tráfego DNS de saída quando tiver uma porta de fonte não-privilegiada, use a opção query-source mostrada na Listagem 4.5 para enviar consultas que usam o endereço do servidor e um número de porta de fonte 53.

Outro item novo nesta configuração é a declaração key. Use a declaração key para atribuir um identificador chave à combinação algoritmo e uma chave secreta que será usada para segurança de transação. Segurança de transação garante a autenticidade e integridade das consultas e respostas de DNS que se movem sobre a rede. Uma consulta e a resposta para aquela consulta são uma *transação*. A autenticidade e integridade de transações de DNS estão garantidas por assinaturas digitais que, no caso de transações, são chamadas *assinaturas de transação* (TSIGs). Uma TSIG não é um registro de banco de dados de DNS; é uma técnica para assinar digitalmente mensagens de DNS. A declaração key define o algoritmo e chave secreta usados para assinar transações digitalmente. A sintaxe da declaração key é

```
key key_id {
        algorithm  hmac-md5;
        secret   secret_string;
};
```

O *key_id* é qualquer nome descritivo que você queira atribuir à combinação de algoritmo e chave secreta - é este nome que é usado como o identificador chave. Na Listagem 4.5, a combinação algoritmo/chave está nomeada simplesmente como "key". Atualmente, BIND só suporta o algoritmo hmac-md5, assim algorithm sempre tem este valor (embora isto possa mudar no futuro). O *secret_string* é uma chave codificada de base 64 usada pelo algoritmo. Use o utilitário dnskeygen para gerar o valor de *secret_string*, ou crie manualmente seu próprio valor se você tiver outro utilitário que possa criar chaves codificadas.

Depois que um identificador chave estiver definido, pode ser usado em uma lista de controle de acesso ou na opção keys. Note que a chave definida no exemplo não está em qualquer lugar referenciado na Listagem 4.5. A configuração do Red Hat cria esta chave para uso com a ferramenta de controle named remota. Depois, neste capítulo, nós veremos esta mesma chave no arquivo rndc.conf do Red Hat que é usado para configurar a ferramenta de controle named remota.

Um ítem único nesta configuração é a declaração zone para uma zona de nome "localhost". O servidor Red Hat é o mestre para a zona "localhost", assim carrega a zona diretamente de um arquivo local. O arquivo é o /var/named/localhost.zone. A Listagem 4.6 mostra este arquivo.

Listagem 4.6 - O arquivo *localhost.zone* do Red Hat.

```
$  cat  /var/named/localhost.zone
$TTL  86400
$ORIGIN  localhost.
@           1D  IN  SOA   @ root  (
                          42          ;  serial  (d.  adams)
                          3H          ;  refresh
                          15M         ;  retry
```

Linux: servidores de rede

```
            1W          ;  expiry
            1D )        ;  minimum

    1D IN NS    @
    1D IN A     127.0.0.1
```

O propósito deste arquivo é mapear o nome de domínio localhost. para o endereço 127.0.0.1. Na maioria dos casos, não é usado. Geralmente, os usuários fazem consulta para o host de nome localhost, não o hostname localhost.. Quando o nome é digitado sem o ponto de extensão, é ampliado com os nomes de domínio da lista de procura e enviado ao servidor para o domínio local. O nome localhost está resolvido no sistema local pelo pequeno arquivo /etc/hosts encontrado na maioria dos sistemas, ou enviado ao servidor de nome do domínio local para resolução. Só o nome localhost. com o ponto de extensão não será ampliado e assim será solucionado por este arquivo. Porém, este arquivo fornece um equilíbrio agradável ao arquivo de zona reversa que Red Hat fornece para o endereço de loopback, porque este arquivo faz referências múltiplas ao nome de arquivo localhost.. Muitos sistemas não têm um arquivo localhost.zone. Os administradores de Red Hat usam este arquivo porque a Red Hat já criou isto para eles.

Muitos sistemas Unix e Linux não criam a zona "localhost". Mas todas as configurações de servidor criam o hints file e o arquivo de zona reversa para o endereço de loopback. É o arquivo de zona de endereço de loopback que é chamado geralmente de arquivo de host local. O hints file e o arquivo de host local, junto com o arquivo named.conf, é requerido para toda configuração de servidor.

O hints file

O hints file contém informações que o named usa para inicializar o cache. Como indicado pelo nome de domínio raiz (".") na declaração zone, as sugestões que o arquivo contém são os nomes e endereços dos servidores de nome raiz. O arquivo ajuda o servidor local a localizar um servidor raiz durante a inicialização. Depois que um servidor raiz for localizado, uma lista autorizada de servidores raiz é carregada daquele servidor. As sugestões não são referenciadas novamente até que o servidor local reinicie.

O arquivo named.conf aponta para o local do hints file. A este arquivo pode ser dado qualquer nome de arquivo. Nomes geralmente usados são named.ca, named.root e root.cache. No exemplo de Red Hat, o hints file é chamado named.ca, e fica situado no diretório /var/named. O hints file fornecido pela instalação do Red Hat contém os seguintes nomes e endereços de servidor:

Listagem 4.7 - O hints file de *named*.

```
.                       3600000  IN NS A.ROOT-SERVERS.NET.
A.ROOT-SERVERS.NET.     3600000     A  198.41.0.4
.                       3600000     NS B.ROOT-SERVERS.NET.
B.ROOT-SERVERS.NET.     3600000     A  128.9.0.107
.                       3600000     NS C.ROOT-SERVERS.NET.
C.ROOT-SERVERS.NET.     3600000     A  192.33.4.12
.                       3600000     NS D.ROOT-SERVERS.NET.
D.ROOT-SERVERS.NET.     3600000     A  128.8.10.90
.                       3600000     NS E.ROOT-SERVERS.NET.
```

```
E.ROOT-SERVERS.NET.  3600000  A  192.203.230.10
.                    3600000  NS F.ROOT-SERVERS.NET.
F.ROOT-SERVERS.NET.  3600000  A  192.5.5.241
.                    3600000  NS G.ROOT-SERVERS.NET.
G.ROOT-SERVERS.NET.  3600000  A  192.112.36.4
.                    3600000  NS H.ROOT-SERVERS.NET.
H.ROOT-SERVERS.NET.  3600000  A  128.63.2.53
.                    3600000  NS I.ROOT-SERVERS.NET.
I.ROOT-SERVERS.NET.  3600000  A  192.36.148.17
.                    3600000  NS J.ROOT-SERVERS.NET.
J.ROOT-SERVERS.NET.  3600000  A  198.41.0.10
.                    3600000  NS K.ROOT-SERVERS.NET.
K.ROOT-SERVERS.NET.  3600000  A  193.0.14.129
.                    3600000  NS L.ROOT-SERVERS.NET.
L.ROOT-SERVERS.NET.  3600000  A  198.32.64.12
.                    3600000  NS M.ROOT-SERVERS.NET.
M.ROOT-SERVERS.NET.  3600000  A  202.12.27.33
```

Este contém somente registros de servidor de nome (NS) e endereço (A). Cada registro de NS identifica um servidor de nome para o domínio raiz (.). O registro A associado dá o endereço IP para cada servidor. A estrutura destas entradas de banco de dados ficará clara depois no capítulo. Por ora, é importante perceber que você não cria diretamente ou edita este arquivo.

O arquivo de exemplo na Listagem 4.7 é fornecido pela instalação do Linux. No entanto, mesmo que seu sistema não forneça um hints file, é fácil obter um. A lista oficial de servidores raiz está disponível na Internet. Carregue o arquivo /domain/named.root de ftp.rs.internic.net por FTP anônimo. O arquivo que é armazenado aí está no formato correto para um sistema Linux, está pronto para executar e pode ser carregado diretamente em seu hints file.

O arquivo local host

Todo servidor de nome é o mestre de seu próprio domínio loopback, o que, é claro, faz sentido. O ponto principal ao se criar a interface de loopback (lo) é reduzir o tráfego na rede. Enviar consultas de domínio sobre o endereço de loopback pela rede derruba este propósito.

O domínio loopback é um domínio reverso. É usado para mapear o endereço loopback 127.0.0.1 para o hostname localhost. Em nosso sistema Red Hat de exemplo, o arquivo de zona para este domínio é chamado named.local, que é o nome mais comum para o arquivo local host. A instalação do Red Hat fornece o arquivo mostrado na Listagem 4.8.

Listagem 4.8 - O arquivo *named.local.*

```
$  cat  /var/named/named.local
@       IN   SOA   localhost.  root.localhost.    (
                   1997022700  ; Serial
                   28800       ; Refresh
                   14400       ; Retry
                   3600000     ; Expire
                   86400 )     ; Minimum
        IN   NS    localhost.

     1  IN   PTR   localhost.
```

114 | *Linux: servidores de rede*

Todo sistema Linux que executa named tem um arquivo localhost essencialmente idêntico. Este aqui foi criado automaticamente pela instalação do Red Hat; se seu sistema não criar um, você pode copiar este aqui. Realmente não há nenhuma necessidade de editar ou mudar este arquivo para executá-lo em seu sistema. Neste momento, os conteúdos do arquivo não precisam ser discutidos porque são sempre os mesmos em todo sistema. Porém, você verá exemplos de todos estes registros de banco de dados depois no capítulo.

Muitos servidores de nome são servidores apenas caching. Para estes servidores, você:

- Configura o resolvedor. Quando executar named no sistema local, você pode usar a configuração de resolvedor default.
- Cria o arquivo named.conf. Você pode copiar o mostrado na Listagem 4.4.
- Carrega o named.root de ftp.rs.internic.net, e o usa como o hints file
- Cria o arquivo named.local. Você pode copiar o mostrado na Listagem 4.8.
- Inicia o named, e adiciona named à inicialização de sistema para assegurar que irá iniciar automaticamente sempre que o sistema reiniciar. Veja "Executando o named" ao término deste capítulo, para mais informações sobre como iniciar o named.

Esta configuração simples funciona na maioria dos servidores de nomes, mas não em todos eles. Os servidores escravos e o servidor mestre requerem mais esforço.

A configuração de servidor escravo

Configurar um servidor escravo é quase tão simples quanto configurar um servidor apenas caching. Usa os mesmos três arquivos de configuração, com apenas modificações secundárias ao arquivo named.conf. Por causa disto, você pode começar com uma configuração apenas caching para testar seu sistema antes de configurá-lo como um servidor escravo. Nosso servidor escravo de exemplo será construído modificando a configuração comum de apenas caching mostrada na Listagem 4.4.

Suponha que wren (172.16.5.1) é o servidor mestre para o domínio de foobirds.org e o domínio reverso 16.172.in-addr.arpa, e que nós queremos configurar falcon como um servidor escravo para estes domínios. Para realizar isto, nós acrescentamos duas declarações zone novas ao arquivo named.conf básico em falcon para criar a configuração mostrada na Listagem 4.9.

Listagem 4.9 - Uma configuração de servidor escravo de DNS.

```
$ cat /etc/named.conf
options {
     directory  "/var/named";
};
// a slave server configuration
//
zone "." {
     type  hint;
     file  "named.ca";
};
```

```
zone    "0.0.127.in-addr.arpa"    {
        type    master;
        file    "named.local";
};

zone    "foobirds.org"    {
        type    slave;
        file    "foobirds.hosts";
        masters    {  172.16.5.1;  };
        allow-updates  {  none;  };
};

zone    "16.172.in-addr.arpa"    {
        type    slave;
        file    "172.16.reverse";
        masters    {  172.16.5.1;  };
        allow-updates  {  none;  };
};
```

A lista de controle de acesso e a opção allow-query da Listagem 4.4 foram removidas desta configuração. Servidores autorizados (o mestre e todos os escravos oficiais) devem aceitar consultas de qualquer fonte, porque eles são anunciados para o mundo pelos registros NS do domínio. Quando anunciar um serviço, você deve fornecê-lo.

O arquivo de configuração contém todas as declarações zone que já foram discutidas, porque todos os servidores usam um hints file e um arquivo de banco de dados de domínio de loopback. As duas declarações zone novas declaram zonas para os domínios foobirds.org e 0.16.172.in-addr.arpa. A cláusula type em cada uma das novas declarações zone diz que este é um servidor escravo para os domínios especificados.

A cláusula file para uma zona escrava tem um propósito diferente dos vistos anteriormente. Nos exemplos anteriores, o arquivo identificado pela cláusula file era a fonte da informação de zona. Neste caso, o arquivo é o depósito local para a informação de zona. A última fonte para a informação é o servidor mestre.

A cláusula masters identifica o servidor mestre. Pode haver mais que um endereço IP fornecido nesta cláusula, particularmente se o servidor mestre for multihomed e assim tem mais de um endereço IP. Na maioria das configurações, só um endereço é usado, que é o endereço do servidor mestre para a zona especificada.

O servidor escravo carrega o arquivo de zona inteiro do servidor mestre. Este processo é chamado de uma *transferência de arquivo de zona*. Quando o arquivo é carregado, é armazenado no arquivo identificado pela cláusula file. Não crie ou edite este arquivo; ele é criado automaticamente por named. Depois que a zona é transferida, é carregada diretamente do disco local. O escravo não transferirá a zona novamente até que o servidor mestre atualize a zona. Como o escravo sabe quando a zona foi atualizada é coberto depois neste capítulo.

Configurar servidores de caching e servidores escravos não parece muito difícil, assim, qual é a novidade sobre configuração de DNS? A grande novidade é o servidor mestre, e isso é o que nós saberemos logo.

A configuração do servidor mestre

O arquivo named.conf para um servidor mestre se parece muito com arquivo de configuração para um servidor secundário. Na Listagem 4.9, falcon era o servidor escravo para foobirds.org e 16.172.in-addr.arpa, e wren era o servidor mestre para estes domínios. O arquivo named.conf para wren é mostrado na Listagem 4.10.

Listagem 4.10 - Uma configuração de servidor mestre de DNS.

```
$ cat /etc/named.conf
options {
    directory  "/var/named";
};

// a master nameserver config
//
zone  "." {
    type  hint;
    file  "named.ca";
};

zone  "0.0.127.in-addr.arpa"  {
    type  master;
    file  "named.local";
};

zone  "foobirds.org"  {
    type  master;
    file  "foobirds.hosts";
    notify  yes;
    allow-updates  {  none;  };
};

zone  "16.172.in-addr.arpa"  {
    type  master;
    file  "172.16.reverse";
    notify  yes;
    allow-updates  {  none;  };
};
```

As declarações zone para os domínios foobirds.org e 16.172.in-addr.arpa são quase as mesmas que a declaração zone para o domínio 0.0.127.in-addr.arpa, e elas funcionam do mesmo modo: as declarações declaram as zonas, dizem que este é o servidor mestre para estas zonas e identificam os arquivos que contêm os registros de banco de dados para estas zonas. As declarações zone novas também têm duas opções. notify foi adicionada, de forma que o servidor enviará mensagens DNS NOTIFY para os servidores escravos sempre que o arquivo de zona for atualizado. allow-update é ajustada para none para rejeitar atualizações dinâmicas.

A configuração do servidor mestre é igual a qualquer outro servidor - você cria um arquivo de configuração, um hints file, e um arquivo de zona reversa para o host local. A diferença vem do fato de que você também tem que criar os arquivos reais do banco de dados do domínio. O arquivo foobirds.hosts e o arquivo 172.16.reverse em nosso exemplo não podem ser carregados de um repositório. Você tem que criá-los, e para fazer isso, tem que entender a sintaxe e propósito dos registros de banco de dados.

Registros de banco de dados do DNS

Os registros de banco de dados usados em um arquivo de zona são chamados de *registros de recurso padrão* ou, às vezes, só de RRs. Todos os registros de recurso têm o mesmo formato básico:

```
[name]  [ttl]  IN  type  data
```

O campo name identifica o objeto de domínio afetado por este registro. Poderia ser um host individual ou um domínio inteiro. A menos que o nome seja um nome de domínio completamente qualificado, é relativo ao domínio atual.

Alguns valores especiais no campo de nome podem ser usados. Estes são

Um nome em branco refere-se ao último objeto nomeado. O último valor do campo nome fica em vigor até que um valor novo seja especificado.

@ - Um sinal at recorre à *origem* atual. A origem é o nome de domínio default usado dentro do arquivo de zona. Você pode ajustar a origem no arquivo de banco de dados com a diretiva $ORIGIN. Se uma diretiva $ORIGIN não for usada, a origem é o nome de domínio do comando zone no arquivo named.conf.

* - Um asterisco é um caractere coringa, que pode ser usado para combinar qualquer string de caractere.

O campo tempo de vida (ttl) define a duração de tempo que este registro de recurso deve ser deixado em cache. Isto lhe permite decidir quanto tempo os servidores remotos devem armazenar informações de seu domínio. Você pode usar um TTL curto para informações voláteis e um TTL longo para informações estáveis. Se nenhum valor TTL for especificado, o valor default TTL definido pela diretiva $TTL é usado. (Diretivas de arquivo de zona são discutidas depois no capítulo.)

O campo class é sempre IN, que é mostrado na sintaxe anterior. Há realmente três valores possíveis : HS para servidores Hesiod, CH para servidores Chaosnet e IN para servidores de Internet. Todas as informações com as quais você lida são para redes TCP/IP e servidores de Internet, assim você não usará os outros valores.

O campo type define o tipo de registro de recurso. Há 40 tipos diferentes de registros; quase todos são experimentais, obsoletos ou novos. Os tipos usados neste capítulo, que são geralmente os tipos de registro mais usados, estão listados na Tabela 4.2.

118 | *Linux: servidores de rede*

Tabela 4.2 - Tipos de registros do banco de dados do DNS.

Nome de registro	Tipo de registro	Função
Start of Authority	SOA	Marca o começo dos dados de uma zona, e define parâmetros que afetam a zona inteira
Name Server	NS	Identifica o servidor de nomes de um domínio
Address	A	Mapeia um hostname para um endereço
Pointer	PTR	Mapeia um endereço para um hostname
Mail Exchanger	MX	Identifica o servidor de correio para um domínio
Canonical Name	CNAME	Define um alias para um hostname

O último campo no registro de recurso é o campo data, que mantém os dados que são específicos ao tipo de registro de recurso. Por exemplo, um registro A, contém um endereço. O formato e o funcionamento do campo de dados é diferente para cada tipo de registro.

Além de registros de recurso, o BIND fornece quatro diretivas de arquivo de zona que são usadas para simplificar a construção do arquivo de zona ou definir um valor usado pelos registros de recurso no arquivo.

Diretivas de arquivo de zona

As quatro diretivas são divididas uniformemente em duas, que simplificam a construção de um arquivo de zona, $INCLUDE e $GENERATE; e duas que definem valores usados pelos registros de recurso, $ORIGIN e $TTL.

A diretiva $TTL - Define a TTL default para registros de recurso que não especificam um tempo explícito para serem considerados válidos. O valor de TTL pode ser especificado como um número de segundos ou como uma combinação de números e letras. Definindo uma semana como a TTL default usando segundos é

```
$TTL   604800
```

Usando o formato alfanumérico, uma semana pode ser definida como

```
$TTL   1w
```

Os valores de letra que podem ser usados com o formato alfanumérico são

- w para semana
- d para dia
- h para hora
- m para minuto
- s para segundo

A diretiva $ORIGIN - Ajusta a origem atual, que é o nome de domínio usado para completar quaisquer nomes de domínio relativo. Por default, $ORIGIN inicia atribuindo o nome de domínio definido na declaração zone. Use a diretiva $ORIGIN para mudar a configuração. Por exemplo, a seguinte diretiva muda a origem para ducks.foobirds.org:

```
$ORIGIN  ducks.foobirds.org.
```

Como todos os nomes em um arquivo de zona, o nome de domínio na diretiva $ORIGIN é relativo à origem atual, a menos que esteja completamente qualificado. Assim, se a declaração zone define o domínio foobirds.org e o arquivo de zona contém a seguinte diretiva $ORIGIN:

```
$ORIGIN  ducks
```

O efeito é o mesmo como na diretiva $ORIGIN anterior. O nome ducks é relativo à origem atual foobirds.org. Então, a origem nova é ducks.foobirds.org. Nomes relativos em quaisquer registros de recurso no arquivo de zona que seguem esta diretiva $ORIGIN são relativos a esta origem nova.

A diretiva $INCLUDE - Lê em um arquivo externo, e o inclui como parte do arquivo de zona. O arquivo externo é incluído no arquivo de zona no ponto onde a diretiva $INCLUDE ocorre. A diretiva $INCLUDE torna possível dividir um domínio grande em vários arquivos diferentes. Isto pode ser feito de forma que vários administradores diferentes possam trabalhar em várias partes de uma zona, sem todos tentarem trabalhar em um arquivo ao mesmo tempo. A diretiva começa com a palavra-chave $INCLUDE, que é seguida pelo nome do arquivo a ser incluído. Todos o nomes de arquivo no arquivo de zona são relativos ao diretório apontado pela opção directory no arquivo named.conf, a menos que completamente qualificado para a raiz.

A diretiva $GENERATE - O diretiva $GENERATE cria uma série de registros de recurso. Os registros de recurso gerados pela diretiva $GENERATE são quase idênticos, só variando por um repetidor numérico. Um exemplo mostra a estrutura da diretiva $GENERATE:

```
$ORIGIN  20.16.172.in-addr.arpa.
$GENERATE  1-4  $  CNAME  $.1to4
```

A palavra-chave $GENERATE é seguida pela faixa de registros a ser criado. No exemplo, a faixa é de 1 a 4. A faixa é seguida pelo modelo dos recursos de registro a serem gerados. Neste caso, o modelo é $ CNAME $.1to4. Um sinal $ no modelo é substituído pelo valor do repetidor atual. No exemplo, o valor repete de 1 a 4. Esta diretiva $GENERATE produz os seguintes registros de recurso:

```
1  CNAME  1.1to4
2  CNAME  2.1to4
3  CNAME  3.1to4
4  CNAME  4.1to4
```

120 | *Linux: servidores de rede*

Dado que 20.16.172.in-addr.arpa. é o valor definido para a origem atual, estes registros de recurso são os mesmos que

```
1.20.16.172.in-addr.arpa.    CNAME  1.1to4.20.16.172.in-addr.arpa.
2.20.16.172.in-addr.arpa.    CNAME  2.1to4.20.16.172.in-addr.arpa.
3.20.16.172.in-addr.arpa.    CNAME  3.1to4.20.16.172.in-addr.arpa.
4.20.16.172.in-addr.arpa.    CNAME  4.1to4.20.16.172.in-addr.arpa.
```

Estes registros estranhos têm um propósito muito específico por delegar subdomínios inversos. Delegar domínios inversos é coberto depois neste capítulo. O propósito destes registros de recurso estranhos é descrito lá.

Agora que você sabe que registros e diretivas estão disponíveis e o que eles se parecem, você está pronto para reuni-los para criar um banco de dados.

O arquivo de banco de dados do domínio

O arquivo de banco de dados do domínio contém a maioria das informações do domínio. Sua função principal é converter hostnames em endereços IP; assim, registros A predominam, mas este arquivo contém todos os registros de banco de dados, exceto registros PTR. Criar o arquivo de banco de dados do domínio é a parte mais desafiadora e a mais recompensadora ao construir um servidor de nomes.

No domínio foobirds.org, wren é o servidor mestre. Baseado no arquivo named.conf mostrado na Listagem 4.10, o arquivo de banco de dados de domínio é tem o nomo de foobirds.hosts. Seu conteúdo é mostrado na Listagem 4.11.

Listagem 4.11 - Um arquivo de zona de DNS de exemplo.

```
;
;      The  foobirds.org  domain  database
;
$TTL  1w
@     IN SOA   wren.foobirds.org.  sara.wren.foobirds.org.  (
               2002030601 ; Serial
               21600 ; Refresh
               1800  ; Retry
               604800   ; Expire
               900 ) ; Negative  cache  TTL
; Define  the  nameservers
               IN NS    wren.foobirds.org.
               IN NS    falcon.foobirds.org.
               IN NS    bear.mammals.org.
; Define  the  mail  servers
               IN MX    10  wren.foobirds.org.
               IN MX    20  parrot.foobirds.org.
;
;      Define  localhost
;
localhost  IN A      127.0.0.1
;
;      Define  the  hosts  in  this  zone
;
```

```
wren     IN A   172.16.5.1
parrot   IN A   172.16.5.3
crow  IN A   172.16.5.5
hawk  IN A   172.16.5.4
falcon   IN A   172.16.5.20
puffin   IN A   172.16.5.17
         IN MX 5   wren.foobirds.org.
robin IN A   172.16.5.2
         IN MX 5   wren.foobirds.org.
redbreast   IN CNAME robin.foobirds.org.
www   IN CNAME wren.foobirds.org.
news  IN CNAME parrot.foobirds.org.
;
;      Delegating   subdomains
;
swans IN NS trumpeter.swans.foobirds.org.
         IN NS parrot.foobirds.org.
terns IN NS arctic.terns.foobirds.org.
         IN NS trumpeter.swans.foobirds.org.
;
;      Glue   records   for   subdomain   servers
;
trumpeter.swans   IN A   172.16.12.1
arctic.terns   IN A   172.16.6.1
```

O registro SOA - Todos os arquivos de zona começam com um registro SOA. O @ no campo de nome do registro SOA recorre à origem atual, que neste caso é foobirds.org, porque este é o valor definido na declaração zone do arquivo de configuração. O fato dele amarrar o nome de domínio ao arquivo de configuração named, o campo de nome do registro SOA normalmente é um sinal @.

O campo de dados do registro SOA contém sete componentes diferentes. É muito longo, o campo de dados do registro SOA normalmente atravessa várias linhas. Os parênteses são caracteres de continuação. Depois de um parêntese de abertura, todos os dados em linhas subseqüentes são considerados parte do registro atual até um parêntese final. Os componentes do campo de dados no exemplo de registro SOA contêm os seguintes valores:

wren.foobirds.org - Este é o nome do servidor mestre para esta zona.

sara.wren.foobirds.org - Este é o endereço de e-mail da pessoa responsável por este domínio. Note que o sinal @ normalmente usado entre o nome de usuário (sara) e o hostname (wren.foobirds.org) em um endereço de e-mail é substituído aqui por um ponto (.).

2002030601 - Este é o número de série, um valor numérico que diz ao servidor escravo que o arquivo de zona foi atualizado. Para determinar se o arquivo foi alterado, o servidor escravo periodicamente consulta o registro SOA no servidor mestre. Se o número de série no registro SOA do servidor mestre for maior do que o número de série da cópia do servidor escravo da zona, o escravo transfere a zona inteira do mestre. Caso contrário, o escravo supõe que tem uma cópia atual da zona, e salta a transferência de zona. O número de série deveria ser aumentado toda vez que o domínio for atualizado, para manter os servidores escravos sincronizados com o mestre.

122 | *Linux: servidores de rede*

21600 Este é o tempo do ciclo de atualização. A cada ciclo de atualização, o servidor escravo confere o número de série do registro SOA do servidor mestre, para determinar se a zona precisa ser transferida. A duração do ciclo de atualização pode ser definido usando um formato numérico ou alfanumérico. (Veja a discussão da diretiva $TTL para os detalhes destes formatos.) A Listagem 4.11 usa o formato numérico para ajustar o ciclo de atualização para 21.600 segundos, que diz para o servidor escravo conferir quatro vezes por dia. Isto indica um banco de dados estável, que não muda muito freqüentemente, o que é o caso mais frequente. Computadores são adicionados à rede periodicamente, mas não normalmente em uma base de hora em hora. Quando um computador novo chega, o hostname e o endereço são atribuídos antes do sistema ser acrescentado à rede, porque o nome e o endereço são exigidos para instalar e configurar o sistema. Assim, a informação de domínio é disseminada aos servidores escravos antes de os usuários começarem a consultar o endereço do sistema novo. Um ciclo de atualização baixo mantém os servidores firmemente sincronizados, mas um valor muito baixo normalmente não é exigido, porque a mensagem DNS NOTIFY enviada do servidor mestre faz o escravo conferir o número de série do registro SOA imediatamente quando uma atualização acontecer. O ciclo de atualização é um auxílio redundante para DNS NOTIFY.

1800 - Este é o ciclo de nova tentativa. O ciclo de nova tentativa define a duração de tempo que o servidor escravo deve esperar antes de perguntar novamente quando o servidor mestre não responder a um pedido para o registro SOA. A duração de tempo pode ser especificada usando um formato numérico ou alfanumérico. Neste exemplo, o formato numérico é usado para especificar um tempo de nova tentativa de 1.800 segundos (30 minutos). Não ajuste o valor muito baixo - uma meia hora ou 15 minutos são bons valores de nova tentativa. Se o servidor não responder, ele pode ter caído. Tentar novamente rapidamente um servidor que caiu não leva a nada, e desperdiça recursos de rede.

604800 - Este é o tempo de expiração, que é a duração de tempo que o servidor escravo deve continuar respondendo a consultas se não puder atualizar o arquivo de zona. A idéia é que em algum ponto no tempo, dados antiquados são piores que nenhum dado. Esta deveria ser uma quantidade significativa de tempo. Afinal de contas, o propósito principal de um servidor escravo é fornecer auxílio para o servidor mestre. Se o servidor mestre tiver caído e o escravo deixar de responder a consultas, a rede inteira caiu, ao invés de ter apenas um servidor caído. Um desastre, como um incêndio nas instalações de computador central, pode tornar o servidor mestre indisponível durante um tempo muito longo. O tempo pode ser especificado em formato numérico ou alfanumérico. Na Listagem 4.10, é usado o valor de 604.800 segundos (uma semana); um valor igualmente comum é um mês.

900 - Esta é o tempo de vida default que os servidores devem usar quando guardar em cache informações negativas sobre esta zona. Todos os servidores guardam em cache respostas, e usam estas respostas para responder a consultas subseqüentes. A maior parte das respostas guardadas em cache por um servidor são registros de recurso padrão, que é a informação positiva do banco de dados do DNS. Um servidor de nomes também pode descobrir do servidor autorizado para uma zona que um pedaço específico de informação não existe, que é informação negativa. Por exemplo, a resposta para uma consulta para bittern.foobirds.org seria que o nome de domínio não existe. Esta é uma informação valiosa, que também deve ser guardada em cache. Mas sem registro de recurso associado, e assim nenhum TTL explícito, quanto tempo deveria ser guardado em cache? O TTL de cache negativo do registro SOA da zona diz a servidores remotos quanto tempo guardar em cache a informação negativa. O registro SOA na Listagem 4.11 ajusta o valor de cache negativo para 15 minutos (900 segundos). O TTL de cache negativo pode ser definido em formato numérico ou alfanumérico. Use um cache negativo de não mais que 15 minutos - cinco minutos não são ruins.

Todos os componentes do campo de dados do registro SOA ajustam valores que afetam o domínio inteiro. Vários destes itens afetam servidores remotos. Você decide com que freqüência servidores escravos verificam por atualizações, e quanto tempo servidores de caching mantêm seus dados nos caches deles. O administrador de domínio é responsável pelo projeto do domínio inteiro.

Definindo os servidores de nomes - Na Listagem 4.11, os registros NS que seguem o registro SOA definem os servidores de nomes oficiais para o domínio. A menos que a opção also-notify seja usada na declaração zone do arquivo named.conf, estes são os únicos servidores que recebem uma mensagem DNS NOTIFY quando a zona for atualizada.

Embora eles possam aparecer em qualquer lugar no arquivo, os registros NS seguem,, normalmente, um registro SOA. Quando assim for, o campo de nome de cada registro NS pode estar em branco. Porque o campo de nome está em branco, o valor do último objeto nomeado é usado. Na Listagem 4.11, o último valor a aparecer no campo de nome era o @ que indica o domínio foobirds.org definido no arquivo named.conf. Então, todos estes registros NS definem servidores de nome para o domínio foobirds.org.

Os dois primeiros registros NS apontam ao servidor mestre wren e ao servidor escravo falcon que nós configuramos antes. O terceiro servidor é externo à nossa rede. Servidores de nome devem ter conexões de rede boas, e servidores de nome escravos devem ter um caminho à Internet que é independente do caminho usado pelo servidor mestre. Isto permite ao servidor escravo cumprir seu propósito como um servidor de auxílio, mesmo quando a rede para a qual o servidor mestre está conectado esteja indisponível. Grandes empresas podem ter conexões independentes para ambos os servidores; pequenas empresas normalmente não. Se possível, ache um servidor externo à sua rede para agir como um servidor escravo. Pergunte ao seu Internet Service Provider (provedor de serviço de Internet) (ISP); ele pode oferecer isto como um serviço para seus clientes.

Definindo os servidores de correio - Os primeiros dois registros MX na Listagem 4.11 definem os servidores de correio para este domínio. O campo de nome ainda está em branco, significando que estes registros pertencem ao último objeto nomeado, que neste caso é o domínio inteiro. O primeiro registro MX diz que wren é o servidor de correio para o domínio foobirds.org, com uma preferência de 10. Se o correio é endereçado a *user*@foobirds.org, o correio é dirigido a wren para entrega.

O segundo registro MX identifica parrot como um servidor de correio para foobirds.org com uma preferência de 20. O número mais baixo indica o servidor preferencial. Isto significa que mensagens de correio dirigidas ao domínio foobirds.org são enviadas primeiro a wren. Só se wren estiver indisponível é que o correio é enviado a parrot. parrot atua como um backup durante as vezes em que wren estiver desligado ou offline.

124 | *Linux: servidores de rede*

Estes dois registros MX redirecionam as mensagens de correio endereçadas ao domínio foobirds.org, mas eles não redirecionam mensagens de correio se dirigidas a um host individual. Então, se o correio é endereçado a jay@hawk.foobirds.org, é entregue diretamente a hawk; não é enviado a um servidor de correio. Esta configuração permite que as pessoas usem endereços de e-mail na forma user@domain quando quiserem, ou usam entrega direta a um host individual quando quiserem. É uma configuração muito flexível.

Porém, alguns sistemas podem não ser capazes de manipular e-mail de entrega direta. Um exemplo é um sistema Microsoft Windows que não executa um programa de correio SMTP. Correio endereçado a este sistema não seria entregue com sucesso. Para prevenir isto, atribua um registro MX ao host individual para redirecionar seu correio a um servidor de correio válido.

Há dois exemplos disto no arquivo de zona do exemplo. Olhe os registros de recurso de puffin e robin. O registro de endereço de cada sistema é seguido por um registro MX que direciona correio a wren. Os registros MX têm um campo de nome em branco, mas neste momento eles não recorrem ao domínio. Em ambos os casos, o último valor no campo de nome é o nome do registro de endereço precedente. É este nome para o qual o registro MX aplica. Em um caso ele é puffin, e no outro é robin. Com estes registros, correio dirigido a daniel@puffin.foobirds.org é entregue a daniel@wren.foobirds.org.

O registro MX é só o primeiro passo na criação de um servidor de correio. O MX é necessário para dizer ao computador remoto para onde deve enviar o correio, mas para o servidor de correio entregar a mensagem com sucesso ao usuário planejado, deve ser configurado corretamente.

> **NOTA** O Capítulo 5, "Configurando um servidor de correio", olha como sendmail é configurado para controlar o correio corretamente.

Definindo a informação do host - O tamanho do arquivo de zona consiste em registros de endereço que mapeiam hostnames para endereços IP. O primeiro registro de endereço no arquivo de banco de dados de domínio na Listagem 4.11 mapeia o nome localhost.foobirds.org para o endereço de loopback 127.0.0.1. A razão desta entrada ser incluída no banco de dados tem algo a ver com o modo que o resolvedor constrói consultas. Lembre-se que se um hostname não contiver nenhum ponto, o resolvedor o estende com o domínio local. Assim, quando um usuário digitar **telnet localhost**, o resolvedor envia para o servidor de nomes uma consulta para localhost.foobirds.org. Sem esta entrada no banco de dados, o resolvedor faria várias consultas antes de achar localhost finalmente dentro do arquivo /etc/ hosts. A entrada localhost é seguida por várias entradas de endereço para hosts individuais no domínio.

Os únicos outros registros não explicados na seção da Listagem 4.11 que definem informações de host são os registros CNAME. O primeiro registro CNAME diz que redbreast é um alias de hostname para robin. Aliases são usados para mapear um nome obsoleto para um nome atual ou fornecer nomes genéricos como www e news. Aliases não podem ser usados em outros registros de recurso. Então, tome cuidado ao colocar registros CNAME no banco de dados do domínio. Você viu vários exemplos do fato que um campo de nome em branco recorre ao objeto previamente nomeado. Se o registro CNAME for colocado impropriamente, um registro com um campo de nome em branco pode referenciar ilegalmente um apelido.

Por exemplo, o arquivo contém estes registros para robin:

```
robin       IN    A        172.16.5.2
            IN    MX       5 wren.foobirds.org.
redbreast   IN    CNAME    robin.foobirds.org.
```

Um erro ao colocar estes registros poderia produzir o seguinte:

```
robin       IN    A        172.16.5.2
redbreast   IN    CNAME    robin.foobirds.org.
            IN    MX 5     wren.foobirds.org.
```

Isto faria o named exibir o erro "redbreast.foobirds.com tem CNAME e outros dados (ilegal)" porque o registro MX agora recorre a redbreast. Devido ao potencial para erros, muitos administradores de domínio puseram os registros CNAME juntos em uma seção do arquivo, ao invés de misturá-los com outros registros de recurso.

Delegando um subdomínio - O seis registros de recurso finais na Listagem 4.11 delegam o subdomínio swans.foobirds.org e terns.foobirds.org. Os servidores raiz delegaram o domínio foobirds.org a nós. Nós agora temos a autoridade de delegar qualquer domínio dentro do domínio foobirds.org que desejamos. No exemplo, são delegados dois.

Você tem total liberdade de criar subdomínios e nomes de hosts dentro de seu domínio. Organizações criam subdomínios por duas razões básicas:

- Para simplificar a administração de um número grande de nomes de hosts. Esta razão é fácil de entender; é exatamente por que DNS foi criado em primeiro lugar. Delegar pedaços de domínio expande o fardo de manter o sistema para mais pessoas e computadores, de forma que nenhuma pessoa ou computador é sobrecarregado com trabalho.

- Para reconhecer a estrutura dentro da organização. Esta razão salta de um fato da vida organizacional. Algumas partes da organização quererão controlar os seus próprios serviços, não importa o quê. Na Listagem 4.11, são delegados dois subdomínios "organizacionais" - um para o grupo dedicado para pesquisar em swans e um ao grupo que trabalha com terns.

Subdomínios normalmente têm nomes geográficos ou organizacionais. denver.foobirds.org é um exemplo de um nome de subdomínio geográfico, enquanto sales.foobirds.org é um exemplo de um nome organizacional. Um problema em nomear um subdomínio é que locais de escritório mudam, e organizações se reorganizam. Se os nomes de subdomínios que escolher são muito específicos, você pode apostar que terá que mudá-los. Suponha que seu escritório da costa ocidental está em Santa Clara. É melhor você nomear o subdomínio como oeste ou costaoeste do que chamá-lo de santaclara. Se eles se mudarem para um edifício novo em São José, você não quer ter que mudar o nome de subdomínio.

126 | *Linux: servidores de rede*

Um domínio não existe oficialmente até que seja delegado por seu domínio pai. O administrador de trumpeter.swans.foobirds.org pode configurar o sistema como o servidor mestre para o domínio swans, e entrar todos os dados de domínio necessários. Não importa porque ninguém consultará o sistema para informações sobre o domínio. Na realidade, nenhum computador no mundo externo saberá até mesmo que o domínio swans existe. Quando você pensar em como o sistema de domínio funciona, verá por que isto é verdade.

O sistema de DNS é um sistema hierárquico que parte de um servidor raiz. Se um servidor remoto não tiver nenhuma informação sobre tudo no domínio swans.foobirds.org, ele pergunta a um servidor raiz. O servidor raiz diz ao servidor remoto que wren e seus servidores escravos conhecem foobirds.org. O servidor remoto então pergunta para wren. wren acha a resposta para a consulta, ou de seu cache ou perguntando para parrot ou para trumpeter, e envia na resposta o registro NS para swans.foobirds.org e o endereço IP de trumpeter e parrot. Armado com os registros NS e o endereço IP, o servidor remoto pode enviar outras consultas diretamente sobre o domínio swans.foobirds.org para trumpeter.

O caminho da informação é da raiz para wren e então para trumpeter. Não há nenhum modo do servidor remoto ir diretamente para trumpeter ou parrot para informações até que wren lhe diga onde eles estão situados. Se não existir delegação no domínio foobirds.org, o caminho para o domínio swans.foobirds.org não existe.

> **NOTA** Observe que o servidor raiz envia o servidor remoto a wren, enquanto wren procura a resposta para o servidor remoto, ao invés de apenas enviar o servidor remoto a trumpeter. Os servidores raiz são servidores não-recursivos: se eles não tiverem uma resposta, lhe dirão quem faz, mas não procurarão para você. A maior parte dos outros servidores são servidores recursivos: se não tiverem a resposta, eles procurarão para você.

As primeiras quatro linhas da amostra de delegação são registros NS.

```
swans    IN    NS    trumpeter.swans.foobirds.org.
         IN    NS    parrot.foobirds.org.
terns    IN    NS    arctic.terns.foobirds.org.
         IN    NS    trumpeter.swans.foobirds.org.
```

Os primeiros dois registros dizem que trumpeter e parrot são servidores autorizados para o domínio swans.foobirds.org. Os últimos dois registros dizem que arctic e trumpeter são servidores autorizados para o domínio terns.foobirds.org.

Dois outros registros fazem parte da delegação de subdomínio. Eles são registros de endereço:

```
trumpeter.swans    IN    A    172.16.18.15
arctic.terns       IN    A    172.16.6.1
```

Estes endereços são para servidores de nomes localizados em domínios que estão subordinados ao domínio atual. Estes registros de endereço são chamados *registros cola (glue records)*, porque ajudam a unir todos os domínios. Para conectar a um servidor de

Capítulo 4 – Serviços de nome do Linux | **127**

nomes, você tem que ter seu endereço. Se o endereço para arctic só estiver disponível de arctic, há um problema. Por isto, o endereço de um servidor de nomes localizado em um domínio subordinado é colocado no domínio pai quando o domínio subordinado for delegado.

O arquivo de domínio reverso

O arquivo de domínio reverso mapeia endereços IP para hostnames. Isto é o contrário do que o banco de dados de domínio faz quando mapeia hostnames para endereços.

Mas há outra razão de isto ser chamado de domínio reverso: todos os endereços IP são escritos ao contrário. Por exemplo, no domínio reverso, o endereço 172.16.5.2 é escrito como 2.5.16.172.in-addr.arpa. O endereço é invertido para torná-lo compatível com a estrutura de um nome de domínio. Um endereço IP é escrito do mais geral ao mais específico. Começa com um endereço de rede, segue por um endereço de subrede, e finaliza com um endereço de host. O nome do host é o oposto. Começa com o host, segue pelo subdomínio e domínio, e finaliza com um domínio de primeiro nível. Para formatar um endereço como um hostname, a parte de host do endereço é escrita primeiro, e a rede é escrita por último. O endereço de rede se torna o nome de domínio, e o endereço de host se torna um hostname dentro do domínio.

Em nosso exemplo, o endereço de rede 172.16.0.0 se torna o domínio 16.172.in-addr.arpa. O arquivo de zona para este domínio é mostrado na Listagem 4.12.

Listagem 4.12 - Um arquivo de zona reversa.

```
;       Address  to  hostname  mappings.
;
$TTL  1w
@       IN SOA   wren.foobirds.org.  sara.wren.foobirds.org.  (
                 1999022702  ;  Serial
                 21600       ;  Refresh
                 1800        ;  Retry
                 604800      ;  Expire
                 900  )      ;  Negative  cache  TTL
                 IN     NS   wren.foobirds.org.
                 IN     NS   falcon.foobirds.org.
                 IN     NS   bear.mammals.org.
1.5              IN     PTR  wren.foobirds.org.
2.5              IN     PTR  robin.foobirds.org.
3.5              IN     PTR  parrot.foobirds.org.
4.5              IN     PTR  hawk.foobirds.org.
5.5              IN     PTR  crow.foobirds.org.
17.5             IN     PTR  puffin.foobirds.org.
20.5             IN     PTR  falcon.foobirds.org.
1.12             IN     PTR  trumpeter.swans.foobirds.org.
1.6              IN     PTR  arctic.terns.foobirds.org.
6                IN     NS   arctic.terns.foobirds.org.
                 IN     NS   falcon.foobirds.org.
```

Como outros arquivos de zona, a zona reversa começa com um registro SOA e alguns registros NS. Eles servem ao mesmo propósito e têm os mesmos campos que as suas contrapartes no banco de dados de domínio que foi explicado anteriormente.

128 | *Linux: servidores de rede*

Registros PTR compõem o tamanho do domínio reverso, porque são usados para traduzir endereços para hostnames. Olhe para o primeiro registro PTR. O campo de nome contém 1.5. Este não é um nome completamente qualificado, assim é interpretado como relativo ao domínio atual, nos dando 1.5.16.172.in-addr.arpa como o valor do campo de nome. O campo de dados de um registro PTR contém um hostname. O hostname no campo de dados é completamente qualificado para evitar que seja interpretado como relativo ao domínio atual. No primeiro registro PTR, o campo de dados é wren.foobirds.org, assim uma consulta PTR para 1.5.16.172.in-addr.arpa (172.16.5.1) retorna o valor wren.foobirds.org.

Delegando um subdomínio reverso - Os últimos dois registros de recurso na Listagem 4.12 são registros NS que delegam o subdomínio 6.16.172.in-addr.arpa para arctic e falcon. Subdomínios podem ser criados e delegados no domínio reverso, da mesma maneira como são no espaço de hostnames. Porém, as limitações causadas pela forma com que são tratados os endereços como hostnames no domínio reverso pode torná-los mais difíceis de configurar e usar que outros subdomínios.

O domínio reverso trata o endereço IP como um hostname composto de quatro partes. Os quatro bytes do endereço se tornam as quatro partes do hostname. Porém, os endereços são 32 bits contínuos, não quatro bytes distintos. Em nossa rede de exemplo, nós delegamos endereços com fronteiras de bytes, assim é fácil atribuir subdomínios reversos com a mesma fronteira. O que seria se nós tivéssemos atribuído só os endereços 172.16.6.1 a 172.16.6.63 para arctic? A delegação mostrada na Listagem 4.12 enviaria consultas para arctic que ele não poderia responder.

Existe uma maneira de contornar a limitação de fronteiras de bytes, mas pode ser confuso. A técnica é atribuir a todo possível endereço um CNAME que inclui um subdomínio novo que leva em conta a real estrutura do domínio e então delegar o subdomínio novo ao servidor remoto. Suponha que nós só queremos arctic para controlar os endereços 172.16.6.1 a 172.16.6.63. Nós poderíamos gerar 63 registros CNAME na zona inversa como segue:

```
$ORIGIN   6.16.172.in-addr.arpa.
$GENERATE  1-63  $  CNAME  $.1-63
1-63     IN    NS    arctic.terns.foobirds.org.
         IN    NS    falcon.foobirds.org.
```

A diretiva $GENERATE cria 63 registros CNAME para os nomes 1.6.16.172.in-addr.arpa a 63.6.16.172.in-addr.arpa. Cada nome é atribuído a um nome canônico numerado, correspondente ao seu registro CNAME no subdomínio 1-63 novo. Assim, a 5.6.16.172.in-addr.arpa. é atribuído o nome canônico 5.1-63.6.16.172.inaddr.arpa.. O subdomínio 1-63 novo é então delegado para arctic e falcon. Se uma consulta entrar para 2.6.16.172.in-addr.arpa, ao resolvedor é dito que o nome real que está buscando é 2.1-63.6.16.172.in-addr.arpa, e que os servidores para este nome são arctic e falcon. Esta técnica lhe permite contornar a limitação de delegar subdomínios reversos com uma fronteira de bytes.

A zona reversa pode parecer muita problemática para um pequeno ganho; afinal de contas, a maioria da ação acontece no espaço de hostnames. Mas manter a zona reversa em dia é importante. Vários programas usam o domínio reverso para mapear endereços IP para nomes para exibições de status.

netstat é um bom exemplo. Alguns sistemas remotos usam a busca reversa para inspecionar quem está usando um serviço, e em casos extremos não lhe permitirá usar o serviço se eles não puderem achar seu sistema no domínio reverso. Manter o domínio reverso atualizado assegura uma operação tranquila.

Executando o *named*

O named é iniciado no momento da inicialização, antes dos scripts de inicialização. Em um sistema Red Hat, é iniciado pelo script /etc/rc.d/init.d/named. O script verifica se o programa named e o arquivo named.conf estão disponíveis, e então inicia o named. Depois que os arquivos de configuração são criados, o named reiniciará sempre que o sistema reiniciar.

Claro que não é necessário reiniciar para executar o named. Você pode executar o script de inicialização named da linha de comando. O script do Red Hat aceita vários argumentos:

start - Inicia named se já não estiver executando.

stop - Termina o processo named atualmente executando.

restart - Termina incondicionalmente o processo named em execução, e inicia um novo processo named.

condrestart - Faz a mesma coisa como restart, mas só se named estiver atualmente em execução. Se named não estiver em execução, nenhuma ação é realizada.

reload - Usa a ferramenta de gerenciamento do named (rndc) para recarregar os arquivos de banco de dados do DNS no servidor. Se rndc não recarregar os arquivos, o script tenta forçar uma recarga enviando um sinal para o named. (Mais sobre rndc e o processo de sinalização de named depois neste capítulo.)

probe - Usa a ferramenta de gerenciamento de named (rndc) para recarregar o arquivo de banco de dados do DNS no servidor. Se rndc não recarregar os arquivos, o script tenta iniciar o named.

Status - Exibe informações sobre se o named está ou não executando.

Executar scripts de inicialização da linha de comando é tão útil e comum que o Red Hat fornece um script chamado /sbin/service com o propósito exclusivo de executar scripts de inicialização. A sintaxe do comando service é simples:

```
service script command
```

onde *script* é o nome de um script no diretório /etc/init.d, e *command* é um argumento passado àquele script.

Aqui está um exemplo de como usar o script de inicialização do Red Hat para verificar o estado do named e então iniciar a sua execução:

```
[root]# service named status
named not running.
[root]# service named start
Starting named: [ OK ]
```

130 | *Linux: servidores de rede*

Se seu sistema Linux não tiver um script named como o fornecido pelo Red Hat, você pode iniciar o named da linha de comando digitando named &. Porém, o named raramente é iniciado da linha de comando, porque inicia automaticamente a cada inicialização, e porque rndc e o processo de sinal indicam que não precisa ser parado e iniciado para carregar uma configuração nova. Antes de discutir rndc, vejamos como os sinais podem ser usados para fazer named carregar uma configuração nova e executar várias outras tarefas.

Processamento de sinal no *named*

Processamento de sinal é uma área em que a versão de BIND tem importância. O BIND 8 e versões anteriores de BIND manipulam vários sinais diferentes. O BIND 9 manipula só dois: SIGHUP e SIGTERM. Sob BIND 9, SIGHUP recarrega o banco de dados do DNS, e SIGTERM termina o processo named. Você pode usar sinais com BIND 8, mas não use sinais com BIND 9. Controle o BIND 9 com rndc que é coberto na próxima seção. Dito isto, o BIND 8 aceita os seguintes sinais.

O sinal SIGHUP faz o named ler outra vez o arquivo named.conf e recarregar o banco de dados do servidor de nomes. Usar SIGHUP faz a recarga acontecer imediatamente. Em um servidor mestre, isto significa que os arquivos de banco de dados locais são recarregados na memória. Em um servidor escravo, isto significa que o escravo recarrega imediatamente suas cópias de disco local e então envia uma consulta ao servidor mestre para o registro SOA verificar se há uma configuração nova.

SIGINT faz named esvaziar seu cache para named_dump.db. O arquivo de depósito contém todas as informações de domínio que o servidor de nomes local conhece. Examine este arquivo. Você verá um quadro completo da informação que o servidor descobriu. Examinar o cache é um exercício interessante para qualquer um que é novo em DNS.

Use SIGUSR1 para habilitar um rastreamento. Cada sinal SIGUSR1 subseqüente incrementa o nível de rastreamento. A informação de rastreamento é gravada em named.run. O rastreamento também pode ser habilitado com a opção -d na linha de comando de named, se o problema para o qual você está procurando acontece tão cedo na inicialização que o sinal SIGUSR1 não seja útil. A vantagem de SIGUSR1 é que permite que o rastreamento seja habilitado quando um problema for suspeito, sem parar e reiniciar o named.

O oposto de SIGUSR1 é SIGUSR2. Desabilita o rastreamento e fecha o arquivo de rastreio. Depois de emitir SIGUSR2, você pode examinar o arquivo ou removê-lo se estiver ficando muito grande.

O comando kill é usado para enviar um sinal a um processo em execução. Como insinua o nome, por default envia o sinal de matar. Para usá-lo para enviar um sinal diferente, especifique o sinal na linha de comando. Por exemplo, especifique -INT para enviar o sinal de SIGINT. O ID de processo (PID) deve ser fornecido na linha de comando kill para assegurar que o sinal é enviado ao processo correto.

Capítulo 4 – Serviços de nome do Linux | **131**

Você pode descobrir o ID de processo usando o comando ps ou usando o argumento status com o script /etc/init.d/named. Por exemplo:

```
$ ps ax | grep named
    271   ?  S  0:00  /usr/sbin/named
    7138  p0 S  0:00  grep  named
```

No caso de named, você pode descobrir o ID de processo listando o arquivo named.pid:

```
$ cat  /var/run/named/named.pid
271
```

Combinando alguns destes comandos, você pode enviar um sinal diretamente para o named. Por exemplo, para recarregar o servidor de nome, você poderia digitar o seguinte comando:

```
kill  -HUP  `cat  /var/run/named/named.pid'
```

O comando cat /var/run/named/named.pid que é incluso em aspas únicas é processado pelo shell primeiro. Em nosso sistema de exemplo, isto devolve o PID 271. Este é combinado com o comando kill e então é processado como kill -HUP 271. Isto funciona, mas é mais fácil usar as ferramentas de gerenciamento do named que vêm com BIND.

As ferramentas de controle do *named*

Há duas versões da ferramenta de gerenciamento do named - uma para BIND 8 e outra para BIND 9. O BIND 8 usa a ferramenta Name Daemon Control (ndc), e o BIND 9 usa a ferramenta Remote Named Daemon Control (rndc). Os comandos usados com estas ferramentas são bem parecidos. Quando houver diferenças, o texto os mostra. Caso contrário, comandos rndc simplesmente funcionarão para ndc substituindo rndc com ndc na linha de comando.

A ferramenta de gerenciamento do named lhe permite controlar o named com muito menos espalhafato que enviar sinais. Você não precisa conhecer o PID correto, e não precisa se lembrar do sinal correto. Por exemplo, na seção anterior, kill era usado com o sinal SIGHUP para recarregar o servidor de nome. Para fazer a mesma coisa com rndc, você digita **rndc reload**. Este comando é simples e muito mais intuitivo que o comando kill. Os argumentos de linha de comando rndc válidos são listados na Tabela 4.3. Observe que alguns comandos na Tabela 4.3 estão disponíveis somente para ndc, e um comando está disponível somente para rndc.

132 | *Linux: servidores de rede*

Tabela 4.3 - Comandos do *rndc*.

Argumento	Função
status	Exibe o estado do named (só ndc)
dumpdb	Descarrega o cache em named_dump.db
reload	Recarrega o servidor de nome
stats	Descarrega estatísticas em named.stats (só ndc)
trace	Habilita o rastreamento em named.run (só ndc)
notrace	Desabilita o rastreamento e fecha named.run (só ndc)
querylog	Alterna para registrar consultas, que registra cada consulta que entra em syslog
start	Inicia o named (só ndc)
halt	Pára o named sem salvar atualizações dinâmicas pendentes (só rndc)
stop	Pára o named

A maior diferença entre ndc e rndc não é o conjunto de comando. A maior diferença é que rndc permite acesso remoto. Para usar ndc em um servidor de nomes BIND 8, você tem que acessar diretamente o servidor de nomes e tem que emitir os comandos lá.O rndc pode ser usado de um sistema remoto. Os comandos enviados do sistema remoto devem ser assinados criptograficamente, usando o algoritmo HMAC-MD5 e a chave correta. Os parâmetros necessários para verificar o sistema remoto estão definidos no arquivo /etc/rndc.conf.

O arquivo rndc.conf e todos os comandos que ele contém só se aplicam a BIND 9 - BIND 8 não usa rndc. A Listagem 4.13 mostra o arquivo rndc.conf que é entregue com o Red Hat 7.2. Os comentários foram apagados do início do arquivo, mas por outro lado, a Listagem 4.13 mostra o arquivo exatamente como é entregue.

Listagem 4.13 - O arquivo *rndc.conf* de Red Hat.

```
/*
 * Sample rndc configuration file.
 */

options {
    default-server localhost;
    default-key "key";
};

server localhost {
    key  "key";
};

key "key" {
    algorithm hmac-md5;
    secret  "eabDFqxVnhWyhUwoSVjthOue0bYtvQUCiSuBqHxDRWilSaWMoMORNLmyEbJr";
};
```

Capítulo 4 – Serviços de nome do Linux | **133**

O arquivo rndc.conf é estruturado assim como o arquivo named.conf, mas rndc.conf pode conter, no máximo, só três declarações diferentes. São elas

options - Como a declaração options no arquivo named.conf, esta declaração define opções que se aplicam à configuração inteira de rndc. Mas a declaração options de rndc.conf pode conter só duas opções:

default-server - Identifica o servidor de nomes para o qual são enviados comandos rndc se nenhum servidor de nomes for especificado com o argumento -s na linha de comando de rndc.

default-key - Identifica o par de algoritmo/chave usado se nenhuma identificação-chave for especificada com o argumento -y na linha de comando de rndc.

server - A declaração rndc.conf server define os recursos de um servidor que aceita comandos rndc. Só a opção key pode ser usada com a declaração server em um arquivo rndc.conf. A opção key identifica a chave usada pelo servidor. A identificação-chave usada na opção key tem que combinar uma chave definida no arquivo rndc.conf.

key - A sintaxe e o propósito da declaração key de rndc.conf são idênticos a estes da declaração key encontrada no arquivo named.conf. A declaração key atribui uma identificação-chave a um par de algoritmo/chave.

O arquivo rndc.conf é o lado do cliente da configuração de rndc. A chave associada a um servidor no arquivo rndc.conf deve ser a mesma chave que o servidor definiu em seu arquivo named.conf. A Listagem 4.13 é parte da configuração entregue pelo Red Hat para um servidor de apenas caching. A chave definida no arquivo rndc.conf está associada com o host local. Então, esta chave deve combinar a chave definida no arquivo named.conf do host local. Recorra a Listagem 4.5, que é o arquivo named.conf entregue com a configuração de apenas caching do Red Hat. Você notará que a chave definida na Listagem 4.5 combina com a chave definida na Listagem 4.13. As chaves têm que combinar para o cliente e servidor se comunicarem de maneira adequada.

Além de configurar o lado do cliente de rndc no arquivo rndc.conf, o lado de servidor deve ser configurado no arquivo named.conf. Parte da configuração já foi feita. A declaração key já está definida no arquivo named.conf que vem do Red Hat, como mostrado na Listagem 4.5. A outra coisa que é necessária antes de rndc funcionar é uma declaração controls corretamente configurada. Tentar controlar o processo named com rndc antes de colocar a declaração controls correta no arquivo named.conf do servidor retorna um erro, como neste exemplo:

```
[root]# rndc reload
rndc: connect: connection refused
```

A declaração controls define

- a interface e a porta nas quais são aceitos comandos rndc
- os clientes autorizados a submeter comandos rndc
- o par de algoritmo/chave que deve ser usado pelos clientes para assinalar os comandos

134 | Linux: servidores de rede

Acrescentar a seguinte declaração controls à configuração mostrada na Listagem 4.5 habilita rndc em um servidor que executa a configuração de apenas caching por default do Red Hat:

```
// a control channel for rndc
controls {
    inet 127.0.0.1 allow { localhost; } keys { "key"; };
};
```

A opção inet define o endereço da interface de rede na qual o servidor aceitará comandos rndc. Neste exemplo, é o endereço da interface de loopback, significando que o servidor só aceitará comandos rndc na interface interna; os comandos não serão aceitos da rede. Opcionalmente, a opção inet pode ser seguida por uma opção port para mudar o número de porta padrão; por exemplo, inet 127.0.0.1 port 2020. Por default, rndc usa a porta número 953. Se uma porta não padronizada for usada, o mesmo número de porta deve ser especificado na linha de comando rndc do cliente usando o argumento -p.

O opção allow define os clientes que estão autorizados a controlar o servidor através de comandos rndc. Clientes podem ser identificados por hostname ou endereço IP. No exemplo, ao localhost é concedida permissão para usar rndc. Sem esta configuração, comandos rndc digitados no console do servidor são rejeitados.

Finalmente, a opção key é usada para identificar o par de algoritmo/chave usado para assinalar transações de rndc. A identificação-chave fornecida para esta opção tem que combinar uma identificação-chave definida no arquivo rndc.conf do cliente e em outro lugar no arquivo named.conf do servidor.

Após esta declaração controls ser acrescentada ao arquivo named.conf da Listagem 4.5, o servidor é reiniciado de forma que usará a configuração nova:

```
[root]# service named restart
Stopping named:                    [ OK ]
Starting named:                    [ OK ]
[root]# rndc reload
rndc: reload command successful
```

Depois de reiniciar o servidor com a configuração nova, o comando reload de rndc que foi rejeitado antes agora executa com sucesso.

Estas etapas são necessárias para habilitar o rndc em sistemas de BIND 9 porque rndc requer uma configuração de rede específica. Deve ser tomado cuidado especial antes de habilitar tal recurso poderoso, que pode ser potencialmente acessado pela rede. Por outro lado, o comando ndc que executa sob BIND 8 pode ser usado do console de servidor sem qualquer configuração especial. O ndc também tem uma declaração controls, mas devido à falta de suporte de ndc para forte autenticação, não é usado remotamente. O ndc é padronizado para operação local, e está pronto para executar do console local.

Usando a tabela de hosts com DNS

Você deve usar sempre o DNS. Mas embora estivesse usando DNS, você teria uma tabela de host. Qual fonte de informação seu sistema deve conferir primeiro, DNS ou a tabela de host?

Eu normalmente configuro meus sistemas para usar DNS primeiro, e só se voltar à tabela de hosts quando o DNS não estiver executando. Suas necessidades podem ser diferentes. Você pode ter aliases de host especiais que não estão incluídos no banco de dados do DNS, ou sistemas locais que só são conhecidos por um número pequeno de computadores em sua rede e então não são registrados no domínio oficial. Nestes casos, você quer verificar a tabela de host antes de enviar uma consulta incontestável ao servidor DNS.

Há dois arquivos envolvidos em configurar a ordem na qual serviços de nome são consultados por informações. O arquivo host.conf é usado principalmente para serviço de nomes. O arquivo nsswitch.conf cobre uma gama mais larga de bancos de dados administrativos, inclusive serviço de nomes.

O arquivo *host.conf*

O arquivo host.conf define várias opções que controlam como o arquivo /etc/hosts é processado, e como interage com o DNS. A Listagem 4.14 ilustra isto com um arquivo host.conf de exemplo que contém todas as opções possíveis .

Listagem 4.14 - Um arquivo *host.conf* completo.

```
# Define the order in which services are queried
order bind hosts nis
# Permit multiple addresses per host
multi on
# Sort addressees to prefer local addresses
reorder on
# Verify reverse domain lookups
nospoof on
# Log "spoof" attempts
spoofalert on
# Remove the local domain for host table lookups
trim foobirds.org
```

A opção order define a ordem na qual os vários serviços de nome são consultados para um hostname ou um endereço IP. Os três valores mostrados no exemplo são os únicos três valores disponíveis:

- bind representa o DNS. (Como observado antes, BIND é o nome do pacote de software que implementa DNS em sistemas Linux.)
- hosts representa o arquivo /etc/hosts.
- nis representa o Network Information Service (serviço de informação de rede) (NIS), que é um serviço de nome criado pela Sun Microsystems.

136 | Linux: servidores de rede

Estes serviços são acessados na ordem em que estão listados. Dado o comando order mostrado na Listagem 4.14, nós tentamos DNS primeiro, então o arquivo /etc/hosts, e finalmente NIS. A procura pára assim que um serviço responder a consulta.

A opção multi determina se podem ou não ser nomeados endereços múltiplos ao mesmo hostname dentro do arquivo /etc/hosts. Esta opção é habilitada quando on estiver especificado, e é desabilitada quando off estiver especificado. Você pode estar desejando saber por que quereria isto. Bem, suponha que tenha um único computador diretamente conectado a algumas redes diferentes - isto é chamado um *host multihomed*. Cada rede requer uma interface, e cada interface requer um endereço IP diferente. Assim, você tem um host com múltiplos endereços. Mas suponha também que este é seu servidor web, e que você quer que todo o mundo recorra a ele pelo hostname www, indiferente da rede que eles se conectam. Neste caso, você tem um hostname associado a endereços múltiplos, que é para o que a opção multi foi projetada. multi afeta só a aparência da tabela de host; não tem nenhum efeito no DNS. O DNS suporta inerentemente endereços múltiplos.

Quando endereços múltiplos são retornados para um nome, normalmente eles são usados na ordem dada. Ajustar a opção reorder para on diz ao resolvedor para ordenar os endereços, de forma que endereços da rede local são preferidos. Isto duplica a função do comando sortlist encontrada no arquivo resolv.conf, mas não tem o poder e flexibilidade do comando sortlist.

Como você viu, o Domain Name System permite a você procurar um hostname e obter um endereço, bem como procurar um endereço e obter um hostname; nomes para endereços estão em um banco de dados, e endereços para nomes estão em outro banco de dados. A opção nospoof diz que os valores retornados de ambos os bancos de dados têm que combinar, ou seu sistema rejeitará o hostname e retornará um erro. Por exemplo, se o nome wren.foobirds.org retornar o endereço 172.16.5.1, mas uma busca para o endereço 172.16.5.1 retornar o hostname host0501.foobirds.org, seu sistema rejeitará o host como inválido. A palavra-chave on habilita o recurso, e off o incapacita.

A opção spoofalert está relacionada à opção nospoof. Quando spoofalert está ligada (on), o sistema registra quaisquer hostname/endereço combinações inadequadas descritas antes. Quando spoofalert estiver desligada (off), estes eventos não são registrados.

A opção trim remove o nome de domínio especificado de hostnames recuperados do DNS. Dado o comando trim na Listagem 4.14, o hostname hawk.foobirds.org é reduzido para hawk. Múltiplos comandos trim podem ser incluídos no arquivo host.conf.

Arquivos host.conf reais não usam realmente todos estes comandos. O arquivo host.conf que vem com o Red Hat 7.2 tem só uma linha:

```
$ cat /etc/host.conf
order hosts,bind
```

O coração real do arquivo host.conf é o comando order, que define a ordem na qual os serviços de nome são procurados. Outro arquivo, nsswitch.conf, também é usado para definir a ordem na qual serviços de nome são usados, junto com o sequenciamento para muitos outros bancos de dados de administração de sistemas.

O arquivo *nsswitch.conf*

O arquivo nsswitch.conf controla mais que apenas a ordem de precedência entre a tabela de host e DNS. Define as fontes para vários bancos de dados de administração de sistema diferentes porque é um amadurecimento do Network Information System (NIS). O NIS torna possível controlar centralmente e distribuir uma gama extensiva de arquivos de administração de sistemas. A Tabela 4.4 lista todos os bancos de dados administrativos controlados pelo arquivo nsswitch.conf. A menos que você execute o NIS em sua rede, as fontes de todos estes bancos de dados administrativos, com exceção do banco de dados hosts, provavelmente serão os arquivos locais.

Tabela 4.4 - Bancos de dados controlados por *nsswitch.conf.*

Banco de dados	Controla
aliases	Pseudônimos de e-mail
ethers	endereços Ethernet para Reverse ARP (RARP)
group	Identificação de grupos
hosts	Hostnames e endereços IP
netgroup	Grupos de rede para NIS
network	Nomes e números de rede
passwd	Informação de contas de usuários
protocols	Número de protocolo IP
publickey	Chaves para proteção de RPC (chamada a procedimento remoto)
rpc	Nomes e números de RPC
services	Números de portas de serviços de rede
shadow	Senhas de usuários

A entrada hosts é a que nós estamos interessados, porque indica a fonte para informações de hostname e endereço IP. Na arquivo nsswitch.conf do exemplo em seguida, o DNS é usado como a fonte principal, com o arquivo local como a fonte secundária. Se o DNS puder responder a consulta com sucesso, ele termina. Se o DNS não puder responder a consulta, o resolvedor tenta o arquivo local que neste caso é /etc/hosts. A Listagem 4.15 mostra um arquivo nsswitch.conf para um sistema que não executa NIS.

Listagem 4.15 - Um arquivo *nsswitch.conf* de exemplo.

```
# Sample for system that does not use NIS

passwd: files
shadow: files
group:  files
```

```
hosts:   dns files
aliases: files

services:  files
networks:  files
protocols: files
rpc:  files
ethers:  files
netgroup:  files
publickey: files
```

A Listagem 4.15 mostra que cada banco de dados é listado, junto com a fonte para aquele banco de dados. Neste exemplo, só a entrada hosts tem mais de uma fonte - primeiro DNS (dns) e então o arquivo hosts local (files). Para verificar a tabela de host antes de DNS, simplesmente inverta a ordem:

```
hosts:  files  dns
```

Todas as outras entradas no arquivo nsswitch.conf do exemplo apontam para arquivos locais como a fonte de informação para estes bancos de dados. Você já está familiarizado com vários dos arquivos locais: /etc/passwd,/etc/group,/etc/shadow,/etc/services,/etc/protocols,/etc/networks e /etc/hosts. Arquivos locais são usados por todos estes bancos de dados, a menos que você execute NIS.

Além de dns e files, há alguns outros valores possíveis de fontes. nis e nisplus são valores de fonte válidos se você executar NIS ou NIS+ em sua rede. db é usado se o arquivo local for um banco de dados estruturado, ao invés de um arquivo plano. hesiod é usado se a fonte de informação for um servidor Hesiod. ldap é usado se a fonte de informação for um servidor LDAP. Também, compat é um valor de campo de fonte válido que poderia ser de uso se você executar o NIS. compat significa que a fonte é um arquivo local, mas os arquivos locais deveriam ser lidos de um modo que seja compatível com o antigo sistema SunOS 4.x. Sob SunOS 4.x, dados do NIS poderiam ser juntados a um arquivo usando um sinal de mais (+) como a última entrada em um arquivo. Por exemplo, se /etc/passwd terminou com um +, o sistema usaria as contas no arquivo de senha mais toda conta em NIS. O SunOS 4.x esteve fora de produção durante vários anos, e o arquivo nsswitch.conf superou a antiga "sintaxe mais". Porém, algumas pessoas ainda a usam, e a função de compat está lá se você precisar.

Resumo

Serviço de nome é um serviço fundamental de uma rede Linux. Um serviço de nome converte hostnames baseados em texto para o endereço IP numérico requerido pela rede. Da mesma forma que os serviços no Capítulo 3 precisam de IDs de usuário (UIDs) e IDs de grupo (GIDs) para identificar os usuários, as redes precisam de endereços IP para identificar computadores. O Domain Name System (DNS) é a ferramenta que mapeia hostnames para endereços IP da rede.

O DNS é implementado na maioria dos sistemas Linux com o software Berkeley Internet Name Domain (BIND), que é o software de DNS mais freqüentemente usado na Internet. O Linux é um sistema operacional bastante novo, mas se beneficia do fato de que pode executar pacotes de softwares veneráveis como o BIND, que tem uma história muito longa, com muitos anos de depuração e refinamento. Os desenvolvedores do Linux usaram sabiamente estes pacotes comprovadamente testados para os servidores de rede mais críticos.

O E-mail é outro serviço crítico que deve ser fornecido por toda rede moderna, e a maioria dos sistemas Linux usa o sendmail, que é o software de servidor de correio SMTP mais amplamente usado para fornecer serviço de e-mail. No próximo capítulo, nós configuramos um servidor de e-mail que usa sendmail.

5

Configurando um servidor de correio

O Correio eletrônico ainda é o serviço de usuário mais importante na rede. A web carrega um volume maior de tráfego, mas o e-mail é o serviço usado para a maioria da comunicação de pessoa a pessoa. E comunicação de pessoa a pessoa é a base real de negócio. Nenhuma rede está completa sem e-mail, e nenhum sistema operacional de servidor de rede vale seu preço se não incluir suporte de correio TCP/IP completo.

O Simple Mail Transport Protocol (SMTP) é o protocolo de transporte de mensagens do TCP/IP. O Linux fornece suporte completo ao SMTP pelo programa sendmail, embora o sendmail faça mais que apenas enviar e receber mensagens de SMTP. O sendmail fornece aliases de correio e atua como um "roteador de mensagens", roteando mensagens de todos os programas de correio de usuários diferentes, para os vários programas de entrega de mensagens enquanto assegura que a mensagem esteja formatada corretamente para entrega.

Este capítulo olha para seu papel configurando cada uma destas funções. Configurar o sendmail pode ser uma tarefa grande e complexa, mas não tem que ser. Comparado a alguns sistemas de servidor de rede que exigem uma segunda instalação somente para instalar o software de servidor de SMTP, distribuições do Linux fazem muito da configuração para você; e para a maioria dos sites, a configuração default funciona bem. Este capítulo lhe dará a informação que precisa para tomar decisões inteligentes sobre quando e como mudar a configuração default.

As configurações do sendmail são construídas usando a linguagem de processamento de macro m4. A saída do processo da m4 é o arquivo sendmail.cf, que é o arquivo de configuração lido pelo sendmail. Para entender e administrar completamente o sendmail,

142 | *Linux: servidores de rede*

você precisa entender suas funções, o arquivo sendmail.cf do qual ele lê sua configuração e as macros m4 usadas para construir este arquivo. Este capítulo cobre todos os três tópicos.

Usando aliases de correio

Aliases de correio estão definidos no arquivo aliases. A localização do arquivo aliases é ajustada no arquivo de configuração do sendmail. (Você verá este arquivo de configuração depois no capítulo.) Em sistemas Linux, o arquivo está normalmente localizado dentro do diretório /etc (/etc/aliases), e ocasionalmente, dentro do diretório /etc/mail. O formato básico de entradas no arquivo é

```
alias:  recipient
```

O *alias* é o nome do usuário no endereço de e-mail, e o *recipient* é o nome para o qual o correio deve ser entregue. O campo *recipient* pode conter um nome de usuário, outro alias, ou um endereço de entrega final. Adicionalmente, podem existir múltiplos receptores para um único alias.

Aliases do sendmail executam funções importantes, que são uma parte essencial em criar um servidor de correio. Aliases de correio fazem o seguinte:

Especificam apelidos para usuários individuais. - Apelidos podem ser usados para direcionar a correspondência endereçada a nomes especiais, como o agente postal ou o usuário root, para os usuários reais que fazem estes trabalhos. Quando usado em conjunto com os registros MX de domínio cobertos no Capítulo 4, "Serviços de nome de Linux", os aliases podem ser usados para criar uma estrutura de endereço de e-mail padrão para um domínio.

Despacham mensagem para outros hosts. - Os aliases do sendmail automaticamente despacham mensaem para o endereço de host incluído como parte do endereço do receptor.

Definem listas de clientes (mailing lists). - Um alias com múltiplos receptores é uma lista de clientes.

A Listagem 5.1 é o arquivo aliases que vem com um sistema Red Hat, com algumas adições para ilustrar todos estes usos.

Listagem 5.1 - Um arquivo *aliases* de exemplo.

```
#
#       @(#)aliases 8.2   (Berkeley)   3/5/94
#
# Aliases in this file will NOT be expanded in the header from
# Mail, but WILL be visible over networks or from /bin/mail.
#
#       >>>>>>>>>> The program "newaliases" must be run after
#       >> NOTE >> this file is updated for any changes to
#       >>>>>>>>>> show through to sendmail.
#
```

Capítulo 5 – Configurando um servidor de correio | 143

```
# Basic system aliases — these MUST be present.
mailer-daemon:postmaster
postmaster:    root
# General redirections for pseudo accounts.
bin:           root
daemon:        root
adm:           root
lp:            root
sync:          root
shutdown:      root
halt:          root
mail:          root
news:          root
uucp:          root
operator:      root
games:         root
gopher:        root
ftp:           root
nobody:        root
apache:        root
named:         root
xfs:           root
gdm:           root
mailnull:      root
postgres:      root
squid:         root
rpcuser:       root
rpc:           root

ingres:        root
system:        root
toor:          root
manager:       root
dumper:        root
abuse:         root

newsadm:       news
newsadmin:     news
usenet:        news
ftpadm:        ftp
ftpadmin:      ftp
ftp-adm:       ftp
ftp-admin:     ftp
webmaster:     root
# trap decode to catch security attacks
decode:        root

# Person who should get root's mail
root:          staff

# System administrator mailing list
staff: kathy, craig, david@parrot, sara@hawk, becky@parrot
owner-staff:   staff-request
staff-request:craig

# User aliases
norman.edwards: norm
edwardsn: norm
```

144 | *Linux: servidores de rede*

```
norm:       norm@hawk.foobirds.org
rebecca.hunt:  becky@parrot
andy.wright:   andy@falcon.foobirds.org
sara.henson:   sara@hawk
kathy.McCafferty:  kathy
kathleen.McCafferty:  kathy
```

O arquivo /etc/aliases de Red Hat abre com várias linhas de comentário. Ignore a informação sobre quais programas de correio exibem aliases nos cabeçalhos de mensagens de correio; não é realmente significante. O comentário significante é o que lhe diz para executar o newaliases toda vez que atualizar este arquivo. O sendmail não lê o arquivo /etc/aliases diretamente. Ao contrário, lê um arquivo de banco de dados produzido deste arquivo pelo comando newaliases.

As 40 primeiras ou mais linhas definem aliases para nomes especiais. Todos eles, exceto o alias webmaster que nós adicionamos, vêm pré-configurados no arquivo aliases do Red Hat. Os dois primeiros são aliases que as pessoas esperam encontrar em qualquer sistema executando sendmail. A maior parte dos outros são aliases atribuídos aos nomes de usuários de daemons, que são encontrados no arquivo /etc/passwd. Ninguém pode se registrar de fato usando os nomes de usuário de daemon, assim, qualquer mensagem dirigida a estas pseudocontas é enviada a uma conta real de usuário. Na Listagem 5.1, todas estas correspondências são remetidas à conta de usuário root - até mesmo mensagem dirigida a newsadm e ftpadm, que à primeira vista parecem ser roteadas a contas diferentes da conta root Por exemplo, newsadm parece ser roteado à conta de usuário news, mas um exame mais de perto revela que news por si mesmo é um alias que é roteado à conta root.Os aliases podem apontar para outros aliases, mas eventualmente eles têm que ser direcionados à uma conta real de e-mail para o correio ser entregue com sucesso.

É claro que você realmente não quer pessoas se registrando à conta root só para ler mensagens, assim o arquivo aliases também tem um alias para o usuário root. No exemplo, nós editamos a entrada root para encaminhar todas as mensagens dirigidas ao usuário root, para staff, que é outro alias. Observe com que freqüência os aliases apontam para outros aliases. Fazer isto é muito útil porque lhe permite atualizar um alias, ao invés de muitos, quando a conta real de usuário onde correio deve ser entregue muda.

O alias staff é uma lista de usuários (mailing list). Uma lista de usuários simplesmente é um alias com múltiplos receptores. No exemplo, várias pessoas são responsáveis por manter este servidor de correio. Mensagens endereçadas ao usuário root são entregues a todas as pessoas da lista de usuários staff.

Dois aliases especiais estão associados com a lista de usuários. O alias owner-staff é um alias especial usado pelo sendmail para mensagens de erro relativas à lista de clientes de staff. O formato que o sendmail requer para este alias especial é a owner-*list*. onde *list* é o nome da lista de usuários. O outro alias especial, staff-request, não é requerido pelo sendmail, mas é esperado por usuários remotos. Por convenção, solicitações de manutenção manual da lista de usuários, como adição ou remoção de usuários de uma lista, são enviados ao alias *list*-request, onde *list* é o nome da lista de usuários.

As últimas oito linhas são alias de usuários que nós acrescentamos ao arquivo. Esta linhas direcionam correio recebido no servidor, aos computadores onde os usuários lêem o correio deles. Estes aliases podem estar em uma variedade de formatos, para controlar os vários modos que o e-mail é endereçado a um usuário. As primeiras três linhas que encaminham correio para norm@hawk.foobirds.org ilustram tudo isto. Suponha que este arquivo /etc/aliases esteja em wren, e que os registros MX em DNS dizem que wren é o servidor de correio para foobirds.org. Então, o correio endereçado a norman.edwards@foobirds.org será entregue de fato a norm@hawk.foobirds.org. É a combinação de alias de correio e registros MX que torna possível os esquemas de endereçamento de correio simplificado usados em tantas organizações.

Definindo alias de correio pessoal

Como as últimas oito linhas no arquivo aliases de Red Hat ilustram, uma das funções principais do arquivo aliases é despachar mensagens a outras contas ou a outros computadores. O arquivo aliases define o encaminhamento de mensagens para o sistema inteiro. O arquivo .forward, que pode ser criado no diretório principal de qualquer usuário, define o encaminhamento de mensagens para um usuário individual.

É possível usar o arquivo .forward para fazer algo que pode ser feito no arquivo /etc/aliases. Por exemplo, se Norman Edwards tinha uma conta em um sistema, mas realmente não quis ler o correio dele naquele sistema, poderia criar um arquivo .forward em seu diretório principal com a seguinte entrada:

```
norm@hawk.foobirds.org
```

Esta entrada despacha todo a mensagem recebida na conta dele no sistema local para a conta norm em hawk.foobirds.org. Porém, se você quiser despachar a mensagem permanentemente para outra conta, crie um alias dentro do arquivo /etc/aliases. Só encaminhar não é o principal uso para o arquivo .forward. Um uso muito mais comum para o arquivo é invocar o processo de correio especial antes do correio ser entregue à sua conta de correio pessoal.

Como usar *sendmail* para receber mensagens

O sendmail executa de duas maneiras diferentes. Quando você envia mensagens, um processo do sendmail inicia, entrega sua mensagem e então termina. Para receber mensagens, o sendmail executa como um processo de daemon persistente. A opção -bd diz ao sendmail para executar como um daemon e escutar a porta 25 TCP para mensagens . Use esta opção para aceitar mensagens TCP/IP que chegam. Sem isto, seu sistema não coletará mensagem que chega. Como você verá no Capítulo 11, "Mais serviço de correio", muitos sistemas não coletam mensagens de SMTP que chegam. Ao contrário, eles usam protocolos como POP e IMAP para mover correio do servidor de caixa postal para o leitor de mensagens. Porém, em geral, a maioria dos sistemas Linux está configurado para executar o sendmail como um daemon. O código que executa o daemon do sendmail no script de inicialização /etc/rc.d/rc.M de Slackware Linux é muito direto:

```
/usr/sbin/sendmail -bd -q 15m
```

146 | *Linux: servidores de rede*

O código executa o sendmail com as opções -bd e -q. Além de escutar por mensagens que chegam, o daemon do sendmail confere periodicamente, para ver se há mensagem esperando para ser entregue. É possível que um processo de sendmail que foi iniciado para enviar uma mensagem, não possa entrega-la com sucesso. Neste caso, o processo grava a mensagem na fila de mensagens, e conta com o daemon para entregá-la mais tarde. A opção -q diz ao daemon do sendmail com que freqüência verificar a fila de mensagens não entregues. No exemplo do Slackware, a fila é processada a cada 15 minutos (-q 15m).

O código que o Red Hat usa para iniciar o daemon de sendmail é encontrado dentro do script /etc/rc.d/init.d/sendmail. É mais complexo que o código usado pelo Slackware, porque o Red Hat usa variáveis de script lidas de um arquivo externo para ajustar as opções de linha de comando. O arquivo que ele lê é /etc/sysconfig/sendmail, que normalmente contém estas duas linhas:

```
DAEMON=yes
QUEUE=1h
```

Se a variável DAEMON for igual a yes (sim), o sendmail é iniciado com a opção -bd. A variável QUEUE ajusta o valor de tempo da opção -q. Neste caso, é uma hora (1h), que é um valor que eu até mesmo gosto mais do que os 15 minutos usados pelo Slackware. Não ajuste o valor -q muito baixo. Processar muito freqüentemente a fila pode causar problemas se a fila crescer muito devido a um problema de entrega, como uma queda da rede. Para mudar o valor da fila em um sistema Red Hat, edite o arquivo de /etc/sysconfig/sendmail.

O arquivo de configuração do *sendmail*

O arquivo que define a configuração de tempo de execução do sendmail é o sendmail.cf, que é um arquivo grande e complexo, dividido em sete seções diferentes. O arquivo é tão grande e tão complexo que os administradores de sistemas são freqüentemente intimidados por ele. Você não precisa ficar. O arquivo é projetado para ser facilmente analisado pelo sendmail , não para ser facilmente escrito por um administrador de sistema. Mas normalmente, você não escreve diretamente neste arquivo. Ao contrário, você constrói o arquivo com os comandos m4 descritos depois neste capítulo. É importante ter uma compreensão básica da sintaxe e estrutura do arquivo sendmail.cf para entender melhor o efeito dos comandos m4 e ganhar o domínio necessário para diagnosticar problemas. Ainda é igualmente importante perceber que você não tem que construir o arquivo sendmail.cf à mão.

Os rótulos de seções do arquivo sendmail.cf de Red Hat fornecem uma visão geral da estrutura e a função do arquivo. As seções, cada uma examinada em detalhes neste capítulo, são como segue:

Local Info (informação local) - Esta seção define a informação de configuração específica para o host local.

Options (opções) - Esta seção ajusta as opções que definem o ambiente do sendmail.

Message Precedence (precedência de mensagem) - Esta seção define os valores de precedência de mensagens do sendmail.

Trusted Users (usuários confiáveis) - Esta seção define os usuários que estão autorizados a mudar o endereço do remetente quando estiverem enviando mensagens.

Format of Headers (formato de cabeçalhos) - Esta seção define os cabeçalhos que o sendmail insere na mensagem.

Rewriting Rules (reescrever regras) - Esta seção controla os comandos que reescrevem endereços de e-mail de programas de correio de usuário na forma requerida pelos programas de entrega de mensagens.

Mailer Definitions (definições de mailer) - Esta seção define os programas usados para entregar a mensagem. As regras reescritas usadas pelos mailers também estão definidas nesta seção.

> **NOTA** Todos os arquivos sendmail.cf de Linux têm a mesma estrutura porque são todos criados a partir das macros m4 (coberto depois neste capítulo e no Apêndice C, "As Macros M4 para Sendmail") que entram na distribuição de sendmail.

A seção Local Info

Local Info, a primeira seção no arquivo sendmail.cf, contém o hostname, os nomes de quaisquer hosts de retransmissão de mensagens e o domínio. Também contém o nome que o sendmail usa para se identificar quando devolve mensagens de erro, bem como o número de versão do arquivo sendmail.cf.

A informação local é definida por comandos D que definem macros, comandos C que definem valores de classe, comandos F que carregam valores de classe de arquivos e comandos K que definem bancos de dados de informações. Algumas linhas de exemplo levantadas da seção Local Info do arquivo sendmail.cf do Red Hat são mostradas na Listagem 5.2. Os comandos foram reordenados, e um comentário foi adicionado para tornar os comandos mais compreensíveis, mas os comandos por si mesmo estão da mesma maneira que aparecem no arquivo original.

Listagem 5.2 - Exemplo da seção Local Info de sendmail.cf.

```
# my name for error messages
DnMAILER-DAEMON

# operators that cannot be in local usernames
CO @ % !

# host name aliases for this system
Cwlocalhost
# file containing names of hosts for which we receive email
Fw/etc/mail/local-host-names

# Access list database (for spam stomping)
Kaccess  hash  -o  /etc/mail/access.db
```

148 | Linux: servidores de rede

Linhas que começam com # são comentários. O primeiro comando real no exemplo é um comando de macro define (D), que define o nome de usuário que o sendmail usa ao enviar mensagens de erro. A macro que está definida é n. Muitos nomes de macro são só um caractere maiúsculo ou minúsculo. Quando um nome longo for usado, o nome está incluso em chaves, por exemplo, {verify}.

O valor atribuído a n é MAILER-DAEMON. Depois que um valor for armazenado em uma macro, pode ser chamado outra vez mais tarde na configuração, usando a sintaxe $x, onde x é o nome da macro. Assim os comandos que mais tarde na configuração, precisem enviar mensagens de erro, podem usar $n para recuperar o nome do remetente correto. Ajustar um valor de macro uma vez no começo da configuração afeta comandos ao longo da configuração, o que simplifica a personalização.

O primeiro comando de classe (C) atribui os valores @ , % e ! para a variável de classe 0. Estes três valores são caracteres que não podem ser usados em nomes de usuários locais, porque podem distorcer o e-mail. Uma classe é uma ordem de valores. Classes são usadas em uma combinação padrão para verificar se os valores combinam com um dos valores em uma classe, usando a sintaxe $=x, onde x é o nome da classe. Um comando que contém a string $=0 está testando um valor para ver se é igual a @ , % ou !.

O segundo comando C armazena a string localhost na variável de classe w, que controla uma lista de hostnames válidos para os quais o computador local aceitará mensagens. Normalmente, se um sistema executando o sendmail receber mensagens endereçadas a outro hostname, supõe que a mensagem pertence a este host. Se o seu sistema deve aceitar a mensagem, até mesmo se parecer ser endereçada a outro host, o nome deste outro host deve ser armazenado na classe w. A Listagem 5.2 armazena apenas um valor em w. Você pode adicionar hostnames adicionais, separados por espaços, diretamente na linha de comando de C, mas há um modo mais fácil para acrescentar valores a uma variável de classe.

O comando de arquivo (F) adiciona os valores encontrados no arquivo /etc/mail/local-host-names para a variável de classe w. F é o comando, w é o nome da variável de classe, e /etc/mail/local-host-names é o caminho do arquivo para ser armazenado na variável. Arquivos externos e bancos de dados tornam possível controlar o comportamento do sendmail, sem modificar diretamente a sua configuração. Arquivos simples como local-host-names são apenas parte da história. O sendmail também usa arquivos de banco de dados estruturados.

O último comando na Listagem 5.2 define um banco de dados de endereço de e-mail. O comando K declara um banco de dados chamado "access" (acesso). O banco de dados está no formato hash, que é um formato de banco de dados de Unix padrão. O arquivo que contém o banco de dados é /etc/mail/access.db. Todas as informações (o nome interno, o tipo de banco de dados e o arquivo que controla o banco de dados) são definidas pelo comando K. Comandos subseqüentes no arquivo sendmail.cf usam o banco de dados para combinar padrões, recuperar valores e executar verificações de segurança. Como os bancos de dados são usados é coberto em detalhes no Capítulo 11, quando o banco de dados access é usado para controlar o correio que retransmite e entrega.

Estes quatro tipos de comandos ilustram tudo o que é feito na seção Local Info do arquivo sendmail.cf. Esta seção é a seção mais importante do arquivo, do ponto de vista de um administrador de sistema tentando entender uma configuração, porque é a parte do arquivo sendmail.cf que armazena as variáveis usadas para personalizar a configuração.

A seção Options

Options define o ambiente do sendmail. Todos os valores de opções são diretamente usados pelo programa sendmail. Há quase 100 opções, mas alguns exemplos do arquivo sendmail.cf do Red Hat podem ilustrar o que as opções fazem.

Listagem 5.3 - Exemplos de opções do *sendmail.cf.*

```
# location of alias file
O AliasFile=/etc/aliases
# Forward file search path
O ForwardPath=$z/.forward.$w:$z/.forward
# timeouts (many of these)
O Timeout.queuereturn=5d
O Timeout.queuewarn=4h
```

Todas estas opções têm algo a ver com as funções do sendmail que já foram discutidas. O primeiro comando de opção (0) ajusta o local do arquivo de aliases para /etc/aliases. A segunda opção define a localização do arquivo .forward. Observe o $z e o $w incluídos nesta opção. Estes são valores de macro. A macro $w contém o hostname do computador, indicando que é possível usar o hostname do computador como uma extensão de nome de arquivo em um arquivo .forward. Dado o fato de que você já sabe que o arquivo .forward é encontrado no diretório home do usuário, você pode supor que o valor da macro $z é o diretório home do usuário.

As últimas duas opções no exemplo se relacionam a processar a fila de mensagens não entregues. A primeira destas opções diz ao sendmail que se uma parte da mensagem permanecer na fila durante cinco dias (5d), deve ser devolvida ao remetente como não entregue. A segunda destas opções diz ao sendmail para enviar ao usuário uma mensagem de advertência se uma parte do mensagem não for entregue por quatro horas (4h). Muitas das opções no arquivo sendmail.cf ajustam os valores de tempo usados pelo sendmail.

Localizações de arquivo e outras coisas que variam baseadas no sistema operacional sobre o qual roda o sendmail, são, controladas na seção de opções. As macros m4 constroem um sendmail.cf personalizado para o sistema operacional local. Por causa disto, as opções no arquivo sendmail.cf que vem com seu sistema Linux estão provavelmente corretas para este sistema.

A seção Message Precedence

Message Precedence é usada para atribuir prioridade a mensagens que entram na fila. Por default, a mensagem é considerada "mensagem de primeira classe", e é dada uma precedência 0. Quanto mais alto for o número de precedência, mais alta a prioridade da mensagem.

Mas não fique excitado. Aumentar a prioridade é essencialmente sem sentido. A única coisa útil que você pode fazer é selecionar um número de precedência negativo, que indica mensagem de baixa prioridade. Tendo em vista que mensagens de erro não são geradas

150 | *Linux: servidores de rede*

com um número de precedência negativo, prioridades baixas são úteis para mailings em massa. Os valores de precedência do sendmail.cf de Red Hat são

```
Pfirst-class=0
Pspecial-delivery=100
Plist=-30
Pbulk=-60
Pjunk=-100
```

Valores de precedência têm muito pouca importância. Para solicitar uma precedência, o correio tem que incluir um cabeçalho Precedence (precedência), o que muito raramente faz. Os cinco valores de precedência incluídos no arquivo sendmail.cf que vem com seu sistema Linux são mais do que você precisará.

A seção Trusted Users

Usuários confiáveis são autorizados a mudar o endereço de remetente quando estiverem enviando mensagens. Usuários confiáveis devem ser nomes de usuários válidos no arquivo /etc/passwd. Os usuários confiáveis definidos no arquivo sendmail.cf que vem com seu sistema Linux são root, uucp e daemon:

```
Troot
Tdaemon
Tuucp
```

Os comandos T definem os usuários confiáveis. A lista de usuários confiáveis é armazenada na classe t. Assim, os três comandos T listados anteriormente poderiam ser substituídos por três comandos C:

```
Ctroot
Ctdaemon
Ctuucp
```

Igualmente, um comando F pode ser usado para carregar a classe t de um arquivo. A seção "Usuários confiáveis" do arquivo sendmail.cf em nosso sistema Red Hat Linux 7.2 de amostra faz exatamente como o comando seguinte:

```
Ft/etc/mail/trusted-users
```

Uma verificação rápida de /etc/mail/trusted-users mostra que o arquivo está vazio. Então, o sistema de Red Hat usa apenas os três usuários confiáveis (root, daemon e uucp) usados na maioria dos sistemas. Para acrescentar usuários confiáveis a nosso sistema de exemplo, coloque os nomes dos usuários no arquivo trusted-users.

Não modifique a lista Trusted Users sem uma razão muito boa. Adicionar usuários para esta lista é um problema de segurança em potencial.

A seção Format of Headers

Cabeçalhos de mensagens são as linhas encontradas no começo de uma mensagem de correio que fornecem informações administrativas sobre a mensagem de correio, como quando e de onde foi enviado. A seção Format of Headers define os cabeçalhos que o sendmail insere na mensagem. As definições de cabeçalho do arquivo sendmail.cf do Red Hat é mostrado na Listagem 5.4.

Listagem 5.4 - Comandos de cabeçalho de sendmail.cf.

```
H?P?Return-Path:  <$g>
HReceived:  $?sfrom $s  $.$?_($?s$|from $.$_)
      $.$?{auth_type}(authenticated$?{auth_ssf}  (${auth_ssf}  bits)$.)
      $.by $j  ($v/$Z)$?r with $r$.  id $i$?{tls_version}
      (using ${tls_version}  with  cipher  ${cipher}  (${cipher_bits} bits)
   verified  ${verify})$.$?u
      for $u;  $|;
      $.$b
H?D?Resent-Date:  $a
H?D?Date:  $a
H?F?Resent-From:  $?x$x  <$g>$|$g$.
H?F?From:  $?x$x  <$g>$|$g$.
H?x?Full-Name:  $x
H?M?Resent-Message-Id:  <$t.$i@$j>
H?M?Message-Id:  <$t.$i@$j>
```

Cada linha de cabeçalho começa com o comando H, que é opcionalmente seguido por sinalizações (flags) de cabeçalho entre sinais de interrogação. As sinalizações de cabeçalho controlam se o cabeçalho é inserido ou não na mensagem que é destinada a um mailer específico. Se nenhuma sinalização for especificada, o cabeçalho é usado para todos os mailers. Se uma sinalização for especificada, o cabeçalho só é usado para um mailer que tem a mesma sinalização ajustada na definição do mailer. (Definições de mailer são cobertas depois neste capítulo.) Sinalizações de cabeçalho só controlam inserção de cabeçalho. Se um cabeçalho for recebido na entrada, ele é passado à saída, independente das configurações de sinalização.

Cada linha também contém um nome de cabeçalho, um dois pontos e um modelo de cabeçalho. Estes campos definem a estrutura do cabeçalho atual. Macros no modelo de cabeçalho são expandidas antes do cabeçalho ser inserido em uma mensagem. Olhe para o primeiro cabeçalho no exemplo. $g diz para usar o valor armazenado na macro g, que controla o endereço de e-mail do remetente. Suponha que o remetente é David. Depois da expansão de macro, o cabeçalho poderia conter

```
Return-Path:  <david@wren.foobirds.com>
```

> **NOTA** O segundo cabeçalho mostra exemplos de nomes de macro longos, como {auth_type}.

Linux: servidores de rede

Os cabeçalhos de exemplo fornecem amostras de uma sintaxe condicional que pode ser usada em modelos de cabeçalho e definições de macro. É uma construção if/else (se/senão) onde $? é o "if", $| é o "else" e $. é o "endif" (fim se). Um exemplo simples da Listagem 5.4 é

```
H?F?Resent-From:   $?x$x   <$g>$|$g$.
```

O modelo de cabeçalho $?x$x <$g>$|g diz que se ($?) a macro x existe, use $x <$g> como o modelo de cabeçalho, senão ($|) use $g como o modelo. A macro x contém o nome completo do remetente. Assim se existir, o cabeçalho é

```
Resent-From:  David  Craig  <david@wren.foobirds.org>
```

Se x não existir, o cabeçalho é

```
Resent-From:  david@wren.foobirds.org
```

Os cabeçalhos fornecidos no arquivo sendmail.cf de seu sistema devem estar corretos e são suficientes para sua instalação. Formatos de cabeçalho são definidos nos documentos de padronização (RFC) . Não há nenhuma necessidade de se criar cabeçalhos personalizados.

A seção Rewriting Rules

A seção Rewriting Rules define as regras usadas para analisar gramaticalmente endereços de e-mail de programas de correio de usuário e os reescrever no formato requerido pelos programas de entrega de mensagens. *Rewrite rules (o processo de reescrever as regras)* compara o endereço digitado a um padrão, e se uma combinação for encontrada, reescreve o endereço em um formato novo, que usa as regras definidas no comando.

O lado esquerdo de uma regra reescrita contém um padrão definido por valores de macro, literais e por símbolos especiais. O lado direito de uma regra reescrita define o modelo usado para reescrever endereços que combinam com o padrão. O modelo também é definido com literais, valores de macro e símbolos especiais. Literais são simples valores de strings literais. Macros são as macros e os valores de classe os definidos na seção Local Info do arquivo sendmail.cf. Os símbolos especiais variam, dependendo se eles são usados no padrão do lado esquerdo ou o modelo lado direito. A Tabela 5.1 lista os símbolos de comparação de padrão e a Tabela 5.2 lista os símbolos de modelo.

Tabela 5.1 - Símbolos de comparação de padrão.

Símbolo	Significado
$@	Compara exatamente zero símbolos.
$*	Compara zero ou mais símbolos.
$-	Compara exatamente um símbolo.

Capítulo 5 – Configurando um servidor de correio | 153

Tabela 5.1 - Símbolos de comparação de padrão. (continuação)

Símbolo	Significado
$+	Compara um ou mais símbolos.
$x	Compara todos os símbolos na variável de macro x.
$=x	Compara qualquer símbolo na variável de classe x.
$~x	Compara qualquer símbolo não constante na variável de classe x.

Tabela 5.2 - Símbolos de modelo de reescrita.

Símbolo	Propósito
$n	Insere o valor de um símbolo n indefinido.
$:	Termina esta regra de reescrever.
$@	Termina todo o conjunto de regras.
$>name	Chama o conjunto de regras identificado como name.
$[hostname$]	Converte hostname para a forma canônica do DNS.
$(database-spec$)	Obtém o valor de um banco de dados.

Regras de reescrever dividem endereços de e-mail em símbolos (tokens) para processar. Um *símbolo* é uma string de caracteres delimitados por um operador definido na opção OperatorChars. Os operadores também contam como símbolos. Baseado nisto, o endereço kathy@parrot contém três símbolos: a string kathy, o operador @ e a string parrot.

Os símbolos do endereço digitado são comparados ao padrão. Os valores de macro e literais são comparados diretamente a valores no endereço digitado, e os símbolos especiais comparam os símbolos restantes. Os sinais que comparam os símbolos especiais em um padrão são identificados numericamente, de acordo com a posição relativa deles no padrão que eles combinam. Assim, o primeiro grupo de sinais a combinar um símbolo especial é chamado de $1, o segundo é $2, o terceiro é $3, e assim por diante. Estes sinais podem então ser usados para criar o endereço reescrito.

Um exemplo explicará como os endereços são processados por regras de reescrita. Suponha que o endereço digitado é

```
kathy@parrot
```

Suponha que a regra de reescrita atual seja

```
R$+@$-   $1<@$2.$D>  user@host  ->  user<@host.domain>
```

154 | *Linux: servidores de rede*

O R é o comando de reescrever, $+@$- é o padrão com o qual o endereço é comparado, e $1<@$2.$D> é o modelo usado para reescrever o endereço. O resto da linha de comando é um comentário que pretende explicar o que a regra faz.

O endereço digitado compara o padrão porque:

- Contém um ou mais símbolos antes do literal @, que é o que o símbolo especial $+ requer. O sinal que combina o símbolo especial é a string kathy. Este sinal pode ser agora referenciado como $1 porque combinou o primeiro símbolo especial.

- Contém um @ que combina com o literal padrão@ .

- Contém exatamente um sinal depois de @, que é o que $- requer. O sinal que combina este símbolo especial é a string parrot, que pode ser agora referenciada como $2 porque combinou o segundo símbolo especial.

O modelo que reescreve o endereço contém o sinal $1, uma string literal <@, o sinal $2, um ponto literal (.), o valor armazenado na macro D e o literal >. Você sabe que $1 contém kathy e $2 contém parrot. Suponha que a macro D estava definida em outro lugar no arquivo sendmail.cf como foobirds.org. Dado estes valores, o endereço digitado é reescrito como

```
kathy<@parrot.foobirds.org>
```

Uma regra de reescrita pode processar o mesmo endereço várias vezes, porque depois de ser reescrito o endereço é comparado novamente ao padrão. Se ainda for igual, é reescrito novamente. O ciclo da comparação e reescrita de padrão continua até o endereço não ser mais igual ao padrão. Em nosso exemplo, quando o endereço for comparado novamente ao padrão depois de reescrito, não se iguala mais ao padrão uma segunda vez, porque já não contém exatamente um sinal depois do literal @. Na realidade, ele agora tem seis sinais depois de @: parrot, ., foobirds, ., org, e >. Assim nenhum processo mais é realizado por esta regra de reescrita, e o endereço é passado à próxima regra na linha.

Conjunto de regras

Regras de reescrita individuais são agrupadas em conjuntos de regras, de forma que regras de reescrita relacionadas podem ser referenciadas por um único nome ou número. O comando S marca o começo de um conjunto de regras; e o identifica com um nome, um número, ou ambos. Então, o comando S4 marca o começo do conjunto de regras 4, SLocal_check_mail marca o começo do conjunto de regras Local_check_mail, e Scanonify=3 define o começo do conjunto de regras canonify, que também é conhecido como conjunto de regras 3.

Cinco conjuntos de regras são chamados diretamente pelo sendmail para controlar o processamento de normal de mensagens:

- O conjunto de regras canonify, também conhecido como conjunto de regras 3, é chamado primeiro para preparar todos os endereços para processamento pelo outro conjunto de regras.

- O conjunto de regras parse, também conhecido como conjunto de regras 0, é aplicado ao endereço de entrega de mensagens para convertê-lo para o trio (mailer, host, user), que contém o nome do mailer que entregará ao mensagem , o hostname recipiente, e o nome de usuário de destino..

- O conjunto de regras sender, também conhecido como conjunto de regras 1, é aplicado a todos os endereços de remetentes.
- O conjunto de regras recipient, também conhecido como conjunto de regras 2, é aplicado a todos os endereços de destino..
- O conjunto de regras final, também conhecido como conjunto de regras 4, é chamado por último para converter todos formatos de endereço internos em formatos de endereço externos.

Há três tipos básicos de endereços: endereços de entrega, endereços de remetente, e endereços de receptor. Um endereço de receptor e um endereço de entrega parecem a mesma coisa, mas há uma diferença. Como o alias de lista de clientes ilustrado, pode haver muitos receptores para uma mensagem, mas a mensagem é entregue a uma pessoa de cada vez. O endereço de recepção de uma pessoa para a qual a mensagem é entregue é o endereço de entrega. São usados conjuntos de regras diferentes para processar os diferentes tipos de endereços.

A Figura 5.1 mostra o conjunto de regras que controla cada tipo de endereço. Os símbolos S e R na Figura 5.1 representam conjuntos de regras que tem nomes, igual a outros conjuntos de regras, mas o conjunto de regras específicas usadas são identificados pelos campos S e R da definição de mailer. Cada mailer especifica seu próprio conjunto de regras S e R para processar endereços de remetente e de receptores requeridos pelo mailer até certo ponto.

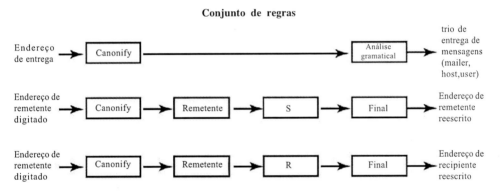

Figura 5.1 - *Conjunto de regras de sendmail.*

A seção Mailer Definitions

A seção Mailer Definitions define as instruções usadas pelo sendmail para invocar os programas de entrega de mensagens. As regras de reescrita específicas associadas com cada mailer individual também estão definidas nesta seção. As definições de mailer começam com o comando de mailer (M). Procurar pela seção Mailer Definitions do arquivo de configuração do Red Hat por linhas que começam com M, produz as definições de mailer na Listagem 5.5.

156 | *Linux: servidores de rede*

Listagem 5.5 – Exemplo de definições de mailer.

```
Mlocal,     P=/usr/bin/procmail,  F=lsDFMAwS:/|@qSPfhn9,
            S=EnvFromL/HdrFromL,  R=EnvToL/HdrToL,
            T=DNS/RFC822/X-Unix,
            A=procmail -t -Y -a $h -d $u
Mprog,      P=/usr/sbin/smrsh,  F=lsDFMoqeu9,
            S=EnvFromL/HdrFromL,  R=EnvToL/HdrToL,
            D=$z:/,  T=X-Unix/X-Unix/X-Unix,
            A=smrsh -c $u
Msmtp,      P=[IPC],  F=mDFMuX,
            S=EnvFromSMTP/HdrFromSMTP,  R=EnvToSMTP,
            E=\r\n,  L=990,
            T=DNS/RFC822/SMTP,
            A=TCP $h
Mesmtp,     P=[IPC],  F=mDFMuXa,
            S=EnvFromSMTP/HdrFromSMTP,  R=EnvToSMTP,
            E=\r\n,  L=990,
            T=DNS/RFC822/SMTP,
            A=TCP $h
Msmtp8,     P=[IPC],  F=mDFMuX8,
            S=EnvFromSMTP/HdrFromSMTP,  R=EnvToSMTP,
            E=\r\n,  L=990,
            T=DNS/RFC822/SMTP,
            A=TCP $h
Mdsmtp,     P=[IPC],  F=mDFMuXa%,
            S=EnvFromSMTP/HdrFromSMTP,  R=EnvToSMTP,
            E=\r\n,  L=990,
            T=DNS/RFC822/SMTP,
            A=TCP $h
Mrelay,     P=[IPC],  F=mDFMuXa8,
            S=EnvFromSMTP/HdrFromSMTP,  R=MasqSMTP,
            E=\r\n,  L=2040,
            T=DNS/RFC822/SMTP,
            A=TCP $h
Mprocmail,  P=/usr/bin/procmail,  F=DFMSPhnu9,
            S=EnvFromSMTP/HdrFromSMTP,
            R=EnvToSMTP/HdrFromSMTP,
            T=DNS/RFC822/X-Unix,
            A=procmail -Y -m $h $f $u
```

As primeiras duas definições de mailer na Listagem 5.5 são requeridas pelo sendmail. A primeira destas define um mailer para entrega de mensagens locais. Este mailer sempre deve ser chamado «local». O argumento P define o caminho ao mailer local. Nesta configuração, o procmail é usado como o mailer local. A segunda definição é para um mailer que entrega mensagens a programas que sempre são chamados «prog». O argumento P aponta para um programa chamado smrsh, que é o Sendmail Restricted Shell (shell restritiva do sendmail) - um programa de shell especial especificamente para controlar mensagens. O sendmail espera encontrar ambos os mailers na configuração, e requer que a eles sejam dados os nomes «local» e «prog». Todos os outros mailers podem ser nomeados de qualquer coisa que o administrador de sistemas queira. Porém, na prática, este não é o caso. Por serem os arquivos sendmail.cf em sistemas Linux, construídos pelas mesmas macros m4, eles usam os mesmos nomes de mailer.

Os próximos cinco comandos de mailer definem mailers para entrega de mensagens TCP/IP. O primeiro, projetado para entregar mensagens SMTP ASCII de 7 bits tradicional, é chamado smtp. A próxima definição de mailer, que é para mensagens SMTP Extended, é chamado esmtp. A definição de mailer de smtp8 manipula dados SMTP não codificados em 8 bits. O mailer dsmtp fornece suporte para SMTP por demanda, que é a forma especial de SMTP na qual o receptor faz download da mensagem ao invés do caso normal, em que o remetente inicia transferência de mensagens. Finalmente, relay é um mailer que retransmite mensagens TCP/IP para um host de retransmissão de mensagens externo. Destes, só o esmtp, que é o mailer default, e o relay são realmente usados em qualquer lugar da configuração básica.

A última definição de mailer na Listagem 5.5 é para o procmail. O procmail (coberto no Capítulo 11) é um mailer opcional encontrado na maioria dos sistemas Linux. O argumento A nesta definição invoca o procmail com o argumento de comando de linha -m, que permite ao procmail ser usado para filtragem de mensagens. Como a maioria dos mailers de SMTP, este mailer não é usado em nenhum lugar do arquivo sendmail.cf básico. Estas definições sem uso fornecem um conjunto completo de mailers, mas não são necessários para a maioria das configurações.

Examinar qualquer uma das entradas de mailer, como a entrada para o mailer smtp, explica a estrutura de todos eles:

M - Começar uma linha com um M indica que o comando é uma definição de mailer.

smtp - Seguindo imediatamente M está o nome do mailer, que pode ser qualquer coisa que você deseje. Neste exemplo, o nome é smtp.

P=[IPC] - O argumento P define o caminho ao programa usado para este mailer. Neste caso, é [IPC], o que significa que esta mensagem é entregue pelo sendmail. Outras definições de mailer, como o local, têm o caminho completo de algum programa externo no campo.

F=mDFMuX - O argumento F define as sinalizações (flag) do sendmail para este mailer. Diferente de saber que estas são sinalizações para o mailer, o significado de cada sinalização de mailer individual é de pouco interesse, porque as sinalizações são corretamente ajustadas pela macro m4 que constrói a entrada do mailer. Neste exemplo, m diz que este mailer pode enviar a vários receptores de uma vez; DFM diz que Date (data), From (de) e cabeçalhos Message-ID (identificação de cabeçalho) são necessários; u diz que maiúscula deve ser preservada em hostnames e nomes de usuário; e X diz que as linhas de mensagem que começam com um ponto devem ter um ponto extra pré-confinado.

S=EnvFromSMTP/HdrFromSMTP - O argumento S define o conjunto de regras S ilustrado na Figura 5.1. O conjunto de regras pode ser diferente para cada mailer, permitindo a mailers diferentes processar endereços de e-mail diferentemente. Neste caso, o endereço de remetente no "envelope" da mensagem é processado pelo conjunto de regras EnvFromSMTP, também conhecido como conjunto de regras 11, e o endereço de remetente na mensagem é processado pelo conjunto de regras HdrFromSMTP, também conhecido como conjunto de regras 31. (Você verá mais disto depois quando uma configuração de sendmail for testada.)

158 | *Linux: servidores de rede*

R-EnvToSMTP - O argumento R define o conjunto de regras R mostrado na Figura 5.1. Este valor pode ser diferente para cada mailer, para permitir a cada mailer controlar endereços diferentemente. O mailer de exemplo processa todos os endereços do receptor pelo conjunto de regras EnvToSMTP, também conhecido como conjunto de regras 21. Só um conjunto de regras é usado para o argumento R com o mailer smtp; porém, é possível especificar dois conjuntos de regras diferentes, um para processar o envelope e um para processar o cabeçalho, exatamente do mesmo modo que dois conjuntos de regras foram definidos para o argumento S.

E=\r\n - O argumento E define como são terminadas as linhas individuais em uma mensagem. Neste caso, as linhas são terminadas com um retorno de carro e uma alimentação de linha.

L=990 - O argumento L define o comprimento máximo de linha para este mailer. Este mailer pode controlar mensagens que contêm linhas individuais de até 990 bytes.

T=DNS/RFC822/SMTP - O argumento T define os tipos MIME para mensagens controladas por este mailer. Este mailer usa DNS para hostnames, endereços de e-mail RFC822 e códigos de erro SMTP.

A=TPC $h - O argumento A define o comando para executar o mailer. Neste caso, o argumento recorre a um processo de sendmail interno. (Observe que podem ser usados TCP e IPC intercambiavelmente.) Em outros casos (o mailer local é um bom exemplo), o argumento A é claramente uma linha de comando.

As definições de mailer que vêm com seu sistema Linux incluirão os mailers local, prog e SMTP. Estas são as definições de mailer corretas para executar o sendmail em um ambiente de rede TCP/IP.

Como configurar o arquivo *sendmail.cf*

É importante perceber que raramente o arquivo sendmail.cf precisa ser modificado em um sistema Linux típico. O arquivo de configuração que vem com seu sistema Linux funcionará. Geralmente, você não modifica a configuração do sendmail porque precisa, mas porque quer. Você o modifica para melhorar o modo como as coisas operam, não para tê-las funcionando. Para ilustrar isto, vejamos a configuração default do Red Hat no sistema de parrot.foobirds.org.

Usando a configuração default, o endereço de From em e-mail enviado é user@parrot.foobirds.org. Este é um endereço válido, mas suponha que não seja exatamente o que você quer. No último capítulo, você definiu registros MX para o domínio. Para usá-los, você quer que as pessoas usem endereços na forma *user@foobirds.org*, assim você não quer o hostname em endereços de e-mail de envio. Para criar a configuração nova, você precisa entender o propósito da classe M e da macro M, que são encontrados na seção Local Info do arquivo sendmail.cf.

O sendmail chama de *mascaramento* esconder o hostname real. Assim, o nome da macro usada para reescrever o endereço de host de remetente é M. Ajuste M para o nome de domínio para substituir o nome do host local em mensagem de saída, com o nome do domínio. A classe M define outros hostnames, não só o hostname local, que também devem ser reescritos para o valor da macro M. A classe M é usada em servidores de correio que precisam reescrever endereços de remetente para os clientes deles.

Verificando o arquivo sendmail.cf do Red Hat em parrot, você acha que nenhum valor foi atribuído a macro M, o que significa que o mascaramento não está sendo usado. Mais adiante, você acha que não há nenhuma declaração de classe M no arquivo. Para mascarar o host local como foobirds.org e mascarar a mensagem de saída dos clientes robin e puffin, copie o arquivo sendmail.cf em test.cf e então edite test.cf, mudando a declaração de macro M e adicionando uma declaração de classe M:

```
# who I masquerade as (null for no masquerading)
DMfoobirds.org
# class M: host names that should be converted to $M
CMpuffin.foobirds.org  robin.foobirds.org
```

Dadas estas definições de macro M e classe M, parrot reescreve sua própria mensagem de envio para *user*@foobirds.org, bem como reescreve mensagem de *user*@puffin.foobirds.org ou *user*@robin.foobirds.org para user@foobirds.org. parrot é um servidor de correio. Embora possa usar a macro M em qualquer sistema, você não usará a classe M em qualquer tipo de sistema, exceto um servidor de correio.

Um problema em usar a classe M é que kathy@puffin.foobirds.org, kathy@robin.foobirds.org e kathy@parrot.foobirds.org são todos reescritos como kathy@foobirds.org. Isto é ótimo se realmente houver só uma kathy no domínio inteiro; caso contrário, isto pode não ser o que você quer. Coordene nomes de usuário cuidadosamente por todos os sistemas. Simplifica a configuração de várias aplicações diferentes.

Depois de ajustar um valor para macro M no arquivo test.cf, faça um teste para ver se funciona. Executar o sendmail com a configuração de teste não afeta o daemon de sendmail que foi iniciado pelo script de inicialização. Uma instância separada de sendmail é usada para o teste.

Testando a sua configuração nova

Teste se a mudança feita na macro M nos arquivos de configuração modifica ou não o processo de reescrita testando diretamente o conjunto de regras de reescrita. Primeiro, você precisa descobrir que regras são usadas para reescrever o endereço.

Use seu conhecimento do fluxo de conjunto de regras de Figura 5.1 para determinar qual conjunto de regras deve testar. Você sabe que o conjunto de regras canonify é aplicado a todos os endereços. É seguido por um conjunto de regras diferente, dependendo se o endereço é um endereço de entrega, um endereço de remetente ou um endereço de receptor. Além disso, os conjuntos de regras usados para endereços de remetente e de receptor variam, dependendo do mailer que é usado para entregar a mensagem. Todos os endereços então são processados pelo conjunto de regras final.

Há duas variáveis que determinam o conjunto de regras usado para processar um endereço: o tipo de endereço e o mailer pelo qual é processado. Os três tipos de endereço são endereço

160 | *Linux: servidores de rede*

de entrega, endereço de recepção e endereço de remetente. Você sabe o tipo de endereço porque seleciona o endereço sendo testado. No exemplo, a preocupação é o endereço de remetente.

Há dois tipos de endereços de remetente: o endereço de remetente no cabeçalho de mensagem e o endereço de remetente no "envelope". O endereço de cabeçalho de mensagem é o da linha From enviada com a mensagem. Você provavelmente o vê nos cabeçalhos da mensagem quando você vê a mensagem com seu leitor de mensagens. O endereço no "envelope" é o endereço usado durante as interações de protocolo SMTP. O que nós estamos interessados é o que os usuários remotos vêem na mensagem - o endereço de cabeçalho.

Localizando o mailer correto

A outra variável que determina o conjunto de regras usado para processar um endereço é o mailer. Para descobrir qual mailer entrega a mensagem, execute sendmail com o argumento -bv:

```
#$ sendmail -bv craig@wrotethebook.com
craig@wrotethebook.com... deliverable: mailer esmtp, host
wrotethebook.com., user craig@wrotethebook.com
```

Para ver qual mailer é usado para entregar mensagens a sites remotos, execute o sendmail com o argumento -bv, e dê a ele um endereço de e-mail válido para o site remoto. No exemplo, o endereço é craig@wrotethebook.com. O sendmail exibe o trio de entrega de mensagens devolvido pelo conjunto de regras parse: o mailer, o host e o user. Daqui, você sabe que o mailer é esmtp.

Testando como os endereços são reescritos

Para testar a configuração nova, execute o sendmail com a opção -bt. O sendmail exibe uma mensagem de boas-vindas e espera você entrar em um teste. Um teste simples é uma lista de nomes de conjunto de regras seguida por um endereço de e-mail. Por exemplo, digitando **canonify,parse craig** no prompt processaria o endereço de e-mail craig pelo conjunto de regras canonify e depois parse. Isto deveria lhe abastecer com o trio de entrega, mailer, host e user para o endereço.

Já que você sabe o mailer que quer testar, pode usar o comando /try no prompt para processar o endereço From de remetente para o mailer smtp. O exemplo na Listagem 5.6 ilustra o teste. Primeiro, teste a configuração existente para ver como o endereço é processado pela configuração default.

Listagem 5.6 - Testando a configuração default de *sendmail*.

```
# sendmail -bt
ADDRESS TEST MODE (ruleset 3 NOT automatically invoked)
Enter <ruleset> <address>
> /tryflags HS
> /try smtp craig
```

```
Trying header sender address craig for mailer esmtp
canonify          input:  craig
Canonify2         input:  craig
Canonify2         returns: craig
canonify          returns: craig
1                 input:  craig
1                 returns: craig
HdrFromSMTP       input:  craig
PseudoToReal      input:  craig
PseudoToReal      returns: craig
MasqSMTP          input:  craig
MasqSMTP          returns: craig < @ *LOCAL* >
MasqHdr           input:  craig < @ *LOCAL* >
MasqHdr           returns: craig < @ parrot . foobirds . org . >
HdrFromSMTP       returns: craig < @ parrot . foobirds . org . >
final             input:  craig < @ parrot . foobirds . org . >
final             returns: craig @ parrot . foobirds . org
Rcode = 0, addr = craig@parrot.foobirds.org
> /quit
```

Execute sendmail -bt, que inicia o sendmail em modo de teste com a configuração default. A Listagem 5.6 mostra exatamente como a configuração padrão processa endereços de e-mail. Especificamente, mostra como os endereços de remetente local são reescritos para mensagens enviadas.

O comando /tryflags define o tipo de endereço a ser processado. Quatro sinalizações estão disponíveis: S para remetente, R para recipiente, H para cabeçalho e E para envelope. Combinando duas destas sinalizações, o comando /tryflags diz para sendmail processar um endereço de remetente de cabeçalho (HS).

O comando /try diz para o sendmail processar o endereço craig pelo mailer esmtp. O endereço devolvido pelo conjunto de regras final, que é sempre o último conjunto de regras a processar um endereço, mostra o endereço usado na mensagem enviada depois que todos os conjuntos de regras processaram o endereço. Com a configuração default, o endereço craig digitado é convertido para craig@parrot.foobirds.org.

Depois, execute sendmail -bt com a opção -C para usar o arquivo de configuração test.cf recém-criado. A opção -C lhe permite especificar o arquivo de configuração de sendmail na linha de comando. A Listagem 5.7 mostra este teste.

Listando 5.7 - Como testar o mascaramento do *sendmail*.

```
# sendmail -bt -Ctest.cf
ADDRESS TEST MODE (ruleset 3 NOT automatically invoked)
Enter <ruleset> <address>
> /tryflags HS
> /try smtp craig
Trying header sender address craig for mailer esmtp
canonify             input:  craig
Canonify2            input:  craig
Canonify2            returns: craig
canonify             returns: craig
1                    input:  craig
1                    returns: craig
```

162 | Linux: servidores de rede

```
HdrFromSMTP          input:   craig
PseudoToReal         input:   craig
PseudoToReal         returns: craig
MasqSMTP             input:   craig
MasqSMTP             returns: craig < @ *LOCAL* >
MasqHdr              input:   craig < @ *LOCAL* >
MasqHdr              returns: craig < @ foobirds . org . >
HdrFromSMTP          returns: craig < @ foobirds . org . >
final                input:   craig < @ foobirds . org . >
final                returns: craig @ foobirds . org
Rcode = 0, addr = craig@foobirds.org
> /quit
```

Executar sendmail -bt -Ctest.cf inicia o sendmail em modo de teste, e lhe diz para usar a configuração nova que está armazenada em test.cf. O teste na Listagem 5.7 nos mostra que o valor digitado na macro M é usado para reescrever o endereço de remetente no cabeçalho da mensagem. Você sabe isto porque o endereço retornado do conjunto de regras final é agora craig@foobirds.org, que é o que você quer.

Faça testes adicionais (por exemplo, /try esmtp kathy@robin.foobirds.org) para ver se endereços de clientes são reescritos corretamente. Quando estiver confiante de que a configuração está correta e segura, mova o arquivo de configuração test.cf para sendmail.cf para tornar a configuração nova disponível para o sendmail.

Se você for chamado para ajudar alguém a configurar o sendmail em um sistema que não tenha o arquivo-fonte de m4 instalado, pode ser mais fácil editar o arquivo sendmail.cf diretamente, mas só se a mudança for muito pequena. Se puder evitar isto, não faça mudanças diretamente no arquivo sendmail.cf. Se realmente quiser fazer mudanças de configuração de sendmail maiores, use o m4 para construir sua configuração.

Usando *m4* para configurar *sendmail*

A distribuição de sendmail contém arquivos-fonte de m4 que constroem o arquivo sendmail.cf. Arquivos-fonte de m4 de exemplo provavelmente são incluídos com seu sistema Linux. Se sua distribuição Linux não incluir os arquivos-fonte de m4, você pode carregá-los de ftp.sendmail.org, onde eles estão armazenados como parte da mais recente distribuição de sendmail.

Esta seção constrói um arquivo sendmail.cf personalizado usando os arquivos-fonte de m4 que vêm com um sistema Red Hat. Em um sistema Red Hat, os arquivos-fonte de m4 estão em um pacote RPM separado do pacote que inclui o programa sendmail. Se seu sistema Red Hat não tem os arquivos-fonte de m4, você precisa instalar o pacote RPM. A Figura 5.2 mostra uma consulta de gnorpm para o arquivo RPM de sendmail-cf em nosso sistema Red Hat de amostra.

Capítulo 5 – Configurando um servidor de correio | **163**

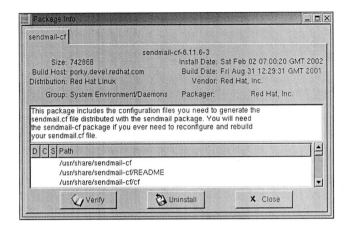

Figura 5.2 *- Conteúdos do RPM* sendmail-cf.

Os arquivos de configuração de exemplo estão contidos no diretório /usr/share/sendmail-cf/cf em nosso sistema Red Hat. Vários destes são arquivos genéricos pré-configurados para sistemas operacionais diferentes. O diretório contém configurações genéricas para BSD, Solaris, SunOS, HP Unix, Ultrix e (claro) Red Hat Linux. A configuração para o Red Hat é chamada redhat.mc. O diretório também contém arquivos protótipo projetados para uso com qualquer sistema operacional. Apesar do fato de que há um arquivo-fonte para o Red Hat, este livro modifica o arquivo tcpproto.mc. O arquivo tcpproto.mc é uma configuração protótipo para qualquer sistema em uma rede TCP/IP. Não é específico de Red Hat. Vem como parte da distribuição sendmail básica, e pode ser modificado para qualquer sistema operacional. É um ponto de partida limpo e de vendedor neutro para explicar a configuração do m4. Na realidade, você provavelmente usará a configuração fornecida por seu vendedor e não construirá uma configuração do nada. Porém, é bom saber como construir uma configuração do nada se você precisar, e as habilidades usadas para construir uma configuração são as mesmas que você usará para personalizar uma configuração fornecida por um vendedor.

O arquivo de controle de macro *m4*

Os arquivos protótipos de diretório de usr/share/sendmail-cf/cf contêm comandos de macro m4. Além de muitos comentários, o arquivo tcpproto.mc contém as macros mostradas na Listagem 5.8.

Listagem 5.8 - O arquivo *tcpproto.mc.*

```
VERSIONID('$Id: tcpproto.mc,v 8.13.22.1 2000/08/03 15:25:20 ca Exp $')
OSTYPE('unknown')
FEATURE('nouucp', 'reject')
MAILER('local')
MAILER('smtp')
```

164 | *Linux: servidores de rede*

A Listagem 5.8 mostra as macros de configuração. O arquivo tcpproto.mc também contém os comandos divert e dnl. Um comando divert(-1) precede um bloco grande de comentários. O m4 salta tudo entre um comando divert(-1) e o próximo comando divert. Um comando divert(0) termina o bloco de comentários. As linhas seguintes de um comando divert(0) são processadas pela linguagem m4. O comando dnl é usado para comentários de linha única e de linha parcial. Tudo depois de um comando dnl até o próximo caractere de nova linha é saltado. Se aparecer um dnl no começo de uma linha, a linha inteira é tratada como um comentário. Não são incluídos os comentários do arquivo tcpproto.mc na Listagem 5.8.

A macro VERSIONID define as informações de controle de versão. As informações de controle de versão podem ser qualquer coisa que você deseja. Normalmente, é informação significativa para algum pacote de controle de versão. Esta macro é opcional, e é ignorada nesta discussão.

A macro OSTYPE carrega o arquivo-fonte m4 do diretório ../ostype que define a informação de sistema operacional. O diretório ostype contém mais de 40 arquivos de macro de sistema operacional pré-configurados, um dos quais é linux.m4. A macro OSTYPE é requerida.

A macro FEATURE define um recurso opcional do sendmail. O recurso nouucp no arquivo protótipo tcpproto.mc significa que nenhum endereço UUCP processando código será incluído na configuração do sendmail. Depois, nós adicionaremos nossas próprias macros FEATURE para criar uma configuração personalizada completa.

As macros MAILER são as últimas macros no arquivo de amostra. A macro MAILER(local) acrescenta o mailer local e o mailer prog à configuração. A macro MAILER(smtp) acrescenta mailers para SMTP, Extended SMTP, SMTP de 8 bits, SMTP por demanda e mensagem retransmitida. Todos estes mailers foram descritos antes no capítulo, e são todos os mailers necessários para a configuração.

Criar um sendmail.cf para um sistema Linux do arquivo protótipo tcpproto.mc poderia ser tão simples quanto mudar a linha OSTYPE de unknown for linux e depois processar o arquivo com comando m4. O arquivo sendmail.cf produzido pela m4 estaria pronto para o sendmail. Na realidade, seria quase idêntico ao arquivo de configuração linux.smtp.cf entregue com o Slackware Linux. Toda configuração personalizada para Linux tem que começar configurando OSTYPE para linux para processar o arquivo-fonte linux.m4.

O arquivo OSTYPE do Linux

O arquivo OSTYPE contém valores de configuração específicos de sistema operacional. A variação de configuração mais comum entre os sistemas operacionais diferentes que executam sendmail é a localização de arquivos. Variáveis que definem nomes de caminho são geralmente armazenadas no arquivo OSTYPE. Porém, qualquer macro m4 válida pode ser colocada no arquivo OSTYPE.

O comando OSTYPE(linux) carrega um arquivo de nome linux.m4 do diretório ostype. Em nosso sistema Red Hat de exemplo, o caminho completo deste diretório é /usr/share/sendmail-cf/ostype. A Listagem 5.9 mostra os conteúdos do arquivo linux.m4.

Capítulo 5 – Configurando um servidor de correio | 165

Listagem 5.9 - O arquivo linux.m4 do OSTYPE.

```
divert(0)
VERSIONID('$Id:  linux.m4,v  8.11.16.2  2000/09/17  17:04:22  gshapiro  Exp  $')
define('confEBINDIR',  '/usr/sbin')
ifdef('PROCMAIL_MAILER_PATH',,
     define('PROCMAIL_MAILER_PATH',  '/usr/bin/procmail'))
FEATURE(local_procmail)
```

O arquivo começa com um bloco de comentários que são postos entre parênteses por uma declaração divert(-1) e uma declaração divert(0). Os comentários foram apagados da Listagem 5.9 para reduzir o tamanho da listagem. A macro VERSIONID também pode ser ignorada.

O primeiro comando de configuração real no arquivo é uma declaração define que atribui um valor ao parâmetro confEBINDIR. Este parâmetro armazena o caminho do diretório que controla certos arquivos binários executáveis. O default de sendmail para confEBINDIR é /usr/libexec. Esta declaração define muda a configuração para /usr/sbin. Ambos os diretórios existem em sistemas Linux, mas o diretório /usr/sbin é o que é geralmente mais usado para controlar arquivos binários de sistemas; e neste caso, é a configuração correta. O caminho de confEBINDIR é usado para localizar o programa smrsh, que é freqüentemente usado como o mailer prog em sistemas Linux. Um par de comandos ls em nosso sistema Linux de exemplo mostra que o valor correto para confEBINDIR é /usr/sbin:

```
$  ls  /usr/libexec/smrsh
ls:  /usr/libexec/smrsh:  No  such  file  or  directory
$  ls  /usr/sbin/smrsh
/usr/sbin/smrsh
```

O segundo comando de configuração também é um define. Este aqui é um pouco mais complexo. Este define está contido dentro de um ifdef. ifdef é um comando condicional embutido na linguagem m4, que verifica se uma variável já foi ajustada ou não a um valor. O comando ifdef tem três campos:

- o nome da variável que está sendo testada
- a ação a tomar se a variável foi ajustada
- a ação a tomar se a variável não foi ajustada

Na Listagem 5.9, o ifdef testa a variável PROCMAIL_MAILER_PATH. Se a variável já estiver definida, nada é feito. Nós sabemos isto pelo fato de que o segundo campo de ifdef está vazio - observe as duas vírgulas à direita em uma linha (,,). Contudo, se a variável não tiver sido ajustada, a define contida no terceiro campo do ifdef é executada.

A define atribui para a variável PROCMAIL_MAILER_PATH o valor de caminho /usr/bin/procmail. Isto anula o sendmail default para PROCMAIL_MAILER_PATH, que é /usr/local/bin/procmail. Novamente, um rápido ls mostra que o valor novo está correto para nosso sistema de amostra:

```
$  ls  /usr/bin/procmail
/usr/bin/procmail
```

166 | *Linux: servidores de rede*

Como a Listagem 5.9 mostra, a última linha em linux.m4 é uma macro FEATURE. O recurso que esta macro acrescenta à configuração é local_procmail, que faz o procmail ser usado como o mailer local. O procmail é um mailer muito poderoso. O fato de o Linux usar procmail como o mailer local é uma vantagem.

O arquivo linux.m4 do OSTYPE define o caminho de diretório para o programa smrsh, o caminho para o procmail e um recurso que usa o procmail como o mailer local. O arquivo OSTYPE é um bom lugar para ajustar nomes de caminho de arquivo e opções de mailer que são específicos do sistema operacional. Tudo no arquivo linux.m4 é válido para todos os sistemas Linux.

Além de criar uma configuração que executará sob Linux, nós queremos criar uma configuração que seja personalizada para nossa organização. Suponha que queremos criar uma configuração personalizada que converta endereços de e-mail de *user@host* em endereços de *firstname.lastname@domain*. Para isso, nós criamos um segundo arquivo-fonte m4 carregado do diretório de domínio. Vejamos em detalhes este arquivo.

Criando um arquivo *m4* DOMAIN

O diretório domain é planejado para arquivos-fonte m4 que contêm informações específicas para seu domínio. Este é um lugar perfeito para pôr os comandos que reescrevem o hostname para o nome de domínio em mensagem de saída, assim nós criamos um arquivo de macro m4 novo no diretório domain e o chamamos de foobirds.m4. Nós começamos mudando o diretório ../domain e copiando o arquivo generic.m4 para foobirds.m4 para atuar como um ponto de partida para a configuração. A Listagem 5.10 mostra estas etapas.

Listagem 5.10 - O arquivo *generic.m4* de DOMAIN.

```
#  cd  /usr/share/sendmail-cf/domain
#  cp  generic.m4  foobirds.m4
#  chmod  644  foobirds.m4
#  tail -6  foobirds.m4
VERSIONID('$Id:  generic.m4,v  8.15  1999/04/04  00:51:09  ca  Exp  $')
define('confFORWARD_PATH',  '$z/.forward.$w+$h:$z/.forward+$h
->:$z/.forward.$w:$z/.
forward')dnl
define('confMAX_HEADERS_LENGTH',  '32768')dnl
FEATURE('redirect')dnl
FEATURE('use_cw_file')dnl
EXPOSED_USER('root')
```

Depois de copiar generic.m4 a foobirds.m4, use o comando chmod para ajustar as permissões de acesso de arquivo para o arquivo novo. (Em alguns sistemas, os arquivos no diretório domain são somente de leitura.) O arquivo deve ter as permissões de leitura e escrita para o proprietário, e somente leitura para o grupo e os demais usuários.

> **NOTA** Veja o Capítulo 9, "Compartilhando arquivos", para mais informações sobre permissões de arquivo de Linux.

Capítulo 5 – Configurando um servidor de correio | 167

O comando tail exibe as últimas seis linhas no arquivo foobirds.m4 recém-criado. (Todas as linhas antes disto são comentários que não são de interesse para esta discussão.) Você já viu a macro VERSIONID. A primeira linha nova é a macro que define confFORWARD_PATH, que diz para sendmail onde procurar o arquivo .forward do usuário.

As variáveis de sendmail $z e $w foram descritas antes na discussão da opção ForwardPath de sendmail.cf, que continha os dois caminhos $z/.forward.$w:$z/.forward. Estes dois caminhos são o valor default para confFORWARD_PATH. O define na Listagem 5.10 aumenta a complexidade da lista de caminho de .forward adicionando o valor $z / .forward.$w+$h:$z/.forward+$h para a lista de procura default. As variáveis $z e $w servem ao mesmo propósito de antes. A variável $h contém o valor *detail* quando a sintaxe de endereço *user+detail* for usada, e o procmail é usado como o mailer local. Nós sabemos que o procmail está sendo usado como o mailer local do recurso procmail_local no arquivo linux.m4 de OSTYPE. Dada esta configuração específica, a mensagem local no host chamado egret endereçada a craig+sybex será confinada ao caminho de procura .forward seguinte ao caminho padrão: /home/craig/.forward.egret+sybex:/home/craig/.forward+sybex. Embora o endereço *user+detail* raramente seja usado, nós decidimos manter este define na configuração porque planejamos usar o procmail como o mailer local.

O segundo define ajusta o número máximo de bytes permitidos para todos os cabeçalhos em qualquer parte da mensagem. Por default, nenhum limite é ajustado. Na Listagem 5.10, o tamanho máximo está ajustado em 32.768 bytes (32KB), que é mais do que suficiente para qualquer ajuste razoável de cabeçalhos. Cabeçalhos mais longos do que isto poderiam indicar um problema de correio ou alguma forma de abuso de correio. Assim, nós mante-remos esta configuração.

A macro FEATURE(redirect) adiciona suporte para o pseudodomínio de .REDIRECT. O pseudodomínio de .REDIRECT controla mensagens para pessoas que há muito tempo não lêem mensagens em seu site, mas que ainda recebem mensagens enviadas ao endereço antigo. Depois de habilitar este recurso, adicione aliases para cada endereço de correio obsoleto na forma:

```
old-address    new-address.REDIRECT
```

Por exemplo, suponha que Jay Henson não é um usuário de e-mail válido há muito tempo em seu domínio. O nome de usuário antigo dele, jay, já não deveria aceitar mensagens. O endereço de correio novo dele é HensonJ@industry.com. Digite o seguinte alias dentro do arquivo /etc/aliases:

```
jay        HensonJ@industry.com.REDIRECT
```

Agora quando a mensagem for endereçada à conta jay, o seguinte erro é retornado ao remetente dizendo que tente um endereço novo para o recipiente:

```
551 User not local; please try <HensonJ@industry.com>
```

Isto parece um recurso útil, assim nós o mantemos na configuração.

168 | *Linux: servidores de rede*

A próxima linha no arquivo também define um recurso útil. FEATURE(use_cw_file) é equivalente ao comando Fw/etc/local-host-names no arquivo sendmail.cf. Como descrito antes, o arquivo local-host-names fornece meios para definir alias de host que permitem a um servidor de correio aceitar mensagens se dirigidos a outros hosts.

A última linha na Listagem 5.10 é a macro EXPOSED_USER. A macro EXPOSED_USER adiciona nomes de usuário a classe E que não será mascarada, até mesmo quando o mascaramento estiver habilitado. Alguns nomes de usuário, como root, ocorrem em muitos sistemas, e então não são únicos do outro lado de um domínio. Para estes nomes de usuário, converter a parte de host do endereço torna difícil determinar de onde a mensagem realmente veio, tornando as respostas impossíveis. Por exemplo, suponha que a mensagem de root@wren.foobirds.org e root@ibis.foobirds.org é passada para um servidor que converte ambos os endereços a root@foobirds.org. Não há nenhum modo para o receptor saber exatamente de onde a mensagem realmente se originou, e o usuário remoto não pode responder ao endereço correto. O comando EXPOSED_USER impede isso de acontecer assegurando que este root não será mascarado.

Nós discutimos mascaramento de hostname antes neste capítulo quando cobrimos a classe M. Mas agora estamos construindo uma configuração nova, e nós não fizemos nada para habilitar o mascaramento. Porém, mantemos a macro EXPOSED_USER no arquivo foobirds.m4 porque planejamos adicionar mascaramento como parte do processo de endereço personalizado para nosso domínio. Para os comandos de configuração mostrados na Listagem 5.10, nós adicionamos as seguintes linhas para executar o processo de endereço especial que queremos.

```
MASQUERADE_AS(foobirds.org)
FEATURE(masquerade_envelope)
FEATURE(genericstable)
```

A linha MASQUERADE_AS diz para o sendmail esconder o hostname real, e exibir o nome foobirds.org em seu lugar nos endereços de e-mail enviados. Isto é defininido pela macro M do sendmail, que foi usada antes no capítulo. A macro M só mascarou endereços de remetente de cabeçalho. Para fazer isto em endereços "envelope" bem como em endereços de cabeçalho de mensagem, use a macro FEATURE(masquerade_envelope). A outra macro FEATURE diz para o sendmail usar o banco de dados de conversão de endereço genérico para converter nomes de usuário de login ao valor encontrado no banco de dados. Isto permite muito mais liberdade reescrevendo endereços de saída do que era possível modificando o arquivo sendmail.cf diretamente. A Listagem 5.11 mostra o arquivo foobirds.m4 de DOMAIN completo. Observe que nós também atualizamos os dados na linha de comando VERSIONID.

Listagem 5.11 - Um arquivo DOMAIN personalizado.

```
# cat foobirds.m4
divert(0)
VERSIONID('foobirds.m4  03/16/2002')
define('confFORWARD_PATH',   '$z/.forward.$w+$h:$z/.forward+$h;$z/
.forward.$w:$z/.
forward')dnl
define('confMAX_HEADERS_LENGTH',   '32768')dnl
```

```
FEATURE('redirect')dnl
FEATURE('use_cw_file')dnl
EXPOSED_USER('root')
MASQUERADE_AS(foobirds.org)
FEATURE(masquerade_envelope)
FEATURE(genericstable)
```

Construindo o arquivo *m4* de configuração

Agora que os arquivos-fonte de m4 foram criados para o sistema operacional e o domínio, crie um arquivo de configuração m4 novo para usá-los. Todas as macros m4 relacionadas a reescrever os endereços de saída estão no arquivo foobirds.m4. As macros que são específicas da distribuição Linux estão no arquivo linux.m4. Nós precisamos incluir estes arquivos na configuração.

Comece mudando o diretório ../cf e copiando o arquivo tcpproto.mc para linux.mc. Então mude a permissão de arquivo do linux.mc para 644 para ter certeza de que o arquivo é legível pelo dono.

Agora, modifique o arquivo para refletir a configuração nova. Para fazer isto, mude "unknown" na macro OSTYPE para "**linux**", e adicione uma linha DOMAIN(foobirds) ao arquivo de controle de macro linux.mc. Para clareza, nós mudamos também a informação sobre a linha VERSIONID. O comando tail na Listagem 5.12 mostra as macros no arquivo editado.

Listagem 5.12 - Um arquivo de controle de macro personalizado.

```
# tail -7 linux.mc
divert(0)dnl
VERSIONID('linux.mc  03/16/2002')
OSTYPE('linux')
DOMAIN('foobirds')
FEATURE('nouucp',  'reject')
MAILER('local')
MAILER('smtp')
```

A próxima etapa é processar o arquivo linux.mc com m4:

```
# m4 ../m4/cf.m4 linux.mc > linux.cf
```

O exemplo mostra o formato do comando m4 usado para construir um arquivo sendmail.cf. O nome de caminho ../m4/cf.m4 é o caminho para a fonte básica da linguagem m4 exigido para construir um arquivo sendmail.cf. O arquivo de controle de macro novo é, claro, linux.mc.m4, que lê os arquivos-fonte ../m4/cf.m4 e linux.mc, e produz o arquivo linux.cf. O arquivo produzido pelo comando m4 está no formato correto para um arquivo sendmail.cf.

Nós usamos três arquivos - ostype/linux.m4, domain/foobirds.m4 e cf/linux.mc - os quais totalizam menos de 30 linhas. Estes arquivos criam um arquivo sendmail.cf que contém mais de 1.000 linhas. As macros m4 são claramente o melhor modo para construir uma configuração de sendmail personalizada.

Construindo um banco de dados do *sendmail*

A configuração que nós acabamos de criar funciona bem. Ela opera como o sendmail.cf que foi criado antes, incluindo mascaramento de hostnames como foobirds.org. Mas também queremos converter a parte de nome de usuário de endereços de saída do nome de login ao nome real do usuário escrito como *firstname.lastname*. Para fazer isto, crie um banco de dados para converter a parte do nome de usuário de endereços de e-mail de saída. Construa o banco de dados criando um arquivo de texto com os dados necessários e processando este arquivo pelo comando makemap que vem com a distribuição de sendmail.

O banco de dados genericstable é um banco de dados que o sendmail usa para converter endereços de e-mail de saída. Por default, o arquivo está embutido no diretório /etc/mail. A Listagem 5.13 mostra um arquivo genericstable simples.

Listagem 5.13 - Uma amostra de *genericstable*.

```
pat    Pat.Stover
mandy   Amanda.Jenkins
kathy   Kathy.McCafferty
sara    Sara.Henson
norm    Norman.Edwards
craig   Craig.Hunt
```

Toda entrada no banco de dados genericstable tem dois campos: o primeiro campo é a chave, e o segundo é o valor devolvido pela chave. No banco de dados de exemplo, a chave é o nome de login, e o valor de retorno é o nome real do usuário. Usando este banco de dados, uma consulta por "pat" devolverá o valor "Pat.Stover".

Antes de o genericstable poder ser usado pelo sendmail, deve ser convertido de um arquivo de texto para um banco de dados com o comando makemap, que está incluído na distribuição do sendmail. Suponha que os dados mostrados na Listagem 5.13 sejam armazenados em um arquivo chamado usernames.txt. O seguinte comando converte este arquivo a um banco de dados genericstable:

```
# makemap hash genericstable < usernames.txt
```

O comando makemap de exemplo cria um banco de dados do tipo hash, que é o geralmente usado. O makemap pode criar outros tipos de bancos de dados, mas hash é o tipo default que o sendmail usa para a maioria dos bancos de dados.

Depois deste banco de dados genericstable ser criado, nomes de login em mensagens de saída, são convertidos em nomes completos. Por exemplo, o nome de usuário mandy é convertido em Amanda.Jenkins. Combinando isto com mascaramento de nome de domínio, os endereços de saída são reescritos no formato *firstname.lastname@domain*.

Testando a configuração feita pela *m4*

Teste a configuração nova usando o comando sendmail -bt exatamente como foi usado antes neste capítulo. A Listagem 5.14 mostra um teste do arquivo linux.cf que nós construímos com macros m4.

Listagem 5.14 - Testando reescrita de endereço.

```
# sendmail -bt -Clinux.cf
ADDRESS TEST MODE (ruleset 3 NOT automatically invoked)
Enter  <ruleset> <address>
> /tryflags HS
> /try smtp craig
Trying header sender address craig for mailer esmtp
canonify           input:  craig
Canonify2          input:  craig
Canonify2          returns: craig
canonify           returns: craig
1                  input:  craig
1                  returns: craig
HdrFromSMTP        input:  craig
PseudoToReal       input:  craig
PseudoToReal       returns: craig
MasqSMTP           input:  craig
MasqSMTP           returns: craig < @ *LOCAL* >
MasqHdr            input:  craig < @ *LOCAL* >
canonify           input:  Craig . Hunt @ *LOCAL*
Canonify2          input:  Craig . Hunt < @ *LOCAL* >
LOCAL; Name server timeout
Canonify2          returns: Craig . Hunt < @ *LOCAL* >
canonify           returns: Craig . Hunt < @ *LOCAL* >
MasqHdr            returns: Craig . Hunt < @ foobirds . org . >
HdrFromSMTP        returns: Craig . Hunt < @ foobirds . org . >
final              input:  Craig . Hunt < @ foobirds . org . >
final              returns: Craig . Hunt @ foobirds . org
Rcode = 75, addr = Craig.Hunt@foobirds.org
> /quit
```

Neste momento, quando o endereço de remetente craig for processado pelo mailer Extended SMTP, o endereço é reescrito como craig.hunt@foobirds.org usando o banco de dados genericstable que nós criamos. Novamente, depois de fazer vários testes, copie linux.cf para /etc/sendmail.cf.

É claro que esta configuração inteira depende de ter os arquivos-fonte da m4 no sistema Linux. Se seu sistema não tiver os arquivos-fonte da m4, você pode carregar a mais recente distribuição de sendmail de ftp.sendmail.org, onde está armazenado no diretório /pub/sendmail. A distribuição inclui uma árvore-fonte de m4 de sendmail completa.

Resumo

sendmail é apenas o primeiro passo para construir um servidor de correio completamente funcional. O Capítulo 11 retorna a este tópico, e olha vários outros sistemas de software que são usados para fornecer serviço aos clientes de e-mail.

O próximo capítulo, "O servidor web Apache", dá uma olhada em uma configuração de servidor de web. Serviço de web é tão importante para um serviço de rede corporativa quanto e-mail é para um serviço de usuário.

6

O servidor web Apache

Para a maioria das pessoas, a World Wide Web virou sinônimo de Internet. Nenhuma discussão de serviços de Internet é completa sem a menção a servidores web. Servidores web se tornaram uma parte essencial de todo negócio em rede - eles são usados para anunciar produtos e serviços de oferta a clientes externos bem como coordenar e disseminar informação dentro da organização.

Sistemas Linux fazem excelentes servidores web. Na realidade, o software do servidor Apache que vem com Linux é o servidor web mais amplamente usado no mundo. O daemon que o Apache instala em um sistema Linux para criar um servidor web é o daemon Hypertext Transport Protocol (httpd). Este capítulo descreve como você pode criar seu próprio servidor web com Apache e Linux, instalando o Apache e executando httpd. Ele fornece toda a informação que você precisa para entender uma configuração default do Apache e fazer os ajustes necessários para um servidor comum. Para necessidades mais avançadas, veja *Linux Apache Web Server Administration*, por Charles Aulds (Sybex, 2000).

Instalando o Apache

O servidor web Apache faz parte da maioria das distribuições Linux, e isso inclui a distribuição Red Hat Linux que estamos usando como exemplo. O software de servidor web Apache é um dos componentes que pode ser selecionado durante a instalação do sistema operacional. Veja o Apêndice A, "Instalando o Linux", para uma descrição deste procedimento.

Se o Apache não estiver entre os softwares selecionados durante a instalação inicial, você precisa instalá-lo agora. O modo mais fácil para instalar o software é com um gerenciador

174 | *Linux: servidores de rede*

de pacote. Há vários disponíveis, mas o mais popular (e o usado em nosso sistema Red Hat de exemplo) é o RPM Package Manager (gerenciador de pacote RPM) (RPM). Em capítulos anteriores, vimos um exemplo da ferramenta RPM Gnome baseada em X. O RPM também pode ser usado da linha de comando para administrar a instalação de software opcional.

Use o comando rpm para instalar o software que precisa, remover software que não quer e verificar qual software está instalado em seu sistema. O rpm tem muitas opções possíveis, mas a maioria delas é para os desenvolvedores que constroem os pacotes que você quer instalar. Para um administrador de rede, o rpm pode ser reduzido a três comandos básicos:

- rpm -i *package*: A opção -i é usada para instalar software.
- rpm -e *package*: A opção -e é usada para remover software.
- rpm -q: A opção -q é usada para listar um pacote de software já instalado no computador. Use -qa para listar todos os pacotes instalados.

Para encontrar o pacote Apache entregue com a distribuição, monte o CD-ROM de distribuição de Linux, e olhe no diretório RPMS. Aqui está um exemplo de nosso sistema Red Hat:

```
$ cd /mnt/cdrom/RedHat/RPMS
$ ls apache
apache-1.3.20-16.i386.rpm
apacheconf-0.8.1-1.noarch.rpm
```

Este exemplo supõe que o CD-ROM estava montado em /mnt/cdrom. Ele mostra que estão incluídos dois pacotes de software relacionados com Apache na distribuição do Red Hat. Um é o software de servidor web, e o outro é uma ferramenta de configuração Apache para o X Window System. Instale o apache-1.3.20-16.i386.rpm com este comando:

```
# rpm -i apache-1.3.20-16.i386.rpm
```

Depois de instalar o pacote, verifique que esteja instalado com outro comando rpm:

```
$ rpm -q apache
apache-1.3.20-16
```

Este exemplo mostra Apache sendo instalado do CD-ROM da distribuição do Red Hat. Se sua distribuição Linux não inclui o software Apache, ou se você quiser a distribuição mais recente, faça um download do Apache da Internet. Está disponível na rede no formato RPM e em formato binário para sistemas que não têm ferramentas rpm.

O software Apache está disponível em httpd.apache.org na forma de fonte e binário. Abra seu navegador na página da web do Apache e selecione o link Download. Então selecione o link Binaries e o link Linux. Isto exibe uma lista de arquivos tar contendo o software Apache pré-compilado (veja a Figura 6.1).

Capítulo 6 – O servidor web Apache | **175**

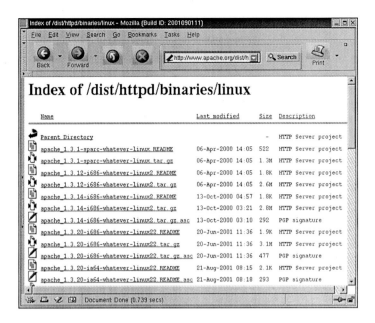

Figura 6.1 - Binários de Linux no site da web de Apache.

Os binários são listados por "machine type" (tipo de máquina). O Linux executa em várias plataformas diferentes. Selecione o binário que seja apropriado para seu processador. Use o comando uname do Linux para descobrir o tipo de máquina de seu servidor. Por exemplo, nosso sistema de exemplo fornece a seguinte resposta:

```
$ uname -m
i686
```

Carregue o arquivo binário correto em um diretório. Renomeie o daemon atual, de forma que não seja executado acidentalmente em lugar do daemon novo, e passe o daemon novo a um diretório reservado para software de terceiros. Por exemplo, em um sistema Red Hat, você pode mover o daemon para /usr/local/bin/httpd. Programas que não sejam administrados por RPM devem ser instalados em /usr/local ou /opt. Caso contrário, você impacta alguns dos benefícios de ter um gerente de pacote. O RPM não pode verificar ou atualizar binários que não administra. Colocar um binário onde o RPM espera encontrar o binário que administra pode causar falsas mensagens de erro de RPM, e pode limitar sua capacidade em instalar pacotes RPM corretamente no futuro. Aqui, nós renomeamos o binário antigo, copiamos o novo e tivemos certeza de ajustar a propriedade e permissões corretas para o arquivo:

```
# mv    /usr/sbin/httpd    /usr/sbin/httpd.orig
# cp    httpd    /usr/local/bin/httpd
# chown    root:root    /usr/local/bin/httpd
# chmod    0755    /usr/local/bin/httpd
```

Executando o *httpd*

Depois que o RPM Apache estiver instalado, use uma ferramenta como chkconfig ou tksysv para adicionar o httpd ao processo de inicialização, para assegurar que o servidor reinicia quando o sistema reinicializar. Por exemplo, para iniciar o httpd nos níveis de execução 3 e 5 em um sistema Red Hat, entre o seguinte comando chkconfig:

```
[root]# chkconfig —level 35 httpd on
[root]# chkconfig —list httpd
httpd 0:off 1:off 2:off 3:on 4:off 5:on 6:off
```

Se seu sistema não tiver chkconfig, use outra ferramenta, como tksysv. A Figura 6.2 mostra como o tksysv é usada para executar o httpd na inicialização. Realce httpd na caixa Available (disponível), clique Add (adicionar), e então clique Done (terminar) nas próximas duas caixas de diálogo para adicioná-lo ao processo de inicialização.

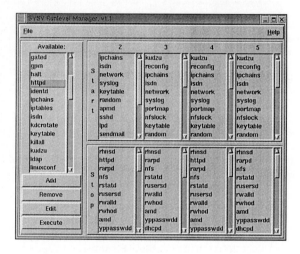

Figura 6.2 - Como capacitar o Apache com tksysv.

NOTA Se você não instalar o Apache de um arquivo RPM, não terá o script de inicialização /etc/init.d/httpd, e precisará adicionar o Apache por conta própria à inicialização.

Você pode ser pego de surpresa ao encontrar o Apache já configurado e pronto para executar. Tente este pequeno teste.

Listagem 6.1 - Iniciando e verificando o *httpd*.

```
[root]# httpd &
[1] 2366
[root]# ps -Chttpd
```

```
PID  TTY   TIME     CMD
2367 ?     00:00:00 httpd
2368 ?     00:00:00 httpd
2369 ?     00:00:00 httpd
2370 ?     00:00:00 httpd
2371 ?     00:00:00 httpd
2372 ?     00:00:00 httpd
2373 ?     00:00:00 httpd
2374 ?     00:00:00 httpd
2375 ?     00:00:00 httpd
[1]+ Done           httpd
```

Inicie o daemon httpd, e use o comando de status de processo (ps) para conferir todos os processos httpd executando no sistema. (Este grupo de processos httpd é chamado de swarm (aglomerar); nós cobriremos swarm depois em mais detalhes.)

Em seguida, abra um navegador da web e aponte-o ao localhost. A Figura 6.3 mostra o resultado.O Apache não só está instalado e executando, como está configurado e respondendo com dados da web.

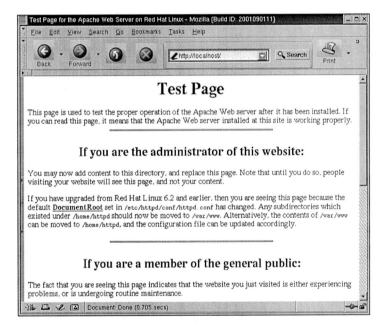

Figura 6.3 - Página da web de instalação de Apache.

Configurando o servidor Apache

Normalmente, neste ponto na discussão de software de servidor, eu digo algo assim: "A instalação é só o começo. Agora você tem que configurar o software". Este realmente não é o caso para o servidor web Apache executando em Linux. Ele está configurado e executará com somente uma pequena contribuição sua. Você edita o arquivo httpd.conf para ajustar o endereço de e-mail do administrador web em ServerAdmin e o nome de host do servidor em ServerName. Fora isso, a configuração para o httpd fornecida com uma distribuição Linux deve estar adequada para esta versão de Linux.

O arquivo httpd.conf está armazenado no diretório /etc/httpd/conf em sistemas Red Hat. Outro sistema operacional pode colocar o arquivo de configuração em um diretório diferente. Para descobrir onde fica situado em seu sistema, olhe no script que foi usado para iniciar o httpd. A localização do arquivo httpd.conf está definida lá. A localização de outros arquivos usados por httpd é definida em httpd.conf. Outro modo muito simples para localizar o arquivo é com o comando find:

```
# find / -name httpd.conf -print
```

Este comando diz a find para procurar em todos os diretórios, sob o diretório raiz (/) por um arquivo chamado httpd.conf, e imprimir o resultado da busca. Use find a qualquer hora que precisar localizar um arquivo.

Depois de localizar o httpd.conf, use um editor para colocar os valores de ServerAdmin e ServerName válidos na configuração. No exemplo do Red Hat Linux 7.2, ServerAdmin tem o valor default:

```
ServerAdmin   root@localhost
```

O endereço de e-mail root@localhost é um endereço válido, mas não é o que nós queremos divulgar a usuários remotos. Nós mudamos ServerAdmin para

```
ServerAdmin   webmaster@www.foobirds.org
```

O valor para ServerName é:

```
#ServerName   localhost
```

Neste caso, ServerName está comentado. Nós removemos a marca de cerquilha (#) para ativar a linha, e mudamos ServerName para

```
ServerName   www.foobirds.org
```

Capítulo 6 – O servidor web Apache | **179**

Na Figura 6.3, nós vimos que quando nosso servidor Apache estiver executando, está entregando dados. É claro que os dados na Figura 6.3 realmente não são os dados que queremos entregar a nossos clientes. Há duas soluções para este problema: coloque os dados corretos no diretório que o servidor está usando, ou configure o servidor para usar o diretório no qual os dados corretos estão localizados.

A diretiva DocumentRoot aponta o servidor para o diretório que contém informações de páginas para a web. Por default, o servidor do Red Hat obtém páginas web do diretório /var/www/html, como você pode ver conferindo o valor para DocumentRoot no arquivo httpd.conf:

```
$ grep '^DocumentRoot' httpd.conf
DocumentRoot  "/var/www/html"
$ ls /var/www/html
index.html manual   poweredby.png
```

O diretório /var/www/html contém dois arquivos e um diretório. O arquivo poweredby.png é o gráfico "Powered by Red Hat" visto ao final da página web que é mostrada na Figura 6.3. O arquivo index.html é o documento HTML que cria a página web vista na Figura 6.3. Por default, o Apache olha um arquivo chamado index.html, e usa-o como a "home page" (página principal) se uma página específica não foi solicitada. O diretório manual contém a documentação do Apache. Pode ser vista seguindo o link de documentação que está perto do final da página web default mostrada na Figura 6.3.

Você pode colocar seu próprio arquivo index.html neste diretório, junto com quaisquer outros arquivos e diretórios de suporte que precise, e o Apache começará a entregar seus dados. Alternativamente, você pode editar o arquivo httpd.conf para mudar o valor na diretiva de DocumentRoot para apontar ao diretório no qual você armazena seus dados. A escolha é sua. De qualquer modo, você precisa criar documentos HyperText Markup Language (HTML) para o servidor web exibir.

HTML e design de documento estão além do escopo deste livro. Criar o conteúdo para um site da web profissional não é um trabalho que normalmente seja atribuído ao administrador de sistema. As pessoas que constroem sites web profissionais são pessoas criativas, com um bom senso de design e um olho artístico. Esta não é a maioria do pessoal técnico que eu conheço. Se não for você, a melhor maneira de lidar com a criação de um site web para seu negócio é contratar alguém que tem o talento apropriado para fazer isto, da mesma forma que sua empresa contrata os profissionais para produzir suas campanhas publicitárias.

Porém, às vezes você pode ser chamado para criar um site web para uma organização que não pode se dar ao luxo de contratar um web designer profissional. Neste caso, você deve recorrer a *Linux Apache Web Server Administration*, por Charles Aulds (Sybex, 2000) para mais informações sobre ferramentas de autoria de HTML.

Depois que as mudanças mínimas são feitas ao arquivo httpd.conf, o servidor pode ser reiniciado. O modo mais fácil para fazer isto em um sistema Red Hat é executar o arquivo de script /etc/init.d/httpd com o argumento restart. O script /etc/init.d/httpd aceita os mesmos argumentos descritos no Capítulo 4, "Servidores de nome Linux", para o script /etc/init.d/named.

O arquivo *httpd.conf*

Apesar do fato de poder mudar uma ou duas opções, você precisa entender como o Apache é configurado, que arquivos o servidor requer, e onde todos os arquivos estão localizados. Dada a importância de servidores web para a maioria das redes, o Apache é muito importante para você ignorar. Adicionalmente, as suposições feitas pela distribuição podem não combinar o uso que você planeja para seu servidor, e você pode querer ajustar a configuração. Para dominar o Apache, você precisa entender o arquivo de configuração do Apache. Tradicionalmente, Apache foi configurado por três arquivos:

httpd.conf - Define ajustes de configuração para o protocolo HTTP e para a operação do servidor. Isto inclui definir que diretório mantém os arquivos de configuração.

srm.conf - Configura como são administradas as solicitações de servidor. Isto inclui definir onde documentos HTTP e scripts são armazenados.

access.conf - Define controle de acesso para o servidor e a informações que ele fornece.

As funções dos três arquivos se sobrepõem, e qualquer diretiva de configuração do Apache pode ser usada em quaisquer dos arquivos de configuração. A divisão tradicional dos arquivos em funções de servidor, de dados e de segurança era essencialmente arbitrária. Alguns administradores ainda seguem esta tradição, mas é muito comum a configuração inteira estar definida no arquivo httpd.conf. Colocar a configuração inteira em httpd.conf é o modo indicado, e a maneira usada em nosso sistema Red Hat de exemplo, e é a que nós usamos neste capítulo. Nas seções seguintes, examinamos o arquivo httpd.conf em detalhes.

O arquivo httpd.conf é um arquivo de texto ASCII. Os comentários começam com um #, e o arquivo é bem documentado por comentários. A maioria dos comandos nos arquivos é escrita na forma de uma diretiva, seguida pelo valor atribuído pelo diretiva. Por exemplo:

```
Listen  443
```

Esta diretiva ajusta Listen para 443. (Mais sobre Listen depois.)

Além de diretivas básicas, o arquivo httpd.conf inclui recipientes que limitam a extensão das diretivas que eles contêm. Por exemplo, para limitar certas diretivas a um diretório específico, crie um recipiente Directory para estas diretivas. Cinco tipos diferentes de recipientes encontrados em httpd.conf do Red Hat são:

<Directory *pathname*> - A diretiva Directory cria um recipiente para as diretivas que se aplicam ao diretório identificado por *pathname*. Quaisquer diretivas de configuração que ocorrem depois da diretiva Directory e antes da próxima declaração </Directory> se aplicam somente ao diretório especificado.

<Files *filename*> - A diretiva Files cria um recipiente para diretivas que se aplicam ao arquivo identificado por *filename*. Quaisquer diretivas de configuração que ocorrem depois da diretiva Files e antes da próxima declaração </Files> se aplicam somente ao arquivo especificado. *filename* pode referenciar a mais de um arquivo

Capítulo 6 – O servidor web Apache | 181

porque pode conter os caracteres curinga * e ?. Adicionalmente, se a diretiva Files é seguida por um ~ (til) opcional, o campo *filename* é interpretado como uma expressão normal.

<Location *document>* - A diretiva Location cria um recipiente para diretivas que se aplicam a um documento específico. Quaisquer diretivas de configuração que ocorrem depois da diretiva Location e antes da próxima declaração </Location> se aplicam somente ao documento especificado.

<IfDefine *argument>* - A diretiva IfDefine cria um recipiente para diretivas que só são aplicadas à configuração se o argumento especificado existir na linha de comando do httpd. Por exemplo, a linha <IfDefine HAVE_SSL> marca o começo de um recipiente de diretivas que são usadas somente se a string -DHAVE_SSL ocorrer na linha de comando do httpd. O recipiente IfDefine termina com a próxima declaração </IfDefine>.

<IfModule *module>* - A diretiva IfModule cria um recipiente para diretivas que somente são aplicadas à configuração se o módulo especificado estiver carregado. Por exemplo, as diretivas incluídas por <IfModule mod_userdir. c> e <\IfModule> são usadas somente se o módulo mod_userdir estiver carregado.

Diretórios e arquivos são fáceis de entender: eles fazem parte do sistema de arquivos que todo administrador de sistema conhece. Por outro lado, documentos são específicos do servidor web. A tela de informações que aparece com respeito a uma consulta web é um documento. Pode ser composto de muitos arquivos de diretórios diferentes. O recipiente Location fornece um modo fácil para referenciar a um documento complexo como uma única entidade. (Nós veremos exemplos de recipientes Directory e Files depois neste capítulo.)

A configuração do Red Hat contém muitas declarações IfDefine e IfModule. As declarações IfModule incluem comandos que dependem do módulo específico; elas permitem a configuração carregar sem erro de sintaxe, até mesmo se um módulo específico não for carregado. As declarações IfDefine permitem selecionar recursos opcionais do Apache da linha de comando. O script /etc/init.d/httpd que inicia o httpd em um sistema Red Hat cria um argumento para todo módulo encontrado em /usr/lib/apache. Então, o comportamento default em um sistema Red Hat é tentar usar cada recurso opcional incluído em /usr/lib/apache.

O arquivo httpd.conf do Red Hat tem mais de 1.400 linhas. Mas a maioria do conteúdo do arquivo é de informações dos desenvolvedores do Apache que é projetado para ajudá-lo a entender como configurar o Apache. O arquivo está cheio de comentários que explicam o propósito das diretivas de configuração, e informações adicionais sobre as diretivas estão disponíveis na documentação on-line em www.apache.org. Ainda, o arquivo httpd.conf do Red Hat contém mais de 250 linhas de configuração ativas. Para deter tanta informação, nós organizamos a discussão do arquivo de configuração em tópicos relacionados. Este não é o modo que as diretivas estão organizados dentro do arquivo de configuração. O arquivo de configuração organiza diretivas por escopo: diretivas de ambiente global, diretivas principais do servidor e diretivas de host virtual. (Hosts virtuais são explicados depois.) Esta organização é boa para o httpd quando está processando o arquivo, mas não tão boa para um ser humano ler o arquivo. Nós reunimos diretivas em grupos relacionados para tornar as diretivas individuais mais compreensíveis, porque depois que você entender as diretivas individuais, entenderá a configuração inteira.

Nós começamos olhando o arquivo httpd.conf com as diretivas que carregam dinamicamente módulos carregáveis. Estes módulos devem ser carregados antes que as diretivas que eles fornecem possam ser usadas na configuração, assim faz sentido discutir carregamento de módulos antes de discutirmos como usar os recursos que eles fornecem. Entender módulos carregáveis dinâmicos é um bom lugar para começar a entender a configuração de Apache.

Carregando Dynamic Shared Objects

As duas diretivas que aparecem mais no arquivo httpd.conf de Red Hat são LoadModule e AddModule. Estas duas diretivas compõem mais de 75 das 250 linhas ativas no arquivo de configuração httpd. Todas estas 75 linhas configuram os módulos de Dynamic Shared Object (objeto compartilhado dinâmico) (DSO) usados pelo servidor web Apache.

O Apache é composto de muitos módulos de software. Como módulos de kernel, módulos DSO podem ser compilados no Apache ou carregados no momento da execução. Execute o httpd com a opção de linha de comando -l para listar todos os módulos compilados no Apache. A Listagem 6.2 mostra os módulos httpd vinculados estaticamente em nosso sistema Red Hat de exemplo.

Listagem 6.2 - Listando módulos *httpd* vinculados estaticamente.

```
$ httpd -l
Compiled-in modules:
    http_core.c
    mod_so.c
```

Alguns sistemas podem ter muitos módulos compilados no daemon Apache. Outros, como o sistema Red Hat Linux 7.2, são entregues somente com dois módulos compilados. Estes são:

http_core.c - Este é o módulo central. Sempre está vinculado estaticamente ao núcleo do Apache. Fornece as funções básicas que devem ser encontradas em todo servidor web Apache. Este módulo é requerido. Todos os outros módulos são opcionais.

mod_so.c - Este módulo fornece suporte para o momento da execução dos módulos Dynamic Shared Objects. É requerido se você planeja vincular dinamicamente outros módulos no momento da execução. Se os módulos forem carregados pelo arquivo httpd.conf, este módulo deve ser instalado no Apache para suportar os módulos carregados dinâmicamente. Por isto, está normalmente vinculado estaticamente no núcleo do Apache.

O Red Hat também usa muitos módulos carregados dinamicamente. Duas diretivas são usadas no arquivo httpd.conf para habilitar módulos carregados dinamicamente. Primeiro, cada módulo é identificado por uma diretiva LoadModule. Por exemplo, para solicitar o módulo que controla o agente de arquivo de registro de usuário, digite esta linha no arquivo httpd.conf:

```
LoadModule  agent_log_module  modules/mod_log_agent.so
```

A diretiva LoadModule é seguida pelo nome do módulo e o caminho ao próprio módulo.

Além da diretiva LoadModule, a configuração de Red Hat identifica cada módulo com uma diretiva AddModule. Isto acrescenta o nome de módulo à lista de módulos que são realmente carregados no momento da execução. A lista de módulos inclui todos os módulos opcionais - os que são compilados no servidor e os que são carregados dinamicamente - com exceção do módulo central, que não é opcional. Por exemplo, para acrescentar o agent_log_module à lista de módulo, acrescente a seguinte linha ao arquivo httpd.conf:

```
AddModule   mod_log_agent.c
```

A diretiva AddModule é seguida pelo nome do arquivo-fonte do módulo que está sendo carregado. Não é o nome de módulo visto na linha LoadModule; é o nome do arquivo-fonte que produziu o módulo objeto, que é idêntico ao nome de arquivo do objeto, exceto pela extensão. Na linha LoadModule, o nome de arquivo do objeto é mod_log_agent.so. Aqui, o nome do arquivo-fonte é mod_log_agent.c. Módulos executáveis, chamados de *objetos compartilhados*, usam a extensão .so, e os módulos de linguagem C na lista de adição usam a extensão .c.

A Tabela 6.1 lista os módulos que o Red Hat Linux 7.2 identifica em seu arquivo httpd.conf de exemplo com as diretivas AddModule.

Tabela 6.1 - Módulos DSO carregados na configuração do Red Hat.

Módulo	Propósito
mod_access	Especifica os controles baseados em host e domínio.
mod_actions	Mapeia um script CGI para um tipo de arquivo MIME.
mod_alias	Aponta para diretórios de documento fora da árvore de documentos.
mod_asis	Define tipos de arquivo devolvidos sem cabeçalhos.
mod_auth	Habilita autenticação de usuário.
mod_auth_anon	Habilita logins anônimos.
mod_auth_db	Habilita uso de um arquivo de autenticação DB.
mod_autoindex	Habilita a geração de índice automática.
mod_bandwidth	Ajusta os limites de largura de banda de uso de servidor.
mod_cgi	Habilita a execução de programas CGI.
mod_dav	Fornece extensões de protocolo WebDAV.
mod_dir	Controla formatação de listagens de diretório.
mod_env	Autoriza CGI e SSI para herdar todas as variáveis de ambiente de shell.
mod_expires	Ajusta a data para o cabeçalho Expires (expirar).
mod_headers	Habilita cabeçalhos de resposta personalizados.
mod_imap	Processa arquivos de mapa de imagem.

184 | *Linux: servidores de rede*

Tabela 6.1 - Módulos DSO carregados na configuração do Red Hat. (continuação)

Módulo	Propósito
mod_include	Processa arquivos SSI.
mod_info	Habilita o uso do manipulador de informações de servidor.
mod_log_agent	Aponta ao agente de arquivo de registro.
mod_log_config	Habilita o uso de formatos de registro personalizados.
mod_log_referer	Aponta para o indicador de registro, que registra informações sobre sites remotos que recorrem a seu site.
mod_mime	Fornece suporte a arquivos MIME.
mod_negotiation	Habilita negociação de conteúdo de MIME.
mod_perl	Fornece suporte para a linguagem Perl.
mod_php	Fornece suporte para a linguagem PHP.
mod_php3	Suporte PHP adicional.
mod_php4	Suporte PHP adicional.
mod_put	Fornece suporte a cliente para transferências de arquivos do servidor usando os comandos PUT e DELETE.
mod_python	Fornece suporte para a linguagem Python.
mod_rewrite	Habilita mapeamento de nome de arquivo para URI.
mod_roaming	Fornece suporte o Netscape Roaming Access.
mod_setenvif	Ajusta variáveis de ambiente de informações de cliente.
mod_so	Fornece suporte a tempo de execução para objetos compartilhados (DSO).
mod_ssl	Fornece suporte para Secure Sockets Layer.
mod_status	Fornece acesso baseado em web ao relatório de informações do servidor.
mod_throttle	Limita o uso máximo de usuários individuais.
mod_userdir	Define onde os usuários podem criar páginas de web públicas.
mod_vhost_alias	Fornece suporte para hosts virtuais baseados em nome.

Além das diretivas LoadModule e AddModule, o arquivo httpd.conf do Red Hat contém uma outra diretiva que se relaciona a carregar DSOs. Antes dos módulos serem acrescentados à lista de módulos que estão disponíveis para o Apache, a lista de módulo antiga pode ser limpa com a diretiva ClearModuleList. ClearModuleList ocorre no arquivo httpd.conf de Red Hat depois da última diretiva LoadModule e antes da primeira diretiva AddModule.

Diretivas básicas do servidor

Algumas diretivas definem informações básicas sobre o próprio servidor. Nós modificamos duas destas, ServerAdmin e ServerName, ao criar a configuração básica.

ServerAdmin define o endereço de e-mail do administrador do servidor web. Na configuração default do Red Hat, isto está ajustado para root@localhost na hipótese de sempre haver uma conta roo, e sempre haver um host com nome de localhost. Mude isto para o endereço de e-mail completo do administrador de web real. Por exemplo:

```
ServerAdmin  webmaster@www.foobirds.org
```

Nós usamos o endereço de e-mail de administrador web clássico webmaster@www.foobirds.org como o valor para ServerAdmin neste exemplo. Para funcionar, precisamos de uma entrada webmaster no arquivo aliases de sendmail, que criamos no Capítulo 5, "Como configurar um servidor de correio"; e um registro CNAME no banco de dados de DNS para www.foobirds.org, que criamos no Capítulo 4. Serviços de Internet estão geralmente inter-relacionados e dependentes na própria configuração dos serviços relacionados.

ServerName define o nome de host retornado a clientes quando eles lêem dados deste servidor. Na configuração default do Red Hat, ServerName foi comentado, e o exemplo na linha de comentário ajustou ServerName a localhost. Mude isto para fornecer um nome de host real. Por exemplo:

```
ServerName  www.foobirds.org
```

Quando a diretiva ServerName está marcada como comentário (#), o nome "real" do host é enviado aos clientes. Assim, se o nome atribuído à primeira interface de rede for wren.foobirds.org, este é o nome enviado aos clientes quando ServerName não for definido. Definindo um valor explícito para ServerName documenta a configuração, e assegura que você obtenha exatamente o valor que quer. Nós ajustamos ServerName para www.foobirds.org de forma que, apesar do servidor web estar executando em wren, o servidor será conhecido como www.foobirds.org durante interações na web. É claro que www.foobirds.org deve ser um nome de host válido configurado em DNS. No Capítulo 4, nós definimos www como sendo um apelido para wren no arquivo de zona foobirds.org.

A diretiva UseCanonicalName controla se o valor definido para ServerName é usado ou não. UseCanonicalName define como o httpd controla as URLs de "auto-referência", as quais recorrem de volta ao servidor. Quando isto é ajustado para on, como está na configuração do Red Hat, o valor em ServerName é usado. Se for ajustado para off, o valor que entrou na consulta do cliente é usado. Se seu site usar nomes de host múltiplos, você pode querer ajustar isto em off, de forma que o usuário verá o nome que ele espera na resposta.

A opção ServerRoot define o diretório que contém os arquivos do servidor httpd. Isto é diferente de DocumentRoot, que é o diretório que contém os arquivos de informações que o servidor apresenta aos clientes. No Red Hat e na maioria dos outros sistemas, este é /etc/httpd. O diretório conf sob ServerRoot contém os três arquivos de configuração. Então, httpd.conf está localizado sob o ServerRoot que ele define.

186 | Linux: servidores de rede

A opção ServerType define como o servidor é iniciado. Se o servidor iniciar de um script de inicialização no momento da inicialização, a opção é ajustada para standalone. Se o servidor estiver executando por demanda pelo inetd ou xinetd, ServerType é ajustada em inetd. Na maioria das vezes, servidores web tem uma alta demanda, assim é melhor iniciá-los no momento da inicialização. Porém, é possível para um usuário configurar um site web pequeno e raramente usado em um desktop Linux. Neste caso, executar o servidor pelo inetd ou xinetd pode ser desejável.

Port define o número da porta TCP usada pelo servidor. O número padrão é 80. De vez em quando, os servidores web privados executam em outros números de porta. 8080 e 8000 são portas alternativas comuns para sites da web privados. Se você mudar o número, tem então que dizer aos seus usuários o número de porta não padronizada. Por exemplo, http://private.foobirds.org:8080 é um URL para um site da web que executa na porta 8080 TCP no host private.foobirds.org.

Quando o ServerType é ajustado para inetd, normalmente é desejável ajustar Port para algo diferente de 80. A razão para isto é que as portas abaixo de 1024 são portas "privilegiadas". Se for usada a porta 80, o httpd tem que executar a partir de inetd com o ID do usuário root. Este é um problema potencial de segurança, porque um intruso poderia explorar o site web para conseguir acesso de usuário root. Usar a porta 80 está certo quando ServerType for standalone porque o processo httpd inicial não fornece serviço de cliente direto. Ao contrário, inicia vários outros daemons HTTP para fornecer serviços de cliente que não executam com privilégio de root.

Configuração de servidor multi-homed

Um servidor web que está conectado a mais de uma rede física é chamado de um servidor multi-homed. Tal servidor, tem mais de um endereço IP. Se assim for, o sistema necessita saber qual endereço deve escutar para solicitações que chegam ao servidor. Há duas opções de configuração para controlar isto:

BindAddress - Diz ao httpd que endereço deve ser usado para interações de servidor. O valor default é * o que significa que o servidor deve responder a solicitações de serviço web endereçadas a quaisquer de seus endereços IP válidos. Se um endereço específico for usado na linha de comando BindAddress, apenas solicitações endereçadas a este endereço serão respondidas. O BindAddress não está explicitamente ajustado na configuração de Red Hat.

Listen - Diz ao httpd quais endereços e portas adicionais devem ser monitorados para solicitações de serviços web. Os pares de endereço e porta são separados por um dois pontos. Por exemplo, para monitorar a porta 8080 no endereço IP 172.16.64.52, digite 172.16.64.52:8080. Se uma porta for digitada sem endereço, o endereço do servidor é usado. Se a diretiva Listen não for usada, o httpd só monitora a porta definida pela diretiva Port. A configuração do Red Hat usa somente a diretiva Listen para fornecer suporte SSL. Neste caso, ajuste a porta padrão em 80, e ajuste a porta SSL em 443.

Como definir onde as coisas são armazenadas

A diretiva DocumentRoot, que foi mencionada antes, define o diretório que contém os documentos do servidor web. Por razões de segurança, este não é o mesmo diretório que contém os arquivos de configuração. A diretiva ServerRoot define a localização dos arquivos de configuração de servidor. Em nosso sistema Red Hat de exemplo, DocumentRoot e ServerRoot são

```
DocumentRoot  "/var/www/html"
ServerRoot  "/etc/httpd"
```

As diretivas PidFile e ScoreBoardFile definem os caminhos de arquivos que se relacionam ao status do processo. O PidFile é o arquivo no qual o httpd armazena o ID do processo; o ScoreBoardFile é o arquivo no qual httpd grava informações de status do processo. Se o ScoreBoardFile não for definido, o Apache usa um segmento de memória compartilhada ao invés de um arquivo, que melhora o desempenho.

A diretiva Alias e a diretiva ScriptAlias mapeiam um caminho de URL para um diretório no servidor. Por exemplo:

```
Alias  /icons/  "/var/www/icons/"
ScriptAlias  /cgi-bin/  "/var/www/cgi-bin/"
```

A primeira linha mapeia o caminho de URL /icons/ para o diretório /var/www/icons. Assim, uma solicitação para www.foobirds.org/icons/ é mapeada para www.foobirds.org/var/www/icons/.

A configuração do Red Hat contém várias diretivas Alias para controlar vários mapeamentos diferentes, e uma diretiva ScriptAlias global. A diretiva ScriptAlias funciona exatamente do mesmo modo que a diretiva Alias, exceto que o diretório que aponta contém programas CGI executáveis. Então, o httpd concede os privilégios de execução ao diretório. ScriptAlias é particularmente importante porque lhe permite manter scripts web executáveis em um diretório que é separado de DocumentRoot. Scripts CGI são uma grande ameaça de segurança a seu servidor. Mantê-los separadamente lhe permite fornecer controles mais efetivos de quem tem acesso aos scripts.

A diretiva UserDir habilita páginas web pessoais de usuários, e aponta para o diretório que contém as páginas do usuário. UserDir normalmente aponta para public_html. Com este default ajustado, os usuários criam um diretório chamado public_html nos diretórios home deles para manter as suas páginas web pessoais. Quando uma solicitação entrar para www.foobirds.org/~sara, é mapeada para www.foobirds.org/home/sara/public_html.

Uma alternativa é definir um nome de caminho completo como /home/userpages na linha de comando UserDir. Então o administrador cria o diretório, e autoriza cada usuário a armazenar páginas pessoais em subdiretórios deste diretório. Uma solicitação para www.foobirds.org/~sara mapeia para www.foobirds.org/home/homepages/sara. As vantagens desta abordagem são que melhoram a segurança, tornando-se mais fácil para você monitorar o conteúdo de páginas de usuário, e tornando-se mais fácil para controlar quem pode publicar páginas, em lugar de autorizar todos os usuários a fazer isto.

188 | *Linux: servidores de rede*

A opção DirectoryIndex define o nome do arquivo que é recuperado se a solicitação do cliente não incluir um nome de arquivo. Nosso sistema Red Hat de exemplo tem os seguintes valores para esta opção:

```
DirectoryIndex  index.html  index.htm  index.shtml  index.php  index.php4
index.php3  index.phtml  index.cgi
```

Dado o valor definido para DocumentRoot e este valor, se o servidor obtiver uma solicitação para http://www.foobirds.org/songbirds/, tenta primeiro localizar um arquivo chamado /var/www/html/songbirds/index.html. Observe que o DocumentRoot é pré-ajustado para qualquer solicitação, e o DirectoryIndex é anexado a qualquer solicitação que não termina em um nome de arquivo. Se o servidor achar um arquivo com este nome, serve o arquivo para o cliente. Se não achar o arquivo, tenta index.htm e então index.shtml, e assim por diante até a linha para index.cgi. Se nenhum dos arquivos definidos por DirectoryIndex for encontrado, o httpd envia para o cliente uma listagem do diretório. Várias diretivas controlam como esta listagem de diretório é formatada.

Criando um índice bem elaborado

Se a opção FancyIndexing for especificada na diretiva IndexOptions, o httpd cria uma lista de diretório que inclui gráficos, links e outros recursos fantásticos. As opções seguintes definem os gráficos e recursos usados na listagem de diretório caprichada:

IndexIgnore - Lista os arquivos que não deveriam ser incluídos na listagem de diretório. Arquivos podem ser especificados por nome, por nome parcial, por extensão ou por caracteres curinga padrão.

HeaderName - Define o nome de um arquivo que contém informações a serem exibidas no topo da listagem de diretório.

ReadmeName - Define o nome de um arquivo que contém informações a serem exibidas no final da listagem de diretório.

AddIcon - Define o arquivo do ícone usado para representar um arquivo baseado na extensão de nome de arquivo.

DefaultIcon - Define o arquivo do ícone usado para representar um arquivo ao qual não foi dado um ícone por qualquer outra opção.

AddIconByEncoding - Define o arquivo do ícone usado para representar um arquivo baseado no tipo de codificação MIME do arquivo.

AddIconByType - Define o arquivo do ícone usado para representar um arquivo baseado no arquivo MIME do arquivo.

Definindo tipos de arquivos

Tipos de arquivo MIME e extensões de arquivo têm um papel importante em ajudar o servidor a determinar como um arquivo deve ser controlado. Especificar opções MIME também é uma parte importante do arquivo httpd.conf. As opções envolvidas são as seguintes:

DefaultType - Define o tipo de MIME que é usado quando o servidor não puder determinar o tipo de um arquivo. Por default, isto é ajustado para text/html. Assim, quando um arquivo não tiver nenhuma extensão de arquivo, o servidor supõe que seja um arquivo HTML.

AddEncoding - Mapeia um tipo de codificação MIME a uma extensão de arquivo. A configuração do Red Hat contém duas diretivas AddEncoding:

```
AddEncoding  x-compress  Z
AddEncoding  x-gzip  gz  tgz
```

A primeira diretiva mapeia a extensão de arquivo .Z para o tipo de codificação MIME x-compress. A segunda linha mapeia as extensões de arquivo .gz e .tgz para o tipo de codificação MIME x-gzip.

AddLanguage - Mapeia um tipo de linguagem MIME a uma extensão de arquivo.

LanguagePriority - Ajusta a codificação da linguagem no caso de o cliente não especificar uma preferência.

AddType - Mapeia um tipo de arquivo MIME a uma extensão de arquivo.

AddHandler - Mapeia um manipulador de arquivo para uma extensão de arquivo. Um *manipulador de arquivo* é um programa que sabe processar um arquivo. Exemplos simples disto são cgi-script, que é o manipulador para arquivos CGI; e server-parsed, que manipula Server Side Includes (SSI). (SSI e CGI são cobertos mais adiante.)

Administrando processos filhos

No projeto do servidor web do NCSA (National Center for Supercomputer Application – Centro Nacional para Aplicações de Supercomputador) original, o servidor ramificaria os processos para controlar as solicitações individuais. Isto colocou uma carga pesada na CPU quando o servidor estava ocupado, e gerou um impacto na responsabilidade do servidor. Era possível até mesmo o sistema inteiro ser subjugado por processos de daemon HTTP.

O Apache usa outra abordagem. Um conjunto de processos de servidor inicia no momento da inicialização. (O comando ps na Listagem 6.1 mostra vários processos httpd executando em um sistema Linux.) Todos os processos no conjunto compartilham a carga de trabalho. Se todos os processos httpd persistentes tornam-se ocupados, processos de reserva são iniciados para compartilhar o trabalho.

190 | *Linux: servidores de rede*

Cinco opções no arquivo de configuração httpd.conf controlam como os processos de servidor filho são administrados. As opções que controlam a administração destes processos de reserva são como segue:

MinSpareServers - Define o número mínimo de processos de servidor inativos que devem ser mantidos. Na configuração do Red Hat isto é ajustado para 5, que é o valor default usado na distribuição do Apache. Com esta configuração, outro processo é criado para manter o número mínimo de processos inativos quando o número de processos httpd inativos caírem abaixo de 5. Ajuste MinSpareServers mais alto se o servidor estiver freqüentemente lento para responder por causa de períodos de atividade alta.

MaxSpareServers - Define o número máximo de processos de servidor inativos que podem ser mantidos. Na configuração do Red Hat isto é ajustado em 20. Durante um pico de atividade podem ser criados vários processos de httpd para manipular as solicitações dos clientes. Quando a atividade baixa, os processos ficam inativos. Com a configuração do Red Hat, os processos serão mortos se mais de 20 processos httpd estiverem ficando inativos.

StartServers - Define o número de processos httpd persistentes iniciados no momento da inicialização. Na configuração do Red Hat é ajustado para 8. O efeito desta diretiva pode ser visto na saída do comando ps na Listagem 6.1, que mostrou que nove daemons httpd estavam executando. Um destes é o processo pai que administra o conjunto, mas não serve a solicitações de cliente. Os outros oito são os processos filhos que de fato controlam as solicitações de clientes por dados.

MaxClients - Define o número máximo de clientes a serem servidos. Solicitações além do número máximo são colocadas em fila até que um servidor esteja disponível. O Red Hat ajusta isto em 150, que é o valor geralmente usado. O default usado quando MaxClients não está definido é o valor ajustado por HARD_SERVER_LIMIT quando o Apache é compilado, que normalmente é 256. MaxClients impede o servidor de consumir todos os recursos de sistema quando receber um número muito grande de solicitações de clientes. A configuração de MaxClients do Red Hat deve ser aumentada somente se o número de clientes simultâneos que usam seu servidor habitualmente exceder a 150, e seu servidor é um sistema poderoso com discos rápidos e uma quantidade grande de memória. É geralmente melhor controlar os clientes adicionais acrescentando servidores adicionais do que é amontoar mais clientes em um servidor.

MaxRequestsPerChild - Define o número de solicitações de clientes que um processo filho pode controlar antes de ter que terminar. O Red Hat ajusta isto para um valor muito baixo, 1.000. MaxRequestsPerChild é usado quando o sistema operacional ou bibliotecas tiverem escapes de memória que causem problemas para processos persistentes. O Apache recomenda uma configuração de 10.000 se seu sistema tiver problemas de escape de memória. Ajuste MaxRequestsPerChild para 0, o que significa "ilimitado" – um processo filho pode manter a manipulação de solicitações de cliente enquanto o sistema estiver ativo e executando – a menos que você saiba que a biblioteca que usou para compilar o Apache tenha um escape de memória.

Capítulo 6 – O servidor web Apache | **191**

As diretivas User e Group definem o UID e o GID sob os quais o conjunto de processos httpd está executando. Quando o httpd inicia no momento da inicialização, executa como um processo raiz, se liga à porta 80, e então inicia um grupo de processos filhos que fornecem os serviços web atuais. O UID e o GID definidos no arquivo httpd.conf são atribuídos a estes processos filhos. O UID e o GID devem fornecer o menor privilégio possível de sistema para o servidor web. Na maioria dos sistemas Linux, este é o usuário nobody e o grupo nobody. Uma alternativa para usar nobody é criar um ID de usuário e um ID de grupo apenas para o httpd. O Red Hat usa esta abordagem, e cria o usuário especial apache e o grupo especial apache. A vantagem em criar um UID e um GID especial para o servidor web é que você pode usar permissão de grupo para adicionar proteção, e não estará completamente dependente da permissão geral concedida a nobody. Se você criar seu próprio usuário e grupo para Apache, ajuste as permissões de arquivo para a conta de usuário nova muito cuidadosamente. (Veja o Capítulo 9, "Compartilhar arquivo", para informações sobre segurança de sistema de arquivo.)

Diretivas de ajuste de desempenho

A diretiva KeepAlive habilita ou incapacita o uso de conexões persistentes. Sem uma conexão persistente, o cliente tem que fazer uma conexão nova ao servidor para cada link que o cliente quiser explorar. Devido ao HTTP atropelar o TCP, toda conexão requer uma nova configuração de conexão. Isto adiciona tempo a toda recuperação de arquivo. Com uma conexão persistente, o servidor espera para ver se o cliente tem solicitações adicionais antes de fechar a conexão. Então, o cliente não precisa criar uma conexão nova para pedir um documento novo. O KeepAliveTimeout define o número de segundos que o servidor segura uma conexão persistente aberta, esperando para ver se o cliente tem solicitações adicionais.

MaxKeepAliveRequests define o número máximo de solicitações que serão aceitas em uma conexão "mantida-viva" antes de uma conexão TCP nova ser requerida. O valor default de Apache é 100. Ajustar MaxKeepAliveRequests para 0 permite solicitações ilimitadas. 100 é um bom valor para este parâmetro. Poucos usuários solicitam 100 transferências de documento, assim o valor essencialmente cria uma conexão persistente para todos os casos razoáveis. Adicionalmente, se o cliente solicitar mais de 100 transferências de documento, poderia indicar um problema com o sistema de cliente. Neste ponto, requerer outra solicitação de conexão provavelmente é uma boa idéia.

Timeout define o número de segundos que o servidor espera para uma transferência se completar. O valor precisa ser grande o bastante para controlar o tamanho dos arquivos que seu site envia e o baixo desempenho das conexões de modem de seus clientes. Mas se for ajustado muito alto, o servidor segura conexões abertas para clientes que podem ter ficado offline. A configuração do Red Hat tem isto ajustado para cinco minutos (300 segundos).

BrowserMatch é um tipo diferente de parâmetro de ajuste: reduz o desempenho por causa da compatibilidade. A configuração do Red Hat contém as seguintes cinco diretivas de BrowserMatch:

```
BrowserMatch   "Mozilla/2"  nokeepalive
BrowserMatch   "MSIE 4\.0b2;"  nokeepalive  downgrade-1.0  force-response-1.0
```

```
BrowserMatch    "RealPlayer    4\.0"    force-response-1.0
BrowserMatch    "Java/1\.0"    force-response-1.0
BrowserMatch    "JDK/1\.0"    force-response-1.0
```

As diretivas BrowserMatch apresentam informações de uma maneira que é compatível com as capacidades de diferentes navegadores web. Por exemplo, um navegador pode ser capaz de manipular apenas o HTTP 1.0, não o HTTP 1.1. Neste caso, downgrade-1.0 é usado na linha de BrowserMatch para assegurar que o servidor use somente o HTTP 1.0 ao lidar com este navegador. Na configuração do Red Hat, keepalives está desabilitado para os dois navegadores. A um navegador é oferecido somente HTTP 1.0 durante a conexão. E respostas são formatadas para serem compatíveis com HTTP 1.0 para quatro navegadores diferentes.

Não se inquiete com as diretivas BrowserMatch. Estas configurações são colocadas como default na distribuição Apache. Elas já estão ajustadas para controlar as limitações de navegadores diferentes. Estes são parâmetros de ajuste, mas são usados pelos desenvolvedores Apache para ajustar à limitação de navegadores mais antigos.

Diretivas de caching

Várias diretivas controlam o comportamento de caching do servidor. Um *cache* é uma cópia localmente mantida da página web de um servidor. Quando firewalls são usados, acesso web direto é freqüentemente bloqueado. Os usuários conectam a um servidor proxy pela rede local, e o servidor proxy é configurado para se conectar ao servidor web remoto. Servidores proxy não têm que manter cópias colocadas em cache de páginas web, mas o caching melhora o desempenho, reduzindo a quantidade de tráfego enviada sobre a WAN e reduzindo a contenção para sites web comuns. As diretivas que controlam o comportamento de caching são como segue:

ProxyRequests - Configurar esta opção para on torna seu servidor um servidor proxy. Por default, isto é ajustado para off.

ProxyVia - Habilita ou incapacita o uso de cabeçalhos Via:, que ajudam a localizar de onde páginas colocadas em cache vieram na verdade .

CacheRoot - Define o diretório no qual são gravadas páginas web colocadas em cache. Para evitar tornar o diretório gravável para o usuário nobody, crie um ID de usuário especial para o httpd quando você executar um servidor proxy.

CacheSize - Define o tamanho máximo do cache em kilobyte. O default é 5KB, que é um tamanho muito pequeno. Muitos administradores de sistemas consideram 100MB uma configuração mais razoável.

CacheGcInterval - Define o intervalo de tempo no qual o servidor limpa o cache. É definido em horas, e o default é 4. Dados os valores defaults, o servidor limpa o cachê de até 5 kilobytes a cada quatro horas.

CacheMaxExpire - Define o número máximo de horas que um documento é mantido no cache sem pedir uma cópia atualizada do servidor remoto. O default é 24 horas. Com o default, um documento colocado em cache pode ficar até um dia desatualizado.

CacheLastModifiedFactor - Define a duração de tempo que um documento é colocado em cache, baseado em quando foi modificado por último. O fator default é 0.1. Então, se um documento for recuperado e foi modificado 10 horas atrás, é mantido no cache durante somente uma hora antes de uma cópia atualizada ser solicitada. A suposição é de que se um documento mudar freqüentemente, o tempo de sua última modificação será recente. Assim, documentos que freqüentemente mudam são colocados em cache por um curto período de tempo. De qualquer forma,, nada é colocado em cachê, em um tempo mais longo do que CacheMaxExpire.

CacheDefaultExpire - Define um valor defauly de vencimento de cache para protocolos que não fornecem o valor. O default é uma hora.

NoCache - Define uma lista dos nomes de host de servidores cujas páginas você não quer em cache. Se você sabe que um servidor tem constantemente mudança de informações, não quer em cache a informação deste servidor porque seu cache sempre estará desatualizado. Listar o nome deste servidor na linha da diretiva NoCache significa que consultas são enviadas diretamente ao servidor, e as respostas do servidor não são salvas no cache.

Definindo hosts virtuais

Hosts virtuais permitem a um servidor hospedar vários sites da web conhecidos por diferentes nomes de host. A configuração do Red Hat tem uma seção inteira dedicada a hosts virtuais, mas é toda comentada. Está lá só para servir como um exemplo. Para usar hosts virtuais, você deve primeiro tirar o comentário da diretiva NameVirtualHost para habilitar hosts virtuais baseados em nome. Há hosts virtuais baseados em IP, mas estes consomem valiosos endereços de IP. Hosts virtuais baseados em nome são recomendados pelos desenvolvedores do Apache, e são preferidos pela maioria dos administradores.

No sistema de amostra do Red Hat, a diretiva NameVirtualHost é comentada. A linha é:

```
#NameVirtualHost   *
```

O asterisco nesta linha representa qualquer endereço atribuído a qualquer interface no host. Para tornar isto mais compreensível, seremos mais explícitos. Nós removemos a marca de cerquilha (#) para ativar a linha, e ajustamos o endereço NameVirtualHost para o endereço principal de nosso servidor:

```
NameVirtualHost   172.16.5.1
```

Em seguida, defina os hosts virtuais que serão servidores. Por exemplo, para hospedar sites da web para fish.edu e mammals.com no servidor wren.foobirds.org, acrescente as seguintes linhas ao arquivo httpd.conf:

```
<VirtualHost  www.fish.edu>
DocumentRoot  /var/www/html/fish
ServerName  www.fish.edu
</VirtualHost>
<VirtualHost  www.mammals.com>
```

```
DocumentRoot  /var/www/html/mammals
ServerName  www.mammals.com
</VirtualHost>
```

Cada diretiva VirtualHost define um alias de nome de host para o qual o servidor responde. Para isto ser válido, o DNS tem que definir o alias com um registro CNAME. O exemplo requer registros CNAME que atribuem para wren.foobirds.org os aliases de www.fish.edu e www.mammals.com. Quando wren receber uma solicitação de servidor endereçada a um destes aliases, ele usa os parâmetros de configuração definidos aqui para anular suas configurações normais. Então, quando obtém uma solicitação para www.fish.edu, usa www.fish.edu como seu valor ServerName, ao invés de seu próprio nome de servidor, e usa /var/www/html/fish como o DocumentRoot.

Estes são exemplos simples. Qualquer diretiva de configuração válida pode ser colocada dentro de um recipiente de VirtualHost.

Segurança do servidor web

Servidores web são vulneráveis a todos os problemas de segurança normais, que são discutidos no Capítulo 12, "Segurança". Mas eles também têm suas próprias considerações de segurança especiais. Além de todas as ameaças normais, como rombos de rede e de negação de ataques de serviço, os servidores web são responsáveis por proteger a integridade das informações disseminadas pelo servidor e por proteger as informações enviadas pelo cliente ao servidor.

O acesso a informação do servidor é protegido por controles de acesso. Pelo arquivo httpd.conf, você pode configurar controles de acesso em nível de host e em nível de usuário. Controle de acesso é importante para proteger páginas web internas e privadas, mas a maioria das informações web é planejada para disseminação para o mundo afora. Para estas páginas web globais, você não quer limitar o acesso de qualquer forma, mas quer proteger a integridade da informação em todas as páginas.

Um dos riscos de segurança sem igual para um servidor web é ter um intruso mudando a informação nas páginas web. Todos nós temos ouvido falar de um alto nível de incidentes quando intrusos entram e mudam a home page de alguma agência de governo, inserindo material cômico ou pornográfico. Estes ataques não são planejados para fazer danos a longo prazo ao servidor, mas são planejados para embaraçar a empresa que executa o site da web.

Use as permissões de arquivo de Linux discutidas no Capítulo 9 para proteger os arquivos e diretórios nos quais você armazena documentos. O servidor não precisa permissões de gravação, mas precisa ler e executar estes arquivos. Arquivos executáveis, se projetados pobremente, são sempre uma ameaça de segurança potencial.

A ameaça de CGI e SSI

O Apache por si só é muito confiável e razoavelmente seguro. A ameaça maior para segurança de servidor é o código que você ou seus usuários escrevem para o servidor executar. Duas fontes destes problemas são os programas Common Gateway Interface (interface de meio de acesso comum) (CGI) e Server Side Includes (inclusões do lado de servidor) (SSI).

Uma das maiores ameaças para segurança de servidor são programas CGI mal escritos. Intrusos exploram código pobre forçando estouros de buffer ou passando comandos shell pelo programa ao sistema. O único modo para evitar isto e ainda ter o benefício de programas CGI, que podem ser escritos em C, Perl, Python e outras linguagens de programação, é ter muito cuidado sobre o código que você torna disponível em seu sistema. Aqui estão algumas medidas preventivas básicas para se lembrar:

- Rever pessoalmente todos os programas incluídos no diretório cgi-bin.
- Tentar escrever programas que não permitam entrada de usuário de forma livre.
- Usar menus drop-down ao invés de entrada de teclado.
- Limitar o que entra para seu sistema do usuário.

Para tornar mais fácil revisar todos os scripts CGI, mantenha tudo no diretório ScriptAlias. Não permita ExecCGI em qualquer outro diretório, a menos que esteja certo de que ninguém possa colocar um script lá que você não tenha revisado pessoalmente. (O modo como ExecCGI e outras opções de servidor são controlados é coberto na próxima seção.)

Server Side Includes também é chamado Server Parsed HTML, e os arquivos têm freqüentemente a extensão de arquivo .shtml. Estes arquivos são processados pelo servidor antes de serem enviados ao cliente. Estes arquivos podem incluir outros arquivos ou executar código de arquivos de script. Se a digitação de usuário for usada para modificar o arquivo SSI dinamicamente, está vulnerável ao mesmo tipo de ataques que os scripts CGI.

Comandos SSI estão embutidos dentro de comentários HTML. Então, cada comando SSI começa com <!-- e termina com -->. Os comandos SSI estão listados na Tabela 6.2.

Tabela 6.2 - Comandos de Server Side Includes.

Comando	Propósito
#config	Formata a exibição de tamanho de arquivo e horário.
#echo	Exibe variáveis.
#exec	Executa um script CGI ou um comando shell.
#flastmod	Exibe a data que um documento foi modificado por último.
#fsize	Exibe o tamanho de um documento.
#include	Insere outro arquivo no documento atual.

196 | *Linux: servidores de rede*

O modo mais seguro para operar um servidor é desabilitar todos o processamentos SSI. Este é o default, a menos que All ou Includes seja especificado por uma diretiva Options no arquivo httpd.conf. Uma configuração de compromisso é permitir SSI, mas desabilitar os comandos #include e #exec, que são a maior ameaça de segurança. Use IncludesNOEXEC na diretiva Options para esta configuração.

Opções de servidor para documentos e diretórios

O arquivo httpd.conf pode definir controles de servidor para todos os documentos de web ou para documentos em diretórios individuais. A diretiva Options especifica quais opções de servidor são permitidas para documentos. Colocar a diretiva Options dentro de um container Directory limita a extensão da diretiva àquele diretório específico. A configuração de Red Hat Linux 7.2 fornece os exemplos mostrados na Listagem 6.3.

Listagem 6.3 - Containers de diretório ativos no arquivo *httpd.conf* do Red Hat.

```
<Directory />
    Options  FollowSymLinks
    AllowOverride  None
</Directory>
<Directory "/var/www/html">
    Options  Indexes  FollowSymLinks
    AllowOverride  None
    Order  allow,deny
    Allow  from  all
</Directory>
<Directory "/var/www/icons">
    Options  Indexes  MultiViews
    AllowOverride  None
    Order  allow,deny
    Allow  from  all
</Directory>
<Directory "/var/www/cgi-bin">
    AllowOverride  None
    Options  None
    Order  allow,deny
    Allow  from  all
</Directory>
<Directory /usr/share/doc>
    order  deny,allow
    deny  from  all
    allow  from  localhost  .localdomain
    Options  Indexes  FollowSymLinks
</Directory>
```

Esta configuração define controles de opção de servidor para cinco diretórios: raiz (/), /var/www/html, /var/www/icons, /var/www/cgi-bin e diretórios do /usr/share/doc. O exemplo mostra quatro valores possíveis para a diretiva Options: FollowSymLinks, Indexes, None e MultiView. A diretiva Options tem várias configurações possíveis:

All - Permite o uso de todas as opções de servidor.

ExecCGI - Permite a execução de scripts CGI neste diretório. A opção ExecCGI permite executar scripts CGI de diretórios diferentes do diretório apontado pela diretiva ScriptAlias. Muitos administradores ajustam esta opção para o diretório ScriptAlias, mas fazendo assim é redundante. A diretiva ScriptAlias já específica que /var/www/cgi-bin é o diretório de script. Na Listagem 6.3, Options é ajustada para None (nenhum) para o diretório /var/www/cgi-bin sem desfazer o efeito da diretiva ScriptAlias.

FollowSymLinks - Permite o uso de links simbólicos. Se isto for permitido, o servidor trata um link simbólico como se fosse um documento no diretório.

Includes - Permite o uso de Server Side Includes (SSI).

IncludesNOEXEC - Permite Server Side Includes (SSI) que não inclui comandos #exec e #include.

Indexes - Permite uma listagem gerada pelo servidor do diretório se um arquivo index.html não for encontrado.

MultiViews - Permite a linguagem do documento ser negociada.

None - Não permite qualquer opção de servidor. Isto fornece o nível mais alto de segurança.

SymLinksIfOwnerMatch - Permite o uso de links simbólicos se o arquivo-alvo do link for propriedade do mesmo ID de usuário do link.

Use opções de servidor com cuidado. As opções None, Indexes e MultiView usadas na configuração do Red Hat não devem causar problemas de segurança, embora Indexes dê aos usuários remotos uma listagem dos conteúdos de diretório se nenhum arquivo index.html for encontrado e MultiView consome recursos do servidor. FollowSymLinks tem potencial para problemas de segurança porque links simbólicos podem aumentar o número de diretórios nos quais são armazenados documentos. Quanto mais diretórios, mais difícil a tarefa de protege-los, porque todos os diretórios têm que ter as próprias permissões ajustadas, e tudo deve ser monitorado para possível corrupção de arquivo.

Os diretórios no exemplo anterior também contêm diretivas AllowOverride. Estas diretivas limitam a quantidade de controles de configuração dadas aos diretórios individuais.

Controles de configuração em nível de diretório

A diretiva AccessFileName .htaccess de httpd.conf habilita o uso de um arquivo de controle de configuração em nível de diretório, e declara que o nome do arquivo de configuração de diretório é .htaccess. Se o servidor encontrar um arquivo com este nome em um diretório, aplica os comandos de configuração definidos no arquivo ao diretório baseado na diretiva AllowOverride que se aplica ao diretório. O arquivo .htaccess lhe permite distribuir controle aos indivíduos que criam e administram os diretórios de dados individuais.

Conceitualmente, o arquivo .htaccess é semelhante a um container Directory. Da mesma forma que as diretivas em um container Directory se aplicam a um diretório específico, as diretivas no arquivo .htaccess só se aplicam ao diretório no qual o arquivo é encontrado. As diretivas no arquivo .htaccess são potencialmente as mesmas usadas no arquivo httpd.conf, que definem a configuração de sistema inteiro.

198 | Linux: servidores de rede

A diretiva AllowOverride tem seis palavras-chave que ajustam o nível de controle de configuração dado ao arquivo .htaccess:

None - Não permite nenhuma anulação de configuração. Em efeito, None incapacita o arquivo .htaccess.

All - Permite ao arquivo .htaccess anular tudo definido nos arquivos de configuração httpd.conf para o qual a anulação é permitida. Isto é o mesmo que especificar todas as quatro palavras-chave restantes: AuthConfig, FileInfo, Indexes e Limit.

AuthConfig - Permite ao arquivo .htaccess definir diretivas de autenticação de usuário. Autenticação de usuário é coberta depois neste capítulo.

FileInfo - Permite ao arquivo usar diretivas que controlam tipos de documento.

Indexes - Permite a .htaccess configurar uma indexação elegante.

Limit - Permite ao arquivo configurar controles de acesso em nível de host. Controles de acesso são discutidos na próxima seção.

Além destes valores de palavra-chave, comandos individuais podem ser permitidos através AllowOverride. Por exemplo, para permitir a um diretório definir seu próprio mapeamento de extensão, especifique

```
AllowOverride   AddType
```

As diretivas Options e AllowOverride controlam o acesso a anulação de configuração e recursos do servidor, o que pode ajudar a manter as informações protegidas de corrupção. Porém, às vezes você tem informações que quer manter protegidas de distribuição em larga escala. Controles de acesso limitam a distribuição de informações.

Definindo controles de acesso

Além das diretivas Options e AllowOverride, os container Directory na Listagem 6.3 incluem as diretivas Order, Allow e Deny. Estas três diretivas lhe permitem definir controles de acesso em nível de host. Um exemplo tirado da Listagem 6.3 explica melhor esta capacidade . A Listagem 6.4 mostra um container Directory e uma diretiva Alias associada.

Listagem 6.4 - Controles de acesso do Apache.

```
Alias  /doc/  /usr/share/doc/
<Directory  /usr/share/doc>
      order  deny,allow
      deny from all
      allow  from  localhost  .localdomain
      Options  Indexes  FollowSymLinks
</Directory>
```

Este exemplo mostra uma diretiva Alias que mapeia o nome de documento "doc" ao diretório /usr/share/doc, e o container Directory para /usr/share/doc, que é um diretório em sistemas Linux que contém uma gama enorme de documentação. Os controles de acesso no container Directory, permitem aos usuários que estão registrados no servidor web acessar o diretório

Capítulo 6 – O servidor web Apache | 199

por um navegador usando o nome de documento "doc". Usuários que não estão diretamente registrados no servidor têm acesso negado. A Figura 6.4 mostra a página exibida a usuários que têm acesso liberado.

Figura 6.4 - Um índice elegante para /usr/share/doc.

A Figura 6.4 mostra um bonito exemplo de indexação elegante. Mas para esta discussão, a coisa mais importante a perceber é que este índice só é apresentado a usuários registrados para o host local; quer dizer, o servidor web. Os controles de acesso específicos usados na Listagem 6.4 para limitar acesso a usuários registrados no host local são os seguintes:

Order - Define a ordem na qual as regras de controle de acesso são avaliadas. A linha de comando order deny,allow diz a httpd para aplicar a regra definida pela diretiva Deny primeiro e então permitir exceções a esta regra baseado na regra definida pela diretiva Allow. O exemplo bloqueia o acesso de todos com a regra deny, e então permite exceções para o sistema que tem o nome de host localhost e para sistemas que fazem parte do domínio localdomain com a regra allow.

Deny from - Identifica hosts que não têm permissão para acessar documentos web encontrados neste diretório. O host pode ser identificado por um nome de host completo ou parcial ou endereço IP. Um nome de domínio pode ser usado para comparar todos os hosts em um domínio. A palavra-chave all bloqueia todos os hosts, que é o que foi feito na Listagem 6.4.

Allow from - Identifica hosts que tem acesso permitido aos documentos. O host pode ser identificado por um nome de host completo ou parcial ou endereço IP. Um nome de domínio pode ser usado para comparar todos os hosts em um domínio. A palavra-

200 | *Linux: servidores de rede*

chave all permite todos os hosts, que é o que foi feito na maioria dos containers Directory na Listagem 6.3. Afinal de contas, você normalmente cria dados web para compartilhá-los com o mundo. Porém, o container na Listagem 6.4 é diferente - limita acesso a um host específico. A diretiva Allow from na Listagem 6.4 contém um nome de host e um nome de domínio. No Capítulo 4, nós vimos que o nome de host localhost mapeia para o endereço de loopback 127.0.0.1 atribuído à interface de loopback interna lo0. Nenhum host externo pode acessar a interface de loopback. Mais adiante, nós vimos que o Red Hat cria um domínio chamado localdomain que contém só um nome de host: localhost. A diretiva Allow from na Listagem 6.4 permite somente ao host local acessar o diretório /usr/share/doc.

Suponha que você quis tornar o diretório /usr/share/doc disponível a todo host no domínio foobirds.org. Edite o arquivo httpd.conf, mudando a diretiva Allow from no recipiente /usr/share/doc para o seguinte:

```
allow  from  localhost  .foobirds.org
```

Isto permite acesso pela interface de loopback do host local, e pela rede de todo host no domínio foobirds.org.

O exemplo na Listagem 6.4 controla acesso no nível de host. Este tipo de controle é usado geralmente para separar informações para usuários internos de informações para clientes externos. Também é possível controlar acesso de arquivo no nível de usuário e de grupo.

Requerendo autenticação de usuário

Autenticação de usuário controla acesso aos arquivos no nível de usuário e de grupo, requerendo um nome de usuário e senha antes do acesso ser permitido. A Listagem 6.5 é um exemplo de container Directory com estes níveis de controle de acesso adicionados.

Listagem 6.5 - Autenticação de usuário para acesso web.

```
<Directory  /home/httpd/internal/accounting>
AuthName  "Accounting"
AuthType  Basic
AuthUserFile  /usr/local/etc/http.passwords
AuthGroupFile  /usr/local/etc/http.groups
require  hdqtrs  rec  bill  pay
order  deny,allow
deny from all
allow  from  foobirds.org
</Directory>
```

As duas primeiras diretivas neste container são AuthName e AuthType. AuthName define o nome do domínio da autenticação - um valor que é colocado no cabeçalho WWW-Authenticate enviado ao cliente. Um *domínio* é um grupo de recursos de servidor que compartilham a mesma autenticação. No exemplo, o diretório /home/httpd/internal/accounting é o único item no domínio de Contabilidade. Mas seria possível ter outros diretórios protegidos por senha ou documentos no domínio de Contabilidade. Se nós tivéssemos, um

Capítulo 6 – O servidor web Apache | **201**

usuário autenticado para qualquer recurso no domínio de Contabilidade estaria autenticado para todos os recursos naquele domínio.

A diretiva AuthType especifica o tipo de autenticação de senha que será usada. Este pode ser Basic ou Digest. Quando for especificado Basic, uma senha de texto plano em claro é usada para autenticação. Quando for especificado Digest, o Message Digest 5 (MD5) é usado para autenticação. O Digest raramente é usado, em parte porque não está completamente implementado em todos os navegadores. Mas o mais importante, é que não é usado porque dados que requerem autenticação forte são mais bem protegidos usando a segurança de Secure Sockets Layer (SSL), que é coberto depois neste capítulo.

Na Listagem 6.5, o acesso é permitido se o usuário pertencer a um grupo válido e tiver uma senha válida. Estes grupos e senhas não são os grupos e senhas usados pelo login. Estes grupos e senhas são definidos especificamente para o servidor web. Os arquivos que você cria para este propósito são os apontados pelas entradas AuthUserFile e AuthGroupFile.

Acrescente uma senha ao arquivo de senha do servidor web com o comando htpasswd que vem com o sistema Apache. Acrescente grupos ao arquivo de grupo editando o arquivo com qualquer editor de texto. As entradas no arquivo de grupo começam com o nome do grupo seguido por um dois pontos e uma lista de usuários que pertencem ao grupo; por exemplo, hdqtrs: amanda pat craig kathy.

A diretiva Require exige ao usuário que entre o nome do usuário web e a senha. Na Listagem 6.5, o acesso é limitado a usuários que pertencem a um dos grupos hdqtrs, rec, bill ou pay; e a quem entra com uma senha válida. Alternativamente, a palavra-chave valid-user pode ser usada na linha de comando da diretiva Require ao invés de uma lista de grupos. Se fosse, qualquer usuário com uma senha válida teria tido acesso, e o arquivo de grupo teria sido ignorado.

As diretivas Order, Deny e Allow executam a mesma função na Listagem 6.5 que elas fizeram na Listagem 6.4. A Listagem 6.5 adiciona autenticação de senha para autenticação de host. Porém, autenticação de host não é uma condição prévia para autenticação de senha. Se as diretivas Order, Deny e Allow não forem usadas na Listagem 6.5, qualquer sistema na Internet será autorizado a acessar os documentos se o usuário naquele sistema tiver o nome de usuário e a senha corretos.

Autenticação de usuário de alto desempenho

Se o servidor tiver mais do que alguns usuários que são exigidos a usar senha de autenticação para acessar o site da web, o desempenho do arquivo de senha padrão será inadequado. O módulo de autenticação padrão, mod_auth, usa um arquivo plano, que deve ser pesquisado seqüencialmente para encontrar a senha do usuário. Pesquisar um arquivo plano com algumas centenas de entradas pode consumir muito tempo.

Uma alternativa é armazenar as senhas em um banco de dados indexado. Dois módulos, mod_auth_dbm e mod_auth_db, fornecem suporte para bancos de dados de senha. Eles são usados exatamente do mesmo modo como a autenticação de arquivo plano padrão. As únicas diferenças são as diretivas usadas para definir o banco de dados dentro do arquivo httpd.conf e o comando usado para acrescentar senhas ao banco de dados de senha. A diretiva AuthUserFile usada para o arquivo plano é substituída por AuthDBUserFile para

202 | *Linux: servidores de rede*

mod_auth_db ou por AuthDBMUserFile para mod_auth_dbm. Nosso sistema Red Hat de exemplo tem o módulo mod_auth_db instalado. A Listagem 6.6 mostra o exemplo da Listagem 6.5 reescrito para usar um arquivo de banco de dados no sistema Red Hat de exemplo.

Listagem 6.6 - Usar *mod_auth_db* para autenticação de usuário.

```
<Directory  /home/httpd/internal/accounting>
AuthName  "Accounting"
AuthType  Basic
AuthDBUserFile  /usr/local/etc/http.passwords
AuthDBGroupFile  /usr/local/etc/http.groups
require  hdqtrs  rec  bill  pay
order  deny,allow
deny from all
allow  from  foobirds.org
</Directory>
```

O comando htpasswd não pode ser usado para acrescentar senhas a um arquivo de banco de dados. No lugar, use o comando dbmmanage. O formato do comando dbmmanage é:

```
dbmmanage  file  command  username  password
```

file é o nome de arquivo do banco de dados. Nomes de usuário e senhas são exatamente os conteúdos que você espera para um banco de dados de senha. O *command* é a palavra-chave que fornece direções ao comando dbmmanage. Os valores de *command* válidos são os seguintes:

add - Acrescenta um nome de usuário e senha ao banco de dados. A senha fornecida já deve estar codificada.

adduser - Acrescenta um nome de usuário e senha ao banco de dados. A senha é fornecida como texto plano, e é codificada através de dbmmanage.

check - Verifica para ver se o nome de usuário está no banco de dados, e se as senhas combinam.

delete - Remove uma entrada do banco de dados.

import - Copia as entradas *username:password* de stdin para o banco de dados. As senhas já devem estar codificadas.

update - Muda a senha para um usuário que já está no banco de dados.

view - Exibe os conteúdos do banco de dados.

Para acrescentar os usuários sara e jay ao banco de dados de senha, entre os comandos mostrados na Listagem 6.7.

Listagem 6.7 - Acrescentar usuários com *dbmmanage*.

```
#  cd  /usr/local/etc
#  dbmmanage  http.password  adduser  sara
New  password:
Re-type  new  password:
User  sara  added  with  password  encrypted  to  9jwUHif5Eu/M2
```

```
# dbmmanage http.password adduser jay
New password:
Re-type new password:
User jay added with password encrypted to MoiefJuxcM.OY
# dbmmanage http.password view
jay:MoiefJuxcM.OY
sara:9jwUHif5Eu/M2
```

Usar um banco de dados de autenticação fornece dramáticas melhorias de desempenho. Sempre use este recurso ao usar autenticação de usuário para um grupo grande de usuários.

Configurando SSL

Os recursos de segurança previamente descritos são todos projetados para proteger informações fornecidas pelo servidor. Além de proteger a segurança de dados no servidor, você é responsável por proteger a segurança dos dados de seu cliente. Se quiser dirigir um negócio de comércio eletrônico, você tem que usar um servidor seguro que protege as informações pessoais de seus clientes, como números de cartão de crédito. Servidores Apache seguros usam Secure Sockets Layer (SSL) para criptografar sessões protegidas.

SSL é mais poderoso e mais complexo que os recursos de segurança discutidos antes. É mais poderoso porque usa criptografia de chave pública para autenticação forte e negocia codificação de sessão. Quando o SSL é usado, a troca de dados entre o cliente e o servidor é codificada. Tudo enviado do cliente e do servidor é protegido.

O SSL também é mais complexo porque ferramentas externas devem ser usadas para criar as chaves necessárias para codificação.

O pacote mod_ssl adiciona suporte SSL ao Apache. Em troca, mod_ssl depende do OpenSSL para codificar bibliotecas, ferramentas e os protocolos SSL subjacentes. Muitos sistemas Linux incluem OpenSSL. Antes de instalar mod_ssl, tenha certeza de que o OpenSSL está instalado em seu sistema. Se sua distribuição não incluir OpenSSL, carregue o código-fonte de www.openssl.org. Execute o utilitário config que vem com o código-fonte e então execute make para compilar o OpenSSL. Execute make test, e make install para verificar e instalá-lo.

Depois que o OpenSSL estiver instalado, o mod_ssl pode ser instalado. Muitos sistemas Linux, incluindo nosso sistema Red Hat de exemplo, fornecem mod_ssl como parte do sistema Apache básico. Se sua distribuição não fornecer, carregue o pacote mod_ssl de www.modssl.org. Recompile o Apache usando a opção —with-ssl para incorporar as extensões SSL ao Apache.

A instalação do mod_ssl insere várias linhas de configuração de SSL na configuração do Apache de exemplo, normalmente chamado de httpd.conf.default. Estas linhas novas são colocadas dentro de containers IfDefine, de forma que o suporte ao SSL é uma opção que pode ser invocada da linha de comando httpd. O Red Hat, que empacota mod_ssl no sistema básico, é um bom exemplo de como isto é feito. Aqui estão os containers

204 | Linux: servidores de rede

IfDefine para as diretivas LoadModule e AddModule do mod_ssl de um sistema Red Hat Linux 7.2:

```
<IfDefine  HAVE_SSL>
LoadModule  ssl_module      modules/libssl.so
</IfDefine>
<IfDefine  HAVE_SSL>
AddModule  mod_ssl.c
</IfDefine>
```

As diretivas LoadModule e AddModule só são usadas se HAVE_SSL estiver definido na linha de comando httpd. A string HAVE_SSL é arbitrária. Em outro sistema, a string poderia ser "SSL". A chave não é o que a string contém, mas se compara a um valor definido na linha de comando httpd. Por exemplo:

```
# httpd -DHAVE_SSL &
```

Este comando começa um servidor Apache SSL em um sistema Red Hat Linux 7.2.

Além dos containers para as diretivas LoadModule e AddModule, há containers IfDefine que definem a configuração do servidor SSL. As diretivas ativas nos containers do arquivo httpd.conf de Red Hat são mostradas na Listagem 6.8. O arquivo do Red Hat contém muitas linhas de comentário adicionais que não são mostradas na listagem.

Listagem 6.8 - Configuração do servidor Apache SSL do Red Hat.

```
<IfDefine  HAVE_SSL>
Listen  80
Listen  443
</IfDefine>
<IfDefine  HAVE_SSL>
AddType  application/x-x509-ca-cert .crt
AddType  application/x-pkcs7-crl .crl
</IfDefine>
<IfDefine  HAVE_SSL>
<VirtualHost  _default_ :443>
ErrorLog  logs/error_log
TransferLog  logs/access_log
SSLEngine  on
SSLCertificateFile  /etc/httpd/conf/ssl.crt/server.crt
SSLCertificateKeyFile  /etc/httpd/conf/ssl.key/server.key
<Files  ~  "\.(cgi|shtml|phtml|php3?)$">
     SSLOptions  +StdEnvVars
</Files>
<Directory  "/var/www/cgi-bin">
     SSLOptions  +StdEnvVars
</Directory>
SetEnvIf  User-Agent  ".*MSIE.*"  \
     nokeepalive  ssl-unclean-shutdown  \
     downgrade-1.0  force-response-1.0
CustomLog  logs/ssl_request_log  \
     "%t  %h %{SSL_PROTOCOL}x %{SSL_CIPHER}x  \"%r\"  %b"
</VirtualHost>
</IfDefine>
```

Capítulo 6 – O servidor web Apache | 205

O primeiro container IfDefine diz para o servidor escutar na porta 443, bem como a porta 80 padrão. A porta 443 é a porta padrão usada pelo SSL.

O segundo container IfDefine define dois tipos de arquivo MIME. A extensão de arquivo .crt é mapeado para o tipo MIME application/x-x509-ca-cert, e a extensão de nome de arquivo .crl é mapeado para application/x-pkcs7-crl. Estes tipos de arquivo identificam certificados e listas de revogação de certificado. (Mais sobre certificados de chave pública em instantes.)

O centro da configuração do servidor SSL está contido em um container VirtualHost incluído no terceiro container IfDefine. Esta configuração de host virtual é invocada quando uma conexão entrar no servidor default na porta 443 - a porta SSL. Três arquivos de registro especiais, dois perto do começo do container e um ao fim, são criados para localizar erros e solicitações de SSL. (Registro é coberto depois em mais detalhes.) Embora nenhuma raiz de documento especial esteja definida na Listagem 6.8, a maioria dos administradores insere uma diretiva DocumentRoot no container VirtualHost para definir um diretório no qual são armazenados documentos seguros. Qualquer comando de configuração padrão pode ser usado para configurar o host virtual SSL, e há várias outras diretivas que só são válidas quando o SSL estiver executando. As diretivas na Listagem 6.8 que se aplicam especificamente a SSL são

SSLEngine - Habilita o processamento SSL para este host virtual.

SSLOptions - Ajusta opções especiais do protocolo SSL. No exemplo, StdEnvVars são habilitados para todos os arquivos com as extensões .cgi, .shtml, .phtml e .php3; e para o diretório /var/www/cgi-bin. StdEnvVars são variáveis de ambiente que são enviadas em cima da conexão ao cliente. Recuperar estas variáveis é demorado para o servidor, assim elas só são enviadas quando for possível para o cliente usá-las, como é o caso quando scripts CGI ou arquivos SSI estiverem envolvidos.

ssl-unclean-shutdown - Neste caso, a diretiva SetEnvIf executa essencialmente a mesma função que as diretivas BrowserMatch, conferindo para ver se o agente de usuário (o navegador) é Microsoft Internet Explorer. Se for, a opção ssl-unclean-shutdown deixa o Apache saber que este navegador não fechará a conexão corretamente, e que keepalives não devem ser usados com o Internet Explorer.

SSLCertificateFile - Aponta para o arquivo que contém a chave pública do servidor.

SSLCertificateKeyFile - Aponta para o arquivo que contém a chave privada do servidor.

Criptografia de chave pública requer duas chaves de codificação: uma chave pública tornada disponível a todos os clientes, e uma chave privada que é mantida secreta. A chave pública está em um formato especial chamado de *certificado*. Antes de começar o SSL em seu servidor, crie estas duas chaves.

O OpenSSL fornece as ferramentas para criar as chaves públicas e privadas requeridas pelo SSL. A mais simples destas é a Makefile encontrada no diretório ssl/certs, que lhe permite criar certificados e chaves com um comando make. Dois tipos diferentes de argumentos podem ser usados com o comando make para criar um certificado SSL ou chave. Um tipo de argumento usa a extensão de arquivo para determinar o tipo de certificado ou chave criados:

make *name*.key - Cria uma chave privada e a armazena no arquivo *name*.key.

make *name*.crt - Cria um certificado que contém uma chave pública, e o armazena no arquivo chamado *name*.crt.

206 | *Linux: servidores de rede*

make *name*.pem - Cria um certificado e uma chave no formato Privacy Enhanced Mail (PEM), e os armazena no arquivo chamado *name*.pem.

make *name*.csr - Cria uma solicitação de assinatura de certificado. Um certificado pode ser assinado digitalmente por um agente encarregado, chamado uma *autoridade de certificado* (CA), que atesta a autenticidade da chave pública contida no certificado. (Mais sobre isto depois.)

Palavras-chave são o outro tipo de argumento que pode ser usado com esta Makefile. As palavras-chave criam certificados e chaves que são somente planejados para usar com o Apache:

make genkey - Cria uma chave privada para o servidor Apache. A chave é armazenada no arquivo apontado pela variável KEY no Makefile.

make certreq - Cria uma solicitação de assinatura de certificado para o servidor Apache. A solicitação de assinatura de certificado é armazenada no arquivo apontado pela variável CSR no Makefile.

make testcert - Cria um certificado para o servidor Apache. Este certificado pode ser usado para inicializar e testar o servidor SSL. Porém, o certificado não é assinado por uma CA reconhecida e então não será aceitável para uso na Internet. O certificado é armazenado no arquivo apontado pela variável CRT de Makefile.

O diretório /etc/httpd/conf no sistema Red Hat tem um link para Makefile com a finalidade de tornar fácil construir as chaves no mesmo lugar onde o arquivo httpd.conf espera encontrá-los. Uma olhada no diretório /etc/httpd/conf em um sistema Red Hat Linux 7.2 mostra que as chaves apontadas pela diretiva SSLCertificateFile e a diretiva SSLCertificateKeyFile já existem, embora você não as tenha criado.

A Makefile usa o comando openssl para criar os certificados e as chaves. O comando openssl tem uma sintaxe grande e complexa, assim a Makefile fornece real benefício. Porém, você pode usar o comando openssl diretamente para fazer coisas que não estão disponíveis pelo Makefile. Por exemplo, para olhar os conteúdos do certificado que o Red Hat colocou no diretório /etc/httpd/conf, entre o comando openssl mostrado na Listagem 6.9.

Listagem 6.9 - Examinar um certificado com o comando *openssl*.

```
# openssl x509 -noout -text -in ssl.crt/server.crt
Certificate:
  Data:
    Version: 3 (0x2)
    Serial Number: 0 (0x0)
    Signature Algorithm: md5WithRSAEncryption
    Issuer: C=—, ST=SomeState, L=SomeCity, O=SomeOrganization,
     OU=SomeOrganizationalUnit,
     CN=localhost.localdomain/Email=root@localhost.localdomain
    Validity
      Not Before : Jul 27 12:58:42 2001 GMT
      Not After: Jul 27 12:58:42 2002 GMT
    Subject: C=—, ST=SomeState, L=SomeCity, O=SomeOrganization,
     OU=SomeOrganizationalUnit,
     CN=localhost.localdomain/Email=root@localhost.localdomain
    Subject Public Key Info:
      Public Key Algorithm: rsaEncryption
```

```
RSA  Public  Key:  (1024  bit)
  Modulus  (1024  bit):
    00:a3:e7:ef:ba:71:2a:52:ff:d9:df:da:94:75:59:
    07:f9:49:4b:1c:d0:67:b2:da:bd:7b:0b:64:63:93:
    50:3d:a1:02:e3:05:3b:8e:e6:25:06:a3:d2:0f:75:
    0a:85:71:66:d0:ce:f9:8b:b0:73:2f:fe:90:75:ad:
    d6:28:77:b0:27:54:81:ce:3b:88:38:88:e7:eb:d6:
    e9:a0:dd:26:79:aa:43:31:29:08:fe:f8:fa:90:d9:
    90:ed:80:96:91:53:9d:88:a4:24:0a:d0:21:7d:5d:
    53:9f:77:a1:2b:4f:62:26:13:57:7f:de:9b:40:33:
    c3:9c:33:d4:25:1d:a3:e2:47
  Exponent:  65537  (0x10001)
X509v3  extensions:
  X509v3  Subject  Key  Identifier:
    55:E9:ED:C1:BF:1A:D4:F8:C2:78:6E:7A:2C:D4:9C:AC:7B:CD:D2
  X509v3  Authority  Key  Identifier:
    keyid:55:E9:ED:C1:BF:1A:D4:6E:7A:2C:D4:DD:9C:AC:7B:CD:D2
    DirName:/C=-/ST=SomeState/L=SomeCity/0=SomeOrganization/
      OU=SomeOrganizationalUnit/CN=localhost.localdomain/
      Email=root@localhost.localdomain
    serial:00
  X509v3  Basic  Constraints:
    CA:TRUE
Signature  Algorithm:  mdSWithRSAEncryption
  76:78:77:f0:a2:19:3b:39:5f:2a:bd:d0:42:da:85:6e:c2:0c:
  5e:80:40:9c:a8:65:da:bf:38:2b:f0:d6:aa:30:72:fb:d3:1d:
  ce:cd:19:22:fb:b3:cc:07:ce:cc:9b:b6:38:02:7a:21:72:7c:
  26:07:cc:c9:e0:36:4f:2f:23:c9:08:f7:d4:c1:57:2f:3e:5c:
  d5:74:70:c6:02:df:1a:62:72:97:74:0a:a6:db:e0:9d:c9:3d:
  8e:6b:18:b1:88:93:68:48:c3:a3:27:99:67:6f:f7:89:09:52:
  3a:a3:fb:20:52:b0:03:06:22:dd:2f:d2:46:4e:42:f2:1c:f0:
  f1:1a
```

Há muitas informações em um certificado. Mas só algumas partes são necessárias para determinar se este é um certificado válido ou não para nosso servidor:

Issuer (emissor) - O Issuer é o *nome que distingue* o CA que emitiu e assinou este certificado. Este nome tem um formato projetado para identificar exclusivamente uma empresa. Está claro no exemplo que o nome do Issuer é apenas um exemplo, não uma empresa real.

Subject (assunto) - O Subject é o nome que distingue a empresa para a qual este certificado foi emitido. Em nosso caso, deve ser o nome de nossa empresa. É óbvio, que o Subject neste certificado é apenas uma amostra.

Validity (validade) - A Validity é o prazo no qual este certificado está válido. No exemplo, o certificado é válido durante um ano. Devido as datas serem válidas, este certificado pode ser usado para testar o SSL.

Para testar que o servidor SSL está de fato executando, use um navegador para se conectar ao servidor local. Porém, em vez de começar a URL com http://, comece com https://. https conecta para a porta 443, que é a porta SSL. O navegador responde advertindo que o servidor tem um certificado inválido, como mostrado na Figura 6.5.

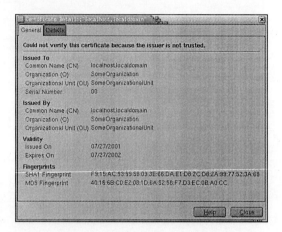

Figura 6.5 - Uma advertência de certificado inválido.

Clicar em View (exibir) mostra algumas das informações de certificado que nós vimos na Listagem 6.9. Você pode aceitar o certificado para esta sessão, e conectar ao "documento seguro". Neste caso, o documento seguro é apenas uma página de teste, porque nós não temos ainda armazenado quaisquer documentos seguros no sistema.

O servidor está ativo e executando, mas não pode realmente ser usado por clientes externos até que o certificado tenha uma assinatura válida. Use make certreq para criar uma solicitação de assinatura de certificado (CSR) específica para seu servidor, como mostrado na Listagem 6.10.

Listagem 6.10 - Criar uma solicitação de assinatura de certificado do Apache.

```
# cd /etc/httpd/conf
# make certreq
umask 77 ; \
/usr/bin/openssl req -new -key /etc/httpd/conf/ssl.key/server.key -out /etc/
->httpd/conf/ssl.csr/server.csr
Using configuration from /usr/share/ssl/openssl.cnf
You are about to be asked to enter information that will be incorporated into
->your certificate request.
What you are about to enter is what is called a Distinguished Name or a DN.
There are quite a few fields but you can leave some blank
For some fields there will be a default value,
If you enter '.' , the field will be left blank.
-----
Country Name (2 letter code) [AU]:US
State or Province Name (full name) [Some-State]:Maryland
Locality Name (eg, city) []:Gaithersburg
Organization Name (eg, company) [Internet Widgits Ltd]:foobirds.org
Organizational Unit Name (eg, section) []:Headquarters
```

Capítulo 6 – *O servidor web Apache* | **209**

```
Common Name (eg, your name or hostname)[]:wren.foobirds.org
Email Address []:alana@foobirds.org

Please enter the following 'extra' attributes
to be sent with your certificate request
A challenge password []:
An optional company name []:
```

A solicitação recém-criada pode ser examinada usando o comando openssl. Observe que a Listagem 6.11 mostra que esta solicitação tem um Subject válido contendo um nome único que identifica o servidor de exemplo. Porém, não há nenhum Issuer. Esta solicitação precisa ser assinada por uma CA reconhecida para se tornar um certificado útil.

Listagem 6.11 - Examinar uma solicitação de assinatura de certificado com *openssl*.

```
# openssl req -noout -text -in server.csr
Using configuration from /usr/share/ssl/openssl.cnf
Certificate Request:
  Data:
    Version: 0 (0x0)
    Subject: C=US, ST=Maryland, L=Gaithersburg, O=foobirds.org,
        OU=Headquarters,
        CN=wren.foobirds.org/Email=alana@foobirds.org
    Subject Public Key Info:
      Public Key Algorithm: rsaEncryption
      RSA Public Key: (1024 bit)
        Modulus (1024 bit):
          00:a3:e7:ef:ba:71:2a:52:ff:d9:df:da:94:75:59:
          07:f9:49:4b:1c:d0:67:b2:da:bd:7b:0b:64:63:93:
          50:3d:a1:02:e3:05:3b:8e:e6:25:06:a3:d2:0f:75:
          0a:85:71:66:d0:ce:f9:8b:b0:73:2f:fe:90:75:ad:
          d6:28:77:b0:27:54:81:ce:3b:88:38:88:e7:eb:d6:
          e9:a0:dd:26:79:aa:43:31:29:08:fe:f8:fa:90:d9:
          90:ed:80:96:91:53:9d:88:a4:24:0a:d0:21:7d:5d:
          53:9f:77:a1:2b:4f:62:26:13:57:7f:de:9b:40:33:
          c3:9c:33:d4:25:1d:a3:e2:47
        Exponent: 65537 (0x10001)
    Attributes:
      a0:00
  Signature Algorithm: md5WithRSAEncryption
        3f:c2:34:c1:1f:21:d7:93:5b:c0:90:c5:c9:5d:10:cd:68:1c:
        7d:90:7c:6a:6a:99:2f:f8:51:51:69:9b:a4:6c:80:b9:02:91:
        f7:bd:29:5e:a6:ad:a7:fc:c2:e2:39:45:1d:6a:36:1f:91:93:
        77:5b:51:ad:59:e1:75:63:4e:84:7b:be:1d:ae:cb:52:1a:7c:
        90:e3:76:76:1e:52:fa:b9:86:ab:59:b7:17:08:68:26:e6:d4:
        ef:e6:17:30:b6:1c:95:c9:fc:bf:21:ec:63:81:be:47:09:c7:
        67:fc:73:66:98:26:5e:53:ed:41:c5:97:a5:55:1d:95:8f:0b:
        22:0b
```

CAs são empresas comerciais com fins lucrativos. Taxas e formulários, bem como a CSR, são exigidos para conseguir um certificado assinado. Navegadores web contêm uma lista de CAs reconhecidas. Em um navegador Netscape 6.1, veja esta lista no Certificate Manager (gerenciador de certificado) em Preferences (preferências), como mostrado na Figura 6.6. Todas as CAs têm sites da web que fornecem os detalhes do custo e o processo de aplicação.

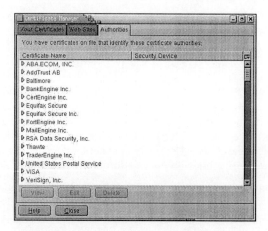

Figura 6.6 - As CAs embutidas no Netscape 6.1.

Embora certificados assinados por uma CA reconhecida sejam amplamente usados, é possível criar um certificado auto-assinado. Mas isto tem uma utilidade muito limitada. Como nós vimos na Figura 6.5, um certificado que não é assinado por uma CA reconhecida deve ser aceito manualmente pelo cliente. Então, certificados auto-assinados podem ser usados somente se você tiver uma base de clientes pequena. Use o comando openssl para assinar o certificado por você mesmo:

```
# openssl req -x509 -key ssl.key/server.key \
> -in ssl.csr/server.csr -out ssl.crt/server.crt
```

Examinar o arquivo server.crt recém-criado com openssl mostra que o Issuer e o Subject contêm o mesmo nome único. Mas agora, o nome é o nome válido de nosso servidor.

Administrando seu servidor web

Apesar do enorme número de diretivas usadas para configurar o Apache, a configuração normalmente não é a tarefa maior envolvida em executar um servidor web. A configuração normalmente requer não mais que o ajuste de algumas opções de configuração quando o servidor for instalado pela primeira vez, após o que a configuração permanece estável. Por outro lado, monitorar o uso e o desempenho do servidor e assegurar sua confiabilidade e segurança são tarefas diárias.

Monitorando seu servidor

O Apache fornece ferramentas para monitorar o status de seu servidor e um registro que mantém um histórico de como o sistema é usado e como se desempenha com o passar do tempo. Uma destas ferramentas é o monitor de status do servidor. Para usar este monitor, ele deve ser compilado no httpd ou instalado como um módulo carregável dinamicamente. As duas linhas seguintes do arquivo de configuração httpd.conf de Red Hat carregam o módulo exigido:

```
LoadModule   status_module  modules/mod_status.so
AddModule   mod_status.c
```

Para obter a quantidade máxima de informações da exibição de status do servidor, acrescente a diretiva ExtendedStatus a seu arquivo httpd.conf. Por default, é comentado na configuração do Red Hat. Remova a marca de cerquilha (#) para ativar esta diretiva; por exemplo:

```
ExtendedStatus   on
```

Habilite o monitor localizando a diretiva do container Location /server-status no arquivo httpd.conf e removendo a marca de cerquilha para ativar as diretivas naquele container. Edite a diretiva Allow from para controlar acesso à tela de status do servidor. Por exemplo, você pode dar acesso ao localhost ou para todos os hosts em seu domínio. A Listagem 6.12 mostra o container sem o comentário depois que foi configurado para permitir acesso de todos os hosts no domínio foobirds.org.

Listagem 6.12 - O recipiente Location server-status.

```
<Location  /server-status>
SetHandler  server-status
order  deny,allow
deny from all
allow  from  foobirds.org
</Location>
```

Depois que o monitor for instalado e habilitado, acesse de um navegador em www.foobirds.org/server-status/?refresh=20. O valor refresh não é requerido, mas quando usado, a exibição de status é automaticamente atualizada. Na Listagem 6.12, nós pedimos uma atualização de status a cada 20 segundos. A Figura 6.7 mostra a tela de status para nosso servidor de teste.

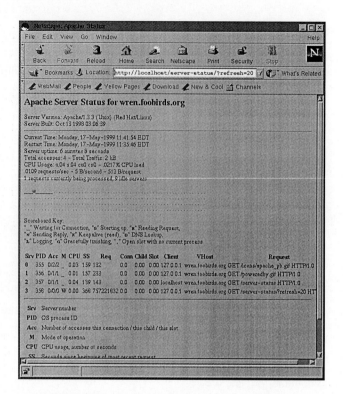

Figura 6.7 - A exibição de status do servidor Apache.

A monitoração lhe diz sobre o status em tempo real de seu servidor, mas até mesmo mais pode ser descoberto olhando para o modo que seu servidor é usado com o passar do tempo. O registro fornece esta informação.

Fazendo logs do Apache

Várias diretivas no arquivo httpd.conf de Red Hat configuram os registros de atividades (logs) do Apache . A diretiva ErrorLog define o caminho do arquivo de registro de erro. Use o registro de erro para descobrir falhas. Revise pelo menos uma vez o registro de erro por dia e procure por problemas. Para observar o arquivo use o comando tail com a opção -f:

```
$ tail -l 1 -f /var/log/httpd/apache/error_log
```

O comando tail -l 1 imprime o último registro no arquivo de erro, e a opção -f mantém o processo tail executando de forma que você verá qualquer registro gravado no arquivo. Isto lhe permite monitorar o arquivo em tempo real.

A diretiva LogLevel define que tipos de eventos são gravados no registro de erro. A configuração do Red Hat especifica que advertências e outros erros mais críticos serão gravados no registro. Há oito configurações possíveis de LogLevel: debug, info, note, warn, error, crit, alert e emerg. Os níveis de registro são cumulativos. debug (depuração) fornece informações de depuração e todos os outros tipos de registro. warn (aviso) fornece advertências, erros, mensagens críticas, alertas e mensagens de emergência. debug faz o arquivo aumentar a uma taxa muito rápida. emerg mantém o arquivo pequeno, mas só o notifica sobre desastres. warn é um meio termo entre detalhe suficiente e muito detalhe.

A diretiva TransferLog define o caminho ao registro no qual o httpd grava informações sobre a atividade do servidor. Tão importante quanto os erros, os registros fornecem informações sobre quem está usando seu servidor, quanto está sendo usado e quão bem está servindo aos usuários. Use o registro de transferência para monitorar a atividade e o desempenho. Servidores web são usados para distribuir informações. Se ninguém quiser ou usar a informação, você precisa sabê-lo. Muito da configuração de registro controla que atividade está registrada, bem como onde está registrado.

As diretivas LogFormat definem o formato de entradas de arquivo de registro. Os arquivos nos quais estas entradas são gravadas são definidos pelas diretivas CustomLog. Na configuração default do Red Hat, há quatro diretivas LogFormat ativas e uma diretiva CustomLog ativa:

```
CustomLog  logs/access_log  combined
LogFormat  "%h %l %u %t \"%r\" %>s %b \"%{Referer}i\"
->\"%{User-Agent}i\"  "  combined
LogFormat  "%h %l %u %t \"%r\" %>s %b"  common
LogFormat  "%{Referer}i -> %U"  referer
LogFormat  "%{User-agent}i"  agent
```

Observe que uma declaração CustomLog e uma declaração LogFormat associada terminam com o mesmo rótulo. Este rótulo é um nome arbitrário usado para ligar o formato e o arquivo juntos. No exemplo, o LogFormat que termina com o rótulo "combined" (combinado) é o formato ligado a diretiva CustomLog. As diretivas LogFormat têm uma sintaxe complexa.

Definindo os formatos dos registros

Arquivos de registro do Apache se adaptam ao Common Log Format (formato de registro comum) (CLF). CLF é um padrão usado por todos os vendedores de servidores web. Usar este formato significa que os registros gerados por servidores Apache podem ser processados por qualquer ferramenta de análise de registro que também se adapte ao padrão, e a maioria o faz.

O formato de uma entrada CLF padrão é definido pela seguinte diretiva LogFormat de nosso arquivo httpd.conf de amostra:

```
LogFormat  "%h %l %u %t \"%r\" %>s %b"  common
```

214 | *Linux: servidores de rede*

Uma entrada CLF contém sete campos, cada um representado por um parâmetro na diretiva LogFormat:

%h - Registra endereço IP ou nome de host do cliente. Se HostnameLookups for ajustado para on, este é o nome de host completamente qualificado do cliente. No sistema Red Hat de exemplo, isto é o endereço de IP porque HostnameLookups está desligado para aumentar o desempenho de servidor.

%l - Registra o nome de usuário atribuído ao usuário no cliente. O nome de usuário é recuperado usando o protocolo identd. A maioria dos clientes não executa identd, e assim não fornece esta informação, assim este campo normalmente contém um hífen para indicar um valor perdido.

%u - Registra o nome de usuário usado para acessar uma página da web protegida por senha. Isto deve comparar um nome definido no arquivo AuthUser ou no banco de dados AuthDBMUser que você criou para o servidor. A maioria dos documentos não está protegida por senha; então, na maioria das entradas de registro, este campo contém um hífen.

%t - Registra a data e o horário.

%r - Registra a primeira linha da solicitação, que geralmente é a URL do documento solicitado. O caractere \" apenas está lá para inserir aspas na saída.

%>s - Registra o estado da última solicitação. Este é o código de resposta de três dígitos que o servidor devolveu ao cliente. (Mais sobre códigos de resposta em instantes.) O > é um caractere literal que aparecerá no arquivo de registro em frente ao código de resposta.

%b - Registra o número de bytes enviados.

O formato da diretiva LogFormat é incluído entre aspas. O rótulo "common" não é parte do formato. É uma string arbitrária usada para amarrar a diretiva LogFormat a uma diretiva CustomLog. Na configuração default do Red Hat, esta diretiva LogFormat em particular não é usada por uma diretiva CustomLog. No lugar, a configuração do Red Hat usa a seguinte LogFormat "combined".

```
LogFormat "%h %l %u %t \"%r\" %>s %b \"%{Referer}i\"
->\"%{User-Agent}i\"  " combined
```

Observe que esta LogFormat começa com os mesmos sete parâmetros como o formato "common" ao qual acrescenta mais informações. Registros do Apache podem ser personalizados para registrar apenas a informação que você quiser rastrear.

Além dos campos CLF padrão, o Apache pode registrar os conteúdos de quaisquer registros de cabeçalho recebidos ou enviados. Por exemplo, para registrar o valor recebido do cliente no cabeçalho User-agent, acrescente o seguinte a uma diretiva LogFormat:

```
%{User-agent)i
```

Isto funciona para qualquer cabeçalho. Simplesmente substitua User-agent pelo nome do cabeçalho. O i indica que este é um cabeçalho de entrada. Para registrar um cabeçalho de saída, use um o no final da descrição.

Capítulo 6 – O servidor web Apache | **215**

A LogFormat "combined" usada em nosso sistema Red Hat de exemplo registra tudo no CLF mais os conteúdos dos cabeçalhos User-agent e Referer digitados. O cabeçalho User-agent contém o nome do navegador usado pelo cliente. O cabeçalho Referer contém o nome do servidor remoto que vinculou a sua página web.

Usando registro condicional

O Apache também suporta registro condicional, que registra campos especificados somente quando certas condições são satisfeitas. As condições que podem ser testadas são os códigos de estado devolvidos pelo servidor. Os códigos de status são

200: OK - A solicitação é válida.

302: Found - O documento solicitado foi encontrado.

304: Not Modified - O documento solicitado não foi modificado.

400: Bad Request - A solicitação é inválida.

401: Unauthorized - O cliente ou o usuário tem acesso negado.

403: Forbidden - O acesso solicitado não é autorizado.

404: Not Found - O documento solicitado não existe.

500: Server Error - Há um erro de servidor não especificado.

503: Out of Resources (Service Unavailable) - O servidor tem recursos insuficientes para honrar a solicitação.

501: Not Implemented - O recurso de servidor solicitado não está disponível.

502: Bad Gateway - O cliente especificou um meio de acesso inválido.

Para fazer um campo condicional, ponha um código de status no campo na entrada LogFormat. Por exemplo, suponha que você queira registrar o nome do navegador somente se o navegador pedir um serviço que não está implementado em seu servidor. Combine o código de estado Not Implemented (não implementado) (501) com o cabeçalho User-agent desta maneira:

```
%501{User-agent}i
```

Se este valor aparecer no LogFormat, o nome do navegador só é registrado quando o código de estado for 501.

Você também pode usar um ponto de exclamação para especificar que quer registrar um valor só quando o código de estado não for um certo valor; o ponto de exclamação indica "not" (não). Por exemplo, para registrar o endereço do site o qual levou o usuário a sua página web, se o código de status não for nenhum dos códigos de status bons, acrescente o seguinte a um LogFormat:

```
%!200,302,304{Referer}i
```

Esta entrada de registro condicional em particular é realmente muito útil. Ela lhe diz quando uma página remota tiver um link ultrapassado apontando para seu site na web. Também mostra que você pode usar códigos de status múltiplos. Use a diretiva LogFormat para definir exatamente que informação é registrada e as condições sob as quais é registrada.

Resumo

Servidores web são uma parte essencial da Internet de qualquer empresa. O Linux é uma plataforma excelente para um servidor web que usa o software Apache incluído na distribuição. O Apache é o servidor web mais popular na Internet. Com o Linux, pode suportar eficazmente o site web de uma empresa grande.

Assim, este livro cobriu alguns dos serviços, como e-mail, DNS e a web, que o Linux faz de melhor. O próximo capítulo conclui a parte deste livro que focaliza em criar um servidor de Internet com uma olhada em como Linux pode ser usado para criar um roteador de Internet barato. Embora oLinux possa não criar o roteador mais poderoso, é certamente um dos mais baratos.

7

Serviços de gateway de rede

Um computador só pode se comunicar diretamente com outros computadores com os quais compartilha uma conexão física. Dado este fato, o computador em sua mesa deve poder se comunicar só com computadores que estão conectados eletricamente ao cabo de rede que conecta o seu sistema. Assim, como se comunica com um computador no outro lado do mundo? Há duas técnicas principais: comutação por circuito e comutação por pacote.

Comutação por circuito é a técnica usada pela rede de telefonia de voz. Quando você tira o telefone do gancho, ouve um sinal de discar. Neste momento, você tem uma conexão elétrica ao switch de telefone na central da companhia telefônica local. Quando disca o número de telefone, você fornece ao switch a informação que ele precisa para fazer conexões adicionais. Usando esta informação, o switch conecta sua porta de chegada a uma porta de saída. Se o número que você está chamando é servido pelo switch local, ele configura uma conexão entre a porta a qual seu telefone está conectado e a porta conectada ao telefone que você está chamando. Se o número que você está chamando está localizado remotamente, o switch local configura uma conexão para o próximo switch através a linha. Cada switch conecta para o próximo switch na linha até que o switch que serve ao telefone remoto seja alcançado. Isto cria um circuito de seu telefone para o telefone remoto, onde quer que esteja localizado, que fica dedicado a seu uso até que você desligue o telefone. Quando seu computador se comunica através de um modem, usa o sistema de telefone para criar um circuito entre ele e o sistema remoto, que é freqüentemente o servidor em um ISP que conecta seu sistema à Internet comutada por pacote. Comutação por pacote é a técnica usada pela maioria das redes de dados. Todo pacote na rede contém um endereço que diz ao switch onde o pacote deve ser entregue. Quando o pacote chega a um switch, o switch lê o endereço e determina como o pacote deve ser remetido. Se o switch tiver uma conexão física ao nó de destino, ele mesmo entrega o pacote. Caso contrário, remete o pacote ao próximo switch no caminho para o nó de destino. Cada pacote é controlado separadamente. Nenhuma conexão ponto-a-ponto é estabelecida.

No modelo de comutação por circuito, a conexão está entre seu telefone e o telefone remoto. No sistema de comutação por pacote, a conexão está entre seu host e o roteador local. A Figura 7.1 ilustra que comutação por pacote usa rotas saltando de switch a switch (hop-by-hop) contra as conexões de ponto-a-ponto usadas pelos circuitos comutados..

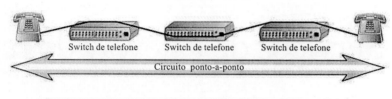

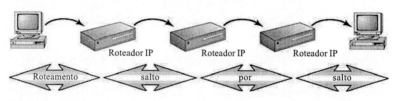

Figura 7.1 - Comutação por circuito versus Comutação por pacote.

NOTA Se você configura seu sistema como um host ou como um roteador IP, não terá conhecimento das rotas ponto-a-ponto na rede. Só saberá a respeito de roteadores locais.

A Internet - e todas as redes TCP/IP - são redes comutadas a pacotes. Um switch de pacote IP é chamado de um *gateway* ou um *roteador IP*. Roteadores interconectam redes, movem dados de uma rede para outra até que a rede de destino seja alcançada. Neste ponto, a entrega direta é feita ao host de destino. Isto está ilustrado na Figura 7.2.

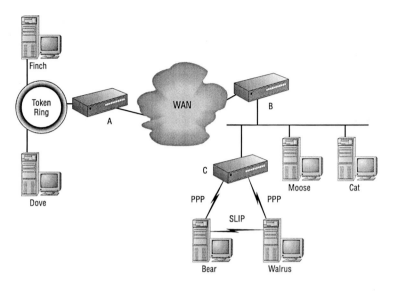

Figura 7.2 - *Roteamento através redes.*

Na figura, um datagrama IP de finch para walrus é enviado primeiro para o roteador A, então para o roteador B, então para o roteador C, e finalmente para walrus. Observe que os roteadores IP podem interconectar tipos diferentes de redes físicas. E, como demonstra este capítulo, qualquer sistema Linux pode ser configurado para ser um roteador IP.

Entendendo o roteamento

O roteamento torna redes TCP/IP em uma internet e é uma função essencial do Internet Protocol (protocolo de Internet) (IP). Até mesmo um sistema Linux, que tem a camada Transport (transporte) e a camada Application (aplicação) situadas sobre a camada IP, toma decisões de roteamento na camada IP. Quando a camada IP recebe um pacote, avalia o endereço de destino no cabeçalho do pacote, como segue:

- Se o endereço de destino for o endereço do computador local, o IP avalia o número do protocolo e passa o pacote para o protocolo de transporte apropriado. (Veja a discussão de números de protocolo no Capítulo 3, "Serviços de login".)
- Se o endereço de destino estiver na mesma rede, o IP entrega o pacote ao host de destino.
- Se o destino estiver em uma rede remota, o IP remete o datagrama a um roteador local. O roteador para o qual o pacote é enviado tem que compartilhar uma rede física com o sistema local. É responsabilidade deste roteador então remeter o pacote para o próximo roteador e assim por diante, salto por salto, até que os pacotes alcancem seu destino.

220 | *Linux: servidores de rede*

Baseado nesta lista de possíveis decisões, o IP entregará diretamente o pacote ou irá despachá-lo para um roteador para processamento adicional. Da leitura do Capítulo 3, você sabe como o IP usa o número de protocolo e o número de porta para entregar dados à aplicação correta dentro do host local. Mas você pode ainda não saber como o IP entrega dados através uma rede. Para entregar um pacote a outro host na mesma rede, o IP tem que usar o endereço da camada física da rede convertendo o endereço IP para o endereço da camada física.

Como converter endereços IP para endereços Ethernet

Como a Figura 7.2 ilustra, o IP pode executar sobre muitos tipos diferentes de redes. O endereço IP é um endereço lógico. O endereço significa alguma coisa para a rede IP lógica, mas não significa nada para as redes físicas sobre as quais IP tem que transportar os dados. Para enviar dados sobre uma rede física, o IP tem que converter o endereço IP para um endereço compreendido pela rede. O exemplo mais comum disto é a conversão de um endereço de IP para um endereço Ethernet. O protocolo que executa esta conversão é o Address Resolution Protocol (protocolo de resolução de endereço) (ARP).

> **NOTA** O protocolo ARP é incluído com sistemas Linux, e é instalado por default como parte do software de rede TCP/IP. Você não tem que fazer qualquer coisa para ativar ARP, e ele deve executar sem problemas.

O protocolo ARP constrói dinamicamente uma tabela que mapeia endereços IP para endereços Ethernet. Faz isto usando as facilidades de transmissão do Ethernet. Quando ARP recebe uma solicitação para converter um endereço de IP em um endereço Ethernet, confere para ver se tem o mapeamento para aquele endereço na tabela ARP. Se o mapeamento estiver lá, o usa. Se não estiver na tabela, ARP envia uma mensagem de broadcast na Ethernet, perguntando quem possui o endereço IP. Quando um computador vê uma transmissão ARP para seu endereço IP, responde com seu endereço Ethernet. ARP então adiciona esta resposta à tabela.

Use o comando arp para examinar os conteúdos da tabela de ARP em seu sistema Linux. Use a opção de linha de comando -a para ver a tabela inteira, como mostrada na Listagem 7.1.

Listagem 7.1 - Como ver o cache do *arp*.

```
$ arp -a
bluejay (172.16.55.1) at 00:00:C0:4F:3E:DD [ether] on eth0
duck (172.16.55.11) at 00:10:48:87:D4:A8 [ether] on eth0
raven (172.16.55.251) at 08:00:20:82:D5:1D [ether] on eth0
gw50 (172.16.50.254) at 00:00:0C:43:8D:FB [ether] on eth1
```

O comando arp lista o nome do host, o endereço IP e o endereço Ethernet de todo sistema atualmente armazenado na tabela de ARP. A palavra-chave ether incluída entre colchetes indica o tipo de hardware. Isto sempre será ether em uma rede Ethernet. Há outros valores de hardware, mas eles são para redes obscuras, como ARCnet. A maioria das entradas no exemplo é para a rede conectada a interface de rede eth0.

Porém, um roteador tem mais de uma interface de rede, assim é possível ver uma exibição de arp com mais de uma interface Ethernet indicada. A última linha na exibição mostra isto. gw50 é alcançado pela interface eth1.

Você também pode usar o comando arp para conferir a entrada de tabela de um host individual:

Listagem 7.2 - Como ver uma única entrada na tabela *arp.*

```
$ arp bluejay
Address    HWtype  HWaddress          Flags Mask    Iface
bluejay    ether   00:00:C0:4F:3E:DD  C              eth0
```

> **NOTA** É possível entrar o comando arp para procurar um host específico e receber a resposta de que não existe nenhuma entrada na tabela para este host. Isto não indica necessariamente um problema. Tente enviar um ping ao host primeiro para preparar o cache. Então, entre o comando arp. Você deve ver a entrada de tabela correta.

A Listagem 7.2 contém muita das mesmas informações da Listagem 7.1. Novamente, há o tipo de hardware, o endereço Ethernet, o nome da interface de rede e o nome de host. (Se você prefere o endereço IP ao nome de host, use a opção -n na linha de comando arp.) Há dois campos, porém, que você não viu na listagem anterior: o campo Flags (sinalizações) e o campo Mask (máscara).

O campo Flags pode conter três possíveis valores:

C - Indica que esta é uma entrada completa. Para ser válida, uma entrada deve estar completa. Então, a sinalização C deve ser sempre ajustada.

M - Indica uma entrada estática feita manualmente. Entradas de tabela ARP normalmente são dinâmicas. Elas são descobertas dos computadores na rede, e são mantidas na tabela ARP durante somente por alguns minutos. Porém, o administrador de sistema pode colocar entradas estáticas na tabela. Estas entradas ficam na tabela enquanto o sistema estiver executando. Veja o Capítulo 13, "Diagnóstico", para informações em como uma entrada estática é usada para diagnosticar um endereço indicando problema.

P - Indica uma entrada que será divulgada *(published).* Em outras palavras, se este computador recebe uma transmissão ARP para o endereço IP nesta entrada, o host local responde com o endereço Ethernet, embora o endereço IP realmente não pertença ao host local. Isto é chamado de proxy ARP, que é usado para ajudar sistemas que não podem responder por eles mesmos. Veja a sidebar "Proxy ARP" para um exemplo de quando isto é usado.

O campo Mask contém uma máscara de rede opcional, se uma for usada. Por default, a máscara é 255.255.255.255, que diz que o endereço IP inteiro corresponde ao endereço Ethernet. Outras máscaras raramente são usadas. Sistemas Unix do Solaris usam a máscara 240.0.0.0 para mapear endereços multicast ao endereço de broadcast Ethernet. Às vezes, um valor de máscara opcional é usado para divulgar um único endereço Ethernet para uma

222 | Linux: servidores de rede

sub-rede inteira. Neste caso, a máscara requerida para a sub-rede específica é usada. Porém, isto não é recomendado. Sub-redes devem ser conectadas por roteamento, não por proxy ARP.

Proxy ARP

Solicitações ARP são enviadas por broadcast sobre a Ethernet. É possível a um host se conectar a uma rede Ethernet por outra tecnologia de rede que não pode responder a uma solicitação ARP. Para focalizar este problema, você pode usar um proxy ARP.

Suponha que dois sistemas conectam a sub-rede 172.16.55.0 por bluejay usando algum hardware que não responde a solicitações ARP. Ambos, o sistema killdeer (172.16.55.8) e o sistema meadowlark (172.16.55.23), foram atribuídos endereços na sub-rede 172.16.55.0. bluejay está configurado para atuar como um proxy ARP para ambos os sistemas com os seguintes comandos:

```
# arp -s killdeer 00:00:C0:4F:3E:DD pub
# arp -s meadowlark 00:00:C0:4F:3E:DD pub
# arp killdeer
Address HWtype  HWaddress  Flags Mask  Iface
killdeer ether 00:00:C0:4F:3E:DDCMP   eth0
# arp meadowlark
Address HWtype  HWaddress  Flags Mask  Iface
meadowlark ether 00:00:C0:4F:3E:DDCMP   eth0
```

O argumento de linha de comando -s diz ao arp que esta é uma entrada estática, e o argumento pub diz que esta entrada será divulgada. Observe que o mesmo endereço Ethernet é usado para killdeer e para meadowlark, e que o endereço é o endereço Ethernet de bluejay. bluejay responde a solicitações ARP com seu próprio endereço Ethernet, de forma que recebe pacotes destinados a killdeer e meadowlark. Devido a bluejay estar configurado para despachar pacotes, quando recebe pacotes para estes sistemas, envia estes pacotes ao host correto pelo hardware não-Ethernet que estes sistemas usam.

O endereço IP deve ser convertido para um endereço de camada física para todos os tipos de entrega de dados externa, se o sistema estiver fazendo uma entrega direta ou estiver despachando um pacote para processamento posterior. Um host tradicional só aceita pacotes da rede que são endereçados ao host. Não aceita pacotes se dirigidos a outros hosts ou despacha estes pacotes em seguida. Por outro lado, roteadores fazem exatamente isto. Para obter este comportamento, você tem que habilitar o roteador para encaminhamento.

Habilitando encaminhamento de pacotes IP

Quando um computador encaminha um pacote que recebeu da rede para um sistema remoto, é chamado de *encaminhamento IP*. Todos os sistemas Linux podem ser configurados para encaminhar pacotes IP. Em geral, os hosts não remetem datagramas, mas roteadores sim.

Para usar um sistema Linux como roteador, habilite encaminhamento de IP configurando o valor correto no arquivo /proc/sys/net/ipv4/ip_forward. Se o arquivo contém um 0, o encaminhamento está desabilitado. Se contiver um 1, o encaminhamento está habilitado. Um cat do arquivo ip_forward mostra a configuração atual para seu sistema:

```
$ cat /proc/sys/net/ipv4/ip_forward
0
```

Escreva um 1 no arquivo para habilitar despachar:

```
[root]# echo "1" > /proc/sys/net/ipv4/ip_forward
[root]# cat /proc/sys/net/ipv4/ip_forward
1
```

Se você pretende executar seu sistema Linux como um roteador, coloque este comando no arquivo rc.local para habilitar encaminhamento toda vez que o sistema inicializar.

No Red Hat Linux 7.2, você pode editar /etc/sysctl.conf e mudar net.ipv4.ip_forward = 0 para net.ipv4.ip_forward = 1. Outras distribuições podem usar arquivos de configuração diferentes para o mesmo propósito. Escrever um valor diretamente para /proc/sys/net/ipv4/ip_forward deve funcionar em todas as distribuições atuais.

Indiferentemente se o sistema é um roteador ou um host, só pode fazer entrega final se estiver na mesma rede que o host de destino. Em todos os outros casos, o sistema tem que enviar o pacote para um roteador. A tabela de roteamento diz ao sistema local a qual roteador o pacote deve ser enviado.

A tabela de roteamento do Linux

O Capítulo 2, "A interface de rede", descreveu a estrutura de um endereço IP, explicando que é composto de uma porção de rede e uma porção de host. O roteamento é orientado a rede; o IP toma sua decisão sobre se entrega o pacote diretamente ou encaminha o pacote para um roteador baseado na porção de rede do endereço. Quando a decisão tomada for para encaminhar o pacote a um roteador, o IP olha na tabela de roteamento para determinar qual roteador deve manipular o pacote.

A tabela de roteamento do Linux é exibida entrando o comando route sem argumentos de linha de comando. Já que prefiro olhar números de rede ao invés de nomes de host ao analisar uma tabela de roteamento, eu uso a opção -n, que impede o route de converter endereços IP em nomes de host para a exibição da tabela de roteamento. A Listagem 7.3 é um exemplo.

Listagem 7.3 - Uma tabela de roteamento simples.

```
$ route -n
Kernel IP routing table
Destination   Gateway        Genmask         Flags  Metric Ref  Use  Iface
172.16.55.0   0.0.0.0        255.255.255.0   U      0      0    0    eth0
172.16.50.0   172.16.55.36   255.255.255.0   UG     0      0    0    eth0
127.0.0.0     0.0.0.0        255.0.0.0       U      0      0    0    lo
0.0.0.0       172.16.55.254  0.0.0.0         UG     1      0    0    eth0
```

224 | *Linux: servidores de rede*

NOTA Em alguns sistemas Unix (Solaris é um exemplo), use netstat -r para listar a tabela de roteamento.

A tabela de roteamento na Listagem 7.3 contém os seguintes campos:

Destination (destino) - A rede de destino (ou host). Normalmente, esta é uma rede, mas como você verá na discussão do campo Flags, é possível ter uma rota específica a host. Para a rota default, este campo contém zeros (0.0.0.0).

Gateway (meio de acesso) - O gateway para o destino especificado. Se este campo contém zeros (0.0.0.0) ou um asterisco (*), significa que a rede de destino está conectada diretamente a este computador e que o "gateway" para aquela rede é a interface de rede do computador.

Genmask - A máscara aplicada aos endereços para ver se eles combinam com o endereço de destino.

Flags (sinalizações) - As sinalizações descrevem certas características desta rota. Os possíveis valores de sinalização são como segue:

U - Esta rota está ativa e operacional.

H - Esta é uma rota a um host específico. Nenhuma das rotas no exemplo são rotas específicas a host, que só são usadas para propósitos especiais.

G - Esta rota usa um gateway externo. As interfaces de rede do sistema fornecem rotas a redes diretamente conectadas. Todas as outras rotas usam gateways externos. Redes diretamente conectadas não têm a sinalização G ajustada; todas as outras rotas sim.

D - Esta rota foi adicionada dinamicamente por um protocolo de roteamento ou um Redirect Message (mensagem de redirecionamento) do ICMP. (Há muito mais sobre protocolos de roteamento depois neste capítulo.) Quando um sistema descobre uma rota por um Redirect do ICMP, adiciona a rota à sua tabela de roteamento, de forma que pacotes adicionais destinados àquele destino não precisarão ser redirecionados.

R - Esta rota foi restabelecida depois de ser atualizada por um protocolo de roteamento dinâmico. Rotas podem ser configuradas como rotas passivas ou estáticas, até mesmo quando um protocolo de roteamento dinâmico estiver sendo usado.

M - Esta rota foi modificada por um protocolo de roteamento dinâmico.

A - Esta rota foi adicionada durante a configuração de endereço. Quando um endereço estiver definido para uma interface local que usa o comando ifconfig, uma rota para esta interface é adicionada à tabela de roteamento. Na prática, a sinalização A não aparece na exibição da tabela de roteamento default.

C - Esta rota está no cache de roteamento. Rotas são temporariamente colocadas em cache quando são usadas para criar uma conexão. O cache pode ser examinado diretamente executando o comando route com a opção -C (por exemplo, route -Cn). Na prática, a sinalização C não aparece na exibição da tabela de roteamento.

! - Esta rota foi marcada como uma rota ruim.

Capítulo 7 – Serviços de gateway de rede | **225**

Metric (métrica) - Este é o custo de roteamento para esta interface. Normalmente, este campo é zero para rotas de redes diretamente conectadas. Rotas para meios de acesso externos têm freqüentemente uma métrica de 1, embora este não seja sempre o caso. metric é um valor arbitrário que você ajusta. Quanto mais alta a métrica, mais "cara" - e, então, menos preferida - é a rota. Há mais sobre métricas de roteamento na seção "Protocolos de roteamento", depois neste capítulo.

Ref - Mostra o número de vezes em que a rota foi referenciada para estabelecer uma conexão.

Use (uso) - Mostra o número de vezes em que esta rota foi observada no cache. Isto só é útil ao examinar o cache; na exibição da tabela de roteamento básica mostrada na Listagem 7.3, este campo não é usado.

Iface - O nome da interface de rede usada por esta rota. Para interfaces de rede Ethernet, os nomes serão eth0, eth1, eth2 e assim por diante. Para interfaces de rede PPP, os nomes serão ppp0, ppp1, ppp2 e assim por diante.

Com este conhecimento de como a tabela de roteamento é exibida, dê uma olhada em cada linha na tabela de exemplo:

- A primeira linha define a conexão deste host à Ethernet local. Desta entrada, você pode dizer que o host está conectado a sub-rede 172.16.55.0 e que se conecta diretamente àquela sub-rede pela interface eth0.

- A segunda linha é uma rota estática adicionada pelo administrador de rede. Ela lhe diz que 172.16.55.36 é o gateway para a sub-rede 172.16.50.0/24.

- A terceira linha define a rede de loopback, e determina que o gateway para a rede de loopback é a interface lo.

- A última linha define a rota default, que identifica o gateway default. Se o destino de um pacote não for para nenhuma rota especificada na tabela de roteamento, o pacote é enviado para o gateway default. Em nosso exemplo, existem rotas específicas para as redes 172.16.55.0, 172.16.50.0 e 127.0.0.0. Todos os outros destinos são enviados ao roteador default.

Observe que ambos os gateways externos estão conectados a Ethernet local 172.15.55.0/24. Se eles não estiverem, o sistema local não pode se comunicar com eles e assim não pode se comunicar com o mundo externo.

As rotas entram na tabela de roteamento através um de dois modos: ou o administrador de sistema as coloca como rotas estáticas, ou elas são adicionados à tabela por um protocolo de roteamento como rotas dinâmicas. As próximas seções olham para ambas as técnicas para definir rotas de rede.

Definindo rotas estáticas

Rotas estáticas estão definidas em todo sistema Linux que se conecta a uma rede TCP/IP. Uma tabela de roteamento mínima tem uma rota para o endereço de loopback e uma rota para a interface de rede. Todo sistema Linux em uma rede TCP/IP tem pelo menos estas duas rotas estáticas. Estas duas rotas do exemplo da tabela de roteamento mostrada na Listagem 7.3 são

```
172.16.55.0     0.0.0.0   255.255.255.0 U  0  0  0     eth0
127.0.0.0       0.0.0.0   255.0.0.0     U  0  0  0     lo
```

Sob o kernel 2.4 do Linux, estas rotas são criadas pelos comandos ifconfig que configuram as interfaces de rede. Sistemas que usam kernels mais antigos criam estas rotas com comandos route específicos. Por exemplo:

```
route add   -net 172.16.55.0   netmask 255.255.255.0   dev  eth0
route add   -net 127.0.0.0     netmask 255.0.0.0       dev  lo0
```

Até mesmo em sistemas antigos, você não precisa entrar estes comandos Eles estão armazenados em um dos scripts de inicialização que vêm com estes sistemas.

O comando *route*

Rotas estáticas adicionais são definidas pelo comando route. Permite a qualquer um exibir a tabela de roteamento e permite ao usuário root adicionar e apagar rotas na tabela. O administrador de sistema adicionou esta rota estática ao exemplo da tabela de roteamento que nós vimos na Listagem 7.3:

```
172.16.50.0 172.16.55.36   255.255.255.0 UG 0  0     8     eth0
```

A declaração route que cria esta rota é

```
route add   -net  172.16.50.0 netmask 255.255.255.0 gw   172.16.55.36
```

Examinar este comando mostra quase tudo o que você precisa saber sobre a sintaxe do comando route. Todos os comandos route começam com uma opção que define a "action" (ação) do comando route, que é add (adicionar) ou delete (apagar). Todos os comandos do exemplo adicionaram rotas à tabela de roteamento. Para mudar uma rota, primeiro apague-a e então a adicione com as correções necessárias.

A opção -net diz a rota que você está adicionando é uma rota para rede. A alternativa é -host para uma rota específica de host, mas isto raramente é usado porque a maioria das rotas são rotas para redes.

A opção -net é seguida pelo endereço de destino e pela máscara de rede que é usada para determinar a porção de rede e a porção de host do endereço. A máscara de rede deve ser precedida pela palavra-chave netmask.

Capítulo 7 – Serviços de gateway de rede | **227**

AVISO Sempre defina o valor de netmask você mesmo. Se não o fizer, o endereço é interpretado usando a máscara natural, o que significa que o endereço é interpretado de acordo com as regras de classe de endereço antigas. Seja específico. Defina a máscara você mesmo.

Todos os comandos route de exemplo terminam com um gateway externo ou um nome de dispositivo local. Quando um gateway externo for usado, ele é definido pela opção gw e pelo endereço IP do gateway. Quando o nome de dispositivo de interface for usado, normalmente está precedido pela palavra-chave dev, embora isto não seja obrigatório. O nome da interface de rede é incluído em uma declaração route que define a conexão do dispositivo à rede local. Em outras declarações route, o nome da interface é opcional. Use o nome de dispositivo em todas as declarações route quando você tiver mais de uma interface, para se assegurar de que a rota usa a interface que você pretende.

Definindo a rota default

Assim, todas as rotas da amostra da tabela de roteamento foram discutidas, com exceção da rota default. A tabela de exemplo contém uma rota default que especifica 172.16.55.254 como o roteador default:

```
0.0.0.0  172.16.55.254  0.0.0.0  UG 1  0  17 eth0
```

Entre o seguinte comando para definir esta rota:

```
route add   default  gw 172.16.55.254
```

Este comando parece semelhante ao comando route anterior, a não ser pela palavra-chave default ser usada em lugar da rede de destino. É a presença desta palavra-chave que define a rota default.

A maioria dos sistemas Linux conectados a uma internet TCP/IP tem uma rota default estática. Tendo em vista que é tão comum, é improvável que você precise entrar um comando route para definir isto. Todas as instalações de Linux com as que eu trabalhei lhe pedem o endereço do roteador default durante a instalação inicial. Forneça naquele momento. O sistema armazena o valor e então o usa para definir a rota default durante a inicialização. Por exemplo, o Red Hat armazena o endereço do gateway default no arquivo /etc/sysconfig/network.

Para a maioria dos servidores Linux, tudo que você precisa fazer é definir a rota default, porque muitos servidores são hosts que dependem de um único roteador externo para rotear serviço. Porém, em algumas ocasiões, um servidor Linux pode ser usado como o roteador para uma rede pequena. Quando for, você pode precisar executar um protocolo de roteamento, como discutido a seguir.

Usando roteamento dinâmico

Tabelas de roteamento estático são muito eficientes quando há um número limitado de roteadores. Se a rede tiver só um roteador, a configuração correta é usar uma rota default estática. Use protocolos de roteamento dinâmico quando o ambiente de roteamento de uma rede for mutável ou complexo; por exemplo, quando há múltiplos roteadores que podem alcançar os mesmos destinos.

Protocolos de roteamento

Roteamento e protocolos de roteamento não são a mesma coisa. Todos os sistemas Linux tomam decisões de roteamento, mas muito poucos sistemas executam protocolos de roteamento. Protocolos de roteamento executam duas funções: eles selecionam a "melhor" rota a um destino, e comunicam esta rota a outros roteadores na rede. Assim, um *protocolo de roteamento* é uma técnica para definir rotas e para disseminar rotas.

Há vários protocolos de roteamento diferentes, e considerando o fato de que sistemas Linux normalmente não são usados como roteadores, um número surpreendente destes protocolos está disponível para sistemas Linux. Protocolos são diferenciados pela métrica que eles usam para determinar a melhor rota e pela técnica que usam para distribuir informações de roteamento.

Protocolos de roteamento são divididos em protocolos interiores e protocolos exteriores. *Protocolos interiores* são usados dentro de um domínio de roteamento. *Protocolos exteriores* são usados para trocar informações de roteamento entre domínios de roteamento. Dentro da rede de sua empresa, você usa um protocolo de roteamento interior. É possível que você vá usar um protocolo de roteamento exterior entre sua rede e seu ISP, mas até mesmo isso é improvável. A maioria das redes corporativas está localizada dentro do domínio de roteamento do ISP, e então usa um protocolo de roteamento interior para falar com o ISP. A seguir está uma avaliação de três protocolos interiores - Routing Information Protocol (protocolo de informação de roteamento) (RIP), Routing Information Protocol Version 2 (versão 2 do protocolo de informação de roteamento) (RIPv2) e Open Shortest Path First (caminho mais curto aberto primeiro) (OSPF) - e um protocolo exterior, Border Gateway Protocol (protocolo de gateway de fronteira) (BGP).

Border Gateway Protocol

O BGP é o único protocolo de roteamento exterior em uso difundido. O BGP suporta *roteamento baseado em política*, o que lhe permite definir razões organizacionais ou políticas para escolher uma rota. A métrica de roteamento usada dentro de domínios de roteamento diferentes não pode ser comparada diretamente. Você não pode saber exatamente como a métrica é determinada dentro de outro domínio de roteamento. Você pode nem mesmo saber quais protocolos de roteamento interior eles usam. Em vez de confiar no processo técnico usado para selecionar as rotas, você confia na empresa que anuncia as rotas. Você pode fazer isto por causa da reputação da empresa ou porque você tem um acordo empresarial com eles para confiar nas rotas deles. Esta é a base do roteamento baseado em política.

Capítulo 7 – Serviços de gateway de rede | **229**

O BGP é um *protocolo de vetor - caminho*. O vetor - caminho fornece uma lista ponto-a-ponto de cada domínio de roteamento ao longo da rota, o que lhe permite decidir se você confia ou não nos anúncios vindos destes domínios.

Você provavelmente não executará BGP, a menos que lhe seu ISP lhe diga que o execute. Protocolos exteriores são principalmente usados externamente, e para eles serem usados com sucesso, ambas as partes têm que concordar em usar o protocolo. Se seu ISP lhe exigir que use BGP, você pode estar certo de que seu ISP sabe como deve ser configurado. Os protocolos que você usa na rede por conta própria são os protocolos de roteamento interiores.

Routing Information Protocol

RIP é um protocolo de roteamento interior extensamente usado. Está incluído como parte do sistema operacional com muitos sistemas Linux e Unix, bem como no pacote RRAS de Windows NT/2000. O RIP está instalado em muitos sistemas, e é fácil de configurar e executar.

O RIP define a "melhor" rota como sendo a rota de mais baixo-custo, que é a com a métrica mais baixa de roteamento. A métrica de roteamento é um número arbitrário de 1 a 15, que representa o número de gateways que o tráfego tem que atravessar para alcançar o destino. Para o RIP roteador pelo qual passa o pacote é um "salto" e a métrica um "contador de saltos". A melhor rota para um destino é a que atravessa menos roteadores. Esta técnica para determinar a melhor rota é chamada de *algoritmo vetor - distância.*

Quando o RIP começa, ele transmite uma solicitação por informações de roteamento. Um roteador executando RIP responde a solicitação enviando um pacote de atualização que contém o endereço de destino e a métrica associada de sua tabela de roteamento. Além de responder a solicitações, roteadores que executam RIP emitem atualização de pacotes a cada 30 segundos. Se um roteador deixar de emitir atualizações por 180 segundos, os outros roteadores na rede supõem que ele está inoperante, e apagam qualquer rota que passe por aquele roteador.

O RIP processa um pacote de atualização da seguinte maneira:

- Se o pacote contiver rotas novas que não estão na tabela de roteamento, elas são adicionadas.

- Se o pacote contiver rotas com métricas menores do que as mesmas rotas na tabela de roteamento existente, as rotas antigas são apagadas, e as rotas novas são usadas. O custo de uma rota nova é determinado adicionando o custo de alcançar o roteador que enviou a atualização ao custo métrico incluído no pacote de atualização.

- Se o pacote contiver rotas que têm um custo de 15, estas rotas são apagadas da tabela de roteamento se a atualização vier do gateway usado para estas rotas. Por exemplo, se sua tabela de roteamento contém uma rota para a sub-rede 172.16.50.0 pelo gateway 172.16.55.36 e receber uma atualização RIP de 172.16.55.36 com um custo de 15 para a rota em 172.16.50.0, seu sistema apaga a rota.

230 | *Linux: servidores de rede*

O RIP foi conhecido por muito tempo, e mostra sua idade. Redes muito grandes não podem usar RIP porque a rota mais longa que permite é de 15 saltos. Isto deve ser grande o bastante para sua rede, mas é insuficiente para redes nacionais grandes. Adicionalmente, pode levar muito tempo para a tabela de roteamento refletir o estado atual da rede porque o RIP espera 180 segundos antes de descartar rotas de um roteador inativo. Isto pode ser piorado pelo problema de "contagem para o infinito ". (Não está familiarizado com "contagem para o infinito"? Veja a sidebar a seguir.) Mais importante que qualquer um destes problemas é o fato do RIP não estar equipado para manipular máscaras de rede, o que o torna incompatível com os padrões de endereço IP atuais.

Contagem para o infinito

Um problema com o projeto do RIP original é alguma coisa conhecida por "Contagem para o infinito". Usemos a Figura 7.2 para ilustrar este problema.

O roteador B anuncia finch como estando distante dois saltos porque alcança finch através o roteador A. C anuncia finch como estando distante três saltos porque o alcança por B. Suponha que o roteador A caia. B já não obtém atualizações de A, assim não imagina que possa alcançar finch por A. Porém, vê uma atualização de C, dizendo que finch está distante três saltos. Assim, B atualiza sua tabela de roteamento, e agora anuncia finch como estando distante quatro saltos. Porque C alcança finch por B, atualiza sua tabela de roteamento e anuncia finch como estando distante cinco saltos. B então vê a atualização de C e muda sua tabela de roteamento. Isto vai sem parar até que nós alcançamos o infinito. Afortunadamente, para o RIP o infinito é 15..

O RIP trata este problema de três modos: *split horizon, poison reverse* e *triggered updates*. A regra split horizon diz que um roteador nunca anuncia uma rota na rede da qual descobriu a rota. Então, C não anunciaria que pode alcançar finch a B porque descobriu a rota de B.

Poison reverse leva esta etapa mais adiante. Diz que um roteador deve anunciar uma distância infinita para uma rota na rede da qual descobriu a rota. Assim, C contaria para B que não pode alcançar finch anunciando uma métrica de 15 para a rota para finch.

Com triggered updates, mudanças na tabela de roteamento são anunciadas imediatamente, ao invés de esperar o intervalo normal de 30 segundos entre atualizações de RIP. Então, até mesmo quando um problema de contagem para o infinito acontecer, só dura o tempo que leva para os roteadores trocarem 15 pacotes. Sem triggered updates, a contagem para o infinito pode levar vários minutos.

Split horizon, poison reverse e triggered updates eliminaram efetivamente o problema de contagem para o infinito no RIP. Porém, eles não focalizam os outros problemas com RIP. Para focalizar estes problemas, protocolos de roteamento novos descritos a seguir foram desenvolvidos.

RIP Version 2

RIPv2 melhora o pacote RIP original com a adição de um campo de máscara de rede e um campo "próximo endereço de salto". A máscara de rede é a máscara de bits que é usada para determinar a rede de destino. Enviar a máscara com o endereço de destino na atualização de roteamento é um componente essencial de endereços IP sem classe.

Capítulo 7 – Serviços de gateway de rede | **231**

Para tornar as suas máscaras de rede globalmente disponíveis, elas devem ser distribuídas a outros sistemas. O protocolo de roteamento é usado para fazer isto, e RIPv2 adiciona esta capacidade para o RIP.

O campo "próximo endereço de salto" fornece o endereço do gateway. No RIP, só o endereço de destino e a métrica são fornecidos. O gateway sempre é suposto como sendo o roteador que envia a atualização. O próximo campo de endereço de salto especificado fornece o endereço do gateway, que permite que o sistema que envia a atualização seja diferente do gateway que controlará a rota. Assim, sistemas capazes de executar o RIPv2 podem fornecer atualizações para roteadores que não executam RIPv2. Se o próximo endereço de salto for 0.0.0.0, o roteador que envia a atualização é assumido como sendo o gateway para a rota.

Além destas melhorias que focalizam o problema maior com o RIP, o RIPv2 adiciona alguns outros recursos:

- O RIPv2 é completamente compatível com o RIP porque o formato de pacote do RIP não é alterado. Todos os recursos do RIPv2 são implementados em campos não usados do pacote RIP original. Roteadores RIP e RIPv2 podem coexistir em uma única rede sem problemas.

- RIPv2 usa multicasting ao invés de broadcasting, para reduzir a carga em sistemas que não querem atualizações de RIPv2.

- RIPv2 fornece um esquema de autenticação que evita que atualizações de roteamento de um host mal configurado sejam aceitas acidentalmente como válidas.

Apesar de suas melhorias, o RIPv2 ainda é RIP. Então, usa o mesmo algoritmo vetor-distância para determinar a melhor rota, e limita o diâmetro da rede a 15 saltos. O OSPF, um tipo diferente de protocolo interior, foi desenvolvido para redes nacionais muito grandes.

Open Shortest Path First Protocol

O OSPF é muito diferente do RIP. Um roteador executando RIP envia informações sobre a rede inteira para seus vizinhos. Um roteador executando OSPF dissemina informações sobre seus vizinhos para a rede inteira. *Disseminar* significa que o roteador envia a atualização para cada porta de rede, e todo roteador que recebe a atualização também a envia para cada porta, exceto para a porta da qual recebeu. A disseminação rapidamente distribui as informações de roteamento à rede inteira.

O OSPF é chamado de *protocolo de estado de link* porque cria um gráfico do estado de todos os links na rede. Todo roteador OSPF cria seu gráfico usando a informação sobre todos os roteadores e os seus vizinhos, que distribuem informações ao longo da rede. Cada gráfico é único porque todo roteador cria o gráfico com ele mesmo como a raiz da árvore. O gráfico é construído usando o algoritmo Dijkstra Shortest Path First, por isso o nome do protocolo. O algoritmo constrói o gráfico desta maneira:

1. O sistema começa instalando ele mesmo como a raiz do gráfico com um custo de 0.

2. O sistema instala os vizinhos do sistema que apenas foram adicionados ao gráfico. O custo de obter estes vizinhos é calculado como o custo de alcançar o sistema recém-instalado mais o custo que o sistema anuncia para obter os vizinhos.

232 | *Linux: servidores de rede*

3. O sistema seleciona o caminho de custo baixo para cada destino. Repete as etapas 2 e 3 para todo sistema para o qual tem informações.

É óbvio que construir um gráfico de estado de link para uma rede grande toda vez que uma rota muda cria muita sobrecarga para o roteador. Por isto, OSPF divide o domínio de roteamento em pedaços menores, mais gerenciáveis. O domínio de roteamento inteiro é chamado de *sistema autônomo*, e os pedaços são chamados áreas. Uma área especial, chamada *área de backbone*, é definida para interconectar todas as áreas no sistema autônomo. Roteadores dentro de uma área só têm conhecimento da área deles e então só criam um gráfico dos sistemas naquela área.

O OSPF é um sistema muito mais complexo que o RIP, mas o OSPF é melhor adaptado para redes grandes. Porém, o OSPF não é sempre necessário para uma rede de empresa, e pode não ser necessário para uma rede pequena que usa servidores Linux como roteadores. Você pode achar que o RIP é adequado para suas necessidades.

Executando RIP com *routed*

Alguns sistemas Linux incluem o daemon de roteamento routed, uma implementação do RIP. Para executar RIP com routed, simplesmente digite **routed**.

O routed não requer nenhum argumento de linha de comando e nenhum arquivo de configuração. O daemon de roteamento escuta as atualizações do RIP na rede para construir uma tabela de roteamento funcional. Se o computador é um roteador (routed assume que é quando o computador tiver mais de uma interface de rede), o daemon routed transmite suas próprias atualizações. Se o computador tem só uma interface de rede, routed considera-o um host, e o daemon routed não transmite atualizações de roteamento.

Opções de linha de comando podem ser usadas para mudar este comportamento default, indiferente ao número de interfaces de rede instaladas no computador. Use -s para forçar o daemon a transmitir atualizações do RIP; especifique -q para pará-lo de transmitir pacotes de atualização. O argumento -q é mais útil que o argumento -s. Às vezes, você não quer um computador com múltiplas interfaces de rede transmitindo rotas. Porém, é incomum configurar um host com só uma interface de rede para transmitir atualizações do RIP.

O routed não requer configuração, mas é possível usar o arquivo /etc/gateways para passar informações de roteamento suplementar ao daemon de roteamento.

O arquivo */etc/gateways*

O routed transmite uma solicitação de RIP imediatamente na inicialização, e usa a informação na atualização do RIP que recebe para construir uma tabela. A razão para executar um protocolo de roteamento é usar a informação deste protocolo para construir a tabela de roteamento. Aparentemente, acrescentar rotas estáticas a uma tabela dinâmica não parece fazer muito sentido, e geralmente não há nenhuma razão para fazer isto. Mas é possível que haja roteadores em sua rede que não podem ou não poderão fornecer atualizações RIP e isto deve ser acrescentado manualmente à tabela. O arquivo /etc/gateways fornece esta capacidade, no caso de você precisar dela.

Capítulo 7 – Serviços de gateway de rede | **233**

O routed lê o arquivo /etc/gateways durante a inicialização, e adiciona as rotas lá definidas à tabela de roteamento. As entradas de um arquivo gateways de exemplo são o bastante para ilustrar seu propósito porque todas as entradas no arquivo têm o mesmo formato básico. A Listagem 7.4 mostra duas entradas de amostra.

Listagem 7.4 - Um arquivo */etc/gateways* de exemplo.

```
$ cat /etc/gateways
net  0.0.0.0   gateway  172.16.55.254  metric  1  active
net  172.16.50.0  gateway  172.16.55.36  metric  1  passive
```

Todas as entradas começam com a palavra-chave net ou host para indicar se é uma rota específica de host ou uma rota de rede. A palavra-chave é seguida pelo endereço de destino. (O destino 0.0.0.0 é um endereço especial que representa a rota default.) O endereço de destino é seguido pela palavra-chave gateway e o endereço IP do gateway externo usado para alcançar o destino.

Em seguida vem a palavra-chave metric e o custo atribuído à esta rota. Normalmente, a meios de acesso externos são dados um custo de 1, mas isto é arbitrário, assim você pode atribuir um valor mais alto se quiser. Porém, atribuir uma métrica mais alta só faz sentido se você tiver duas rotas ao mesmo destino, e se quiser preferir uma destas rotas à outra.

Todas as entradas terminam com as palavras-chave active ou passive. Um roteador active participa na troca de atualizações de roteamento. Se não responde a solicitações de roteamento e não transmite atualizações de RIP periodicamente, é retirado da tabela de roteamento. Este é o comportamento normal esperado de qualquer roteador RIP.

Um roteador passive não participa na troca de atualizações de RIP. Talvez o sistema execute um protocolo de roteamento diferente. Indiferente da razão, não é exigido a participar, e é instalado na tabela de roteamento como uma rota estática permanente.

A primeira linha em nosso exemplo cria uma rota ativa default. Esta rota default é usada durante o período de inicialização do RIP, mas depois que o RIP estiver ativo e executando, é esperado que este roteador default seja um participante ativo no protocolo de roteamento. Se você usa uma rota default ao executar um protocolo de roteamento, use uma rota default ativa. Uma rota default estática pode derrubar o propósito de um protocolo de roteamento dinâmico, não permitindo ao protocolo atualizar a rota quando as condições de rede mudam.

A segunda linha cria uma rota estática para a sub-rede 172.16.50.0 pelo roteador 172.16.55.36. Já que esta é uma rota passiva, 172.16.55.36 não precisa executar o RIP. A única razão para criar tal rota seria que 172.16.55.36 não executa RIP.

O routed é adequado para algumas redes pequenas. Não requer nenhuma instalação e muito pouca configuração. Porém, é um software antiquado, e não é satisfatório para muitas redes. Em particular, não suporta endereços IP sem classe. Se você usa endereços IP sem classe, execute um protocolo de roteamento moderno que suporte máscaras de endereço.

Algumas distribuições Linux já não fornecem o routed, preferindo confiar em softwares de roteamento mais modernos. O Linux oferece dois pacotes de software diferentes, que fornecem protocolos de roteamento modernos. O daemon gateway (gated) é um pacote de software de roteamento encontrado em muitos sistemas Unix. O Zebra é um pacote de

Linux: servidores de rede

software de roteamento de GNU. Estes pacotes proporcionam a sistemas Linux acesso à protocolos de roteamento interior e exterior, que normalmente executam somente em hardware de roteamento dedicado, como roteadores Cisco.

Roteando com Zebra

Zebra é um pacote de software de roteamento que fornece suporte para RIP, RIPv2, OSPF e BGP. Além disso, Zebra fornece suporte a roteamento IPv6 com o protocolo RIPng e o protocolo OSPFv6.

Há aspectos internos e externos para software de roteamento. No lado externo, o software de roteamento executa um protocolo para trocar informações de roteamento com roteadores externos. No lado interno, o software de roteamento processa a informação descoberta do protocolo, seleciona as melhores rotas e atualiza a tabela de roteamento do kernel. Este processo interno aumenta em complexidade quando executa múltiplos protocolos, porque é possível que um roteador receba rotas para o mesmo destino, de protocolos de roteamento diferentes. Cada protocolo usa sua própria métrica para selecionar a melhor rota. Se cada protocolo atualizou independentemente a tabela de roteamento, pode resultar em um caos. Para suportar múltiplos protocolos, e em particular protocolos de roteamento exteriores, o Zebra fornece um modo para comparar métricas incompatíveis e selecionar a melhor rota. Faz isto usando um valor que ele chama de *distância*, que é um número arbitrário de 1 a 255. Quanto mais alto o número de distância do protocolo que fornece a rota, menos preferida é a rota. Cada protocolo tem um valor de distância default atribuído a ele, o qual você pode anular na configuração.

O Zebra usa uma arquitetura modular, com programas separados manipulando tarefas de roteamento diferentes. À esta escrita, o conjunto Zebra inclui os seguintes programas fundamentais:

zebra - zebra é o gerenciador de roteamento. Atualiza a tabela de roteamento do kernel com as rotas recebidas dos vários protocolos de roteamento. Todos os protocolos atualizam a tabela através do gerenciador zebra.

ripd - ripd fornece os protocolos de roteamento RIP e RIPv2.

ospfd - ospfd fornece o protocolo de roteamento OSPF.

bgpd - bgpd fornece o protocolo de roteamento BGP.

vtysh - Devido a cada protocolo de roteamento e ao gerenciador de roteamento zebra serem todos configurados em arquivos separados, a configuração pode ser complexa. vtysh é uma interface de terminal virtual projetada para manter a configuração do roteador.

ripngd - ripngd fornece o protocolo de roteamento RIPng para uso em redes IPv6.

ospf6d - ospf6d fornece o protocolo de roteamento OSPFv6 para uso em redes IPv6.

Esta arquitetura modular é inerentemente expansível. Um protocolo de roteamento novo pode ser adicionado criando um daemon novo para o protocolo e projetando este daemon para se conectar com o gerenciador de roteamento zebra. Adicionalmente, a implementação do daemon de protocolo é simplificada porque o zebra controla as funções internas para o daemon novo. O software novo precisa controlar somente as funções de protocolo externas.

Instalando o Zebra

O conjunto Zebra está disponível na web em www.gnu.org e por FTP em ftp.zebra.org. O site web de testadores beta está disponível em www.zebra.org. Quando da elaboração deste livro, o software Zebra está em uma versão beta. Se você preferir usar um software já aprovado, veja depois a informação sobre gated neste capítulo. Porém, para os tipos de aplicações de roteamento que devem ser razoavelmente atendidas por um sistema Linux, a versão beta do Zebra é mais que adequada.

O conjunto de software Zebra é incluído em algumas distribuições Linux, e pode ser instalado durante a instalação de sistema inicial. Nosso sistema Red Hat Linux é um exemplo de uma distribuição que inclui Zebra. Se já não estiver instalado, pode ser instalado no sistema Red Hat usando o comando rpm. A Figura 7.3 mostra uma consulta gnorpm do RPM Zebra.

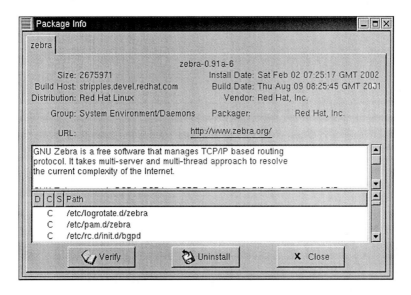

Figura 7.3 - Conteúdos do RPM Zebra.

O Zebra não inicia no momento da inicialização, até mesmo se instalado do RPM, a menos que você configure seu sistema para iniciá-lo. O RPM Zebra inclui um script de inicialização separado para o gerente de roteamento e cada um dos daemons de protocolos de roteamento. Só inicie os daemons necessários para dar suporte à sua estrutura de roteamento. Por exemplo, um host Red Hat Linux executando apenas RIPv2 poderia usar os seguintes comandos para assegurar que o roteamento reinicia depois de uma interrupção de sistema:

```
[root]# chkconfig —level 35 zebra on
[root]# chkconfig —level 35 ripd on
```

236 | *Linux: servidores de rede*

Por outro lado, um sistema Red Hat atuando como um roteador externo poderia usar o seguinte:

```
[root]# chkconfig —level 35 zebra on
[root)# chkconfig —level 35 ospfd on
[root]# chkconfig —level 35 bgpd on
```

Se seu sistema não inclui scripts de inicialização, o gerenciador de roteamento e os daemons podem ser iniciados diretamente do prompt de comando ou do script rc.local, usando os seguintes comandos:

```
[root]# zebra -d
[root]# ospfd -d
[root]# bgpd -d
```

A opção -d faz o programa selecionado executar como um daemon. Outra opção geralmente usada é -f, que define o caminho ao arquivo de configuração do programa.

É claro que nosso sistema Red Hat de exemplo inclui arquivos de inicialização no RPM Zebra, para assegurar que o Zebra inicie toda vez que o sistema reiniciar. Invoque os scripts de inicialização diretamente para iniciar o gerenciador de roteamento e os daemons de roteamento imediatamente. Por exemplo:

```
[root]# service zebra start
Starting zebra: [ OK ]
[root]# service ospfd start
Starting ospfd: [ OK ]
[root]# service bgpd start
Starting bgpd: [ OK ]
```

Estes comandos mostram o gerenciador de roteamento zebra, o daemon OSPF e o daemon BGP que iniciam com sucesso. Isto só acontece depois que o zebra, ospfd e bgpd estiverem configurados, porque scripts de inicialização do Red Hat verificam se os arquivos de configuração existem antes de executar os programas. Antes de você iniciar os daemons, crie os arquivos de configuração exigidos.

Arquivos de configuração do Zebra

Cada programa no conjunto de Zebra tem seu próprio arquivo de configuração. Por default, os arquivos de configuração estão localizados no diretório /usr/local/etc. Em nosso sistema Red Hat de exemplo, eles estão localizados no diretório /etc/zebra. Cada arquivo tem um nome no formato *program*.conf, onde *program* é o nome do programa a ser configurado. Por exemplo, zebra.conf, ospfd.conf e ripd.conf são todos os nomes de arquivo de configuração padrão. É claro que você pode nomear o arquivo de configuração de qualquer coisa que queira e colocá-lo em qualquer lugar no sistema, porque o arquivo pode ser identificado com o programa usando a opção de linha de comando -f quando for executado. Porém, é melhor manter os nomes padrão, de forma que outros possam achar os arquivos facilmente ao executar a manutenção.

Tendo em vista que o gerenciador de roteamento e os vários protocolos são configurados separadamente, e porque os protocolos de roteamento modernos podem ser muito complexos, há centenas de comandos de configuração disponíveis para o Zebra. A seção "Índice de comando" da documentação HTML que vem com o Zebra lista todos. Nós não repetimos esta lista aqui, por duas razões. Primeiro, a lista de comandos já é fornecida na documentação on-line do Zebra - Zebra fornece excelentes arquivos de documentação info e HTML, e páginas de manual de referência rápida. Segundo, a maioria destes comandos nunca aparece em uma configuração de roteador Linux. O melhor modo para aprender sobre configuração do Zebra é olhar para alguns exemplos razoáveis.

O arquivo *zebra.conf*

O gerenciador de roteamento zebra é requerido se você quiser usar quaisquer dos daemons do Zebra. O zebra mantém a tabela de roteamento do kernel, mantém a lista de interface de rede, define as rotas estáticas e administra o compartilhando de informações entre os diferentes protocolos de roteamento.

O zebra é configurado pelo arquivo zebra.conf. A Listagem 7.5 dá um exemplo do arquivo zebra.conf para um sistema Linux que usa duas interfaces Ethernet:

Listagem 7.5 - Arquivo *zebra.conf* de amostra.

```
! The hostname of this router
hostname   subnet60gw
! The password required for vtysh access
password   Wats?Watt?
! The password required for privileged vtysh commands
enable   password   CHLLIns
! The first network interface
interface   eth0
       ip   address   172.16.60.1/24
       multicast
! The second network interface
interface   eth1
       ip   address   172.16.1.9/24
! The path to the log file
log   file   /var/log/zebra.log
! A sample static route
ip   route   172.16.50.0/24   172.16.1.50
!
```

Comentários nos vários arquivos de configuração Zebra começam com um ponto de exclamação (!). Os comentários na Listagem 7.5 explicam os comandos que os seguem.

O arquivo de exemplo na Listagem 7.5 é maior e mais complexo que a maioria. Foi feito deste modo para fornecer uma gama completa de exemplos, mas vale a pena lembrar que seu arquivo zebra.conf provavelmente será menor.

O comando hostname define o nome de host do roteador. Este é o nome que será usado nas trocas de protocolos de roteamento que usam nomes de roteador. Arquivos zebra.conf freqüentemente começam com este comando.

238 | *Linux: servidores de rede*

A seguir vêm dois comandos que definem as senhas. O comando password é necessário se você planeja usar a interface vtysh. Se esta senha não estiver definida, a interface vtysh é inválida para zebra. A segunda senha fornece maior controle de configuração à interface vtysh. Sem a senha definida pelo comando enable password, a interface vtysh só pode ser usada para consultar zebra para informações. Com esta segunda senha, a configuração do zebra pode ser controlada da interface. Nós olharemos depois para vtysh em mais detalhes.

O primeiro comando de interface define a configuração de eth0. O comando contém duas cláusulas: ip address, que define o endereço da interface; e multicast, que habilita a sinalização multicasting para a interface. A sinalização multicast pode ser usada se você planeja usar um protocolo de multicasting, como RIPv2, nesta interface. O segundo comando de interface é como o primeiro, a não ser que não ajusta a habilitação de multicast.

O comando log file define o arquivo que zebra deve usar para gravar seus registros de informações. Na Listagem 7.5, o registro é gravado em /var/log/zebra.log. As alternativas para os registros serem gravados em um arquivo específico são usar o comando log stdout para registrar na saída padrão ou o comando log syslog para registrar pelo syslogd.

O último comando na Listagem 7.5 define uma rota estática. Embora rotas estáticas possam ser distribuídas por protocolos configurados em outros arquivos, como ripd.conf, as rotas estáticas são definidas no arquivo zebra.conf. As palavras-chave ip route são seguidas pelo destino da rota e então o roteador usado para alcançar este destino. Na Listagem 7.5, o destino é a rede número 172.16.50.0. Uma máscara de endereço de 24 bits está sendo usada para combinar endereços ao destino. O gateway para a rota é 172.16.1.50. É claro que este é apenas um exemplo. Você provavelmente não usará rotas estáticas quando executar protocolos de roteamento.

Duas linhas no arquivo zebra.conf mostrado na Listagem 7.5 definem senhas para a interface vtysh. Este arquivo só deve ser legível aos administradores. Antes de ir para a configuração de protocolos de roteamento individuais, vejamos como estas senhas são colocadas para usar a interface vtysh.

Como usar *vtysh*

A ferramenta vtysh fornece uma interface interativa para o gerenciador de roteamento zebra e cada daemon de roteamento. vtysh lhe permite examinar e modificar a configuração de cada programa no conjunto de Zebra. A Listagem 7.6 mostra uma sessão de vtysh na qual a configuração do zebra atual é examinada. Em um exemplo posterior, esta configuração será modificada com vtysh.

Listagem 7.6 - Examinando o arquivo *zebra.conf* pela interface *vtysh*.

```
[root]# cat /etc/zebra/zebra.conf
password Wats?Watt?
enable password CHLLIns
[root]# service zebra start
Starting zebra: [ OK ]
[root]# telnet localhost zebra
Trying 127.0.0.1...
Connected to localhost.
Escape character is '^]'.
```

```
Hello,  this  is  zebra  (version  0.91a).
Copyright  1996-2001  Kunihiro  Ishiguro.

User  Access  Verification
Password:  Wats?Watt?
junko.foobirds.org>  enable
Password:  CHLLIns
junko.foobirds.org#  write  terminal

Current  configuration:
!
password  Wats?Watt?
enable  password  CHLLIns
!
interface  lo
!
interface  eth0
!
line  vty
!
end
```

A Listagem 7.6 inicia nossa sessão vtysh de exemplo. Nós começamos exibindo o arquivo zebra.conf atual. Um arquivo zebra.conf mínimo tem que existir antes do zebra poder ser configurado pela interface vtysh. O arquivo de configuração mínimo tem que conter as senhas requeridas para acesso ao vtysh. A primeira senha é exigida para iniciar a sessão vtysh. A segunda senha é exigida para entrar no *modo enable*. Você deve estar no modo enable para ver ou modificar a configuração.

Além de requerer uma configuração mínima, o daemon deve estar ativo e executando antes de poder ser configurado a partir da interface vtysh, como ilustrado pelo comando service zebra start mostrado na Listagem 7.6. A interface vtysh é invocada fazendo uma conexão telnet ao daemon em execução. Repare na Listagem 7.6, nós fizemos um telnet para a porta zebra no host local. Para isto funcionar, o número de porta deve estar definido no arquivo /etc/services. Se a porta zebra não estiver definida em seu sistema, você deve fazer telnet para a porta 2601. O número de porta do arquivo services em nosso sistema de exemplo é mostrado na Listagem 7.7.

Listagem 7.7 - Os números de porta usados pelo conjunto Zebra.

```
$  tail  -8  /etc/services
#  Local  services
zebrasrv    2600/tcp    #  zebra  service
zebra       2601/tcp    #  zebra  vty
ripd        2602/tcp    #  RIPd  vty
ripngd      2603/tcp    #  RIPngd  vty
ospfd       2604/tcp    #  OSPFd  vty
bgpd        2605/tcp    #  BGPd  vty
ospf6d      2606/tcp    #  OSPF6d  vty
```

Todo daemon de roteamento tem seu próprio número de porta. Antes de quaisquer destes poder ser configurados por vtysh, um arquivo de configuração mínimo contendo as senhas necessárias deve ser criado para o daemon, e o daemon deve estar ativo e executando. Por

240 | *Linux: servidores de rede*

exemplo, para usar a interface vtysh com ripd, você tem que criar primeiro um arquivo ripd.conf mínimo e iniciar o ripd. As primeiras duas etapas mostradas na Listagem 7.6 se aplicam a todos os daemons.

Depois de conectar ao gerenciador de roteamento zebra na Listagem 7.6, deve-se entrar com a primeira senha em resposta ao prompt Password:. Esta senha inicia a sessão vtysh. O comando enable é introduzido para invocar o modo enable. Nós novamente recebemos um prompt de senha, mas desta vez é para a senha definida pelo comando enable password no arquivo de configuração zebra.conf. Depois que esta senha é digitada, os comandos do modo enable podem ser usados.

O primeiro comando do modo enable na Listagem 7.6 é write terminal, que exibe a configuração atual na tela de terminal. Note que esta configuração é diferente da configuração da linha dois, mostrada em resposta ao comando cat. O comando write terminal exibe a configuração que está sendo usada, que inclui vários defaults. Observe que todas as interfaces no sistema, lo e eth0, são usada por default. Observe também o comando line vty. Este comando aparece no arquivo de configuração quando a configuração pode ser modificada da interface vtysh, que é o default.

Tendo examinado a configuração existente, nós estamos prontos para personalizá-la para nossas necessidades. A Listagem 7.8 é uma continuação da sessão mostrada na Listagem 7.6.

Listagem 7.8 – Reconfigurando *zebra.conf* pela interface *vtysh*.

```
junko.foobirds.org#  configure  terminal
junko.foobirds.org(config)#  hostname  junko
junko(config)#  log  file  /var/log/zebra.log
junko(config)#  interface  eth0
junko(config-if)#  ip  address  172.16.20.3/24
junko(config-if)#  multicast
junko(config-if)#  exit
junko(config)#  exit
junko#  write  file
Configuration  saved  to  /etc/zebra/zebra.conf
junko#  exit
Connection  closed  by  foreign  host.
[root]#  cat  /etc/zebra/zebra.conf
!
!  Zebra  configuration  saved  from  vty
!     2002/05/28  15:22:17
!
hostname  junko
password  Wats?Watt?
enable  password  CHLLIns
log  file  /var/log/zebra.log
!
interface  lo
!
interface  eth0
ip  address  172.16.20.3/24
multicast
!
line  vty
!
```

Capítulo 7 – Serviços de gateway de rede | **241**

A Listagem 7.8 começa onde a Listagem 7.6 terminou. Nós ainda estamos dentro do modo enable, e todos os comandos vtysh na Listagem 7.8, com exceção dos comandos exit, somente podem ser introduzidos no modo enable.

O comando configure terminal diz ao sistema que os comando de configuração serão introduzidos a partir da interface vtysh. A cada comando de configuração introduzido, o vtysh o confere os erros de sintaxe, o que é uma das melhores razões para introduzir comandos de configuração pela interface vtysh. Os comandos hostname, interface, ip address e multicast (mostrados na Listagem 7.8) são comandos de configuração básicos encontrados no arquivo zebra.conf. Na realidade, todos estes comandos foram discutidos antes, quando vimos o exemplo de zebra.conf na Listagem 7.5.

Note como o prompt do comando vtysh muda, para indicar os modos diferentes de operação. A Listagem 7.6 mostra que o prompt para o modo padrão, chamado *modo de visão (view mode)*, é um sinal de dólar ($), e que o prompt para o modo enable é uma marca de cerquilha (#). Quando a sessão entra em modo de configuração na Listagem 7.8, o prompt indica isto com a string (config). Além disso, a string de prompt muda para indicar o que está sendo configurado. Por exemplo, a string (config-if) indica que uma interface está sendo configurada. Também observe que cada vez que um comando exit é introduzido, o vtysh encerra o modo atual até que o comando exit final encerra a sessão.

A nova configuração é armazenada no arquivo zebra.conf pelo comando write file. O comando exit final na Listagem 7.8 finaliza a sessão que começou na Listagem 7.6. Um cat do arquivo zebra.conf mostra que o arquivo zebra.conf mudou substancialmente em relação ao que foi exibido no início da Listagem 7.6. O arquivo zebra.conf original, porém, não desapareceu. O vtysh salva o arquivo de configuração anterior com uma extensão .sav quando grava o arquivo novo. O arquivo zebra.conf antigo está armazenado agora em /etc/zebra com o nome zebra.conf.sav.

A interface vtysh é uma ferramenta planejada para simplificar um problema de configuração complexo. Porém, em geral, roteadores Linux não têm configurações altamente complexas; e as configurações, uma vez ajustadas, não mudam freqüentemente. Adicionalmente, um arquivo de configuração pequeno deve ser criado antes do vtysh poder ser usado, e os arquivos de configuração finais não são normalmente muito maiores do que os mínimos, que devem ser criados à mão. Por estas razões, você pode achar vtysh mais útil como uma ferramenta para examinar a configuração de roteador do que como uma ferramenta para modificar a configuração. Pessoalmente, eu gosto de vtysh; mas se preferir, você pode construir arquivos de configuração de Zebra com seu editor de texto favorito. A opção é sua.

As seções seguintes mostram algumas configurações razoáveis do Zebra Linux. Nós configuramos um host para executar RIPv2, um roteador interior para executar RIPv2 e OSPF, e um roteador exterior para executar OSPF e BGP.

Executando *ripd*

Protocolos de roteamento não estão limitados a roteadores. É possível precisar de um protocolo de roteamento em um host Linux. Suponha que você tenha um host em uma rede, na qual atualizações de roteamento são distribuídas por RIPv2. Este sistema não é um roteador, mas devido a estar em um segmento de rede com mais de um roteador, você decide

242 | *Linux: servidores de rede*

configurá-lo para escutar as atualizações de RIPv2 que os roteadores estão transmitindo. A Listagem 7.9 mostra um possível arquivo ripd.conf para este host.

Listagem 7.9 - Um arquiv *ripd.conf* de exemplo.

```
! Enable RIPV2, but don't send updates
! Check that packets are authentic
interface eth0
ip rip authentication string EZdozIt
!
router rip
passive-interface eth0
!
```

A configuração de RIPv2 é muito simples. O comando router rip habilita o RIP. Por default, Zebra usa RIPv2, que é capaz de manipular máscaras de endereço e é compatível com a versão 1 do RIP. Para forçar o Zebra a usar a versão 1 de RIP, uma cláusula version 1 poderia ser usada com o comando router rip, mas usar a versão 1 de RIP é desaconselhável.

A cláusula passive-interface é usada porque este host escuta atualizações de roteamento, mas não envia atualizações de roteamento. Isto é equivalente à opção -q mencionada antes para o comando routed. passive-interface é usada em hosts que escutam por atualizações; roteadores que participam ativamente da troca de roteamento usam a cláusula network. A cláusula network usa o nome da interface para identificar a interface sobre a qual as atualizações de roteamento são trocados; por exemplo, network eth0. Alternativamente, pode usar um endereço de IP para identificar os sistemas com os quais as atualizações de roteamento são trocadas. O endereço IP é definido com uma máscara de endereço. Por exemplo, network 172.16.60.0/24 trocaria atualizações de roteamento com qualquer sistema na sub-rede 172.16.60.0. Nós veremos a cláusula network em ação quando configurarmos um roteador interior.

A declaração interface é usada para configurar a interface de rede para RIP. Na Listagem 7.9, um modo de autenticação de RIPv2 é ajustado para a interface. Neste exemplo, uma simples senha de texto claro é usada. Senhas de texto claro são usadas para ajudar o roteador a evitar aceitar atualizações de sistemas mal configurados; não é um método de segurança. Autenticação de atualização mais forte está disponível na forma de autenticação com MD5.

Além do arquivo ripd.conf mostrado na Listagem 7.9, o host precisa de um arquivo zebra.conf. O arquivo zebra.conf que criamos para nosso host de exemplo é mostrado na Listagem 7.10.

Listagem 7.10 - Um arquivo *zebra.conf* para um host Linux.

```
hostname grebe
password lOOK!c?
log file /var/log/zebra.log
!
interface eth0
     ip address 172.16.60.2/24
     multicast
!
```

Este arquivo é mais simples que o arquivo zebra.conf mostrado na Listagem 7.5. Ele define o nome de host usado por este host e o caminho ao arquivo de registro, mas define só uma senha para o vtysh. Esta senha permite consultas interativas da configuração de roteamento, mas não permite mudar a configuração. O comando interface na Listagem 7.10 define a interface sobre a qual este host escuta atualizações do RIPv2.

As atualizações do RIPv2 que este host usa para construir sua configuração de roteamento vêm dos roteadores na sub-rede. Na próxima seção, veremos a configuração de amostra de tal roteador.

Executando *ospfd*

Nesta seção, um roteador é configurado para enviar pacotes RIPv2 em uma sub-rede - a que ele compartilha com o host de exemplo configurado na Listagem 7.9 - e anúncios de estado de link do OSPF em outra sub-rede que compartilha com outros roteadores. Para esta configuração, nós criamos um arquivo zebra.conf para configurar o gerenciador de roteamento, um arquivo ripd.conf para configurar o daemon de protocolo RIPv2, e um arquivo ospfd.conf para configurar o daemon de protocolo OSPF. O arquivo zebra.conf é quase idêntico ao mostrado na Listagem 7.5.

Listagem 7.11 - Um arquivo *zebra.conf* para um roteador RIP/OSPF.

```
hostname   subnet60gw
password   Wats?Watt?
enable   password   CHLLIns
log   file   /var/log/zebra.log
!
interface   eth0
ip   address   172.16.60.1/24
multicast
!
interface   eth1
ip   address   172.16.1.9/24
!
```

O arquivo zebra.conf na Listagem 7.11 contém tudo o que foi encontrado na Listagem 7.5, com exceção da rota estática. Tudo isto foi explicado antes, assim não há nenhuma necessidade de explicar isto aqui novamente.

O arquivo ripd.conf usado para esta configuração é mostrado na Listagem 7.12.

Listagem 7.12 - Um arquivo *ripd.conf* para um roteador RIP/OSPF.

```
! Enable RIPV2
! Advertise routes learned from OSPF with a cost of 5
! Use simple authentication for updates
password   RIPItup
enable   password   RaceitUP
!
interface   eth0
     ip   rip   authentication   string   EZdozIt
!
```

244 | *Linux: servidores de rede*

```
router  rip
    redistribute  ospf  metric  5
    network  eth0
!
```

Esta configuração é bem parecida com o arquivo ripd.conf mostrado na Listagem 7.9, mas há diferenças. Primeiro, nós colocamos as senhas neste arquivo, de forma que a configuração do roteador RIP pode ser mantida pela interface vtysh.

Segundo, sendo este um roteador, ele envia atualizações de roteamento. Então, nós usamos uma cláusula network sob a declaração router rip para especificar a rede na qual as atualizações de roteamento serão distribuídas. Como descrito antes, a rede pode ser definida por um nome de interface ou por um endereço IP. Na Listagem 7.12, é definida por um nome de interface.

A terceira diferença é que esta configuração contém uma cláusula redistribute, que define se as rotas descobertas pelo OSPF serão anunciadas para vizinhos do RIP e qual o custo de RIP será atribuído à estas rotas. Rotas descobertas pelo OSPF não têm um custo de RIP válido. A métrica definida na cláusula redistribute é usada como uma métrica default quando rotas do OSPF são anunciadas para os vizinhos do RIP. A cláusula redistribute na Listagem 7.12 diz ao RIP para anunciar rotas descobertas pelo OSPF com um custo de 5. É claro que para o RIP descobrir rotas do OSPF, ospfd deve estar configurado corretamente.

A Listagem 7.13 mostra uma possível configuração de ospfd.conf para este roteador.

Listagem 7.13 - Um arquivo *ospfd.conf* de amostra.

```
! Enable OSPF; connect to the backbone area
! Use simple authentication
password  Mutt-N-Jeff
enable  password  SURtest
!
interface  eth1
    ip  ospf  authentication-key  UTrustME
    ip  ospf  priority 5
!
router  ospf
    ospf  router-id  172.16.1.9
    network  172.16.1.0/24  area  0
!
```

A declaração interface ajusta dois parâmetros do OSPF. A cláusula ip ospf authentication-key define a string de texto claro usada para identificar anúncios de OSPF válidos. Como a string de texto claro usada para autenticação de RIPv2, esta string é planejada para evitar atualizações acidentais de sistemas mal configurados; não é planejada para fornecer segurança real. O OSPF suporta MD5 para autenticação forte.

A cláusula ip ospf priority define o número de prioridade que este sistema usa quando a área eleger um roteador padrão. Na Listagem 7.13, o número de prioridade está ajustado em 5 - possíveis valores vão de 0 a 255. Quanto maior o número de prioridade, menos provável é do roteador ser eleito o roteador padrão. Dê para seu roteador mais poderoso o mais baixo número de prioridade.

Um roteador padrão é usado para reduzir o tamanho do banco de dados do estado de link, e assim a complexidade de calcular o gráfico Dijkstra da área. O roteador padrão trata todos os outros roteadores na área como vizinhos, mas todos os outros roteadores tratam só o roteador padrão como um vizinho.

Para entender como isto reduz o tamanho do banco de dados do estado de link, pense em uma rede de cinco roteadores. Sem um roteador padrão, todos os cinco roteadores anunciam quatro vizinhos, para um total de 20 vizinhos no banco de dados. Com um roteador padrão, apenas este roteador anuncia quatro vizinhos. Os outros quatro roteadores anunciam um vizinho para um total de oito vizinhos no banco de dados. Quanto maior a rede, mais importante é usar um roteador padrão.

A declaração router ospf habilita o protocolo OSPF. Na Listagem 7.13, a declaração router ospf contém duas cláusulas. A cláusula ospf router-id define o identificador de roteador usado para anúncios do OSPF. Normalmente, isto é ajustado para o endereço principal de uma das interfaces usadas para OSPF. Neste roteador de exemplo, só uma interface de rede está sendo usada para OSPF, assim o endereço desta interface é usado como o identificador de roteador.

A cláusula network identifica a rede sobre a qual serão trocadas rotas do OSPF. No arquivo ospfd.conf, a cláusula network é sempre definida por um par endereço- IP/máscara-de-rede. A cláusula network também identifica a área a qual a rede faz parte. Lembre-se que o OSPF divide o sistema autônomo em áreas, e todo roteador OSPF tem que se conectar a alguma área. Como mencionado antes, a área que interconecta todas as outras áreas dentro do domínio de roteamento é chamada de área de backbone. O número atribuído à área de backbone é 0. Então, a cláusula network na Listagem 7.13 especifica que este roteador está conectado à área de backbone.

Uma simples configuração do OSPF, como a mostrada na Listagem 7.13, deve estar adequada para qualquer sistema Linux que precisa executar OSPF. Muito da informação de configuração virá do projetista de rede que define sua hierarquia de roteamento. A área para a qual você conecta, o tipo de autenticação usada, a senha de autenticação e o número de prioridade de seu sistema são todas decisões de projeto que serão tomadas até mesmo antes de sua rede começar a executar OSPF.

Como um exemplo final de configurar um conjunto do Zebra, nós configuramos o roteador que interliga a rede OSPF ao mundo exterior pelo BGP.

Executando *bgpd*

O arquivo zebra.conf e o arquivo ospfd.conf usados no roteador BGP são quase idênticos aos arquivos mostrados nas listagens 7.11 e 7.13, como os seguintes comandos cat mostram:

```
[root]# cat /etc/zebra/zebra.conf
hostname externalgw
password BILL&ted
enable password 4138doc
log file /var/log/zebra.log
!
```

Linux: servidores de rede

```
interface  eth0
      ip  address   172.16.1.5/24
      multicast
!
interface  eth1
      ip  address   26.10.105.4/8
!
[root]#  cat  /etc/zebra/ospfd.conf
!  Enable  OSPF;  connect  to  the  backbone  area
!  Use  simple  authentication
password  a-DA-zip
enable  password  TX4123
!
interface  eth0
      ip  ospf  authentication-key  UTrustME
      ip  ospf  priority  10
!
router  ospf
      ospf  router-id  172.16.1.5
      redistribute  bgp
      network  172.16.1.0/24  area  0
!
```

As senhas e os endereços mudaram. Além destas mudanças superficiais, não há nada de novo no arquivo zebra.conf que precise ser discutido.

O arquivo ospfd.conf tem duas mudanças interessantes. Primeiro, à este roteador é atribuído um número de prioridade mais alto. (Dado o trabalho que estará fazendo para controlar o BGP, nós decidimos não adicionar o fardo de ser o roteador padrão para OSPF). Segundo, uma cláusula redistribute bgp foi adicionada porque queremos este roteador para anunciar as rotas que aprendeu a partir do BGP, aos outros roteadores OSPF.

A maior e mais nova parte desta configuração é o arquivo bgpd.conf. Na Listagem 7.14, um possível arquivo bgpd.conf é definido para um roteador interligar a área de backbone do OSPF (descrita para a Listagem 7.13) a um domínio de roteamento autônomo externo usando BGP. .

Listagem 7.14 - Um arquivo *bgpd.conf* de exemplo.

```
!  Enables  BGP
!  Our  ASN  is  264;  our  neighbors  are  in  ASN  164
!  Advertise  directly  connected  routes  and  routes
!  learned  from  OSPF
password  BDRwar
enable  password  awtoMA
!
router  bgp  249
      redistribute  connected
      redistribute  ospf
      neighbor  26.6.0.103   remote-as  164
      neighbor  26.20.0.72   remote-as  164
!
```

Capítulo 7 – Serviços de gateway de rede | **247**

A declaração router bgp 249 habilita o BGP e atribui o número de sistema autônomo (ASN). O BGP troca informações de roteamento entre sistemas autônomos; assim, um ASN é necessário para o BGP funcionar. A Listagem 7.14 diz que o ASN de nosso sistema autônomo é 249.

> **NOTA** Para trocar dados de roteamento entre domínios de roteamento oficiais, você precisa de um ASN oficial; você não pode apenas fazer um, e não pode usar os deste exemplo - eles são os ASNs oficiais de duas redes governamentais onde eu trabalhei. Para informações sobre como aplicar seu próprio ASN oficial, vá para www.iana.org, e siga os links para o registro apropriado para sua região. Se você usa BGP para vincular redes independentes dentro de um único sistema autônomo, e os dados de roteamento estão dentro deste sistema autônomo, use um dos números ASN reservados para uso privado. Os números reservados para uso privado são 64512 a 65534.

As duas cláusulas redistribute definem as rotas que serão anunciadas para nossos BGP vizinhos. redistribute connected diz para o roteador anunciar rotas para todas as redes às quais o roteador estiver diretamente conectado. redistribute ospf diz para o roteador anunciar rotas que descobre do OSPF.

As cláusulas neighbor definem os dois vizinhos BGP que este roteador deve investigar. Os vizinhos são definidos por um endereço IP, e o sistema autônomo externo ao qual eles pertencem é identificado pelo parâmetro remote-as. Na Listagem 7.14, o ASN externo é 164. Não use este número ou 249. Eles estão oficialmente atribuídos a redes de governo.

O Zebra é um software beta que só recentemente começou a ser incorporado em distribuições Linux, e não é a única escolha para software de roteamento. Muitos sistemas ainda usam gated, que é o nosso próximo tópico.

Usando *gated*

Apesar do fato de que Red Hat Linux usa Zebra como seu software de roteamento default, muitas outras distribuições Linux vêm com gated. Se você não tiver o software gated em sua distribuição, uma versão comercial pode ser obtida da Internet em www.gated.org. Também, neste momento, você ainda pode achar e carregar um binário gated do Linux pré-compilado de um repositório on-line. Porém, se sua distribuição não incluir gated, este é um bom momento para a transição para o Zebra. Se você tem gated, e quer usá-lo, prossiga lendo.

Como o Zebra, o gated suporta muitos dos mais avançados protocolos de roteamento. Diferente do Zebra, a versão grátis de gated combina estes protocolos em um único e grande programa. O gated foi criado para permitir a um sistema executar múltiplos protocolos de roteamento e para combinar as rotas descobertas destes protocolos. Faz isto usando um *valor de preferência (preference value)*. Um valor de preferência do gated é um número arbitrário entre 0 e 255, que indica se uma fonte de informações de roteamento é preferida com relação à outra. As fontes de informação podem ser diferentes protocolos de roteamento, diferentes interfaces, diferentes roteadores, e diferentes domínios de roteamento. Quanto mais baixo o número de preferência, mais preferida é a fonte. As preferências default usadas por protocolos de roteamento são mostradas na Tabela 7.1.

Linux: servidores de rede

Tabela 7.1 - Valores de preferência default do *gated*.

Fonte de rota	Valor de preferência
Rota direta	0
OSPF	10
IS-IS Level 1	15
IS-IS Level 2	18
Default gerado internamente	20
Redirecionamento de ICMP	30
Rotas descobertas do socket route	40
Rota estática	60
rotas SLSP	70
Rotas HELLO	90
RIP	100
Rotas de interface ponto-a- ponto	110
Rotas através uma interface desabilitada	120
Rotas geradas e agregadas	130
OSPF ASE	150
BGP	170
EGP	200

Dados os valores de preferência da Tabela 7.1, uma rota por uma interface de rede para uma rede diretamente conectada é a rota preferencial; e uma rota descoberta de EGP, um protocolo de roteamento exterior obsoleto, é a rota menos preferida. O OSPF é listado na tabela duas vezes. Rotas OSPF ASE eram descobertas por OSPF de um sistema autônomo externo. Tendo em vista que as rotas ASE vêm de outro domínio de roteamento, a métrica nestas rotas não recebe o mesmo nível de confiança quanto a métrica de rotas interiores. Na realidade, as três fontes de roteamento de baixa preferência - EGP, BGP e OSPF ASE - todas obtêm as rotas de domínios de roteamento externos.

Você pode modificar estas preferências default quando configura o gated, mas provavelmente não precisará. Os defaults funcionam bem para a maioria das configurações. Em parte, porque um sistema de propósito geral, como Linux, não é usado para situações de roteamento extremamente complicadas e exigentes. Para estas situações, é usado um roteador com hardware dedicado. Para aplicações menos exigentes, como fornecer o gateway a uma única sub-rede, o Linux é uma escolha excelente.

Instalando o *gated*

O software gated é parte de algumas distribuições Linux, e quando o é, o gated é instalado normalmente durante a instalação inicial do sistema. Se o pacote gated não foi instalado durante a instalação inicial, instale agora. Nesta seção, nós usamos Red Hat Linux 7.1 como nosso sistema de exemplo, porque os exemplos neste livro são baseados no Red Hat, e 7.1 foi a última liberação do Red Hat que incorporou o gated como seu software de roteamento default.

Em um sistema Red Hat 7.1, use o RPM para instalar o software do CD-ROM. A Figura 7.4 mostra o resultado de uma consulta gnorpm depois que gated é instalado.

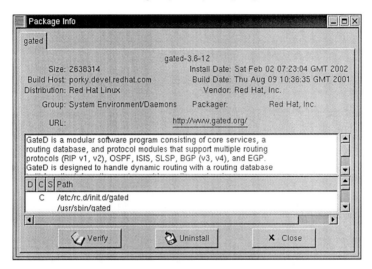

Figura 7.4 - *Como instalar gated com gnorpm.*

Depois que o gated estiver instalado, use uma ferramenta como tksysv ou chkconfig para habilitá-lo. O exemplo seguinte mostra o gated sendo habilitado para executar nos níveis 3 e 5:

```
[root]# chkconfig —list gated
gated   0:off 1:off 2:off 3:off 4:off 5:off 6:off
[root]# chkconfig —level 35 gated on
[root]# chkconfig —list gated
gated   0:off 1:off 2:off 3:on 4:off 5:on 6:off
```

É claro que você não tem que esperar pelo sistema reiniciar para executar o gated. Em um sistema Red Hat 7.1 gated é iniciado pelo script /etc/init.d/gated, que pode ser executado do prompt shell, como segue:

```
[root]# service gated start
Not starting gated: [ OK ]
```

250 | *Linux: servidores de rede*

Não começou! Isto não é o que nós esperamos. Quando o script executa com sucesso, a mensagem exibida é "starting gated" (começando gated). Porém, o arquivo de script não tentará começar gated, a menos que uma configuração de gated seja fornecida. O gated é configurado pelo arquivo /etc/gated.conf. Se nós tivéssemos observado a lista de arquivos que a Figura 7.4 mostra para o RPM gated, teríamos descoberto que o Red Hat não fornece um arquivo gated.conf pré-configurado. Se você quiser executar gated, tem que construir sua própria configuração.

O arquivo *gated.conf*

Na inicialização, o gated lê o arquivo gated.conf. O arquivo contém declarações de configuração que dizem ao gated que protocolos de roteamento devem ser executados e como eles devem ser configurados. Há vários tipos de declarações de configuração:

- Declarações de opções
- Declarações de interface
- Declarações de definição
- Declarações de protocolo
- Declarações estáticas
- Declarações de controle
- Declarações agregadas

Nem todas estas declarações são necessárias para uma configuração, mas quando elas forem usadas, as declarações têm que aparecer na ordem listada aqui.

Estas declarações podem ser divididas em dois grupos: declarações que você provavelmente não usará e declarações que pode usar. Entre as declarações que você provavelmente não vai usar, estão as declarações de opções, as declarações estáticas, as declarações de controle e as declarações agregadas:

- As declarações de opções ajustam parâmetros como nosend (não envia informações de roteamento) e noresolv (não usa DNS), que só são usadas para configurações especiais.
- As declarações estáticas definem as rotas estáticas que devem ser incluídas na tabela de roteamento. Geralmente, quando você executa um protocolo de roteamento, não precisa definir rotas estáticas.
- As declarações de controle são usadas para definir a política de roteamento. Elas são usadas principalmente ao passar roteamento entre domínios de roteamento. Embora seja improvável que você esteja usando Linux para isto, um exemplo de usar declarações de controle aparece depois, porque é um dos recursos fundamentais do gated.
- As declarações agregadas são usadas para se agregar rotas dentro de redes regionais e nacionais, para reduzir o número de rotas trocadas entre redes nacionais.

Capítulo 7 – Serviços de gateway de rede | **251**

As declarações que você provavelmente mais usará em uma configuração gated do Linux são declarações de definição, declarações de interface e declarações de protocolo:

- As declarações de definição definem endereços de destino inválidos, o número de sistema autônomo para protocolos de roteamento exteriores, e o endereço IP do roteador para BGP e OSPF. Você verá alguns exemplos de declarações de definição depois.

- As declarações de interface são usadas para definir os recursos das interfaces de rede do seu roteador. Você verá esta declaração em nossa configuração de exemplo.

- As declarações de protocolo são o coração do arquivo gated.conf. Todo protocolo de roteamento disponível em gated tem uma declaração de protocolo. Use a declaração de protocolo para configurar o protocolo de roteamento para sua rede.

O gated é um sistema complexo que pode manipular muitas configurações de roteamento diferentes. A linguagem de configuração tem uma grande quantidade de opções. Detalhes sobre a linguagem estão cobertos no manual on-line em www.gated.org - e em forma impressa em *TCP/IP Network Administration*, por Craig Hunt (O'Reilly, 2002).

Porém, roteadores que normalmente executam em sistemas Linux não requerem todas estas opções de configuração. O melhor modo para entender os comandos de configuração gated é olhar para algumas configurações razoáveis do Linux.

Como executar RIPv2 com *gated*

O gated pode ser usado para configurar um host para escutar atualizações do roteador RIPv2. Esta configuração executa a mesma função que a configuração de ripd mostrada na Listagem 7.9. A Listagem 7.15 é uma possível configuração de gated para esta situação.

Listagem 7.15 - Uma configuração RIPv2 do gated.

```
# enable rip, don't broadcast updates,
# listen for RIP-2 updates on the multicast address,
# check that the updates are authentic.
#
rip yes {
     nobroadcast  ;
     interface  172.16.60.2
        version  2
        multicast
        authentication  simple  "EZdozIt"  ;

} ;
```

Os comentários no começo do arquivo de configuração ajudam a explicar a configuração. Diferente destes comentários, o arquivo inteiro é uma declaração de protocolo. Todas as linhas incluídas dentro das chaves ({}) fazem parte da declaração do protocolo RIP.

A declaração começa com rip yes, que habilita o protocolo RIP. A cláusula nobroadcast diz para o sistema não enviar pacotes de atualização RIP; apenas escutará os pacotes fornecidos pelos roteadores. Se seu sistema for um roteador, ao invés de um host, apague esta cláusula e ele enviará atualizações.

Linux: servidores de rede

A cláusula interface define a interface que o protocolo de roteamento deve usar e os recursos da interface. Neste caso, a interface é identificada por seu endereço IP. Hosts têm só uma interface. Se este fosse um roteador que executa RIPv2 em todas as interfaces, você pode fornecer uma lista separada por vírgula de todos os endereços IP das interfaces ou a palavra-chave all para indicar que todas as interfaces devem ser usadas.

A cláusula interface também contém alguns parâmetros que são específicos de RIPv2. O parâmetro version 2 diz explicitamente para gated executar RIPv2. A palavra-chave multicast diz para escutar por atualizações no endereço multicast de RIPv2. Finalmente, o parâmetro authentication define o tipo de autenticação de roteador RIPv2 que será usado. Neste caso, nós usamos autenticação de senha simples. A senha é EZdozIt.

Este exemplo fornece uma configuração de host RIPv2 que pode ser usada em qualquer sistema com somente leves modificações. Nosso host de exemplo recebe suas atualizações RIP de roteadores locais. Na próxima seção, um destes roteadores é configurado.

Executando OSPF com *gated*

As listagens 7.13 e 7.14 definem a configuração de um roteador que usa RIPv2 em uma sub-rede e OSPF em outra. Esta mesma configuração pode ser reproduzida com gated. A Listagem 7.16 é uma configuração de roteador OSPF de gated de exemplo.

Listagem 7.16 - Uma configuração de roteador interior OSPF/RIPv2 de *gated*.

```
# Don't time-out subnet 60
interfaces {
    interface 172.16.60.1 passive ;
};
# Define the OSPF router id
routerid 172.16.1.9 ;
# Enable RIP-2; announce OSPF routes to
# subnet 60 with a cost of 5.
rip yes {
    broadcast ;
    defaultmetric 5 ;
    interface 172.16.60.1
        version 2
        multicast
        authentication simple "EZDozIt" ;
};
# Enable OSPF; subnet 1 is the backbone area;
# use password authentication.
ospf yes {
    backbone {
        authtype simple ;
        interface 172.16.1.9 {
            priority 5 ;
            authkey "UTrustME" ;
            };
    };
};
```

Capítulo 7 – Serviços de gateway de rede | **253**

A configuração começa com uma declaração interfaces. Ela diz ao roteador que os sistemas na sub-rede 60 podem não fornecer atualizações de RIPv2. Normalmente, se nenhuma informação de roteamento for recebida em uma interface, a interface é marcada como inativa e assumida como "down".

Esta declaração assegura que a interface não é assumida como "down" só porque os hosts na sub-rede não anunciam atualizações de RIPv2. Ao contrário da cláusula interface na Listagem 7.15, esta declaração não é subordinada a uma declaração de protocolo.

A declaração de definição routerid define o endereço que será usado para identificar este roteador para o OSPF. Os roteadores têm mais de uma interface de rede e então mais de um endereço IP. Para assegurar que o endereço correto seja usado nos anúncios de estado de link do OSPF, defina especificamente o routerid do OSPF.

A próxima declaração é uma declaração de protocolo que habilita o RIPv2. Com exceção de duas diferenças, é idêntico à declaração usada na Listagem 7.15 para habilitar RIPv2 para o host. A primeira diferença é que o roteador anunciará rotas de RIPv2, como indicado pela palavra-chave broadcast. A segunda diferença é que a configuração define a métrica de RIP usada para anunciar rotas descobertas de outros protocolos, que podem ser qualquer valor métrico de RIP válido. Este roteador descobre rotas do OSPF que não tem uma métrica RIP válida. A cláusula defaultmetric diz para gated usar um custo de 5 para anunciar estas rotas em atualizações de RIP. Esta cláusula é exigida para tornar as rotas descobertas de OSPF disponíveis para o sistema RIPv2. Sem isto, as rotas de OSPF são consideradas "inalcançáveis" pelos sistemas RIPv2.

A declaração de protocolo final no arquivo gated.conf de exemplo mostrado na Listagem 7.16 habilita o OSPF. Este roteador conecta à área de backbone, como indicado pela palavra-chave backbone. Se o roteador não for conectado ao backbone, a área para a qual foi conectado pode ser definida aqui (por exemplo: area 1). O número que identifica a área é o número que você define quando projeta a hierarquia de área de seu domínio de roteamento OSPF.

O protocolo OSPF também está usando autenticação de senha simples, como indicado pela cláusula authtype simple. A cláusula interface identifica a interface sobre a qual OSPF executa e os recursos de protocolo relacionados àquela interface. A cláusula authkey "UTrustME" define a senha usada para autenticar roteadores OSPF nesta área.

A cláusula priority 5 define o número de prioridade que este sistema usa quando a área eleger um roteador padrão. O propósito do número de prioridade foi descrito na discussão da Listagem 7.13 como parte da configuração do ospfd.

Como um exemplo final de execução do gated, vamos configurar um sistema Linux para executar um protocolo de meio de acesso exterior.

Executando BGP com *gated*

Nesta seção, um roteador é configurado para conectar a área de backbone OSPF descrita na seção anterior a um sistema autônomo externo que usa BGP. A configuração para este roteador é mostrada na Listagem 7.17.

254 | *Linux: servidores de rede*

Listagem 7.17 - Uma configuração de roteador exterior gated OSPF/BGP .

```
# Defines our AS number for BGP
autonomoussystem  249;

# Defines the OSPF router id
routerid  172.16.1.5;

# Disable RIP
rip no;

# Enable BGP
bgp yes {
     group type external peeras 164 {
         peer 26.6.0.103  ;
         peer 26.20.0.72  ;
         };
};

# Enable OSPF; subnet 1 is the backbone area;
# use password authentication.
ospf yes {
     backbone {
         authtype simple ;
         interface 172.16.1.5 {
            priority 10 ;
            authkey "UTrustME"  ;
            };
         };
};

# Announce routes learned from OSPF and route
# to directly connected network via BGP tp AS 164
export proto bgp as 164 {
     proto direct ;
     proto ospf ;
};

# Announce routes learned via BGP from
# AS number 164 to our OSPF area.
export proto ospfase type 2 {
     proto bgp as 164 {
     all ;
     };
};
```

As declarações de definição no começo da Listagem 7.17 definem o número de sistema autônomo (ASN) para o BGP e o identificador de roteador para o OSPF. A declaração autonomoussystem diz que o ASN de nosso sistema autônomo é 249. (Como observado antes, não use ASN 249 em sua configuração.)

A primeira declaração de protocolo na configuração de amostra incapacita o RIP. Este roteador não executa RIP. Em um lado, conecta à área de backbone OSPF; do outro lado, conecta a um domínio de roteamento externo com BGP.

Capítulo 7 – Serviços de gateway de rede | **255**

A segunda declaração de protocolo habilita o OSPF. Não há nada novo aqui; parece quase idêntico à declaração de protocolo OSPF que você já viu na Listagem 7.16.

A próxima declaração de protocolo habilita o BGP. A cláusula group define os recursos de um grupo de vizinhos BGP, que gated chama de *peers*. O endereço IP de cada peer é identificado dentro da cláusula group por uma cláusula peer.

Um das características definidas pela cláusula group é o tipo de sessão BGP a estabelecer com os peers. No exemplo, o BGP é usado como um protocolo de gateway exterior clássico, por isto o parâmetro type external. O BGP pode ser usado para outros propósitos. Como observado na seção bgpd durante a discussão dos números ASN, é possível usar BGP para distribuir rotas dentro de um domínio de roteamento, ao invés de entre domínios de roteamento. Quando for usado deste modo, o BGP é chamado de *BGP interno* (IBGP). Aqui está a cláusula group do arquivo de exemplo na Listagem 7.17:

```
group type external peeras 164
```

Isto diz que BGP executará como um protocolo de roteamento exterior e que o ASN do sistema autônomo externo com que comunicará é 164. É claro que isto deve ser o número ASN real de seu vizinho BGP.

Por outro lado, suponha que você tenha uma internet de empresa grande e de longo alcance. Dentro desta rede de empresa há várias redes que executam OSPF como um protocolo de roteamento interior, e tem suas próprias conexões independentes à Internet global. Você pode usar um BGP interno para mover informações de roteamento entre as redes individuais que compõem sua rede de empresa. Um exemplo da declaração group para tal configuração é

```
group type igp peeras 64550 proto ospf
```

Isto diz que o BGP executará como um protocolo de gateway interno, o ASN 64550 será usado dentro da rede de sua empresa, e os roteadores com os quais você está trocando atualizações descobrem suas rotas pelo OSPF.

A configuração de exemplo conclui com duas declarações de controle: as declarações export que definem a política de roteamento. A primeira declaração define quais rotas internas são anunciadas para o mundo externo. Diz para o gated exportar ao sistema autônomo identificado por ASN 164 todas as rotas diretas e todas as rotas que o roteador local descobrir do OSPF.

A declaração export final define as rotas que o gated aceita do mundo externo e anuncia na rede interna. A primeira linha desta declaração é

```
export proto ospfase type 2
```

Isto diz para o gated anunciar as rotas via protocolo OSPF como rotas de sistema autônomo externo (ASE), o que significa que as rotas são claramente marcadas como rotas descobertas de uma fonte externa. O parâmetro type 2 indica que as rotas vêm de um protocolo que não usa uma métrica que é diretamente comparável à métrica de OSPF. A alternativa é type 1, o que significa que a métrica é diretamente comparável. Porém, o BGP é um protocolo

256 | Linux: servidores de rede

vetor-caminho, não um protocolo de estado de link, e sua métrica não é diretamente comparável a estas usadas pelo OSPF. Você sabe que as rotas foram descobertas a partir do BGP olhando para o resto da declaração export:

```
proto bgp as 164 {
all ;
}
```

Isto diz que as rotas exportadas foram recebidas via BGP e que elas vêm do domínio de roteamento autônomo identificado por ASN 164. Além disso, a palavra-chave all nesta cláusula diz que gated deve aceitar todas as rotas deste sistema autônomo. Em vez da palavra-chave all, você pode usar endereços específicos para aceitar só rotas específicas ou a palavra-chave restrict para bloquear todas as rotas.

> **NOTA** Estas discussões de OSPF e de BGP mostram que o roteamento pode ser um tópico muito complexo. Se você precisar usar um protocolo de roteamento que é mais complicado que RIPv2, leia mais sobre ele, e projete sua arquitetura de roteamento antes de tentar configurar um sistema. Veja *Internet Routing Architecture*, por Bassam Halabi (Cisco, 1999) e *IP Routing Fundamentals*, por Mark Sportack (Cisco, 1999) para informações adicionais sobre protocolos de roteamento.

Network Address Translation

Network Address Translation (tradução de endereço de rede) (NAT) é uma extensão de roteamento que permite ao roteador modificar os endereços nos pacotes que envia. Roteadores tradicionais examinam endereços, mas não os mudam. Com o NAT, os endereços IP usados na rede local, são convertidos para endereços IP "oficiais". Isto lhe permite usar um número de rede privado e ainda ter acesso à Internet. Os números de rede privados definidos na RFC 1918 são

- Rede 10.0.0.0
- Redes 172.16.0.0 a 172.31.0.0 (Rede 172.16.0.0 é usada para os exemplos neste livro)
- Redes 192.168.0.0 a 192.168.255.0

Números de rede privados são comuns, e por algumas boas razões:

- Usar um número de rede privado reduz a burocracia. Você não tem que pedir a qualquer um autorização para usar estes endereços. Nenhuma aplicação, nenhuma taxa. Apenas faça.
- Os endereços são seus. Se você mudar de ISPs, não há nenhuma necessidade para renumerar os hosts na rede. Você pode precisar mudar a configuração do NAT, mas isso é provavelmente mais fácil que mudar a configuração de todos os seus sistemas de desktop.
- Você conserva endereços IP. Ter mais endereços do que realmente precisa pode tornar o projeto de uma rede mais fácil, mas você não quer mais do que precisa se estiver desperdiçando valiosos endereços IP. Quando você usa endereços privados, não desperdiça nenhum endereço IP. Estes endereços são reutilizáveis, e os

Capítulo 7 – Serviços de gateway de rede | **257**

mesmos endereços que você está usando provavelmente estão sendo usados por centenas de outras redes privadas ao redor do mundo.

- Endereços IP privados reduzem falsificações de endereço. *Spoofing* (falsificar) é um ataque de segurança no qual alguém em um local remoto finge estar em sua rede local, usando um de seus endereços de rede. Endereços IP privados não devem ser enviados pela Internet, assim falsificar um destes endereços não deixará o atacante muito bem.

Números de rede privados são explicitamente definidos para uso privado. Eles não podem ser roteados pela Internet, porque quaisquer números de redes privadas podem estar usando os mesmos endereços. Antes de pacotes originados por um host que usa um endereço IP privado poder ser despachado a uma rede externa, o endereço de fonte no pacote deve ser convertido a um endereço de Internet válido.

Pese todos os fatores antes de decidir usar NAT. Tradução de endereço de rede tem alguns problemas:

- Coloca uma pequena sobrecarga adicional no roteador, o que reduz o desempenho do roteador.
- Não funciona bem com todos os protocolos. Protocolos TCP/IP não foram projetados com NAT em mente.
- Interfere com esquemas de autenticação ponto-a-ponto, que autenticam o endereço da fonte.

O Linux 2.4 implementa a tradução de endereço IP no kernel usando o comando iptables. O Linux inclui tradução de endereço IP como parte do software firewall que vem com o sistema. Firewalls e como configurar um servidor Linux como um firewall é discutido no Capítulo 12, "Segurança". O Capítulo 12 fornece os reais detalhes do comando iptables. Este capítulo olha para um aspecto do comando iptables que lhe permite traduzir endereços.

Configurando o Linux como um servidor NAT

Apesar do fato que tradução de endereço ser incluída no software de filtragem de pacote para construir um firewall, não é especificamente uma característica de segurança. Um uso muito comum para tradução de endereço é conectar uma rede pequena à Internet. Suponha que você tenha uma rede de escritório pequena que conecta à Internet por um ISP local. Mais adiante, suponha que o ISP atribui ao escritório só um endereço IP, embora você tenha quatro computadores em sua rede. Usando o NAT do Linux, todos os quatro computadores podem se comunicar com a Internet com só um endereço IP válido.

O comando iptables processa pacotes através de um conjunto de regras de filtragem. Estes conjuntos de regras são chamados de *cadeias (chains)*. A razão principal para se construir estas regras é a segurança, e as cadeias que aplicam a segurança são descritas no Capítulo 12. Quando o iptables for usado para tradução de endereço, que Linux chama de *mascaramento*, duas cadeias de regra especiais são usadas:

- A cadeia *prerouting* (pré-roteamento) que manipula pacotes antes do roteador processar o pacote para roteamento
- A cadeia *postrouting* (pós-roteamento) que manipula pacotes depois do roteador processar o pacote para roteamento

258 | Linux: servidores de rede

O comando iptables tem três políticas que são específicas para tradução de endereço. Políticas, às vezes chamadas *alvos (targets)* na sintaxe de iptables, são procedimentos que processam pacotes. Várias políticas foram predefinidas para processamento de segurança, e três foram predefinidas para processamento de NAT:

MASQUERADE - Isto é usado para traduzir um endereço ao endereço atribuído ao host que faz o NAT.

SNAT - Isto é usado para mapear estaticamente um endereço específico a outro endereço específico.

DNAT - Isto é usado para mapear um endereço dinamicamente ao próximo endereço disponível em um grupo de endereços.

Suponha que a rede de escritório pequena concecta-se a um roteador Linux que faz NAT pela interface eth0 do roteador. Mais adiante, suponha que o roteador Linux conecta a rede para o mundo externo por sua interface eth1, e que o endereço atribuído àquela interface é o endereço oficial fornecido pelo ISP. O comando iptables seguinte fará o trabalho:

```
# iptables -t nat -A POSTROUTING -o eth1 -j MASQUERADE
```

A opção -t nat diz ao iptables que está trabalhando com as cadeias de tradução de endereço. A opção -A adiciona esta regra à cadeia POSTROUTING, o que significa que esta tradução acontecerá depois que o roteador determinar como entregar o pacote. A opção -o eth1 diz ao iptables que a regra deve ser aplicada a qualquer pacote que estiver saindo da interface eth1. (-i é usado para pacotes que entram em uma interface.) A opção -j MASQUERADE diz a iptables que quando um pacote combinar as condições que estão sendo processadas para roteamento e sendo roteadas da interface eth1, o iptables deve usar a política de MASQUERADE para completar o processamento. Como observado antes, a política de MASQUERADE converte o endereço de fonte do pacote para o endereço atribuído ao roteador - neste caso, converte o endereço da fonte ao endereço atribuído para a interface eth1.

Com esta regra, o endereço oficial atribuído ao roteador pode ser usado para conectar todos os quatro dos sistemas em nossa pequena rede para a Internet. Combinado com os recursos de roteamento do Linux discutidos antes, quando a regra de NAT for instalada, o Linux satisfaz completamente as necessidades de roteamento de nossa pequena rede de escritório.

Resumo

Este capítulo conclui a parte de operações de servidor de Internet deste livro. Todos os serviços básicos necessários para um servidor de Internet foram cobertos: login remoto, transferência de arquivo, e-mail, serviço web e roteamento.

O próximo capítulo começa na Parte Três, "Configuração de servidor departamental", na qual os serviços necessários em um servidor departamental são examinados. Para começar, o Capítulo 8 cobre o servidor DHCP, que simplifica a configuração dos computadores dos usuários.

Parte 3

Configuração de servidor departamental

Recursos:

- Configurando um servidor, um cliente e um agente de retransmissão DHCP
- Entendendo permissões de arquivo do Linux
- Configurando um servidor e cliente NFS
- Usandomount, fstab e automounter para acessar sistemas de arquivos
- Entendendo NetBIOS e SMB
- Configurando um servidor ou cliente SMB com Samba
- Instalando, configurando e compartilhando impressoras
- Criando um servidor de caixa postal com POP ou IMAP
- Controlando spam de e-mail
- Filtrando e-mail com procmail

8

Servidores de configuração para desktop

O TCP/IP é capaz de ligar o mundo todo em uma Internet global porque não depende de qualquer tecnologia de rede física. Pode executar através do modem conectado a um PC ou através da rede de fibra ótica conectada a um supercomputador. Faz isto criando uma rede lógica no topo das redes físicas que é independente da característica específica de qualquer rede.

Porém, esta flexibilidade vem ao preço de complexidade. É mais difícil configurar um computador para executar o TCP/IP do que configurá-lo para algumas outras redes.

Você é uma pessoa técnica - este é o porquê de você manipular uma rede. Configurar o TCP/IP pode parecer muito simples para você, mas pode ser uma tarefa assustadora para o usuário comum configurando um PC. Se sua rede for pequena, você pode configurar todos os desktops manualmente.Em uma rede grande, a configuração manual se torna uma tarefa impossível. Até mesmo em uma rede pequena, ajustar a configuração toda vez que se atualiza um usuário, é um trabalho ingrato e enfadonho. A solução é criar um servidor que faça este trabalho para você, que é o tópico deste capítulo.

Entendendo os protocolos de configuração

Os desenvolvedores de protocolo trabalharam para reduzir o fardo da configuração de sistema manual por muito tempo. Alguns dos documentos que definem os protocolos de configuração têm mais de 15 anos. Surpreendentemente, estes protocolos só tiveram seu uso difundido nos últimos anos. Isto é em parte porque os usuários antigos da Internet eram pessoas técnicas que gostavam de configurar os seus próprios sistemas, e em parte por causa do tremendo crescimento do número de sistemas executando TCP/IP, que ocorreu

262 | *Linux: servidores de rede*

no final dos anos noventa. A Microsoft também merece algum crédito por se esforçar em conseguir que as pessoas usassem o *Dynamic Host Configuration Protocol* (protocolo de configuração de host dinâmico) (DHCP), que é o melhor dos protocolos de configuração. Esta seção examina o DHCP, bem como os outros protocolos de configuração usados para configurar sistemas de desktop.

Bootstrap Protocol

O Bootstrap Protocol (BootP) foi o primeiro protocolo de configuração abrangente. Ele pode fornecer todas as informações geralmente usadas para configurar o TCP/IP - do endereço IP do cliente, a qual servidor de impressão o cliente deve usar. O protocolo BootP é projetado para entregar esta informação ao cliente, embora o cliente não tenha um endereço IP.

Aqui está como funciona. O cliente BootP transmite um pacote BOOTREQUEST à porta 67 UDP, usando o endereço de broadcast IP especial 255.255.255.255, que é chamado de endereço de broadcast limitado. O endereço de broadcast atribuído no Capítulo 2, "A interface de rede", com o comando ifconfig era composto do endereço de rede com um campo host de todo de um; por exemplo, 172.16.55.255. É óbvio que um cliente BootP que não conhece o endereço de rede não pode usar tal endereço de broadcast, por isto é que o endereço de broadcast limitado é usado.

> **NOTA** A menos que especialmente configurados, roteadores não encaminham o endereço de broadcast limitado. Por isto, servidores de configuração são servidores tradicionalmente departamentais, com um servidor colocado em cada sub-rede. Mais tarde neste capítulo, nós veremos como servidores de retransmissão podem ser usados para suportar um servidor de configuração centralizado para empresas que preferem centralização a servidores departamentais distribuídos.

O cliente coloca todas as informações que sabe sobre si mesmo no pacote BOOTREQUEST, que pode ser só seu endereço de camada física. Quando um servidor BootP receber um pacote na porta 67, cria um pacote BOOTREPLY preenchendo com todas as informações de configuração. O servidor então transmite o pacote de volta à rede usando a porta 68 de UDP. O cliente escuta na porta 68. Quando recebe um pacote na porta 68, que contém seu endereço de camada física, usa a informação do pacote para configurar TCP/IP.

Dynamic Host Configuration Protocol

O BootP é simples e eficiente. De fato tão eficiente, que se tornou a base para o Dynamic Host Configuration Protocol. O DHCP opera em cima das mesmas portas de UDP, 67 e 68, como o BootP. Fornece todos os serviços de BootP, bem como algumas melhorias importantes.

O DHCP é projetado para fornecer todos os parâmetros possíveis de configuração do TCP/IP a seus clientes.O DHCP inclui todos os parâmetros que foram definidos na RFC "Exigências para hosts de Internet", o que significa que tudo que é necessário para o TCP/IP pode ser configurado a partir do servidor DHCP.

Capítulo 8 – Servidores de configuração para desktop | **263**

A outra, e provavelmente mais importante, melhoria é que o DHCP permite que endereços IP sejam atribuídos dinamicamente. Configurar manualmente um sistema com ifconfig permanentemente atribui um endereço à interface. O endereço atribuído a um host pelo BootP também é uma designação permanente. Estas técnicas são *estáticas* - o endereço é atribuído permanentemente e não pode ser usado para qualquer outro host. Com o DHCP, um endereço é "alugado" ao host por um período específico de tempo. Quando o tempo expira, o host tem que renovar o aluguel ou tem que devolver o endereço ao servidor, de forma que ele possa ser atribuído a outro sistema.

As vantagens de designação de endereço dinâmica são como segue:

- Você não precisa criar uma configuração personalizada para cada host. Em um servidor BootP, você tem que criar uma configuração para cada cliente porque você é responsável por atribuir a cada sistema um endereço IP único. Com um servidor DHCP, o servidor é responsável pelas designações de endereço.

- Faz uso mais efetivo de endereços IP escassos. Endereços não usados são devolvidos ao pool de endereços, de onde podem ser usados novamente.

Designação de endereço dinâmica, como tudo mais, não é perfeito. O DNS pode não saber a respeito de endereços que são atribuídos pelo DHCP, o que significa que computadores remotos não podem procurar o endereço de um sistema que obteve o seu endereço de um servidor DHCP. Neste caso, um sistema usando um endereço atribuído dinamicamente não pode oferecer serviços a outros sistemas.

Isto é uma falha, mas não é uma falha fatal. Primeiro, somente servidores reconhecidos oficialmente devem oferecer serviços a outros sistemas, e o pessoal técnico qualificado não têm qualquer dificuldade em fazer uma configuração TCP/IP funcionar na maioria dos servidores. Segundo, o número de servidores em uma rede é pequeno, comparado com o número total de sistemas, então o fardo de configuração de servidor é correspondentemente pequeno. Terceiro, a maioria de sistemas em uma rede são sistemas de desktop que não devem oferecer serviços TCP/IP a usuários remotos, assim eles não precisam de endereços IP estáticos. Isto torna clientes de desktop os candidatos perfeitos para designação dinâmica de endereços. E finalmente, há técnicas para coordenar endereços entre DHCP e DNS usando *Dynamic DNS* (DNS dinâmico) (DDNS). Para descobrir mais sobre DDNS, veja *Linux DNS Server Adminstration*, por Craig Hunt, Sybex 2001. Até mesmo sem DDNS, o DHCP funciona bem na maioria dos sistemas, e pode diminuir dramaticamente a carga de trabalho de configuração.

Reverse Address Resolution Protocol

Antes de deixar o tópico de protocolos de configuração, nós devemos mencionar o Reverse Address Resolution Protocol (protocolo de resolução de endereço reverso) (RARP). Como o nome insinua, é o contrário de ARP. Ao invés de solicitar um endereço Ethernet em resposta a um endereço IP, este protocolo transmite um endereço Ethernet, e solicita um endereço IP em resposta.

Um servidor RARP usa o arquivo /etc/ethers para mapear endereços Ethernet para endereços IP. Ele então envia o endereço IP do arquivo ethers ao sistema cliente. Um arquivo /etc/ethers de exemplo é mostrado aqui:

```
00:00:C0:4F:3E:DD   bluejay
00:10:4B:87:D4:AB   duck
08:00:20:82:D5:1D   raven
00:00:0C:43:8D:FB   osprey
```

Cada linha no arquivo contém um endereço Ethernet, seguido por um nome de host ou endereço IP. Nomes de host geralmente são mais usados, mas eles devem ser nomes válidos, que mapeiam a endereços IP.

Nós mencionamos este protocolo porque o arquivo nsswitch.conf coberto no Capítulo 4, "Serviços de nome Linux", inclui /etc/ethers como uma parte do serviço NIS, que pode fazê-lo ficar curioso a respeito. Porém, você não deve usar o RARP. O RARP só proporciona ao cliente um endereço IP. Nenhuma outra informação de configuração é fornecida. Muitos servidores de configuração melhores estão disponíveis para o Linux, inclusive DHCP, que é o servidor de configuração correto para a maioria das redes.

Instalando o servidor DHCP

Muitas distribuições Linux incluem o daemon DHCP (dhcpd). O dhcpd é o lado de servidor do DHCP, e só é requerido no servidor DHCP. Os clientes não executam dhcpd. Informações sobre configuração de cliente DHCP são fornecidas mais tarde neste capítulo.

O software de servidor DHCP é um componente que pode ser selecionado durante a instalação inicial do Linux. Se o software de servidor DHCP não foi instalado como parte da instalação inicial, instale-o agora usando um gerenciador de pacote com o comando rpm ou a ferramenta de X Windows gnorpm. Se você usar gnorpm, o DHCP pode ser encontrado na exibição de System Environment/Daemons.

 Para um exemplo do uso do comando rpm para instalar um pacote de software, veja a seção "Como usar um gerenciador de pacote" no Capítulo 5, "O servidor web Apache".

É possível que seu sistema Linux não venha com o software de DHCP, ou que você queira uma versão mais recente que a que vem com seu sistema. Em qualquer caso, você pode carregar o código-fonte de dhcpd de www.isc.org ou (por FTP anônimo) de ftp.isc.org/isc/dhcp, onde está armazenado em um arquivo tar gz. Faça o download do arquivo tar, mude para o diretório que ele cria, e execute o script ./configure localizado lá. O configure determina o tipo de sistema que você está rodando, e cria o Makefile correto para este sistema. Execute make para compilar o software. (Se você tiver um sistema Linux antiquado, veja a sidebar seguinte, "Como usar dhcpd com kernels Linux antigos", para informações sobre problemas que pode encontrar.) Em sistemas Linux atuais, o dhcpd deve compilar sem erros. É claro que as coisas podem mudar com distribuições futuras. Se você obtiver erros, envie uma mensagem à lista dhcp-server@isc.org, descrevendo sua configuração e o problema exato que você tem. A lista é lida pela maioria das pessoas que usa dhcpd, e alguém já pode ter resolvido seu problema. Para se associar à lista de clientes, vá para www.isc.org/services/public/lists/dhcp-lists.html e preencha o formulário.

Usando o dhcpd com kernels Linux antigos

O dhcpd funciona bem com o kernel 2.4 do Linux. Porém, se seu sistema Linux usa um kernel antiquado, instalar dhcpd pode não ser tudo aquilo que é exigido para tê-lo executando. Neste caso, há alguns problemas potenciais que precisam ser tratados através de configurações específicas do sistema. O melhor modo para resolver estes problemas é atualizar para um kernel novo. Se, por alguma razão, você está pouco disposto a atualizar seu kernel, deve ler esta sidebar.

Se você fornece serviço a clientes DHCP de Microsoft Windows, pode encontrar problemas com o endereço de broadcast limitado. Se parece que estes clientes Microsoft Windows não vêem mensagens DHCP do servidor enquanto outros tipos de clientes conseguem, você precisa definir uma rota específica para o endereço de broadcast limitado em seu servidor Linux. Para fazer isso, primeiro adicione o nome all-ones à tabela /etc/hosts:

```
255.255.255.255   all-ones
```

Então, adicione uma rota para o endereço de broadcast limitado:

```
route add -host all-ones dev eth0
```

Para reinstalar a rota especial depois de cada inicialização, acrescente a declaração route ao script de inicialização rc.local. Distribuições antigas com as versões do kernel que o requerem freqüentemente incluem o código para adicionar a rota de broadcast limitado no script /etc/rc.d/init.d/dhcpd usado para iniciar o dhcpd.

Além do problema de broadcast limitado, há alguns outros problemas que se relacionam a kernels de Linux antigos.

Interfaces de rede múltiplas - O dhcpd não pode usar interfaces múltiplas com kernels Linux antes da versão 2.0.31.

SO_ATTACH_FILTER não declarado - Este erro pode ocorrer ao compilar o dhcpd sob Linux 2.2. Se ocorrer, o link simbólico /usr/include/asm pode não estar habilitado. Este link deve apontar aos cabeçalhos asm do Linux.

Protocolo não configurado - Para executar sob Linux 2.1 e 2.2, o dhcpd precisa das opções CONFIG_PACKET e CONF_FILTER configuradas no kernel. Se a mensagem Set CONFIG_PACKET=y e CONFIG_FILTER=y em sua configuração de kernel for exibida durante a construção do dhcpd, você precisa reconfigurar o kernel e habilitar estas opções. Veja o Capítulo 13, "Resolvendo Problemas", para informações sobre como configurar o kernel.

Agente BootP de IP - Linux 2.1 executará dhcpd somente se o agente BootP estiver habilitado. (O agente BootP faz parte de dhcpd.) Verifique para ver se /proc/sys/net/ipv4/ip_bootp_agent existe. Se existir, verifique para ver se contém um 1. Se não existe ou não contém um 1, insira a seguinte linha em um script de inicialização para gravar um 1 ao arquivo ip_bootp_agent:

```
echo 1 > /proc/sys/net/ipv4/ip_bootp_agent
```

> **Usando o dhcpd com kernels Linux antigos (continuação)**
>
> O Kernel 2.4 do Linux resolve todos estes problemas. Porém, como as versões de kernel do Linux mudam e novas distribuições de dhcpd são publicadas, problemas novos podem surgir. Veja o arquivo README que vem com a distribuição de dhcpd para as mais recentes informações.

Excutando o *dhcpd*

Sob o Red Hat Linux 7.2, o daemon DHCP é iniciado pelo script /etc/init.d/dhcpd. O script aceita os mesmos argumentos que o script /etc/init.d/named descrito no Capítulo 4. Os argumentos geralmente mais usados são start, stop e restart. Por exemplo, o seguinte comando iniciará o dhcpd:

```
[root]# service dhcpd start
Starting dhcpd: [ OK ]
```

Use uma ferramenta como chkconfig ou tksysv para assegurar que o script de inicialização /etc/init.d/dhcpd seja executado sempre que o sistema reinicializa. Em nosso sistema Red Hat de exemplo, o seguinte comando chkconfig faz o script de dhcpd executar sempre que o sistema reinicializa, nos níveis de execução 3 ou 5:

```
[root]# chkconfig —list dhcpd
dhcpd            0:off 1:off 2:off 3:off 4:off 5:off     6:off
[root]# chkconfig —level 35 dhcpd on
[root]# chkconfig —list dhcpd
dhcpd            0:off 1:off 2:off 3:on 4:off 5:on     6:off
```

O script /etc/init.d/dhcpd usa o comando dhcpd para iniciar o servidor DHCP. A sintaxe do comando dhcpd é

```
dhcpd [-p port] [-f] [-d] [-q] [-cf file] [-lf file] [interface-list]
```

-p *port* - Define uma porta alternativa. Normalmente, o dhcpd escuta por solicitações de cliente na porta 67, e responde na porta 68. Use a opção -p para mudar as portas sem padrão. Isto só é usado para testar.

-f - Executa o dhcpd como um processo de primeiro plano. Isto só é usado para depurar.

-d - Envia mensagens de erro a stderr ao invés de para syslogd.

-q - Impede que o dhcpd imprima sua mensagem de inicialização.

-cf *file* - Identifica o arquivo do qual dhcpd deve ler sua configuração. Por default, o dhcpd lê sua configuração de /etc/dhcpd.conf.

-lf *file* - Identifica o arquivo para o qual o dhcpd deve gravar informações de aluguel de endereços. Por default, o dhcpd grava informações de aluguel em /var/lib/dhcp/dhcpd.leases.

interface-list - Lista os nomes das interfaces que o dhcpd deve monitorar para solicitações de clientes. Por default, o dhcpd escuta todas as interfaces que suportam transmissões.

Para ajustar os argumentos de linha de comando, o dhcpd em um sistema Red Hat, armazena os argumentos no arquivo /etc/sysconfig/dhcpd. O script /etc/init.d/dhcpd lê os argumentos deste arquivo antes de iniciar o daemon DHCP. Por exemplo, para fazer o dhcpd ler sua configuração de um arquivo chamado /var/dhcp/test.conf, crie um arquivo /etc/sysconfig/dhcpd que contém o seguinte:

```
[root]#  cat  /etc/sysconfig/dhcpd
# Command  line  options  here
DHCPDARGS=-cf  /var/dhcp/test.conf
```

Isto faz o dhcpd ler sua configuração de /var/dhcp/test.conf, mas o arquivo /etc/dhcpd.conf ainda é requerido! O script /etc/init.d/dhcpd não executa o dhcpd, a menos que encontre o arquivo /etc/dhcpd.conf e o arquivo /var/lib/dhcp/dhcpd.leases.

Iniciando o arquivo *dhcpd.leases*

O dhcpd armazena um banco de dados dos endereços alugados que atribuiu no arquivo dhcpd.leases. O arquivo tem que existir para que dhcpd inicialize. Quando o servidor for instalado primeiro, crie um arquivo dhcpd.leases vazio para assegurar que o daemon inicie corretamente.

O dhcpd grava entradas de banco de dados no arquivo como texto ASCII. Se você for curioso, pode olhar o arquivo para ver que endereços foram atribuídos. Entradas no arquivo têm o seguinte formato:

```
lease  address  {statements}
```

Cada aluguel começa com a palavra-chave lease e o endereço IP que é atribuído pelo aluguel. Isto é seguido por um grupo de declarações que definem as características do aluguel. Possíveis valores que podem aparecer na lista de declarações incluem os seguintes:

starts *date* - Registra o tempo de início do aluguel. *date* contém o dia da semana, ano, mês, dia, hora, minuto e segundo de quando o aluguel. iniciou.

ends *date* - Registra o tempo quando o aluguel. terminará. *date* contém o dia da semana, ano, mês, dia, hora, minuto e segundo quando o aluguel. terminará.

hardware *hardware-type mac-address* - Registra o endereço de camada física do cliente. Em uma rede Ethernet, o *hardware-type* é ethernet, e o *mac-address* é o endereço Ethernet.

uid *client-identifier* - Registra o identificador DHCP do cliente se um foi usado pelo cliente quando obteve o aluguel.. A maioria dos clientes é identificada pelos seus endereços MAC, e não requer um identificador DHCP separado.

client-hostname *"name"* - Registra o nome de host do cliente se o cliente fornecê-lo usando a opção client-hostname de DHCP. (Muito mais será dito depois sobre opções DHCP neste capítulo.)

hostname *"name"* - Registra o nome de host do cliente se o cliente fornecer um nome de host usando a opção hostname de DHCP. Clientes Microsoft Windows enviam seus nomes de host ao servidor que usa a opção hostname.

abandoned - Identifica este como um aluguel. abandonado. Se o servidor tem dificuldade atribuindo um endereço (porque o cliente rejeita o endereço ou o servidor determina que um endereço não atribuído já está em uso), o servidor o marca como "abandoned" até que terminem os endereços disponíveis e precise tentar este aqui novamente.

Use esta informação quando você quiser examinar os conteúdos do arquivo dhcpd.leases. Além disso, você não precisa estar preocupado com estes comandos. Quando criar o arquivo, você o cria vazio. Depois que o criar, você pode esquecê-lo porque o dhcpd mantém o arquivo. O arquivo que requer sua contribuição, porém, é o arquivo dhcpd.conf, que é usado para configurar o servidor.

Configurando o servidor DHCP

Depois que dhcpd for instalado, ele deve ser configurado. O daemon DHCP é configurado pelo arquivo dhcpd.conf. O arquivo pode conter uma lista extensa de comandos de configuração que fornecem orientações ao servidor e informações de configuração para os clientes.

Um servidor DHCP pode ser configurado para fornecer serviços a hosts individuais e para sub-redes inteiras de hosts. A linguagem de configuração do dhcpd inclui o host e declarações de subnet que identificam o escopo do sistema dos sistemas sendo servidos.

Uma declaração host pode conter o seguinte:

```
host osprey {
       hardware   ethernet   00:00:0C:43:8D:FB  ;
       fixed-address  172.16.70.8  ;  }
```

Esta declaração define o nome de host, o endereço Ethernet, e o endereço IP do cliente. Quando configurado deste modo, o dhcpd designa um endereço estático semelhante ao serviço fornecido por um servidor BootP. Esta declaração compara o endereço Ethernet do cliente com a entrada da configuração, e retorna um endereço IP estático ao cliente. Usando esta técnica, o DHCP pode ser usado para atribuir endereços estáticos a sistemas, como servidores de nome, que requerem endereços estáticos.

O formato da declaração subnet é

```
subnet  172.16.70.0  netmask  255.255.255.0  {
range  172.16.70.100  172.16.70.250  ;  }
```

Capítulo 8 – Servidores de configuração para desktop | **269**

A declaração subnet declara que o sistema está fornecendo serviço DHCP para rede 172.16.70.0. Além disso, a cláusula range diz que o servidor está fornecendo endereçamento dinâmico, e que a faixa de endereços disponíveis para distribuição dinâmica é de 172.16.70.100 a 172.16.70.250. A cláusula range define a extensão de endereços disponíveis para a designação dinâmica. Sempre está associado com uma declaração subnet, e a faixa de endereços definida na cláusula tem que estar dentro do espaço de endereço da sub-rede.

Controlando o servidor e as operações do protocolo

Os parâmetros e opções de configuração podem estar associados com o host individual e declarações de subnet. A declaração group pode ser usada para aplicar parâmetros e opções a um grupo de hosts ou declarações de subnet. Adicionalmente, parâmetros e opções de configuração podem ser especificados para aplicar a todos os sistemas e redes definidos no arquivo de configuração. Com esta flexibilidade, a linguagem de configuração do dhcpd lhe permite criar toda configuração concebível.

A linguagem de configuração inclui várias coisas que controlam a operação do servidor DHCP e o protocolo DHCP. Primeiro estão as declarações allow e deny que controlam como o dhcpd manipula certas solicitações de cliente. Cada declaração começa com o comando allow ou deny, seguido por uma palavra-chave, que descreve a solicitação que está sendo permitida ou negada. As três possíveis palavras-chave são as seguintes:

unknown-clients - Solicitações de configuração de clientes para as quais o servidor não tem uma entrada host específica podem ser permitidas ou negadas. Por default, clientes desconhecidos são autorizados. Se eles são negados, algumas das capacidades dinâmicas do DHCP são perdidas.

bootp - O servidor pode ser direcionado a manipular solicitações de configuração de clientes BootP ou a ignorá-las. Por default, clientes de BootP são autorizados, de forma que todos os clientes, BootP e DHCP, podem ser manipulados por um único servidor.

booting - A declaração deny booting é usada dentro de uma declaração host para dizer ao servidor que não deve manipular solicitações de configuração de um cliente específico. O default é manipular a solicitação de configuração de um cliente, o que significa que não é necessário usar a declaração allow booting.

As declarações authoritative ou not authoritative dizem ao servidor se a informação de configuração que ele tem é conhecida e correta. Por default, um servidor DHCP é autorizado, e a informação de configuração que fornece é correta. Se, por alguma razão, um servidor DHCP for configurado por alguém que não tem autoridade sobre a configuração da rede, a declaração not authoritative pode ser usada para limitar a autoridade que o servidor tem sobre os clientes. Evite isto. Só servidores DHCP autorizados devem ser configurados - e só pelo administrador de rede.

Além das várias declarações previamente descritas, há vários parâmetros de configuração que controlam o servidor e a operação do protocolo:

always-reply-rfc1048 *flag* - Alguns dispositivos BootP mais antigos só podem aceitar respostas formatadas de acordo com a RFC 1048. Se este é o caso, ajuste a *flag* para true, e coloque este parâmetro em uma declaração host para enviar respostas a um cliente BootP específico no formato antigo.

default-lease-time *seconds* - Define a duração de tempo dada a um aluguel de endereço se o cliente não solicitar uma duração de aluguel específica.

dynamic-bootp-lease-cutoff *date* - Define uma data de término para endereços atribuídos a clientes BootP. Por default, o dhcpd atribui endereços permanentes a clientes BootP. Este parâmetro muda este comportamento, mas não pode mudar o modo como os clientes BootP trabalham. Se o aluguel expira, um cliente BootP não saberá que seu endereço é inválido.

dynamic-bootp-lease-length *seconds* - Define a duração máxima de um aluguel de endereço, em segundos, para um cliente BootP. Tendo em vista que os clientes BootP não renovam aluguéis de endereço, um cliente que não inicializa com freqüência suficiente perderá seu endereço.

filename *"file"* - Define o nome de caminho do arquivo de inicialização para clientes operando estações diskless..

fixed-address *address*[, *address...*] - Atribui um endereço IP permanente a um host como parte de uma declaração host. Mais de um endereço pode ser fornecido para um cliente que inicializa em mais de uma sub-rede.

get-lease-hostnames *flag* - Se *flag* for true, o dhcpd faz uma busca reversa para todo endereço dinamicamente atribuído, e envia o nome de host que obtém do DNS ao cliente. Este processo pode adicionar muita sobrecarga ao servidor em uma rede grande. Por default, *flag* é false, e nenhum exame é feito.

hardware **hardware-type mac-address** - Define o endereço Ethernet do cliente. O parâmetro hardware deve fazer parte de uma declaração host, que usa o endereço de camada física para amarrar a informação de host a um cliente específico. O endereço de camada física é o único modo para um cliente BootP ser reconhecido. Clientes DHCP podem usar outros valores além do endereço de camada física para se identificar.

max-lease-time *seconds* - Define a duração máxima de um aluguel, indiferente da duração do aluguel solicitada pelo cliente. A duração de tempo é definida em segundos.

next-server *name* - Define o nome de host do servidor do qual o arquivo de inicialização será carregado. Isto só é significante para clientes diskless que inicializam a partir de um servidor.

range [dynamic-bootp] *low-address* [*high-address*] - Define o escopo de endereços disponíveis para designação dinâmica. A palavra-chave dynamic-bootp, se incluída na declaração range, diz ao dhcpd para atribuir endereços dinâmicos a clientes BootP, bem como a clientes DHCP. Porque os clientes BootP não entendem aluguel de endereço, eles normalmente não recebem endereços dinâmicos.

server-identifier *address* - Define o endereço IP do servidor que é enviado a clientes. Por default, o endereço da interface de rede do servidor é usado. Ajuste este valor somente se, por alguma razão, o servidor obtiver o endereço errado de sua configuração.

server-name *"name"* - Define o nome de servidor que é enviado a clientes.

use-host-decl-names *flag* - Diz ao dhcpd para enviar o nome fornecido na declaração host, ao cliente, como o nome de host do cliente se a *flag* for true.

Capítulo 8 – Servidores de configuração para desktop | **271**

use-lease-addr-for-default-route *flag* - Quando a *flag* for true, envia para o cliente seu próprio endereço como a rota default, ao invés de enviar a verdadeira rota default. Isto força os clientes Windows 95 a usar o ARP para todos os endereços, o que significa que o roteador real deve ser configurado como um servidor proxy ARP.

Estas declarações e parâmetros fornecem informações de configuração ao servidor, definindo como o servidor opera. Porém, a maioria das informações no arquivo de configuração são informações para o cliente. A próxima seção olha para as opções de configuração que fornecem informações de configuração aos clientes.

Opções de configuração do *dhcpd*

As declarações de opção do dhcpd cobrem todas as opções de configuração DHCP definidas nas RFCs. Além disso, qualquer opção nova, que pode ser definida no futuro, pode ser incluída na configuração do dhcpd usando o código de opção decimal atribuído a ele na RFC que descreve a opção. Um nome de opção na forma option-*nnn* - onde *nnn* é o código de opção decimal - pode ser usado para acrescentar qualquer opção nova ao arquivo dhcpd.conf. Por exemplo, suponha que você queira atribuir a string "yes" para uma opção de configuração do DHCP nova que tem um código de opção 142. Você pode acrescentar o seguinte a seu arquivo de configuração:

```
option   option-142   "yes"
```

A declaração começa com a palavra-chave option, que é seguida pelo nome da opção e o valor atribuído à opção. No exemplo, o nome é option-142, e o valor é "yes".

Há mais de 60 opções de configuração do DHCP padrão. Para tornar a lista de opções mais fácil de ser gerenciada, ela está dividida em seis seções: opções básicas, opções de ajuste, opções de roteamento, opções NetBIOS, opções de cliente diskless e outras opções de servidor.

Opções básicas

As opções básicas definem coisas como o endereço, a máscara de sub-rede e o roteador default. A lista também inclui os servidores que provavelmente serão incluídos em uma configuração comum, como servidores DNS e servidores de impressão.

option broadcast-address *address* - Define o endereço de broadcast.

option dhcp-client-identifier *string* - Define a string usada para identificar um cliente DHCP, ao invés do endereço de hardware do cliente.

option domain-name *domain* - Define o nome de domínio.

option domain-name-servers *address-list* - Lista os endereços dos servidores de nomes do DNS.

option host-name *host* - Define o nome de host do cliente.

option lpr-servers *address-list* - Lista os endereços dos servidores de impressão.

option nntp-server *address-list* - Lista os endereços dos servidores de Network News Transfer Protocol (NNTP). Estes são os servidores dos quais o cliente obtém serviço de notícias.

option ntp-servers *address-list* - Lista os endereços dos servidores de Network Time Protocol (NTP).

option pop-server *address-list* - Lista os endereços dos servidores de caixa postal POP3.

option routers *address-list* - Lista os roteadores na sub-rede do cliente, em ordem de precedência.

option smtp-server *address-list* - Lista os endereços dos servidores de e-mail SMTP.

option subnet-mask *mask* - Define a máscara de sub-rede. Se esta opção não estiver definida, a máscara de rede da declaração subnet é usada.

option time-offset *seconds* - Define os deslocamentos do Coordinated Universal Time (UTC) deste fuso horário.

Opções de ajuste

A lista seguinte identifica as opções que são usadas para ajustar o protocolo TCP/IP.

option all-subnets-local 0 | 1 - Especifica se todas as sub-redes usam a mesma Maximum Transmission Unit (MTU). 1 significa que todas elas usam, e 0 significa que algumas sub-redes têm MTUs menores.

option arp-cache-timeout *seconds* - Define quanto tempo os clientes devem deixar em cache entradas de Tabela ARP.

option default-ip-ttl *ttl* - Define o tempo de vida default (TTL) para datagramas de saída. Possíveis valores são 1 a 255.

option default-tcp-ttl *ttl* - Define o valor TTL default para segmentos TCP. Possíveis valores são 1 a 255.

option ieee802-3-encapsulation 0 | 1 - 0 diz para o cliente que use encapsulamento Ethernet Ethernet II (DIX), e 1 diz para o cliente que use o encapsulamento IEEE 802.3.

option interface-mtu *bytes* - Define a Maximum Transmission Unit (MTU) que deve ser usada pelo cliente.

option mask-supplier 0 | 1 - Especifica se o cliente deve responder a solicitações de máscara de sub-rede ICMP. 0 significa não, e 1 significa sim. 0 é o default porque os clientes normalmente não respondem a solicitações de máscara de sub-rede.

option max-dgram-reassembly *bytes* - Define o maior datagrama que o cliente deve remontar. Não pode ser menor de 576 bytes.

option path-mtu-aging-timeout *seconds* - Ajusta o número de segundos para expiração de tempo dos valores de Path MTU da RFC 1191.

option path-mtu-plateau-table *bytes*[, *bytes*...] - Define uma tabela de tamanhos de MTU para Path MTU Discovery da RFC 1191. O valor MTU mínimo é 68.

Capítulo 8 – Servidores de configuração para desktop | **273**

option perform-mask-discovery 0 | 1 - 0 habilita o ICMP para descoberta de máscara, e 1 incapacita. Tendo em vista que o servidor DHCP fornece a máscara correta de sub-rede, a descoberta de máscara pelo ICMP raramente é usada em redes que têm um servidor DHCP.

option tcp-keepalive-garbage 0 | 1 - Especifica se as mensagens keepalive do TCP devem incluir um octeto de lixo para compatibilidade com implementações mais antigas. 0 significa não enviar um octeto de lixo, e 1 significa enviar. Keepalives geralmente são desencorajadas.

option tcp-keepalive-interval *seconds* - Define o número de segundos que o TCP deve esperar antes de enviar uma mensagem keepalive. Zero (0) significa que o TCP não deve gerar mensagens keepalive. Mensagens keepalive geralmente são desencorajadas.

option trailer-encapsulation 0 | 1 - 0 significa que o cliente não deve usar encapsulamento do trailer, e 1 significa que o cliente deve usar encapsulamento do trailer.

Opções de roteamento

Todas as opções seguintes são relativas a roteamento. Com exceção de definir a rota default, tudo relacionado a roteamento é coberto aqui. A rota default é listada sob "Opções básicas".

option ip-forwarding 0 | 1 - 0 diz ao cliente que desabilite o encaminhamento de IP, e 1 diz para habilitar.

option non-local-source-routing 0 | 1 - 0 diz para o cliente que desabilite o roteamento de fonte não-local, e 1 diz para habilitar. 0 é mais seguro. Rotas de fontes são um problema de segurança em potencial, que pode permitir aos intrusos direcionar dados fora da rede local.

option policy-filter *address/mask* - Lista somente o par destinação/máscara válido para rotas-fonte entrantes. Qualquer datagrama de roteamento de fonte cujo endereço do próximo salto não combinar com um dos filtros é descartado pelo cliente.

option router-discovery 0 | 1 - 1 significa que o cliente dever localizar roteadores com o mecanismo Router Discovery da RFC 1256, e 0 significa que não deve. Tendo em vista que o servidor DHCP pode fornecer a lista correta de roteadores, a descoberta de roteador geralmente não é usada em redes que têm um servidor DHCP.

option router-solicitation-address *address* - Define o endereço para o qual o cliente deve enviar solicitações Router Discovery da RFC 1256.

option static-routes *destination gateway[,...]* - Define as rotas estáticas para o cliente como uma lista de pares destino/gateway.

Opções NetBIOS

As opções seguintes configuram NetBIOS sobre TCP/IP.

option netbios-dd-server *address-list* - Lista os endereços de servidores de distribuição de datagrama NetBIOS (NBDDs).

option netbios-name-servers *address-list* - Lista os endereços IP dos servidores de nome NetBIOS (NBNSs).

option netbios-node-type *type* - Define o tipo de nó NetBIOS do cliente. Um tipo 1 é um nó-B de NetBIOS, 2 é um nó-P, 4 é um nó-M e 8 é um nó-H.

option netbios-scope *string* - Define o NetBIOS sobre o parâmetro de escopo TCP/IP.

> **NOTA** Para entender estes valores, veja a discussão de NetBIOS no Capítulo 9, "Compartilhando arquivos".

Opções de cliente diskless

O DHCP pode ser usado para inicializar clientes diskless, como terminais X. Esta lista contém as opções que dizem respeito a clientes diskless..

option bootfile-name *string* - Identifica o arquivo de inicialização do cliente.

option boot-size *blocks* - Define o número de blocos de 512 octetos no arquivo de inicialização.

option merit-dump *path* - Define o nome de caminho do arquivo do qual o cliente deve esvaziar o núcleo para o caso de uma quebra.

option root-path *path* - Define o nome do caminho do disco raiz do cliente.

option swap-server *address* - Define o endereço IP do servidor de troca (swap) do cliente.

Outras opções de servidor

Os servidores de rede geralmente mais usados são cobertos na lista "Opções básicas", mas há vários outros servidores de rede disponíveis. Opções relativas a estes servidores estão listadas aqui.

option cookie-servers *address-list* - Lista os endereços dos servidores de cookie da RFC 865.

option finger-server *address-list* - Lista os servidores finger disponíveis para o cliente. Servidores finger são usados em sites que bloqueiam tráfego finger no firewall.

option font-servers *address-list* - Lista os servidores de fonte X Windows.

option ien116-name-servers *address-list* - Lista os servidores de nome IEN 116. IEN 116 é um serviço de nome obsoleto.

option impress-servers *address-list* - Lista os endereços de servidores Image Impress.

option irc-server *address-list* - Lista os endereços de servidores Internet Relay Chat (IRC).

option log-servers *address-list* - Lista os servidores de registro UDP do MIT-LCS.

option mobile-ip-home-agent *address-list* - Lista os agentes home Mobile IP que o cliente deve usar.

Capítulo 8 – Servidores de configuração para desktop | 275

option nis-domain *name* - Define o nome do domínio de Network Information Services (NIS) do cliente.

option nis-servers *address-list* - Lista os endereços dos servidores NIS.

option nisplus-domain *name* - Define o nome do domínio NIS+ do cliente.

option nisplus-servers *address-list* - Lista os endereços IP dos servidores NIS+.

option resource-location-servers *address-list* - Lista os endereços dos servidores Resource Location.

option streettalk-directory-assistance-server *address-list* - Lista os endereços dos servidores StreetTalk Directory.

option streettalk-server *address-list* - Lista os endereços dos servidores StreetTalk.

option tftp-server-name *string* - Bastante esquisito, *string* deve ser o nome de host do servidor DHCP, porque alguns clientes usam esta opção, ao invés de servername para identificar o servidor DHCP.

option time-servers *address-list* - Lista os endereços dos time-servers.

option www-server *address-list* - Lista os servidores web disponíveis para o cliente. Isto é principalmente útil para definir servidores web de procuração que um cliente tem que usar.

option x-display-manager *address-list* - Lista os servidores gerenciadores de exibição de X Windows.

Estas seis listas incluem várias opções possíveis, muitas das quais você nunca usará - não porque as opções são sem importância, mas porque os valores default que a maioria dos sistemas configura para estas opções estão corretos. Porém, este grande conjunto de opções de configuração lhe permite controlar a configuração completa do sistema TCP/IP do servidor DHCP. Opções, parâmetros, declarações group, declarações host e declarações subnet são combinados no arquivo dhcpd.conf para criar a configuração de servidor e definir a informação enviada aos clientes. A próxima seção examina um arquivo de configuração em detalhes.

Criando um arquivo *dhcpd.conf*

O dhcpd lê sua configuração do arquivo /etc/dhcpd.conf. O arquivo dhcpd.conf identifica os clientes para o servidor, e define a configuração que o servidor fornece a cada cliente. O arquivo dhcpd.conf de exemplo mostrado na Listagem 8.1 atribui endereços IP dinamicamente aos clientes DHCP em uma sub-rede, e suporta alguns clientes que requerem endereços estáticos.

Listagem 8.1 - Um arquivo *dhcpd.conf* de exemplo.

```
# Define global values that apply to all systems.
max-lease-time  604800;
default-lease-time  86400;
option  subnet-mask  255.255.255.0;
option  domain  "foobirds.org";
option  domain-name-servers  172.16.55.1,  172.16.5.1;
option  pop-server  172.16.18.1;
```

276 | *Linux: servidores de rede*

```
# Define the dynamic address range for the subnet.
subnet  172.16.55.0  netmask  255.255.255.0  {
     option  routers  172.16.55.1;
     option  broadcast-address  172.16.55.255;
     range  172.16.55.64  172.16.55.192;
     range  172.16.55.200  172.16.55.250;
}

# Use  host  statements  for  clients  that  get  static  addresses
group  {
     use-host-decl-names  true;
     host  kestrel  {
        hardware  ethernet  00:80:c7:aa:a8:04;
        fixed-address  172.16.55.4;
}
host ibis  {
     hardware  ethernet  00:00:c0:a1:5e:10;
     fixed-address  172.16.55.16;
}
```

O arquivo começa com os parâmetros e opções que se aplicam a todas as sub-redes e clientes servidos. As primeiras duas linhas definem como o dhcpd deve controlar atribuições de endereço dinâmicas:

> **max-lease-time -** Especifica o tempo de aluguel de endereço mais longo que o dhcpd está autorizado a dar, independente da duração do aluguel solicitada pelo cliente. No exemplo, este parâmetro é uma semana.

> **default-lease-time -** Define o tempo de aluguel de endereço usado quando um cliente não solicitar uma duração de aluguel de endereço específico. No exemplo da Listagem 8.1, o aluguel default é ajustado em um dia (86400 segundos).

O significado das próximas quatro linhas é fácil de ver. Estas opções definem a máscara de sub-rede, o nome de domínio, o endereço de servidor de domínio e o endereço de servidor POP usado por todos os clientes.

A rede que o dhcpd serve é identificada por um endereço e uma máscara de endereço na declaração subnet. O dhcpd fornece serviços de configuração somente a clientes que estão conectados a esta rede ou identificados diretamente através de declarações host. As opções e parâmetros na declaração subnet só se aplicam a sub-rede e seus clientes. No exemplo, as opções definem o roteador default da sub-rede e o endereço de broadcast.

Os dois endereços no parâmetro range definem o escopo de endereços que estão disponíveis para distribuição de endereços dinâmicos. O primeiro endereço é o mais baixo endereço que pode ser atribuído automaticamente, e o segundo endereço é o endereço mais alto que pode ser atribuído. A declaração subnet no exemplo tem dois parâmetros range para criar dois grupos separados de endereços dinâmicos. Isto mostra que você pode definir um espaço de endereço dinâmico não-contínuo com múltiplas declarações range.

> **NOTA** Se um parâmetro range estiver definido em uma declaração subnet, a qualquer cliente DHCP na sub-rede que solicitar um endereço é dado um, contanto que endereços estejam disponíveis. Se um parâmetro range não for definido, o endereçamento dinâmico não é habilitado.

Capítulo 8 – Servidores de configuração para desktop | **277**

A configuração conclui com um grupo de declarações host. A declaração group que inclui as declarações host aplica o parâmetro de configuração use-host-decl-name a todos os hosts. Com este parâmetro ajustado, o cliente com endereço Ethernet 00:80:c7:aa:a8:04 recebe o nome de host kestrel como parte de sua informação de configuração. Sem este parâmetro, ao cliente é enviado um endereço IP, mas não é enviado um nome de host. O endereço Ethernet contido em cada declaração host é a chave usada para identificar o cliente e para determinar que cliente recebe qual informação de configuração.

No exemplo, as declarações host definem o nome de host e endereço IP de clientes individuais. A estes clientes são atribuídos endereços permanentes, assim eles não precisam renovar aluguéis de endereços ou até mesmo entender de aluguel de endereço. Além de fornecer a informação da declaração host para os clientes, o dhcpd envia a máscara de sub-rede, o nome de domínio, o endereço do servidor DNS e o endereço do servidor de impressão definido na seção global do arquivo de configuração.

Usando o arquivo dhcpd.conf, você pode definir qualquer informação de configuração necessária por qualquer host ou sub-rede que o seu sistema serve. Porém, o servidor DHCP não pode responder a uma solicitação que não recebe. Solicitações DHCP enviadas ao endereço de broadcast limitado podem não ser encaminhadas por seus roteadores. Para servir uma rede empresarial de um único servidor, você pode precisar instalar servidores de retransmissão DHCP.

Configurando um servidor *dhcrelay*

O agente de retransmissão DHCP (dhcrelay) é fornecido como parte da distribuição do dhcpd. O agente de retransmissão escuta por solicitações de inicialização de DHCP, e encaminha estas solicitações para um servidor DHCP. O agente de retransmissão deve estar conectado à mesma sub-rede que o cliente DHCP, porque a solicitação do cliente usa o endereço de broadcast limitado. Porém, a retransmissão não precisa compartilhar uma sub-rede com o servidor, porque usa o endereço IP do servidor para enviar a solicitação diretamente ao servidor. O servidor envia então o pacote de resposta DHCP de volta para o agente de retransmissão. Este agente é responsável por transmitir o pacote de resposta na sub-rede local, de forma que o cliente possa recuperá-lo.

Use o comando dhcrelay para executar uma retransmissão de DHCP. Um comando dhcrelay simples é

```
dhcrelay -q 172.16.70.3
```

A opção -q diz para o dhcrelay não disseminar a informação de configuração de rede quando inicializar. Normalmente, ele dissemina. Se o comando dhcrelay for colocado em um script de inicialização como rc.local, use a opção -q para impedir a configuração de disseminar durante a inicialização.

278 | Linux: servidores de rede

O endereço IP na linha de comando é o endereço do servidor DHCP. Quando o dhcrelay receber uma solicitação de DHCP na rede local, envia esta solicitação a 172.16.70.3. Para usar mais de um servidor DHCP, especifique servidores múltiplos na linha de comando, como segue:

```
dhcrelay -q 172.16.70.3 172.16.90.4
```

O dhcrelay envia a solicitação a todos os servidores listados na linha de comando.

Na ocasião, o serviço de retransmissão DHCP é configurado em um sistema Linux que também está agindo como um roteador para uma rede pequena. Neste caso, o roteador tem mais de uma interface, e deve ser configurado para fornecer serviço de retransmissão DHCP para a interface correta. Por exemplo, suponha que você tem um roteador pequeno com duas interfaces Ethernet: eth0 e eth1. eth0 está conectada a uma rede de backbone com outros roteadores. eth1 está conectada a uma sub-rede local que tem clientes DHCP que precisam de serviço de retransmissão DHCP. O comando dhcrelay para esta situação poderia ser

```
dhcrelay -i eth1 172.16.70.3
```

Este comando diz para o dhcrelay escutar por solicitações DHCP somente na interface eth1. Quando receber alguma, as remete a 172.16.70.3.

A colocação de servidores e retransmissões DHCP, e a coordenação entre todos estes sistemas é uma parte importante ao planejar um serviço DHCP. Um conflito existe entre centralizar controle para reduzir erros de configuração, e melhorar a inicialização em eficiência e redundância, colocando os servidores de configuração perto dos clientes. A solução centralizada situa um servidor DHCP grande na instalação central e um servidor de retransmissão em cada sub-rede; a solução distribuída não usa nenhum servidor central e situa um servidor DHCP em toda sub-rede. Uma solução da vida real que combina elementos de ambos é descrita na sidebar seguinte, "Situando servidores DHCP".

Situando servidores DHCP

Uma rede empresarial composta de cerca de 60 sub-redes decidiu desdobrar os servidores DHCP. Aproximadamente 40 das sub-redes ficavam situadas na instalação da sede em expansão. As redes restantes estavam situadas a aproximadamente 2.400 km, em uma instalação de produção grande. Os dois locais estavam diretamente conectados por um circuito privado.

É óbvio que a instalação de produção remota não pode depender da sede para serviços de configuração. A companhia foi forçada a aceitar algum nível de distribuição. O seu grupo de serviços de computadores ofereceu dois tipos de suporte de rede. Para um nível de suporte, eles controlavam tudo, da configuração a manutenção, e usavam um mecanismo de faturamento interno para recuperar o custo de suporte dos seus clientes internos. O outro nível de suporte permitiu uma empresa operar sua própria sub-rede. À empresa foi atribuído um número de sub-rede, e foi conectada ao resto da empresa por um roteador operado pelo grupo de serviços. Este serviço era muito menos caro. Estes dois modelos de suporte ofereceram liberdade quando a organização quis controlá-los, e ofereceu suporte quando a empresa quis e precisou dele.

Capítulo 8 – Servidores de configuração para desktop | **279**

Situando servidores DHCP (continuação)

Contente com o modelo de suporte deles, a empresa decidiu reproduzir este modelo de serviço em sua arquitetura de servidor de configuração. Toda empresa que executava sua própria sub-rede foi encorajada a comprar e instalar seu próprio servidor DHCP; porque estas empresas controlavam a própria manutenção e tinham mais noção de suas próprias exigências, a decisão final em usar DHCP foi deixada a eles. Toda sub-rede que estava sob o suporte central foi dada a um servidor DHCP. Estes servidores não eram servidores centrais realmente, e eles não eram realmente servidores distribuídos, porque cada servidor ficava co-situado com um dos roteadores executados pelo grupo de serviços central. Os servidores DHCP foram conectados diretamente a cada uma das sub-redes que entram no roteador.

As 36 sub-redes que estavam sob o suporte central foram cobertas por 10 servidores Linux. Aqui está uma configuração de exemplo de um destes servidores:

```
# Define global values that apply to all systems.
option  subnet-mask  255.255.255.0;
option  domain  "foobirds.org";
option  domain-name-servers  172.16.55.1,  172.16.12.3;

# Identify the subnets
subnet  172.16.42.0  netmask  255.255.255.0  {
   option  routers  172.16.42.254;
   option  broadcast-address  172.16.41.255;
   range  172.16.42.50  172.16.42.250;
}
subnet  172.16.52.0  netmask  255.255.255.0  {
   option  routers  172.16.52.254;
   option  broadcast-address  172.16.52.255;
   range  172.16.52.50  172.16.52.250;
}
subnet  172.16.62.0  netmask  255.255.255.0  {
   option  routers  172.16.62.254;
   option  broadcast-address  172.16.62.255;
   range  172.16.62.50  172.16.62.250;
}
subnet  172.16.72.0  netmask  255.255.255.0  {
   option  routers  172.16.72.254;
   option  broadcast-address  172.16.72.255;
   range  172.16.72.50  172.16.72.250;
}
```

Nenhum servidor de retransmissão DHCP (DHCP relay) foi requerido para esta configuração. O compartilhamento de espaço com os roteadores torrnou possível conectar diretamente os servidores mantidos centralmente a todas as sub-redes. Estes servidores de "área" proporcionaram as vantagens de controle central com a velocidade e redundância de servidores distribuídos.

Configurando um cliente DHCP

Nem todo sistema Linux é um servidor. Também é possível configurar um sistema desktop Linux como um cliente DHCP, e existem algumas ferramentas diferentes disponíveis para fazer isto. A distribuição de dhcpd fornece dhclient para configurar um cliente de desktop. A maioria dos sistemas Linux vem com o daemon DHCP Client (dhcpcd), e o Red Hat fornece uma ferramenta de cliente chamada pump. Esta seção discute todos estes clientes DHCP do Linux, começando com dhcpcd, porque é o mais amplamente usado.

Usando o cliente *dhcpcd*

Como explica o nome, o daemon DHCP Client (dhcpcd) fornece o lado de cliente do protocolo DHCP, e fornece os meios para mover a informação recebida do servidor DHCP para a configuração do cliente. A sintaxe do comando dhcpcd é

```
dhcpcd  [-dknrBCDHRT]  [-t  timeout]  [-c  filename]  [-h  hostname]
        [-i  vendorClassID]  [-I  clientlD]  [-l  leasetime]  [-s  [ipaddr]]
        [interface]
```

O nome da interface que dhcpcd deve usar para DHCP pode ser definido na linha de comando. Uma interface só é especificada quando o computador tem mais de uma interface, e você quer usar DHCP em apenas uma destas interfaces.

O comando dhcpcd aceita um número grande de argumentos. Dois destes, -d e -T, são usados para testar e depurar. O argumento -T só é usado para testar. Faz o dhcpcd executar trocando mensagens de protocolo com o servidor, mas o impede de reconfigurar a interface com a informação que obtém. Isto lhe permite conferir as respostas do servidor sem afetar a configuração do cliente. O argumento -d diz para dhcpcd registrar as mensagens status pelo syslogd. Estas mensagens podem ser usadas para monitorar e depurar.

Alguns dos argumentos de linha de comando agem sobre aluguel de endereço. Dois argumentos, -k e -n, passam sinais ao processo dhcpcd. O comando dhcpcd -n envia um sinal SIGALRM que faz o dhcpcd renovar o aluguel de endereço. O comando dhcpcd -k envia um sinal SIGHUP ao processo dhcpcd, que faz dhcpcd liberar o aluguel do endereço atual e apagar a informação colocada em cache sobre o aluguel. Já que o dhcpcd não tem informação sobre o endereço, não tentará renovar o aluguel do endereço. No lugar, negociará com o servidor como se nunca tivesse sido atribuído a ele um endereço. Embora não haja nenhum argumento de linha de comando para o sinal SIGTERM, o dhcpcd controla este sinal. Quando dhcpcd recebe um sinal SIGTERM, ele libera o endereço e termina, mas não remove o endereço de seu cache. Então, quando o dhcpcd reinicia depois de um SIGTERM, tenta renovar seu aluguel do endereço.

Dois dos argumentos ajustam os tempos relativos ao aluguel de endereço. O argumento -t define o número máximo de segundos que o dhcpcd esperará por um servidor fornecer um endereço válido. Por default, esperará 60 segundos. Se o dhcpcd obtiver um endereço antes do tempo expirar, sai com status 0; se não obtiver um endereço ele sai com um status 1 para indicar falha.

Capítulo 8 – Servidores de configuração para desktop | **281**

O outro argumento de tempo é -l, que define o número de segundos que o cliente solicitará para um tempo de vida de aluguel de endereço. Como você viu na seção de configuração de servidor, o servidor não tem que conceder o aluguel para a quantidade de tempo solicitada pelo cliente. O parâmetro max-lease-time do servidor define o prazo máximo que o servidor permitirá. Por default, o software dhcpcd pede um aluguel infinito que, em efeito, solicita a quantidade de tempo definida por max-lease-time.

Vários dos argumentos de linha de comando controlam as interações de protocolo. Por default, dhcpcd é compatível com a RFC 2131. O argumento -r força compatibilidade com a especificação mais antiga da RFC 1541 para tornar o dhcpcd compatível com servidores antigos. O argumento -B faz o cliente solicitar que o servidor só responda por broadcast. Normalmente, o servidor só envia uma resposta de broadcast quando o cliente não tiver um endereço. Quando um endereço estiver sendo renovado, o cliente usa este endereço durante as negociações, e os pacotes são todos enviados em ambas as direções por unicast. -B pede para o servidor responder por broadcast, até mesmo se puder responder por unicast. -C diz para dhcpcd calcular um checksum para os pacotes que recebe. Normalmente, checksum estão no nível de protocolo de transporte - UDP no caso do DHCP – e não ao nível de aplicação. Finalmente, a opção -s é usada se o cliente não aceitar um endereço do servidor. Um cliente que tem seu próprio endereço estático permanente usa o argumento -s para dizer ao servidor este endereço, e pedir que o servidor envie para o cliente qualquer outra informação de configuração que o servidor possa fornecer. É óbvio que todos estes argumentos (-r, -B, -C e -s) são usados para casos excepcionais. Configurações comuns não precisam destes argumentos.

Três dos argumentos de dhcpcd, -h, -i e -I, são usados para enviar informação ao servidor, que são usadas para identificar o cliente. -h usa a opção de nome do host de DHCP para enviar uma string de nome de host a servidores que requerem isto. A maioria das implementações de servidor não requer esta informação de clientes. O argumento -I define o identificador do cliente. Por default, clientes DHCP usam seus endereços MAC da Ethernet como um identificador. O argumento -I pode ser usado para definir algum outro identificador. Porém, se um identificador especial estiver definido com -I, o mesmo identificador deve ser definido com a opção dhcp-client-identifier no arquivo dhcpd.conf no servidor. Finalmente, o argumento -i pode ser usado para definir um identificador de vendedor não padronizado. Por default, o identificador do vendedor é uma combinação do nome do sistema operacional e do tipo de máquina. Por exemplo, o identificador de vendedor para nosso sistema Red Hat de exemplo é "Linux 2.4.7-10 i686".

Há também alguns argumentos que controlam o dhcpcd, de modo a usar a informação que recebe do servidor. Normalmente, o nome de host do cliente e o nome de domínio são ajustados pelo comando hostname do Linux muito antes, no processo de inicialização (veja a discussão do script rc.sysinit no Capítulo 1), e o dhcpcd não anula estes valores. Use -D para forçar o dhcpcd a ajustar o nome de domínio do cliente da opção domainname do DHCP fornecida pelo servidor. Use -H para fazer o dhcpcd ajustar o nome de host do cliente usando a opção hostname fornecida pelo servidor.

Finalmente, o argumento -R impede ao dhcpcd de substituir o arquivo /etc/resolv.conf existente com informação que recebe do servidor. Por default, o dhcpcd sobrescreve qualquer configuração de resolvedor existente com a configuração nova que o servidor

282 | Linux: servidores de rede

fornece. Quando o argumento -R é especificado, o dhcpcd deixa o arquivo /etc/resolv.conf antigo intacto, e grava o arquivo resolv.conf novo no diretório /etc/dhcpc.

O dhcpcd armazena a informação de configuração que recebe nos seguintes arquivos no diretório /etc/dhcpc:

resolv.conf - Este é um arquivo resolv.conf padrão criado pelo dhcpcd da lista de busca e da lista de servidor DNS recebidas do servidor DHCP. Este arquivo só é criado no diretório /etc/dhcpc quando -R é especificado na linha de comando de dhcpcd. Normalmente, este arquivo é gravado no diretório /etc.

dhcpcd-eth0.info - Este arquivo contém as informações de aluguel de endereço e outras opções de configuração recebidas do servidor.

dhcpcd-eth0.cache - Este arquivo contém dados a serem usados no pacote DHCP quando o cliente pedir renovação de endereço.

Observe que dois dos nomes de arquivo contêm o nome de dispositivo eth0. Isto varia, baseado no nome da interface na qual as informações de configuração chegaram. A maioria dos clientes DHCP tem só uma interface de rede; assim, para a maior parte dos clientes Linux, os nomes de arquivo serão os listados aqui. Destes três arquivos, dhcpcd-eth0.info é o mais interessante. O arquivo resolv.conf normalmente é uma configuração de resolvedor muito simples, que contém apenas os endereços de servidor de nomes e uma lista de busca. O arquivo dhcpcd-eth0.cache é ilegível, com exceção da string que define o identificador de vendedor. Por outro lado, o arquivo dhcpcd-eth0.info é um arquivo ASCII legível, que contém os valores de configuração usados pelo cliente. A Listagem 8.2 mostra o arquivo dhcpcd-eth0.info de um sistema Red Hat.

Listagem 8.2 - Um arquivo dhcpcd-eth0.info de exemplo.

```
[root]# ls /etc/dhcpc
dhcpcd-eth0.cache  dhcpcd-eth0.info
[root]# cat /etc/dhcpc/dhcpcd-eth0.info
IPADDR=172.16.0.3
NETMASK=255.255.255.0
NETWORK=172.16.0.0
BROADCAST=172.16.0.255
GATEWAY=172.16.0.1
HOSTNAME=dhcppc3
DOMAIN=tern.foobirds.org
DNS=172.16.5.1
DHCPSID=172.168.0.1
DHCPGIADDR=0.0.0.0
DHCPSIADDR=172.168.0.1
DHCPCHADDR=00:00:C0:9A:72:CA
DHCPSHADDR=00:A0:CS:E4:98:50
DHCPSNAME=sooty
LEASETIME=4294967295
RENEWALTIME=2147483647
REBINDTIME=3758096377
```

O arquivo de exemplo mostrado na Listagem 8.2 começa com oito valores de configuração básica, inclusive o endereço IP do cliente, a máscara de rede, o endereço de broadcast, o gateway default, o hostname, o nome de domínio e o endereço do servidor DNS. Este arquivo

Capítulo 8 – Servidores de configuração para desktop | **283**

pode ser incorporado em um script shell, e os valores dentro deste script podem ser usados para configurar o sistema. Os pares de valores usados neste arquivo são bem parecidos aos usados no arquivo /etc/sysconfig/network-script/ifcfg-eth0 mencionado no Capítulo 2, "A interface de rede".

Um sistema Red Hat com uma configuração de rede estática pode conter um arquivo ifcfg-eth0 como o mostrado na Listagem 8.3.

Listagem 8.3 - Um arquivo ifcfg-eth0 de exemplo.

```
$ cat /etc/sysconfig/network-scripts/ifcfg-eth0
DEVICE=eth0
ONBOOT=yes
BOOTPROTO=none
BROADCAST=172.16.12.255
NETWORK=172.16.12.0
NETMASK=255.255.255.0
IPADDR=172.16.12.2
USERCTL=no
```

Observe as linhas BROADCAST, NETWORK, NETMASK E IPADDR. Estas palavras-chave combinam exatamente com as palavras-chave mostradas na Listagem 8.2. Na Listagem 8.3, estes valores eram definidos estaticamente pelo administrador de sistema. Na Listagem 8.2, os valores vieram do servidor DHCP. Há alguns pares de palavra-chave/valor adicionais na Listagem 8.3:

- DEVICE (dispositivo) define o nome de dispositivo, neste caso eth0.

- ONBOOT especifica se a interface é inicializada ou não quando o sistema inicializa. Normalmente, uma interface Ethernet está pronta e executando toda vez que o sistema inicializa.

- USERCTL especifica se os usuários podem executar ou não usernetctl para ativar ou desativar a interface. O comando usernetctl é encontrado só em algumas versões de Linux. Neste caso, o valor no impede o usuário de desativar a interface.

- BOOTPROTO identifica o serviço de configuração usado para configurar a interface. Na Listagem 8.3, é none, significando que a interface é configurada localmente. Alternativas são bootp, se um servidor BootP antiquado for usado, ou dhcp se um servidor DHCP for usado.

O script /sbin/ifup executa a configuração inicial da interface de rede. O script ifup carrega os pares de palavra-chave/valor de ifcfg-eth0. Se BOOTPROTO for ajustado para dhcp ou bootp, o script executa o dhcpcd para atualizar os valores de configuração de rede. Se o dhcpcd não estiver instalado no sistema, o script executará o pump para atualizar a configuração de rede.

Usando o cliente DHCP *pump*

O pump está disponível em sistemas Red Hat, e suporta BootP e DHCP. O Red Hat Linux 7.2 executa o comando pump do script /sbin/ifup somente quando o dhcpcd não for encontrado. Esta é uma proposição qualquer/ou. Você usa dhcpcd ou pump; você não usa

284 | *Linux: servidores de rede*

ambos. Uma interface que é configurada através de dhcpcd não pode ser administrada através de pump. Se seu sistema usa o dhcpcd, e a maioria o faz, você pode pular esta seção.

O comando pump é muito simples: pump -i eth0 configura a interface eth0 com a informação recebida do servidor DHCP. Embora o pump regularmente execute de um script de inicialização, é possível entrar o comando manualmente para conferir o status, liberar o aluguel de endereço ou renovar o aluguel. As possíveis opções de linha de comando do pump são listadas na Tabela 8.1.

Tabela 8.1 - Opções de linha de comando de pump.

Opção de comando	Propósito
—config-file=*path*	Especifica o caminho ao arquivo de configuração pump. O default é /etc/pump.conf.
—help	Exibe uma mensagem de ajuda para o comando pump.
—hostname=*hostname*	Define o nome do host que o cliente envia ao servidor.
—interface=*device*	Identifica o dispositivo que é configurado.
—kill	Mata o daemon pump.
—lease=*hours*	Solicita um tempo de aluguel específico em horas.
—leasesecs=*seconds*	Solicita um tempo de aluguel específico em segundos.
—lookup-hostname	Faz pump procurar o nome do host pelo DNS.
—no-dns	Impede o pump de sobrescrever o arquivo /etc/resolv.conf.
—no-gateway	Impede o pump de ajustar o gateway default do cliente.
—release	Libera o endereço atribuído à interface.
—renew	Solicita uma renovação de aluguel.
—status	Exibe o estado da interface.
—usage	Exibe a sintaxe do comando do pump.
—win-client-id	Formata o identificador de cliente para ser compatível com um servidor Windows.

Usando as opções na Tabela 8.1, você pode examinar o status de uma interface configurada por pump digitando **pump -i eth0 —status**.

O arquivo pump.conf não é requerido para uma configuração comum. O pump.conf é usado para personalizar o comportamento do programa pump. As diretivas seguintes podem ser usadas no arquivo pump.conf:

> **device** *name* - Identifica uma interface de rede, como eth0. Esta linha é seguida por uma série de diretivas incluídas em chaves ({}), que só se aplicam ao dispositivo de rede identificado por *name*.

domaininsearch *search-list* - Define a lista de busca de DNS para este cliente. A lista de busca recebida do servidor é ignorada, e esta lista é usada.

nonisdomain - Diz para pump não ajustar um domínio NIS - até mesmo se for fornecido pelo servidor, e nenhum domínio NIS válido é definido no cliente. Normalmente, o pump ajusta o domínio NIS usando o valor fornecido pelo servidor, se o cliente já não tiver um domínio NIS válido.

nogateway - Diz para pump não ajustar um gateway default para o cliente.

retries *count* - Define o número de vezes que pump deve tentar novamente quando as negociações com o servidor falharem.

timeout *seconds* - Define o número de segundos que pump deve o esperar para concluir as negociações com o servidor.

script *filename* - Identifica um script que o pump deve executar quando um aluguel de endereço novo for obtido, quando um aluguel de endereço for renovado com sucesso e quando a interface for desativada. Quando um aluguel de endereço novo for obtido, o pump executa o script, passando a palavra-chave up, o nome de interface e o endereço IP novo. Quando um aluguel de endereço for renovado com sucesso, o pump executa o script; e passa a ele a palavra-chave renewal, o nome de interface e o endereço IP. Quando a interface for desativada, pump libera o aluguel de endereço, e executa o script, passando para o script a palavra-chave down e o nome de interface.

Um arquivo pump.conf simples é mostrado na Listagem 8.4.

Listagem 8.4 - Um arquivo *pump.conf* de exemplo.

```
$ cat /etc/pump.conf
# Set the timeout to 60 seconds
timeout 60
# Do not use a route through eth1 as the default
device eth1 {
    nogateway
}
```

O arquivo pump.conf é um arquivo de texto ASCII simples. Comentários são indicados pela marca de cerquilha (#). Parâmetros globais podem ser ajustados para o sistema inteiro. Na Listagem 8.4, o timeout é ajustado como um parâmetro global. Neste caso, diz para o pump esperar 60 segundos antes de expirar o tempo para as negociações do DHCP. Parâmetros também podem ser ajustados para dispositivos individuais. Na Listagem 8.4, a declaração device identifica a segunda interface Ethernet. As chaves que seguem a declaração device incluem diretivas que só se aplicam à segunda interface Ethernet eth1. A diretiva nogateway diz para o pump não reajustar o gateway default do cliente, baseado em informação do DHCP que chega pela interface eth1. Talvez eth0 seja a interface principal, e você quer se assegurar de que uma rota default descoberta por eth1 não sobrescreva a rota default que passa por eth0.

O pump e o dhcpcd têm bastante flexibilidade para qualquer sistema médio. Se você não tem nenhuma destas ferramentas em seu sistema, ou precisa criar uma configuração personalizada altamente complexa, pode usar o dhclient, que é o pacote de cliente DHCP fornecido com a distribuição do dhcpd.

Executando o software *dhclient*

A filosofia do dhclient é muito diferente da maioria dos clientes DHCP, que supõe que usuários executam DHCP porque não sabem como (ou não querem) configurar manualmente o TCP/IP. O dhclient supõe que as pessoas que executam o software são usuários sofisticados, que podem configurar TCP/IP facilmente, e que querem mais que configuração básica de um cliente DHCP.

Muitos sistemas Linux não incluem o software dhclient. Se seu sistema Linux não tiver o cliente, pegue o dhcpd de www.isc.org. A distribuição do dhcpd inclui o software dhclient.

Depois que o software de cliente estiver instalado, é executado, usando o comando dhclient. O comando não requer nenhum argumento de linha de comando. Quando o dhclient inicia, ele lê dois arquivos: o arquivo de configuração dhclient.conf e o arquivo de aluguel dhclient.leases. Você cria o arquivo de configuração; o arquivo de aluguel é criado por dhclient, e é usado para preservar informações sobre aluguéis de endereço de IP.

O arquivo *dhclient.leases*

O arquivo dhclient.leases contém um histórico dos aluguéis de endereço concedidos ao cliente. O dhclient usa esta informação para renovação de endereço e para acelerar o processo de inicialização. Os aluguéis são armazenados em um formato que o dhclient chama de declarações de aluguel, que se parece com os comandos no arquivo de configuração. O formato destas entradas é:

```
lease { lease-description [... lease-description] }
```

A declaração de aluguel começa com a palavra-chave lease, seguida por uma ou mais descrições do aluguel. Se mais de um comando for usado para descrever um aluguel, eles são inclusos em chaves. Os comandos seguintes são possíveis em uma descrição de aluguel:

bootp - Significa que o aluguel foi obtido de um servidor BootP, ao invés de em um servidor DHCP.

expire *date* - Define quando dhclient teve que deixar de usar o aluguel de endereço se não o renovou. *date* em todos estes comandos é ano, mês, dia, hora, minuto e segundo.

filename *"path"* - Define o nome de caminho do arquivo de inicialização para clientes diskless.

fixed-address *address* - Define o endereço atribuído pelo aluguel. Apesar do nome fixed-address, este comando é encontrado em todas as declarações de aluguel, até mesmo aquelas que atribuem endereços dinâmicos.

interface *"name"* - Identifica a interface na qual o aluguel é válido.

option *option-name value* - Define o valor de uma opção de configuração fornecida pelo servidor.

rebind *date* - Define quando dhclient deve se conectar a um servidor novo se não renovou o aluguel de endereço.

renew *date* - Define quando dhclient deve renovar o aluguel de endereço.

server-name *"hostname"* - Define o nome do servidor de inicialização para clientes diskless.

Usando esta informação, você pode ler o arquivo dhclient.leases para ver que aluguéis estão ativos e quando eles expiram. A declaração lease também pode ser usada no arquivo dhclient.conf para definir um aluguel de endereço manualmente que seu sistema pode retirar se nenhum servidor fornecer um aluguel válido. A próxima seção olha a criação de um arquivo dhclient.conf.

O arquivo de configuração *dhclient.conf*

A primeira - e mais importante - coisa a saber sobre o arquivo dhclient.conf é que você pode criar um arquivo vazio, e o dhclient muito provavelmente funcionará bem. O arquivo dhclient.conf lhe permite mudar as configurações default do cliente DHCP. Na maioria das redes, isto é desnecessário. Porém, a capacidade existe se você precisar usá-la.

A página do manual para dhclient.conf fornece um exemplo de uma configuração de cliente muito complexa. A amostra na Listagem 8.5 é uma versão um pouco simplificada deste arquivo dhclient.conf.

Listagem 8.5 - Um arquivo *dhclient.conf* de exemplo.

```
# Set the protocol timers
timeout  60;
retry  60;
select-timeout  5;
reboot  10;

# Define  configuration  parameters  for  eth0
interface  "eth0"  {
        send  host-name  "sparrow.foobirds.org";
        send  dhcp-client-identifier  1:0:a0:24:ab:fb:9c;
        send  dhcp-lease-time  28800;
        supersede  domain-name  "foobirds.org";
        prepend  domain-name-servers  127.0.0.1;
        request  subnet-mask,  broadcast-address,  routers,
           domain-name-servers;
        require  subnet-mask,  routers;
}

# Define  a  static  address  for  emergencies
alias  {
        interface  "eth0";
        fixed-address  172.16.5.23;
        option  subnet-mask  255.255.255.255;
}
```

Timers de protocolo - As primeiras quatro linhas do arquivo de amostra ajustam valores pelos timers de protocolo usados por dhclient:

timeout - Ajusta o número máximo de segundos que dhclient espera para um servidor responder. Se um servidor não fornecer ao cliente uma oferta de um aluguel de

288 | Linux: servidores de rede

endereço dentro do período de intervalo, o cliente tenta usar qualquer aluguel no arquivo dhclient.leases que não expirou, ou qualquer endereço estático definido no arquivo dhclient.conf. O valor ajustado no arquivo de amostra, 60 segundos, é o default; assim, este comando realmente não é necessário.

retry - Ajusta o número de minutos que o dhclient espera antes de tentar novamente depois de não obter uma resposta de um servidor. O default é cinco minutos. No exemplo, está ajustado em dois minutos.

select-timeout - Ajusta o número de segundos que o cliente espera depois que a informação é recebida de um servidor, para ver se outro servidor responde. Mais de um servidor pode existir em uma rede. Os servidores podem ser configurados diferentemente, e podem fornecer níveis diferentes de informação de configuração ao cliente, então, às vezes, vale a pena "esperar por uma oferta melhor". Por default, o cliente não espera. Leva a primeira oferta. No exemplo, dhclient é configurado para esperar 2 segundos.

reboot - Ajusta o número de segundos que o cliente tenta para readquirir o endereço que usou durante a última inicialização. O sistema supõe que o cliente vai conectar novamente a mesma sub-rede, e que o endereço que estava usando por último ainda está disponível para usá-lo. Normalmente, estas são suposições muito boas, e fazendo-as acelera o reinício do processo. Isto não precisava ser especificado na configuração porque foi ajustado para 10 segundos, que é o default.

A declaração *interface* - Logo vem a declaração interface. A declaração interface é usada para definir parâmetros que só se relacionam a uma interface específica. É planejada para uso em computadores que têm mais do que uma interface, para lhe permitir configurar cada interface de um modo único. No exemplo, há só uma interface, assim o comando não é necessário. Porém, não causa nenhum dano, e ilustra o uso da declaração interface. As chaves incluem todos os parâmetros que se relacionam à interface especificada.

Declarações send - Os primeiros três itens associados com a declaração interface são declarações send, que dizem para o dhclient preencher valores pelas opções de configuração especificadas, antes de enviar o pacote de solicitação ao servidor. Quaisquer das opções listadas na seção "Opções de configuração de dhcpd" deste capítulo, mais a opção dhcp-lease-time, podem ser usadas em uma declaração send. É claro que só certas opções fazem algum sentido quando usadas deste modo. Geralmente, a declaração send é usada para ajudar o servidor a identificar o cliente. Isso é o que está acontecendo no arquivo de exemplo com a opção host-name e a opção dhcp-client-identifier. A opção dhcp-lease-time define a duração do aluguel de endereço solicitado pelo cliente. Se esta opção não for especificada, o dhclient padroniza a solicitação de um aluguel de duas horas. No exemplo, são solicitadas oito horas (28800 segundos).

Os comandos *supersede, prepend, request e require* - Um comando supersede define um valor para uma opção de configuração que é usada ao invés do valor fornecido pelo servidor. No exemplo, a opção domain-name é definida com um valor de foobirds.org. Indiferente ao valor de domain-name fornecido pelo servidor DHCP, o computador usa foobirds.org como um nome de domínio.

Capítulo 8 – Servidores de configuração para desktop | 289

O comando prepend também afeta o valor fornecido para uma opção de configuração. O valor especificado na linha de comando é inserido no começo da lista de valores atribuídos à opção. O comando prepend só pode ser usado para opções de configuração que aceitam uma lista de valores. No exemplo, o comando é usado para colocar o host local no começo da lista de servidores de nomes.

O comando request define as opções de configuração que o dhclient solicita do servidor. Estas são solicitadas em adição a um endereço IP. Qualquer nome de opção de configuração válido pode ser listado. No exemplo, a máscara de sub-rede, o endereço de broadcast, o roteador default e os servidores DNS são solicitados.

A declaração require define as opções de configuração que o cliente requer de um servidor DHCP. Se o servidor não fornecer esta informação, o cliente não usará qualquer informação de configuração fornecida pelo servidor. No exemplo, são requeridos uma máscara de sub-rede e um roteador default. Como indicam as chaves, este é o último comando na declaração interface.

A declaração *alias* - A configuração de arquivo termina com uma declaração alias, que define um endereço estático, que é usado pelo cliente se não receber um aluguel de endereço válido de um servidor. O arquivo de exemplo mostra todos os elementos de uma declaração alias:

- Uma declaração interface para definir a interface a qual é atribuída um endereço
- Uma opção fixed-address para definir o endereço
- Uma opção de configuração subnet-mask para definir a máscara do endereço

Outros comandos de configuração - Esta configuração de exemplo é muito mais complexa do que qualquer configuração que você criará, mas sequer um exemplo complexo como o da Listagem 8.5 cobrirá todos os comandos de configuração disponíveis para o dhclient. A seguir estão outros comandos de configuração que você pode usar:

append {*option-list*} - Acrescenta valores ao fim da lista de valores fornecida pelo servidor. Esta declaração só pode ser usada para opções que permitam mais de um valor. O comando append é essencialmente o oposto do comando prepend descrito antes.

backoff-cutoff *time* - Define a quantidade máxima de tempo que o cliente é autorizado a voltar atrás em solicitações de configuração. O default é de dois minutos. Um algoritmo randômico de retorno exponencial evita que os clientes tentem configurar todos ao mesmo tempo. Este valor impede o cliente de voltar para uma quantidade excessiva de tempo.

default {*option-list*} - Ajusta valores para opções que são usadas se o servidor não fornecer os valores. Se o servidor fornecer um valor, é usado; caso contrário, o valor definido aqui é usado. Por exemplo, para ter certeza que o cliente tem uma máscara de sub-rede, até mesmo se uma não for fornecida pelo servidor, você pode entrar o seguinte:

```
default   subnet-mask   255.255.255.0;
```

initial-interval *time* - Ajusta o intervalo de tempo, que é multiplicado por um número randômico entre zero e um, para determinar a quantidade de tempo que o cliente volta

290 | *Linux: servidores de rede*

entre tentativas para alcançar um servidor. O tempo entre tentativas é dobrado em cada tentativa fracassada. Se exceder a quantidade de backoff-cutoff, é ajustado àquela quantidade. O intervalo de tempo default é de 10 segundos.

media *"media setup"* [, . . .] - Define parâmetros de configuração de mídia para interfaces de rede que não são capazes de descobrir os tipos de mídias sem auxílio.

reject *address* - Ofertas de DHCP do servidor, no endereço especificado são ignoradas.

script *"path"* - Identifica o arquivo de script de configuração dhclient. Este é um script que configura a interface de rede do sistema local com os valores descobertos do servidor DHCP. Para mais informações, veja a página de manual de dhclient-script.

Olhando para esta linguagem de configuração grande e o exemplo complexo, você pode estar desejando saber por que faria isto. Afinal de contas, isto é pelo menos como desafiar estaticamente a configuração do TCP/IP com ifconfig. A razão é principalmente a mobilidade. Um consultor de informática pode precisar mover um laptop Linux de uma rede para outra no decorrer de um dia de trabalho. Uma ferramenta como dhclient elimina a necessidade de reconfigurar manualmente toda vez que o sistema é conectado a uma rede nova.

Resumo

A configuração do TCP/IP é complexa para usuários que não entendem os aspectos técnicos de rede. Centralizar a configuração em um servidor torna isto mais simples para usuários se conectarem à rede, e torna mais simples para você dar suporte à sua rede.

O serviço de configuração é o serviço fundamental de uma rede departamental. Lhe permite controlar a configuração de todo sistema em seu departamento. Isto simplifica a tarefa de executar uma rede departamental, e lhe permite apontar seus clientes a seus outros servidores.

No próximo capítulo, é configurado o mais fundamental dos outros serviços departamentais. Compartilhamento de arquivos é o serviço que criou a demanda original para redes departamentais.

9

Compartilhando arquivos

A habilidade para compartilhar informação compartilhando arquivos é o serviço fundamental de uma rede departamental. O Linux é um sistema perfeito para este serviço, porque fornece uma gama extensa de mecanismos de compartilhamento de arquivo diferentes, que integram os clientes Microsoft Windows, clientes Unix e outros clientes que não são compatíveis com qualquer um destes em uma rede única e coesa.

Comparado aos servidores proprietários que vêem o mundo de uma única maneira, servidores Linux fornecem flexibilidade aumentada para projetar a rede certa. O Linux faz isto fornecendo três tipos distintos de compartilhamento de arquivos:

Técnica de mainframe - Permite aos clientes se registrar no servidor e compartilhar arquivos diretamente pelo sistema de arquivo Linux. Este modelo funciona com qualquer sistema de cliente que pode emular um terminal.

Técnica de rede Unix - Permite aos clientes compartilhar arquivos pela rede com o Network File System (sistema de arquivo de rede) (NFS). NFS é o software de compartilhamento de arquivo mais popular em redes Unix.

Técnica de rede Microsoft - Permite aos clientes usar o protocolo Server Message Block (SMB) para compartilhar arquivos pela rede. SMB é o protocolo NetBIOS usado por sistemas LanManager e Windows NT/2000 da Microsoft para fornecer serviços de compartilhamento de arquivo a clientes Microsoft Windows.

Este capítulo examina todas as três técnicas de compartilhamento de arquivos, começando com o modelo de mainframe que usa as capacidades básicas do sistema de arquivo Linux.

Sistema de arquivo Linux

O telnet e o ssh permitem aos usuários se registrar no servidor e trabalhar juntos em arquivos compartilhados. Usando ferramentas como FTP e scp, os arquivos desenvolvidos em outro lugar podem ser colocados no servidor quando os usuários quiserem permitir acesso compartilhado a estes arquivos. Como mostrado no Capítulo 3, "Serviços de login", tudo que é requerido para este tipo de acesso é uma conta de usuário para cada usuário e os daemons necessários para fornecer os serviços. Depois de um usuário se registrar com sucesso a um servidor Linux, o compartilhamento do arquivo é controlado pelas permissões de arquivo que existem no sistema de arquivo Linux.

Permissões de arquivo Linux

Quando a conta do usuário é criada, a todo usuário Linux é atribuído um ID de usuário (UID) e um ID de grupo (GID), que são usados para identificar o usuário para acesso aos arquivos. A todo arquivo também é dado um UID e um GID. Por default, estes são o UID e GID da pessoa que o cria, entretanto, isso pode ser mudado. Permissões são dadas baseadas na comparação dos UIDs e os GIDs do arquivo e do usuário como segue:

Permissões de proprietário - As permissões dadas ao usuário que tem o mesmo UID que o arquivo. Além de ser chamada de permissões de proprietário, elas são chamadas também de *permissões de usuário.*

Permissões de grupo - As permissões dadas a usuários que têm o mesmo GID que o arquivo.

Permissões mundiais - As permissões dadas a todos os outros usuários, estes que não têm nem o UID nem o GID do arquivo. Além de ser chamada de permissões mundiais, elas são chamadas também de *outras permissões.*

A cada um destes grupos pode ser dada qualquer combinação de três possíveis permissões:

Permissão de leitura - Os conteúdos do arquivo podem ser examinados.

Permissão de escrita - Os conteúdos do arquivo podem ser modificados.

Permissão de execução - O programa contido no arquivo pode ser executado.

Use a opção -l com o comando ls para ver a propriedade e permissões atribuídas a um arquivo.

Listagem 9.1 - Como examinar permissões de arquivo com *ls.*

```
$ ls -l
total  1641
-rw-r—r— 1  craig users 8255  May  17   14:09 fig2-1.gif
-rw-r—r— 1  craig users 8206  May  17   14:10 fig2-2.gif
-rw-r—r— 1  craig users 16328 May  16   22:04 fig3-2.gif
-rw-r—r— 1  craig users 3832  May  16   22:13 fig4-1.gif
-rw-r—r— 1  craig users 16741 May  16   22:18 fig4-2.gif
-rw-r—r— 1  craig users 14350 May  16   22:24 fig4-4.gif
-rw-r—r— 1  craig users 22737 May  16   22:27 fig4-5.gif
-rw-r—r— 1  craig users 14316 May  16   22:34 fig5-1.gif
-rw-r—r— 1  craig users 15739 May  16   22:35 fig5-2.gif
```

Capítulo 9 – Compartilhando arquivos | **293**

```
-rw-r—r— 1   craig users 21528 May  1 20:46 fig8-1.gif
-rw-r—r— 1   craig users 16479 May  1 21:18 fig8-2.gif
-rw-r—r— 1   craig users 22295 May  17    11:43 fig8-4.gif
-rw-r—r— 1   craig users 16482 Apr  24    19:50 fig9-3.gif
-rw-r—r— 1   craig users 11756 Apr  24    19:54 fig9-4.gif
```

Cada linha na listagem de diretório de formato longo começa com as permissões de arquivo. Os primeiros 10 caracteres são os mesmos para todo arquivo na Listagem 9.1: -rw-r—r—. O primeiro caractere indica se este é um diretório (d), um link (l) ou um arquivo (-). No exemplo, todas as entradas são arquivos.

Os próximos nove caracteres são divididos em três grupos de três, para definir as permissões para o proprietário do arquivo, para os membros do grupo para o qual este arquivo é designado e para todos os outros usuários. Um r no campo de permissão indica permissão de leitura, um w indica escrita e um x indica execução.

Na Listagem 9.1, ao proprietário são dadas permissões de leitura e escrita (rw -), e para todo mundo - os membros do grupo, bem como outros usuários do sistema - é dado acesso só de leitura (r—).

As permissões podem ser vistas como números de três bits. r é 4 (binário 100), w é 2 (binário 010) e x é 1 (binário 001). Assim, a permissão dada ao proprietário na Listagem 9.1 é 6 (rw -), e as permissões dadas ao grupo e para o mundo são 4 (r—) o que resulta em uma configuração de permissão de arquivo de 644.

Mudando as permissões de arquivo

Use o comando chmod para mudar as permissões de um arquivo. A permissão pode ser definida na linha de comando chmod em formatos numéricos ou simbólicos. Por exemplo:

```
$ ls -l trace.txt
-rw-r--r—  1 craig craig 1349  May  3 2000  trace.txt
$ chmod g+w,o-r trace.txt
$ ls -l trace.txt
-rw-rw—   1 craig craig 1349  May  3 2000  trace.txt
```

O primeiro comando ls mostra as permissões atuais atribuídas ao arquivo trace.txt, que são de leitura/escrita para proprietário, leitura para grupo e leitura para mundo. O comando chmod usa o formato simbólico para definir permissões. g+w diz para chmod usar as permissões de grupo atuais e adicionar permissão de escrita, e o-r diz para chmod usar permissões de mundo atual (ou outro) e subtrair permissão de leitura. O segundo comando ls mostra o efeito que este comando chmod causa nas permissões do arquivo trace.txt.

O formato do chmod simbólico tem três campos. O primeiro define se a permissão está sendo ajustada para o proprietário, grupo, mundo ou todos os três. u ajusta permissão para o proprietário que também é chamado o *usuário*. g ajusta permissão para o grupo. o ajusta permissão para o mundo, que também é chamado de *outro*. E a ajusta permissões para o dono, grupo e mundo.

294 | Linux: servidores de rede

O segundo campo define como as permissões são aplicadas. As permissões podem ser acrescentadas à permissão existente colocando um + no segundo campo, e elas podem ser subtraídas de permissões existentes usando um -, ou podem substituir as permissões existentes usando um = no segundo campo.

O terceiro campo define as permissões específicas. r, w e x são leitura, escrita e execução, respectivamente. s é usado para permissões SetUID e SetGID. t ajusta o bit stick. (Veja a sidebar "Hidden Bits" para mais informações destas permissões.) Adicionalmente, as permissões que já estão definidas para o proprietário, grupo ou mundo podem ser atribuídas a um dos outros agrupamentos usando u, g ou o no campo de permissão. Por exemplo, g=u ajustaria as permissões de grupo a exatamente os mesmos valores que estavam previamente definidos para as permissões de proprietário.

É claro que permissões chmod não têm que ser definidas simbolicamente. Permissões numéricas também podem ser usadas. Por exemplo:

```
$ chmod 777 test.pl
$ ls -l test.pl
-rwxrwxrwx 1  craig users 16513 May 18   14:22 test.pl
```

Neste exemplo, a permissão é mudada para 777, que dá permissões de leitura, escrita e execução ao proprietário, para o grupo e para o mundo. O comando ls -l ilustra como este arranjo completo de permissões aparece em uma listagem de diretório. Porém, é improvável que você vá querer dar tais permissões tão liberais. É mais provável que queira oferecer menos que os 644 que viu antes, particularmente se não quiser que todos os que se registram no sistema, possam ler seus arquivos privados. Para evitar estes grupos de fora lerem seu relatório antes de ser liberado, você pode usar a seguinte configuração:

```
$ chmod 640 report.txt
$ ls -l report.txt
-rw-r---- 1  craig users 16513 May 18   14:22 report.txt
```

Esta configuração permite ao proprietário ler e escrever no arquivo e aos outros membros do grupo ler o arquivo, mas bloqueia os usuários gerais de acessar o arquivo. Isto é melhor, mas ainda não é o bastante. O problema é que o grupo para o qual este arquivo está atribuído é muito vasto.

Hidden Bits

Até agora, esta discussão de permissões de arquivo está limitada a permissões de arquivo de usuário. Ler, escrever e executar são tipos de permissão dadas a várias classes de usuários. Também há algumas permissões que são usadas para dar privilégios especiais a arquivos executáveis. Estas permissões são as seguintes:

- Bit Sticky , que permite ao programa permanecer na memória depois da execução. O bit Sticky é um artefato de uma época antiga; programas realmente não precisam mais ficar na memória. Um uso mais comum para o bit Stick é usá-lo com diretórios, ao invés de arquivos. Quando usado com um diretório, os usuários podem apagar somente arquivos para os quais têm permissão de escrita específica, mesmo se eles tiverem permissão de escrita no diretório.

Capítulo 9 – Compartilhando arquivos | 295

Hidden Bits (continuação)

- SetGID, que permite ao programa ajustar ID para o grupo que controla a execução. Quando usado em um diretório, SetGID significa que todos os arquivos criados no diretório pertencem ao grupo do diretório por default.

- SetUID, que permite ao programa ajustar ID para o usuário que controla a execução.

Estas três permissões criam outro grupo de três bits de permissão. O bit Stick é ajustado pelo valor 1 (binário 001), a permissão SetGID é ajustada pelo valor 2 (binário 010) e a permissão SetUID é ajustada pelo valor 4 (binário 100). Todos são ajustados colocando um quarto dígito no princípio do valor de permissão de arquivo. Então, para garantir a um arquivo permissão SetUID de leitura, escrita e execução para o proprietário e o grupo; e permissão de execução para o mundo, você usaria o valor 4771 com o comando chmod. 4 ajusta a permissão SetUID, o primeiro 7 ajusta as permissões de proprietário, o segundo 7 ajusta as permissões de grupo, e o 1 ajusta as permissões de mundo.

À primeira vista, estas permissões não parecem ter um lugar na exibição de três caracteres (rwx) mostrada na Listagem 9.1. Mas isso não é realmente verdade. ls mostra todas estas permissões como valores alternados no bit de execução:

- Se o bit Stick for ajustado, uma letra maiúscula "T" aparece no campo de permissão de execução de mundo.

- Se execução de mundo e o bit Stick são ajustados, uma letra minúscula "t" aparece no campo de permissão de execução de mundo.

- Se SetGID for ajustado, uma letra maiúscula "S" aparece no campo de permissão de execução de grupo.

- Se execução de grupo e o bit de SetGID são ajustados, uma letra minúscula "s" aparece no campo de permissão de execução de grupo.

- Se SetUID for ajustado, uma letra maiúscula "S" aparece no campo de permissão de execução de proprietário.

- Se execução de proprietário e o bit de SetUID são ajustados, uma letra minúscula "s" aparece no campo de permissão de execução de proprietário.

Tenha cuidado ao dar aos programas permissões SetUID e SetGID. Se estes programas são propriedades do usuário root, eles podem ter muito poder sobre o sistema. Se os programas são escritos incorretamente, eles podem ser explorados por um intruso e comprometer seu sistema inteiro.

O comando *chgrp*

O comando ls -l lista o nome de usuário proprietário do arquivo e o nome de grupo atribuído ao arquivo. Em todos os exemplos previamente mostrados, o usuário é craig, e o grupo é users. Por default, ao arquivo é atribuído o GID principal do proprietário, que é o GID designado para o usuário no arquivo /etc/passwd. Isto pode não ser o que você quer, particularmente se o acesso para os arquivos for limitado a um grupo que se registra no sistema para trabalhar junto no arquivo. Use o comando chgrp para mudar o grupo de um arquivo:

```
$ chgrp rnd report.txt
$ ls -l report.txt
-rw-r----- 1  craig rnd    16513 May 18   14:22 report.txt
```

Neste exemplo, o grupo do arquivo report.txt é mudado para rnd. Agora, craig tem permissões de leitura e escrita para o arquivo e qualquer um no grupo rnd tem permissão de leitura. Todos os outros usuários não têm nenhum acesso.

 craig, que é o proprietário do arquivo, deve ser um membro do grupo rnd para mudar o arquivo para este grupo. A menos que seja o usuário root, você não pode mudar um arquivo para um grupo do qual você não é um membro.

Este é um bom exemplo de como são compartilhados arquivos usando o "modelo de mainframe". Qualquer um no grupo rnd pode copiar o arquivo report.txt para seu diretório home, onde eles podem modificar a cópia, adicionando os seus comentários e mudanças. A pessoa encarregada do relatório pode olhar então para os comentários e mudanças usando um comando como diff, e decidir o que deve ser incluído na cópia final. Só a pessoa encarregada do relatório pode escrever de fato na cópia mestre.

Compartilhar arquivos registrando-se no servidor pode funcionar com qualquer sistema cliente. Nem mesmo requer um computador de cliente; um terminal funcionará bem. Mas a maioria dos usuários tem computadores desktop poderosos, que têm as ferramentas de software das quais eles gostam mais. Um modo melhor para compartilhar arquivos deixa os usuários trabalharem com os arquivos nos sistemas de desktop deles, com as aplicações que gostam. Unix e Microsoft Windows oferecem tal serviço. Para sistemas Unix, o Network File System é o serviço mais comum que fornece este tipo de compartilhamento de arquivo.

Entendendo o NFS

O *Network File System* (sistema de arquivo de rede) (NFS), originalmente desenvolvido pela Sun Microsystems, permite compartilhar diretórios e arquivos através de uma rede. Através o NFS, os usuários e programas acessam arquivos localizados em sistemas remotos como se fossem arquivos locais.

O NFS é um sistema cliente/servidor. O cliente usa os diretórios remotos como se eles fizessem parte de seu sistema de arquivos local; o servidor torna os diretórios disponíveis para uso. Anexar um diretório remoto ao sistema de arquivo local é chamado de *montar* um diretório. Oferecer compartilhamento de diretório é chamado de *exportar* um diretório.

NFS é um protocolo de chamada a procedimento remoto (RPC) que executa em cima do UDP e IP. Uma chamada a procedimento remoto simplesmente é uma chamada de sistema que é processada por um servidor remoto. Quando um programa fizer uma chamada de I/O para um arquivo NFS, a chamada é interceptada pelo sistema de arquivos de NFS, e é enviada através a rede ao servidor remoto para processamento.

Os daemons que processam as solicitações de NFS no servidor não tem números de porta UDP padrão. Ao invés disto,, a eles são atribuídos dinamicamente um número de porta pelo portmapper do RPC. Em alguns sistemas, o programa portmapper é chamado de rpc.portmap. Em sistemas Red Hat, o programa é chamado de portmap, e é iniciado pelo script /etc/rc.d/init.d/portmap.

Use o comando rpcinfo para ver o número de porta que portmapper atribuiu a vários serviços RPC.

Listagem 9.2 - Como exibir portas de RPC.

```
$ rpcinfo -p
   program  vers  proto  port
   100000    2    tcp    111    portmapper
   100000    2    udp    111    portmapper
   100024    1    udp    32768  status
   100024    1    tcp    32768  status
   100011    1    udp    687    rquotad
   100011    2    udp    687    rquotad
   100011    1    tcp    690    rquotad
   100011    2    tcp    690    rquotad
   100005    1    udp    32769  mountd
   100005    1    tcp    32771  mountd
   100005    2    udp    32769  mountd
   100005    2    tcp    32771  mountd
   100005    3    udp    32769  mountd
   100005    3    tcp    32771  mountd
   100003    2    udp    2049   nfs
   100003    3    udp    2049   nfs
   100021    1    udp    32770  nlockmgr
   100021    3    udp    32770  nlockmgr
   100021    4    udp    32770  nlockmgr
```

O número de porta 111 (portmapper) é o próprio número de porta do portmapper, que é um número de porta bem conhecido, atribuído no arquivo /etc/services. (Em alguns sistemas, o nome associado a esta porta pode ser rpcbind ou sunrpc.) Sistemas remotos podem contatar o portmapper porque está em uma porta padrão. A partir do portmapper, os sistemas remotos descobrem as portas usadas por outros serviços RPC. Todos os outros números de porta nesta listagem de nosso servidor Linux Red Hat 7.2 são atribuídos a daemons NFS. Se outro serviço RPC, como NIS, estivesse executando neste servidor,o portmapper também listaria estes serviços em resposta ao comando rpcinfo. Neste caso, só está executando o NFS. Os vários daemons NFS, na ordem que aparecem na listagem, são como segue:

Status - O status monitora relatórios de quebras, e reinicia o gerenciador de bloqueio assim que estes bloqueios possam ser reajustados corretamente se um cliente NFS reiniciar sem terminar de maneira correta a sua conexão de NFS. rpc.statd monitora tráfego TCP e UDP.

rquotad - O servidor de cota remoto, rpc.rquotad, obriga que as cotas do sistema de arquivos, sejam válidas para sistemas de arquivos NFS montados. Cotas de sistema de arquivo controlam a quantidade de armazenamento em disco que um usuário individual pode consumir. Este daemon estende este recurso a usuários NFS.

298 | *Linux: servidores de rede*

mountd - O daemon mount processa as solicitações de montagem de sistema de arquivo do cliente. O rpc.mountd é o programa que confere se um sistema de arquivo está sendo exportado ou não, e se o cliente que faz a solicitação está autorizado ou não a montar o sistema de arquivo solicitado.

nfs - O programa nfsd manipula a interface em nível de usuário para o módulo de kernel NFS (nfsd.o). O arquivo NFS I/O é controlado no módulo de kernel.

nlockmgr - O gerenciador de bloqueio NFS (lockd) manipula solicitações de bloqueio de arquivo de clientes. O bloqueio de arquivo é usado para evitar corrupção de arquivo quando for possível que múltiplas fontes possam tentar gravar um arquivo ao mesmo tempo. Arquivos somente leitura não requerem bloqueio de arquivo.

Estes daemons fazem parte da implementação de kernel de NFS, que é incluída com o kernel 2.4 de Linux. Se você tiver um sistema mais antigo com uma implementação em nível de usuário de NFS, verá uma lista diferente de daemons, e versões futuras de Linux podem ter uma lista um pouco diferente. Apesar das diferenças de detalhes, um daemon NFS para manipular I/O de arquivos e um daemon de montagem para controlar solicitações de montagem estarão certamente incluídos em sua implementação de NFS.

Instalando o NFS

A Listagem 9.2 mostra que o Network File System inclui vários daemons diferentes e serviços para executar funções de cliente e de servidor. Adicionalmente, a distribuição Red Hat 7.2 tem vários scripts de inicialização no diretório /etc/rc.d/init.d que se relacionam a NFS:

nfs - Este script inicia a maioria dos daemons NFS. Também processa o arquivo export, e limpa o arquivo de bloqueio. O arquivo export e o comando exportfs que é usado para processá-lo são cobertos depois neste capítulo.

nfslock - Este script inicia os softwares de gerenciamento de bloqueio de NFS lockd e rpc.statd.

netfs - Este script monta os sistemas de arquivos NFS listados no arquivo /etc/fstab. O Red Hat também usa este script para montar sistemas de arquivos SMB. (SMB, o comando mount e fstab são cobertos depois neste capítulo.) Alguns outros sistemas Linux não usam um script separado para este propósito; ao contrário, eles confiam no comando mount -a no arquivo fstab, para montar tudo. A abordagem do Red Hat monta sistemas de arquivos que requerem a rede separadamente de sistemas de arquivos que não precisam de uma conexão de rede funcionando, para assegurar que os problemas de rede atrasem a montagem de sistemas de arquivos locais.

amd - Este script inicia o daemon automounter (amd) que automaticamente monta sistemas de arquivos quando os arquivos que ele contêm são acessados. (Para um livro definitivo e detalhado sobre amd, veja *Linux NFS and Automounter Administration*, por Erez Zadok, Sybex, 2001.)

autofs - Este script inicia o sistema de arquivo automounter (automount) que automaticamente monta arquivos quando são necessários, e os desmonta quando eles não estiverem em uso. automount e amd são duas implementações diferentes de um automounter.

O NFS é incluído na maioria das distribuições Linux. Para instalá-lo em seu sistema, selecione o componente de software necessário durante a instalação inicial. Se seu sistema Linux já estiver executando, mas o software NFS ainda não estiver instalado, use um gerenciador de pacote, como rpm ou gnorpm, para instalar o software. A Figura 9.1 usa o software gnorpm para verificar o software NFS que está instalado em nosso sistema Red Hat de exemplo.

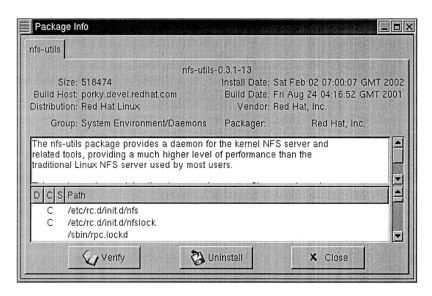

Figura 9.1 - O RPM NFS do Red Hat.

O RPM descrito na Figura 9.1 provê ferramentas de espaço de usuário no software de kernel do servidor NFS. Já que o servidor NFS usa código em nível de kernel, ele deve ser configurado no kernel. (A opção de kernel CONFIG_NFSD habilita o servidor NFS em nível de kernel.) Adicionalmente, todos os sistemas Linux que usam NFS devem ter a opção de kernel CONFIG_NFS_FS selecionada. (Veja o Capítulo 13, "Diagnóstico", para uma discussão sobre configuração de kernel.)

Use uma ferramenta como tksysv ou chkconfig para habilitar os scripts de inicialização do NFS, de forma que o NFS reiniciará da próxima vez que o sistema reinicializar. É claro que você não tem que reiniciar para iniciar estes serviços. Depois que o software for instalado, e você se assegurar de que os scripts estão habilitados, entre service nfs start para iniciar manualmente o NFS:

```
[root]# service nfs start
Starting NFS services:  [ OK ]
Starting NFS quotas:    [ OK ]
Starting NFS mountd:    [ OK ]
Starting NFS daemon:    [ OK ]
```

Confira o status do processo para ver se os daemons necessários estão executando:

```
[root]# ps  -Cnfsd
    PID   TTY   TIME         CMD
    1368  pts/0 00:00:00     nfsd
    1371  pts/0 00:00:00     nfsd
    1372  pts/0 00:00:00     nfsd
    1373  pts/0 00:00:00     nfsd
    1374  pts/0 00:00:00     nfsd
    1375  pts/0 00:00:00     nfsd
    1376  pts/0 00:00:00     nfsd
    1377  pts/0 00:00:00     nfsd
 [root]#  ps  -Crpc.mountd
    PID   TTY   TIME         CMD
    1363  ?     00:00:00     rpc.mountd
```

Neste exemplo, oito cópias do processo de servidor nfsd em nível de usuário estão executando para suportar conexões de usuário. Por default, o comando rpc.nfsd inicia apenas um processo. Iniciar processos adicionais é uma opção de linha de comando. No script nfs do Red Hat, esta opção de linha de comando é ajustada pela variável de script RPCNFSDCOUNT. Para mudar o número de processos nfsd executando, mude o número atribuído àquela variável. Normalmente, oito processos nfsd são o bastante para fornecer um serviço muito bom. Se seu servidor estiver extremamente ocupado, você pode tentar aumentar este número para melhorar o desempenho.

Se tudo estiver instalado, e os scripts de inicialização foram executados, mas os daemons ainda não estão executando, pode ser porque você ainda não configurou o servidor. Alguns scripts de inicialização verificam para ver se o arquivo de configuração /etc/exports existe antes de iniciar os daemons. Sua próxima tarefa é criar este arquivo.

Configurando um servidor NFS

O arquivo /etc/exports é o arquivo de configuração do servidor NFS. Ele controla quais arquivos e diretórios são exportados, quais hosts podem acessá-los, e que tipo de acesso é permitido. O formato geral de entradas no arquivo /etc/exports é

```
directory   [host(option)]...
```

A variável *directory* é o nome de caminho completo do diretório ou arquivo sendo exportado. Se o diretório não for seguido por um host ou uma opção, todos os hosts tem acesso de leitura/escrita ao diretório.

A variável *host* é o nome do cliente ao qual foi dado acesso ao diretório exportado. Se nenhum valor de host for especificado, o diretório é exportado para todos os usuários. Valores de host válidos são os seguintes:

- Nomes de host individuais como parrot.foobirds.org.
- Curingas de domínio como *foobirds.org para todo host no domínio foobirds.org.

Capítulo 9 – Compartilhando arquivos | **301**

- Pares de endereço IP/máscara de endereço como 172.16.5.0/255.255.255.0 para todo host com um endereço que inicia com 172.16.5.

- Grupos de rede como @group1. Um *grupo de rede* é um nome atribuído a um grupo de hosts individuais no arquivo /etc/netgroup. Eles são usados principalmente em sistemas que executam NIS. (Veja a página de manual de netgroup para mais detalhes.)

A variável *option* define o tipo de acesso que é dado. Se a opção for especificada sem um nome de host, o acesso é dado a todos os clientes. Caso contrário, o acesso só é dado ao host que está nomeado. As duas opções mais comuns são

ro - Especifica que os clientes só podem ler do diretório. Escrever no diretório não é permitido.

rw - Dá acesso total de leitura e escrita ao diretório. Acesso leitura/escrita é a permissão default.

Além destas duas opções comuns, há várias opções que se relacionam a UIDs e GIDs. O NFS usa UIDs e GIDs para controlar acesso ao arquivo, da mesma forma que eles são usados para controlar acesso a arquivos locais. Porém, o fato de que o NFS tem que lidar com UIDs e GIDs atribuídos em vários sistemas diferentes significa que problemas de coordenação podem ser encontrados. As opções que o ajudam a tratar estes problemas de coordenação são descritas na próxima seção "Mapeando IDs de usuário e IDs de grupo" deste capítulo.

Um arquivo /etc/exports de exemplo real pode conter as entradas mostradas na Listagem 9.3.

Listagem 9.3 - Um arquivo */etc/exports* de exemplo.

```
/usr              172.16.5.0/255.255.255.0(ro)
/home             172.16.5.0/255.255.255.0(rw)
/usr/local/man    flicker(rw)   parrot(rw)
/usr/local/doc    flicker(rw)   parrot(rw)
/usr/local/bin    hawk(rw)
/home/sales       *.sales.foobirds.org(rw)
```

A primeira entrada neste arquivo dá acesso de somente leitura para o diretório /usr para todo cliente na rede 172.16.5.0. No exemplo, a rede está definida com um endereço IP e uma máscara de endereço. Supondo que 172.16.5.0 é a sub-rede local, esta entrada dá acesso a todos na rede local, sem também dar acesso a todos no domínio local, ou sem tentar listar tudo dos hosts na rede local. O diretório /usr contém documentação e executáveis que podem ser de interesse de qualquer cliente Linux. Permissão de leitura é tudo que é exigido para acessar estes arquivos úteis.

A segunda linha no exemplo dá acesso de leitura e escrita para o diretório /home. Novamente, o acesso é dado a todo host na sub-rede local. Talvez o diretório /home esteja sendo exportado para dar aos usuários NFS acesso para os diretórios /home deles no servidor. Para fazer uso total dos diretórios deles, os usuários requerem permissões de leitura e escrita.

Linux: servidores de rede

As próximas três linhas dão acesso de leitura e escrita de hosts individuais para diretórios específicos dentro do diretório /usr. Estas entradas não afetam a primeira linha do arquivo. O diretório /usr ainda é exportado como somente leitura para todos os clientes locais. Versões mais antigas do NFS que executavam sob Unix não o deixavam exportar um subdiretório de um diretório que você já exportou. O Linux deixa, e pode ser muito útil. Estas entradas adicionais foram acrescentadas, de forma que as pessoas que mantêm a documentação em /usr/local/doc e /usr/local/man podem modificar a documentação diretamente dos sistemas de desktop delas, e assim as pessoas que mantêm os executáveis em /usr/local/bin podem fazê-lo dos desktops delas.

A última linha no arquivo exporta o diretório /home/sales para todo host no subdomínio sales.foobirds.org. Neste caso, o diretório /home/sales é provavelmente usado pela divisão de vendas para compartilhar arquivos. Como isto mostra, é possível ao servidor compartilhar diretórios com computadores em outros domínios ou redes.

Embora fosse dado a hosts específicos acesso de leitura/escrita para alguns destes diretórios, o acesso dado a usuários individuais destes sistemas é controlado por permissões de arquivo de usuário, grupo e mundo do Linux padrão baseado no UID e GID do usuário. Essencialmente, o NFS confia que um host remoto autenticou seus usuários e lhes atribuiu UIDs e GIDs válidos, que às vezes são chamados de modelo de segurança de *host confiado*. A exportação de arquivos dá aos usuários do sistema cliente o mesmo acesso para os arquivos que eles teriam se eles se registrassem diretamente no servidor.

Por exemplo, suponha que o servidor que exporta estes arquivos seja wren. Mais adiante, suponha que o usuário craig tem contas em wren e eagle, e que ambos os sistemas atribuem a ele UID 501 e GID 206. Tudo funciona bem! Mas o que acontece se falcon tem um usuário chamado david, e atribui a ele UID 501 e GID 206? A conta david agora tem o mesmo acesso aos arquivos de Craig que a conta craig. Isso pode não ser o que você planejou. O Linux fornece ferramentas para resolver este problema.

Mapeando IDs de usuário e IDs de grupo

IDs de usuário e IDs de grupo são tão fundamentais ao NFS quanto são a qualquer outra parte do sistema de arquivo Linux. Mas diferente do UID e do GID que você atribui quando cria contas de usuário novo, você pode não ter qualquer controle sobre os UIDs e GIDs atribuídos pelos clientes de seu servidor NFS. O NFS fornece várias ferramentas para lhe ajudar a lidar com os possíveis problemas que surgem por causa disto.

Um dos problemas mais óbvios com um modelo de segurança de host confiado é lidar com a conta root. É muito improvável que você queira que as pessoas com acesso de root para seus clientes tenham também o mesmo acesso a seu servidor. Por default, o NFS evita isto com a configuração root_squash, que mapeia solicitações que contêm o UID root e o GID para UID e GID nobody. Assim, se alguém estiver se registrando para um cliente como root, a ele só são dadas permissões mundiais no servidor. Você pode desfazer isto com a configuração no_root_squash, mas faça isso com precaução. A configuração no_root_squash abre mais buracos para intrusos explorarem, o que nunca é uma coisa boa.

Capítulo 9 – Compartilhando arquivos | **303**

Use all_squash para mapear todo usuário de um sistema de cliente ao usuário nobody. Por exemplo, a entrada seguinte exporta o diretório /pub para todo cliente:

```
/pub  (ro,all_squash)
```

Ele dá acesso de somente leitura ao diretório para todos os clientes, e limita todos usuários destes clientes para as permissões mundiais dadas a nobody. Então, os únicos arquivos que os usuários podem ler são estes que têm permissão de leitura de mundo.

Também é possível mapear todo usuário de um cliente para um ID de usuário específico ou ID de grupo. As opções anonuid e anongid fornecem esta capacidade. Estas opções são muito úteis quando o cliente tem só um usuário, e o cliente não atribui para aquele usuário um UID ou GID.

O exemplo perfeito disto é um PC Microsoft Windows executando NFS. PCs geralmente têm só um usuário, e eles não usam UIDs ou GIDs. Para mapear o usuário de um PC a um ID de usuário e ID de grupo válidos, entre uma linha como esta no arquivo /etc/exports:

```
/home/kristin  robin(all_squash,anonuid=1001,anongid=1001)
```

Aqui, o nome de host do PC de Kristin é robin. A entrada dá acesso de leitura/escrita de cliente para o diretório /home/kristin. A opção all_squash mapeia toda solicitação deste cliente para um ID de usuário específico; mas agora, em vez de nobody, ele mapeia ao UID e ao GID definidos pelas opções anonuid e anongid. É claro que para funcionar corretamente, 1001:1001 deve ser o par de UID e GID atribuídos a kristin no arquivo /etc/passwd do servidor.

A coordenação entre os administradores de sistemas e talvez alguns mapeamentos mínimos de UID/GID geralmente são suficientes para controlar o problema de mapeamento. Mas a chave é a coordenação e um plano claro sobre quais servidores irão compartilhar arquivos e por que estes arquivos precisam ser compartilhados. A sidebar seguinte, "Coordenando UIDs e GIDs", descreve as questões perguntadas quando uma empresa decidiu criar um serviço NFS de uma grande empresa.

Coordenando UIDs e GIDs

Quando arquivos são compartilhados por uma rede, os sistemas precisam identificar os usuários de uma maneira consistente e coordenada. Solucionar a identidade de usuário é um assunto de segurança importante em uma rede compartilhando arquivos. Quanto maior a rede, maior o problema potencial. NFS inclui algumas ferramentas para mapear UIDs e GIDs. Mas planejamento e coordenação são as ferramentas principais para evitar este problema.

Uma empresa com 5.000 empregados, composta de oito unidades operacionais diferentes, que tem 50 sub-redes diferentes, decidiu criar um sistema NFS unificado, que abarcou a empresa inteira. Para este sistema permitir o verdadeiro compartilhamento de arquivos, exigiu que UIDs e GIDs fossem coordenados pela empresa. Porém, a rede subjacente, sub-redes, e servidores nos quais este serviço novo seria construído já existiam, e muitas das sub-redes tiveram seus próprios administradores de rede e executaram os seus próprios serviços NFS. Isto levantou questões sobre a viabilidade e até mesmo o desejo do serviço novo.

304 | *Linux: servidores de rede*

Coordenando UIDs e GIDs (continuação)

Primeiro, o compartilhamento de arquivo por uma empresa é realmente uma boa idéia? O verdadeiro compartilhamento de arquivos é quando as pessoas cooperam para produzir o produto final. Você realmente não quer 5.000 pessoas contribuindo com o seu relatório, assim o verdadeiro compartilhamento de arquivos por uma empresa muito grande não é desejado normalmente.

O que a maioria das redes de empresas deseja é disseminação de arquivo. Eles querem tornar um produto acabado disponível para todos na empresa. A web é um bom veículo para isto quando o produto é informação, e o NFS é uma boa escolha quando o produto for um programa executável.

Segundo, você realmente precisa coordenar UIDs e GIDs se o que você quer fazer é disseminar informação? Realmente não. O usuário nobody tem permissão mundial. Os ítens sendo distribuídos para a empresa inteira podem receber permissões de leitura e execução.

Bem, se o compartilhamento de arquivo do empreendimento realmente não foi o que a empresa quis, alguma coisa boa veio deste projeto? Sim! Um plano para atribuir UIDs e GIDs de uma maneira coordenada e sensata. Os serviços centrais seguraram todos os UIDs e GIDs acima de 20.000 para os atribuir a todo empregado. A todo empregado existente foram atribuídos um UID e um GID, e a todo empregado novo é atribuído um quando eles chegam. Mais adiante, a cada unidade operacional foi dado 1.000 UIDs e GIDs para usar como eles quiserem.

O que começou como um modo de centralizar serviços se tornou um benefício para todos os administradores de sub-rede independentes. Quando um usuário de outra empresa é acrescentado ao servidor NFS de uma sub-rede, não há nenhuma preocupação sobre mapeamento ou conflito, porque uma autoridade central coordena UIDs e GIDs para a empresa inteira. Por fim, o compartilhamento de arquivos de uma grande empresa não era tão importante quanto a cooperação e coordenação da empresa.

O comando *exportfs*

Depois de definir os diretórios para exportar no arquivo /etc/exports, execute o comando exportfs para processar o arquivo exports e construir /var/lib/nfs/xtab. O arquivo xtab contém informação sobre os diretórios atualmente exportados, e é o arquivo que o mountd lê ao processar solicitações de montagem de cliente. Para processar todas as entradas no arquivo /etc/exports, execute exportfs com a opção de linha de comando -a:

```
# exportfs -a
```

Este comando constrói um arquivo xtab completamente novo, baseado nos conteúdos do arquivo /etc/exports.

Também é possível usar o comando exportfs para atualizar um arquivo xtab existente para refletir mudanças no arquivo /etc/exports. Se você editar o arquivo /etc/exports e quiser que as mudanças entrem em vigor sem substituir o xtab atual, use o argumento -r:

```
# exportfs -r
```

Capítulo 9 – Compartilhando arquivos | **305**

A opção -r faz exportfs sincronizar os conteúdos do arquivo exports e o arquivo xtab. Itens que foram acrescentados ao arquivo exports são acrescentados ao arquivo xtab, e itens que foram apagados são removidos de xtab.

Você pode até mesmo usar o comando exportfs para exportar um diretório que não está listado no arquivo /etc/exports. Por exemplo, suponha que você quer exportar temporariamente o diretório /usr/local para o cliente falcon com permissão de leitura/escrita. Você pode entrar este comando:

```
# exportfs falcon:/usr/local -o rw
```

Observe que a opção -o é usada para especificar opções de exportação para o sistema de arquivo exportado. Neste exemplo, a opção é leitura/escrita (rw).

Depois que o cliente completou seu trabalho com o sistema de arquivo temporariamente exportado, o diretório pode ser removido da lista de exportação com a opção -u. Este comando terminaria a exportação e impediria falcon de montar o diretório /usr/local:

```
# exportfs -u falcon:/usr/local
```

Na realidade, a opção -u pode ser combinada com a opção -a para fechar completamente todas as exportações sem terminar os daemons NFS:

```
# exportfs -ua
```

Apesar de todos seus recursos, exportfs geralmente não é usado para exportar diretórios individuais. Normalmente, é usado com a opção -a ou -r para processar todas as entradas encontradas no arquivo /etc/exports. Por exemplo, o script nfs do Red Hat executa exportfs -r antes de iniciar os daemons.

Depois que os daemons estiverem executando e o arquivo exports tiver sido processado por exportfs, os clientes podem montar e usar os sistemas de arquivos oferecidos por seu servidor. A próxima seção olha como um sistema Linux é configurado como um cliente NFS.

Configurando um cliente NFS

Para configurar um cliente NFS, você precisa saber o nome de host do servidor NFS e os diretórios que exporta. O nome do servidor é normalmente muito bem anunciado - ninguém cria um servidor a menos que queira ter clientes. O administrador de rede diz aos usuários que sistemas são servidores NFS.

O comando showmount do Linux lista os diretórios que um servidor exporta e os clientes autorizados a montar estes diretórios. Por exemplo, uma consulta —exports de showmount a wren produz a saída mostrada na Listagem 9.4.

306 | *Linux: servidores de rede*

Listagem 9.4 - O comando *showmount*.

```
$ showmount -exports wren
Export list for wren:
/home/sales          *.sales.foobirds.org
/usr                 172.16.5.0/255.255.255.0
/home                172.16.5.0/255.255.255.0
/usr/local/doc       flicker.foobirds.org,parrot.foobirds.org
/usr/local/man       flicker.foobirds.org,parrot.foobirds.org
/usr/local/bin        hawk.foobirds.org
```

O comando showmount lista os diretórios NFS exportados por wren, e quais clientes estão autorizados a montar estes diretórios. Você pode montar quaisquer dos diretórios oferecidos por wren se for usuário em um dos clientes aprovados.

O comando *mount*

Antes de usar um diretório NFS, anexe-o ao sistema de arquivo local com o comando mount. O comando mount pode ser tão simples ou tão complexo quanto precisa ser para conseguir realizar o trabalho.

No mais simples, mount identifica o sistema de arquivo remoto para acessar e o diretório local pelo qual será acessado. O sistema de arquivo remoto é identificado pelo nome do servidor, junto com todo ou parte de um diretório exportado pelo servidor. O diretório local é apenas isto - o nome de um diretório vazio criado para montar o diretório NFS remoto. O diretório local é chamado de *ponto de montagem*. Reunindo isto, você pode montar os diretórios exportados por wren com o comando mount mostrado na Listagem 9.5.

Listagem 9.5 - Comandos mount de exemplo.

```
#  mount  wren:/usr/local/bin  /usr/local/bin
#  mount  wren:/usr/local/man  /usr/local/man
#  mount  wren:/usr/local/doc  /usr/local/doc
```

Os exemplos da Listagem 9.5 supõem que diretórios /usr/local/bin, /usr/local/man e /usr/local/doc vazios existem no cliente antes dos comandos mount serem emitidos. Não faria sentido montar um diretório remoto cheio de páginas de manual em cima de um diretório existente, a menos que este diretório estivesse vazio. O propósito em criar repositórios centrais para páginas de manual e documentação é preservar o armazenamento em sistemas clientes e simplificar o gerenciamento. Você só pode fazer isso se os diretórios no cliente estiverem realmente vazios.

Um comando mount simples funciona sob muitas circunstâncias, mas quando necessário, opções podem ser acrescentadas à linha de comando de mount com o argumento -o. A Tabela 9.1 lista as opções de comando mount que aplicam a todos os tipos de sistemas de arquivos.

Capítulo 9 – Compartilhando arquivos | **307**

Tabela 9.1 - Opções de comando mount de Linux.

Opção	Propósito
async	Usa arquivo assíncrono de I/O.
atime	Atualiza o tempo de acesso inode para cada acesso.
auto	Monta quando a opção -a é usada.
defaults	Ajusta rw, suid, dev, exec, auto, nouser e async.
dev	Permite dispositivos de caractere, e dispositivos especiais de bloco no sistema de arquivo.
exec	Permite execução de arquivos do sistema de arquivos.
_netdev	Indica um sistema de arquivo que depende da rede.
noatime	Não atualiza o tempo de acesso inode.
noauto	Não monta com uma opção -a.
nodev	Não permite dispositivos de caractere, e dispositivos especiais de bloco no sistema de arquivo.
noexec	Não permite execução de arquivos do sistema de arquivo.
nosuid	Não permite programas armazenados no sistema de arquivo executarem setuid ou setgid.
nouser	Apenas o usuário raiz pode montar o sistema de arquivo.
remount	Remonta um sistema de arquivo montado com opções novas.
ro	Monta o sistema de arquivo somente leitura.
rw	Monta o sistema de arquivo leitura/escrita.
suid	Permite aos programas executarem setuid ou setgid.
sync	Usa o sistema de arquivo síncrono de I/O.
user	Permite a usuários ordinários montar o sistema de arquivo.

NOTA Apesar do comprimento desta lista, você verá até mesmo mais opções mount de NFS na próxima seção.

Suponha que você queira montar o diretório /usr/local/bin, mas por razões de segurança não quer permitir a quaisquer dos programas armazenados lá executar com permissão setuid ou setgid. Você pode entrar o seguinte comando mount:

```
# mount -o nosuid wren:/usr/local/bin /usr/local/bin
```

O comando *umount*

O oposto do comando mount é o comando umount, que é usado para remover um diretório montado do sistema de arquivo local. Um sistema de arquivo pode ser desmontado usando o nome de sistema de arquivo remoto ou o diretório de ponto de montagem local na linha de comando umount, assim para desmontar o diretório /usr/local/bin, entre o nome remoto

```
#  umount  wren:/usr/local.bin
```

ou o nome local

```
#umount  /usr/local/bin
```

Há algumas opções associadas com o comando umount que são de interesse particular. As opções -a e -t são usadas da mesma forma que com o comando mount. A opção -a desmonta todo sistema de arquivo listado no arquivo /etc/mtab. Em outras palavras, desmonta todos os sistemas de arquivos montados atualmente. A opção -t, quando combinada com a opção -a, desmonta todos os sistemas de arquivos do tipo especificado. A opção -f tem relevância particular para o NFS porque força o desmonte, até mesmo se o servidor NFS remoto não estiver respondendo..

Usando *fstab* para montar diretórios NFS

Um comando mount com uma sinalização -a ajustada faz o Linux montar todos os sistemas de arquivos listados em /etc/fstab. Sistemas Linux incluem freqüentemente um comando mount -a na inicialização. Acrescentar o argumento -t nfs para o comando mount -a limita o mount a todos os sistemas de arquivos em fstab que tem um tipo de sistema de arquivo NFS. O script netfs do Red Hat usa o argumento -t nfs para remontar os sistemas de arquivo NFS depois de uma inicialização de sistema.

A tabela de sistemas de arquivos, /etc/fstab, define os dispositivos, partições e sistemas de arquivos remotos que compõem o sistema de arquivo completo de um computador Linux. Cada linha na tabela descreve uma parte individual do sistema de arquivo. Estas partes podem ser partições de disco rígido, dispositivos como a unidade de disquete ou a unidade de CD-ROM, ou um sistema de arquivo de um servidor NFS remoto. O arquivo inclui entradas para a partição raiz, a partição de troca, e até mesmo os pseudo sistemas de arquivos, como /proc. Um arquivo fstab de exemplo de um sistema desktop, com inicialização dupla executando Red Hat Linux 7.2 é mostrado na Listagem 9.6.

Listagem 9.6 - Um arquivo *fstab* de amostra.

```
$ cat /etc/fstab
LABEL=/                    /            ext3      defaults          1 1
LABEL=/home                /home        ext3      defaults          1 2
/dev/fd0                   /mnt/floppy  auto      noauto,owner      0 0
LABEL=/var                 /var         ext3      defaults          1 2
/dev/hda1                  /win         vfat      defaults          0 0
none                       /proc        proc      defaults          0 0
```

Capítulo 9 – Compartilhando arquivos | **309**

```
none                      /dev/shm      tmpfs    defaults                  0  0
none                      /dev/pts      devpts   gid=5,mode=620            0  0
/dev/hda2                 swap          swap     defaults                  0  0
/dev/cdrom                /mnt/cdrom    iso9660  noauto,owner,kudzu,ro     0  0
crow:/export/home/craig   /home/craig   nfs      rw                        0  0
```

Cada linha no arquivo fstab é composta de seis campos. O primeiro campo é o nome do sistema de arquivo. É a palavra-chave none para pseudo sistemas de arquivos, como /proc. Para dispositivos locais, o campo de nome de sistema de arquivo contém o nome do dispositivo local. Deve ser o nome de um "dispositivo especial de bloco". Em sistemas Linux, mknod pode criar dois tipos de dispositivos: dispositivos de caractere, que fornecem dados um caractere por vez e dispositivos de bloco, que fornecem os dados em blocos. Use o comando ls -l para descobrir que tipo um dispositivo é:

```
$ ls -l /dev/hda1
brw-rw— 1  root  disk  3, 1  Aug 30   2001  /dev/hda1
$ ls -l /dev/ttyS0
crw-rw— 1  root  uucp  4, 64 Aug 30   2001  /dev/ttyS0
```

O primeiro caractere na saída do comando ls mostra o tipo de dispositivo. Se for um c, o dispositivo é um dispositivo de caractere. Se for um b, o dispositivo é um dispositivo de bloco. Todos os dispositivos locais no arquivo fstab são dispositivos de bloco, mas não estão todos referidos por nome. O campo de nome de sistema de arquivo pode conter um rótulo, se este rótulo for mapeado para um dispositivo especial de bloco local. A Listagem 9.6 contém três entradas com valores de rótulo no campo de nome de sistema de arquivo:

```
LABEL=/        /      ext3  defaults 1  1
LABEL=/home    /home  ext3  defaults 1  2
LABEL=/var     /var   ext3  defaults 1  2
```

Use o comando e2label para ver o rótulo associado a um dispositivo. Por exemplo:

```
$ e2label  /dev/hda3
/
$ e2label  /dev/hdd1
/home
$ e2label  /dev/hdd2
/var
```

O campo de nome de sistema de arquivo em uma entrada para um sistema de arquivo NFS é formatado exatamente do mesmo modo como o nome de sistema de arquivo remoto em um comando mount. Contém o nome de host do servidor NFS, separado do nome de caminho de sistema de arquivo por um dois pontos. Por exemplo, em crow:/export/home/craig, crow é o nome de host do servidor NFS, e /export/home/craig é o nome de caminho do sistema de arquivo remoto.

O segundo campo em cada entrada de fstab é o ponto de montagem para o sistema de arquivo. A maioria dos pontos de montagem na Listagem 9.6 é auto-explicativa. Algumas são o ponto de montagem que você criou ao particionar o disco. Algumas são pontos de

310 | Linux: servidores de rede

montagem para dispositivos de hardware, como o disquete e o CD-ROM. Algumas são o ponto de montagem para pseudo sistemas de arquivos. E na Listagem 9.6, uma é um diretório vazio que nós criamos para agir como um ponto de montagem para um sistema de arquivo NFS. Todas estas aparecem como diretórios dentro da hierarquia de diretório raiz. A exceção clara é o espaço de troca; não tem um ponto de montagem, e nenhum subdiretório de troca aparece sob o diretório raiz. Em sistemas Linux, a palavra-chave swap aparece neste campo para a entrada de partição de troca.

O terceiro campo define o tipo de sistema de arquivo. O Linux 2.4 pode suportar mais de 30 tipos de sistemas de arquivos diferentes. Nem todos eles serão usados em seu sistema, e nem todos terão suporte compilado em seu kernel. Na Listagem 9.6, são especificadas oito palavras-chave do tipo de sistema de arquivo diferentes:

- ext3 é a mais importante - é um sistema de arquivo nativo do Linux. A maioria dos sistemas Linux usa ext2 ou ext3 como o sistema de arquivo principal.
- swap é um formato especial usado para o arquivo de troca.
- iso9660 é o formato International Standards Organization (ISO) para CD-ROMs.
- auto não é realmente um tipo de sistema de arquivo. Diz para mount sondar o dispositivo para determinar o tipo de sistema de arquivo. Isto é útil para o dispositivo de disquete porque o Linux pode ler diferentes tipos de disquetes.
- vfat é o formato FAT da Microsoft com suporte para nomes longos. Este é um sistema de desktop de inicialização dupla, assim, tem o Windows instalado em uma das partições. O Linux pode ler estes arquivos do Windows.
- Os três tipos restantes (tmpfs, devpts e proc) são pseudo sistemas de arquivos. A menos que você queira assistir terminais virtuais surgirem no diretório /dev/pts, o único deles que contém informação de interesse para um administrador de sistema é o sistema de arquivo /proc. O sistema de arquivo /proc fornece uma interface para as estruturas de dados do kernel que fornecem informações sobre processos executando.

O quarto campo é uma lista de opções separadas por vírgula. A opção default identifica sistemas de arquivo que podem fazer o seguinte:

- Ser montado no momento da inicialização pelo comando mount -a
- Ser montado como sistemas de arquivos de leitura e escrita
- Permitir processos SetUID e SetGID
- Suportar dispositivos orientados a caractere e dispositivos orientados a bloco

Em outras palavras, eles são sistemas de arquivos Linux típicos.

A opção noauto indica sistemas de arquivos que não devem ser montados pelo comando mount -a. Na Listagem 9.6, estes são os dispositivos de disquete e de CD-ROM. A opção ro em CD-ROM indica que é um dispositivo somente leitura, e a opção owner indica que pode ser montado e desmontado somente pelo proprietário de dispositivo. As opções gid e mode definem a GID e a permissão de arquivo usada para criar arquivos no diretório /dev/pts. Há muito mais opções que podem aparecer no arquivo fstab, algumas das quais estão listadas na Tabela 9.1, e mais delas podem ser encontradas na Tabela 9.2.

Capítulo 9 – Compartilhando arquivos | **311**

O quinto campo é usado pelo comando dump para determinar quais sistemas de arquivos devem ter cópias de segurança (backup). Se este campo contiver um 0, dump não fará backup do sistema de arquivo. Se contiver um 1, dump fará o backup do sistema de arquivo cada vez que for executado. O comando dump, é claro, tem sua própria sintaxe e comandos. Porém, ao marcar certos sistemas de arquivos no arquivo fstab com um 0 evita que o dump pesquise desnecessariamente os sistemas de arquivos, como /proc, que nunca deve ter backup.

O sexto e último campo em cada entrada é usado por fsck para determinar a ordem na qual devem ser conferidos os sistemas de arquivos. Se o sexto campo contiver um 0, o sistema de arquivo não é verificado. O sistema de arquivo é verificado primeiro se contiver um 1, em segundo se contiver um 2, e assim por diante. Isto lhe permite definir a ordem na qual os sistemas são conferidos, de forma que sistemas críticos são conferidos antes dos menos críticos quando fsck executar durante a inicialização. A partição raiz normalmente é conferida primeiro.

O fsck também lhe permite especificar quais sistemas de arquivos devem ser verificados em paralelo para acelerar o processo. Por exemplo, suponha que você tenha duas partições diferentes, de tamanho semelhante, em dois discos diferentes. Se você colocar um 2 no sexto campo para ambas as partições, elas serão verificadas em segundo. Porém, se você especificar verificação paralela, só faça para partições que estão em discos físicos diferentes, e só para estes que são de tamanho semelhante. Caso contrário, você não obtém nenhum ganho real de desempenho.

Entradas NFS no arquivo fstab são precisamente como as outras, com exceção do campo tipo, que contém a palavra-chave nfs e um número grande de possíveis opções mount de NFS. Quaisquer das opções de linha de comando mount do Linux listadas na Tabela 9.1, bem como todas as listadas na Tabela 9.2, podem ser usadas em uma entrada NFS no arquivo fstab.

Tabela 9.2 - Mais opções mount.

Opção	Função
acdirmax=n	Ajusta o tempo máximo de cache para atributos de diretório. O default é de 60 segundos.
acdirmin=n	Ajusta o tempo mínimo de cache para atributos de diretório. O default é de 30 segundos.
acregmax=n	Ajusta o tempo máximo de cache para atributos de arquivo. O default é de 60 segundos.
acregmin=n	Ajusta o tempo mínimo de cache para atributos de arquivo. O default é de 3 segundos.
actimeo=n	Ajusta todos os tempos de cache para o mesmo valor.
bg	Faz novas tentativas no modo segundo plano
fg	Faz novas tentativas no modo primeiro plano.
hard	Tenta indefinidamente até que o servidor responda.

312 | Linux: servidores de rede

Tabela 9.2 - Mais opções mount. (continuação)

Opção	Função
intr	Permite ao uma interrupção de teclado para matar um processo.
mounthost=*name*	Ajusta o nome do servidor executando mountd.
mountport=*nb*	Ajusta o número de porta de mountd.
mountprog=*n*	Usa um número de programa RPC alternado para mountd no servidor remoto.
mountvers=*n*	Usa um número de versão RPC alternado para mountd no servidor remoto.
namlen=*n*	Ajusta o comprimento máximo de um nome de arquivo para o sistema de arquivos remoto. O default é de 255 bytes.
nfsprog=*n*	Usa um número de programa RPC alternado para nfsd no servidor remoto.
nfsvers=*n*	Usa um número de versão RPC alternado para nfsd no servidor remoto.
noac	Incapacita todo o caching.
nocto	Não recupera atributos ao criar um arquivo.
nolock	Incapacita bloqueio do NFS para compatibilidade com servidores antigos.
port=*n*	Ajusta o número da porta do servidor NFS. Default é 2049.
posix	Executa em um modo compatível com o POSIX.
retrans=*n*	Ajusta o número de retransmissões antes de um intervalo maior acontecer. O default é 3.
retry=*n*	Ajusta a quantidade de tempo para tentar mount novamente. O default é de 10.000 minutos.
rsize=*n*	Ajusta o tamanho do buffer de leitura. O default é de 1024 bytes.
soft	Permite o acesso ao intervalo de tempo máximo (time out) se o servidor não responder.
tcp	Executa em cima de TCP, ao invés de UDP.
timeo=*n*	Ajusta a duração de tempo que ocorre antes de um time out. Deve ser usado com soft
udp	Executa em cima de UDP. Este é o default.
wsize=*n*	Ajusta o tamanho de buffer de escrita. O valor default é atualmente de 1024 bytes.

A maioria destas opções raramente é usada. As opções fundamentais são as que podem melhorar o desempenho do NFS, como ajustar o tamanho do buffer. O default de 1024 funciona bem para rsize e wsize, mas aumentar o tamanho de buffer pode melhorar o desempenho.

Se você tem um servidor ou rede não confiáveis, pode querer mudar a configuração de falha de hard para soft, ou pelo menos adicionar a opção intr. Deste modo se o servidor falhar, não

Capítulo 9 – Compartilhando arquivos | **313**

fará seu sistema cliente travar devido a uma falha de hardware; ou se isto acontecer, você pode sair desta situação com uma interrupção de teclado.

> **NOTA** Todas as opções mencionadas aqui podem ser usadas na linha de comando de mount com o argumento -o. Adicionalmente, todas as opções mencionadas antes na seção de comando mount também podem ser usadas no arquivo fstab. Nós dividimos a lista de opções para mostrar onde certas opções geralmente são usadas e tornar a lista mais gerenciável.

Entender o que colocar no arquivo fstab para uma entrada NFS pode ser confuso com todas estas opções. Um modo fácil para aprender o que deve estar em uma entrada fstab é montar o sistema de arquivo e então exibir sua entrada no arquivo mtab. O arquivo mtab armazena informações sobre os sistemas de arquivos atualmente montados. As entradas em mtab são bem parecidas com estas no arquivo fstab. Simplesmente monte um arquivo e exiba com mtab. Então você saberá o que você deve entrar em fstab. A Listagem 9.7 é um exemplo.

Listagem 9.7 - Um arquivo */etc/mtab* de exemplo.

```
#  mount  owl:/home/jane   /home/owl
#  cat  /etc/mtab
/dev/hda3  /  ext3  rw  0  0
none /proc proc rw 0 0
/dev/hdd1  /home ext3  rw  0  0
/dev/hdd2  /var ext3  rw  0  0
/dev/hda1  /win vfat  rw  0  0
none  /dev/shm tmpfs rw  0  0
none  /dev/pts  devpts  rw,gid=5,mode=620  0  0
/dev/cdrom  /mnt/cdrom  iso9660  ro,nosuid,nodev  0  0
owl:/home/jane  /home/owl  nfs,addr=172.16.8.15  rw  0  0
```

Baseado nisto, você acrescenta a seguinte entrada ao arquivo fstab para montar o diretório /home/owl a cada inicialização:

```
owl:/home/jane   /home/owl  nfs,addr=172.16.8.15  rw  0  0
```

O arquivo fstab é usado para remontar sistemas de arquivos automaticamente no momento da inicialização. O automounter monta automaticamente sistemas de arquivos NFS somente quando eles forem necessários de fato.

Automounter

Há duas implementações de automounter disponíveis para Linux: uma baseada no daemon automounter de Berkeley (amd), e uma baseada no automounter do Solaris (automount). Ambos são configurados de uma maneira semelhante: para ambos são dados pontos de montagem e arquivos de mapas que definem as características dos sistemas de arquivo

314 | Linux: servidores de rede

montados nestes pontos de montagem. Embora seu ponto de montagem possa ser definido em /etc/amd.conf, pontos de montagem amd e arquivos de mapa são freqüentemente definidos na linha de comando:

```
amd -a /amd /mnt/wren /etc/nfs/wren.map
```

Esta linha de comando diz ao amd que seu diretório em funcionamento, no qual as reais montagens físicas são feitas, é /amd. O ponto de montagem para o diretório de usuário é /mnt/wren. Como qualquer ponto de montagem NFS, este diretório já tem que existir. O arquivo de mapa que define o sistema de arquivo no qual está montado /mnt/wren é chamado de /etc/nfs/wren.map.

Esta seção cobre o automount em mais detalhe que amd. Faz assim por duas razões. Primeira, nosso sistema Red Hat Linux 7.2 de exemplo executa o script autofs por default, mas só executará o script amd se você o habilitar. Este comando chkconfig de nosso sistema Red Hat de exemplo mostra o seguinte:

```
$ chkconfig —list amd
amd       0:off 1:off 2:off 3:off 4:off 5:off 6:off
$ chkconfig —list autofs
autofs    0:off 1:off 2:off 3:on  4:on  5:on  6:off
```

Segunda, eu pessoalmente uso automount porque a sintaxe e estrutura se assemelham à implementação original da Sun, que usei durante anos. Isto o torna mais fácil de mover arquivos de configuração entre sistemas e usar habilidades da Sun para implementar um servidor Linux. Para aprender mais sobre amd, veja o livro *Linux NFS and Automounter Administration* (Sybex, 2001). Escrito por Erez Zadok, que foi o mantenedor de amd durante os últimos cinco anos, é a fonte mais completa de informação sobre amd.

Para o automount, os pontos de montagem não são definidos normalmente na linha de comando automount. Ao contrário, pontos de montagem do automount são definidos no arquivo auto.master, que lista todos os mapas que são usados para definir os sistemas de arquivos automaticamente montados. O formato de entradas no arquivo auto.master é

```
mount-point map-name options
```

As *options* são opções de comando mount padrão. Geralmente, elas não são definidas aqui. A maioria dos administradores coloca opções no arquivo de mapa. A maioria das entradas de auto.master contém só um ponto de montagem e um arquivo de mapa. Para reproduzir a configuração de amd previamente mostrada, o arquivo auto.master conteria

```
/mnt/wren /etc/nfs/wren.map
```

Esta entrada diz para o automount montar o sistema de arquivo definido no arquivo de mapa /etc/nfs/wren.map em /mnt/wren sempre que um usuário recorrer a este diretório. Em sistemas Red Hat, o daemon automount é iniciado pelo script /etc/rc.d/init.d/autofs. Execute autofs reload para carregar o automounter depois que você mudar o arquivo.

Capítulo 9 – Compartilhando arquivos | **315**

> **NOTA** *Além de usar o script autofs para recarregar a configuração de automounter, você pode executar autofs start para iniciar o automount, e executar autofs stop para fechá-lo.*

O arquivo de mapa contém as informações necessárias para montar o sistema de arquivo NFS correto. O formato de uma entrada de arquivo de mapa é

```
key    options filesystem
```

Para entradas NFS, key *é um nome de subdiretório. Quando qualquer um acessar este subdiretório, o sistema de arquivo é montado. As* options *são as opções de comando mount padrão, e* filesystem *é o nome de caminho do sistema de arquivo que está sendo montado. O arquivo de mapa para nosso exemplo contém*

```
doc    -ro    wren:/usr/local/doc
man    -ro    wren:/usr/local/man
```

Isto diz para automounter montar wren:/usr/doc com permissão somente leitura quando qualquer usuário tentar acessar /mnt/wren/doc, e montar wren:/usr/local/man somente leitura se qualquer um acessar /mnt/wren/man.

Automontagem de diretórios home

Até agora, você viu automounter controlar alguns exemplos de NFS simples, mas pode fazer muito mais. Por exemplo, pode montar o diretório home de qualquer usuário automaticamente, baseado em uma única entrada no arquivo de mapa. Suponha que você tem esta entrada no arquivo auto.master:

```
/home/owl   /etc/nfs/home.map
```

Com esta entrada, qualquer solicitação para um subdiretório em /home/owl fará o automounter conferir /etc/nfs/home.map por um diretório para montar.

Suponha que a entrada em home.map é

```
*    owl:/home/&
```

Esta entrada pode montar qualquer diretório home encontrado no diretório /home exportado por owl a um ponto de montagem nomeado como no host local. O * é um caractere curinga, que diz ao automounter para comparar qualquer coisa que o usuário digitar. O & é um caractere especial, que é substituído pelo valor digitado pelo usuário. Por exemplo, se o usuário tenta acessar /home/owl/daniel, o automounter monta owl:/home/daniel. Se o usuário entra /home/owl/kristin, monta owl:/home/kristin. Ao construir um caminho para o sistema de arquivos remoto, o automounter usa qualquer valor que o usuário entra como "chave". Esta é uma característica muito útil, particularmente quando os usuários se registram para vários sistemas e precisam de acesso aos diretórios home deles nestes sistemas.

316 | *Linux: servidores de rede*

O NFS é um servidor útil para seus clientes Unix e Linux. Mas na maioria das redes, a maior parte dos clientes é de PCs Microsoft Windows. Estes clientes podem executar o NFS com software de cliente opcional. Porém, um serviço de compartilhamento de arquivo melhor e mais natural para PCs de Microsoft Windows é fornecido através do Samba. Samba é uma implementação dos protocolos NetBIOS e Server Message Block (SMB) para Linux.

Entendendo SMB e NetBIOS

Aplicações de compartilhamento de arquivos e impressoras de Microsoft Windows são baseados em NetBIOS (Network Basic Input Output System). O BIOS define a interface de aplicações usadas para solicitar serviços I/O de DOS. NetBIOS estende isto com chamadas que suportam I/O através de uma rede. Desenvolvido há 20 anos para o produto PC Network vendido por Sytek, o NetBIOS API sobreviveu ao produto original para se tornar parte de Windows for Workgroups, LAN Manager, Windows 95/98/ME e Windows NT/2000.

Originalmente, o NetBIOS era um protocolo monolítico, que levava dados de todos os modos da aplicação para a rede física. O NetBIOS mudou com o passar do tempo para um protocolo em camadas. Suas camadas incluem o NetBIOS API, o protocolo SMB e o protocolo NetBIOS Frame (NBF).

Hoje, o NetBIOS executa através do TCP/IP, o que permite às aplicações NetBIOS executar através de grandes internets. Isto é feito encapsulando as mensagens NetBIOS dentro de datagramas TCP/IP. O protocolo que faz isto é o NetBIOS over TCP/IP (NBT), que é definido pelas RFCs 1001 e 1002.

O NBT requer um método para mapear nomes NetBIOS de computador, que são os endereços de uma rede NetBIOS, para os endereços IP de uma rede TCP/IP. Existem três métodos:

broadcst IP - Uma mensagem de broadcast que contém um nome de computador NetBIOS é transmitida, e quando um host vir seu próprio nome em tal transmissão, devolve seu endereço IP à fonte da transmissão.

arquivo lmhosts - Um arquivo que mapeia nomes NetBIOS de computador para endereços IP.

NetBIOS Name Server (NBNS) - Um NBNS mapeia nomes NetBIOS para endereços IP para seus clientes. O daemon nmbd do Samba pode fornecer este serviço.

Os sistemas em uma rede NBT são classificados de acordo com o modo que eles solucionam nomes NetBIOS a endereços IP. Há quatro classificações possíveis:

b-node - Um sistema que soluciona endereços por broadcast é um nó de broadcast (b-node). Broadcasting só tem efeito em uma rede física que suporta broadcast, e normalmente está limitado a uma única sub-rede.

p-node - Um sistema que consulta diretamente um servidor de nome NBNS para solucionar endereços é um *nó-ponto-a-ponto* (p-node).

m-node - Um sistema que primeiro usa resolução de endereço por broadcast e ,em caso de não obter sucesso, volta a um servidor NBNS é um *nó-misto* (m-node). Usando uma "abordagem dupla", é eliminada a dependência completa de um servidor NBNS

Capítulo 9 – Compartilhando arquivos | **317**

que é a fraqueza da solução p-node. O problema com m-node é que usa a abordagem de broadcast, menos desejável, primeiro. Na prática, m-nodes são muito raramente usados.

h-node - Um sistema que primeiro tenta solucionar o endereço usando o servidor NBNS; e então volta para usar broadcast; e se tudo o mais falha, procura por um arquivo lmhosts local é um *nó-híbrido* (h-node). h-node é o método usado pela maioria dos sistemas.

Serviço de nome NetBIOS

Embora a instalação do software Samba ainda não tenha sido discutida, este é um bom lugar para discutir o daemon NetBIOS Name Server (nmbd) e como é configurado. O nmbd é a parte da distribuição do software Samba básica que transforma um servidor Linux em um servidor NBNS. O nmbd pode controlar consultas de Windows 95/98/ME/NT/2000 e clientes LanManager, e pode ser configurado para agir como um servidor WINS.

> **NOTA** A implementação da Microsoft do serviço de nome NetBIOS é o Windows Internet Name Service (WINS). O Samba é compatível com o WINS e pode ser usado como um servidor WINS.

Opções de configuração WINS de nmbd são definidas no arquivo smb.conf, que é coberto depois em detalhes. As opções fundamentais que se relacionam para executar o WINS são como segue:

wins support - Ajuste yes ou no. Esta opção determina se o nmbd é executado ou não como um servidor WINS. no é o default, assim por default, nmbd fornece controle de navegação, mas não fornece serviço WINS.

dns proxy - Ajuste yes ou no. Esta opção diz para o nmbd usar DNS para solucionar consultas WINS que ele não pode solucionar de nenhum outro modo. Isto só é significante se o nmbd estiver executando como um servidor WINS. O default é yes. DNS pode ajudar com resolução de nome NetBIOS somente se nomes NetBIOS e nomes de host DNS forem os mesmos.

wins server - Ajuste o endereço IP de um servidor WINS externo. Esta opção só é útil se você não estiver executando um servidor WINS em seu sistema Linux. Esta opção diz ao Samba o endereço do servidor WINS externo para o qual deveria enviar consultas de nome NetBIOS.

wins proxy - Ajuste yes ou no. O default é no. Quando ajustado a yes, nmbd soluciona mensagens de broadcast de consultas de nome NetBIOS transformando-as em consultas unicast e as enviando diretamente para o servidor WINS. Se wins support = yes estiver ajustado, estas consultas são controladas pelo próprio nmbd. Se, ao contrário, wins server estiver ajustado, estas consultas são enviadas ao servidor externo. A opção wins proxy é necessária apenas se os clientes não sabem o endereço do servidor ou não entendem o protocolo WINS.

318 | *Linux: servidores de rede*

Forneça a seus clientes o endereço do servidor de nome NetBIOS através de DHCP. Veja a seção "Opções de NetBIOS" no Capítulo 8, "Servidores de configuração de desktop", para as opções de DHCP que definem a configuração de NetBIOS de um cliente. Para definir o endereço do servidor NBNS, entre a seguinte linha no arquivo dhcpd.conf:

```
option  netbios-name-servers  172.16.5.1  ;
```

O servidor de nome NetBIOS geralmente é iniciado no momento da inicialização com o seguinte comando:

```
nmbd  -D
```

Quando iniciado com a opção -D, o nmbd executa continuamente, escutando por solicitações de serviço de nome NetBIOS na porta 137. O servidor responde solicitações usando dados de registro coletados de seus clientes e o mapeamento de nome para endereço NetBIOS que descobriu de outros servidores. Se a opção -H /etc/lmhosts for adicionada à linha de comando, o servidor também responde com o mapeamento definido no arquivo lmhosts. (Você pode chamar este arquivo de qualquer coisa que deseje, mas o nome tradicional é lmhosts.)

O arquivo lmhosts está lá de forma que você possa fornecer mapeamento de endereço manualmente para o servidor quando for necessário, entretanto, normalmente não é necessário. A maioria dos servidores WINS não precisa de um arquivo lmhosts porque os servidores descobrem mapeamento de endereço dinamicamente dos clientes e outros servidores. Nomes NetBIOS são registrados por eles mesmos; os clientes registram os seus nomes NetBIOS com o servidor quando eles inicializam. Os endereços e nomes são armazenados no banco de dados do WINS; wins.dat. lmhosts é só uma parte pequena do banco de dados total.

Os arquivos *Imhosts*

O arquivo lmhosts contém mapeamentos de nome estático para endereço. O arquivo é semelhante ao arquivo hosts descrito no Capítulo 4, "Serviços de nome Linux". Cada entrada começa com um endereço IP que é seguido por um nome de host. Porém, agora o nome de host é o nome NetBIOS. A Listagem 9.8 é um arquivo lmhosts de exemplo.

Listagem 9.8 - Um arquivo *Imhosts* exemplo.

```
$  cat  /etc/lmhosts
172.16.5.5    crow
172.16.5.1    wren
172.16.5.2    robin
172.16.5.4    hawk
```

Dado este arquivo lmhosts, o nome NetBIOS robin mapeia para o endereço IP 172.16.5.2. Observe que estes nomes NetBIOS são iguais aos nomes de host TCP/IP atribuídos a estes clientes. Você sempre deve usar os mesmos nomes de host para seus sistemas NetBIOS e TCP/IP. Caso contrário, limita suas escolhas de configuração e cria confusão.

Serviço de nome NetBIOS é uma parte essencial de uma rede NetBIOS, mas o ponto real de criar tal rede é compartilhar arquivos e outros recursos de rede. O resto deste capítulo discute a instalação e configuração de Samba para fazer apenas isso.

Instalando o Samba

Serviços Samba estão implementados como dois daemons. O daemon SMB (smbd), o coração do Samba, fornece os serviços de compartilhamento de arquivo e de impressora. O daemon NetBIOS Name Server (nmbd) fornece serviço de nome NetBIOS para endereço IP.

Você pode fazer o download do software Samba da Internet se precisar. Vá para www.samba.org para selecionar o site de download mais próximo, e então baixe o arquivo samba-latest.tar.gz deste site. Descompacte e descomprima o fonte em um diretório de trabalho. Mude para este diretório, execute ./configure, e então execute make e make install. Isto instalará a mais recente versão do Samba em /usr/local/samba. Porém, compilar sua própria cópia de Samba não deve ser necessário em um sistema Linux.

O Samba é incluído na maioria das distribuições Linux, e pode ser instalado durante a instalação de sistema inicial. Selecionar Samba durante a instalação de Red Hat instala o pacote Samba e o script /etc/rc.d/init.d/smb, que pode ser executado no momento da inicialização para iniciar ambos smbd e nmbd.

Se o Samba não foi instalado durante a instalação inicial, use rpm ou gnorpm para instalar o software agora. Se você usar gnorpm, o caminho para o pacote Samba em um sistema Red Hat é System Environment/Daemons. A Figura 9.2 mostra uma consulta de gnorpm do pacote Samba.

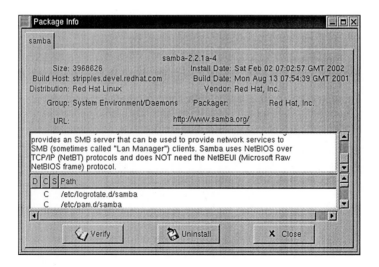

Figura 9.2 - *O RPM Samba de Red Hat.*

320 | *Linux: servidores de rede*

Depois que o software for instalado, use chkconfig ou tksysv para assegurar que os scripts apropriados executam no momento da inicialização. Em nosso sistema Red Hat de amostra, o script é smb, e nós usamos este comando chkconfig para ter certeza de que o script executará na inicialização:

```
[root]# chkconfig —list smb
smb        0:off 1:off 2:off 3:off 4:off 5:off 6:off
[root]# chkconfig —level 35 smb on
[root]# chkconfig —list smb
smb        0:off 1:off 2:off 3:on  4:off 5:on  6:off
```

O primeiro comando chkconfig mostra que, embora o RPM do Samba esteja instalado neste sistema, o smb não foi configurado para executar na inicialização. O segundo comando chkconfig faz o smb executar nos níveis de execução 3 e 5 - os níveis de execução multiusuário default.

A seguir, você executa o script /etc/init.d/smb para iniciar os daemons, como segue:

```
[root]# service smb start
Starting SMB services: [ OK ]
Starting NMB services: [ OK ]
[root]# service smb status
smbd (pid 5341) is running...
nmbd (pid 5346) is running...
```

Como os IDs de processo na resposta de estado mostram, os daemons smbd e nmbd estão executando. Já que os sistemas Red Hat não executarão os daemons, a menos que um arquivo smb.conf exista, esta é uma ótima dica de que o sistema Red Hat vem com Samba pré-configurado.

Configurando um servidor Samba

O servidor Samba é configurado pelo arquivo smb.conf. Olhe no script de inicialização para ver onde o smbd espera encontrar o arquivo de configuração. Em um sistema Red Hat, deve ser em /etc/samba/smb.conf, em outro sistema pode ser /etc/smb.conf, e o default usado na maioria da documentação de Samba é /usr/local/samba/lib/smb.conf. Use find ou verifique o script de inicialização, assim você sabe onde está em seu sistema.

O arquivo smb.conf está dividido em seções. Com exceção da seção global que define parâmetros de configuração para o servidor inteiro, as seções são nomeadas depois dos compartilhamentos. Um compartilhamento é um recurso oferecido pelo servidor aos clientes. No contexto deste capítulo, é um sistema de arquivo que é oferecido pelo servidor para os clientes usarem para compartilhamento de arquivo. Um compartilhamento também pode ser uma impressora compartilhada. Compartilhamento de impressora é o tópico para o Capítulo 10, "Serviços de impressora", assim partes de impressora Samba são cobertas lá.

O melhor modo para aprender sobre o arquivo smb.conf é olhar para um. Menos os comentários e todas as linhas que tratam de compartilhamento de impressoras, o arquivo smb.conf do Red Hat contém as linhas ativas mostradas na Listagem 9.9.

Capítulo 9 – Compartilhando arquivos | **321**

Listagem 9.9 - Linhas ativas no arquivo *smb.conf* de Red Hat.

```
[global]
      workgroup = MYGROUP
      server string = Samba Server
      log file = /var/log/samba/%m.log
      max log size = 0
      security = user
      encrypt passwords = yes
      smb passwd file = /etc/samba/smbpasswd
      socket options = TCP_NODELAY  SO_RCVBUF=8192  SO_SNDBUF=8192
      dns proxy = no
[homes]
      comment = Home Directories
      browseable = no
      writable = yes
      valid users = %S
      create mode = 0664
      directory mode = 0775
```

As variáveis do *smb.conf*

Ler um arquivo smb.conf pode ser confuso se você não entender as variáveis encontradas no arquivo. A Tabela 9.3 lista cada variável e o valor delas.

Tabela 9.3 - Variáveis do smb.conf.

Variável	Significado
%a	Arquitetura de máquina de cliente
%d	ID do processo de servidor
%g	GID do nome de usuário atribuído ao cliente
%G	GID do nome de usuário solicitado pelo cliente
%h	Nome no DNS do host do servidor
%H	Diretório home do nome de usuário atribuído ao cliente
%I	Endereço IP do cliente
%L	Nome NetBIOS do servidor
%m	Nome NetBIOS do cliente
%M	Nome no DNS do host do cliente
%N	Servidor NIS se NIS for suportado
%p	Diretório raiz do NIS se NIS for suportado
%P	O diretório raiz do serviço atual
%R	O protocolo negociado durante a conexão

322 | *Linux: servidores de rede*

Tabela 9.3 - Variáveis do smb.conf. (continuação)

Variável	Significado
%S	O nome do serviço atual
%T	A data e hora
%u	O nome de usuário atribuído ao cliente
%U	O nome de usuário solicitado pelo cliente
%v	O número da versão do Samba

Variáveis fornecem flexibilidade porque cada variável é substituída na configuração por um valor obtido do sistema. Isto permite interpretar a mesma declaração de configuração diferentemente em situações diferentes. Aqui está um exemplo do arquivo smb.conf do Red Hat na Listagem 9.9:

```
log  file  =  /var/log/samba/%m.log
```

Neste exemplo, a variável %m é substituída pelo nome NetBIOS do cliente, assim um arquivo de registro diferente é criado para cada cliente que usa o nome NetBIOS do cliente. Se o nome NetBIOS do cliente for crow, o arquivo de registro é chamado de /var/log/samba/crow.log. Se o nome NetBIOS do cliente for robin, o arquivo de registro é /var/log/samba/robin.log.

A seção global do *smb.conf*

O arquivo de configuração de exemplo do Red Hat contém duas seções: *global* e *homes*. A seção global define vários parâmetros que afetam o servidor inteiro. Tirando os parâmetros que são específicos para compartilhamento de impressora, que são cobertos no Capítulo 10, os parâmetros na seção global do smb.conf do Red Hat são os seguintes:

workgroup (grupo de trabalho) - Define o grupo de trabalho do qual este servidor é um membro. Um grupo de trabalho é um agrupamento hierárquico de hosts. Organiza recursos de rede da mesma forma que diretórios organizam recursos de arquivo, e é usado pela mesma razão: computadores agrupados em grupos de trabalho ajudam um usuário a localizar sistemas relacionados. Grupos de trabalho não são usados para segurança. Hosts que não estão no grupo de trabalho ainda são autorizados a compartilhar arquivos com sistemas que estão. Substitua o nome MYGROUP no exemplo por um nome de grupo de trabalho significante de 15 caracteres ou menos.

server string - Define o comentário descritivo para este servidor. A string é exibida pelo comando net view em clientes Windows, assim fornece uma oportunidade para você descrever o servidor. Mude a string no exemplo para algo significante para seu sistema.

log file (arquivo de registro) - Define o local do arquivo de registro. A coisa mais interessante sobre esta entrada é que contém uma variável de smb.conf.

Capítulo 9 – Compartilhando arquivos | 323

max log size (tamanho máximo do arquivo de registro) - Define o tamanho máximo de um arquivo de registro em kilobyte. O default é 5MB, ou 5.000KB. Se o tamanho máximo for excedido, o smbd fecha o registro e o renomeia com a extensão .old. A configuração do Red Hat ajusta isto em 0, o que significa "ilimitado" - não há nenhum tamanho máximo de registro.

security (segurança) - Define o tipo de segurança usado. Em Samba, há quatro configurações possíveis :

> **share** - Solicita segurança no nível do recurso compartilhado. Este é o mais baixo nível de segurança. Essencialmente, um recurso configurado com segurança neste nível é compartilhado com todo o mundo. É possível associar uma senha com um compartilhamento, mas a senha é a mesma para todos que queiram usar o recurso compartilhado.

> **user** - Solicita segurança em nível de usuário. A todo usuário é exigido entrar com um nome de usuário e uma senha associada. Por default, isto é o nome de usuário e senha definidos em /etc/passwd que o usuário usa para se registrar ao servidor Linux. O valor default para senhas pode ser mudado, como nós veremos em instantes.

> **server** - Define segurança em nível de servidor. Isto é semelhante a segurança em nível de usuário, mas um servidor externo é usado para autenticar o nome de usuário e senha. O servidor externo deve ser definido pela opção password server.

> **domain** - Define segurança em nível de domínio. Neste esquema, o servidor Linux une um domínio Windows NT e usa o controlador de domínio Windows NT como o servidor que aprova nomes de usuário e senhas. Use a opção password server para apontar ao Windows NT Primary Domain Controller (PDC). Registre-se em PDC, e crie uma conta para o sistema Linux. Finalmente, acrescente estas linhas à seção global no sistema Linux:

```
domain master = no
local master = no
preferred master = no
ostype = 0
```

encrypt passwords - Especifica se Samba deve ou não usar senhas criptografadas. Fixar este parâmetro para yes torna o servidor mais compatível com os clientes Windows, e o torna mais difícil para intrusos detectarem senhas da rede. Senhas criptografadas são mais seguras. Se este parâmetro for ajustado em no, senhas de texto claro são usadas, o que requer mudanças nas configurações de cliente. Veja a sidebar "Senhas de texto claro" para informações sobre as mudanças no Register que são necessárias para tornar os clientes Windows compatíveis com senhas de texto claro.

smb passwd file - Use este parâmetro para apontar ao local do arquivo smbpasswd. Quando senhas criptografadas são usadas, o servidor Samba tem que manter dois arquivos de senha: passwd e smbpasswd. Use o script mksmbpasswd.sh para construir o arquivo inicial smbpasswd do arquivo passwd.

324 | Linux: servidores de rede

socket options - Define os parâmetros de ajuste de desempenho. A configuração de exemplo do Red Hat ajusta TCP_NODELAY para dizer a Samba para enviar pacotes múltiplos com cada transferência, que é de fato o default. As opções SO_RCVBUF e SO_SNDBUF ajustam o buffer de envio e recebimento em oito kilobytes, o que pode aumentar ligeiramente o desempenho. Um estudo detalhado de ajuste de desempenho de Samba está além do escopo deste livro. Veja o Capítulo 12 de *Linux Samba Server Administration* por Rod Smith (Sybex, 2000) para uma boa discussão sobre o ajuste de desempenho de Samba.

dns proxy - Especifica se o nmbd deve ou não encaminhar consultas NBNS não resolvidas ao DNS, como descrito na seção anterior. A configuração do Red Hat ajusta isto para no, assim não envia consultas NBNS não resolvidas ao DNS.

Senha de texto claro

Quando Samba usa senhas de texto claro, nenhuma sincronização de banco de dados de senha é requerida, porque só um banco de dados, /etc/passwd, é usado. Porém, senhas de texto claro não são compatíveis com muitas versões de Windows, porque estas versões requerem senhas criptografadas. Para forçar estes clientes a usar senhas de texto claro, você tem que editar o Register de todos os clientes. Para Windows 95/98/ME, a configuração de Registro é

```
[HKEY_LOCAL_MACHINE\System\CurrentControlSet\Services\VxD\VNETSUP]
"EnablePlainTextPasswords"=dword:00000001
```

Em Windows NT, a configuração é:

```
[HKEY_LOCAL_MACHINE\System\CurrentControlSet\Services\
->Rdr\Parameters]
"EnablePlainTextPasswords"=dword:00000001
```

Em Windows 2000, a configuração é

```
[HKEY_LOCAL_MACHINE\System\CurrentControlSet\Services\
->LanmanWorkStation\Parameters]
"EnablePlainTextPasswords"=dword:00000001
```

Senhas de texto claro não são tão seguras quanto a senha criptografada. Adicionalmente, manter dois bancos de dados em um servidor Linux é normalmente mais simples que editar o Register em todos os clientes Windows. Por isto, a maioria dos administradores acha que as senhas criptografadas são melhores e dão menos dor de cabeça.

Além de mudar o nome do grupo de trabalho, o sistema Red Hat executa com a configuração de exemplo sem mudar quaisquer destes parâmetros globais. A outra seção no arquivo de configuração de exemplo que se relaciona ao compartilhamento de arquivos é a seção homes.

A seção homes do *smb.conf*

A seção homes é uma seção de compartilhamento especial. Diz ao smbd para permitir aos usuários acessar seus próprios diretórios home através o SMB. Ao contrário de outras seções de compartilhamento cobertas depois, a seção homes não diz ao smbd o caminho específico do diretório sendo compartilhado. No lugar, o smbd usa o diretório home do arquivo /etc/passwd baseado no nome de usuário do usuário que solicita o compartilamento. É esta seção especial que torna o diretório home de um usuário no servidor disponível para o usuário no PC dele. A seção homes do exemplo de Red Hat é

```
[homes]
        comment  = Home  Directories
        browseable  = no
        writable  = yes
        valid users  = %S
        create  mode  = 0664
        directory  mode  = 0775
```

Os parâmetros de configuração definidos nesta seção homes são os seguintes:

comment - Fornece uma descrição do recurso compartilhado que é exibida no campo de comentário da janela Network Neighborhood (vizinhança de rede) quando este recurso é visto em um sistema Microsoft Windows.

browsable - Especifica se todos os usuários podem enxergar ou não os conteúdos deste recurso compartilhado. no significa que somente usuários com permissão específica (quer dizer, o ID de usuário correto) estão autorizados a enxergar o recurso compartilhado . yes significa que todos os usuários, indiferente do UID, podem enxergar este recursos. Este parâmetro só controla navegação; acesso real aos conteúdos do recurso compartilhado é controlado pelas permissões de arquivo Linux padrão.

writable - Especifica se os arquivos podem ser escritos ou não no compartilhamento. Se yes, o recurso compartilhado pode ser escrito. Se no, o recurso é somente leitura. Este parâmetro define as ações permitidas pelo Samba. Permissão real para escrever ao diretório definido pelo compartilhamento ainda é controlado pelas permissões de arquivos padrões do Linux.

valid users - Define os usuários que estão autorizados a usar este compartilhamento. No exemplo do Red Hat, o nome de serviço (%S) é usado.

create mode - Define a permissão de arquivo usada quando um arquivo é criado neste compartilhamento. (Veja a discussão de permissão de arquivo anteriormente neste capítulo.)

directory mode - Define as permissões de diretório usadas quando um diretório é criado neste compartilhamento.

As seções global e homes descritas estão incluídas na configuração de exemplo do Red Hat. Tendo uma compreensão dos elementos usados para criar estas seções, você está pronto para criar sua própria seção de compartilhamento no arquivo smb.conf.

Compartilhando um diretório através do Samba

Para compartilhar um diretório através de Samba, crie uma seção de compartilhamento no smb.conf que descreva o diretório e as condições sob as quais você está disposto a compartilhá-lo. Para compartilhar o diretório /home/sales usado nos exemplos do NFS e um diretório novo chamado /usr/local/pcdocs, você deve adicionar duas seções de compartilhamento mostradas na Listagem 9.10 ao arquivo smb.conf de exemplo.

Listagem 9.10 - Compartilhamento de arquivos com o Samba

```
[pcdocs]
     comment  =  PC  Documentation
     path  =  /usr/local/pcdocs
     browsable  =  yes
     writable  =  no
     public  =  yes
[sales]
     comment  =  Sales  Department  Shared  Directory
     path  =  /home/sales
     browsable  =  no
     writable  =  yes
     create  mode  =  0750
     hosts  allow  =  .sales.foobirds.org
```

Cada seção de compartilhamento está rotulada com um nome significativo. Este nome é exibido como uma pasta na janela Network Neighborhood nos PCs clientes. Cada seção contém alguns comandos que você já viu e alguns comandos novos. O primeiro comando novo é path, que define o caminho do diretório que é oferecido para compartilhamento.

A seção pcdocs também contém o comando public. public permite a qualquer um acessar o recurso compartilhado, até mesmo se eles não tiverem um nome de usuário ou senha válidos. A estes usuários públicos é dado acesso de "conta de convidado" para o compartilhamento. Em um sistema Linux, isto normalmente significa que eles executam como usuário nobody e grupo nobody, e estão limitados a permissões mundiais.

Configurando permissões de arquivo e de diretório

O recurso sales está sendo oferecida como um diretório que pode ser escrito. O comando create mode controla as permissões usadas quando um cliente escrever em um arquivo do diretório /home/sales. Na Listagem 9.10 de exemplo,, é especificado que os arquivos serão criados com permissões leitura/escrita/execução para o proprietário, leitura/execução para o grupo, e nenhuma permissão para mundo (750). Um comando relacionado, directory mode, define a permissão usada quando um cliente criar um diretório dentro do diretório compartilhado . Por exemplo:

```
directory  mode  =  0744
```

Isto ajusta as permissões para diretórios novos em leitura/escrita/execução para o proprietário, leitura/execução para o grupo, e leitura/execução para mundo (744). Esta é uma

Capítulo 9 – Compartilhando arquivos | **327**

configuração razoável, que permite aos comandos cd e ls trabalhar como esperado, porque os diretórios têm que ter o bit executar ajustado para todos os usuários, para que o comando de mudança de diretório (o cd) funcione corretamente.

Limitando o acesso a um recurso compartilhado

A seção sales também contém um comando hosts allow, que define os clientes que serão autorizados a acessar este recurso. Até mesmo se um usuário tiver o nome de usuário e senha corretos, eles estão autorizados a acessar este recurso somente a partir de hosts especificados. Por default, a todos os hosts é dado acesso, e o acesso específico é controlado pelo nome de usuário e senha.

Os hosts identificados no comando hosts allow na Listagem 9.10 são idênticos aos listados no exemplo do NFS. Isto ilustra que o Samba também pode controlar acesso com curingas de domínio.

Há vários modos diferentes para definir hosts individuais ou grupos de hosts no comando hosts allow. Como o nome do comando insinua, usa a mesma sintaxe do arquivo hosts.allow discutido no Capítulo 12, "Segurança". Alguns exemplos de como pode ser usado no arquivo smb.conf são como segue:

> **hosts allow = 172.16. 5.0/255.255.255.0** Permite a todo host na rede 172.16.5.0 acessar o recurso compartilhado.

> **hosts allow = 172.16. EXCEPT 172.16.99.0/255.255.255.0** Permite a todo host na rede 172.16.0.0 ter acesso ao recurso compartilhado, com exceção aos hosts na sub-rede 172.16.99.0. 172.16 pode ser a rede de empresa, e 172.16.99 pode ser uma sub-rede não confiável, onde computadores acessíveis publicamente estão localizados.

Além do comando hosts allow, há o comando hosts deny, que define computadores que têm acesso explicitamente negado ao recurso compartilhado. Sua sintaxe é semelhante à do comando hosts allow.

Combinando estas duas novas seções compartilhamentos com as seções que vieram com a configuração do Red Hat, é criado um servidor que faz tudo o que você quiser. Fornece acesso a diretórios home de usuário. Fornece acesso a diretórios públicos usados para oferecer documentação on-line ou outros recursos compartilhados publicamente. E oferece diretórios privados que só são acessíveis a membros do grupo selecionado. Isto fornece tudo o que NFS ofereceu de uma maneira que é muito mais simples para clientes Microsoft Windows usarem.

É claro que você não está limitado a servir somente clientes Windows. Sistemas Linux também podem ser clientes Samba.

Usando um cliente Samba do Linux

O NFS é o modo mais comum para compartilhar arquivos entre sistemas Linux, e recursos como autofs e montagem de fstab tornam a integração NFS em um cliente Linux muito transparente. Mas nem todos os servidores são servidores Linux. É possível que você vá

328 | *Linux: servidores de rede*

precisar configurar um sistema Linux como um cliente para um servidor Windows NT/2000, ou até mesmo como um par para um desktop Windows. Para estas situações, use as ferramentas de cliente do Samba.

Usando *smbclient*

O programa smbclient é uma ferramenta para transferir arquivos de um sistema oferecendo compartilhamento SMB. É particularmente útil para transferir arquivos com sistemas Windows que não têm software de servidor FTP. O smbclient age como uma ferramenta FTP para arquivos compartilhados pelo SMB. A Listagem 9.11 ilustra isto.

Listagem 9.11 - Como usar *smbclient.*

```
$ smbclient //robin/temp -W sybex
added interface  ip=172.16.5.2  bcast=172.16.5.255   nmask=255.255.255.0
Password:
smb: \> ls al*.jpg
      alana1.jpg A  6147 Sun   Jul   8 11:39:42    2001
      alana2.jpg A  8180 Sun   Jul   8 11:46:56    2001
      alana3.jpg A  23296 Wed  Aug   8 09:37:24    2001
      alana4.jpg A  42857 Sun  Nov  25 16:50:42    2001
      alana5.jpg A  22456 Sun  Nov  25 16:53:00    2001
      alana6.jpg A  55847 Wed  Feb   6 16:00:20    2002
      alana7.jpg A  42799 Wed  Feb   6 16:10:50    2002
      51795 blocks of size 131072. 11861 blocks available
smb: \> get alana1.jpg
getting file alana1.jpg as alana1.jpg (average 158.0 kb/s)
smb: \> quit
```

A ferramenta smbclient é invocada pelo comando smbclient. O recurso que você está acessando é descrito na linha de comando que usa o Microsoft Uniform Naming Convention (convenção de nome uniforme da Microsoft) (UNC). O formato UNC é *//server/sharename*, onde *server* é o servidor de nome NetBIOS, e *sharename* é o nome do recurso compartilhado.

Se uma senha para o recurso compartilhado é requerida, que pode ser o caso se o servidor usar segurança em nível de compartilhamento, ela segue o UNC na linha de comando. No exemplo da Listagem 9.11, a segurança em nível de compartilhamento é usada, mas a senha não é fornecida na linha de comando, assim o servidor avisará ao usuário para isto.

Use a opção de comando -U, e forneça o nome de usuário e senha separados por um % se o servidor usar segurança em nível de usuário. Se um nome de grupo de trabalho for requerido, forneça-o com a opção -W, como mostrado na Listagem 9.11.

Depois que o nome de usuário e senha foram fornecidos, os arquivos são enviados e recuperados usando exatamente os mesmos comandos do FTP. Se você pode usar FTP, você pode usar smbclient.

O programa smbclient é o burro de carga das ferramentas do cliente Samba. Não é muito elegante, mas é a base para várias outras ferramentas de cliente que são os scripts shell que usam smbclient para que o trabalho seja feito. Um modo mais natural para integrar arquivos de servidor SMB no sistema de arquivos Linux é com smbfs.

Usando o *smbmount*

O sistema de arquivo SMB (smbfs) lhe permite montar compartilhamentos SMB, e os usar como se eles fizessem parte do sistema de arquivo Linux. Para funcionar, o kernel tem que suportar o sistema de arquivo smbfs. A Listagem 9.12 mostra uma verificação rápida ao suporte de kernel de smbfs.

Listagem 9.12 - Verificar */proc/filesystems*.

```
[root]# modprobe  smbfs
[root]# cat  /proc/filesystems
nodev   proc
nodev   sockfs
nodev   tmpfs
nodev   shm
nodev   pipefs
        ext2
        iso9660
nodev   devpts
        ext3
        vfat
nodev   autofs
nodev   smbfs
```

O pseudo sistema de arquivo /proc fornece uma olhada rápida no kernel. O pseudo arquivo /proc/filesystems lista os sistemas de arquivos que estão no kernel, porque eles são compilados dentro ou configurados como módulos carregáveis. É claro que módulos carregáveis não são carregados a menos que sejam necessários, assim a Listagem 9.11 começa com um comando modprobe para forçar smbfs a carregar. Se smbfs não carregar, o kernel pode precisar ser reconfigurado como descrito no Capítulo 13.

Os recursos compartilhados podem ser montadas usando o comando smbmount e desmontadas usando o comando smbumount. A Listagem 9.13 monta o mesmo recurso mostrado no exemplo do smbclient usando smbmount.

Listagem 9.13 - Um smbmount de exemplo.

```
[root]# ls  /home/robin
[root]# smbmount  //robin/temp  /home/robin  workgroup=sybex
Password:
[root]# ls  /home/robin/alana*.jpg
/home/robin/alana1.jpg /home/robin/alana4.jpg /home/robin/alana7.jpg
/home/robin/alana2.jpg /home/robin/alana5.jpg
/home/robin/alana3.jpg /home/robin/alana6.jpg
```

O comando ls no começo da Listagem 9.13 mostra que /home/robin é um diretório vazio, que nós usaremos como um ponto de montagem (o local dentro do sistema de arquivo Linux no qual o recurso compartilhado é montado). O comando smbmount começa com o nome do recurso escrito no formato UNC de Microsoft. O nome do recurso é seguido pelo nome do ponto de montagem de Linux. Uma lista de opções segue o ponto de montagem. Neste caso, o grupo de trabalho é a única opção requerida.

330 | *Linux: servidores de rede*

Depois que estiver montado, o recurso compartilhado tem essencialmente o mesmo aspecto e sentido de qualquer diretório Linux, e a maioria dos comandos Linux padrão pode ser usada para manipular os arquivos no diretório compartilhado. (A Listagem 9.13 mostra um ls de certos arquivos no diretório.) É claro que nem tudo é a mesma coisa em sistemas Linux e sistemas Windows. Alguns recursos do sistema de arquivo Linux não estão disponíveis em todos os servidores SMB. Por exemplo, um sistema Windows 95/98/ME que oferece um compartilhamento que não tem segurança em nível de arquivo, não entende UIDs e GIDs do Linux. O smbfs faz o seu melhor trabalho para "fingir isto". Usa o UID e GID em vigor quando smbmount for iniciado. Você pode anular estes defaults com opções de linha de comando. Por exemplo, o seguinte comando diz para o smbfs usar o UID 689, presumivelmente o UID atribuído a tyler; e o GID 100, que é o GID de users:

```
smbmount  //crow/user/tyler  /home/tyler/crow  \
     username=tyler  password=Wats?Watt?  uid=689  gid=100
```

Para desmontar um recurso SMB, use o comando smbumount com o caminho do ponto de montagem:

```
[root]#  smbumount  /home/robin
```

Recurso compartilhados também podem ser montadas a partir arquivo fstab usando o comando mount com os argumentos smbfs -a e -t. O Red Hat usa esta técnica para montar compartilhamentos Samba no script de inicialização netfs. Para fazer isto, o compartilhamento Samba deve ser definido no arquivo fstab. Por exemplo, para montar o compartilhamento Samba usada na Listagem 9.13, a seguinte entrada deve ser acrescentada ao arquivo fstab:

```
//robin/temp  /home/robin smbfs workgroup=sybex    0    0
```

Aqui, o nome de sistema de arquivo é o nome formatado de UNC do recurso remoto, e o tipo de sistema de arquivo é smbfs. Quando o comando mount for invocado com -t smbfs, transfere o controle ao programa /sbin/mount.smbfs. Em um sistema Red Hat, /sbin/mount.smbfs é apenas um link simbólico para smbmount. Os valores nos primeiros quatro campos da entrada de fstab são passados a smbmount para processamento.

O smbfs torna o uso de compartilhamentos SMB em um cliente Linux muito mais fácil do que acessar estes compartilhamentos através o smbclient.

Resumo

Compartilhamento de arquivo é a aplicação fundamental de redes departamentais. Servidores Linux são excelentes plataformas para servidores de arquivos - Linux é rápido e muito estável, e fornece uma escolha mais ampla de serviços de arquivo que muitos outros sistemas operacionais de servidor.

Os arquivos são geralmente compartilhados de três modos diferentes:

- Por login direto. Usuários que querem compartilhar arquivos podem se registrar diretamente em um servidor Linux, indiferente da capacidade dos seus sistemas de desktop. Os arquivos podem então ser compartilhados usando o sistema de arquivo Linux.

- Por Network File System. NFS é o protocolo principal de compartilhamento de arquivo dos sistemas Unix. Sistemas Linux vêm com uma gama completa de softwares de cliente e servidor NFS.

- Por protocolos Server Message Block. SMB é o protocolo de compartilhamento de arquivo usado por sistemas Microsoft Windows. Um sistema Linux pode agir como um servidor SMB ou cliente para compartilhar arquivos com sistemas Microsoft Windows.

No próximo capítulo, nós configuramos o Linux como um servidor de impressão departamental. Novamente, você verá que Linux tem a capacidade de integrar clientes Unix e Windows em uma única rede.

10

Serviços de impressão

Servidores de impressão permitem a todos em uma rede compartilhar impressoras. Os servidores de impressão Linux oferecem algumas técnicas diferentes para compartilhar impressoras. Este capítulo cobre duas técnicas que suportam dois grupos diferentes de clientes. A técnica de rede Unix tradicional usa o comando daemon Line Printer (lpr) e um servidor lpd. Esta abordagem é melhor adaptada para servir clientes Unix e Linux. A outra técnica usa um servidor Samba para compartilhar impressoras com clientes Microsoft Windows. Mas antes de poder usar qualquer técnica para compartilhar uma impressora com seus clientes, você tem que instalar e configurar a impressora em seu servidor.

Instalando impressoras

A instalação de impressora faz parte da instalação inicial do sistema em algumas distribuições Linux. Outras, como Red Hat Linux 7.2, esperam até que o sistema esteja executando antes de configurar a impressora. Configurar a impressora durante ou depois da instalação inicial é essencialmente o mesmo procedimento. Para instalar uma impressora, você tem que saber o tipo de impressora e suas capacidades. Todos os exemplos nesta seção usam printconf, que é uma ferramenta de configuração de impressora disponível como parte do Red Hat Linux 7.2. Mas os conceitos de configuração de impressora são os mesmos para todas as distribuições Linux.

Para lançar a ferramenta printconf em um sistema Red Hat, entre printconf-tui para uma versão de texto da ferramenta ou printconf-gui para uma versão X Window System. Nestes exemplos, nós usamos a ferramenta printconf para a versão X Window.

Na primeira vez que você executar o printconf, nenhuma fila de impressão é listada, porque você não configurou nenhuma ainda. Clique o botão New (novo) para começar um assistente que o ajuda a definir uma fila de impressão. Depois de uma tela introdutória, o assistente exibe a janela mostrada na Figura 10.1.

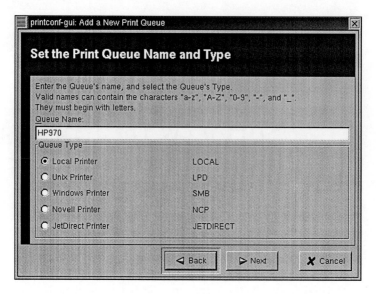

Figura 10.1 - Selecionando um tipo de fila de impressão.

Na caixa Queue Name (nome de fila) no topo da janela, entre o nome pelo qual esta impressora será conhecida no sistema local (por exemplo, HP970). Esta janela também lhe dá cinco escolhas de como o sistema se comunicará com a impressora. Estas são chamadas de *tipos de fila*. As escolhas são as seguintes:

Local Printer (impressora local) - Uma impressora local está conectada diretamente a uma das portas físicas do sistema Linux. Se seu sistema for um servidor de impressão, você tem pelo menos uma impressora diretamente conectada ao computador.

Unix Printer (impressora de Unix) - Uma impressora remota conectada a um servidor lpd. Esta seleção configura o lado do cliente do compartilhamento de impressora lpd. O servidor para a impressora remota realmente não precisa ser um sistema Unix. Por exemplo, muitas impressoras conectadas a rede suportam impressão pelo lpd, de forma nativa, lhe permitindo oferecer serviço de impressão sem configurar um computador separado para agir como um servidor de impressão. Muitos sistemas diferentes fornecem servidores lpd. Neste capítulo, você configura seu sistema Linux para ser um servidor lpd.

Windows Printer (impressora Windows) - O protocolo SMB é usado para se comunicar com esta impressora. Esta configuração seleciona o lado do cliente de compartilhamento de impressão SMB, que permite ao seu sistema Linux usar as

Capítulo 10 – Serviços de impressão | **335**

impressoras compartilhadas pelos sistemas Microsoft Windows. É claro que servidores SMB não têm que ser sistemas Microsoft Windows, como você viu no Capítulo 9, "Compartilhando arquivo". Depois neste capítulo, nós configuramos um sistema Linux para ser um servidor de impressão SMB.

Novell Printer (impressora Novell) - O Novell NetWare Core Protocol (NCP) é usado para se comunicar com esta impressora. Esta configuração seleciona o lado do cliente de compartilhamento de impressão NetWare, que permite ao sistema Linux usar impressoras oferecidas por servidores Novell.

JetDirect Printer (impressora JetDirect) - Uma impressora de JetDirect é uma que está anexada diretamente à rede e usa o protocolo de impressão JetDirect da HP.

Na Figura 10.1, Local Printer está selecionada, o que é uma seleção comum para um servidor de impressão porque as impressoras estão diretamente conectadas a um servidor de impressão. As impressoras são geralmente conectadas diretamente a portas paralelas, e elas estão em nosso sistema de exemplo. Nosso sistema Red Hat de exemplo define quatro portas de impressora paralela, como o ls na Listagem 10.1 demonstra.

Listagem 10.1 - Listando as portas de impressoras.

```
$ ls -l /dev/lp*
crw-rw—1  root  lp 6, 0  Aug 30  2001  /dev/lp0
crw-rw—1  root  lp 6, 1  Aug 30  2001  /dev/lp1
crw-rw—1  root  lp 6, 2  Aug 30  2001  /dev/lp2
crw-rw—1  root  lp 6, 3  Aug 30  2001  /dev/lp3
```

Os nomes de dispositivo Linux para as portas paralelas são /dev/lp0, /dev/lp1, /dev/lp2 e /dev/lp3. Os números listados antes das datas são os números principal e secundário do dispositivo. O número principal (6) representa o driver da porta paralela. O número secundário (0, 1, 2 ou 3) indica qual é o dispositivo endereçável por este driver.

Selecionar Local Printer na janela mostrada na Figura 10.1 faz a ferramenta printconf varrer as portas paralelas de impressora. O printconf exibe uma janela que lista as portas que acredita estejam ativas. Em nosso sistema de amostra, o printconf exibe só uma porta ativa, /dev/lp0, como a Figura 10.2 mostra.

Só uma interface paralela foi encontrada, porque apenas uma está instalada neste pequeno sistema. Se você pensa que o sistema perdeu uma interface que realmente estava lá, clique o botão Rescan Devices (varrer outra vez por dispositivos) para forçar printconf a varrer as interfaces novamente. Alternativamente, você pode clicar o botão Custom Device (dispositivo personalizado), e digitar o nome do dispositivo para o qual a impressora está anexada.

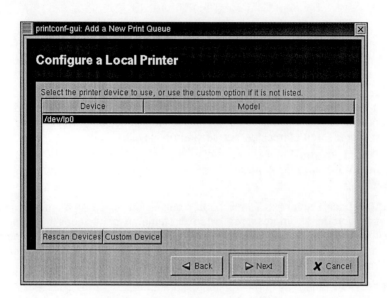

Figura 10.2 - A porta de impressora local ativa.

A seguir, lhe será pedido que selecione o driver de impressora. Um driver de impressora faz mais do que apenas controlar o dispositivo. Também é o programa que prepara o arquivo de impressão para a impressora específica. Todo tipo de impressora tem sua própria linguagem de comando e linguagem de formato de dados. Por exemplo, uma impressora pode usar PostScript da Adobe, e outra pode usar Printer Command Language (PCL) da HP. Tradicionalmente, sistemas Unix usavam apenas PostScript ou impressoras de texto; e se você estiver comprando uma impressora nova, selecionar uma impressora PostScript ainda é uma boa escolha. Uma impressora PostScript funcionará com todo sistema Unix e Linux de uma maneira transparente. Porém, muitos sistemas Linux não têm uma impressora PostScript conectada. Impressoras PostScript são mais caras que impressoras semelhantes que não oferecem PostScript. Muitos sistemas Linux são montados com impressoras de baixo custo. Para assegurar que uma grande variedade de impressoras funcionará, o Linux oferece muitos drivers de impressora. A janela mostrada na Figura 10.3 mostra um driver de impressora sendo selecionado.

Use a barra de rolagem para ver a lista de drivers de impressora. Além das seleções de PostScript, apenas texto e seleções cruas no topo da lista, os drivers são organizados pelo fabricante e modelo da impressora. Selecione sua impressora para exibir a lista de drivers disponíveis para esta impressora. Algumas impressoras têm só um único driver disponível, mas muitas impressoras têm uma seleção de possíveis drivers, dependendo dos recursos que você queira usar. A Figura 10.3 mostra que a DeskJet 970c da HP tem quatro possíveis escolhas de driver: cdj550 (driver Color DeskJet 550), cdj970 (driver Color DeskJet 970), hpijs (o driver das Séries InkJet da HP) e pcl3 (driver Printer Command Language 3).

Capítulo 10 – Serviços de impressão | **337**

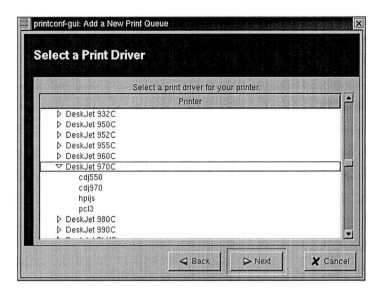

Figura 10.3 - Selecionando um driver de impressora.

Neste caso, nós escolhemos o driver cdj970 porque foi projetado para esta impressora específica. Mas a escolha não está sempre clara. Vá para www.linuxprinting.org para informações sobre cada driver. Se você decidir mudar o driver ou qualquer outra configuração, pode fazer isto editando uma configuração de impressora existente.

DICA É uma idéia muito boa usar uma das impressoras para a qual o sistema tem um driver. Tentar fazer uma impressora que não é compatível funcionar com seu sistema dá muito trabalho para pouca recompensa. Use uma impressora da lista de driver.

Selecionar um driver de impressora é a última etapa da instalação. Depois que a impressora for instalada, é adicionada à lista de impressoras na janela de printconf principal; você pode então realçar a impressora e clicar o botão Default para torná-la sua impressora default, ou realçar a impressora e clicar Edit (editar) para mudar a configuração. Quando o botão Edit for selecionado, a janela na Figura 10.4 aparece.

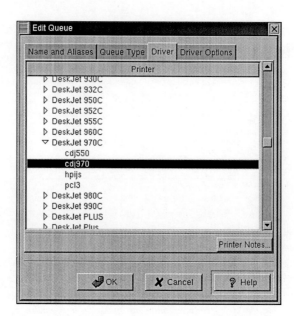

Figura 10.4 - Editando uma configuração de impressora.

A janela Edit Queue (editar fila) contém quatro abas:

Name and Aliases (nome e pseudônimos) - Esta aba exibe o Queue Name (nome de fila) que foi digitado quando a impressora foi instalada; e lhe permite adicionar, mudar e apagar aliases para o nome de fila. Uma impressora pode ser conhecida por mais de um nome. Esta é a aba que você usa para atribuir vários nomes a uma impressora.

Queue Type (tipo de fila) - A aba Queue Type contém uma caixa drop-down, da qual quaisquer dos cinco tipos de fila podem ser selecionados. O tipo de fila atualmente selecionado é exibido junto com os parâmetros de configuração associados com aquele tipo de fila. Por exemplo, nesta seção nós instalamos uma impressora local. Para o tipo de fila de impressora local, o nome de dispositivo é exibido junto com três botões: Rescan Devices, Custom Device (dispositivo personalizado) e Autoselect Driver (autoseleção de driver). Rescan Devices e Custom Device foram explicados antes. Clicar Autoselect Driver faz o sistema sondar a impressora conectada ao dispositivo em uma tentativa de determinar o driver correto para a impressora. Para tipos de fila de impressora remota, esta aba é mais complexa. Nós configuramos impressoras remotas na próxima seção.

Driver - Esta aba mostra as mesmas seleções de driver que nós vimos na Figura 10.3, com a seleção de driver atual realçada. Também apresenta o botão Printer Notes (notas de impressora), que exibe informações sobre a impressora e o driver de www.linuxprinting.org quando clicado.

Driver Options (opções de driver) - A última aba exibe os parâmetros de configuração opcionais disponíveis para o driver selecionado. Selecionar um driver diferente na aba Driver muda o layout e parâmetros exibidos na aba Driver Options. As escolhas para as configurações de parâmetro não são sempre óbvias, particularmente se você não tem a documentação para a impressora. Vá para a página web do fabricante e obtenha a folha de especificação da impressora, e vá em www.linuxprinting.org para informações detalhadas sobre o driver, antes de mudar os parâmetros de configuração.

Depois de instalar e configurar a impressora, teste-a selecionando um teste do menu Test no topo da janela de printconf. Os testes incluem páginas de teste ASCII e PostScript, e vários tipos de imagens. Selecione testes que se adaptam às capacidades da impressora e o teste de uso para o qual a impressora será colocada.

Configurando impressoras remotas

Impressoras remotas requerem um pouco mais de configuração que impressoras locais. A Figura 10.5 mostra uma janela de configuração para uma impressora de SMB remota; A Figura 10.6 mostra uma para uma impressora Unix remota.

Figura 10.5 - Como configurar uma impressora SMB remota.

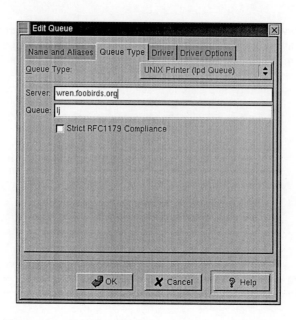

Figura 10.6 - Como configurar uma impressora Unix remota.

A aba Queue Type para uma impressora Unix remota tem dois campos para definir o computador remoto e a impressora naquele computador. A caixa Server requer o hostname do servidor de impressora; o nome deve ser escrito de uma forma que seu sistema possa resolver em um endereço IP. A caixa Queue requer o nome da impressora remota como está definida no servidor remoto. Note que isto não precisa ser igual ao nome que você usa localmente como o campo de nome de fila. O valor de Queue Name definido na aba Name and Aliases é seu nome local para a impressora; o valor de Queue definido na aba Queue Type é o nome do servidor remoto para a impressora.

A entrada de impressora SMB na Figura 10.5 tem cinco campos para definir a impressora remota:

Share (compartilhar) - Define o nome da parte SMB da impressora. Este é o nome que o servidor remoto anuncia para a impressora, que é o mesmo nome que você vê quando navega no servidor remoto.

Host IP - Especifica o endereço IP do servidor.

Workgroup (grupo de trabalho) - Especifica o nome do grupo de trabalho ao qual o servidor de impressão pertence. No exemplo, o grupo de trabalho é chamado de SYBEX.

User (usuário) - Especifica seu nome de usuário SMB no servidor remoto. Isto só é necessário se o servidor exigir segurança a nível de usuário para acessar suas impressoras.

Password (senha) - Especifica a senha requerida pelo servidor remoto para acessar suas impressoras. Isto é combinado com o nome de usuário para segurança a nível de usuário, mas pode ser requerido até mesmo quando o campo User estiver vazio por um servidor que tem segurança em nível de compartilhamento aplicada à impressora.

Além das cinco caixas de diálogo, a janela de configuração de impressora SMB tem uma caixa de verificação para traduzir cada caractere de alimentação de linha em um retorno de carro mais uma alimentação de linha. Isto às vezes é necessário ao lidar com sistemas que executam software de Windows.

As figuras 10.5 e 10.6 mostram exemplos de configuração para impressoras SMB e Unix remotas. Ainda há mais dois tipos de impressoras remotas que podem ser usadas: impressoras JetDirect e impressoras Novell. Selecionar JetDirect Printer no tipo de fila faz o sistema pedir o endereço IP da impressora remota e o número de porta usada com a impressora. Por default, impressoras JetDirect escutam a porta 9100, o que normalmente não deve ser mudado. Os parâmetros da rede TCP/IP e os comandos básicos de impressão do Linux são tudo que você precisa para se comunicar com uma impressora JetDirect. Impressoras Novell são ligeiramente mais complexas.

Para usar uma impressora Novell remota, você tem que ter o software NetWare apropriado instalado em seu sistema. Em nosso sistema de exemplo do Red Hat, significa que você tem que instalar o RPM para o NetWare Core Protocol File System (ncpfs), e deve ter a opção CONFIG_NCP_FS ajustada quando compilar seu kernel Linux. Se o printconf encontra o nprint (a ferramenta de impressora Novell do pacote ncpfs), lhe pede que forneça o nome do servidor Novell, o nome da impressora naquele servidor, seu nome de usuário Novell e sua senha Novell na aba Queue Type.

É óbvio que para configurar uma impressora com sucesso, você tem que saber o fabricante e modelo da impressora, quais as suas capacidades e como está conectada ao sistema. Colha esta informação antes de começar o processo de configuração. Embora nada disto seja difícil, não é óbvio, a menos que você tenha a informação certa disponível.

Entendendo o *printcap*

O arquivo /etc/printcap define as impressoras e os seus recursos. Entender um arquivo printcap é a parte mais difícil de configurar um servidor de impressão Linux. Há um número enorme de possíveis parâmetros de configuração, e a sintaxe de muitos dos parâmetros é concisa e enigmática. A complexidade do arquivo printcap é uma razão por que foram criadas ferramentas como o printconf.

Geralmente, você usa uma ferramenta para configurar uma impressora. Você não edita o arquivo printcap diretamente. Na realidade, se você já quiser criar suas próprias entradas de printcap, deve colocá-las dentro de /etc/printcap.local, que é um arquivo incluído no printcap durante o processamento.

Apesar do fato de que é improvável que você construa um arquivo printcap manualmente, um administrador de sistemas deve entender o conteúdo do arquivo o bastante para lê-lo e obter uma idéia geral do que está fazendo. Para fazer isto, você precisa

342 | *Linux: servidores de rede*

de uma compreensão básica da estrutura do arquivo e a sintaxe dos parâmetros de configuração.

O arquivo contém uma entrada para cada impressora ativa. Entradas de impressora podem atravessar várias linhas , terminando uma linha com uma barra invertida (\) para indicar que a linha seguinte é uma linha de continuação, e começando a linha de continuação com uma barra vertical (|) ou um dois pontos (:). Todo campo em uma entrada de impressora, diferente do nome da impressora, começa e termina com um dois pontos.

Cada entrada de impressora começa com um nome de impressora. Podem ser usados vários nomes de impressora, se eles estiverem separados por caracteres de barras verticais. Tradicionalmente, uma impressora sempre foi chamada lp, e muitas configurações continuam requerendo aquela impressora que tem o nome lp.

Toda linha ativa no arquivo printcap começa com um nome de impressora, uma barra vertical ou um dois pontos. Comentários começam com uma marca de cerquilha (#). Linhas em branco e caracteres iniciais em branco são ignorados.

Parâmetros do *printcap*

Os parâmetros de configuração usados em um arquivo printcap definem os recursos de impressora que o lpd precisa conhecer para se comunicar com a impressora. A sintaxe dos parâmetros varia ligeiramente, dependendo do tipo de valor que a eles são atribuídos. Há três tipos de parâmetros:

Booleano - Todos os valores booleanos de printcap padronizam para false (falso). Especificar um booleano habilita sua função. Booleanos são especificados simplesmente digitando o nome de parâmetro no arquivo. Por exemplo, :ab: diz a lpd para sempre imprimir banners.

Numérico - Alguns parâmetros são atribuídos a valores numéricos. A sintaxe de parâmetros numéricos separa o valor do nome de parâmetro com um #. Por exemplo, :mx#1000: ajusta o tamanho máximo para um arquivo de impressão aceitável em 1MB.

String (cadeia) - Alguns parâmetros usam valores de string. A sintaxe de parâmetros de string separa o valor do nome do parâmetro com um =. Por exemplo, :rp=laser: define o nome de uma impressora remota como laser.

Uma olhada na página man mostra que há um número grande de parâmetros de printcap. Felizmente, você nunca precisará usar a maioria deles. A maioria das definições de impressora é bastante simples, e a maioria dos arquivos de printcap é pequeno. Servidores normalmente têm uma ou duas impressoras diretamente conectadas; quaisquer outras impressoras definidas no printcap são provavelmente impressoras remotas.

Exemplo de um printcap

Abaixo está o arquivo printcap que é o resultado da definição de três impressoras usando a ferramenta printconf. Uma é uma impressora SMB remota, a outra é uma impressora Unix remota e o outra é uma impressora conectada localmente. A Listagem 10.2 mostra o arquivo printcap criado pelo printconf, quando estas três impressoras foram configuradas.

Listagem 10.2 - Um arquivo printcap de exemplo.

```
#   /etc/printcap
#
# DO NOT EDIT! MANUAL CHANGES WILL BE LOST!
# This file is autogenerated by printconf-backend during lpd init.
#
# Hand edited changes can be put in /etc/printcap.local, and will be
included.

lp|Canon:\
      :sh:\
      :ml=0:\
      :mx=0:\
      :sd=/var/spool/lpd/lp:\
      :af=/var/spool/lpd/lp/lp.acct:\
      :lp=/dev/lp0:\
      :lpd_bounce=true:\
      :if=/usr/share/printconf/util/mf_wrapper:

laser:\
      :sh:\
      :ml=0:\
      :mx=0:\
      :sd=/var/spool/lpd/laser:\
      :af=/var/spool/lpd/laser/laser.acct:\
      :rm=172.16.5.15:\
      :rp=lj:\
      :lpd_bounce=true:\
      :if=/usr/share/printconf/util/mf_wrapper:

hp:\
      :sh:\
      :ml=0:\
      :mx=0:\
      :sd=/var/spool/lpd/hp:\
      :af=/var/spool/lpd/hp/hp.acct:\
      :lp=|/usr/share/printconf/util/smbprint:\
      :lpd_bounce=true:\
      :if=/usr/share/printconf/util/mf_wrapper:

######################################################
## Everything below here is included verbatim from ##
## /etc/printcap.local                             ##
######################################################
#  printcap.local
#
# This file is included by printconf's generated printcap,
# and can be used to specify custom hand edited printers.
```

A primeira impressora, que tem o nome de impressora lp é a que está conectada diretamente à porta paralela. Esta impressora também é conhecida pelo nome Canon. Os nomes da impressora são seguidos pelos parâmetros de configuração que definem exatamente como a impressora é usada. Os parâmetros são

sh - Especifica se cabeçalhos ou páginas de banner são impressos ou não. Isto é o booleano "suprimir cabeçalhos". Por default, é falso, significando que os cabeçalhos não são suprimidos. Em outras palavras, cabeçalhos são impressos por default. Porém, o printconf ajusta o booleano para true (verdadeiro). (Especificar um booleano simplesmente o ajusta para true.) Isto significa que cabeçalhos e páginas de banners não são impressos entre trabalhos de impressão. Esta configuração é boa para um sistema pequeno, mas você pode querer comentar este booleano se tiver vários usuários, de forma que uma página de identificação de banner seja impressa para cada trabalho de impressão.

ml - Define o valor mínimo usado para determinar um caractere imprimível. Ajustar isto para zero desliga esta verificação e tenta imprimir tudo.

mx - Define o tamanho máximo aceitável para um arquivo de impressão. Ajustar isto em 0 significa que não há nenhum limite no tamanho de trabalhos de impressão.

sd - Define o caminho ao diretório de spool no qual trabalhos de impressão são armazenados enquanto esperam pela impressora.

af - Define o caminho ao arquivo onde são gravadas as estatísticas de trabalho de impressão (accouting file)

lp - Define o nome de dispositivo para a impressora. Para uma impressora local, este é a porta na qual a impressora está conectada.

lpd_bounce - Diz ao lpd para processar o arquivo a ser impresso por um filtro antes de passá-lo à impressora. Um filtro é o software que prepara o arquivo para uma impressora específica. Esta é uma inovação do LPRng e não suportada pelo lpr tradicional.

if - Define o filtro de entrada para esta impressora. Neste caso, o filtro de entrada é um arquivo de script chamado mf_wrapper (para encapsulamento do magic filter). Ele pega a informação passada pelo lpd e formata corretamente uma chamada para o programa magicfilter-t, o qual prepara o arquivo para a impressora.

A segunda impressora neste arquivo (laser) é uma impressora remota. A máquina remota para na qual a impressora está conectada é definida pelo parâmetro rm, e o nome da impressora remota naquela máquina é definido pelo parâmetro rp. No exemplo, o host remoto é identificado pelo endereço IP 172.16.5.15, e o nome da impressora remota é lj. A maioria do trabalho real de configuração para esta impressora acontece no sistema remoto. Embora esta seja uma impressora remota, tem um diretório de spool local. Arquivos de impressão são gravados no diretório de spool local onde são colocados na fila para entrega ao sistema remoto.

A terceira impressora, conhecida como hp, é a impressora SMB remota. Esta é uma definição única. O lpd naturalmente manipula impressoras locais e impressoras lpd remotas. Impressoras SMB remotas requerem um pouco mais de esforço. O trabalho real para este tipo de impressora é controlado pelo programa smbprint, que é invocado por um caractere pipe (|) com o parâmetro lp na Listagem 10.2. Neste caso, /usr/share/printconf/util/smbprint é um script que é usado para formatar corretamente a chamada ao programa smbprint real. (smbprint é coberto depois neste capítulo.) O parâmetro lp é usado para chamar o programa smbprint depois que o filtro de entrada processa o arquivo. O arquivo filtrado é enviado então através do smbprint ao servidor remoto para impressão.

Escrever um printcap do nada é desnecessário. Para criar uma entrada no printcap, selecione uma impressora que está documentada para funcionar com seu sistema Linux e use uma ferramenta de configuração de impressora. Se você precisar personalizar uma entrada de impressora, mova a entrada para printcap.local e faça suas mudanças lá. Use a página do manual do printcap para lhe ajudar a ler e atualizar o printcap.local. Depois que a impressora estiver configurada e executando localmente, está pronta para compartilhar com outros com outros sistemas.

Compartilhando impressoras com o *lpd*

O daemon Line Printer (lpd) fornece serviços de impressão para usuários locais e remotos. É um serviço essencial, que é iniciado no momento da inicialização de um script de inicialização. Em ambos os sistemas Red Hat, o lpd é iniciado pelo script /etc/rc.d/init.d/lpd que geralmente está incluído na inicialização por default, e pode ser controlado por chkconfig ou tksysv.

Use o script lpd para parar, iniciar ou recarregar o daemon Line Printer. Já que o arquivo printcap só é lido através do lpd durante sua inicialização, a opção de reinicialização é útil para incorporar mudanças, se você editar o arquivo printcap. Aqui está um exemplo usando o comando de reinicialização com o script de inicialização:

```
# service lpd reload
Reloading lpd: [ OK ]
```

O arquivo printcap não é o único lugar no qual podem ser ajustados parâmetros de configuração para o lpd. O Red Hat e muitas outras distribuições Linux usam a implementação LPRng do lpd, que pode ler ajustes de configuração do /etc/lpd.conf. Embora nem todas as configurações do printcap possam ser anuladas pelo lpd.conf, várias podem. Porém, não há nenhuma necessidade em personalizar o arquivo lpd.conf, porque os valores default usados pelo LPRng estão corretos para a maioria das configurações. Um exemplo é nosso sistema Red Hat de exemplo. Tem um arquivo lpd.conf, mas este arquivo não contém uma única entrada ativa.

Como usar o *lpr*

Use o programa Line Printer Remote (lpr) para enviar trabalhos de impressão ao daemon Line Printer. Há vários argumentos de linha de comando do lpr, mas o comando normalmente identifica a impressora e o arquivo a ser impresso, como neste exemplo:

```
% lpr -Plaser sample.txt
```

Este comando envia um arquivo chamado sample.txt a uma impressora chamada laser. A impressora pode ser local ou remota; não importa, contanto que esteja definida no arquivo printcap, e assim seja conhecida pelo lpd. Supondo o printcap mostrado antes, laser é uma impressora remota. Se nenhuma impressora estiver definida na linha de comando, o lpr tenta obter o valor das variáveis de ambiente PRINTER, LPDEST, NPRINTER ou NGPRINTER.

Linux: servidores de rede

Se nenhuma destas variáveis estiver definida, o lpr usa a primeira impressora definida no arquivo printcap como a impressora default para nosso sistema Red Hat de exemplo. Sistemas que usam implementações diferentes de lpr tem como default o nome de impressora lp.

Gerenciando o *lpd*

O programa Line Printer Control (lpc) é uma ferramenta para controlar as impressoras e administrar a fila de impressão nos servidores de impressão lpd. A Tabela 10.1 lista os comandos lpc usados em nosso sistema Red Hat 7.2 de exemplo e os seus propósitos.

Tabela 10.1 - Comandos lpc.

Comando	Uso
active *printer*[*@host*]	Verifica para ver se a fila de impressão remota está ativa.
abort *printer*	Mata um daemon de impressora.
class *arguments*	Controla as classes de trabalhos de impressão.
client *printer*	Exibe a configuração de cliente para a impressora.
defaultq	Lista a fila default usada por lpc.
defaults	Listas os ajustes da configuração default.
debug *printer level*	Habilita o nível especificado de depuração para uma impressora.
disable *printer*	Desabilita a espera em uma fila de impressão.
down *printer message*	Finaliza a espera e a impressão, e envia uma mensagem.
enable *printer*	Habilita a espera em uma fila de impressão.
exit	Sai do lpc.
help *command*	Exibe uma descrição do comando.
hold *printer job*	Encerra um trabalho de impressão na impressora.
holdall *printer*	Encerra todos os trabalhos para a impressora.
kill *printer*	Aborta e então inicia a impressora.
lpd *printer*[*@host*]	Recupera o ID do processo lpd do host remoto servindo a impressora.
lpq *printer* [options]	Executa lpq. (Mais sobre lpq mais adiante.)
lprm *printer job*	Executa lprm. (Mais sobre lprm mais adiante.)
move *prt1 job prt2*	Move um trabalho de impressão de *prt1* para *prt2*.
msg *printer text*	Muda a mensagem de status da *impressora* para texto.
noholdall *printer*	Desabilita o holdall para a impressora.
quit	Sai do lpc.

Capítulo 10 – Serviços de impressão | **347**

Tabela 10.1 - Comandos lpc. (continuação)

Comando	Uso
redirect *prt1 prt2*	Envia todos os trabalhos na fila de impressão *prt1* para a fila de impressão *prt2*.
redo *printer job*	Refaz a impressão de um trabalho
release *printer job*	Libera um trabalho na impressora para impressão.
reread *printer[@host]*	Lê outra vez a configuração de printcap para uma impressora.
server *printer*	Mostra a entrada do printcap no servidor para a impressora.
start *printer*	Habilita impressão e o spool.
status *printer*	Exibe o status das impressoras e filas.
stop *printer*	Pára uma impressão depois do trabalho atual terminar.
topq *printer job user*	Move um trabalho de impressão para o topo da fila.
up *printer*	Habilita o spool e a impressão.

printer é o nome da impressora ou a palavra-chave all, que pode ser usada em comandos que se aplicam a todas as impressoras. Se *printer* não estiver especificada, a impressora default é usada. *job* é o número do trabalho na fila de impressão. *host* é o nome de um servidor de impressão remoto. Se não for fornecido, o lpc usa o nome do servidor na configuração da impressora especificada. Use o comando help para ver os detalhes da sintaxe de comandos específicos antes de usá-los pela primeira vez.

O lpc pode ser invocado interativamente. A Listagem 10.3 mostra exemplos de alguns comandos lpc simples.

Listagem 10.3 - Como usar o lpc interativamente.

```
[root]# lpc
lpc>status all
  Printer Printing Spooling Jobs  Server   Subserver   Redirect   Status/
(Debug)
hp@robin     enabled enabled 0   none  none
lp@robin     enabled enabled 0   none  none
laser@crow enabled enabled 0   none  none
lpc>kill lp
Printer: lp@robin
kill server PID 0 with Interrupt
lp@robin.foobirds.org: killed job
lpc>status lp
  Printer Printing Spooling Jobs  Server   Subserver   Redirect   Status/
(Debug)
lp@robin     enabled enabled 0   none  none
lpc>exit
```

348 | *Linux: servidores de rede*

Observe que a palavra-chave all é usada em lugar de um nome de impressora no primeiro comando status de exemplo. all pode ser usado para recorrer a todas as impressoras na maioria dos comandos lpc que aceitam um nome de impressora como um parâmetro opcional. Os comandos status usados na Listagem 10.3 podem ser usados por qualquer usuário. Mas muitos outros comandos lpc só podem ser usados pelo usuário root (por exemplo, o comando kill, que mata e então reinicia uma fila de impressão). Apesar do nome kill, a impressora é reiniciada como o segundo comando status na Listagem 10.3 mostra.

O comando lpc pode ser usado para apressar trabalhos de impressão por demanda, movendo os trabalhos para o topo da fila de impressão. Na Listagem 10.4, o usuário root move o trabalho de impressão 840 para o topo da fila para a impressora lp.

Listagem 10.4 - Vendo e reordenando uma fila de impressão.

```
[root]# lpc
lpc>lpq lp
Printer: lp@robin 'Canon'
 Queue: 3 printable jobs
 Server: pid 1830 active
 Unspooler: pid 1831 active
 Status: waiting for subserver to exit at 11:35:27.386
 Rank Owner/ID          Class   Job   Files Size     Time
 1     root@robin+829    A       829   ndc.txt 344    11:35:00
 2     sara@robin+840    A       840   rev.txt 833    11:35:15
 3     ed@robin+842      A       842   conf.txt 399   11:35:27
lpc>topq lp 840
Printer: lp@robin
lp: selected 'sara@robin+840'
lp@robin.foobirds.org: started
lpc>lpq lp
Printer: lp@robin 'Canon'
 Queue: 3 printable jobs
 Server: pid 1830 active
 Unspooler: pid 1831 active
 Status: waiting for subserver to exit at 11:35:55.158
 Rank Owner/ID          Class   Job   Files Size     Time
 1     sara@robin+840    A       840   rev.txt 833    11:35:15
 2     root@robin+829    A       829   ndc.txt 344    11:35:00
 3     ed@robin+842      A       842   conf.txt 399   11:35:27
lpc>exit
```

Na Listagem 10.4, o comando lpq é usado para listar os conteúdos da fila da impressora lp. Os números dos trabalhos são listados sob o título "Job" (trabalho) quando a fila é exibida. O comando topq move o trabalho especificado para o topo da fila de impressão selecionada. O segundo comando lpq mostra que o trabalho 840 é agora o primeiro a ser impresso.

O comando lpq mostrado na Listagem 10.4 é realmente um comando solitário; não tem que ser executado de dentro de uma sessão lpc. A lista de trabalhos colocados na fila para uma impressora pode ser pedida a partir da linha de comando. O argumento de linha de comando -P seleciona qual fila de impressora é exibida. Aqui está um exemplo de exibição da fila da impressora hp:

```
[root]# lpq -Php
Printer: hp@robin
Queue: 3 printable jobs
Server: pid 1369 active
Unspooler: pid 1420 active
Status: waiting for subserver to exit at 11:28:39.365
Rank  Owner/ID         Class   Job   Files Size    Time
1     root             A       368   conf.txt 399   11:28:16
2     alana@robin+395  A       395   ndc.txt 344    11:28:31
3     tyler@robin+421  A       421   rev.txt 833     11:28:39
```

Esta é a mesma exibição de fila que é vista de dentro do lpc.

Ipq não é o único comando do lpc que pode ser usado fora do lpc. O comando lprm também é um programa solitário. Use o lprm para remover um trabalho de impressão colocado em fila. O trabalho pode ser removido pelo proprietário do trabalho ou pelo usuário root. Suponha que alana quer remover o trabalho de impressão número 395 mostrado no exemplo anterior. Ela digita o comando mostrado na Listagem 10.5.

Listagem 10.5 - Removendo trabalhos da fila de impressão.

```
$ lprm -Plp 395
Printer  lp@robin:
  checking   perms  'alana@robin+395'
  dequeued  'alana@robin+395'
```

Compartilhando impressoras com Samba

O Capítulo 9 mostra como um servidor Linux pode ser um servidor SMB usando o pacote de software Samba, e mostra como o Samba é usado para compartilhar arquivos. O que o Capítulo 9 não mostra é que o Samba também pode ser usado para compartilhar impressoras com clientes SMB. Aqui, você vê como isto é feito.

Primeiro é claro, você precisa ter certeza de que o Samba está instalado em seu sistema. (Veja o Capítulo 9 para estes detalhes.) Depois que o Samba estiver instalado, as impressoras compartilhadas são configuradas pelo arquivo smb.conf.

Definindo impressoras no arquivo *smb.conf*

O melhor modo para entender o arquivo de configuração SMB é olhar para um que funciona. Os sistemas Red Hat vêm com um arquivo smb.conf pré-configurado, que inclui suporte para compartilhamento de impressoras. As linhas ativas no arquivo smb.conf do Red Hat são mostradas na Listagem 10.6.

Listagem 10.6 - *smb.conf* com compartilhamento de impressora.

```
[global]
      workgroup = MYGROUP
      server string = Samba Server
      printcap name = /etc/printcap
```

350 | Linux: servidores de rede

```
    load printers = yes
    printing = lprng
    log file = /var/log/samba/%m.log
    max log size = 0
    security = user
    encrypt passwords = yes
    smb passwd file = /etc/samba/smbpasswd
    socket options = TCP_NODELAY SO_RCVBUF=8192  SO_SNDBUF=8192
    dns proxy = no
[homes]
    comment = Home Directories
    browseable = no
    writable = yes
    valid users = %S
    create mode = 0664
    directory mode = 0775
[printers]
    comment = All Printers
    path = /var/spool/samba
    browseable = no
    guest ok = no
    writable = no
    printable = yes
```

Você viu muitas destas linhas no Capítulo 9, assim já sabe mudar a opção workgroup do nome de grupo de trabalho correto para sua rede e mudar a descrição do servidor (server string) para algo significativo que descreva seu servidor. Porém, algumas destas linhas não estavam cobertas naquele capítulo. Todas as linhas novas lidam com compartilhamento de impressoras. Três das linhas novas estão na seção global:

printcap name (nome de printcap) - Define o local do arquivo printcap. Como você verá em instantes, o arquivo printcap é usado para identificar as impressoras que estão disponíveis para compartilhamento. O caminho default é /etc/printcap, que é o valor ajustado na Listagem 10.6.

load printers (carregar impressoras) - Diz ao smbd se deve ou não oferecer todas as impressoras no arquivo printcap como impressoras compartilhadas. O default é yes, que diz para o Samba compartilhar todas as impressoras definidas no arquivo printcap. no significa não leia nada do arquivo printcap. Se no for especificado, todas as impressoras compartilhadas devem ser definidas individualmente. Na Listagem 10.6, isto está ajustado para yes, assim a configuração do Red Hat compartilhará toda impressora definida dentro de /etc/printcap.

printing - Identifica o sistema de impressão usado no servidor. O Samba suporta oito sistemas de impressão diferentes, identificados por estas palavras-chaves: BSD, AIX, LPRNG, PLP, SYSV, HPUX, QNX, SOFTQ e CUPS. Selecione o sistema de impressão usado por seu sistema Linux. O Red Hat Linux 7.2 usa LPRng, que está identificado pela palavra-chave lprng na Listagem 10.6.

Estas linhas são usadas para preparar o servidor para o compartilhamento de impressora e para prepará-lo para compartilhar as impressoras definidas no arquivo printcap automaticamente. Além destas linhas globais, há uma parte de seção inteira rotulada "printers" (impressoras). Também lida com compartilhamento de impressoras automaticamente.

A seção de compartilhamento de impressoras

A seção printers executa uma função semelhante à seção homes, que torna todo diretório home disponível para o usuário apropriado. A seção printers é definida para tornar toda impressora disponível para seus clientes. A seção de compartilhamento de impressoras do Red Hat é

```
[printers]
    comment = All Printers
    path = /var/spool/samba
    browsable = no
    guest ok = no
    writable = no
    printable = yes
```

Você conhece as opções comment, browsable, writable e path do Capítulo 9. Aqui, porém, path não define o caminho de um arquivo compartilhado. Ao contrário, define o caminho do diretório de spool para as impressoras compartilhadas SMB. Mas quais impressoras são compartilhadas? Baseado nas duas opções definidas na seção global, todas as impressoras que estão definidas no arquivo printcap.

Há duas linhas nesta seção que você não viu antes. A primeira é printable, que identifica este recurso compartilhado como uma impressora. O default para esta opção é no, significando que, por default, os recursos compartilhados são considerados como arquivos, ao invés de impressoras. Quando você criar um compartilhamento de impressora, tem que ajustar esta opção para yes. Habilitar printable permite aos clientes gravar arquivos para impressão no diretório de spool definido pela opção path. Isto parece contradizer o comando writable que diz que os clientes não podem gravar no recurso. A opção writable é para dizer que ninguém pode gravar um arquivo no spool que não seja um arquivo de impressão. Já que arquivos de impressão são criados por clientes no diretório de spool, você pode querer adicionar um comando create mode, que limita as permissões dos arquivos criados. Por exemplo, create mode = 0700.

A outra linha nova, guest ok, define se as contas de convidados são autorizadas ou não a acessar o recurso. Isto é exatamente igual à opção public discutida no Capítulo 9, assim estas duas opções são usadas intercambiavelmente. no significa que o usuário nobody não pode enviar um trabalho de impressão à impressora. Um usuário tem que ter uma conta de usuário válida para usar a impressora. Isto é projetado para impedir os usuários convidados de abusar da impressora, mas também é útil ter um nome de usuário válido para ordenar trabalhos de impressão se você usar páginas de banner e controle de utilização em seu servidor.

Geralmente, esta seção é tudo o que você precisa para tornar toda impressora no servidor disponível para todos os seus clientes. Você pode usar o comando host allow descrito no Capítulo 9 para restringir o acesso às impressoras, da mesma forma que restringe acesso a arquivos, mas em geral, um servidor de impressão oferece todas as suas impressoras para todos os seus clientes.

Opções de configuração de impressora *smb.conf*

Se você não quiser compartilhar toda impressora definida no arquivo printcap, pode remover a seção printers, ajustar a opção load printers para no, e adicionar seções de compartilhamento individual apenas as impressoras que quer compartilhar. Seções de compartilhamento individual podem ser criadas para cada impressora, da mesma forma que elas são criadas para compartilhar arquivos. Além das opções de configuração de impressora anteriormente descritas, você pode usar qualquer opção pertinente descrita no Capítulo 9.

Um arquivo smb.conf com uma seção de compartilhamento para uma impressora específica pode conter o seguinte:

```
[global]
      workgroup  =  SYBEX
      server  string  =  Author's  Printer  server
      load  printers  =  no
      printing  =  lprng
      log  file  =  /var/log/samba/%m.log
      max  log  size  =  0
      security  =  user
      encrypt  passwords  =  yes
      smb  passwd  file  =  /etc/samba/smbpasswd
      socket  options  =  SO_RCVBUF=8192  SO_SNDBUF=8192
      dns  proxy  =  no
[homes]
      comment  =  Home  Directories
      browseable  =  no
      writable  =  yes
      valid  users  =  %S
      create  mode  =  0664
      directory  mode  =  0775
[hp5m]
      comment  =  PostScript  Laser  Printer
      path  =  /var/spool/samba
      browsable  =  no
      public  =  no
      writable  =  no
      create  mode  =  0700
      printable  =  yes
      printer  =  lp
```

Neste caso, nenhuma seção printers é incluída. Ao contrário, uma seção de compartilhamento chamada hp5m é adicionada, que compartilha a impressora lp. O nome de impressora (lp) deve ser encontrado no arquivo printcap para isto funcionar. O parâmetro name de printcap é autorizado por default em /etc/printcap.

Usando uma impressora SMB

Um sistema Linux pode ser um cliente SMB tão facilmente quanto pode ser um servidor SMB. Um usuário Linux pode imprimir em uma impressora SMB remota com um comando lpr padrão se a impressora SMB estiver corretamente definida no arquivo printcap. Nós usamos

Capítulo 10 – Serviços de impressão | **353**

a ferramenta printconf do Red Hat antes no capítulo, para definir uma impressora SMB remota. A tela printconf usada para criar esta impressora foi mostrada na Figura 10.5.

A entrada de printconf na Figura 10.5 criou esta entrada no printcap:

```
hp:\
      :sh:\
      :ml=0:\
      :mx=0:\
      :sd=/var/spool/lpd/hp:\
      :af=/var/spool/lpd/hp.acct:\
      :lp=|/usr/share/printconf/util/smbprint:\
      :lpd_bounce=true:\
      :if=/usr/share/printconf/util/mf_wrapper:
```

A chave para fazer este trabalho de entrada é o pipe (|) do script smbprint no parâmetro lp usado para esta impressora. O smbprint é um arquivo de script que usa smbclient para imprimir no sistema remoto.

A informação adicional digitada na janela do printconf é usada para configurar o script smbprint. Esta informação é armazenada no arquivo script.cfg no diretório de spool da impressora SMB. Uma olhada no parâmetro sd do arquivo printcap mostra o caminho do diretório de spool, e um comando cat mostra os conteúdos do arquivo script.cfg. A Listagem 10.7 mostra isto.

Listagem 10.7 - O arquivo script.cfg para uma impressora Samba.

```
$ cat /var/spool/lpd/hp/script.cfg
share='hp'
hostip='172.16.5.3'
user='   '
password=  '   '
workgroup='SYBEX'
translate='no'
```

O arquivo script.cfg contém seis entradas, que têm que estar exatamente na ordem mostrada. Se nenhum valor for fornecido para uma entrada, a entrada ainda aparece no arquivo, mas com uma entrada nula, por exemplo, password=' '. As seis entradas são:

share - Define o nome do recurso compartilhado, que é o nome de compartilhamento da impressora remota.

hostip - Especifica o endereço IP do servidor remoto.

user (usuário) - Define o nome de login do usuário no servidor remoto.

password (senha) - Define a senha requerida pelo servidor remoto para acessar a impressora.

workgroup (grupo de trabalho) - Identifica o grupo de trabalho ao qual o servidor de impressão pertence.

translate (traduzir) - Especifica se os caracteres de alimentação de linha serão traduzidos ou não em pares de retorno de carro/alimentação de linha.

Se o printcap for configurado corretamente, e o arquivo script.cfg contiver a informação necessária, um usuário em nosso sistema Linux de exemplo deve poder imprimir na impressora em 172.16.5.3 digitando **lpr -Php sample.txt**. A maioria dos usuários acha este o modo mais fácil para usar uma impressora SMB remota de um sistema Linux.

Porém, você também pode usar uma impressora remota diretamente pelo software smbclient. Usar smbclient para acessar arquivos compartilhados foi discutido no Capítulo 9, e imprimir com smbclient é bem parecido. Use smbclient da mesma maneira para se conectar ao recurso compartilhado, exceto que agora o recurso é uma impressora remota. Por exemplo:

```
smbclient  //parrot/hp  -W  SYBEX
```

Depois de se conectar à impressora compartilhada, use o mesmo comando put que você usa para transferir um arquivo ao servidor. Quando o smbclient transferir um arquivo para um recurso compartilhado com a opção printable, o arquivo é impresso. Por exemplo, para imprimir o arquivo sample.txt na impressora hp depois de se conectar àquela impressora com o comando smbclient, entre o seguinte:

```
smb:> put  sample.txt
```

Para um estudo detalhado em formato de livro sobre o Samba e compartilhamento de impressoras através o Samba, veja *Linux Samba Server Administration* por Rod Smith (Sybex, 2000).

Resumo

Compartilhamento de arquivos e impressoras são os serviços básicos de uma rede departamental. O Linux é uma plataforma excelente para fornecer estes serviços de rede, porque pode fornecer os serviços nativos esperados por clientes Unix, além dos mesmos serviços no formato nativo esperado por clientes Microsoft Windows. Outros servidores departamentais não fazem eficazmente um trabalho de integração de todos os seus clientes juntos em uma única rede.

Outro serviço que o Linux se supera é o e-mail. O próximo capítulo conclui a seção em servidores departamentais com uma discussão de serviços de correio departamentais.

11

Mais serviços de correio

Um servidor de correio departamental normalmente age como um servidor de caixa postal, que armazena as mensagens para seus clientes até que eles estejam prontos para carregá-las para os seus leitores. O serviço de caixa postal suporta sistemas e usuários móveis que não recebem mensagem em tempo real. Duas técnicas geralmente usadas que são oferecidas pelo Linux para criar um servidor de caixa postal são o Post Office Protocol (POP) e Internet Message Access Protocol (IMAP). Este capítulo usa ambos os protocolos para configurar um sistema Linux para agir como um servidor de caixa postal de departamento.

Além dos serviços essenciais de caixa postal, os sistemas Linux oferecem alguns serviços de correio adicionais que você pode querer usar. Estes incluem filtros de spam (correspondência não desejada) e ferramentas que são projetadas para ajudá-lo a limitar a quantidade de mensagens de lixo (*junk mail*) não desejado, que bombardeiam seus usuários.

Entendendo POP e IMAP

O sendmail, que foi coberto no Capítulo 5, "Configurando um servidor de correio", fornece suporte para SMTP - o protocolo de transporte de correio padrão para redes TCP/IP. Quando o sendmail é configurado para executar como um daemon, escuta a rede e coleta a mensagem que chega. Esta mensagem pode ser encaminhada, quando direcionado pelo arquivo /etc/aliases ou armazenada localmente na caixa postal do usuário dentro de /var/ mail. Se a mensagem for armazenada localmente no servidor, o usuário pode se registrar no servidor e ler a mensagem lá. Porém, a maioria dos usuários prefere ler suas mensagens em seus computadores pessoais. Todavia, eles não querem executar o sendmail nos seus sistemas para coletar mensagem em tempo real, por causa da complexidade do sendmail

356 | Linux: servidores de rede

e porque eles querem poder pegar estes sistemas offline a qualquer momento. Os Protocolos DNS, sendmail e de caixa postal se combinam para dar aos usuários o que eles querem. Registros MX no DNS enviam as mensagens ao servidor de correio. O sendmail, executado como um daemon, coleta e armazena as mensagens no servidor. Os protocolos de caixa postal movem a mensagem do servidor para o sistema do usuário quando o usuário estiver pronto para ler a mensagem. POP e IMAP geralmente são os dois protocolos usados para mover mensagens do servidor para o computador do usuário.

O protocolo POP

Há duas versões de POP: POP2 e POP3. Os protocolos POP verificam o nome de login do usuário e a senha, e movem a mensagem do usuário do servidor para o leitor de mensgens local do usuário. Ambos os protocolos executam as mesmas funções básicas, mas eles são incompatíveis. O POP2 usa a porta 109, e POP3 usa a porta 110. Os sistemas Linux vêm com ambas as versões de POP, mas o POP2 raramente é usado. A maioria dos clientes POP usa POP3.

O POP3 é definido na RFC 1939, "Post Office Protocol-Version 3". É um simples protocolo de pedido/resposta. O cliente envia um comando ao servidor, e o servidor responde ao comando. A Tabela 11.1 mostra o conjunto de comandos POP3 definido na RFC 1939.

Tabela 11.1 - Comandos POP3.

Comando	Função
USER *username*	O nome de usuário requerido para o login.
PASS *password*	A senha do usuário requerida para o login.
STAT	Pede o número de mensagens/bytes não lidos.
RETR *msg*	Recupera *mensagem de número msg*.
DELE *msg*	Apaga *mensagem de número msg*.
LAST	Pede o número da última mensagem acessada.
LIST [*msg*]	Pede o tamanho da mensagem msg ou de todas as mensagens.
RSET	Recupera mensagens apagadas, e reajusta o número da mensagem para 1.
TOP *msg n*	Imprime os cabeçalhos e as primeiras *n* linhas da mensagem de número msg
NOOP	Não faz nada, exceto pedir uma resposta OK ao servidor remoto.
APOP *mailbox string*	Identifica uma caixa postal, e fornece uma string resumo do MD5 para autenticação. Usado como uma alternativa a USER/PASS.
UIDL [*msg*]	Pede o ID único para o número da mensagem especificada, ou uma listagem de IDs únicos para todas as mensagens.
QUIT	Finaliza a sessão de POP3.

Capítulo 11 – Mais serviços de correio | **357**

O protocolo POP3 é simples o bastante para ser acessado sobre uma conexão telnet. A Listagem 11.1 mostra uma sessão de exemplo de POP3 que demonstra a função de vários dos comandos de protocolo.

Listagem 11.1 - Usando o protocolo POP com telnet.

```
$ telnet localhost 110
Trying 127.0.0.1...
Connected to ani.foobirds.org.
Escape character is '^]'.
+OK POP3 ani.foobirds.org v2000.70rh server ready
USER craig
+OK User name accepted, password please
PASS Wats?Watt?
+OK Mailbox open, 4 messages
STAT
+OK 4 8184
LIST
+OK Mailbox scan listing follows
1 1951
2 1999
3 2100
4 2134
.
RETR 1
+OK 1951 octets
... an e-mail message 1951 bytes long ...
.
DELE 1
+OK Message deleted
QUIT
+OK Sayonara
Connection closed by foreign host.
```

As primeiras três linhas depois do comando telnet (Trying, Connected e Escape) são saídas do comando telnet, como é a última linha (Connection closed). Todas as outras linhas na Listagem 11.1 são comandos e respostas do POP3. Respostas positivas começam com a string +OK, que indica que o comando executou com sucesso. Quando um comando falhar, a resposta começa com a string -ERR. A primeira resposta +OK na Listagem 11.1 é em resposta ao pedido de conexão de telnet. A resposta indica que o servidor POP está pronto.

O usuário então se registra com os comandos USER e PASS. O nome de usuário e senha fornecidos aqui têm que combinar um nome de usuário e senha válidos no arquivo /etc/ passwd. Observe que a senha é enviada como texto claro. O POP3 fornece um mecanismo de login utilizando MD5, mais seguro, pelo comando APOP.

O comando STAT e o comando LIST são usados para indagar sobre as mensagens armazenadas na caixa postal. STAT mostra que há quatro mensagens com um comprimento total de 8.184 bytes. O comando LIST mostra o tamanho de cada mensagem individual na caixa postal. Quando vem para o servidor, o tamanho importa porque o sistema carregando o servidor precisa saber se tem espaço em disco suficiente para armazenar a mensagem. Na Listagem 11.1, todas as mensagens de correio são pequenas, assim o armazenamento não é um problema.

358 | Linux: servidores de rede

A primeira mensagem da caixa postal é carregada com o comando RETR 1. É então removida da caixa postal de servidor com o comando DELE 1. Normalmente, as mensagens são recuperadas em ordem, e são apagadas depois que são recuperadas, mas não têm que ser assim. Ao usar telnet para introduzir os comandos POP, você tem completo controle. Você pode carregar mensagens fora de ordem, não precisa remover as mensagens que baixa e não precisa baixar as mensagens que apaga. Remover mensagens, ao invés de baixá-las geralmente é muito útil. Na ocasião, uma mensagem corrompida ou grande demais armazenada no servidor causa problemas para trazê-las ao desktop cliente. Do cliente, o usuário pode se registrar por telnet, e apagar a mensagem desagradável para ter tudo executando normalmente novamente.

É claro que uma conexão POP normalmente não é executada manualmente sobre uma conexão telnet. Isto só é feito aqui para ilustrar a função do protocolo. Só utilize telnet para a porta POP, com a finalidade de teste. Usando seu conhecimento do protocolo e a configuração, você pode fazer telnet para a porta POP, e testar se seu servidor responde. O teste via telnet prova que o daemon está disponível, instalado e pronto para executar.

O protocolo IMAP

O Internet Message Access Protocol (IMAP) é uma alternativa para o POP. Fornece o mesmo serviço básico como o POP, e adiciona recursos para dar suporte de sincronização de caixa postal. *Sincronização de caixa postal* é a habilidade de ler mensagens de correio individuais em um cliente ou diretamente no servidor, enquanto mantém a caixa postal em ambos os sistemas completamente em dia.

Em um servidor POP comum, o conteúdo inteiro da caixa postal é movido para o cliente, e é apagado do servidor ou retido como se nunca tivesse sido lido. Remoção de mensagens individuais no cliente não é refletido no servidor, porque todas as mensagens são tratadas como uma única unidade que é apagada ou retida depois da transferência inicial de dados para o cliente. O IMAP fornece a habilidade de manipular mensagens individuais no cliente ou no servidor, e ter estas mudanças refletidas nas caixas postais de ambos os sistemas.

Como o protocolo POP, o IMAP também é um protocolo de pedido/resposta com um pequeno conjunto de comandos. A Tabela 11.2 lista o conjunto básico de comandos IMAP da versão 4 do protocolo IMAP.

Tabela 11.2 - Comandos do IMAP4.

Comando	Uso
CAPABILITY	Lista os recursos suportados pelo servidor.
NOOP	Literalmente significa "Nenhuma Operação", mas às vezes é usado como um modo de apuração de mensagens novas ou atualizações do status da mensagem.
LOGOUT	Termina a conexão.
AUTENTIQUE	Pede um método de autenticação alternativo.

Capítulo 11 – Mais serviços de correio | 359

Tabela 11.2 - Comandos do IMAP4. (continuação)

Comando	Uso
LOGIN	Abre a conexão, e fornece o nome de usuário e senha para autenticação de texto plano.
SELECT	Abre uma caixa postal.
EXAMINE	Abre uma caixa postal como somente leitura.
CRATE	Cria uma caixa postal nova.
DELETE	Remove uma caixa postal.
RENAME	Muda o nome de uma caixa postal.
SUBSCRIBE	Acrescenta uma caixa postal à lista de caixas postais ativas.
UNSUBSCRIBE	Apaga um nome de caixa postal da lista de caixas postais ativas.
LIST	Exibe os nomes de caixas postais solicitadas do conjunto completo de todas as caixas postais disponíveis.
LSUB	Exibe os nomes de caixas postais solicitadas do conjunto de caixas postais ativas.
STATUS	Pede o status de uma caixa postal.
APPEND	Acrescenta uma mensagem ao final da caixa postal especificada.
CHECK	Força uma checagem da caixa postal atual.
CLOSE	Fecha a caixa postal, e remove todas as mensagens marcadas para remoção.
EXPUNGE	Remove da caixa postal atual todas as mensagens que estão marcadas para remoção.
SEARCH	Exibe todas as mensagens na caixa postal que combinam com os critérios de procura especificados.
FETCH	Recupera uma mensagem da caixa postal.
STORE	Modifica uma mensagem na caixa postal.
COPY	Copia as mensagens especificadas para o fim da caixa postal selecionada.
UID	Procura ou vai buscar mensagens baseado no ID da mensagem.

Este conjunto de comandos é mais complexo do que o usado pelo POP, porque o IMAP faz mais. O protocolo é projetado para manter caixas postais que são armazenadas no servidor remotamente, e os comandos do protocolo claramente ilustram a orientação de "caixa postal" do IMAP. Apesar da maior complexidade do protocolo, ainda é possível fazer um teste simples de seu servidor IMAP usando telnet e um número pequeno dos comandos IMAP. A Listagem 11.2 mostra isto.

360 | Linux: servidores de rede

Listagem 11.2 - Testando IMAP com *telnet*.

```
$ telnet localhost imap
Trying 127.0.0.1...
Connected to ani.foobirds.org.
Escape character is '^]'.
* OK [CAPABILITY IMAP4 IMAP4REV1 STARTTLS LOGIN-REFERRALS
->AUTH=LOGIN] ani.foobirds.org IMAP4rev1 2000.287rh
->at Mon, 6 May 2002 17:36:57 -0400 (EDT)
a0001 login craig Wats?Watt?
a0001 OK LOGIN completed
a0002 select inbox
* 3 EXISTS
* 0 RECENT
* OK [UIDVALIDITY 965125671] UID validity status
* OK [UIDNEXT 5] Predicted next UID
* FLAGS (\Answered \Flagged \Deleted \Draft \Seen)
* OK [PERMANENTFLAGS (\* \Answered \Flagged \Deleted
->\Draft \Seen)] Permanent flags
* OK [UNSEEN 1] first unseen message in /var/spool/mail/craig
a0002 OK [READ-WRITE] SELECT completed
a0003 fetch 1 body[text]
* 1 FETCH (BODY[TEXT] {1440}
... an e-mai7 message that is 1440 bytes Iong ...
* 1 FETCH (FLAGS (\Seen))
a0003 OK FETCH completed
a0004 store 1 +flags \deleted
* 1 FETCH (FLAGS (\Seen \Deleted))
a0004 OK STORE completed
a0005 close
a0005 OK CLOSE completed
a0006 logout
* BYE ani.foobirds.org IMAP4rev1 server terminating connection
a0006 OK LOGOUT completed
Connection closed by foreign host.
```

Novamente, as primeiras três linhas e a última linha vêm do telnet; todas as outras mensagens vêm do IMAP. O primeiro comando IMAP digitado pelo usuário é LOGIN, que fornece o nome de usuário e senha do /etc/passwd usado para autenticar este usuário. Observe que o comando é precedido pela string a0001. Esta é uma *tag*, que é um identificador único gerado pelo cliente para cada comando. Todo comando tem que começar com uma tag. Quando você digita manualmente comandos para um teste, você é a fonte das tags.

O IMAP é um protocolo orientado a caixa postal. O comando SELECT é usado para selecionar a caixa postal que será usada. Na Listagem 11.2, o usuário seleciona uma caixa postal chamada *inbox*. O servidor IMAP exibe o status da caixa postal que contém três mensagens. Associadas com cada mensagem estão várias sinalizações. As sinalizações são usadas para administrar as mensagens na caixa postal marcando-as como Seen (visto), Unseen (não visto), Deleted (apagada) e assim por diante.

Capítulo 11 – Mais serviços de correio | **361**

O comando FETCH é usado para baixar uma mensagem da caixa postal. Na Listagem 11.2, o usuário baixa o texto da mensagem que é o que você normalmente vê ao ler uma mensagem. Porém, é possível baixar só os cabeçalhos ou sinalizações.

Neste exemplo, depois que a mensagem é transferida para o cliente, é apagada. Isto é feito escrevendo a sinalização Deleted com o comando STORE. O comando DELETE não é usado para apagar mensagens; apaga caixas postais inteiras. Mensagens individuais são marcadas para remoção ajustando a sinalização Deleted. Mensagens com a sinalização Deleted ajustada não são apagadas até o comando EXPUNGE ser emitido ou a caixa postal estiver explicitamente fechada com o comando CLOSE, como é feito na Listagem 11.2. A sessão na Listagem 11.2 é então terminada com o comando LOGOUT.

É óbvio que o protocolo IMAP é muito mais complexo que o POP. Está quase no limite do que pode ser razoavelmente digitado manualmente. Claro que você realmente não digita manualmente estes comandos. O sistema de desktop e o servidor os trocam automaticamente. Eles são mostrados aqui só para lhe dar uma noção do protocolo IMAP. O único teste de IMAP que você faz manualmente é testar se o imapd está ativo e executando. Para fazer isso, você nem mesmo precisa estar registrado. Se o servidor responder o telnet, você sabe que está ativo e executando. Tudo que precisa então fazer é enviar o comando LOGOUT para fechar a conexão naturalmente.

Executando os daemons POP e IMAP

O teste na Listagem 11.1 mostra a execução de POP, e o teste na Listagem 11.2 mostra imapd ativo e executando. Porém, um teste em um sistema Red Hat instalado recentemente retorna o erro Connection refused (conexão rejeitada).

```
$ telnet localhost imap
Trying 127.0.0.1...
telnet: connect to address 127.0.0.1: Connection refused
$ telnet localhost pop3
Trying 127.0.0.1...
telnet: connect to address 127.0.0.1: Connection refused
```

Entre as possíveis causas para este erro no localhost, pode ser que você não instalou POP ou IMAP. POP e IMAP podem ser instalados durante a instalação inicial, ou usando RPM depois. Se seu sistema não tiver POP e IMAP, o código-fonte para uma versão comum destes daemons pode ser obtido por FTP anônimo de ftp.cac.washington.edu, onde está armazenado o arquivo /imap/imap.tar.Z. Nosso sistema Red Hat de exemplo tem POP e IMAP instalados, como a Figura 11.1 ilustra.

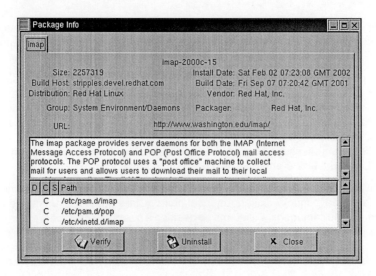

Figura 11.1 - Consulta de RPM do pacote IMAP.

POP e IMAP estão contidos no RPM IMAP. A Figura 11.1 mostra a consulta gnorpm do pacote IMAP em nosso sistema Red Hat de exemplo. A consulta mostra que IMAP está instalado, e examinando os detalhes fornecidos pela consulta mostra que o POP está incluído no pacote. Ainda, nem o daemon IMAP nem o daemon POP respondem a conexões. O erro Connection refused aparece até mesmo em nosso sistema Red Hat de exemplo, no qual o software foi instalado durante a instalação inicial.

O Red Hat inicia o POP e o IMAP a partir do xinetd. O diretório /etc/xinetd.d contém cinco arquivos de configuração xinetd diferentes, relativos ao POP e ao IMAP:

imap - xinetd usa este arquivo para iniciar o IMAP quando o tráfego chegar na porta 143.

ipop2 - xinetd usa este arquivo para iniciar o POP2 quando o tráfego chegar na porta 109. O POP2 raramente é usado.

ipop3 - xinetd usa este arquivo para iniciar o POP3 quando o tráfego chegar na porta 110. O POP3 é a versão do POP geralmente usada.

imaps - xinetd usa este arquivo para iniciar IMAP versão 4 quando o tráfego chegar na porta 993. A porta 993 é usada para tráfego de IMAP quando este tráfego for encapsulado em um túnel SSL.

pop3s - xinetd usa este arquivo para iniciar o POP3 quando o tráfego chegar na porta 995. A porta 995 é usada para tráfego de POP quando este tráfego for encapsulado em um túnel SSL.

Todos estes serviços estão desabilitados por default em um sistema Red Hat. Use chkconfig para habilitar os serviços que desejar. Por exemplo, para habilitar IMAP, você pode entrar o seguinte:

```
[root]# chkconfig —list imap
imap        off
[root]# chkconfig imap on
[root]# chkconfig —list imap
imap        on
```

É claro que nem todos os sistemas usam xinetd. Alguns iniciam POP e IMAP usando inetd. Se seu sistema usa inetd e o serviço não inicia sob demanda, provavelmente é comentado no arquivo inetd.conf.

```
$ grep imapd /etc/inetd.conf
#imap stream    tcp    nowait    root  /usr/sbin/tcpd  imapd
```

Remova o # no começo da entrada imapd no arquivo inetd.conf para habilitar o IMAP, e então mande para o processo inetd um sinal SIGHUP, para fazê-lo ler outra vez a configuração.

Executar outra vez o teste de telnet depois de editar inetd.conf ou habilitar IMAP com o comando chkconfig deve mostrar que o IMAP está executando em seu servidor, porque nem o daemon POP nem o daemon IMAP requerem qualquer configuração especial. Todos os usuários que têm uma conta de usuário válida no sistema estão autorizados a baixar mensagens utilizando o POP ou o IMAP.

Usando POP ou IMAP a partir de um cliente

Você é responsável por dar ao usuário a informação correta para configurar o agente de correio dele. O usuário precisa saber o seguinte:

- O nome de host do servidor de correio
- O nome de usuário e senha requeridos pelo servidor de correio
- Se POP ou IMAP devem ser usados

A Figura 11.2 mostra um usuário configurando esta informação para o Netscape Communicator.

Figura 11.2 - Configurando o cliente de correio.

Esta janela em particular permite ao usuário selecionar POP3, IMAP ou algo chamado *Movemail* da lista Server Type (tipo de servidor). Por ora, o significado de POP3 e IMAP é óbvio, mas Movemail é algo novo. Movemail simplesmente copia as mensagens do diretório de spool de mensagens do sistema para o diretório de mensagens do Netscape do usuário. Movemail só funciona quando o computador local também for o servidor de correio. É claro que com um computador Linux isto é possível.

Observe também que a janela de configuração lhe permite nomear dois computadores diferentes para mensagens de saída e mensagens de chegada. É possível para o servidor de caixa postal departamental e para o servidor que envia mensagens para o mundo externo serem dois computadores diferentes.

Parando spam de e-mail

SPAM é uma carne enlatada mundialmente famosa da Hormel Food. *Spam de Internet* não é - é e-mail de lixo. E-mails de spam são os anúncios não solicitados que você recebe, que tentam lhe vender um diploma de faculdade, feromônios que as mulheres não podem resistir ou pornografia se estes feromônios não funcionam. Eu estou certo de que você sabe o que quero dizer, porque todo mundo conectado à Internet recebe toneladas destas coisas.

Uma de suas tarefas como administrador de um servidor de correio é reduzir a quantidade de mensagens de lixo que se move pela rede. As técnicas usadas para esta tarefa são o tópico desta seção.

Capítulo 11 – Mais serviços de correio | **365**

Spam, Spam, Spam, Spam e Spam

Em uma clássica sátira do Monty Python, John Cleese interpreta um garçom recitando um menu. No princípio, o menu tem uma seleção de SPAM, mas com cada recitação do menu, cada vez mais itens se tornam SPAM, até que ele finalmente descreve o menu como "Spam, spam, spam, spam e spam".

Similarmente, spam de e-mail se reproduz por toda possível lista de clientes, até que você se encontra com uma caixa postal cheia de exatamente a mesma mensagem repetida inúmeras vezes. É esta repetição estúpida que dá ao e-mail de spam seu nome.

Não seja uma fonte de spam

Seu primeiro dever na guerra do spam é ter certeza que seu sistema não é uma fonte de spam. Seu sistema pode ser uma fonte de spam localmente gerado, ou pode ser um retransmissor para spam gerado em outro lugar. Você precisa responder a ambas as possibilidades.

Defina uma política de uso aceitável

Para prevenir spam gerado localmente, você precisa ter certeza que todos usando seu servidor sabem que enviar anúncios não solicitados de seu servidor não é permitido. Eu tenho que admitir que a idéia de tal coisa é estranha a mim. As agências de governo e grandes empresas com as quais eu trabalho despediriam *qualquer um* que abuse de propriedades da corporação,sob qualquer forma, deixando sozinho qualquer um executando propaganda de uma firma privada em um servidor corporativo!

Mas sua situação pode ser diferente. Você pode estar oferecendo um serviço comunitário em seu sistema. Neste caso, você precisa de uma Acceptable Use Policy (política de uso aceitável) (AUP) escrita que diga para as pessoas que tipo de uso é permitido e o que não é. Se você não estiver certo com o que uma AUP deve se parecer, pergunte a seu ISP, ou verifique um ISP nacional. Todos os grandes ISPs têm alguma forma de AUP.

Execute o daemon de identificação

Executar o servidor de auth (identd) também ajuda a desencorajar spammers locais. O daemon de identificação monitora a porta 113. Se obtiver um pedido de um sistema remoto, diz a este sistema o nome do usuário executando o processo de conexão atual a este sistema. Isto permite servidores de correio remotos colocar um nome de usuário real no cabeçalho Received: (recebido:) em e-mail entrante.

Alguns especialistas de segurança afastam-se de identd porque ele envia nomes de usuário local a sistemas remotos. Porém, esconder nomes de usuário não fornece qualquer segurança real, assim usar identd para fornecer o nome do usuário executando um processo é um risco mínimo. O Red Hat até mesmo inclui uma versão criptografada de identd, chamada pidentd, com uma distribuição que minimiza o risco. O pidentd criptografa respostas de identd saindo com uma chave secreta. Em uso normal, isto acaba sendo apenas uma geringonça para o site remoto, que assegura que sites remotos não podem usar a resposta

366 | *Linux: servidores de rede*

de identd para coletar o nome de usuário. Mas se um incidente de segurança acontecer, o administrador de sistema remoto pode vir a você, e depois que determinar que o pedido é legítimo, você pode decodificar a string e rastrear o usuário problema.

Como configurar corretamente a retransmissão de mensagens

Além de desencorajar os usuários locais de gerar spam, você precisa desencorajar os usuários remotos de usar seu servidor como uma ferramenta para distribuir spam. Ninguém gosta de spammers, e os spammers sabem disto. Eles fazem o seu melhor para esconder a verdadeira fonte do spam, retransmitindo as mensagens de lixo deles pelos servidores de outras pessoas. Se seu servidor de correio permitir retransmissão, os spammers podem fazer uso disto.

Para desencorajar o spam, a configuração default do sendmail manipula corretamente o correio local, mas não retransmite mensagens para qualquer fonte externa. Isto é apenas o oposto de versões de sendmail antes da distribuição 8.9. que retransmitiam todas as mensagens por default. Se seu sistema executa uma versão mais antiga do sendmail, você deve atualizar para obter a gama completa de ferramentas anti-spam.

Bloquear toda retransmissão funciona na maioria dos casos porque a maior parte dos sistemas que executam sendmail não são servidores de correio - eles são sistemas Linux e Unix de desktop dedicados a um único usuário. Já que a mensagem do usuário se origina no sistema que está executando o sendmail, a mensagem é manipulada como mensagem local, e a retransmissão não é requerida.

Bloquear toda retransmissão não funciona se o sistema for um servidor de correio. A maioria das mensagens que um servidor de correio entrega, tem origem em seus clientes - estes podem ser PCs Microsoft Windows que não executam seu próprio programa sendmail. Bloquear a retransmissão no servidor faz o cliente obter um erro ao tentar enviar mensagens.

Para criar um servidor de correio, você tem que permitir algum nível de retransmissão. Selecione o recurso correto da seguinte lista de recursos do sendmail para reduzir as restrições de retransmissão, suficiente o bastante para ter o trabalho bem feito:

FEATURE('promiscuous_relay') - Diz para sendmail retransmitir mensagens de todas as fontes.

FEATURE('relay_entire_domain') - Diz para o sendmail retransmitir mensagens de qualquer domínio local; quer dizer, qualquer domínio definido na classe M. (Não se lembra das classes do sendmail? Recorra ao Capítulo 5.)

FEATURE('relay_based_on_MX') - Diz para sendmail retransmitir mensagens para qualquer host para o qual o host local é o servidor MX.

FEATURE('relay_local_from') - Diz para sendmail retransmitir mensagens que contém o domínio local no cabeçalho MAIL FROM:.

FEATURE('accept_unresolvable_domains') - Diz para sendmail aceitar mensagens de um host, até mesmo se ele não puder ser encontrado no DNS ou na tabela de hosts. Normalmente, mensagens de hosts que não existem no sistema de nome de domínio é rejeitado.

Para tornar um sistema que bloqueia toda a retransmissão em um servidor de correio, crie um arquivo de configuração que permita o nível apropriado de retransmissão. Por exemplo, você pode criar uma variação do arquivo DOMAIN de foobirds.m4 usado no Capítulo 5. A Listagem 11.3 mostra tal variação.

Listagem 11.3 - Permitindo retransmissão de mensagens.

```
divert(0)
VERSIONID('foobirds.m4  03/16/2002')
define('confFORWARD_PATH',  '$z/.forward.$w+$h:$z/.forward+$h:$z/
->.forward.$w:$z/.forward')dnl
define('confMAX_HEADERS_LENGTH',  '32768')dnl
FEATURE('relay_entire_domain')
FEATURE('redirect')dnl
FEATURE('use_cw_file')dnl
EXPOSED_USER('root')
MASQUERADE_AS(foobirds.org)
FEATURE(masquerade_envelope)
FEATURE(genericstable)
```

Este arquivo contém todos os mesmos recursos descritos no Capítulo 5, mais o recurso relay_entire_domain. Este recurso adicional lhe permite usar a classe M como um modo de identificar estes hosts cujas mensagens o servidor deve retransmitir.

> **AVISO** Tenha cuidado para não enfraquecer tanto a configuração de forma a que você se torne uma fonte de spam! Todas os recursos listados antes debilitam a barreira para retransmissão de correio, mas alguns são piores que outros. promiscuous_relay não deve ser usado, porque transforma o sistema em um retransmissor de spam em potencial. Evite o recurso relay_local_from porque ele é muito fácil para spammers escreverem qualquer coisa que queiram no cabeçalho MAIL FROM:, incluindo seu nome de domínio local. Adicionalmente, accept_unresolvable_domains não deve ser usado, a menos que seja absolutamente requerido. Ele é planejado para quando sendmail realmente não puder solucionar nomes de domínio, como em um sistema Linux em um laptop, que nem sempre tem acesso a um servidor DNS.

Usando o sendmail para bloquear spam

O mundo agradecerá que seu servidor não seja uma fonte para mensagens de lixo, mas seus usuários só estarão contentes se eles não forem os alvos para spam. Duas técnicas que o sendmail oferece para bloquear spam que chegam são um serviço baseado em DNS para bloquear fontes de spam, e um banco de dados local que controla acesso. Esta seção examina ambas as técnicas.

Usando a Realtime Blackhole List

O modo mais simples para bloquear spam é deixar outra pessoa fazer isto. O sendmail lhe permite usar a Realtime Blackhole List (lista negra de tempo real) (RBL) que vem do Mail Abuse Prevention System (sistema de prevenção de abuso de correio) (MAPS). Visite o site da web em mail-abuse.org/rbl para descobrir mais sobre o sistema MAPS.

Usar a RBL é muito fácil porque o sistema é implementado por DNS. Todo sistema Linux pode emitir consultas DNS, assim este é um modo muito eficaz para distribuir informação. É claro que um programa só pode fazer uso da informação se ele a entender. O sendmail entende. Se você quiser usar a RBL MAPS para bloquear spam, acrescente o seguinte recurso à sua configuração de sendmail:

```
FEATURE('dnsbl')
```

Com este recurso habilitado, as mensagens de todo site listado na RBL do MAPS é rejeitado.

Há muitos sistemas listados na RBL do MAPS. O MAPS possui uma política muito dura. Qualquer site que retransmite spam - que pode ser seu site se você não configurar corretamente sendmail - é listado na RBL. A RBL é uma das razões porque é essencial configurar a retransmissão corretamente. Um erro na configuração de retransmissão pode fazer com que seu site seja acrescentado à lista negra. Se um site pára de retransmitir spam, é retirado da lista depois de aproximadamente um mês. Se seu site tiver sido adicionado a RBL, peça para tê-lo removido da lista, seguindo as instruções do MAPS no site da web.

Embora isto seja simples, não é perfeito, porque você não pode escolher quais sites listados na RBL são rejeitados. É uma proposição tudo-ou-nada. Na realidade, isso é o que o torna tão fácil quanto ligar e desligar o interruptor de luz. Isto significa que você pode ser bloqueado de receber e-mail de um site amigável só porque o administrador daquele site esqueceu de desabilitar a retransmissão. Por isto, algumas organizações decidem construir sua própria lista negra baseada em DNS.

O recurso dnsbl aceita dois argumentos. O primeiro destes é o nome do domínio que contém a lista negra, que padroniza para a localização da RBL do MAPS. Aponte este argumento ao domínio no qual você construiu sua própria lista negra. Se o administrador de DNS criou tal lista no domínio dnsbl.foobirds.org, o seguinte comando configura o sendmail para fazer uso disto:

```
FEATURE('dnsbl', 'dnsbl.foobirds.org')
```

Para isto funcionar, o administrador de DNS precisa colocar as entradas apropriadas no servidor DNS. Entradas de lista negra simplesmente são registros de endereço de DNS. Os registros são construídos invertendo o endereço IP do sistema colocado na lista negra para criar um campo de nome de DNS para o registro e usar o endereço 127.0.0.2 como o campo de dados do registro de endereço. Este formato significa que os hosts são colocados na lista negra por endereço IP em vez de através de nomes. Por exemplo, para colocar na lista negra clueless.nexploited.com,

Capítulo 11 – Mais serviços de correio | **369**

cujo endereço IP é 192.168.72.37, coloque um registro de endereço para o hostname 37.72.168.192 dentro de seu domínio de lista negra. Algumas entradas de lista negra de exemplo do arquivo de zona dnsbl.foobirds.org podem se parecer com o seguinte:

```
18.12.20.172.dnsbl.foobirds.org.     IN A   127.0.0.2
16.16.31.172.dnsbl.foobirds.org.     IN A   127.0.0.2
37.72.168.192.dnsbl.foobirds.org.    IN A   127.0.0.2
9.200.168.192.dnsbl.foobirds.org.    IN A   127.0.0.2
```

Depois que a zona de DNS foi criada e uma configuração de sendmail foi construída com o recurso de dnsbl correto, a configuração nova pode ser testada usando a opção -bt com o comando sendmail. A Listagem 11.4 mostra um teste do domínio dnsbl.foobirds.org.

Listagem 11.4 - Testando o recurso *dnsbl*.

```
$ sendmail -bt -Ctest-dnsbl.cf
ADDRESS TEST MODE (ruleset 3 NOT automatically invoked)
Enter <ruleset> <address>
> .D{client_addr}172.16.12.1
> Basic_check_relay <>
rewrite: ruleset 192 input: < >
rewrite: ruleset 192 returns: OK
> .D{client_addr}192.168.72.37
> Basic_check_relay <>
rewrite: ruleset 192 input: < >
rewrite: ruleset 192 returns: $# error $@ 5 . 7 . 1
        $: "550 Mail from " 192 . 168 . 72 . 37
        " refused by blackhole site dnsbl.foobirds.org"
> ^D
```

A variável client_addr geralmente contém o endereço IP do sistema remoto que iniciou a conexão de correio. Já que isto é um teste -bt, não há nenhuma conexão de correio envolvida, assim nós usamos o comando .D para colocar um valor de teste na variável client_addr. Depois, o conjunto de regra Basic_check_relay é executado sem qualquer endereço digitado, por que os caracteres de foco de endereço < e > são usados, mas não incluem qualquer valor de endereço. O conjunto de regra Basic_check_relay processa o endereço encontrado em client_addr. O primeiro teste mostra que o endereço local 172.16.12.1 é uma fonte aceitável para e-mail. Depois, o endereço 192.168.72.37 é armazenado em client_addr, e o conjunto de regra Basic_check_relay é executado novamente.

Neste momento, o endereço é encontrado no domínio dnsbl.foobirds.org, e o conjunto de regra Basic_check_relay devolve a mensagem de erro 550 Mail from 192.168.72.37 refused by blackhole site dnsbl.foobirds.org (550 correio de 192.168.72.37 recusado pelo site de lista negra dnsbl.foobirds.org).

O segundo argumento disponível para o recurso dnsbl é a mensagem de erro que deve ser exibida quando o correio é rejeitado por causa do servidor de lista negra. A mensagem default a exibida ao término da Listagem 11.4. Seu formato é 550 Mail from $&{client_addr} refused by blackhole site *dnsbl-domain* (550 correio de $&{client_addr} recusado pelo site de lista negra dnsbl-domain), onde $&{client_addr} é o endereço IP que foi rejeitado e *dnsbl-domain* é o valor do primeiro argumento fornecido ao recurso dnsbl. Embora eu não veja

Linux: servidores de rede

nenhuma vantagem em mudar a mensagem de erro padrão, você pode mudá-la para "Mail rejected. "$&{client_addr} " is a suspected spam relay." (correio rejeitado. $&{lient_addr} é retransmissor de spam suspeito) com o seguinte comando:

```
FEATURE('dnsbl', 'dnsbl.foobirds.org', '"Mail rejected.
->"$&{client_addr}" is a suspected spam relay."')dnl
```

Como sempre, a escolha entre usar o RBL do MAPS ou construir seu próprio servidor de lista negra é uma escolha entre simplicidade e flexibilidade. Se seu site for pequeno, você pode ter um número limitado de outros sites com os quais troca mensagens, e pode acreditar que a probabilidade de quaisquer destes sites aparecerem na RBL é muito remota. Adicionalmente, você provavelmente não tem pessoal necessário disponível para construir e manter seu próprio site de lista negra. Por estas razões um site pequeno pode escolher a simplicidade. Se você executar o servidor de correio para um site grande, pode querer definir sua própria lista de acesso de e-mail para assegurar que a conectividade continuada a todos os sites que quer alcançar está sob seu controle direto. Criar seu próprio servidor de lista negra é uma técnica que o sendmail fornece para você fazer isso. Outra é definir controles de acesso no banco de dados de acesso.

Entendendo o banco de dados de acesso

O banco de dados de acesso do sendmail define fontes de e-mail que usam endereços de e-mail, nome de domínio e números de rede IP, junto com a ação que o sendmail deve tomar quando recebe mensagens da fonte especificada. Por exemplo:

```
spammer@bigisp.com   REJECT
wespamu.com REJECT
172.18    REJECT
```

Este banco de dados diz para sendmail rejeitar qualquer mensagem do endereço de e-mail spammer@bigisp.com, de qualquer host no domínio wespamu.com, e de qualquer computador cujo endereço IP começa com número de rede 172.18. Cada entrada no banco de dados começa com a origem da mensagem, seguida por uma palavra-chave que diz ao sendmail que ação tomar. A Tabela 11.3 lista as palavras-chaves válidas e as ações que elas causam.

Tabela 11.3 - Ações do banco de dados de acesso.

Palavra-chave	Ação
DISCARD	Rejeita qualquer mensagem recebida da fonte especificada.
OK	Aceita mensagens da fonte especificada.
REJECT	Emite uma mensagem de erro, e rejeita qualquer mensagem de ou para o endereço especificado.
RELAY	Retransmite correio vindo ou saindo do endereço especificado.
Error *message*	Retorna a mensagem de erro especificada para o endereço de origem

Capítulo 11 – Mais serviços de correio | **371**

Uma extensão para o banco de dados anteriormente mostrado ilustra como estas ações são usadas. A Listagem 11.5 contém este banco de dados de acesso mais completo.

Listagem 11.5 - Um banco de dados de acesso de exemplo para o *sendmail.*

```
spammer@bigisp.com   REJECT
wespamu.com          REJECT
172.18               DISCARD
example.org          OK
129.6                RELAY
weselljunk.com       550 Junk mail is not accepted
```

Os comandos REJECT fazem o sendmail retornar uma mensagem de erro à fonte e então descartar a mensagem que chega. O comando DISCARD descarta a mensagem sem mandar qualquer mensagem de volta à fonte. A maioria das autoridades anti-spam desencoraja descartar silenciosamente o correio, porque eles sentem que não desencoraja o spammer. Para o conhecimento dele, você recebeu a mensagem, assim ele apenas continua enviando mais lixo.

O comando OK faz o sendmail aceitar mensagem de example.org, indiferente a outras condições. Por exemplo, se a mensagem chegar de um hostname que inclui o domínio example.org e não pode ser solucionado pelo DNS, o sendmail aceita esta mensagem, embora o recurso accept_unresolvable_domains não esteja habilitado. Para fazer isto, você deve, claro, confiar totalmente em example.org.

O comando RELAY faz sendmail retransmitir mensagens para rede 129.6, embora a retransmissão básica não esteja habilitada no sistema. Como o comando OK, usar o comando RELAY significa que você confia plenamente em todo host na rede 129.6. Se você não tiver qualquer outra coisa em seu banco de dados, provavelmente quer uma entrada RELAY como esta para sua própria rede.

Como discutido antes, o sendmail bloqueia todo a retransmissão de mensagens- até mesmo mensagens de seus clientes. Uma entrada de banco de dados de acesso como 172.16.5 RELAY habilita retransmissão para todo host anexado à rede especificada.

Usando o banco de dados de acesso com o *sendmail*

Depois de construir o banco de dados, você também precisa deixar o sendmail saber que você tem um banco de dados de acesso, e quer usá-lo. Use o recurso access_db para fazer isso.

Suponha que você está usando a configuração que foi criada no Capítulo 5. Nós criamos dois arquivos personalizados: um arquivo DOMAIN especificamente para o domínio foobirds.org e um arquivo linux.mc para incluir o arquivo DOMAIN personalizado na configuração de sendmail. Já que o banco de dados de acesso é específico a nosso servidor, acrescentamos o recurso necessário ao arquivo DOMAIN de foobirds.m4, como mostrado na Listagem 11.6.

372 | Linux: servidores de rede

Listagem 11.6 - Acrescentando o banco de dados de acesso à configuração.

```
divert(0)
VERSIONID('foobirds.m4  03/16/2002')
define('confFORWARD_PATH', '$z/.forward.$w+$h:$z/.forward+$h:$z/
->.forward.$w:$z/.forward')dnl
define('confMAX_HEADERS_LENGTH', '32768')dnl
FEATURE('access_db', 'hash -o /etc/mail/access')
FEATURE('redirect')dnl
FEATURE('use_cw_file')dnl
EXPOSED_USER('root')
MASQUERADE_AS(foobirds.org)
FEATURE(masquerade_envelope)
FEATURE(genericstable)
```

Este é o mesmo arquivo foobirds.m4 descrito no Capítulo 5, com uma adição. O primeiro FEATURE listado neste arquivo invoca o banco de dados de acesso e descreve onde está situado. Como descrito no Capítulo 5, o arquivo de macro foobirds.m4 é referenciado no arquivo de macro de controle linux.mc. Processe o arquivo de controle com o comando m4 para produzir um arquivo sendmail.cf que usa o banco de dados novo:

```
# m4 ../m4/cf.m4 linux.mc > sendmail.cf
```

Depois que você criar e instalar o arquivo sendmail.cf novo com m4, seu banco de dados de acesso novo está em vigor e bloqueando spammers. Se precisar até mesmo de mais controle sobre o processo, você pode definir suas próprias regras de reescrita de anti-spam do sendmail.

Usando regras de reescrita anti-spam

A maioria dos administradores pensa em regras de reescrita de sendmail como um modo de modificar endereços em e-mail de saída originados no sistema local no mailer do usuário. O conjunto de regras de anti-spam lhe permite processar os endereços e cabeçalhos de mensagens que chegam.O sendmail especificamente fornece três conjuntos de regras anti-spam para suas regras pessoais:

Local_check_relay - Um conjunto de regras no qual você pode definir regras para controlar mensagens que estão sendo retransmitidas

Local_check_rcpt - Um conjunto de regras no qual você pode definir regras para processar mensagens chegando, baseado no endereço do destinatário

Local_check_mail - Um conjunto de regras no qual você pode definir regras para processar mensagens chegando, baseado no endereço do remetente

Suponha que você esteja recebendo mensagem de lixo que está tentando mascarar como mensagem local usando um endereço From (de) que contém apenas um nome de usuário. Mais adiante, suponha que você configurou seu servidor de correio de forma que o endereço From de correio local sempre inclui o nome de host. Você pode usar Local_check_mail para verificar o endereço d remetente, como mostrado na Listagem 11.7.

Listagem 11.7 - Um exemplo de *Local_check_mail*.

```
SLocal_check_mail
# Check for user@host
R$+@$+    $@$#OK
R$*    $#error $: 550 Invalid From address
```

A primeira linha neste exemplo é um comando S que define o conjunto de regras chamado Local_check_mail. O primeiro comando R compara o endereço entrante com o padrão $+ @ $+, que procura um ou mais sinais ($+), um sinal literal at (@) e um ou mais sinais. Qualquer endereço na forma de *user@host* combina com este padrão. A transformação diz que se o endereço combinar com o padrão, encerre o conjunto de regras ($@) e retorne o nome de mailer $#OK para o conjunto de regras de chamada. ($#OK é um mailer falso usado para indicar que o endereço é válido.)

O segundo comando R compara todo endereço que não combinou com a primeira regra. Para todos estes endereços, a regra retorna o nome de mailer $#error e o texto de uma mensagem de erro. O mailer $#error é um mailer especial, que retorna a mensagem ao remetente junto com uma mensagem de erro. Uma alternativa para isto seria o mailer $#discard, que descarta silenciosamente a mensagem. A maioria dos administradores prefere devolver uma mensagem de erro.

Além deste conjunto de regras, você pode chamar um conjunto de regras de uma definição de cabeçalho para verificar o formato dos cabeçalhos que seu sistema recebe. Às vezes spammers usam cabeçalhos malformados, que indicam que o correio é spam. Suponha que você receba spam por alguém que esquece de criar um cabeçalho Message-ID de aparência válida. Você pode usar o código como o mostrado na Listagem 11.8.

Listagem 11.8 - Um exemplo de criação de um conjunto de regra local.

```
LOCAL_RULESETS
HMessage-Id:  $>check_MID_header

Scheck_MID_header
R$+@$+     $@ $#OK
R$*        $#error $: 550 Invalid Header
```

A seção LOCAL_RULESETS contém um comando H para o arquivo sendmail.cf. Diferente do comando H mostrado no Capítulo 5, este aqui não contém um formato de cabeçalho. Ao contrário, usa a sintaxe $> para chamar um conjunto de regras para processar o cabeçalho. Este exemplo chama um conjunto de regras chamado check_MID_header porque este é o nome do conjunto de regras novo definido na Listagem 11.8.

O comando Scheck_MID_header é a primeira linha do conjunto de regras check_MID_header. Este conjunto de regras é essencialmente idêntico ao descrito no exemplo anterior. Ele verifica para ter certeza de que o cabeçalho Message-ID contém um identificador de mensagem único e um nome de host na forma *identifier@host*. Todos os outros formatos são rejeitados como erros.

374 | *Linux: servidores de rede*

Estas regras de reescrita são simplesmente exemplos criados para ilustrar o modo como os conjuntos de regras locais são definidos e usados. Eles não são aplicáveis a uma configuração real. Francamente, desenvolver regras de reescrita para combater spam não é amplamente recomendado. Primeiro, regras de reescrita podem ser complexas e difíceis de desenvolver, tornando a cura pior que a doença. Segundo, o formato de mensagens de spam constantemente está mudando, tornando a regra escrita hoje inútil amanhã. A maioria dos administradores acha melhor confiar na lista negra, no banco de dados de acesso, e na capacidade do mailer do usuário para filtrar mensagens.

Filtrando spam no mailer

Apesar de seus melhores esforços, spam e outros mensagens não desejadas *irão* chegar a seus usuários. Isto é em parte porque você não pode bloquear todo o spam, e em parte porque nem todo e-mail não desejado é spam. Às vezes, um usuário apenas não quer olhar para algum e-mail legítimo simplesmente por causa de preferência pessoal. Neste caso, as mensagens precisam ser filtradas no leitor de mensagens do usuário. A maioria dos leitores de mensagens fornece esta capacidade. Esta seção fornece alguns exemplos.

Usando o filtro *elm*

O elm é um mailer de modo terminal antigo. O elm tem alguns fãs conservadores, mas a maioria dos usuários passou para mailers que incluem uma interface do usuário gráfica. Porém, a distribuição de código-fonte de elm vem com uma ferramenta de filtragem habilmente chamada filter. O código-fonte está disponível de ftp.virginia.edu, onde está armazenado no diretório /pub/elm. Mesmo se não usar elm, você pode usar o programa filter para processar mensagens que chegam.

O programa filter é invocado com o arquivo .forward (coberto no Capítulo 5 durante a discussão de aliases de sendmail). Seu propósito principal é abastecer cada usuário com um modo para especificar envio de mensagem pessoal. Um recurso de .forward é que ele pode enviar mensagens a um programa, que é o recurso usado para enviar ,mensagens ao programa filter.

Para processar mensagens pelo programa filter, ponha a seguinte linha em .forward:

```
| "exec filter -o ~/filter.errors"
```

Isto supõe que você fez o download do código-fonte do filter, compilou e instalou o executável no diretório de execução smrsh. A maioria dos sistemas Linux, inclusive Red Hat, usa smrsh como o prog mailer. Quando as mensagens são enviadas a um programa, como é neste exemplo, o controle é feito pelo prog mailer (que, neste caso, é smrsh).O smrsh executará somente programas encontrados em seu diretório de execução. Em nosso sistema Red Hat de exemplo, este diretório é /etc/smrsh.

O programa filter lê sua configuração do arquivo filter-rules no diretório .elm no diretório homel do usuário. Então, se o diretório home do usuário filtro executando filter for /home/sara, o filter olha para um arquivo chamado /home/sara/.elm/filter-rules. Se o usuário não executa realmente elm, ele precisa criar um diretório .elm para conter o arquivo de configuração.

O arquivo filter-rules contém as diretivas para filtrar as mensagens. Estas diretivas são escritas como uma série de declarações "if". Se a mensagem que chega combinar com a condição definida pela declaração, é processada da maneira que a declaração orienta. Um arquivo filter-rules de exemplo ilustra como isto funciona:

```
if (from = "*.gov") then Save ~/Mail/clients
if (from = "neil@sybex.com") then Save ~/Mail/editors
if (from = "kylie@sybex.com") then Save ~/Mail/editors
if (from = "*.wespamu.com") then Delete
```

Este conjunto de filtros direciona as mensagens recebidas de fontes diferentes para caixas postais diferentes. Mnesagens de clientes consultores do governo são enviadas para a caixa postal clients; mensagens de editores da Sybex são enviadas para a caixa postal editors. As primeiras três regras enviam mensagens a diferentes caixas postais. A última regra descarta mensagens não desejadas; tudo de wespamu.com é apagado.

Todas as linhas no arquivo filter-rules têm o mesmo formato básico:

```
if (condition) then action
```

A *condition* (condição) pode testar os conteúdos dos cabeçalhos From:, To:, Subject: e Sender:. A string atual, que é inclusa em aspas, pode ser uma string parcial e pode usar caracteres curinga para combinar mais que um único caso (*.gov é um exemplo). A *action* (ação) pode apagar a mensagem, pode salvá-la em uma pasta de correio, despachá-la para outro endereço, ou pode passá-la a outro programa para processar adiante.

O filter é fácil para os usuários entenderem e usar. Porém, o filter não é entregue com todos os sistemas Linux porque elm não é mais largamente usado. A maioria dos usuários tende a usar o mecanismo de filtragem que vem com o leitor de mensagens que eles usam.

Filtrando com Netscape

Muitos usuários usam Netscape para ler o e-mail . Eles podem, claro, usar o programa filter ou procmail (que é discutido logo) para filtrar mensagens, até mesmo se lessem o correio com o leitor de correio de Netscape. Porém, o Netscape fornece sua própria capacidade de filtrar mensagens, que é adaptada particularmente a estes usuários que preferem uma interface gráfica.

NOTA Para estes exemplos, nós usamos a versão do Netscape entregue com o Red Hat 7.2.

Do menu Edit (editar) na janela de Netscape Messenger, selecione Message Filters (filtros de mensagem) e então clique em New (novo) na janela Message Filters para abrir a janela Filter Rules (regras de filtro) mostrada na Figura 11.3.

376 | Linux: servidores de rede

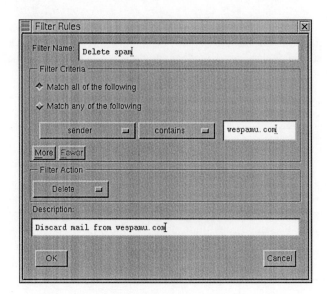

Figura 11.3 - Definindo regras de filtro do Netscape.

Em muitas formas, estas regras são bem parecidas com as usadas no programa filter. Novamente, o usuário constrói declarações if/then, mas neste momento, um modelo gráfico é usado para fazer isto. A Figura 11.3 mostra a mesma regra que foi aplicada a wespamu.com no exemplo de filter: se o nome de remetente contiver a string wespamu.com, então apague a mensagem.

A primeira lista drop-down na seção Filter Criteria (critério de filtro) da caixa de diálogo Filter Rules define o item na mensagem que está sendo testado. Na Figura 11.3, sender é selecionado, o que filtra baseado no endereço de e-mail do remetente. A lista drop-down também lhe permite comparar o seguinte:

subject (assunto) - Filtra mensagens baseado no conteúdo do cabeçalho Subject:.

body (corpo) - Filtra mensagens baseado no conteúdo do corpo da mensagem.

date (data) - Filtra mensagens baseado na data que o correio foi criado. Selecionar este valor muda a lista de testes condicionais disponíveis para is, isn't, is before e is after (é, não é, está antes e está depois).

Priority (prioridade) - Filtra mensagens baseado em sua prioridade. Selecionar este item muda a lista de testes condicionais disponíveis para is, isn't, is higher than e is lower than (é, não é, é mais alto que, e é mais baixo que). Também faz uma nova caixa drop-down aparecer, que contém as possíveis seleções de prioridade. Estas são lowest, low, normal, high e highest (mais baixa, baixa, normal, alta e mais alta).

status (estado) - Filtra correio baseado se foi lido ,ou respondido . Selecionar este item muda a lista de testes condicionais disponíveis para is e isn't (é e não é), e faz uma nova caixa drop-down aparecer, que contém as seleções read e replied (lida e respondida).

Capítulo 11 – Mais serviços de correio | **377**

to (para) - Filtra mensagens baseado nos endereços de e-mail em quaisquer cabeçalhos To:.

CC (com cópia) - Filtra mensagnes baseado nos endereços de e-mail em quaisquer cabeçalhos CC:.

to or CC (para ou com cópia) - Filtra mensagens baseado em qualquer endereço de destinatário. Todo endereço de e-mail em todo cabeçalho To: ou CC: é verificado.

age in days (tempo em dias) - Filtra mensagens baseado em quão velho está em dias. Selecionar este valor muda a lista de testes condicionais disponíveis para is, is greater than e is less than (é, é maior que e é menor que).

Além de todas estas comparações padrão, você pode selecionar o item Customize Headers (personalizar cabeçalhos) no final da primeira caixa drop-down para especificar qualquer cabeçalho que queira confrontar. A seleção Customize Header abre uma caixa na qual você seleciona um cabeçalho definido previamente, ou você pode clicar o botão New (novo) para digitar um nome de cabeçalho. Qualquer nome de cabeçalho válido pode ser usado. Se o cabeçalho for encontrado na mensagem que chega,, seu conteúdo é comparado com o filtro.

A segunda caixa drop-down define o teste condicional. Na Figura 11.3, contains (contém) está selecionado. Isto significa que o filtro verifica para ver se o endereço de remetente contém a string definida na próxima caixa, que é wesapmu.com na figura. Dependendo do teste condicional selecionado, o valor que é testado pode ser um valor completo ou parcial; contains permite um valor parcial para comparar. As outras escolhas que estão disponíveis quando o endereço de remetente está sendo testado são como segue:

doesn' t contain (não contém) - O teste avalia para true (verdadeiro), e a ação é tomada se o campo testado não contiver o valor especificado.

is - O teste avalia para true, e a ação é tomada se o campo testado for igual ao valor especificado.

isn't - O teste avalia para true, e a ação é tomada se o campo testado não for igual ao valor especificado.

begins with (começa com) - O teste avalia para true, e a ação é tomada se a string no começo do campo testado combinar exatamente com o valor especificado.

ends with (termina com) - O teste avalia para true, e a ação é tomada se a string ao término do campo testado combinar exatamente com o valor especificado.

Esta lista de testes condicionais está disponível para o endereço sender, o cabeçalho subject, o endereço to e o endereço CC. Todos os testes condicionais exceto begins with e ends with estão disponíveis para testar o conteúdo do corpo da mensagem, e tudo exceto is e isn't está indisponível ao testar to ou CC. Como observado, quando outros valores são testados, eles geram a sua própria lista de condicionais válidas.

A última caixa drop-down na caixa de diálogo Filter Rules seleciona a ação do filtro. No exemplo, a ação é Delete (apagar). Outras ações disponíveis são as seguintes:

move to folder (mova para a pasta) - Mensagem que combinar com o filtro é enviada para uma caixa postal específica. Se esta ação for selecionada, dois itens adicionais aparecem na janela. Um é uma lista drop-down que lhe permite selecionar a caixa postal para a qual a mensagem é enviada. O outro item, rotulado New Folder (nova pasta), lhe permite definir uma caixa postal nova para receber a mensagem.

378 | *Linux: servidores de rede*

change priority (mudar prioridade) - A prioridade de mensagem que combinar com o filtro é mudada para a prioridade que você seleciona. Selecionar esta ação faz uma caixa drop-down aparecer, que contém as possíveis seleções de prioridade. Esta caixa é idêntica à que aparece se for selecionada prioridade como o item que é testado na primeira caixa drop-down.

mark read (marcar como lida) - Mensagem que combinar com o filtro é marcada como lida

ignore thread (ignorar seqüência) - Mensagem que combinar com o filtro faz parte de uma seqüência que é ignorada. Uma *seqüência* está relacionada a mensagens ou notícias postadas com o mesmo tópico.

watch thread (observar seqüência) - Mensagem que combinar com o filtro faz parte de uma seqüência que está sendo monitorada.

Um filtro pode conter regras múltiplas. Clique o botão More (mais) para acrescentar regras adicionais. Use a caixa de verificação Match All Of The Following (comparar todos os seguintes) para filtrar mensagens somente se elas combinarem com todas as regras definidas para o filtro, ou use a caixa de verificação Match Any Of The Following (comparar quaisquer dos seguintes) para filtrar correio se ele combinar com qualquer uma regra no filtro.

Além de definir as regras, dê a cada filtro um nome, e (opcionalmente) dê a ele uma descrição. Depois que estiver definido de acordo com a sua satisfação, clique OK, e a regra é habilitada.

Gerenciando mensagens com *procmail*

Como mencionado no Capítulo 5, o procmail é o programa de entrega de mensagens local default para sistemas Linux. O procmail oferece o sistema de filtragem de e-mail mais poderoso e complexo disponível para Linux. Os filtros do procmail são definidos pelo usuário no arquivo .procmailrc. Adicionalmente, o administrador do sistema pode definir filtros de sistema inteiros no arquivo /etc/procmailrc. O formato de ambos os arquivos é o mesmo. O administrador do sistema usa o arquivo /etc/procmailrc para filtragem anti-spam geral. O usuário final pode usar então .procmailrc para adicionar filtragens para preferências pessoais. Os exemplos nesta seção mostram filtros anti-spam e filtros de preferência pessoal.

O arquivo .procmailrc contém dois tipos de entradas: atribuições de variáveis de ambiente e regras de filtragem de correio, que o procmail chama de *receitas*. Atribuições de variáveis de ambiente são diretas, e se parecem apenas com as atribuições que vão em um script de inicialização shell como .bashrc. Por exemplo, HOME=/home/craig é uma atribuição de variável de ambiente válida.

> **NOTA** Veja a página de manual do procmailrc para a listagem completa das mais de 30 variáveis de ambiente.

Capítulo 11 – Mais serviços de correio | **379**

A base real de um arquivo .procmailrc são as receitas. A sintaxe de cada receita é:

```
:0  [flags]  [:lockfile]
[*  condition]
action
```

Toda receita começa com :0, o que a diferencia de uma declaração de atribuição. O :0 é opcionalmente seguido por sinalizações que mudam como o filtro é processado. A Tabela 11.4 lista todas as sinalizações e os significados delas.

Tabela 11.4 - Sinalizações de receita do procmail.

Sinalização	Significado
A	Execute esta receita se a receita precedente avaliar para true.
a	Esta tem o mesmo significado que a sinalização A, exceto que a receita precedente também deva ter a execução completada com sucesso.
B	Filtra baseado no corpo de mensagem.
b	Passa o corpo da mensagem para o destino. Isto é o default.
c	Cria uma cópia carbono deste correio.
D	Testes são sensíveis a letras maiúsculas e minúsculas. Por default, a caixa é ignorada.
E	Executa esta receita se a receita precedente não for executada.
e	Executa esta receita se a execução da receita precedente devolver um erro.
f	Passa os dados por um programa de filtragem externo.
H	Filtra baseado nos cabeçalhos de mensagem. Isto é o default.
h	Passa o cabeçalho de mensagem para o destino. Isto é o default.
i	Ignora gravar erros para esta receita.
r	Grava a mensagem como está, sem assegurar que esteja formatada corretamente.
w	Espera pelo programa de filtragem externo terminar, e verifica seu código de saída.
W	Esta é igual à sinalização w, exceto que nenhuma mensagem de erro é impressa.

Um lockfile opcional pode ser identificado para impedir que múltiplas cópias do procmail gravem ao mesmo tempo para a mesma caixa postal. Isto pode acontecer em um sistema ocupado, causando alguma mensagem de aparência estranha. O nome *lockfile* é precedido por um dois pontos. Se o dois pontos for usado e nenhum nome for especificado, um nome default criado apartir do nome da caixa postal e a extensão .lock é usada.

380 | *Linux: servidores de rede*

O teste condicional é opcional. Se nenhuma *condition* (condição) for fornecida, a receita age como se a *condition* fosse verdadeira, o que significa que a *action* (ação) é tomada. Se uma *condition* for especificada, tem que começar com um asterisco (*). A *condition* é escrita como uma expressão normal. Se o valor definido pela expressão normal for encontrado no correio, a *condition* avalia para true (verdadeira), e a ação é tomada. Para tomar uma ação quando correio não contém o valor especificado, ponha um ponto de exclamação em frente à expressão normal. Aqui estão alguns exemplos de testes condicionais válidos:

```
*   ^From.*neil@sybex.com
*   !^Subject:  Chapter
```

A primeira condicional verifica para ver se o correio contém uma linha que começa com (^) a string literal From, que é seguida por quaisquer números de caracteres (.*) e a string literal neil@sybex.com. A segunda condicional compara todo o correio que não (!) contém uma linha que começa com a string Subject: Chapter (assunto: capítulo). Se múltiplas condições estiverem definidas para uma receita, cada condição aparece em uma linha separada.

> **NOTA** Para aprender mais sobre expressões normais, veja *Mastering Regular Expressions: Powerful Techniques for Perl and Other Tools* por Jeffrey Friedl (O'Reilly, 1997).

Embora possa haver várias condições em uma receita, só pode haver uma ação. A ação pode dirigir a mensagem para um arquivo, enviá-lo para outro endereço de e-mail, enviá-lo a um programa ou definir receitas adicionais para processar a mensagem. Se a ação for uma receita adicional, começa com :0. Se a ação dirigir a mensagem a um endereço de e-mail, começa com um ponto de exclamação (!); se dirigi-la a um programa, começa com uma barra vertical (|). Se a ação dirige a mensagem a um arquivo, só o nome do arquivo é especificado.

Um arquivo .procmailrc de exemplo - Usando a informação previamente descrita, você pode criar um arquivo .procmailrc, como o mostrado na Listagem 11.9.

Listagem 11.9 - Um arquivo *.procmailrc* de amostra.

```
MAILDIR=$HOME/mail

:0 c
backup
:0:
*   ^From.*@sybex.com
editors

:0 c
*   ^From.*rdenn
*   ^Subject:.*NT
!robert@bobsnet.org
      :0 A
      ntbook
```

```
: 0
*   ^From.*@wespamu.com
/dev/null

:0 B
*   .*pheromones
|   awk  -f  spamscript  >  spam-suspects
```

Este arquivo .procmailrc de exemplo, começa com uma declaração de atribuições de variável de ambiente. A declaração atribui um valor à variável MAILDIR, e usa o valor da variável HOME. Assim, ilustra a atribuição de uma variável e usa uma variável. Francamente, a declaração está lá só para ilustrar como variáveis são usadas. Realmente não foi necessário para este arquivo.

A primeira receita no arquivo é:

```
:0  c
backup
```

Esta receita faz uma cópia carbono da mensagem, e armazena-a em uma caixa postal chamada named. Esta receita veio diretamente da documentação do .procmailrc, na qual é sugerida como um modo para assegurar que nenhuma mensagem é perdida quando você está depurando primeiro o arquivo .procmailrc. Depois que todas as receitas funcionarem como queria, remova esta receita do arquivo, de forma que você não continue mantendo duas cópias de todas as mensagens.

A segunda receita é:

```
:0:
*   ^From.*@sybex.com
editors
```

Esta receita coloca toda mensagem que contém uma linha que começa (^) com o literal From, qualquer número de caracteres (.*), e o literal @sybex.com na caixa postal chamada editors. A coisa mais interessante nesta receita é a primeira linha. Observe o valor :0:. Da sintaxe, você sabe que o segundo dois pontos precede o nome do lockfile. Neste caso, nenhum nome de arquivo de bloqueio é fornecido, assim o nome é padronizado para editors.lock.

A terceira receita é:

```
:0  c
*   ^From.*rdenn
*   ^Subject:.*NT
!robert@bobsnet.org
:0  A
ntbook
```

Esta receita procura a mensagem que é de alguém chamado rdenn e que tem como assunto NT. Uma cópia carbono é feita da mensagem, e é enviada a robert@bobsnet.org. A outra cópia do correio é armazenada na caixa postal ntbook.

382 | *Linux: servidores de rede*

A quarta receita é:

```
: 0
*   ^From.*@wespamu.com
/dev/null
```

Esta receita mostra como mensagens de spam são apagadas usando o procmail. Todo o correio de wespamu.com é apagado enviando-o para /dev/null, o dispositivo null.

A receita final é:

```
:0  B
*   .*pheromones
|  gawk  -f  spamscript  >  spam-suspects
```

Esta receita ilustra como mensagens são passadas a um programa externo para processar. Todas as mensagens que contêm a palavra pheromones em qualquer lugar no corpo da mensagem são passadas para gawk para processamento. Neste exemplo, o gawk executa um arquivo de programa chamado spamscript, que extrai informações da mensagem, e armazena-a em um arquivo chamado spam-suspects. Você pode imaginar que o administrador deste sistema criou um programa awk chamado spamscript para extrair todos os endereços de e-mail supeito de spam.

Esta gama de receitas ilustra o poder e a flexibilidade do procmail. Apesar da sintaxe obscura, um arquivo .procmailrc pode ser a melhor ferramenta para filtrar e-mail.

Resumo

Este capítulo conclui a Parte 3, "Configuração de servidor departamental". Nesta parte do livro, servidores de configuração, compartilhamento de arquivos, compartilhamento de impressoras e servidores de caixa postal foram todos cobertos. Adicione estes aos serviços de login, serviços de nome, servidores web, e recorra ao que foi coberto na Parte 2, e você tem um servidor de rede completo.

A parte final do livro, "Como manter um servidor saudável", examina estas tarefas que são necessárias para manter este servidor completo executando na forma máxima. A Parte 4 começa com um capítulo sobre segurança, que é particularmente crítico para um servidor de rede, porque conectar a uma rede aumenta enormemente as ameaças de segurança para seu servidor.

Parte 4

Mantendo um servidor saudável

Recursos:

- Rastreando e corrigindo os mais recentes problemas de segurança
- Usando o programa de encapsulamento tcpd para melhorar a segurança
- Usando recursos de segurança do xinetd
- Usando os recursos de firewall embutidos do Linux
- Melhorando a segurança de senha do Linux
- Monitorando seu servidor para problemas de segurança
- Analisando relatórios de problemas de rede
- Usando as ferramentas básicas de diagnóstico de Linux
- Procurando erros de configuração
- Testando o roteamento
- Testando o Domain Name Service
- Analisando o tráfego de rede

12

Segurança

Boa segurança é boa administração de sistema. Segurança é uma parte fundamental ao executar um servidor de rede confiável. Indubitavelmente, seu servidor será atacado e ficará comprometido por pessoas na rede. Seu trabalho é reduzir o número de ataques bem-sucedidos, limitar a quantidade de danos feitos, e se recuperar rapidamente do ataque. Este capítulo lhe ajudará a fazer seu trabalho.

Este é um livro sobre servidores de rede Linux, assim, focaliza ameaças de segurança de rede. Apesar desta ênfase, você deve se lembrar que segurança de rede é só parte da segurança global de seu sistema:

- A segurança física é necessária para proteger o hardware do servidor e evitar acesso sem autorização ao console do sistema.

- Segurança do sistema de arquivos, que é descrita no Capítulo 9 "Compartilhamento de arquivo", é necessária para proteger os dados no servidor.

Para uma visão mais ampla sobre segurança, veja *Linux Security* por Ramón Hontañón (Sybex, 2001). O foco deste capítulo em segurança de rede não se destina a subestimar a importância da segurança física e de sistema de arquivos, mas ameaças de segurança que se originam da rede são uma fonte principal de problemas do servidor Linux. Este capítulo descreve estas ameaças, e lhe informa como encará-las.

Entendendo as ameaças

Conectar seu servidor a uma rede dá a ele acesso - e o torna vulnerável - a todos na rede. Quanto maior a rede, maior a ameaça. Quando conectar seu sistema a uma rede, você deve avaliar a ameaça à segurança que a conexão de rede cria. Para fazer esta avaliação, você precisa considerar o dano potencial à sua empresa de um ataque de segurança bem-sucedido.

O impacto de um ataque de segurança depende de que sistema e que informações estão comprometidas. A perda de um servidor chave afeta muitos usuários, considerando que a perda de um cliente de desktop pode afetar só um usuário. Da mesma forma, acesso sem autorização a um arquivo que contém planos para a festa do escritório não pode ser comparado a acesso sem autorização a seu plano corporativo estratégico . Embora seus esforços devam ser direcionados a proteger coisas que são importantes, todo sistema requer algum nível de proteção. Uma violação em um sistema pequeno e insignificante pode acabar comprometendo toda sua rede.

As ameaças básicas

Há três ameaças básicas à informação armazenada em sua rede:

Ameaças a dados secretos - Estas são as revelações sem autorização de dados sensíveis que podem ser causados ajustando as permissões de arquivo erradas, tendo alguém ganhando privilégios do usuário root impropriamente, ou tendo os dados roubados diretamente da rede física.

Ameaças a integridade de dados - Estas são as modificações sem autorização de dados que podem ser causadas por usar as permissões de arquivo erradas ou tendo alguém ganhando privilégios de usuário raiz impropriamente. Esta é uma ameaça comum a servidores web, onde os intrusos mudam dados de modos óbvios e embaraçosos. Mas uma ameaça mais insidiosa é a possibilidade de modificações sutis em dados, que são projetadas para arruinar a reputação de uma empresa. Depois que um sistema sofre um acesso sem autorização, todos os arquivos no sistema são suspeitos.

Ameaças a disponibilidade de dados - Estes ataques negam acesso legítimo aos dados. Se os arquivos são protegidos impropriamente ou um intruso ganha acesso do usuário root, os arquivos podem ser apagados. Vândalos também podem lançar um ataque de Denial of Service (negação de serviço) (DOS) para subjugar seu servidor, bloqueando acesso a seus dados quando você precisar.

As ameaças de rede que lideram estes problemas de dados são como segue:

Acesso sem autorização - Isto é a qualquer momento em que alguém que não deve ter acesso a seu sistema puder acessá-lo sem permissão.

Denial of Service - Qualquer ataque que for projetado não para ganhar acesso a seu sistema, mas para evitar que você use o seu sistema.

Todos os sistemas em rede estão vulneráveis a estes ataques. Afortunadamente, Linux fornece uma gama de ferramentas para lhe ajudar a reduzir a ameaça.

Capítulo 12 – Segurança | **387**

Uma verificação de verdade

Há uma lenda de que ameaças de rede vêm de códigos sofisticados de hackers que têm um entendimento profundo de redes e sistemas operacionais. Estes personagens legendários são motivados pela espionagem ou um desejo de forçar as empresas de informática indiferentes a melhorar o software delas. Eu desejei que fosse verdade! Se fosse, estas pessoas não teriam nenhum interesse em atacar meu sistema Linux.

Infelizmente, a realidade é que a maioria dos ataques vem de pessoas inexperientes, que executam scripts de ataque enlatados. Os scripts ficaram tão simples de usar que as pessoas que agora os usam são "garotos de script". As pessoas que executam estes scripts não estão interessadas em espionagem, mas não se importam em causar um pequeno caos! Adicionalmente, se eles fossem verdadeiramente rebeldes contra o funcionamento de sistema corporativo para melhorar a segurança do software do sistema operacional, eles estariam escrevendo código Linux novo. Afinal de contas, o Linux tem código-fonte aberto; ninguém pode reivindicar que um monólito corporativo está mantendo o código escondido.

Dado isto, você poderia supor que o Linux não é um alvo para ataques de segurança. Você suporia errado. Infelizmente, o Linux é um dos alvos mais comuns para ataque. Um estudo, há alguns anos, administrado por Peter Mell da NIST mostrou que scripts de ataque a Linux são tão comuns quanto scripts para Windows NT, e que estes dois sistemas eram os sistemas operacionais mais comuns para scripts de ataque.

É óbvio que código-fonte aberto não tem nenhuma proteção ao ataque. As pessoas que executam scripts de ataque não estão motivadas a "ajustar" o sistema - elas apenas estão procurando alvos fáceis. Seu trabalho é ter certeza de que seu sistema não é um alvo fácil.

Olhe para isto deste modo. As notícias ruins são que você não tem que ser importante para ser um alvo de ataques de segurança. As notícias boas são que o sujeito do outro lado do ataque não é um guru de rede. Se você puder rastrear as vulnerabilidades exploradas pelos "garotos do script", e fechar estas brechas quando eles aparecem, seu sistema estará razoavelmente seguro.

Mantendo-se informado

Para proteger um sistema, você precisa conhecer suas vulnerabilidades. Sua meta deve ser ficar tão bem informado sobre as vulnerabilidades do Linux quanto os vândalos o são. Francamente, você não será capaz. *Você* tem uma vida e responsabilidades, assim os vândalos que não têm nada melhor a fazer conseguirão primeiro que você, e podem comprometer seu sistema. Apesar da dificuldade, você deve fazer o melhor para se manter atualizado a respeito de problemas de segurança.

Há várias fontes boas de informações sobre vulnerabilidades de segurança conhecidas:

- O site web de seu vendedor de Linux deve ter informações de segurança úteis específicas para sua distribuição Linux.
- Informações gerais sobre os bugs que criam vulnerabilidades de segurança estão disponíveis no arquivo Bugtraq, que pode ser encontrado na web em www.securityfocus.com.

- Consultores de segurança estão disponíveis em www.lOpht.com, csrc.nist.gov, www.cert.org, e outros sites.
- Um bom site para atualizações de software Linux e anúncios de brechas de segurança é www.freshmeat.com.
- O Instituto SANS (System Administration, Networking and Security - sistema de administração, rede e segurança) oferece boletins informativos de segurança que são entregues semanalmente por e-mail. Também tem um útil espaço de leitura on-line. Estes recursos estão disponíveis de seu site da web em www.sans.org.

Localize todos os problemas pertinentes a Linux, Unix e aplicações Unix - todos estes podem afetar seu servidor Linux. A Figura 12.1 mostra um exemplo do arquivo Bugtraq em www.securityfocus.com.

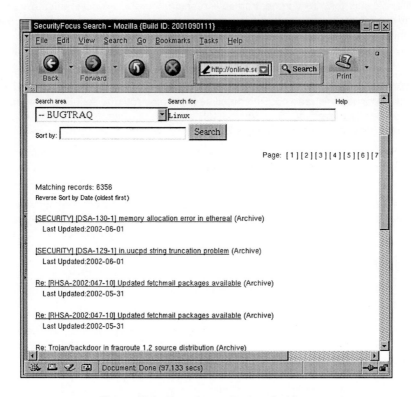

Figura 12.1 - Pesquisa no Bugtraq Archives.

A Figura 12.1 é o resultado da pesquisa em Bugtraq Archives (arquivos de Bugtraq) para a string Linux. Clicar em um link o leva ao relatório de bug, assim você pode lê-lo e determinar se este bug é uma ameaça a seu sistema.

Capítulo 12 – Segurança | **389**

Além de visitar os sites que informam sobre bug e problemas de segurança, visite o site da web www.hackers.com.Ele fornece informaçções sobre exploração de segurança. O site lhe dá acesso aos mesmos scripts que os intrusos usam para atacar seu sistema. www.hackers.com dá uma descrição da exploração, a técnica de exploração, e a defesa contra a exploração. Use esta informação para ter certeza de que seu sistema não é vulnerável aos antigos ataques e para avaliar os novos ataques quando eles aparecem, para entender as vulnerabilidades que eles exploram. Além de fornecer descrições de explorações atuais, este site dá informação sobre o que está acontecendo atualmente no mundo da segurança de rede.

A Figura 12.2 mostra o relatório de explorações Linux em www.hackers.com como estava em junho de 2002. Clicar em View Exploit (exibir exploração) para quaisquer das explorações listadas o leva a uma página que descreve a exploração. De lá, você pode seguir os links para páginas que lhe informam como explorar a vulnerabilidade e as páginas que lhe informam como se defender contra a exploração.

Figura 12.2 - *Explorações de Linux encontradas em www.hackers.com.*

Fechando as brechas

A maioria dos intrusos entra em sistemas por brechas conhecidas no software do sistema. A coisa mais importante que você pode fazer para melhorar a segurança de seu sistema é fechar as brechas instalando atualizações de segurança assim que elas se tornem disponíveis.

Vulnerabilidades não estão limitadas ao próprio kernel do Linux. Na realidade, a maioria das vulnerabilidades que são exploradas ocorre no software de rede que executa em seu sistema Linux. Na lista Top Ten Vulnerabilities (As dez maiores vulnerabilidades) do primeiro trimestre de 2002 em www.securityfocus.com, algumas das 10 maiores vulnerabilidades, são pedaços de software no nível de usuário que executam em sistemas Linux. É óbvio que não é o bastante para manter o sistema operacional Linux em dia. Você tem que manter todos os pacotes de software atualizados.

Encontrando o software mais recente

Para atualizar software, você precisa saber que software precisa ser atualizado e onde achar isto. Consultores de segurança (como estes encontrados em SANS, NIST e CERT) normalmente descrevem o problema e lhe informam a solução; normalmente, eles apontam à correção de software apropriada. Até mesmo os relatórios de bug encontrados no Arquivo de Bugtraq às vezes incluem correções, como mencionado na discussão da Figura 12.1.

O relatório de vulnerabilidade mostrado na Figura 12.3 inclui links às atualizações de software que corrigem o problema informado. Clicar em um link recupera a correção que então pode ser instalada. A Figura 12.3 mostra uma página do banco de dados de segurança de ICAT em NIST.

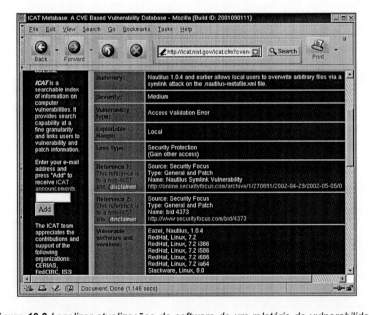

Figura 12.3 Localizar atualizações de software de um relatório de vulnerabilidade.

Infelizmente, a correção não é sempre incluída em um relatório de vulnerabilidade, assim você pode precisar procurá-la por si mesmo. Vá para o site web de seu vendedor Linux, e procure as atualizações de segurança mais recentes.

A Figura 12.4 mostra uma lista de relatório de segurança no site da web do Red Hat. Clicar em um item na lista o leva ao relatório. O relatório descreve o problema, e fornece um link à atualização de software. Se você estiver procurando uma correção específica, você pode procurar pelos avisos na página web. A grande vantagem disto é que você normalmente achará correção de bugs dos quais nunca ouviu falar. No lado ruim, às vezes você descobre que um bug do qual ouviu falar ainda não tem correção. Não obstante, você deve pegar todas as correções de bug que são oferecidas, e periodicamente checar para ver se o bug que você está interessado já foi corrigido.

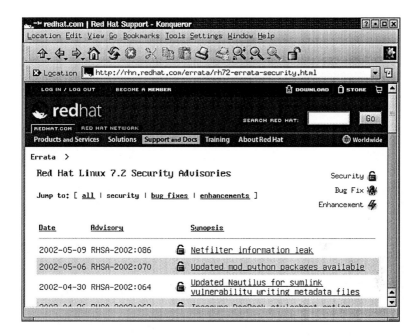

Figura 12.4 - Red Hat fornece relatórios de segurança on-line.

DICA Normalmente, os administradores reclamam que os autores de software não corrigem bugs, mas um problema muito mais comum é que administradores de sistema não usam as correções de bug que estão lá. Determine um tempo por mês para fazer download e instalar as correções fornecidas por seu vendedor de software. Faça isto parte de sua rotina.

Removendo software desnecessário

Reduza o fardo de manter software atualizado removendo todos os softwares que você realmente não precisa. Tradicionalmente, pacotes de software como sendmail foram atacados em muitas explorações diferentes durante os anos, e o sendmail é um excelente exemplo de por que pacotes de software são visados. Em parte, é o fato de que é um sistema grande e complexo que se presta a tipos diferentes de ataques, mas também é por que sendmail executa em todos os lugares. Muitos, muitos sistemas em *toda* rede principal executam sendmail, e a porta SMTP que o sendmail monitora é geralmente autorizada a passar pelos firewalls. Os intrusos procuram alvos fáceis, e com tantas cópias de sendmail executando em clientes Unix e Linux de desktop, eles estão destinados a achar um que está malconfigurado ou antiquado.

Porém, não há nenhuma necessidade de executar tantas cópias de sendmail. Um cliente Linux não precisa executar um daemon de sendmail. Pode ser configurado para retransmitir as mensagens a um servidor departamental que está executando o sendmail para mensagens de saída e para coletar suas mensagens de um servidor de caixa postal para mensagens de chegada. Simplesmente reduzir o número de cópias de um pacote de software que você executa em sua rede reduz as chances de um erro de configuração que é explorado por um intruso.

Não estou tentando censurar o sendmail. Eu poderia repetir este mesmo argumento sobre IMAP e dúzias de outros pacotes de software. Na realidade, a maioria dos daemons de rede entra nesta categoria - os clientes não precisam deles.

Há dois modos simples de bloquear acesso a daemons desnecessários:

Desabilite os daemons das configurações de inetd ou de xinetd - Muitos serviços de rede são iniciados por inetd ou xinetd, que só iniciam serviços listados nos arquivos de configuração deles. Desabilitar um serviço no arquivo de configuração impede os estranhos de usar o serviço de rede especificado, mas não bloqueia o cliente de desktop de usar o serviço em conexões de saída. Assim, se o ftp estiver desabilitado em inetd.conf (ou xinetd.conf), o usuário ainda pode fazer ftp para sites remotos, mas ninguém de um site remoto pode usar ftp para se registrar no desktop do usuário. Para desabilitar um serviço no arquivo inetd.conf, coloque uma marca de cerquilha (#) no começo da entrada para este serviço. Para impedir xinetd de iniciar um serviço, ajuste o parâmetro disable = yes na configuração do xinetd deste serviço. (Em sistemas Red Hat, o comando chkconfig pode ser usado para ajustar o parâmetro disable para um serviço; quer dizer, imap chkconfig off ajusta disable = yes no arquivo de configuração /etc/inetd.d/imap.)

Remova os scripts que lançam daemons desnecessários na inicialização - Alguns daemons de serviço de rede, como sendmail e named, são iniciados no momento da inicialização. Use tksysv ou chkconfig para remover os daemons desnecessários da inicialização. Por exemplo, um cliente de desktop usando Red Hat não precisa executar o script de inicialização httpd se não for um servidor web. O cliente ainda pode usar um navegador web, até mesmo se o script httpd não executar na inicialização.

Daemons de rede não são os únicos softwares desnecessários, e os clientes não são os únicos alvos. Software desnecessário em um servidor também pode abrir uma brecha para um intruso. Se você tiver um servidor DNS dedicado, precisa executar named, mas não requer o daemon de sendmail. Da mesma forma, se você estiver executando um servidor de caixa postal dedicado, não precisa ter um compilador C instalado. (Você pode fazer a compilação em seu sistema de desktop e mover o produto acabado ao servidor.)

> **DICA** Tudo o que você tem em seu sistema é uma ferramenta potencial para um intruso. Pense bem sobre o que você realmente precisa para que o servidor faça seu trabalho.

Há dois modos para limitar o software instalado em um servidor. Primeiro, quando você fizer a instalação de Linux inicial, não instale o que não precisa. Durante a instalação inicial, você seleciona os pacotes de software que são instalados e os daemons que são carregados. Escolha cuidadosamente, baseado em seu plano para o sistema que está instalando.

O outro modo para limitar o software em um sistema é removê-lo depois que for instalado. Por exemplo, para remover IMAP de um sistema com rpm, você pode digitar **rpm -e imap-2000c-15**.

Além de instalar o software mais recente e remover o software desnecessário, você deve limitar acesso ao software e aos serviços executando em seu sistema apenas para os sistemas que de fato você quer servir. O Linux torna isto simples, fornecendo mecanismos de controle de acesso. Sistemas que usam inetd podem usar software de encapsulamento tcpd para controlar acesso. Sistemas que usam xinetd podem usar os recursos de controle de acesso incluídos no xinetd. E todos os sistemas com o kernel 2.4 do Linux podem usar iptables para limitar acesso.

Controlando acesso com *tcpd*

O software de encapsulamento tcpd (wrapper tcpd) é executado peloinetd. É uma parte integrante da maioria das distribuições Linux que usa inetd. Usar tcpd em um sistema Linux é mais fácil que em muitos outros sistemas, porque as entradas no arquivo inetd.conf já apontam para o programa tcpd.

> **NOTA** O formato do arquivo inetd.conf é explicado no Capítulo 3, "Serviços de login".

As seguintes entradas são do arquivo inetd.conf em um sistema Linux:

```
ftp       stream   tcp   nowait   root   /usr/sbin/tcpd   in.ftpd -l -a
telnet    stream   tcp   nowait   root   /usr/sbin/tcpd   in.telnetd
shell     stream   tcp   nowait   root   /usr/sbin/tcpd   in.rshd
login     stream   tcp   nowait   root   /usr/sbin/tcpd   in.rlogind
talk      dgram    udp   wait     root   /usr/sbin/tcpd   in.talkd
ntalk     dgram    udp   wait     root   /usr/sbin/tcpd   in.ntalkd
imap      stream   tcp   nowait   root   /usr/sbin/tcpd   imapd
finger    stream   tcp   nowait   root   /usr/sbin/tcpd   in.fingerd
```

394 | Linux: servidores de rede

Como mostra este exemplo, o caminho para tcpd é usado em lugar do caminho de cada daemon de serviço da rede. Então, quando inetd recebe uma solicitação para um serviço, inicia o tcpd.O tcpd então registra a solicitação do serviço, verifica a informação de controle de acesso, e (se autorizada) inicia o daemon real para manipular a solicitação.

O programa tcpd executa duas funções básicas: registrar solicitações para serviços de Internet, e fornecer um mecanismo de controle de acesso para estes serviços. Solicitações de registro para serviços de rede específicos é uma função de monitoramento útil, especialmente se você estiver procurando possíveis intrusos.

Rastreando acesso remoto

O tcpd usa a facilidade authpriv de syslogd para registrar suas mensagens. Olhe no arquivo /etc/syslog.conf para descobrir onde seu sistema registra mensagens authpriv. Por exemplo, as mensagens mostradas na Listagem 12.1 são registradas em /var/log/secure.

Listagem 12.1 O registro de segurança do *tcpd*.

```
#  cat  /var/log/secure
Jun   9  08:09 owl    login:  ROOT  LOGIN  ON  tty1
Jun   9  08:48 owl    login:  LOGIN  ON  tty1  BY  craig
Jun  11 00:48 owl    in.telnetd[950]:  connect  from  172.19.50.52
Jun  11 00:48 owl    login:  LOGIN  ON  1  BY  craig  FROM  beaver.example.org
Jun  12 01:11 owl    in.telnetd[3467]:  connect  from  127.0.0.1
Jun  12 01:11 owl    login:  LOGIN  ON  2  BY  craig  FROM  localhost
Jun  12 01:19 owl    imapd[3489]:  connect  from  127.0.0.1
Jun  14 10:23 owl    in.telnetd[2090]:  connect  from  172.19.24.1
Jun  14 10:23 owl    login:  LOGIN  ON  1  BY  craig  FROM  cat.example.org
Jun  15 14:30 owl    in.ftpd[10201]:  connect  from  sr1.sybex.com
Jun  16 05:27 owl    in.rshd[6434]:  connect  from  172.19.60.22
Jun  17 20:20 owl    login:  ROOT  LOGIN  ON  tty1
Jun  17 14:54 owl    in.telnetd[1388]:  connect  from  172.19.50.52
Jun  17 14:54 owl    login:  LOGIN  ON  2  BY  craig  FROM  beaver.example.org
Jun  18 14:28 owl    in.ftpd[10190]:  refused  connect  from  172.25.98.2
```

Este arquivo /var/log/secure de exemplo, mostra que nem tudo neste registro vem do tcpd. Também contém mensagens para login. Combinar as duas mensagens pode fornecer algum discernimento útil.

Os logins no dia 9 de junho são do console de sistema. A primeira mensagem tcpd é a conexão telnet no dia 11 de junho. A mensagem lhe informa que alguém usou telnet para se conectar a owl do endereço IP 172.19.50.52. A mensagem login que se segue informa que a pessoa se registrou como craig, e que o nome de host associado com o endereço IP remoto é beaver.example.org. Se isto for o que você espera, não há nada com o que se preocupar.

Neste arquivo em particular, a mensagem que chama nossa atenção ocorreu no dia 16 de junho. O tcpd informa que alguém acessou o sistema através de shell remoto (rshd) do endereço IP 172.19.60.22 nesta data. O shell remoto pode ser usado para executar comandos remotamente em seu sistema, assim pode ser uma ferramenta poderosa para intrusos. Muitos sistemas nem mesmo permitem shell remoto. Se você não acredita que shell remoto esteja configurado em seu sistema, se não reconhece o endereço IP, ou se não entende por que alguém neste endereço estaria executando um shell remoto ao seu sistema, você deve ficar preocupado. Observe o registro para ver se um padrão se desenvolve.

De menos preocupação é a mensagem de 18 de junho que mostra uma tentativa falha para se conectar ao ftp. Isto requer vigilância se acontecer freqüentemente, mas ainda não é um problema, porque a conexão foi recusada baseado na configuração de controle de acesso do encapsulamento tcpd.

Se registrar fosse tudo, o tcpd seria um pacote útil. Mas o real poder desta ferramenta é sua habilidade para controlar acesso a serviços de rede.

Arquivos de controle de acesso *tcpd*

Dois arquivos definem controles de acesso para o tcpd:

- O arquivo hosts.allow lista os hosts que estão autorizados a acessar os serviços do sistema.
- O arquivo hosts.deny lista os hosts aos quais são negados o serviço.

Se estes arquivos não forem encontrados, o tcpd permite a todo host ter acesso, e simplesmente registra a solicitação de acesso.

Quando os arquivos estão presentes, o tcpd lê o arquivo hosts.allow primeiro e depois lê o arquivo hosts.deny. Ele pára assim que encontra uma combinação para o host e o serviço em questão. Então, o acesso dado por hosts.allow não pode ser anulado por hosts.deny. Por isto, é comum iniciar primeiro inserindo uma entrada em hosts.deny que nega todo o acesso a todos os sistemas, e então continuar colocando entradas no arquivo hosts.allow que autoriza acesso somente aos sistemas que realmente devem receber os serviços. O formato de entradas em ambos os arquivos é o mesmo:

```
services  :  clients  [:  shell-conmand]
```

services é uma lista separada por vírgula de serviços de rede ou a palavra-chave ALL. ALL é usada para indicar todos os serviços de rede. Caso contrário, cada serviço individual é identificado por seu nome de processo, que é o nome que segue imediatamente o caminho a tcpd no arquivo inetd.conf. Por exemplo, o nome de processo na entrada de inetd.conf seguinte é imapd:

```
imap  stream  tcp  nowait  root  /usr/sbin/tcpd  imapd
```

clients é uma lista separada por vírgula de nomes de host, nome de domínio, o endereço de Internet, números de rede e a palavra-chave LOCAL. Alternativamente, pode ser a palavra-chave ALL. ALL compara todos os nomes de host e endereços; LOCAL compara todos os nomes de host que não incluem uma parte de nome de domínio. Um nome de host compara um host individual. Um endereço IP pode ser definido por si só para comparar um host específico ou com uma máscara de endereço para comparar uma faixa de endereços. Um

396 | Linux: servidores de rede

nome de domínio começa com um ponto (.) e compara todo host dentro deste domínio. Um número de rede termina com um ponto e compara todo endereço IP dentro do espaço de endereço de rede.

shell-command é um comando de shell opcional que tcpd executa quando uma comparação ocorre. Se uma comparação ocorrer, tcpd registra o acesso, dá ou nega acesso ao serviço, e então passa o comando shell ao shell para execução.

Alguns exemplos podem ilustrar a variedade de modos válidos nos quais podem ser descritos *services* e *clients* em uma entrada de controle de acesso tcpd. Primeiro, aqui está algo simples de um arquivo hosts.allow imaginário:

```
ALL    :  LOCAL,   .foobirds.org
in.ftpd,in.telnetd  :  sr1.sybex.com
```

A palavra-chave ALL no campo *services* indica que a primeira regra se aplica a todos os serviços de rede. No campo *clients*, a palavra-chave LOCAL indica que todos os nomes de host sem uma parte de domínio são aceitáveis, e .foobirds.org compara todos os nomes de host neste domínio. Por si só, LOCAL compararia wren, mas não wren.foobirds.org. Combinar estes dois testes em uma única regra permite a todo sistema no domínio local usar todos os serviços de rede. A segunda regra dá acesso ftp e telnet a usuários no sistema remoto sr1.sybex.com.

A sintaxe de um arquivo de controle de acesso tcpd padrão pode ser um pouco mais complicada que o exemplo anterior. Um arquivo hosts.allow pode conter o seguinte:

```
imapd,  ipopd3  :  172.5.4.
ALL EXCEPT imapd, ipopd3  :  ALL
```

A primeira entrada informa que a todo host cujo endereço IP começa com 172.5.4 é dado acesso a serviços IMAP e POP. A segunda linha diz que todos os serviços, exceto IMAP e POP, são concedidos a todos os hosts. Estas entradas limitariam serviço de caixa postal a uma única sub-rede, enquanto fornecendo todos os outros serviços a qualquer um que lhes solicitou. A palavra-chave EXCEPT é usada para excluir itens de uma lista cercando todos. Também pode ser usada no lado *clients* de uma regra de acesso. Por exemplo:

```
ALL:  .foobirds.org  EXCEPT  crow.foobirds.org
```

Se isto aparecer em um arquivo hosts.allow, ele permitiria todo sistema no domínio foobirds.org ter acesso a todos os serviços, com exceção do host crow.foobirds.org. A suposição é que crow.foobirds.org não é de confiança por alguma razão - talvez usuários de fora do domínio estejam autorizados a se registrar a crow.

A variação de sintaxe final usa o sinal @ para estreitar a definição de *services* ou *clients*. Aqui estão dois exemplos:

```
in.telnetd@172.16.7.2  :  172.16.7.0/255.255.255.0
in.rshd  :  KNOWN@robin.foobirds.org
```

Quando o @ aparece no lado de serviços de uma regra, indica que o servidor tem mais que um endereço IP, e que a regra que está sendo definida só se aplica a um destes endereços. Exemplos de sistemas com mais de um endereço são os hosts e roteadores multihomed. Se seu servidor também for o roteador que conecta sua rede local a redes externas, você pode querer fornecer serviços na interface conectada à rede local enquanto não fornece estes serviços na interface conectada para o mundo externo. A sintaxe @ o deixa fazer isso. Se a primeira linha neste exemplo aparecer em um arquivo hosts.allow, ele permite acesso ao daemon de telnet pela interface de rede que tem o endereço 172.16.7.2 por qualquer cliente com um endereço que começa com 172.16.7.

O propósito do @ quando aparece no lado de *clients* da regra é completamente diferente. No lado de *clients*, o @ indica que um nome de usuário é requerido do cliente como parte do teste de controle de acesso. Isto significa que o cliente tem que executar identd. Você pode testar um nome de usuário específico, mas é mais comum usar uma das três possíveis palavras-chave:

KNOWN (conhecido) - O resultado do teste é KNOWN quando o cliente devolver um nome de usuário em resposta à consulta.

UNKNOWN (desconhecido) - O resultado do teste é UNKNOWN quando o cliente não executa identd, e assim não responde à consulta.

ALL (todos) - Esta configuração exige ao cliente que devolva um nome de usuário. É equivalente a usar KNOWN, mas é geralmente menos usado.

Definindo um comando shell opcional

O comando shell lhe permite definir processamento adicional, que é ativado por uma comparação na lista de controle de acesso. Em todos os exemplos práticos, este recurso é usado no arquivo hosts.deny para coletar mais informações sobre o intruso ou fornecer notificação imediata ao administrador de sistema sobre um ataque de segurança potencial. Por exemplo:

```
in.rshd : ALL : (saf_finger -l @%h | /usr/sbin/mail -s %d - %h root) &
```

Neste exemplo de um arquivo hosts.deny, a todos os sistemas são negados acesso a rshd. Depois de registrar o acesso tentado e bloqueá-lo, o tcpd envia o comando safe_finger ao shell para execução. Todas as versões de finger, inclusive safe_finger, consultam o host remoto para descobrir quem está registrado neste host. Estas informações podem ser úteis ao rastrear um atacante. O resultado do comando safe_finger é remetido à conta root. O e comercial (&) ao final da linha faz os comandos shell executarem em segundo plano. Isto é importante; sem isto, o tcpd senta e espera estes programas completarem antes de voltar a seu próprio trabalho.

> **NOTA** O programa safe_finger é fornecido com o software de encapsulamento tcpd. Está especialmente modificado para ser menos vulnerável a ataque do que o programa finger padrão.

398 | *Linux: servidores de rede*

Há algumas variáveis, como %h e %d, usadas no exemplo de comando shell. Estas variáveis do encapsulamento tcpd, listadas na Tabela 12.1, lhe permitem pegar valores para a conexão entrante e usá-los no processo shell.

Tabela 12.1 Variáveis de encapsulamento.

Variável	Valor
%a	O endereço IP do cliente.
%A	O endereço IP do servidor.
%c	Toda informação disponível do cliente, inclusive o nome do usuário aparente quando disponível.
%d	O nome do processo de daemon de serviço de rede.
%h	O nome do host do cliente. Se o nome do host estiver indisponível, o endereço IP é usado.
%H	O nome do host do servidor.
%n	O nome do host do cliente. Se o nome do host estiver indisponível, a palavra-chave UNKNOWN é usada. Se uma procura de DNS do nome do host e endereço IP do cliente não combinar, a palavra-chave PARANOID é usada.
%N	O nome do host do servidor.
%p	O ID do processo de daemon do serviço de rede (PID).
%s	Toda a informação disponível do servidor, inclusive o nome do usuário quando disponível.
%u	O nome do usuário do cliente ou a palavra-chave UNKNOWN, se o nome do usuário estiver indisponível.
%%	O caractere de porcentagem (%).

Usando a informação da Tabela 12.1, você pode entender exatamente o que o comando shell de exemplo está fazendo. Suponha que o acesso tentado para in.rshd veio do host bad.worse.org. O comando passado ao shell é o seguinte:

```
safe_finger  -l  @bad.worse.org  |
->/usr/sbin/mail  -s  in.rshd-bad.worse.org  root
```

Com todas as possíveis regras que podem ser definidas com a sintaxe de controle de acesso de tcpd padrão, você deve poder definir a regra de acesso que precisava. Ainda, é possível usar uma versão estendida da linguagem de controle de acesso do tcpd.

Capítulo 12 – Segurança | 399

Extensões de linguagem de controle de acesso opcionais

Se o tcpd for compilado com PROCESS_OPTIONS habilitado no Makefile, a sintaxe da linguagem de controle de acesso é alterada e estendida. A sintaxe de comando estendida não está limitada a três campos. A sintaxe estendida é

```
services  :  clients  :  option  :  option
```

O campo *services* e o campo *clients* são definidos exatamente do mesmo modo como eles estavam na sintaxe Wrapper original. O campo *option* é novo e assim é o fato de múltiplas opções serem permitidas para cada regra. Há várias possíveis opções:

allow (permitir) - Permite o serviço solicitado. Esta opção tem que aparecer no final de uma regra.

deny (negar) - Nega o serviço solicitado. Esta opção tem que aparecer no final de uma regra.

spawn *shell-command* (gerar comando shell) - Executa o comando shell como um processo filho.

twist *shell-command* (altera para o comando shell) - Executa o comando shell ao invés do serviço solicitado.

keepalive (manter vivo) - Envia mensagens keepalive ao cliente. Se o cliente não responder, a conexão é fechada.

linger *seconds* (segundos de permanência) - Especifica quanto tempo tentar entregar dados depois do servidor fechar a conexão.

rfc931 [*timeout*] - Usa o protocolo IDENT para procurar o nome de usuário do cliente. *timeout* (intervalo) define quantos segundos o servidor deve esperar pela resposta do cliente. O período de intervalo default é especificado como uma opção do compilador.

banners *path* (caminho de banner) - Exibe os conteúdos de um arquivo de mensagem para o cliente. *path* (caminho) é o nome de um diretório que contém os arquivos de banner. O arquivo exibido é o arquivo que tem o mesmo nome do processo de daemon de rede.

nice [*number*] - Ajusta o valor de nice (bom) para o processo de serviço de rede. O valor nice é usado para calcular uma prioridade de programação. O valor default é 10.

umask *mask* - Ajusta um valor de umask para arquivos criados pelo processo. O valor definido por umask desabilita os bits no modo de arquivo default para produzir a permissão nova. Por exemplo, supondo que o modo de arquivo default é 0666 e o valor de umask é 022, remover os bits definidos por 022 de 0666 produz uma permissão de arquivo 0644.

user *user*[*.group*] - Executa o processo de serviço de rede com o ID de usuário e ID de grupo especificados indiferente ao que está definido em inetd.conf.

setenv *name value* - Ajusta uma variável de ambiente para o ambiente do momento de execução do processo.

Linux: servidores de rede

Alguns exemplos baseados em exemplos anteriores ilustram as diferenças da nova sintaxe. Usando a sintaxe nova, um arquivo hosts.allow pode conter

```
ALL  :  LOCAL, .foobirds.org  :  ALLOW
in.ftpd,in.telnetd  :  sr1.sybex.com  :  ALLOW
ALL : ALL : DENY
```

Com a sintaxe nova, não há nenhuma necessidade de ter dois arquivos. As opções ALLOW e DENY permitem que tudo seja listado em um único arquivo. A função das primeiras duas linhas é idêntica ao primeiro exemplo de host.allow descrito antes. A terceira linha é igual a linha ALL : ALL no arquivo hosts.deny. Tudo feito com a sintaxe básica pode ser feito em um único arquivo com a sintaxe estendida.

Usando as opções ALLOW e DENY, este comando,

```
ALL:  .foobirds.org  EXCEPT  crow.foobirds.org
```

pode ser reescrito como

```
ALL:  crow.foobirds.org  :  DENY
ALL:  .foobirds.org  :  ALLOW
```

O exemplo do comando shell que usa a sintaxe original é quase idêntico na sintaxe nova:

```
in.rshd  :  ALL:  spawn  (safe_finger  -l  @%h  |
->/usr/sbin/mail  -s %d - %h root)  &  :  DENY
```

Uma variação mais interessante no tema de comando shell vem de usar a opção twist. Em vez de passar um comando ao shell para execução, o comando twist executa um programa para o cliente - mas não o programa que o cliente espera. Por exemplo:

```
in.ftpd  :  ALL:  twist  /bin/echo  421  FTP  not  allowed  from  %h  :  DENY
```

Neste caso, quando o sistema remoto tenta iniciar o daemon FTP, echo é iniciado no lugar. O programa echo então envia a mensagem ao sistema remoto e termina a conexão.

Outros programas, como portmapper, usam o arquivo host.allow e host.deny. Nem todos estes programas entendem a sintaxe estendida. Por isto, muitos administradores de sistemas aderem a sintaxe básica. Veja a sidebar "Regras de encapsulamento realísticas" para um exemplo de uma configuração de envoltura tcpd comum.

Capítulo 12 – Segurança | **401**

Regras de encapsulamento realísticas

A coisa mais importante que você pode fazer para proteger seu sistema é manter o software em dia. Esta é essencialmente uma atividade passiva - você depende do desenvolvedor do software para a atualização. Uma abordagem mais ativa para segurança é controle de acesso - é algo que você pode fazer até mesmo antes dos problemas serem detectados. As duas regras básicas que você usa para configurar controles de acesso são muito simples:

- Não execute qualquer serviço que não precise executar.

- Não forneça serviço a qualquer um a quem você não precise fornecer serviço.

Estas regras conduzem à seguinte configuração simples do tcpd que é colocada em muitos servidores imediatamente depois de instalar o software de sistema. Primeiro, para evitar acesso de todos do mundo externo, faça esta entrada no arquivo /etc/hosts.deny:

```
ALL : ALL
```

Depois, faça uma entrada em /etc/hosts.allow para permitir acesso aos serviços necessários por clientes no domínio local:

```
ALL : LOCAL, .foobirds.org
```

Este exemplo supõe que o domínio local é foobirds.org e que este servidor fornece todos os seus serviços para o domínio local. Este geralmente é o caso, porque software desnecessário não é instalado ou está bloqueado para execução. Então, todos os softwares deixados executando no servidor são planejados para servir aos clientes.

Esta configuração simples é efetiva contra muitos ataques. Scripts de ataque procuram alvos simples, e eles são normalmente desencorajados pelo primeiro sinal de resistência. É claro que um atacante qualificado e determinado pode encontrar o seu jeito em qualquer defesa. Afortunadamente, muitos de nós realmente não atraímos ataques de pessoas altamente qualificadas.

Controlando acesso à rede com *xinetd*

O xinetd é a alternativa de inetd usada em alguns sistemas Linux - Red Hat Linux, por exemplo. xinetd é configurado no arquivo /etc/xinetd.conf. O Capítulo 3 descreve a sintaxe básica e a estrutura do arquivo xinetd.conf. Como explicado lá, o Red Hat cria arquivos de configuração xinetd individuais para cada serviço no diretório /etc/xinetd.d. Estes arquivos individuais são incluídos por referência no arquivo xinetd.conf. A Listagem 12.2 mostra um arquivo de exemplo do diretório xinetd.d.

402 | *Linux: servidores de rede*

Listagem 12.2 Um arquivo de configuração xinetd.

```
# default: off
# description:    The IMAP service allows remote users to access their
#                 mail using an IMAP client such as Mutt, Pine, fetchmail,
#                 or Netscape Communicator.
service  imap
{
        socket_type        = stream
        wait               = no
        user               = root
        server             = /usr/sbin/imapd
        log_on_success     += DURATION USERID
        log_on_failure     += USERID
        disable            = no
}
```

Os valores service, socket_type, wait, user e server são todos valores paralelos encontrados no arquivo inetd.conf, exceto que o caminho fornecido para o parâmetro server não invoca o programa de encapsulamento tcpd. O encapsulamento não é usado porque o xinetd fornece capacidades semelhantes ao encapsulamento por ele mesmo. O xinetd fornece seu próprio registro e seus próprios controles de acesso. Apesar do fato do xinetd não invocar tcpd, ele consulta os arquivos /etc/hosts.allow e /etc/hosts.deny, além dos controles de acesso definidos no arquivo xinetd.conf. Isto significa que os arquivos hosts.allow e hosts.deny criados para outros programas, como portmapper, podem fornecer orientação de segurança a xinetd.

As linhas log_on_success e log_on_failure na Listagem 12.2 acrescentam o ID de usuário do usuário remoto à entrada de registro padrão quando uma conexão bem-sucedida é feita ou uma tentativa de conexão falha. A linha log_on_success também registra a duração de tempo que o servidor que controla esta conexão executou. (DURATION se aplica somente a log_on_success.) A sintaxe += significa que os valores definidos para log_on_success e log_on_failure são acrescentados aos outros valores que já estão sendo registrados. Além de registrar a duração da conexão e o ID de usuário do usuário remoto, log_on_success e log_on_failure lhe permite registrar o seguinte:

HOST - O endereço do host remoto. Como USERID, este valor pode ser usado para sucesso e fracasso.

PID - O ID de processo do servidor iniciado para controlar a conexão. PID se aplica somente a log_on_success.

EXIT - Registra o status de saída do servidor quando a conexão termina. EXIT se aplica somente a log_on_success.

ATTEMPT - Registra tentativas de conexão malsucedidas. ATTEMPT se aplica somente a log_on_failure.

RECORD - Registra as informações de conexão recebidas do servidor remoto. Este parâmetro se aplica somente a log_on_failure.

A linha disable = no na Listagem 12.2 significa que este serviço está habilitado. Para evitar que este serviço execute, ajuste disable para yes. Como descrito antes, o Red Hat lhe permite ajustar o parâmetro disable da linha de comando chkconfig.

Capítulo 12 – Segurança | **403**

Além de controlar se um serviço está disponível ou não, o xinetd fornece controles de acesso melhores. xinetd fornece três atributos diferentes para controle de acesso. Pode ser configurado para aceitar conexões de certos hosts, comparando o arquivo host.allow; rejeitar conexões de certos hosts, comparando o arquivo host.deny; e aceitar conexões somente em certos horários do dia. Estes atributos são descritos como segue:

only_from - Este atributo identifica os hosts que estão autorizados a conectar ao serviço. Os hosts podem ser definidos usando

- um endereço numérico. Por exemplo, 172.16.12.5 define um host específico, e 129.6.0.0 define todos os hosts com um endereço que começa com 129.6. O endereço 0.0.0.0 compara todos os endereços.

- uma extensão de endereço. Por exemplo, 172.16.12.{3,6,8,23} define quatro hosts diferentes: 172.16.12.3, 172.16.12.6, 172.16.12.8 e 172.16.12.23.

- um nome de rede. O nome de rede deve ser definido no arquivo /etc/networks.

- um nome de host canônico. O endereço IP fornecido pelo sistema remoto tem que mapear ao contrário para este nome de host.

- um nome de domínio. O nome de host devolvido pela pesquisa inversa deve estar no domínio especificado. Por exemplo, o valor .foobirds.org requer um host no domínio foobirds.org. Observe que quando um nome de domínio for usado, começa com um ponto.

- um endereço IP com uma máscara de endereço associada. Por exemplo, 172.16.12.128/25 compararia todo endereço de 172.16.12.128 a 172.16.12.255.

no_access - Este atributo define os hosts aos quais são negados acesso ao serviço. Hosts são definidos usando exatamente os mesmos métodos como estes anteriormente descritos para o atributo only_from.

access_times - Este atributo define a hora do dia em que um serviço está disponível, na forma *hour:min-hour:min*. Um relógio de 24 horas é usado. Horas são de 0 a 23 e minutos são de 0 a 59.

Se nem only_from nem no_access for especificado, é dado acesso a todos. Se ambos forem especificados, a comparação mais exata se aplica - por exemplo:

```
no_access     = 172.16.12.250
only_from     = 172.16.12.0
```

O comando only_from neste exemplo permite a todo sistema na rede 172.16.12.0 ter acesso ao serviço. O comando no_access impede o acesso para um sistema. Não importa se o atributo no_access vem antes ou depois do atributo only_from. Sempre trabalha do mesmo modo, porque a comparação mais exata tem precedência.

A Listagem 12.3 mostra a entrada de /etc/xinetd.d/imap de nosso sistema Red Hat de exemplo com alguns controles de acesso adicionados.

404 | *Linux: servidores de rede*

Listagem 12.3 Controles de acesso do xinetd.conf.

```
# default:  off
# description: The IMAP service allows remote users to access their
#         mail using an IMAP client such as Mutt, Pine, fetchmail,
#         or Netscape Communicator.
service  imap
{
     socket  type       = stream
     wait                = no
     user                = root
     server              = /usr/sbin/imapd
     log_on_success      += DURATION USERID
     log_on_failure      += USERID
     disable             = no
     only_from           = 172.16.12.0
     no_access           = 172.16.12.231
     server              = /usr/sbin/in.rlogind
}
```

Na Listagem 12.3, o atributo only_from bloqueia acesso de todos os sistemas, exceto os na rede 172.16.12.0. Ao mesmo tempo, permite acesso de todos os sistemas na rede 172.16.12.0, que é a rede local para este sistema de exemplo. Na Listagem 12.3, isso não é exatamente o que nós queremos. Há um sistema, 172.16.12.231, que não é de confiança para ter acesso de login.. O atributo no_access nega acesso a qualquer usuário no sistema 172.16.12.231.

O encapsulamento do tcpd somente pode proteger serviços iniciados por inetd ou serviços, como portmapper, que lêem o arquivo hosts.allow e hosts.deny neles mesmos. O xinetd pode proteger somente os serviços que inicia. Outros serviços, como dhcpd, são iniciados no momento da inicialização. Para controlar acesso a serviços que são iniciados por scripts de inicialização e que não lêem o arquivo de configuração tcpd, use o firewall de IP do Linux.

Controlando acesso com *iptables*

Todo mundo pensa que sabe o que é um firewall, até que você pega os detalhes. Em um sentido amplo, um firewall é um sistema que protege a rede local da grande rede global ruim. É o sentinela pelo qual todo o tráfego de rede tem que passar antes de poder entrar ou deixar a rede local. Em sua encarnação mais simples, um firewall é um roteador de filtragem que protege de tráfego não desejado. E na mais complexa, é uma rede inteira com múltiplos roteadores e múltiplos servidores.

O Linux fornece as ferramentas de filtragem de tráfego necessárias para criar um firewall simples. Combinar as capacidades de roteamento do Linux com os recursos de filtragem do iptables cria um roteador de filtragem. Adicionalmente, e mais geralmente, o iptables pode ser usado para filtrar o tráfego que chega à interface de rede de um servidor Linux antes deste tráfego ser passado até as aplicações de rede que executam neste servidor. Isto dá ao Linux a capacidade de construir um firewall dentro do próprio servidor que fornece controle de acesso para todos os possíveis serviços de rede.

Como manter regras de firewall com *iptables*

O kernel do Linux categoriza tráfego de firewall em três grupos, e aplica diferentes regras de filtragem a cada categoria de tráfego:

Firewall de entrada - O tráfego entrante é testado contra as regras de firewall antes de ser aceito.

Firewall de saída - O tráfego de saída é testado contra as regras de firewall antes de ser enviado.

Firewall de encaminhamento - O tráfego que está sendo encaminhado pelo sistema Linux é testado contra as regras para o firewall de encaminhamento.

Os conjuntos de regras INPUT e OUTPUT podem ser usados quando o sistema estiver atuando como um host. As regras FORWARD são usadas quando o sistema atua como um roteador. Além das três categorias de firewall padrão, o kernel do Linux fornece os conjuntos de regras de tradução de endereço de rede descritos no Capítulo 7, "Serviços de meio de acesso de rede", e permite categorias definidas pelo usuário.

O kernel do Linux mantém uma lista de regras para cada uma destas categorias. Estas listas de regras, chamadas *cadeias*, são mantidas pelo comando iptables. Use as seguintes opções com o comando iptables para criar ou apagar regras definidas do usuário, acrescentar regras a uma cadeia de regras, apagar regras de uma cadeia e mudar a ordem das regras na cadeia:

-A - Junta as regras ao final de uma cadeia.

-D - Apaga as regras selecionadas de uma cadeia.

-E - Renomeia uma cadeia.

-F - Remove todas as regras de uma cadeia.

-I - Insere regras em uma cadeia. Um número de regra é definido para especificar onde na cadeia de regras é inserida a regra nova. Por exemplo, para inserir uma regra no topo da cadeia, atribua-a o número de regra 1.

-L - Lista todas as regras em uma cadeia. Se nenhuma cadeia for especificada, todas as regras em todas as cadeias são listadas.

-N - Cria uma cadeia definida pelo usuário com o nome especificado.

-P - Ajusta a política default para uma cadeia.

-R - Substitui uma regra em uma cadeia.

-X - Apaga uma cadeia específica, definida pelo usuário.

-Z - Reajusta os contadores de bytes e pacotes em todas as cadeias para zero.

Regras de firewall são compostas de um filtro contra o qual os pacotes são comparados e a ação tomada quando um pacote combina com o filtro. A ação pode ser uma política padrão ou um salto a uma cadeia de regras definida pelo usuário para processamento adicional. A opção de linha de comando -j *target* define a ação a ser tomada. *target* pode ser o nome de uma regra definida pelo usuário ou uma política padrão. As palavras-chave *target* que identificam as políticas padrão são as seguintes:

accept (aceitar) - Deixa o pacote passar pelo firewall.

406 | *Linux: servidores de rede*

drop (derrubar) - Descarta o pacote.

queue (fila) - Passa o pacote para o espaço de usuário para processamento.

return (retornar) - Em uma cadeia de regra definida pelo usuário, return significa voltar à cadeia que chamou esta cadeia. Em uma das três cadeias de kernel, significa encerrar a cadeia e usar a política default para a cadeia.

Use os parâmetros que vêm com o comando iptables para construir filtros que comparam o protocolo usado, a fonte ou endereço de destino, ou a interface de rede usada para o pacote. Os parâmetros iptables são como segue:

-p *protocol* - Define o protocolo para o qual a regra se aplica. *protocol* pode ser algum valor numérico do arquivo /etc/protocols ou uma das seguintes palavras-chave: tcp, udp ou icmp.

-s *address[/mask]* - Define a fonte do pacote para a qual a regra se aplica. *address* pode ser um nome de host, um nome de rede ou um endereço IP com uma máscara de endereço opcional.

—sport[*port[:port]*] - Define a porta de origem dos pacotes para as quais esta regra se aplica. *port* pode ser um nome ou número do arquivo /etc/services. Uma faixa de portas pode ser especificada usando o formato *port:port*. Se nenhum valor de porta específica for especificado, todos as portas são assumidas.

-d *address[/mask]* - Define o destino do pacote para o qual a regra se aplica. O endereço é definido usando as mesmas regras como as usadas para definir o endereço da origem do pacote.

—dport [*port[:port]*] - Define a porta de destino para a qual a regra se aplica. Isto filtra todo o tráfego destinado a uma porta específica. port é definida usando as mesmas regras que as usadas para definir estes valores para a origem do pacote.

—icmp-type *type* - Define o tipo de ICMP para o qual a regra se aplica. type pode ser qualquer número ou nome do tipo de mensagem ICMP válidos.

-j *target* - Identifica uma política padrão para controlar o pacote ou uma cadeia definida pelo usuário para as quais o controle deve ser passado.

-i *name* - Define o nome da interface de rede de entrada para a qual a regra se aplica. Somente pacotes recebidos nesta interface são afetados por esta regra. Um nome de interface parcial pode ser usado terminando-o com um +; por exemplo, eth+ compararia todas as interfaces Ethernet que começam com eth.

-o *name* - Define o nome da interface de rede de saída para a qual a regra se aplica. Somente pacotes enviados para esta interface são afetados por esta regra. As mesmas regras de nome de interface usadas com a opção -i são usadas com esta opção.

-f - Indica que a regra se refere somente a fragmentos secundários e subseqüentes de pacotes fragmentados.

Comandos *iptables* de exemplo

Reunir tudo isto cria um firewall que pode proteger sua rede. Suponha que nós temos um roteador Linux conectado a uma rede de perímetro com o endereço 172.16.12.254 na interface eth0 e para uma rede externa com o endereço 192.168.6.5 na interface eth1.

Mais adiante suponha que a rede de perímetro contém apenas um servidor sendmail e um servidor Apache. A Listagem 12.4 contém alguns comandos iptables que nós poderíamos usar no sistema Linux para proteger a rede de perímetro.

Listagem 12.4 Comandos *iptables* de amostra.

```
iptables -F INPUT
iptables -F FORWARD
iptables -A INPUT -i eth1 -j DROP
iptables -A FORWARD -i eth1 -s 172.16.0.0/16 -j DROP
iptables -A FORWARD -o eth1 -d 172.16.0.0/16 -j DROP
iptables -A FORWARD -d 172.16.12.1 25 -j ACCEPT
iptables -A FORWARD -d 172.16.12.6 80 -j ACCEPT
iptables -A FORWARD -j DROP
```

Estes dois primeiros comandos usam a opção -F para limpar as cadeias que nós planejamos trabalhar. A terceira linha descarta qualquer pacote da rede externa que está localmente destinado a uma execução de processo no roteador Linux. Nós não permitimos qualquer acesso a processos no roteador do mundo externo.

Os próximos dois comandos descartam pacotes que estão sendo roteados para o mundo externo usando um endereço interno. Se pacotes são recebidos na interface externa com um endereço de fonte da rede interna, eles são descartados. Da mesma forma, se os pacotes estiverem sendo enviados para a interface externa com um endereço de destino da rede interna, eles são descartados. Estas regras informam que se pacotes na interface de rede externa (que é eth1 no exemplo) usam endereços da rede interna (que é 172.16 no exemplo), então alguém está tentando nos fraudar, e os pacotes devem ser descartados.

As próximas duas regras são basicamente idênticas. Elas aceitam pacotes se o destino e a porta forem o destino e a porta corretos para um servidor específico. Por exemplo, a porta 25 é SMTP, e 172.16.12.1 é o servidor de correio; e a porta 80 é a porta HTTP, e 172.16.12.6 é o servidor web. Nós aceitamos estas conexões de chegada porque estão destinadas aos sistemas corretos. A última regra rejeita todos os outros tráfegos.

Estes exemplos ilustram o poder dos recursos de filtragem do Linux, e fornecem bastante informação para você começar. É óbvio que muito mais pode e deve ser feito para construir um firewall real. Se você quiser saber mais sobre iptables, veja *Linux Security* por Ramón Hontañón (Sybex, 2001) e *Building Internet Firewalls* por Elizabeth Zwicky, Simon Cooper e D. Brent Chapman (O'Reilly, 2000) para muitos exemplos de iptables mais detalhados. Se você tiver um sistema Linux mais antigo que usa ipchains ou ipfwadm, veja *Linux Firewalls* por Robert Ziegler (New Riders, 2001) para informações sobre estes comandos mais antigos.

408 | *Linux: servidores de rede*

Melhorando a autenticação

Senhas Unix tradicionais não têm mais do que oito caracteres e são transmitidas pela rede como texto claro. Adicionalmente, estas senhas são armazenadas no arquivo /etc/passwd, que é legível por todos. Todas estas coisas são problemas de segurança.

Limitar senhas a oito caracteres limita as escolhas de um usuário, e reduz a dificuldade de um ataque de decodificação por força bruta. Senhas MD5 podem ter até 256 caracteres. Em um sistema Red Hat, selecione MD5 Passwords (senhas MD5) durante a instalação, como descrito no Apêndice A, "Instalação básica". Alternativamente, você pode executar authconfig—enablemd5 depois do sistema estar executando para habilitar o uso de senhas longas.

Indiferente ao tamanho que uma senha tem, o usuário pode escolher uma ruim. Uma senha ruim é uma que é fácil de adivinhar. Veja a sidebar "O que fazer e não fazer com as senhas" para alguns conselhos que você pode dar a seus usuários para lhes ajudar a escolher senhas boas.

O que fazer e não fazer com as senhas

- Faça uso de uma mistura de números, caracteres especiais, e letras maiúsculas e minúsculas.

- Faça uso de oito caracteres pelo menos.

- Faça uso de uma seleção aparentemente aleatória de letras e números que são fáceis de se lembrar, como a primeira letra de cada palavra de uma linha em um livro, canção ou poema.

- Não faça uso do nome de uma pessoa ou uma coisa.

- Não faça uso de qualquer palavra inglesa ou de idioma estrangeiro ou abreviação.

- Não use qualquer informação associada com a conta, como o nome de login, as iniciais do usuário, número de telefone, número de previdência social, título de cargo ou número de sala.

- Não use seqüências de teclado; por exemplo, qwerty.

- Não use quaisquer das senhas ruins descritas acima ao contrário, em maiúscula, ou de outro modo disfarçado.

- Não use uma senha totalmente numérica.

- Não use uma senha de exemplo, não importa o quanto seja boa, que você obteve de um livro que discute segurança de computador.

O Linux impede os usuários de escolher os piores tipos de senhas aplicando muitas das regras listadas na sidebar para rejeitar senhas ruins. Senhas são escolhidas com o comando passwd.O Linux testa a senha digitada pelo usuário no prompt de passwd de vários modos diferentes. A Listagem 12.5 é um exemplo do Red Hat usando o módulo pam_cracklib para bloquear a seleção de algumas senhas ruins.

Listagem 12.5 Linux rejeita senhas fracas.

```
$ passwd
Changing password for craig
(current) UNIX password:
New UNIX password:
BAD PASSWORD: it is derived from your password entry
New UNIX password:
BAD PASSWORD: it is too simplistic/systematic
New UNIX password:
BAD PASSWORD: it is too short
passwd: Authentication token manipulation error
```

Apesar do Linux fazer seu melhor para ter certeza de que você use uma senha boa, não importa o quanto a senha seja boa, é inútil se alguém a roubar. Devido às senhas serem transmitidas através da rede como texto claro, elas são muito fáceis de roubar.

Dois pacotes que podem impedir ladrões de roubar senhas do cabo são descritos depois nesta seção. Porém, senhas não têm que ser roubadas do cabo. Se as senhas são armazenadas no arquivo /etc/passwd, o arquivo inteiro pode ser lido por qualquer um no sistema e estar sujeito a um "ataque de dicionário". Em um ataque de dicionário, uma seleção grande de possíveis senhas é codificada usando o mesmo método de criptografia que é usado para senhas, e o resultado da criptografia é comparado às senhas armazenadas no arquivo /etc/passwd. Quando os valores codificados combinam, você conhece a senha original, porque sabe a string que você usou para criar o valor codificado.

Até mesmo quando criptografia boa é usada para senhas armazenadas no arquivo passwd, se as senhas forem pobremente escolhidas, elas são suscetíveis a um ataque de dicionário. A primeira linha de defesa contra este problema é armazenar as senhas codificadas em um arquivo que não é legível a todos.

Sombra de senhas

O arquivo de sombra de senhas, /etc/shadow, só pode ser lido pelo usuário root. Não dá permissões ao arquivo de grupo ou mundo. É projetado para impedir os usuários ordinários de ler as senhas codificadas e as sujeitar a um ataque de dicionário. No Apêndice A, este recurso é habilitado selecionando Enable Shadow Passwords (habilite senhas de sombra) durante a instalação do Red Hat - na mesma janela na qual são habilitadas senhas MD5. Em um sistema Red Hat em execução, authconfig —enable shadow pode ser usado para habilitar o uso do arquivo de sombra de senhas.

Além de segurança de senha melhorada, o arquivo de sombra de senhas abastece o administrador do sistema com alguns recursos de administração de senha. O arquivo de sombra de senhas contém senhas codificadas e as informações necessárias para administrá-las. O formato de uma entrada de arquivo de sombra de senhas é o seguinte:

```
username:password:changed:min:max:warn:inactive:close:reserved
```

410 | *Linux: servidores de rede*

Nesta entrada,

- *username* é o nome de de login do usuário.
- *password* é a senha codificada.
- *changed* é a data que a senha foi mudada por último, escrita como o número de dias de 1 de janeiro de 1970, até a data da mudança.
- *min* é o número mínimo de dias que o usuário tem que manter uma senha nova antes que possa ser mudada.
- *max* é o número máximo de dias que é permitido ao usuário manter uma senha antes de ter que ser mudada.
- *warn* é o número de dias que o usuário é advertido antes da senha expirar.
- *inactive* é o número de dias depois que a senha expira antes da conta ser bloqueada. Depois que a conta é bloqueada, o usuário não pode se registrar e mudar a senha dele.
- *close* é a data na qual a conta será encerrada, escrita como o número de dias de 1 de janeiro de 1970, até a data em que a conta será encerrada.
- *reserved* é um campo reservado para o uso do sistema.

Um trecho do arquivo de sombra de senhas em um sistema Red Hat é mostrado na Listagem 12.6.

Listagem 12.6 Trecho do arquivo de sombra de senhas.

```
root:$1$1yBKhGuF$xocwED2RSGT03jEtq4yJ0/:11530:0:99999:7:::
bin:*:11530:0:99999:7:::
daemon:*:11530:0:99999:7:::
adm:*:11530:0:99999:7:::
uucp:*:10750:0:99999:7:::
nobody:*:11530:0:99999:7:::
nscd:!!:11530:0:99999:7:::
mailnull:!!!:11530:0:99999:7:::
ident:!!:11530:0:99999:7:::
rpc:!!:11530:0:99999:7:::
rpcuser:!!!:11530:0:99999:7:::
xfs:!!:11530:0:99999:7:::
gdm:!!:11530:0:99999:7:::
craig:$1$W/j5NklD$J.wD9I/toKet.:11530:0:99999:7:::
kathy:$1$iugiomsnsi/ufdjhbhjbih:11720:0:99999:7:::
sara:$1$piuhihblhj./ddkibhtyjjt:11751:0:99999:7:::
david:$1$kjiojhjhjkhplttw3vjhvu:11751:0:99999:7:::
rebecca:$1$ihiohuhxvf56/uhhfhjH:11751:0:99999:7:::
```

A senha codificada aparece somente neste arquivo. Todo campo password no arquivo /etc/passwd contém um x que informa ao sistema para olhar no arquivo de sombra para a senha verdadeira. Todo campo password no arquivo /etc/shadow contém uma senha codificada, !! ou *. Se o campo password contém !!, significa que a conta tem um shell de login válido, mas a conta é bloqueada, de forma que ninguém pode se registrar pela conta. Se o campo password contém *, indica que esta é uma conta de sistema, como daemon ou uucp, que não têm um shell de login e então não é uma conta de login.

Capítulo 12 – Segurança | **411**

Envelhecimento da senha

Além de proteger a senha, o arquivo de sombra suporta envelhecimento de senha, que define o tempo de vida para cada senha e notifica o usuário para mudar a senha quando chega ao fim de sua vida. Se não for mudada, o usuário é bloqueado de usar a conta dele. Os campos changed, max e warn informam ao sistema quando a senha foi mudada, quanto tempo deve ser mantida, e quando advertir o usuário para mudá-la.

Quando a senha é mudada, deve ser usada para o número de dias definido pelo campo min antes de poder ser mudada novamente, o que impede o usuário de mudar a senha favorita dele por uma senha temporária e então imediatamente voltar à favorita. Isto reduz um dos truques mais comuns usados para iludir mudanças verdadeiras de senhas.

Os campos inactive e close ajudam a eliminar contas não usadas. O campo inactive dá ao usuário algum número de dias para se registrar e ajustar uma senha nova depois que a senha expirar. Se o usuário não se registrar antes do número especificado de dias decorridos, indica que a conta não é usada, e a conta é bloqueada para evitar que o usuário se registre.

O campo close o deixa criar uma conta de usuário que tem uma "vida" especificada. Quando a data armazenada no campo close for alcançada, a conta de usuário é desabilitada, até mesmo se ainda estiver ativa. A data de expiração é armazenada como o número de dias desde 1 de janeiro de 1970.

Em muitos sistemas Linux, alguns dos valores no arquivo /etc/shadow podem ser modificados usando os comandos useradd ou usermod. A Listagem 12.7 mostra como o comando usermod pode ser usado para ajustar o campo inactive e o campo close no arquivo de sombra de senha..

Listagem 12.7 Modificar */etc/shadow* com *usermod.*

```
[root]# grep   alana   /etc/shadow   alana:RoseySmile:11743:0:99999:7:::
[root]# usermod  -f 30  alana
[root]# grep   alana   /etc/shadow   alana:RoseySmile:11743:0:99999:7:30::
[root]# usermod  -e 2003-01-01  alana
[root]# grep   alana   /etc/shadow   alana:RoseySmile:11743:0:99999:7:30:12053:
```

O primeiro comando grep mostra que uma entrada existe para o usuário alana no arquivo /etc/shadow. Os valores *min, max* e *warn* já foram ajustados a 0, 99999 e 7, respectivamente. Um valor *min* de 0 significa que o usuário não precisa esperar antes de mudar a senha. Um valor *max* de 99999 significa que o usuário nunca é forçado a mudar a senha, e um valor *warn* de 7 significa que o usuário é advertido uma semana antes da senha expirar. (Com um *max* de 99999, o campo *warn* realmente não será usado.) Como explicado no Capítulo 3, estes valores são ajustados pelo comando useradd usando os valores definidos para as variáveis PASS_MIN_DAYS, PASS_MAX_DAYS e PASS_WARN_AGE no arquivo /etc/login.defs. Para ajustar para valores defaults diferentes, edite /etc/login.def, e ajuste os valores diferentes para as variáveis. Para mudar estes campos para um usuário individual no arquivo /etc/shadow, edite o arquivo shadow e mude os valores lá.

O primeiro comando usermod mostra como o valor *inactive* está ajustado usando o argumento de linha de comando -f. Na Listagem 12.7, o campo inactive está ajustado para 30 dias, como mostra claramente o segundo grep.

412 | Linux: servidores de rede

O último comando usermod ajusta o valor para *close*. Geralmente, isto é usado em lugar dos outros valores para contas de usuário de curto prazo. Para a maioria das contas, este campo não é usado. Na Listagem 12.7, close está ajustado de forma que a conta alana será encerrada no dia 1 de janeiro de 2003.

Em muitos sites, os valores default, que não implementam envelhecimento de senha, são usados. Envelhecimento de senha só tem um valor marginal para aumentar a segurança do sistema. É usado principalmente para lembrar os usuários sobre segurança e para ter certeza de que contas não usadas não fiquem esquecidas. O recurso mais importante do arquivo de sombra de senha é que protege as senhas que são armazenadas em seu sistema de um ataque de dicionário. Porém, não impede as senhas de serem roubadas no cabo quando elas forem transmitidas. Outras ferramentas existem para proteger senhas quando elas passam pela rede.

On-time passwords

Escolher senhas boas e proteger o arquivo de senha é inútil se um ladrão roubar a senha na rede. Senhas de texto claro e reutilizáveis que simplesmente viajam através de uma rede não estão seguras. Todos os especialistas de segurança sabem disto, assim foram criadas várias alternativas para senhas reutilizáveis. Uma destas é uma *senha para uso de uma única vez (on-time passwords)*, que é apenas o que parece - você usa a senha uma vez e a joga fora. Estas senhas são desejáveis, porque não podem ser usadas de novo. Qualquer um que rouba uma on-time password está roubando lixo inútil.

One-time Passwords In Everything (OPIE) é um software de senhas grátis para Linux. OPIE está disponível de www.inner.net no diretório /pub/opie. OPIE é código-fonte entregue em um arquivo tar compactado opie-2.4.tar.gz.

Instalar OPIE substitui login, su e ftpd com suas próprias versões destes programas que aceitam senhas tradicionais e "frases de senha" de para uso de uma única vez OPIE - uma string de seis "palavras" curtas que podem ou não ser palavras verdadeiras.

O mecanismo de transição de OPIE

O OPIE pode ser configurado para aceitar senhas reutilizáveis tradicionais ou frases de senha OPIE. Os usuários gostam deste recurso, porque podem usar senhas reutilizáveis convenientes para logins de console local, para o qual não há nenhum perigo de ter a senha roubada, e podem usar senhas de para uso de uma única vez para logins remotos. O problema com este recurso é que abre uma brecha de segurança muito grande, tornando possível as pessoas esquecerem o que elas estão fazendo e usarem uma senha reutilizável na situação errada.

Porém, às vezes você precisa usar este recurso para superar a resistência a senhas de uso de uma única vez. Para habilitar este recurso, configure com —enable-access-file quando você construir o software OPIE, o que lhe permite usar o arquivo /etc/opieaccess. Neste arquivo, liste os hosts nos quais são permitidas senhas reutilizáveis. Por exemplo:

```
permit  127.0.0.1   255.255.255.255
deny  172.16.5.25 255.255.255.255
permit  172.16.5.0  255.255.255.0
```

Capítulo 12 – Segurança | **413**

> **O mecanismo de transição de OPIE (continuação)**
>
> O primeiro campo pode permitir acesso com senhas reutilizáveis ou explicitamente negá-lo. Por default, a todo sistema não mencionado no arquivo /etc/opieaccess é negado acesso de senha reutilizável. O segundo campo é o endereço. O terceiro campo é a máscara de endereço que lhe permite especificar redes inteiras com uma única linha.

Selecionando sua senha secreta

A lista de frases de senha para uso de uma só vez, é gerada por um programa chamado opiekey. Para se identificar exclusivamente àquele programa, você precisa de uma senha secreta. Use opiepassword para selecionar esta senha secreta.

Por exemplo, suponha que eu sou novo em OPIE, e quero gerar uma lista de frases de senha antes de viajar. Primeiro, eu me registro para o console do servidor OPIE com minha senha reutilizável tradicional e executo opiepasswd para selecionar uma senha OPIE secreta, que deve ter pelo menos 10 caracteres. O opiepasswd aceita a senha secreta, e exibe a primeira frase de senha, que é DUG AHOY EMIL SAM JOT BERN:

```
$ opiepasswd -c
Updating craig:
Reminder - Only use this method from the console; NEVER from remote.
If you are using telnet, xterm, or a dial-in, type ^C now or exit with no
password. Then run opiepasswd without the -c parameter.
Using MD5 to compute responses.
Enter old secret pass phrase: OJlCCFftNt
Enter new secret pass phrase: N'pim.c,.na.o
Again new secret pass phrase: N'pim.c,.na.o
ID   CRAIG OPIE key  is 499   P18318
DUG   AHOY  EMIL  SAM  JOT  BERN
```

NOTA Executar opiepasswd do console é o método mais seguro. Se não for executado do console, você tem que ter uma cópia do software opiekey com você para gerar as respostas corretas necessárias para digitar suas senhas secretas antigas e novas, porque senhas de texto claro só são aceitas do console.

Criando frases de senha adicionais

Uma frase de senha, é claro, não é o bastante. Para gerar frases de senha adicionais, execute opiekey. A penúltima linha produzida pelo comando opiepasswd contém uma informação importante. Exibe o número de seqüência inicial (499) e a semente (p18318). Junto com a senha secreta, estes valores são requeridos por opiekey para gerar as frases de senha OPIE.

opiekey pega o número de seqüência de login, a semente do usuário e a senha secreta do usuário como digitada; então produz as frases de senha corretas. Use o argumento -n para pedir várias senhas. Imprima-as ou anote-as, e você está pronto para seguir viagem. O exemplo na Listagem 12.8 pede cinco frases de senha de opiekey.

414 | *Linux: servidores de rede*

Listagem 12.8 Gerando frases de senha OPIE.

```
$ opiekey -n 5 499 p18318
Using MD5 algorithm to compute response.
Reminder: Don't use opiekey from telnet or dial-in sessions.
Enter secret pass phrase: N'pim.c,.na.o
495: NERO BORN ABET HELL YANG WISE
496: VERB JUKE BRAN LAWN NAIR WOOL
497: POE MOOR HAVE UN DRAB MONT
498: SACK WAND WAKE AURA SNUG HOOD
499: DUG AHOY EMIL SAM JOT BERN
```

> **NOTA** Números de seqüência de login contam a partir de 499 e não podem ser usados de novo. Quando o número de seqüência ficar abaixo de 10, execute opiepasswd outra vez, e selecione uma senha secreta nova para reajustar o número de seqüência a 499.

A linha de comando opiekey pede cinco frases de senha (-n 5), a partir do número de seqüência 499. A semente (p18318) é fornecida na linha de comando.O opiekey solicita a entrada da senha secreta que você definiu com o comando opiepasswd. O número de seqüência, a semente e a senha secreta são então usados para gerar as frases de senha, e opiekey imprime as frases na quantidade que você pediu em ordem de seqüência de número.

Para se registrar, você tem que usar a frase de senha que vai com o número de seqüência exibida para o login. Por exemplo:

```
login: craig
otp-md5 496 p18318
Response or Password: VERB JUKE BRAN LAWN NAIR WOOL
```

Um sistema executando OPIE exibe uma linha indicando que as senhas de uso único estão sendo geradas com o algoritmo de MD5 (otp-md5), o número de seqüência de login 496 e a semente usada para as senhas de uso único é p18318. A resposta correta são as seis "palavras" curtas para o número de login 496 da lista de frases de senha. Esta resposta não pode ser usada para se registrar ao sistema novamente.

Posso ser a única pessoa que sempre lhe falará, "eu gosto de senhas de uso único". Mas gosto delas. Eu particularmente gosto da portabilidade delas. Não preciso de qualquer software especial no cliente, só uma lista de senhas em minha carteira, que posso usar em qualquer lugar. Se você tiver um software opiekey no sistema de cliente, você pode produzir senhas de uso , uma de cada vez. Mas por quê? Se você controla o software no cliente e no servidor, use shell seguro. É uma ferramenta de autenticação melhor que OPIE. Use OPIE para as vezes em que você precisar de liberdade completa para se registrar de qualquer sistema. Use o shell seguro quando você quiser uma ferramenta de login remoto realmente boa.

Shell seguro

O programa de shell seguro (SSH) proporciona acesso remoto com autenticação forte e sessão de encriptação com chave pública. O shell seguro é seguro e fácil de usar. O SSH substitui o telnet, ftp, rlogin e rsh com alternativas seguras, e é a ferramenta de login remoto default em nosso sistema Red Hat de exemplo. Em muitos sistemas Linux, o SSH é instalado como parte da instalação inicial do sistema. A Figura 12.5 mostra uma consulta gnorpm do pacote SSH em nosso sistema Red Hat.

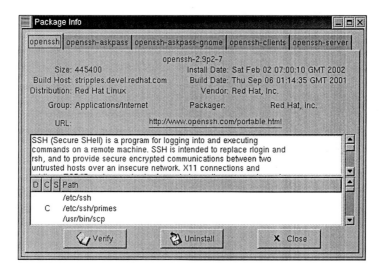

Figura 12.5 - O RPM OpenSSH.

Como a Figura 12.5 mostra, nosso sistema Red Hat de exemplo usa OpenSSH. O SSH foi desenvolvido originalmente na Universidade de Tecnologia de Helsinki (HUT). Os pacotes comerciais do SSH e o software de fonte aberta do OpenSSH evoluíram do software HUT original. Muitos sistemas Linux usam o pacote OpenSSH, e este é o software descrito nesta seção.

As abas na Figura 12.5 mostram que existem cinco RPMs diferentes usados para o OpenSSH em nosso sistema Red Hat. Dois destes, os RPMs que incluem a string askpass em seus nomes, contêm os arquivos necessários para formatar o prompt passphrase do SSH para o X Windows System. Um controla no plano X, e o outro formata o prompt para o ambiente de desktop GNOME. A parte realmente mais importante do sistema OpenSSH vem nos três outros pacotes:

openssh - Contém o utilitário de geração de chave ssh-keygen e o programa de cópia de arquivo remoto scp.

openssh-server - Contém o daemon do servidor sshd e do servidor de ftp seguro.

openssh-clients - Contém as ferramentas de cliente OpenSSH para manutenção de chave de cliente, bem como o comando ssh para login seguro e o comando sftp para FTP seguro.

416 | *Linux: servidores de rede*

Quando um servidor e cliente de shell seguro se conectam, eles trocam chaves. As chaves são comparadas às chaves conhecidas. Se a chave não for encontrada, o usuário é perguntado se a chave nova deve ser aceita. Se a chave for aceita pelo usuário, a chave do host é adicionada ao arquivo .ssh/known_hosts no diretório home do usuário, e então é usada para codificar uma chave de sessão gerada aleatoriamente. A chave de sessão é então usada por ambos os sistemas para codificar o resto da sessão. Se nenhuma autenticação especial foi configurada, é solicitado ao usuário uma senha; não há nenhuma necessidade de se preocupar com roubo de senha, porque a senha é codificada antes de ser enviada. A Listagem 12.9 ilustra como se parece o primeiro login para duck de nosso sistema Red Hat de exemplo com a configuração default.

Listagem 12.9 Um login ssh de amostra.

```
$ ssh duck
The authenticity of host 'duck (172.16.8.8)' can't be established.
RSA key fingerprint is 41:86:62:fb:6e:9f:13:9f:0d:6b:95:d7:09:00:10:a7.
Are you sure you want to continue connecting (yes/no)? yes
Warning: Permanently added 'duck,172.16.8.8' (RSA) to the list of known
hosts.
craig@duck's password: Wats?Watt?
[duck]$ logout
Connection to duck closed.
```

O usuário cliente não está limitado a autenticação de senha simples. Por default, a configuração do servidor é ajustada para aceitar autenticação de senha e chave de autenticação pública. Se os usuários desejarem usar autenticação de chave pública, eles têm que criar as suas próprias chaves privadas e públicas.

Criando chaves de usuário

O programa ssh-keygen gera as chaves de criptografia públicas e privadas, usadas para autenticação de chave pública. Simplesmente use o comando ssh-keygen e digite uma *passphrase*, que é sua senha secreta, quando solicitado. A Listagem 12.10 é um exemplo.

Listagem 12.10 - Um exemplo do comando ssh-keygen.

```
$ ssh-keygen
Generating public/private rsal key pair.
Enter file in which to save the key (/home/craig/.ssh/identity):
Enter passphrase (empty for no passphrase): Who are the trusted?
Enter same passphrase again: Who are the trusted?
Your identification has been saved in /home/craig/.ssh/identity.
Your public key has been saved in /home/craig/.ssh/identity.pub.
The key fingerprint is:
f1:f4:21:07:ed:8b:fe:3c:66:6a:4d:ff:36:2a:f2:c9
->craig@wren.foobirds.org
```

Uma passphrase pode ser literalmente uma frase, porque são permitidos espaços em branco. O exemplo usa uma linha de uma canção. Embora uma coleção aleatória de palavras possa ser mais seguro, a passphrase deve ser fácil de se lembrar. Se você esquecê-la, ninguém poderá recuperá-la para você.

São criadas duas chaves: ~/.ssh/identity é a chave privada que deve ser protegida, e ~/.ssh/identity.pub é a chave pública que é distribuída para sites remotos para codificar a sessão. Depois que as chaves são criadas no sistema cliente, adicione todo o conteúdo do arquivo identity.pub ao arquivo ~/.ssh/authorized_keys no diretório home do usuário no servidor. Agora, quando o usuário se registrar no servidor daquele cliente, é solicitado ao usuário uma passphrase.

A configuração default fornece comunicação simples e segura, e dá proteção completa contra ladrões de senhas. Porém, há opções de configuração para o servidor e para o cliente, que lhe permitem personalizar shell seguro para seu ambiente.

Configurando o *sshd*

Muito pouca configuração é exigida para executar o shell seguro, mas é possível muita configuração. Muitos dos pacotes de software discutidos neste livro ajustam este padrão: há muitas opções de configuração, mas os valores default para estas opções funcionam em quase todo caso, e raramente precisam ser mudados. O sshd não é nenhuma exceção. Sem configuração, funcionará bem, mas há opções de configuração que você pode usar para modificá-lo para seu site em particular.

O sshd é configurado pelo arquivo /etc/ssh/sshd_config. Os valores de configuração neste arquivo são pares de valores palavra-chave. Há mais de 50 possíveis valores de configuração:

AFSTokenPassing - Especifica se símbolos de AFS são aceitos ou não pelo servidor.

AllowGroups - Lista os grupos dos quais são permitidos logins. Um usuário tem que pertencer a um dos grupos listados para se registrar ao sistema. Por default, logins não são limitados a grupos específicos.

AllowTcpForwarding - Especifica se o encaminhamento é permitido ou não. Por default, é permitido.

AllowUsers - Lista os usuários que são permitidos para o login. Por default, logins não são limitados a usuários específicos.

Banner - Identifica um arquivo que contém uma página de banner que é exibida antes do login.

ChallengeResponseAuthentication - Especifica se a autenticação de desafio/resposta deve ser usada ou não. O default é yes, mas o sshd só usa autenticação de desafio/resposta para S/Key.

Ciphers - Identifica as técnicas de criptografia que serão suportadas pelo servidor. O default é aes128-cbc, 3des-cbc, blowfish-cbc, cast128-cbc e arcfour.

CheckMail - Especifica se o sshd deve verificar ou não para ver se o usuário tem mensagem nova ao se registrar. Por default, não verifica.

ClientAliveInterval - Define o intervalo de tempo no qual serão enviadas mensagens ao cliente quando o link estiver inativo. Estas mensagens são um meio de concluir uma resposta do cliente. O default é 0, significando que o servidor não enviará as mensagens.

ClientAliveCountMax - Define o número máximo de mensagens que serão enviadas a um cliente inativo, antes da conexão ser terminada pelo servidor. O default é 3.

DenyGroups - Lista os grupos que não estão autorizados a se registrar no servidor. Usuários que pertencem a quaisquer destes grupos não serão autorizados a se registrar. Por default, todos os grupos são autorizados a se registrar.

DenyUsers - Lista os usuários que não estão autorizados a se registrar no servidor. Por default, todos os usuários válidos estão autorizados a se registrar.

GatewayPorts - Especifica se um host remoto pode se conectar ou não a uma porta encaminhada para o cliente. O default é no.

HostbasedAuthentication - Especifica se .rhosts e /etc/hosts.equiv serão usados ou não para autenticação de clientes. O default é no. .rhosts e /etc/hosts.equiv são os arquivos de host confiados tradicionalmente usados por rlogin. Neste caso, porém, eles não são usados sozinhos. Os arquivos são combinados com a autenticação de chave pública do cliente.

HostKey - Identifica o arquivo que contém as chaves privadas do host. O default é /etc/ssh/ssh_host_key.

IgnoreRhosts - Significa que os arquivos .rhosts e .shosts não serão usados, mesmo se RhostsAuthentication, RhostsRSAAuthentication ou HostbasedAuthentication forem especificados. Os arquivos /etc/hosts.equiv e /etc/ssh/shosts.equiv ainda são usados. O default é ignorar .rhosts e .shosts.

IgnoreUserKnownHosts - Faz com que o servidor ignore o /.ssh/known_hosts do usuário durante a autenticação de RhostsRSAAuthentication e HostbasedAuthentication. O default é no – usa o arquivo known_hosts.

KeepAlive - Especifica se o sistema deve enviar ou não mensagens keepalive para descobrir se o link está operacional. O default é yes.

KerberosAuthentication - Especifica se a autenticação utilizando Kerberos é permitida ou não. O default é yes.

KerberosOrLocalPasswd - Informa ao sshd para usar autenticação de senha local se o servidor Kerberos não autenticar a senha. O default é yes.

KerberosTgtPassing - Especifica se o servidor aceitará ou não símbolos TGT do Kerberos. O default é no, porque isto funciona para sshd só quando o símbolo for de fato um símbolo AFS.

KerberosTicketCleanup - Informa ao sistema para destruir o ticket Kerberos do usuário quando este sair. O default é yes.

KeyRegenerationInterval - Informa ao sshd para regenerar a chave de servidor efêmera usada em SSH versão 1 depois do número especificado de segundos. O default é 3600.

ListenAddress - Identifica o endereço e porta na qual o sshd deve escutar por conexões. O default é para escutar em todos os endereços atribuídos ao servidor e para escutar na porta definida pelo comando Port.

LoginGraceTime - Define a quantidade de tempo que o servidor esperará pelo usuário para completar um login bem-sucedido. O default é 600 segundos.

LogLevel - Especifica o nível de detalhe gravado no registro. Em nível ascendente de detalhe, os possíveis valores são QUIET, FATAL, ERROR, INFO, VERBOSE e DEBUG. O default é INFO.

MACs - Identifica os algoritmos de código de autenticação de mensagem que serão usados pelo servidor. O default é hmac-md5, hmac-sha1, hmac-ripemd160, hmac-sha1-96 e hmac-md5-96.

MaxStartups - Define o número máximo de conexões que podem estar esperando por autenticação. O default é 10.

PAMAuthenticationViaKbdInt - Especifica se a autenticação de desafio/resposta PAM é permitida ou não. Quando especificada, permitirá autenticação de senha, até mesmo se PasswordAuthentication for inválido. O default é no.

PasswordAuthentication - Informa ao sshd se a autenticação por senha é permitida ou não. Por default, é permitida.

PermitEmptyPasswords - Informa ao sshd se uma senha é requerida ou não para autenticação por senha. Quando ajustado para yes, este parâmetro permite a um usuário com uma senha vazia se registrar simplesmente pressionando Enter em resposta ao prompt solicitando a senha. Por default, este parâmetro é ajustado em no. Então, um usuário tem que digitar uma senha quando a autenticação por senha for usada.

PermitRootLogin - Define o nível de acesso concedido ao usuário root. Qualquer um dos quatro níveis de acesso pode ser definido:

> **yes** - Ao usuário root é concedido acesso de login completo por ssh. Este é o default.

> **no** - O usuário root não é autorizado a acessar o sistema por ssh.

> **without-password** - O usuário root é autorizado a acessar o sistema, mas não pode usar acesso por senha para fazer isso. Uma forma autenticação forte, como autenticação de chave pública, deve ser usada.

> **forced-commands-only** - O usuário root é autorizado a executar comandos remotamente se o usuário foi autenticado por autenticação de chave pública. Em nenhum caso o usuário root será autorizado a se registrar a um shell por ssh.

PidFile - Define o caminho do arquivo no qual o sshd grava seu ID de processo. O default é /var/run/sshd.pid.

Port - Define a porta na qual o sshd escuta por tráfego entrante. O default é 22.

PrintLastLog - Informa ao sshd se deve registrar ou não atividade de login no último registro. Por default, registra.

PrintMotd - Especifica se o sshd deve ou não exibir a mensagem do dia quando um usuário se registrar. Por default, exibe.

Protocol - Lista as versões do protocolo SSH que o servidor deve suportar. Por default, o servidor tenta primeiro a versão 2 e então recua para a versão 1. Especificado como uma lista na linha de comando Protocol, o default seria Protocol 2,1. Protocol 1 tem alguns problemas de segurança conhecidos. É uma boa idéia desabilitar o protocolo 1, se você puder.

PubkeyAuthentication - Especifica se a autenticação de chave pública é permitida ou não. Por default é.

ReverseMappingCheck - Informa ao sshd para verificar se o DNS lista o mesmo par hostname e endereço IP para o cliente no domínio inverso como foi encontrado quando o hostname foi resolvido a um endereço IP. (Veja o Capítulo 4, "Serviços de nome do Linux", para uma descrição detalhada do domínio inverso.) Esta verificação pode ajudar a detectar spoofing de DNS e de endereço. Porém, adiciona overhead ao sshd, e geralmente rejeita sistemas de cliente legítimos. O default é no, o que informa ao sshd para não tentar esta verificação.

RhostsAuthentication - Informa ao sshd que os arquivos de hosts confiados e altamente inseguros .rhosts ou /etc/hosts.equiv são tudo o que é necessário para a autenticação. O default é no, e não deve ser mudado. No lugar, use RhostsRSAAuthentication, junto com .rhosts ou /etc/hosts.equiv, para autenticação forte baseada em host se você tem que usar os arquivos de host confiados.

RhostsRSAAuthentication - Informa ao sshd que pode usar os arquivos de host confiados .rhosts e /etc/hosts.equiv quando os combinar com autenticação de host RSA. O default é no, o que informa ao sshd para não usar os arquivos de host confiados, até mesmo com autenticação forte.

RSAAuthentication - Especifica se a autenticação de chave pública RSA é permitida ou não. Por default, é.

ServerKeyBits - Define o número de bits usado para a criptografia de sessão para o SSH versão 1. O valor mínimo é 512 bits, e o default é 768 bits.

StrictModes - Informa ao sshd para verificar as permissões de diretório, de arquivo e propriedade antes de permitir um login. O default é yes, verifica as permissões.

Subsystem - Define um nome de subsistema e um comando para executar quando este subsistema for solicitado. O nome do subsistema é um nome externo disponível para o cliente.

O comando é executado no servidor. Por default, nenhum subsistema é definido.

SyslogFacility - Identifica a facilidade de syslogd que o sshd deve usar para registrar mensagens. De acordo com a documentação, este parâmetro só aceitará DAEMON, USER, AUTH ou LOCAL0 até LOCAL7; e o default é AUTH. Na realidade, qualquer facilidade definida em syslog.conf (e só estas facilidades) pode ser usada.

UseLogin - Especifica se login é usado ou não para sessões de login interativas. Por default, não é.

X11DisplayOffset - Define o mais baixo número de exibição que sshd está autorizado a usar para encaminhamento X11. O default é 10.

X11Forwarding - Informa ao sshd se deve ou não encaminhar tráfego X11 ao cliente. O default é no.

XAuthLocation - Define o caminho do programa xauth. O default é /usr/X11R6/bin/xauth.

Usando as informações desta lista de parâmetros, você deve poder ler a configuração entregue com seu sistema, e modificá-la para seu ambiente, se necessário. O arquivo /etc/ssh/sshd_config entregue com nosso sistema Red Hat de exemplo é mostrado na Listagem 12.11.

Capítulo 12 – Segurança | **421**

Listagem 12.11 O arquivo *sshd_config* de Red Hat.

```
#       $OpenBSD: sshd_config,v 1.38 2001/04/15 21:41:29 deraadt Exp $

# This sshd was compiled with PATH=/usr/bin:/bin:/usr/sbin:/sbin

# This is the sshd server system-wide configuration file. See sshd(8)
# for more information.

Port 22
#Protocol 2,1
#ListenAddress 0.0.0.0
#ListenAddress ::
HostKey /etc/ssh/ssh_host_key
HostKey /etc/ssh/ssh_host_rsa_key
HostKey /etc/ssh/ssh_host_dsa_key
ServerKeyBits 768
LoginGraceTime 600
KeyRegenerationInterval 3600
PermitRootLogin yes
#
# Don't read ~/.rhosts and ~/.shosts files
IgnoreRhosts yes
# Uncomment if you don't trust ~/.ssh/known_hosts for
->RhostsRSAAuthentication
#IgnoreUserKnownHosts yes
StrictModes yes
X11Forwarding yes
X11DisplayOffset 10
PrintMotd yes
#PrintLastLog no
KeepAlive yes

# Logging
SyslogFacility AUTHPRIV
LogLevel INFO
#obsoletes QuietMode and FascistLogging

RhostsAuthentication no
#
# For this to work you will also need host keys in
->/etc/ssh/ssh_known_hosts
RhostsRSAAuthentication no
# similar for protocol version 2
HostbasedAuthentication no
#
RSAAuthentication yes

# To disable tunneled clear text passwords, change to no here!
PasswordAuthentication yes
PermitEmptyPasswords no

# Uncomment to disable s/key passwords
#ChallengeResponseAuthentication no
```

422 | Linux: servidores de rede

```
# Uncomment to enable PAM keyboard-interactive authentication
# Warning: enabling this may bypass the setting of
->'PasswordAuthentication'
#PAMAuthenticationViaKbdInt   yes

# To change Kerberos options
#KerberosAuthentication   no
#KerberosOrLocalPasswd   yes
#AFSTokenPassing   no
#KerberosTicketCleanup   no

# Kerberos TGT Passing does only work with the AFS kaserver
#KerberosTgtPassing   yes

#CheckMail   yes
#UseLogin   no

#MaxStartups   10:30:60
#Banner   /etc/issue.net
#ReverseMappingCheck   yes

Subsystem   sftp /usr/libexec/openssh/sftp-server
```

As linhas que começam com uma marca de cerquilha (#) são comentários. Alguns comentários explicam o uso de um comando específico. Alguns são comandos que são comentados. Estes comandos comentados são úteis como exemplos da sintaxe. O significado dos parâmetros neste arquivo pode ser entendido rapidamente usando a listagem de comandos fornecida anteriormente, mas há dois itens interessantes que chamam a atenção.

Primeiro, observe que o arquivo contém várias declarações HostKey. Cada linha HostKey aponta para um arquivo de chave diferente, e cada arquivo contém uma única chave, que é apropriada a um protocolo de criptografia de chave pública diferente. O arquivo ssh_host_key possui a chave RSA formatada para SSH versão 1. O arquivo ssh_host_rsa_key possui a chave RSA para SSH versão 2 e o arquivo ssh_host_dsa_key possui a chave DSA formatada para SSH versão 2. A primeira vez que o sshd for iniciado em um sistema Red Hat, o script /etc/init.d/sshd gera três chaves, como mostrado a seguir. Estas declarações HostKey identificam estes arquivos de chave para sshd.

```
[root]# service sshd start
Generating SSH1 RSA host key:        [ OK ]
Generating SSH2 RSA host key:        [ OK ]
Generating SSH2 DSA host key:        [ OK ]
Starting sshd:                       [ OK ]
```

Segundo, observe o comando Subsystem no final do arquivo, o qual fornece um bom exemplo de como o comando Subsystem é usado. Quando o cliente solicita sftp, o servidor executa sftp-server para prover o serviço. Se esta linha é comentada no arquivo sshd_config, o serviço FTP seguro sftp está indisponível.

Configurando o cliente *ssh*

O cliente de shell seguro, ssh, pode ser configurado usando o arquivo /etc/ssh/ssh_config para configuração do sistema inteiro ou o arquivo ~/.ssh/config no diretório home dos usuários para uma configuração específica de cada usuário. As várias opções de configuração de cliente estão listadas na Tabela 12.2.

Tabela 12.2 - Opções de configuração de cliente ssh.

Opção	Uso
AFSTokenPassing	Especifica se símbolos AFS são passados ao servidor ou não.
BatchMode	Desabilita a solicitação de senha para execução no modo de lote.
CheckHostIP	Verifica o endereço IP do host no arquivo known_hosts para descobrir soopfing de endereço.
Cipher	Especifica blowfish ou 3des como a criptografia de sessão usada para SSH versão 1.
Ciphers	Define as técnicas de criptografia de sessão aceitáveis para SSH versão 2.
Compression	Especifica se compressão deve ser usada ou não.
CompressionLevel	Identifica o nível de compressão a ser usado, variando de 1 (mais rápido) a 9 (melhor).
ConnectionAttempts	Define o número máximo de tentativas de conexão antes de terminar.
EscapeChar	Define o caractere de escape. O default é um til (~).
FallBackToRsh	Informa ao ssh para tentar o rsh se a conexão ssh falhar.
ForwardAgent	Especifica se a conexão para o agente de autenticação é encaminhada ou não à máquina remota.
ForwardX11	Especifica se conexões X11 são redirecionadas ou não automaticamente sobre o canal seguro.
GatewayPort	Especifica se os hosts remotos estão autorizados ou não a se conectar a portas encaminhadas localmente.
GlobalKnownHostsFile	Define o caminho ao arquivo que possui chaves de host conhecidas para o SSH versão 1. O default é /etc/ssh/ssh_known_hosts.
GlobalKnownHostsFile2	Define o caminho ao arquivo que possui chaves de host conhecidas para SSH versão 2. O default é /etc/ssh/ssh_known_hosts2.
HostbasedAuthentication	Informa ao ssh que pode tentar autenticação de chave pública baseada em host.
HostKeyAlgorithms	Identifica as técnicas de criptografia usadas para chaves públicas e a ordem na qual elas devem ser usadas.
HostKeyAlias	Especifica um alias usado para procurar a chave para um host conhecido.

424 | *Linux: servidores de rede*

Tabela 12.2 - Opções de configuração de cliente ssh. (continuação)

Opção	Uso
HostName	Especifica o hostname real do host remoto no qual o ssh deve se registrar.
Host	Identifica o host remoto ao qual os comandos de configuração são aplicados.
IdentityFile	Define o nome de caminho do arquivo de identificação da chave pública do usuário.
KeepAlive	Especifica se o ssh deve ou não transmitir keepalives .
KerberosAuthentication	Especifica se a autenticação Kerberos é usada ou não.
KerberosTgtPassing	Especifica se os Kerberos Ticking Granting Tickets (TGTs) são passados ou não ao servidor.
LocalForward	Conecta uma porta local a uma porta no sistema remoto pelo canal seguro.
LogLevel	Define o nível de detalhe que ssh deve registrar.
MACs	Define o algoritmo de autenticação de mensagem que o ssh usará.
NumberOfPasswordPrompts	Define o número máximo de tentativas de senha antes da conexão ser abandonada.
PasswordAuthentication	Especifica se a autenticação de senha pode ou não ser usada.
Port	Define o número de porta usado para se conectar ao host remoto. O default é 22.
PreferredAuthentications	Lista a ordem na qual os métodos de autenticação diferentes serão tentados.
Protocol	Lista a ordem na qual versões de SSH serão tentadas.
ProxyCommand	Especifica um comando que deve ser executado para se conectar ao servidor externo.
PubkeyAuthentication	Especifica se a autenticação de chave pública pode ou não ser usada.
RemoteForward	Conecta uma porta em uma máquina remota para uma porta local.
RhostsAuthentication	Especifica se o ssh deve ou não tentar a autenticação de host confiado.
RhostsRSAAuthentication	Especifica se o ssh deve tentar ou não autenticação de host confiado com autenticação de chave pública.
RSAAuthentication	Especifica se o ssh deve tentar ou não autenticação RSA.
ChallengeResponse Authentication	Especifica se o ssh deve tentar ou não autenticação de desafio/resposta.

Capítulo 12 – Segurança | **425**

Tabela 12.2 - Opções de configuração de cliente ssh. (continuação)

Opção	Uso
StrictHostKeyChecking	Informa ao ssh para não acrescentar os hosts novos automaticamente ao arquivo de hosts conhecido. Ajuste yes, se você tem uma política para distribuir arquivos known_hosts, para limitar drasticamente o risco de um ataque de alguém. Ajuste para ask para permitir ao usuário verificar o host remoto. no não deve ser usado.
UsePrivilegedPort	Informa ao ssh para usar uma porta privilegiada para tráfego de saída.
User	Especifica o nome de usuário para o login.
UserKnownHostsFile	Define o caminho ao arquivo que contém chaves de usuário para SSH versão 1.
UserKnownHostsFile2	Define o caminho ao arquivo que contém chaves de usuário para SSH versão 2.
UseRsh	Especifica se o ssh deveria ou não usar rsh e rlogin para este host.
XAuthLocation	Define o caminho ao programa xauth.

Muitos dos parâmetros na Tabela 12.2 são idênticos aos parâmetros cobertos para o sshd. A diferença é que estes parâmetros definem estes valores pelo lado do cliente da conexão. A Listagem 12.12 mostra o arquivo ssh_config do nosso sistema Red Hat de exemplo.

Listagem 12.12 O arquivo *ssh_config* de Red Hat.

```
#       $OpenBSD: ssh_config,v 1.10 2001/04/03 21:19:38 todd Exp $

# This is ssh client systemwide configuration file. See ssh(1) for more
# information. This file provides defaults for users, and the values can
# be changed in per-user configuration files or on the command line.

# Configuration data is parsed as follows:
# 1. command line options
# 2. user-specific file
# 3. system-wide file
# Any configuration value is only changed the first time it is set.
# Thus, host-specific definitions should be at the beginning of the
# configuration file, and defaults at the end.

# Site-wide defaults for various options

# Host *
#   ForwardAgent  no
#   ForwardX11  no
#   RhostsAuthentication  no
#   RhostsRSAAuthentication  yes
#   RSAAuthentication  yes
#   PasswordAuthentication  yes
#   FallBackToRsh  no
#   UseRsh  no
```

```
# BatchMode  no
# CheckHostIP  yes
# StrictHostKeyChecking  yes
# IdentityFile  ~/.ssh/identity
# IdentityFile  ~/.ssh/id_dsa
# IdentityFile  ~/.ssh/id_rsa
# Port 22
# Protocol  2,1
# Cipher  blowfish
# EscapeChar  ~
Host  *
ForwardX11  yes
```

O arquivo mostrado na Listagem 12.12 define os defaults do sistema inteiro para o cliente ssh. Todas as linhas que começam com uma marca de cerquilha (#) são comentários. A maior parte delas está lá para mostrar que os defaults padrão estão sendo usados e o que são estes valores default. Este arquivo contém apenas duas linhas ativas:

> **Host *** - Os comandos de configuração em um arquivo de configuração ssh sempre são precedidos por uma declaração Host, que identifica o host remoto para o qual este conjunto de comandos se aplica. O arquivo de configuração ssh pode ter várias declarações Host, cada uma seguida por seu próprio conjunto de comandos de configuração. A Listagem 12.12 contém apenas uma declaração Host, e o comando de configuração que a segue se aplica a todos os hosts remotos. O * na declaração Host é usado para se referir a todos os anfitriões.

> **ForwardX11 yes** - Este comando informa ao ssh que deve permitir tráfego X11 sobre a conexão segura.

O Shell seguro é um excelente modo para ter comunicações seguras entre dois sistemas pela Internet. Porém, requer que ambos os sistemas tenham o software de shell seguro instalado. Quando você controla ambos os lados do link, este não é um problema. Isto fornece uma razão muito boa para levar seu laptop Linux com você quando viajar.

Monitorando seu sistema

Monitorar seu sistema é uma parte essencial de segurança. Lhe ajuda a descobrir que ataques estão sendo lançados contra seu sistema, de forma que você possa se concentrar em fechar brechas populares. Monitorar também o deixa saber quando alguém penetrou suas defesas de forma bem-sucedida.

Alguns comandos Linux básicos podem lhe ajudar a aprender o que constitui a atividade normal em seu sistema, de forma que você saiba quando as coisas estão fora do normal:

- Use o comando who para descobrir quem está registrado e o que eles estão fazendo.
- Use o comando last para descobrir quando as pessoas regularmente se registram.
- Use os arquivos de registro, como o /var/log/secure, para monitorar o acesso a serviços de rede e para monitorar tentativas de login frustradas.
- Use ps para descobrir que processos estão executando normalmente.
- Dê sentido ao seu sistema. Intrusos geralmente mudam este sentido..

Capítulo 12 – Segurança | **427**

Use estes comandos para estabelecer um sentido na operação normal. Não espere estes comandos para pegar um intruso no ato. Esteja atento para que, se seu sistema for quebrado, todos estes comandos provavelmente serão substituídos com versões alteradas, projetadas para esconder a atividade ilícita, e o arquivo de registro provavelmente será privado da informação de incriminação.

Ferramentas de monitoração de segurança

Além de usar comandos simples para aprender sobre seu sistema, você deve usar algumas das ferramentas que foram especificamente projetadas para descobrir as brechas que os intrusos exploram e as mudanças que eles fazem em seu sistema. Há várias, e muitos delas estão disponíveis na Internet.

TARA (Tiger Auditors Research Assistant) é uma versão atualizada do venerável pacote Tiger. TARA, como Tiger, é um grupo de scripts shell e programas C que varrem arquivos de configuração e sistemas de arquivos procurando por problemas de segurança. TARA é muito fácil de usar. O código-fonte para TARA está disponível em www-arc.com.

TARA é uma ferramenta de auditoria de segurança que executa diretamente no sistema do host. Também há ferramentas de auditoria de segurança baseadas em rede que sondam o sistema externamente. SATAN (Security Administrator's Tool for Analyzing Networks) foi o primeiro auditor de segurança baseado em rede bem-sucedido. SATAN teve vários produtos continuados: SAINT (Security Administrator's Integrated Network Tool), SARA (Security Auditor's Research Assistant), e agora Nessus. Nessus está disponível como uma distribuição de código-fonte e como um RPM de ftp.nessus.org.

Outro auditor baseado em rede popular é o Nmap. Está disponível em formato fonte ou RPM em www.insecure.org.

Escolha uma das ferramentas, execute-a, e use o relatório como um guia para possíveis brechas de segurança. Então, use seu próprio julgamento para determinar o quanto representam de ameaça as brechas informadas. Os relatórios de segurança dos scanners são úteis, principalmente como apontadores para possíveis problemas de segurança. Porém, eles não podem substituir seu próprio julgamento sobre o que é certo para seu sistema.

Pessoas más podem usar ferramentas como Nessus e Nmap para varrer sua rede em busca de vulnerabilidades. O PortSentry, parte do software de segurança Abacus da Psionic, monitora as portas de rede de seu sistema para detectar varreduras de segurança. O PortSentry lhe dá uma chance para detectar um ataque bem-sucedido antes do intruso penetrar seu sistema. A distribuição de código-fonte de PortSentry está disponível na web em www.psionic.com. O PortSentry também está disponível on-line em formato RPM. Estas ferramentas podem lhe ajudar a detectar um ataque, mas você tem que usar seu próprio julgamento. Não contra-ataque até que você saiba o que está acontecendo. Há muitos alarmes falsos. Estas ferramentas pretendem ajudá-lo, não substituir seu conhecimento pessoal do que está acontecendo.

Uma reclamação comum sobre scanners de segurança é que eles são antiquados. É muito difícil os scanners de segurança ficarem em dia, porque sistemas e problemas mudam muito rapidamente. Mas embora estes programas sejam obsoletos, brechas de segurança antigas podem ser exploradas tão efetivamente quanto uma nova, assim vale executar pelo menos uma vez um scanner. Ocasionalmente verifique os sites que distribuem scanners de segurança de ferramentas atualizadas. Quando ferramentas novas chegarem, use-as para verificar outra vez seus sistemas.

Resumo

Conectar seu servidor a uma rede aumenta o risco de problemas de segurança, e problemas de segurança são o maior risco à estabilidade e confiança de seu sistema. A tarefa mais difícil em executar um serviço de rede é manter o sistema ativo e executando 24 horas por dia, sete dias por semana. O Linux torna isso possível porque é sólido. Na realidade, tão sólido que sempre que um sistema Linux cai, eu suspeito de uma força externa, como uma intrusão na segurança.

Porém, brechas de segurança não são as únicas ameaças à confiança e estabilidade de seu servidor Linux. O próximo capítulo descreve os outros tipos de problemas de rede que podem aparecer, e lhe informa o que fazer para diagnosticar estes problemas.

13

Resolvendo problemas

É melhor evitar o problema do que ajustar as coisas depois que o problema surgir. Por evitar o problema ser uma das motivações principais para a boa segurança, algumas das técnicas descritas no Capítulo 12, "Segurança" (como manter o software do sistema e o seu conhecimento de problemas potenciais em dia) se aplicam igualmente bem se a ameaça for um intruso ou um bug que derruba sua aplicação favorita. As correções de bug postadas no site do revendedor não são sempre sobre segurança, mas elas quase sempre são de seu interesse.

Há uma diferença entre corrigir bugs e melhorar o sistema. Corrija os bugs que você detectou em seu servidor ou que saiba ser uma ameaça direta a seu servidor. Evite instalar coisas só para obter um recurso novo – confiança é mais importante do que recursos novos para um servidor. Experimente os mais recentes sons e apitos em seu sistema desktop ou em um servidor de teste, e os depure antes de movê-los para o servidor.

Apesar de seus melhores esforços, as coisas *darão* errado. É inevitável. Não importa quão grande seja seu conhecimento, você cometerá erros; e não importa o quanto tente evitá-los, os problemas aparecerão. Seu sistema em rede só adiciona mais riscos a este potencial, porque erros cometidos de longe por alguém podem ter impacto negativo sobre seus usuários.

Este capítulo examina vários comandos Linux básicos, que podem ajudá-lo a analisar e resolver problemas de rede. Mas antes de chegar a eles, vejamos como construir um kernel do Linux atualizado.

430 | *Linux: servidores de rede*

O coração de seu sistema Linux é o kernel. Então, manter o kernel atualizado é uma parte essencial de manter o software do sistema em dia. Este capítulo começa olhando como você pode evitar problemas mantendo seu kernel de Linux atual.

Configurando o kernel do Linux

O código-fonte do kernel do Linux está incluído entre os CD-ROMs de sua distribuição Linux. O código-fonte do kernel atualizado está disponível on-line de seu revendedor Linux. Adicionalmente, o mais recente código-fonte do kernel pode ser obtido de ftp.kernel.org ou www.kernel.org.

O kernel de Linux é um programa C, compilado e instalado pelo make. O comando make cria o Makefile necessário para compilar o kernel para seu sistema. O comando make usado para compilar o kernel do Linux aceita alguns argumentos que controlam o tipo de interface do usuário usada para configurar o kernel.

- make config executa uma interface de configuração baseada em texto.
- make menuconfig executa uma interface de configuração baseada em respostas que exibe seleções de menu em terminais baseados em texto.
- make xconfig executa uma interface de configuração no ambiente X Window.
- make oldconfig constrói o kernel novo, usando a configuração de sua construção prévia do kernel.

Este capítulo usa make xconfig para personalizar a configuração do kernel. Há um número enorme de opções de configuração do kernel. make xconfig fornece uma interface X agradável, o que lhe permite ir diretamente para as partes da configuração que você quer modificar. A capacidade de ignorar as opções de configuração que não precisa e saltar diretamente para as que precisa é muito útil.

Configurando o kernel com xconfig

Para começar o processo de configuração do kernel, vá para para o diretório /usr/src/linux, e execute make xconfig, que abre a janela mostrada na Figura 13.1.

A janela Kernel Configuration (Configuração do Kernel) exibe mais de 30 botões, que representam categorias de configuração diferentes. (Estes botões são descritos em detalhes na seção "Como entender as categorias de configuração do kernel".) Clique um botão para ver e ajustar as opções de configuração nesta categoria. A Figura 13.2 mostra a janela que aparece se o botão Network Device Support (Suporte de Dispositivo de Rede) estiver selecionado.

Capítulo 13 – Resolvendo problemas | **431**

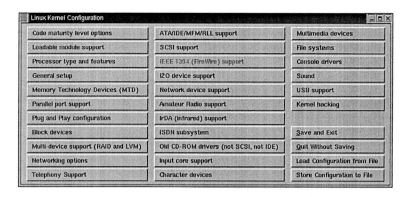

Figura 13.1 - A janela Kernel Configuration.

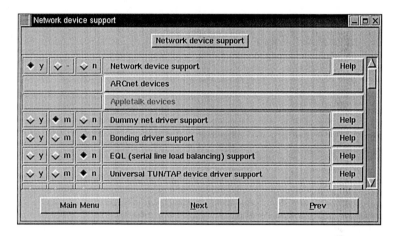

Figura 13.2 - Opções de configuração de suporte de dispositivo de rede.

A janela Network Device Support lista todos os drivers de dispositivo de rede que podem ser compilados ou carregados pelo kernel. Muitos dispositivos são listados diretamente nesta janela, e outros são vistos clicando em um botão nesta janela. Por exemplo, a Figura 13.2 mostra um botão de dispositivos ARCnet que produz uma listagem completa dos dispositivos ARCnet disponíveis. Role a janela Network Device Support mais abaixo, para achar um botão semelhante para dispositivos Ethernet. Para cada dispositivo de rede, você tem três escolhas padrão, que são as mesmas para a maioria das opções de configuração:

y - Compila a opção no kernel novo.

m - Faz a opção ser construída, assim pode ser usada como um módulo carregável pelo kernel. Nem toda opção está disponível como um módulo carregável. Observe a opção Network device support na Figura 13.2. Quando uma pergunta de configuração deve ser respondida yes ou no, a seleção de módulo não está disponível.

n - Informa ao kernel para não construir a opção de configuração, embora você ainda possa construí-la depois como um módulo.

Além destas seleções padrão, algumas opções oferecem uma lista suspensa de palavras-chave de configuração. Por exemplo, clicando o botão Pentium III na janela Processor type and features (tipo e recursos de processador) mostrado na Figura 13.3 exibe uma lista suspensa de tipos de processador. Simplesmente selecione o item que você quer de uma lista suspensa. A Figura 13.3 mostra este exemplo de uma lista suspensa.

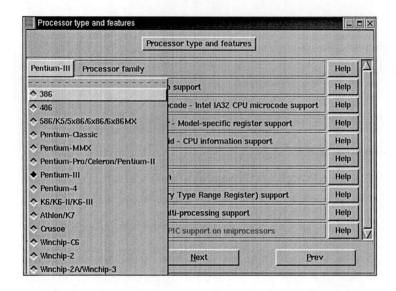

Figura 13.3 - Selecionando os tipos e recursos de processador.

Cada opção de configuração também tem um botão Help (Ajuda). Clicar o botão Help fornece informação adicional sobre a opção e aconselha sobre quando a opção deve ser ajustada. Até mesmo se você pensar que sabe a respeito da opção, você deve ler a descrição exibida pelo botão Help antes de mudar qualquer opção de sua configuração default.

Entendendo as categorias de configuração do kernel

Agora que sabe o que é exibido quando você seleciona uma categoria de configuração, vejamos o que as categorias significam. Mais da metade das categorias de configuração do kernel configura subsistemas de hardware e dispositivos. Isto não é surpreendente, dado o papel do kernel no gerenciamento do hardware. As categorias restantes cobrem opções para configurar a arquitetura do kernel e recursos opcionais, como rede, que requer suporte de kernel.

Capítulo 13 – Resolvendo problemas | **433**

As categorias de configuração mostradas na Figura 13.1 são as seguintes:

Code maturity level option (opção de nível de maturidade do código) - Especifica se você quer incluir ou não código experimental no kernel.

Loadable module support (suporte a módulo carregável) - As opções nesta categoria são usadas para habilitar suporte para módulos carregáveis. Toda opção aqui deve ser ajustada para Yes.

Processor type and features (tipo de processador e recursos) - Esta categoria lhe permite selecionar o tipo de processador, como descrito anteriormente, e ajustar o suporte para recursos de processador, como emulação matemática e suporte de registro de faixa de tipo de memória. Se você achar que precisa deles, pode informar Yes a estes recursos, porque eles não interferirão com a operação normal e só serão usados se necessário. A menos que você tenha um servidor com mais de uma CPU, diga No ao suporte de multiprocessamento simétrico.

General setup (configuração geral) - Esta categoria tem mais de 25 opções de configuração diferentes, incluindo especificação de suporte para rede, placas PCMCIA e o barramento PCI. A menos que você tenha exigências de software ou hardware estranhas, os defaults devem estar corretos.

Memory Technology Devices (MTDs) (dispositivos de tecnologia de memória) - Habilita suporte a Memory Technology Devices, como flash RAM. Suporte para Intel Common Flash Interface (CFI) está disponível através desta categoria. Não o habilite, a menos que realmente precise.

Parallel port support (suporte a porta paralela) - Habilita suporte para a porta paralela do sistema.

Plug and Play configuration (configuração de plug and play) - Especifica se seu sistema deve ou não suportar configuração automática de dispositivos Plug-and-Play. As configurações comuns são informar Yes para Plug and Play.

Block devices (dispositivos de bloco) - Define o suporte de dispositivos de bloco para o kernel. Dispositivos de bloco incluem unidades de disco rígido e unidades de disquetes. Porém, os dispositivos listados aqui não usam padrão SCSI ou interfaces IDE. As configurações nesta categoria podem habilitar suporte para uma gama extensa de dispositivos de bloco únicos.

Networking options (opções de rede) - Define o suporte de rede para o kernel. Há mais de 50 opções de configuração de rede. Por default, as opções são configuradas para um host. Se planeja executar seu sistema como um roteador, você deve examinar cuidadosamente as opções que se relacionam a opção IP: Advanced Router (Roteador Avançado). Selecionar esta opção fornece várias seleções que ajustam o kernel para roteamento, ao invés do estado normal, que é ter o kernel ajustado para um computador normal.

Telephony support (suporte a telefonia) - Habilita suporte para uma placa de telefone instalada no sistema Linux. Suporte específico para placas de telefonia Quicknet Technologies pode ser selecionado.

434 | Linux: servidores de rede

ATA/IDE/MFM/RLL support (suporte a ATA/IDE/MFM/RLL) - Habilita suporte para interfaces de de dispositivos de bloco padrão encontradas na maioria dos PCs. O suporte para dispositivos específicos é habilitado pelo botão IDE, ATA, e ATAPI Block devices encontrado sob esta categoria.

SCSI support - Habilita suporte para dispositivos SCSI. Drivers SCSI low-level, suporte PCMCIA SCSI e suporte para fitas SCSI também se encontram nesta categoria.

I2O device support (suporte de dispositivo I2O) - Habilita suporte para dispositivos Intelligent InputOutput (I2O). Isto é útil se o sistema tiver um processador I/O independente (IOP) instalado em um adaptador de interface I2O.

Network device support (suporte de dispositivo de rede) - Define quais placas de interface de rede são suportadas. A maioria das interfaces de rede está configurada como módulos carregáveis. Esta janela foi mostrada na Figura 13.2.

Amateur radio support (suporte a rádio amador) - Define se o kernel deve ou não ter suporte para uma conexão a uma rede de rádio amador.

IrDA (infrared) support (suporte de IrDA (infravermelho)) - Define se o kernel deve ou não ter suporte para rede sem fio utilizando infravermelho da Infrared Data Association. Se você usar uma rede sem fio com infravermelho em sua máquina, habilite o suporte aqui; caso contrário, isto deve ser ajustado para No.

ISDN subsystem (subsistema ISDN) - Define o suporte de Integrated Services Digital Network (ISDN ou rede digital de serviços integrados) para o kernel. ISDN é um serviço de telefone digital opcional, que pode ser comprado em muitas partes do mundo. Se estará usando uma placa ISDN em seu sistema, você pode configurar estas opções.

Old CD-ROM drivers (not SCSI, not IDE) (drivers de CD-ROM antigos (não SCSI, não IDE)) - Especifica que dispositivos de CD-ROM não padrão devem ser suportados pelo kernel. Servidores operacionais não usam dispositivos não padrão antigos de nenhum tipo. A menos que use um CD-ROM sem padrão, você pode informar No a esta opção.

Input core support (suporte central de entrada) - Habilita suporte para Human Interface Devices (HID) utilizando interface USB. Quando habilitado, o suporte a joystick, mouse e teclado HID pode ser selecionado.

Character devices (dispositivos de caractere) - Define quais dispositivos de caractere são suportados pelo kernel. Dispositivos de caractere incluem terminais, portas seriais, mouses, joysticks e dispositivos de fita.

Multimedia devices (dispositivos de multimídia) - Define suporte para dispositivos de captura de vídeo.

Filesystems (sistemas de arquivos) - Especifica os tipos de sistemas de arquivos que serão suportados pelo kernel. Há um número grande de sistemas de arquivos possível, incluindo sistemas de arquivos baseados em rede, como protocolos Coda, NFS, Novell NetWare e Microsoft SMB. Adicionalmente, o suporte para acesso a partições formatadas por uma gama extensa de sistemas operacionais é definido aqui.

Console drivers (drivers de console) - Define o suporte de hardware para o monitor de console. Deve especificar as configurações corretas para seu monitor e placa adaptadora.

Sound (som) - Define o suporte de hardware para a placa de som. Use esta janela para habilitar suporte para som e ajustar a configuração da placa. Placas de som específicas que são suportadas pelo kernel do Linux são definidas aqui.

USB support (suporte a USB) - Habilita suporte para USB, e define o suporte para uma gama extensa de dispositivos USB específicos.

Kernel hacking (controle de kernel) - Habilita a depuração de kernel que permite certas seqüências de teclado para controlar o kernel.

Para um sistema de produção, limite a quantidade de código experimental no kernel. Algum código experimental não pode ser evitado. Por exemplo, IPv6 é considerado experimental, mas pode ser exigido em seu site. Porém, é melhor evitar código experimental que você realmente não precisa. Você também deve evitar qualquer hardware que não precisa. Porém, nem sempre é necessário dizer "não" ao hardware desnecessário. Se o driver do hardware for um módulo carregável, não tem que ser carregado, a menos que seja realmente necessário.

Instalando e compilando o kernel

Depois de selecionar as opções de configuração que desejar, compile o kernel. Faça assim:

1. Execute make dep ; make clean para construir as dependências e limpar as sobras.
2. Use make zImage para construir um kernel compactado.
3. Os módulos carregáveis usados pelo kernel precisam ser compilados, assim, execute make modules para construir os módulos.
4. Execute make modules_install para colocar os módulos no diretório correto.
5. Devido ao nosso sistema Red Hat de exemplo usar um processador Intel, o kernel recém-compilado é encontrado no diretório /usr/src/linux/arch/i386/boot. O componente de caminho i386 seria qualquer outra coisa (por exemplo, sparc) em um sistema com uma arquitetura de hardware diferente. Copie o kernel, que neste exemplo é armazenado sob o nome zImage, para o diretório /boot. Dê para a cópia do arquivo de imagem do kernel localizada em /boot um nome único baseado no número da distribuição do kernel – por exemplo, vmlinuz-2.4.18.

Inicializando o novo kernel

Modifique a configuração de inicialização para usar o kernel novo, embora lhe permitindo retornar ao kernel antigo quando necessário. A Listagem 13.1 mostra um arquivo lilo.conf modificado, que define os kernels do Linux novo e antigo.

Listagem 13.1 Acrescentando o kernel novo ao *lilo.conf*.

```
[root]# cat lilo.conf
# global section
boot=/dev/hda3
```

436 | Linux: servidores de rede

```
prompt
timeout=50
message=/boot/message
default=linux
# the new boot image
image=/boot/vmlinuz-2.4.18
     label=linux
     read-only
     root=/dev/hda3
     password=Wats?Watt?
     restricted
# the old boot image
image=/boot/vmlinuz-2.4.2-2
     label=safe
     read-only
     root=/dev/hda3
     password=Wats?Watt?
     restricted
[root]# lilo
Added linux *
Added safe
```

Ambas as imagens de inicialização são definidas no arquivo lilo.conf. As únicas diferenças nas definições são os nomes dos arquivos de imagem e o rótulo usado pelo operador para inicializar o sistema. Por default, o sistema tentará inicializar o kernel novo. Se qualquer problema for encontrado, o operador pode reiniciar o sistema e digitar o rótulo safe no prompt de inicialização, para inicializar o kernel antigo.

A Listagem 13.1 mostra a configuração para um sistema que usa LILO. Se o seu sistema usa o GRUB, modifique o arquivo grub.conf para permitir ao operador inicializar qualquer um dos dois kernels do Linux. A Listagem 13.2 mostra um arquivo grub.conf modificado para inicializar qualquer kernel.

Listagem 13.2 Como acrescentar um kernel novo a *grub.conf*.

```
[root]# cat /etc/grub.conf
# grub.conf generated by anaconda
#
# Note that you do not have to rerun grub after making changes to this
file
# NOTICE:  You do not have a /boot partition. This means that
#     all kernel and initrd paths are relative to /, eg.
#     root (hd0,2)
#     kernel /boot/vmlinuz-version ro root=/dev/hda3
#     initrd /boot/initrd-version.img
#boot=/dev/hda
default=0
timeout=10
splashimage=(hd0,2)/boot/grub/splash.xpm.gz
password —md5 $1$L·ÒCXsË·$qgeIevUEDvvQAmrm4jCd31
title Linux (2.4.18)
     root (hd0,2)
     kernel /boot/vmlinuz-2.4.18 ro root=/dev/hda3
     initrd /boot/initrd-2.4.18.img
```

Capítulo 13 – Resolvendo problemas | **437**

```
title  Old  Linux  (2.4.7-10)
    root  (hd0,2)
    kernel  /boot/vmlinuz-2.4.7-10  ro  root=/dev/hda3
    initrd  /boot/initrd-2.4.7-10.img
```

Por default, esta configuração inicializa o kernel de Linux novo, mas o menu exibe ambos os kernels ao operador. Se qualquer coisa der errado com o kernel novo, o operador pode retornar e inicializar o kernel antigo.

> **NOTA** Se você carrega uma imagem de disco de RAM com a opção initrd do GRUB, tem que construir um arquivo de disco de RAM para cada kernel usando o comando mkinitrd.

O kernel novo agora está pronto para executar. Reinicie o sistema, e coloque o kernel novo em ação. Depois que estiver confortável com o kernel novo, digo, depois de um mês, você pode remover o kernel antigo se precisar do espaço de disco.

Resolvendo problemas em um servidor de rede

Mesmo se você for liberal em ajustar bugs conhecidos, e for conservador em instalar software desnecessário, os problemas ocorrerão. Muitos destes problemas serão descobertos e informados por seus usuários antes de você saber que qualquer coisa está errada. Rastrear estes problemas informados é muito mais uma arte do que uma ciência.

A arte de resolver problemas é sua intuição a respeito do estado de seu servidor e a rede, e sua perspicácia ao avaliar a precisão do relatório de problema do usuário. Eu não digo isto para humilhar a inteligência do usuário que informa o problema, porque sou tão culpado de fornecer relatórios de problemas inexatos quanto a próxima pessoa. Quando sob tensão, eu interpretei mal totalmente as instruções muito claras e informei um problema quando o único problema real era minha falta de tempo para ler cuidadosamente as instruções. Assim, você não pode assumir muito do relatório de problemas, e precisa ser metódico em aplicar seu próprio conhecimento do problema. Aqui estão algumas sugestões:

- Reproduza o problema você mesmo e então pegue a reprodução do problema enquanto o encaminha para o usuário. Isto geralmente elimina os problemas que surgem da confusão do usuário.

- Evite a supersimplificação. O problema nem sempre é um usuário confuso. Em um servidor de rede, o problema pode acontecer em qualquer parte do hardware de rede ou software, de seu sistema para o sistema remoto.

- Divida um problema complexo em partes e teste as partes individuais para isolar o problema.

A ciência de resolver problemas é seu conhecimento de como seu servidor e a rede operam, e as ferramentas que estão disponíveis para conduzir os testes empíricos do servidor e da rede. Seu conhecimento lhe ajuda a focalizar na própria área a testar, e lhe ajuda a selecionar as ferramentas apropriadas para testar esta área. Aqui estão algumas diretrizes para lhe ajudar a tomar estas decisões:

438 | *Linux: servidores de rede*

- Se o problema acontecer em conexões de saída, provavelmente não está relacionado a quaisquer daemons de rede que executam em seu servidor. Use ifconfig para verificar a configuração da interface de rede, ping para testar a conectividade básica e traceroute para testar a rota ao servidor remoto. Fale com o administrador do servidor remoto para se assegurar de que ele está oferecendo o serviço solicitado pelo usuário e que está configurado corretamente.

- Se o problema acontecer em conexões de chegada, tenha certeza de que seu sistema está executando o daemon exigido. Conecte ao daemon do host local para ter certeza de que está executando. Se o daemon estiver executando, assegure-se de que está configurado corretamente. Verifique para ter certeza de que o sistema remoto está autorizado a acessar o servidor pelo firewall da empresa e através de controles de acesso baseados em host.

- Se o problema acontecer em só um cliente, se concentre em testar este cliente. Se o problema acontecer para muitos clientes, se concentre na rede e no servidor.

Ferramentas de diagnóstico

A resolução de problemas pode exigir ferramentas de hardware e de software. Você pode não se achar uma pessoa de hardware, mas é útil ter em mãos um pequeno kit de ferramentas de hardware. Um simples testador de cabos e um kit de ferramentas de manutenção de LAN (com cada ferramenta que você sempre vai precisar) podem ser comprados na maioria dos lugares que vende equipamentos de LAN. Acrescente a estas ferramentas um laptop de inicialização dupla, e você terá todo o hardware de diagnóstico que vai precisar.

Um laptop é minha parte favorita de equipamento de teste. Configure o laptop para inicializar duplamente o Microsoft Windows e o Linux. Quando um usuário informar um problema que você não pode solucionar sentado em sua mesa, leve o laptop ao escritório do usuário, conecte-o diretamente no cabo Ethernet, e faça os testes de lá. Isto lhe informa rapidamente se o problema existe no computador do usuário ou na rede.

Use um sistema de inicialização dupla, de forma que você tenha acesso às grandes ferramentas disponíveis no sistema Linux e possa demonstrar a conectividade Microsoft Windows para o usuário. Alguns usuários de Microsoft Windows não acreditam que a rede está executando, a menos que você possa mostrá-la executando com o Windows.

O Linux inclui uma série de ferramentas simples de software que podem ajudá-lo a isolar um problema através de testes. Estas ferramentas de software são suficientes para endereçar a maioria dos problemas de rede da empresa. Além das ferramentas de teste da aplicação (como sendmail -bt que foi coberto anteriormente), ferramentas simples de diagnóstico incluídas com Linux são como segue:

ifconfig - Exibe a configuração da interface de rede, recursos e estatísticas.

arp e arpwatch - Monitora o mapeamento de endereços IP a endereços Ethernet.

ping - Testa a conectividade de rede básica.

traceroute - Testa roteamento e rastreia o caminho da rede ponto a ponto.

netstat - Exibe o estado de portas e conexões ativas.

nslookup, dig e host - Testa o Domain Name Service. nslookup é uma ferramenta interativa poderosa que vem com o software BIND. dig e host são ferramentas semelhantes, que podem ser usadas dentro de scripts shell.

tcpdump - Analisa pacotes de rede.

Nas seções seguintes, todas estas ferramentas de software fornecidas pelo Linux são examinadas.

Verificando a interface de rede

Erros de configuração, incluindo os que permitem quebra de segurança, são freqüentemente a causa de problemas em sistemas maduros. Você não pode eliminar estes problemas simplesmente configurando seu sistema corretamente. Quando estiver em uma rede, os erros de configuração feitos pelo administrador no lado remoto da rede podem afetar seus usuários. Adicionalmente, você pode ser o perito chamado para ajudar os usuários a corrigir os erros de configuração que eles fazem ao montar os seus sistemas de desktop.

 Eu disse especificamente "sistemas maduros" porque o desejo de ter o sistema mais recente, embora não esteja pronto o bastante para usuários novatos, pode ser uma causa até maior de problemas. Software beta deve ser evitado para um servidor de produção, a menos que seu uso seja absolutamente necessário.

Verificar a configuração de um servidor de rede pode significar ler arquivos de configuração, bem como executar testes ativamente. Sistemas Linux do Red Hat armazenam a configuração de interface de rede básica em arquivos em /etc/sysconfig. Para verificar a configuração da interface Ethernet eth0 em um sistema Red Hat, você pode listar o arquivo /etc/sysconfig/network e o arquivo /etc/sysconfig/network-scripts/ifcfg-eth0, como mostrado na Listagem 13.3.

Listagem 13.3 Arquivos de configuração da interface de rede do Red Hat.

```
$ cat /etc/sysconfig/network
NETWORKING=yes
FORWARD_IPV4=false
HOSTNAME=parrot.foobirds.org
DOMAINNAME=foobirds.org
GATEWAY=172.16.12.254
GATEWAYDEV=eth0
$ cat /etc/sysconfig/network-scripts/ifcfg-eth0
DEVICE=eth0
ONBOOT=yes
BOOTPROTO=
IPADDR=172.16.12.3
NETMASK=255.255.255.0
NETWORK=172.16.12.0
BROADCAST=172.16.12.255
USERCTL=no
TYPE=Ethernet
```

440 | *Linux: servidores de rede*

Os argumentos nestes arquivos não são os mesmos em todo o sistema Red Hat. Muitos sistemas usam DHCP, que é indicado no arquivo ifcfg-eth0 quando BOOTPROTO=dhcp estiver ajustado. Se BOOTPROTO estiver ajustado para dhcp, o servidor DHCP deve fornecer a configuração correta. Se não estiver, a configuração do servidor precisa ser verificada, e o caminho de rede do cliente para o servidor precisa ser verificado. Se um servidor DHCP não for usado, os valores da configuração básica do nome de host, do endereço IP, da máscara de rede, do endereço de rede, do endereço de transmissão e do gateway default devem ser ajustados nos arquivos mostrados na Listagem 13.3. Se o valor atribuído em cada entrada estiver correto, a configuração da interface deve estar correta. Verifique para que a configuração esteja, de fato, definida corretamente usando o comando ifconfig.

NOTA No Capítulo 2, "A interface de rede", o comando ifconfig foi usado para definir a configuração de rede. Aqui, é usado para exibir a configuração da interface.

Verificando uma interface Ethernet

Digite o comando ifconfig com o nome da interface e nenhum outro argumento de linha de comando para exibir a configuração atual. O exemplo na Listagem 13.4 mostra a configuração de eth0 em nosso sistema Linux de Red Hat de exemplo.

Listagem 13.4 Como exibir a configuração com *ifconfig.*

```
$ ifconfig eth0
eth0  Link  encap:Ethernet HWaddr  00:00:C0:9A:72:CA
      inet  addr:172.16.5.3   Bcast:172.16.5.255      Mask:255.255.255.0
      UP  BROADCAST  NOTRAILERS  RUNNING  MTU:1500  Metric:1
      RX  packets:22283  errors:0  dropped:0  overruns:0  frame:0
      TX  packets:12321  errors:0  dropped:0  overruns:0  carrier:0
      collisions:26  txqueuelen:100
      RX bytes:32702095  (31.1 Mb)  TX bytes:841990  (822.2  Kb)
      Interrupt:5  Base  address:0x250  Memory:c0000-c2000
```

A primeira linha exibida por ifconfig lista o nome de interface (eth0), o protocolo da camada de enlace (Ethernet), e o endereço do hardware (00:00:C0:9A:72:CA). Destes, os dois primeiros são óbvios, mas o endereço do hardware é uma parte boa da informação para rastrear problemas de rede da,camada física. (Mais sobre isso quando for discutido o uso do arp para depurar problemas de atribuição de endereços.)

A segunda linha exibe a configuração de IP. Contém o endereço IP, o endereço de transmissão e a máscara de rede atribuída à interface. Estes valores devem ser exatamente o que você espera. Como ilustrado no Capítulo 2, às vezes estes valores não são o que você espera, o que pode ser a causa de um problema de rede. Verifique estes valores quando o problema de rede parecer estar localizado em um único computador.

A terceira linha da exibição lista as sinalizações que estão ajustadas para esta interface. As sinalizações definem os recursos de interface. No exemplo, os valores seguintes estão ajustados:

Capítulo 13 – Resolvendo problemas | **441**

UP - A interface está habilitada. A interface sempre deve estar UP quando o sistema estiver executando. Use o comando ifconfig para colocar manualmente a interface DOWN apenas ao mudar um valor de configuração, como o endereço IP. Após fazer a mudança, reabilite a interface com o valor de configuração novo marcando-o UP. Aqui está um exemplo destes passos:

```
# ifconfig eth0 down
# ifconfig eth0 172.16.5.9 up
```

BROADCAST - A interface suporta broadcasting. Algumas redes físicas, como Ethernet, fornecem suporte embutido para transmissão do tipo broadcast de pacotes.

NOTRAILERS - A interface não usa encapsulação de rastro. Encapsulação de rastro foi uma técnica usada para acelerar o processo de pacotes Ethernet em antigos computadores de rede. Encapsulação de rastro não é usada em sistemas modernos.

RUNNING - A interface está operacional. A interface tem que estar RUNNING o tempo todo. Se não estiver, o driver para esta interface pode não estar instalado corretamente.

MTU - A unidade de transmissão máxima usada por esta interface. No exemplo, é 1.500 bytes, que é o padrão para Ethernet.

Metric - O custo de roteamento associado com esta interface. No exemplo, é 1, que é o custo normal associado com todas as interfaces de rede.

Uma outra sinalização que você pode ver se executar a ferramenta tcpdump em seu sistema é a seguinte:

PROMISC - A interface é ajustada para o modo promíscuo. Normalmente, uma interface Ethernet só passa pacotes que contêm o endereço Ethernet do host local ou o endereço de broadcast Ethernet até a camada IP para processamento. Modo promíscuo significa que a interface aceita todos os pacotes e envia todos até a camada IP para processamento. Este recurso é exigido pela ferramenta tcpdump, que é coberta depois no capítulo. Se você não pretende executar tcpdump, este recurso não deve ser usado. Para desligá-lo, digite os seguintes comandos ifconfig:

```
# ifconfig eth0 down
# ifconfig eth0 -promisc up
```

As três linhas seguintes da saída do comando ifconfig que são mostradas na Listagem 13.4 contêm estatísticas de rede. A primeira destas linhas fornece estatísticas para pacotes recebidos:

```
RX packets:22283 errors:0 dropped:0 overruns:0 frame:0
```

Esta linha fornece o número total de pacotes recebidos, o número de pacotes recebidos que contiveram um erro, o número de pacotes descartados pela interface, o número de vezes que um excesso de buffer de entrada ocorreu e o número de ocorrências de erro de frames. Uma alta porcentagem de pacotes com erros e excessos de pacotes com erros pode indicar que seu servidor está tão sobrecarregado com trabalho que não pode servir corretamente

442 | *Linux: servidores de rede*

o buffer de pacotes de entrada. Uma porcentagem alta de erros de estrutura e pacotes corrompidos (errors) pode indicar um problema de físico na rede. No exemplo, nenhum erro de recebimento foi encontrado. Se todas as contagens de erro forem baixas, como estão neste exemplo, não são indicados problemas físicos de rede

As outras duas linhas de estatísticas se relacionam a pacotes transmitidos:

```
TX  packets:12321  errors:0  dropped:0  overruns:0  carrier:0
collisions:26  txqueuelen:100
```

A primeira destas linhas começa com o número total de pacotes transmitidos. Exibido a seguir está o número de pacotes transmitidos que contiveram um erro, o número de pacotes descartados pela interface, o número de vezes que um excesso de buffer de saída ocorreu e o número de vezes que o sinal da portadora estava indisponível para uma transmissão. No exemplo, nenhum erro de saída ocorreu. A segunda linha contém dois campos. O campo txquelen não é realmente uma estatística; exibe simplesmente o tamanho máximo da fila de transmissão. O campo collisions indica o número de vezes que uma transmissão resultou em uma colisão. O exemplo tem um número muito baixo de colisões, porém um número alto no campo de colisão não é incomum em uma Ethernet compartilhada.

Ethernet usa uma técnica chamada Carrier Sense Multiple Access with Collision Detection (CSMA/CD) para compartilhar o cabo entre muitos hosts. O melhor modelo para entender como o CSMA/CD funciona é uma conversação humana. Para falar durante uma conversação ao vivo, você espera por uma calmaria na discussão – esta calmaria é o equivalente humano para um sinal portador. Quando você sente a calmaria, começa a falar – isso é a transmissão. Se alguém começa a falar antes de você, você o ouve falar e pára – isso é a descoberta da colisão. Depois de a pessoa dizer o que quer, você fala novamente.

No CSMA/CD, uma colisão é quando dois ou mais nós Ethernet tentam transmitir ao mesmo tempo. Colisões só se tornam um problema quando houver tanto tráfego em uma rede compartilhada que as colisões inibem o processamento. A taxa de colisão é determinada calculando as colisões como uma porcentagem dos pacotes totais transmitidos. Por exemplo, suponha que ocorreram 35.531 colisões para 1.041.083 transmissões, o que dá uma taxa de colisão de cerca de 3%. Esta é uma rede com muito tráfego. Se a taxa de colisão alcançar 5%, você deve segmentar a rede movendo de hubs compartilhados a switches Ethernet. Alocando portas da switch dedicadas para seus servidores ocupados deve reduzir dramaticamente a taxa de colisão.

A última linha exibida por ifconfig na Listagem 13.4 fornece os ajustes de configuração usados para a placa adaptadora Ethernet. Estes valores têm que igualar a configuração realmente ajustada na placa adaptadora. Veja o exemplo insmod na seção "Como configurar um driver de dispositivo Ethernet" do Capítulo 2 para informação sobre como a configuração correta do adaptador é passada a um driver de dispositivo Ethernet. Se você for novo em hardware de PC usado por sistemas Linux, veja a sidebar "Configuração de placa adaptadora".

Capítulo 13 – Resolvendo problemas | **443**

Configuração de placa adaptadora

Placas de PC novos são melhores que as placas ISA antigas, não só porque são mais rápidas, mas porque são mais fáceis de configurar. Por exemplo, adaptadores PCI podem compartilhar interrupções sem um conflito. Placas ISA não podem compartilhar valores de configuração, ou então conflitos de E/S podem ocorrer. Placas adaptadoras de PC ISA requerem até quatro parâmetros de configuração de hardware distintos: o número de Interrupt Request (IRQ), o número de Direct Memory Access (DMA), o endereço de porta E/S (DRQ), e o endereço de memória do adaptador. Os valores de configuração default estão geralmente corretos, e as melhores placas ISA têm programas de configuração de software inteligentes que o ajudam a evitar ajustar o valor de configuração errado. No entanto, ajustes de hardware corretos são requeridos para o adaptador funcionar corretamente. Cada placa tem que ter valores de configuração únicos, e cada parâmetro tem uma faixa limitada de valores possíveis:

- Os valores de IRQ disponíveis para placas adaptadoras são 2-7, 9-12 e 15. IRQs 0, 1, 8, 13 e 14 são usados por funções na placa do sistema; e alguns outros são usados por interfaces de hardware padrão.

- Os valores de DRQ disponíveis são 0-3 e 5-7. DRQ 4 é usado pela placa do sistema.

- Os endereços de porta E/S disponíveis para E/S de barramento periférico são valores hexadecimais na faixa de 100 a 3FF. Os endereços E/S de 000 a 0FF estão reservados para a placa do sistema e outros são usados por hardware comum.

- O endereço de memória da placa adaptadora é o endereço na memória do sistema na qual a ROM na placa adaptadora é mapeada. Os endereços disponíveis para a memória da placa adaptadora são de C0000 a DFFFF.

Sem uma compreensão dos quatro valores de configuração de adaptador básicos, a informação de configuração do adaptador exibida por ifconfig é sem sentido. Com tal compreensão, esta mensagem fornece informações úteis, que podem ajudá-lo a diagnosticar um erro de configuração de hardware.

Se você tiver que diagnosticar uma configuração de adaptador ISA, não saia assustado ao examinar a configuração que o Microsoft Windows detectou para este dispositivo. Quando os revendedores destas antigas placas ISA criaram as placas, o Linux ainda não era famoso. As melhores ferramentas para estas placas antigas geralmente só existem em uma versão Windows.

Resolvendo conflitos de endereço

A maioria dos problemas comuns de configuração de interface é fácil de descobrir porque eles causam uma falha severa. Por exemplo, uma máscara de sub-rede ruim causa uma falha toda vez que o usuário tenta contatar um sistema em outra sub-rede.

Porém, um endereço IP ruim pode ser um problema mais sutil. Se o endereço IP for totalmente mal configurado (quer dizer, se a porção de rede do endereço está incorreta), o sistema terá uma falha severa que é fácil de descobrir. Mas se a porção de host do endereço estiver incorreta, o problema pode não ser detectado por um longo período de tempo.

Deixe-me explicar. Suponha que um usuário de PC atribuiu o endereço 172.16.12.13, mas acidentalmente digita o endereço como 172.16.12.31. Este é um endereço válido; apenas não é o correto para o PC. Tudo funciona bem até que o sistema Linux que realmente é

444 | *Linux: servidores de rede*

atribuído 172.16.12.31 se torna on-line, o que poderia ser muito tempo em uma rede pequena. Depois que o verdadeiro dono do endereço se conecta à rede, os problemas emergem, mas eles não são necessariamente falhas severas, e podem nem mesmo afetar o PC que empregou mal o endereço. Os problemas são intermitentes, porque às vezes o PC responde a solicitação ARP primeiro, e às vezes o sistema Linux responde primeiro. Então, alguns computadores têm o PC mapeado para o endereço em suas tabelas ARP, considerando que outros têm o sistema Linux em suas tabelas. Para aumentar ainda mais as complicações, quando as entradas da tabela ARP atingem o tempo limite de duração (time out) e são mapeadas novamente, acontece uma mudança no mapeamento dos sistemas.

Usando o *arp* para verificar conflitos de endereço

O comando arp pode ser usado para ver e, se necessário, mudar os conteúdos da tabela ARP. Um problema do ARP é indicado quando o host errado responde a uma solicitação ou quando uma mensagem de erro sobre endereços IP duplicados é exibida. Se você suspeitar de um problema com a tabela ARP, exiba os conteúdos da tabela imediatamente depois que o problema acontecer. Aja depressa, porque a tabela ARP é atualizada a todo instante, assim a evidência do problema pode ser perdida.

O argumento de linha de comando –a exibe o nome do host, o endereço IP e o endereço Ethernet de todo sistema listado na tabela ARP. Se o arp não puder solucionar o endereço IP da tabela ARP em um nome de host, um ponto de interrogação é exibido no campo do nome de host. O comando arp –a também exibe a interface Ethernet para a qual a informação foi instruída. A Listagem 13.5 foi produzida em nosso sistema Linux de Red Hat de exemplo usando o comando arp –a.

Listagem 13.5 Vendo a tabela ARP.

```
$ arp -a
is1 (172.16.55.251) at 08:00:20:82:D5:1D [ether] on eth0
dog (172.16.55.178) at 08:00:20:9A:4F:25 [ether] on eth0
warthog (172.16.55.33) at 08:00:20:87:87:6E [ether] on eth0
fs1 (172.16.55.250) at 08:00:20:8D:19:78 [ether] on eth0
sloth (172.16.55.36) at 08:00:20:71:97:06 [ether] on eth0
crow (172.16.55.183) at 08:00:20:82:DA:43 [ether] on eth0
snipe (172.16.55.1) at 0A:00:20:18:48:31 [ether] on eth0
duck (172.16.55.110) at 08:00:5A:09:C3:46 [ether] on eth0
? (172.16.55.216) at 08:00:4E:34:70:92 [ether] on eth0
rabbit (172.16.55.181) at 00:20:AF:16:95:80 [ether] on eth0
deer (172.16.55.145) at 08:00:69:0A:47:2E [ether] on eth0
```

Se você souber os endereços Ethernet dos hosts em sua rede e os endereços IP supostos de estarem atribuídos a estes hosts, é fácil descobrir o erro nesta lista. Se você não tiver esta informação, precisa fazer alguma pesquisa.

Suponha que rabbit é o sistema que está tendo problemas em se comunicar e que você suspeita de um problema na tabela ARP. Você pode focalizar este único host e ignorar as outras entradas na tabela. Do console de rabbit, é bastante fácil usar ifconfig para obter o endereço Ethernet correto. Você então pode apagar a entrada ARP ruim e colocar o endereço Ethernet correto na tabela ARP do cliente, como segue:

```
# arp -d rabbit
# arp -s rabbit 00:00:C0:DD:DA:B1
```

Isto corrige temporariamente o problema para um cliente, mas não é uma solução. O verdadeiro problema está situando o culpado em 00:20:AF:16:95:B0 que está se fazendo passar por rabbit. Sem uma lista de endereços Ethernet em sua rede, você tem que conseguir a ajuda de seus usuários para conferir os endereços Ethernet de seus computadores, procurando o endereço em questão. É óbvio que ter um mapa dos endereços IP e dos endereços Ethernet em sua rede é importante. arpwatch pode ajudá-lo na construção deste mapa.

Construnido uma lista Ethernet com *arpwatch*

O comando arpwatch está incluído em nosso sistema Red Hat de exemplo. arpwatch monitora a atividade do ARP, constrói dinamicamente um mapa de atribuições de endereço IP e Ethernet, e envia mensagens informativas sobre o ARP para o usuário root. O banco de dados construído dinamicamente do mapeamento de endereço Ethernet/IP está armazenado em arp.dat. Em sistemas Red Hat, este arquivo se encontra em /var/arpwatch. Um trecho de um arquivo arp.dat é mostrado na Listagem 13.6.

Listagem 13.6 O arquivo *arp.dat* de *arpwatch*.

```
$ head -15 /var/arpwatch/arp.dat
8:0:20:22:fd:51      172.16.55.59       928927150    dopey
0:0:c0:9a:d0:db      172.16.55.59       928894146    dopey
0:0:c:43:8d:fb       172.16.55.254      930939507
0:e0:29:0:be:b9      172.16.55.173      930939632    goat
0:60:97:5b:69:62     172.16.55.182      930939614    herbivore
8:0:20:82:da:43      172.16.55.183      930939633    crow
0:e0:29:0:bd:93      172.16.55.19       930939652    dingo
0:10:4b:87:de:49     172.16.55.119      930865112    dot
0:10:4b:87:e0:77     172.16.55.34       930937149    owl
0:aa:0:a3:55:cb      172.16.55.34       929662402    owl
0:a0:24:8d:ea:d1     172.16.55.26       929S09418    donkey
0:a0:24:d6:26:c0     172.16.55.185      930938674    shrike
0:e0:29:5:8e:83      172.16.55.29       930939527    pike
8:0:20:71:97:6       172.16.55.36       930939649    sloth
a:0:20:18:48:31      172.16.55.1        930939610    snipe
```

As entradas no arquivo arp.dat contêm quatro campos: o endereço Ethernet, o endereço IP, o horário e o nome do host. Se o nome do host não puder ser determinado, o quarto campo está em branco – como está em uma linha do arquivo de exemplo.

Olhar simplesmente para este arquivo pode lhe informar algumas coisas interessantes. Primeiramente, é bom saber que endereço que Ethernet está com que endereço IP. Como você viu antes, isto pode ser útil para depurar certos tipos de problemas de endereço. Segundo, uma olhada rápida neste arquivo pode lhe informar se possíveis conflitos de

446 | *Linux: servidores de rede*

endereço já existem. Olhe as entradas para dopey e owl no arquivo de amostra. Estas entradas mostram dois endereços Ethernet diferentes tentando usar o mesmo endereço IP. Eu sou dopey, então sei que a razão de dois sistemas usarem este endereço IP é devido a eu mover dopey de uma plataforma de hardware para outra. Porém, não sei por que duas placas Ethernet duplicaram o endereço de owl. Esta situação precisa ser vigiada.

Vigiando o *arp*

Você não tem que ler o arquivo arp.dat para descobrir quando novos mapeamentos de endereço Ethernet para IP são acrescentados ou descobrir se dois endereços Ethernet estão usando o mesmo endereço IP. arpwatch monitora a atividade do ARP e reporta e-mails automaticamente ao usuário root quando algo significante acontece. arpwatch envia e-mails dos seguintes relatórios:

Changed ethernet address (endereço ethernet alterado) - O endereço IP está usando um endereço Ethernet diferente do que um previamente armazenado no banco de dados de arp.dat. Isto pode simplesmente significar que o endereço IP foi movido legitimamente para um sistema novo ou que uma placa Ethernet nova substituiu a placa antiga no sistema. Porém, se combinada com outra evidência (veja o próximo tipo de mensagem), isto pode indicar um problema de endereço IP duplicado.

Flip flop - O endereço IP retornou ao endereço Ethernet que estava usando antes. Múltiplas mensagens flip flop indicam claramente que um único endereço IP está se movendo entre dois endereços Ethernet diferentes. A menos que você pessoalmente saiba a causa, investigue as mensagens flip flop.

New activity (atividade nova) - Um endereço Ethernet/IP antigo combinando com o que não foi usado durante seis meses ou mais está agora de volta em uso. Eu nunca recebi esta mensagem; em minha rede, nada fica sem uso durante seis meses.

New station (estação nova) - Um endereço Ethernet/IP novo combinando acabou de ser descoberto. Em um exemplo anterior, eu mostrei um erro de um usuário que digita 172.16.12.31 erradamente ao invés de 172.16.12.13. Assim que este sistema se tornasse on-line, a seguinte mensagem de e-mail seria enviada à conta de usuário root do servidor:

```
From:  arpwatch@wren.foobirds.org  (Arpwatch)
To:  root@wren.foobirds.org
Subject:  new  station  (?)

          hostname:  ?
        ip  address:  172.16.12.31
  ethernet  address:  0:10:4b:87:f7:e1
    ethernet  vendor:  3Com  3C905-TX  PCI
         timestamp:  Friday,  May  17,  2002  19:33:22
```

Se você tinha dado a um usuário o endereço 172.16.121.13 e tiver recebido esta mensagem de e-mail, o erro do usuário seria óbvio. Note que arpwatch não pôde fornecer um nome de host nesta mensagem; isto porque 172.16.12.31 ainda não têm um nome atribuído. Se o usuário tivesse usado o endereço correto, o nome associado a este endereço teria aparecido na mensagem.

No arquivo arp.dat de exemplo mostrado na Listagem 13.6, há dois endereços Ethernet atribuídos a owl. Esta atribuição de endereço duplicado produziu as três mensagens de e-mail mostradas na Listagem 13.7.

Listagem 13.7 Exemplo de relatórios de e-mail de *arpwatch*.

```
Subject:changed ethernet address (owl.foobirds.org)
Date:Thu, 16 May 2002 03:41:31 -0400
From:arpwatch@wren.foobirds.org  (Arpwatch)
To:root@wren.foobirds.org

                hostname:  owl.foobirds.org
              ip address:  172.16.55.34
        ethernet address:  0:10:4b:87:e0:77
        ethernet  vendor:  3Com  3C905-TX  PCI
    old ethernet address:  0:aa:0:a3:55:cb
    old ethernet vendor:  Intel
               timestamp:  Thursday, May 16, 2002 3:41:31
      previous timestamp:  Thursday, May 16, 2002 2:58:21
                   delta:  43 minutes

Subject:flip flop (owl.foobirds.org)
Date:Thu, 16 May 2002 19:33:22 -0400
From:arpwatch@wren.foobirds.org (Arpwatch)
To:root@wren.foobirds.org

                hostname:  owl.foobirds.org
              ip address:  172.16.55.34
        ethernet address:  0:aa:0:a3:55:cb
        ethernet  vendor:  Intel
    old ethernet address:  0:10:4b:87:e0:77
    old ethernet vendor:  3Com  3C905-TX  PCI
               timestamp:  Thursday, May 16, 2002 19:33:22
      previous timestamp:  Thursday, May 16, 2002 19:31:19
                   delta:  2 minutes

Subject:flip flop (owl.foobirds.org)
Date:Thu, 16 May 2002 19:33:22 -0400
From:arpwatch@wren.foobirds.org (Arpwatch)
To:root@wren.foobirds.org

                hostname:  owl.foobirds.org
              ip address:  172.16.55.34
        ethernet address:  0:10:4b:87:e0:77
        ethernet  vendor:  3Com  3C905-TX  PCI
    old ethernet address:  0:aa:0:a3:55:cb
    old ethernet vendor:  Intel
               timestamp:  Thursday, May 16, 2002 19:33:22
      previous timestamp:  Thursday, May 16, 2002 19:33:22
                   delta:  0 seconds
```

A mensagem de endereço Ethernet alterado mostra quando o endereço Ethernet novo foi primeiro associado a owl. É seguida por duas mensagens flip flop, mostrando que owl está alternando entre dois endereços Ethernet. A segunda mensagem flip flop têm um delta de zero segundos. (O delta lhe informa quanto tempo decorreu entre a mudança de endereços

448 | *Linux: servidores de rede*

Ethernet.) Um delta de zero segundos indica que dois sistemas com dois endereços Ethernet diferentes responderam à mesma solicitação ARP. Isto lhe informa que você definitivamente tem um problema de endereço duplicado.

arpwatch é útil para solucionar problemas de endereço duplicado, e é útil para documentar os mapeamentos de endereço Ethernet/IP em sua rede. Porém, Ethernet não é a única rede sobre a qual executa TCP/IP. Ocasionalmente, você também pode ser chamado para depurar um link PPP que executa em uma conexão de modem.

Verificando uma interface PPP

Diagnosticar uma conexão PPP pode ser complexo, por causa das camadas acrescentadas de hardware e de software envolvidas. Além do software TCP/IP, a conexão usa software do PPP e uma linguagem de script, como chat ou dip, para estabelecer a conexão. O hardware usa uma porta serial, um driver de dispositivo serial e um modem externo – que também tem sua própria linguagem de comando. Para testar completamente uma conexão PPP, você precisa verificar todas estas coisas.

O Capítulo 2 descreve a configuração PPP e a construção de scripts de login. Chat e dip podem executar com uma opção –v para monitorar o progresso do script. Quando usado com dip, –v ecoa cada linha do script ao terminal de controle onde é executado. Quando usado com chat, –v envia os erros de script a syslogd. Para monitorar a execução de um script Chat em tempo real, use a opção –V e a opção pppd –detach. Por exemplo:

```
# pppd /dev/ttyS1 56700 connect "chat -V -f my-script" \
     -detach crtscts modem defaultroute
```

A opção –V associada com o comando chat envia um registro de execução linha-por-linha do script a stderr. O parâmetro –detach associado com o comando pppd deixa o terminal de controle conectado, o que significa que stderr será exibido no terminal. Assim, você pode assistir e depurar seu script chat em tempo real.

Testando o hardware do link

Para testar um link PPP, separe o hardware do software testando a porta, o driver e o modem com uma ferramenta que não dependa do PPP. Qualquer emulador de terminal fará o trabalho. Um emulador disponível na maioria dos sistemas é o minicom.

Como usuário root, execute minicom com a opção –s para exibir o menu de configuração. Use o menu para ter certeza de que tudo está configurado do modo que deveria, para testar o modem e o link. Há várias seleções no menu de configuração do minicom, mas com a finalidade de testar o hardware do link PPP, só a seleção Serial Port Setup (Configuração de Porta Serial) é significante. Muitos sistemas Linux pequenos têm só um modem, e a porta serial para a qual este modem é conectado geralmente está ligado ao nome de dispositivo /dev/modem. Um servidor PPP, porém, pode ter vários modems, assim eles normalmente são referenciados pelos nomes da porta serial pela qual eles são conectados (por exemplo, /dev/cua0). Use a seleção de menu Serial Port Setup para assegurar que o minicom está

Capítulo 13 – Resolvendo problemas | **449**

configurado para usar a mesma porta e na mesma velocidade do modem específico que você deseja testar. Não ajudaria muito testar a porta serial errada!

Depois do minicom estar configurado, digitar o comando minicom deve conectá-lo diretamente ao modem. De lá, você pode usar comandos de modem para discar o número de telefone e se conectar diretamente ao servidor PPP no local remoto. A Listagem 13.8 mostra um teste de amostra usando minicom.

Listagem 13.8 Testando um link PPP com *minicom.*

```
Welcome  to  minicom  1.83.1

OPTIONS:  History  Buffer,  F-key  Macros,  Search  History  Buffer,  I18n
Compiled  on  Aug  28  2001,  15:09:33.

Press  CTRL-A  Z  for  help  on  special  keys

AT  S7=45  S0=0  L1  V1  X4  &c1  E1  Q0
O K
atz
O K
atdt3015551234
CONNECT  28800  V42bis
^M
Enter  username>  craig
Enter  user  password>  Watts?Watt?
            Welcome  to  the  PPP  Modem  Pool

PORT-2>  show  us
20  May  2002  09:05:44
Port     Username    Status      Service

1        dave        PPP
2        craig       Executing   Cmd

PORT-2>  logout

Xyplex  Logged  out  port  2  at  20  May  2002  09:06:48
NO  CARRIER
^A

CTRL-A  Z  for  help  |  38400  8N1  |  NOR  |  Minicom  1.83.1  |  VT102  |  Offline
X
```

Este exemplo contém muitas saídas de minicom, o modem e o servidor remoto. Misturado a isto está um pouco de digitação do usuário, que é indicada pelo tipo em negrito. A primeira coisa na Listagem 13.8 é a informação de boas-vindas do minicom, seguido por um comando de inicialização de modem (AT) emitido pelo minicom. A resposta (OK) a este comando lhe informa que o modem está operacional.

Na dúvida, nós publicamos nosso próprio comando de reajuste de modem (atz), para o qual o modem responde. A seguir, o comando atdt é usado para discar o número do telefone do servidor PPP remoto. O servidor responde. Nós nos registramos e executamos um comando. Quando estamos convencidos de que tudo está correndo bem, saímos do servidor e

450 | *Linux: servidores de rede*

fechamos o minicom digitando Ctrl+A, seguido por x. Este teste nos traz a seguinte informação:

- A porta correta está configurada.
- A porta está operacional.
- A velocidade da linha correta está ajustada.
- O modem está operacional.
- A linha telefônica está operacional.
- O modem remoto está configurado corretamente.
- O servidor remoto está operacional.
- O login está correto para o servidor remoto.

Falhas em um teste no emulador de terminal, levam a outros testes nestas áreas de possíveis problema do PPP:

- Se o modem não responde a comandos, o problema deve estar em algum lugar entre seu sistema e o modem. Você deve se assegurar de que a porta está correta e definida em /dev, o cabo do modem funciona e o próprio modem funciona.
- Se o modem local funciona, mas não pode se conectar ao modem remoto, verifique duas vezes o número de telefone e pergunte ao administrador de sistema remoto para ter certeza de que os modems estão configurados de forma compatível.
- Se os modems exibem uma mensagem "connect", mas o servidor remoto não responde, o problema de configuração está entre o sistema remoto e o seu modem ou entre os dois lados dos sistemas. Novamente, chame o administrador do sistema remoto e verifique a configuração.
- Se o login falhar, verifique o nome de usuário e senha no servidor remoto.
- Se tudo isto têm êxito e a conexão PPP ainda não for feita, o problema está na configuração PPP dos dois lados dos sistemas. É possível que a conexão esteja falhando por causa de discordâncias de parâmetro ou porque a autenticação está falhando. Novamente, isto deve ser trabalhado com o administrador do sistema remoto.

A próxima seção deste capítulo vai para o teste da interface física. Depois que a interface estiver depurada e operacional, o foco do teste está no fluxo de datagramas IP através a rede.

Testando a conexão

A ferramenta ping é usada para testar a conexão de rede entre seu sistema e algum host remoto. O ping é simples e poderoso. Seu poder está no fato de que não depende da configuração da aplicação de qualquer lado do sistema. ping usa a mensagem Echo do ICMP, que testa a conexão da camada IP local para a camada IP remota. Um teste de ping separa a rede da aplicação. Qualquer ferramenta que o ajude a dividir um problema de rede em partes separadas, de forma que estas partes possam ser testadas individualmente é extremamente útil.

A mensagem de um *ping* bem-sucedido

Um teste de ping bem-sucedido lhe informa que o sistema remoto está alcançável. Isto significa que a configuração das interfaces do sistema local e remoto devem estar corretas, a configuração de roteamento de ambos os sistemas deve estar correta e o hardware de rede deve estar operacional de ponta-a-ponta. Um teste bem-sucedido elimina muitos problemas potenciais, permitindo-lhe concentrar seu teste.

Por exemplo, suponha que a um usuário informou que ele não pôde usar ftp para se conectar a dog.example.org. Você poderia fazer um teste de ping. Um teste de ping bem-sucedido é mostrado na Listagem 13.9.

Listagem 13.9 Um teste de *ping* bem-sucedido.

```
$ ping  dog.example.org
PING  dog.example.org  (172.32.30.2):  56  data  bytes
64  bytes  from  172.32.30.2:  icmp_seq=0  ttl=32  time=1.0  ms
64  bytes  from  172.32.30.2:  icmp_seq=1  ttl=32  time=0.7  ms
64  bytes  from  172.32.30.2:  icmp_seq=2  ttl=32  time=0.7  ms
64  bytes  from  172.32.30.2:  icmp_seq=3  ttl=32  time=0.7  ms
^C
-  172.32.30.2  ping  statistics  --
4  packets  transmitted,  4  packets  received,  0%  packet  loss
round-trip  min/avg/max  =  0.7/0.7/1.0  ms
```

Este teste mostra que a conexão para dog.example.org está correndo perfeitamente. A linha de resumo informa que todo pacote transmitido foi ecoado de volta apropriadamente, e que nenhum foi perdido. As linhas individuais reportam a informação sobre cada pacote. O campo ttl imprime o valor Time-To-Live (tempo de vida) de TCP. Não é significante aqui, mas nós veremos depois como o comando traceroute faz uso deste campo. Os números seqüenciais (icmp_seq) lhe informam que todo pacote foi recebido em seqüência, e os tempos de ida-e-volta lhe informam que você tem uma conexão rápida para o site remoto. Uma perda de pacote alta, pacotes que chegam fora de seqüência ou tempos de ida-e-volta altos podem indicar uma rede congestionada ou uma conexão ruim. Mas nenhuma destas coisas está acontecendo neste exemplo. É óbvio que o problema do usuário está em outro lugar.

Depois de verificar que o relatório do usuário sobre não poder se registrar com ftp ser verdade, pergunte ao administrador do sistema remoto para saber se eles permitem acesso a ftp e se estão de fato executando o daemon ftp. Às vezes, os serviços estão bloqueados no servidor ou no firewall por razões de segurança, e o usuário não sabe disto.

452 | *Linux: servidores de rede*

A mensagem de um *ping* falhado

Um teste de ping falhado também pode lhe informar muito. A Listagem 13.10 mostra uma falha de teste de ping.

Listagem 13.10 Um teste de ping falhado.

```
$ ping 172.16.2.2
PING 172.16.2.2 (172.16.2.2): 56 data bytes
ping: sendto: Network is unreachable
ping: wrote 172.16.2.2 64 chars, ret=-1
ping: sendto: Network is unreachable
^C
— 172.16.2.2 ping statistics —
3 packets transmitted, 0 packets received, 100% packet loss
```

Novamente, o teste o direciona a focalizar seu trabalho de diagnóstico em certas camadas da rede. Uma falha indica que você deve focalizar no hardware de rede, na configuração de interface, e serviços de rede de camada inferior. A mensagem de erro incrementa a ajuda a refinar este foco.

O texto específico de mensagens de erro de ping varia ligeiramente, mas as mensagens entram em três categorias principais:

Network unreachable (rede inalcançável) - Isto indica que o host local não tem uma rota válida ao computador remoto. (A próxima seção olha algumas ferramentas que podem ajudá-lo a tentar rastrear um problema de roteamento.) Uma mensagem relacionada que você poderia ver em um teste de ping é ICMP Redirect (redirecionamento de ICMP), que não é realmente um erro. Um ICMP Redirect significa que você tem a rota errada em sua tabela de roteamento para este destino, e o roteador local está corrigindo sua tabela de roteamento.

No answer (nenhuma resposta) - Isto indica que o host remoto não respondeu aos pacotes ICMP Echo. Em alguns sistemas, o comando ping do Linux não exibe uma mensagem de erro dizendo No answer. No lugar, o erro "host unreachable" é exibido. Em qualquer caso, porém, quando o ping é terminado, a linha de resumo informa 100% packet loss (perda de pacote de 100%), o que significa que o host remoto não respondeu. No answer pode ser causada por muitas coisas. Qualquer interrupção de serviço em qualquer lugar na rede, de seu host ao sistema remoto, pode causar este problema. Este erro significa que nenhum pacote IP pode viajar apropriadamente de seu host ao host remoto. Procure por erros na rede.

Unknown host (host desconhecido) - Isto indica que o serviço de nome não pôde solucionar o nome do host em um endereço. Possivelmente o usuário lhe deu o nome de host errado ou o DNS está mal configurado. Mais tarde no capítulo, as ferramentas para testar servidores DNS são discutidas.

ping é uma das melhores ferramentas de teste disponível para o administrador de sistema. Infelizmente, alguns sites bloqueiam as mensagens ICMP Echo em seus firewalls ou as derrubam em seus roteadores. Todo sistema que oferece serviços a usuários externos deveria responder a ping, mesmo se estas respostas realmente virem de um servidor de ping dedicado, situado na mesma rede que o sistema que fornece serviços externos. A Internet trabalha melhor quando todo mundo trabalha junto. Infelizmente, as pessoas más amedrontaram tanto alguns administradores que nós estamos perdendo algumas boas ferramentas. Interferir com ICMP Echo limita a efetividade de uma das melhores e mais simples ferramentas de teste.

Os resultados do teste de ping o guia na próxima fase de teste. ping o direciona a focalizar o roteamento, DNS ou a aplicação como a causa do problema.O Linux fornece ferramentas para testar todas estas coisas. A próxima seção discute as ferramentas que o deixam testar o roteamento.

Testando o roteamento

Quando um problema de roteamento for indicado, a primeira coisa a fazer é examinar a tabela de roteamento, para ter certeza de que as rotas necessárias para a interface local e a rota default estão definidas. Use o comando route com a opção –n para exibir a tabela, como mostrado na Listagem 13.11.

Listagem 13.11 Como exibir a tabela de roteamento.

```
$ route -n
Kernel IP routing table
Destination    Gateway        Genmask         Flags  Metric  Ref  Use  Iface
172.16.12.3    0.0.0.0        255.255.255.255 UH     0       0    0    eth0
172.16.12.0    0.0.0.0        255.255.255.0   U      0       0    0    eth0
127.0.0.0      0.0.0.0        255.0.0.0       U      0       0    0    lo
0.0.0.0        172.16.12.2    0.0.0.0         UG     0       0    0    eth0
```

Os vários campos na tabela de roteamento listada estão descritos no Capítulo 7, "Serviços de gateway de rede". Para esta verificação, porém, os detalhes não são importantes. Você apenas quer ter certeza de que a rota ao host remoto existe em sua tabela de roteamento – uma rota específica para a rede que o host está anexado ou uma rota default. (A rota default tem o destino apontando para o endereço 0.0.0.0.) Se você construiu a tabela de roteamento com entradas de rotas estáticas, esta provavelmente será uma rota default. Se a tabela foi construída dinamicamente por um protocolo de roteamento, pode ser muito grande e conter uma rota específica para a rede remota. Indiferente de como chegou lá, você precisa ter certeza de que seu sistema tem a rota necessária.

 No caso de uma tabela de roteamento grande, use grep com o comando route para procurar uma rota default ou uma rota específica.

Usando *traceroute*

Quando você estiver seguro de que seu sistema tem as rotas apropriadas, use o comando traceroute para testar a rota de ponta-a-ponta. traceroute rastreia a rota de pacotes UDP ou pacotes de eco ICMP pela rede, e lista todo os roteadores entre seu computador e os hosts remotos. Faz isto enviando pacotes UDP com valores de tempo de vida (TTL) pequenos e

454 | *Linux: servidores de rede*

números de porta inválidos para forçar mensagens de erro do ICMP e para registrar as fontes destes erros.

Aqui está como funciona. O propósito do campo TTL é assegurar que os pacotes não dão circulam pela rede para sempre. Todo roteador que controla um datagrama subtrai 1 do TTL do datagrama. Se o TTL alcançar 0, o roteador descarta o datagrama e envia uma mensagem de erro ICMP Time Exceeded (tempo de ICMP excedeu) de volta à fonte do pacote. Normalmente, o TTL é ajustado em 255 quando um datagrama é criado. Isto garante que o datagrama pode alcançar qualquer ponto na Internet, enquanto impede o pacote de circular o mundo para sempre.

O traceroute envia três pacotes UDP com um TTL de 1, seguido por três pacotes com um TTL de 2, seguido por três pacotes com um TTL de 3, e assim por diante até um TTL de 30. (Você pode mudar o TTL máximo de 30 para algum outro valor com a opção de linha de comando –m.) Cada grupo de três pacotes pretende disparar uma mensagem de erro em algum lugar ao longo do caminho. Os três pacotes com um TTL de 1 disparam erros ICMP Time Exceeded no primeiro roteador; os com um TTL de 2 disparam os erros no segundo roteador, e assim por diante até que o destino final seja alcançado. O traceroute captura as mensagens de erro que voltam dos roteadores, extrai o endereço do roteador das mensagens de erro, e imprime uma lista de endereços de roteador como um rastreamento.

Para descobrir quando o final do rastreamento é alcançado, traceroute usa um número de porta inválido. Isto faz com que o host no lado remoto devolva um erro ICMP Unreachable Port. Quando o traceroute recebe esta mensagem de erro, imprime o endereço do sistema remoto que enviou o erro, e termina o rastreamento. Reunindo todas estas mensagens de erro, o traceroute produz um rastreamento como o mostrado na Listagem 13.12.

Listagem 13.12 Testando uma rota com *traceroute*.

```
$ traceroute turtle.big.edu
traceroute to turtle.big.edu (127.18.1.9), 30 hops max,
38 byte packets
1    172.16.55.254  (172.16.55.254)  1.424ms  3.187ms  1.295ms
2    fgw225.chcc.org  (172.16.2.232)  1.156ms  1.983ms  1.374ms
3    igw225.chcc.org  (172.16.5.254)  4.703ms  3.754ms  3.080ms
4    Hssi2-1-0.GW1.TC01.ALTER.NET  (137.39.34.161)  9.511ms
     14.801ms  13.224ms
5    115.ATM2-0.XR1.TC01.ALTER.NET  (146.188.160.34)  7.955ms
     8.788ms  11.569ms
6    193.ATM3-0.XR1.DCA1.ALTER.NET  (146.188.160.101)  7.794ms
     8.894ms  12.435ms
7    195.ATM1-0-0.BR1.DCA1.ALTER.NET  (146.188.160.225)
     13.934ms  13.076ms  14.229ms
8    dca5-core1-s3-0-0.atlas.digex.net  (209.116.159.97)
     87.888ms  100.783ms  96.771ms
9    dca5-core3-pos1-1.atlas.digex.net  (165.117.51.102)
     112.287ms  117.283ms  111.309ms
10   dca6-core1-pos4-3.atlas.digex.net  (165.117.51.2)
     106.369ms  *  99.697ms
11   dca1-core10-pos1-2.atlas.digex.net  (165.117.51.189)
     106.123ms  113.786ms  107.322ms
12   dca1-core5-pos5-0-0.atlas.digex.net  (165.117.59.2)
     111.850ms  *  110.117ms
```

Capítulo 13 – Resolvendo problemas | **455**

```
13   dca1-core2-fa6-0-0.atlas.digex.net   (165.117.16.2)
     115.335ms   99.689ms   87.126ms
14   209.49.104.194   (209.49.104.194)   110.538ms   116.827ms
     106.463ms
15   1.atm1-0-0.csc0gw.net.umd.edu   (128.8.0.223)   105.528ms
     105.439ms   107.240ms
16   turtle.big.edu   (127.18.1.9)   118.430ms   105.404ms
       101.596  ms
```

Este exemplo mostra um rastreamento de nossa rede imaginária para um sistema em uma universidade. Cada linha indica um salto ao longo do caminho para o destino. O tempo de viagem de ida-e-volta de cada pacote também está impresso. Note que há três pacotes enviados a cada salto ao longo do caminho. Se um pacote for perdido (quer dizer, se nenhum erro for devolvido para o pacote), um asterisco (*) é impresso ao invés de um tempo de ida-e-volta. Se uma série de três asteriscos for impressa em várias linhas, indica que o rastreamento não pôde chegar do lado remoto. O último roteador que responde, provavelmente é o último roteador que pode ser alcançado ao longo do caminho.

> **DICA** Uma linha de asteriscos não é o bastante para lhe dizer que há um problema porque alguns roteadores não devolvem erros de ICMP. Eu deixei sair quatro ou cinco linhas de impressão de asteriscos antes que acreditasse haver um problema de roteamento remoto, e só se o ping também falhar.

Teoricamente, todo roteador que manipula um pacote traceroute responde com um erro, e um rastreamento preciso da rota é produzido. A realidade é um pouco diferente. Alguns roteadores descartam os pacotes silenciosamente e não devolvem nenhum erro. Às vezes, pacotes diferentes tomam rotas diferentes. Se você examinar a saída de um comando traceroute minuciosamente ou levá-lo muito a sério, estará cometendo um erro. Use traceroute como um guia para onde problemas potenciais existam, mas não suponha que seja completamente preciso. Veja se o rastreamento alcançou o site remoto; se não, veja onde parou. Estas são as coisas mais significantes que você pode obter de um traceroute.

> **DICA** O roteamento é uma via de mão dupla. Se possível, tenha o administrador do sistema remoto testando a rota do servidor remoto para seu sistema.

Analisando os protocolos de rede

Linux fornece algumas ferramentas de teste para verificar o estado de conexões do protocolo TCP/IP ou examinar as interações do protocolo quando elas acontecem na rede física. Os administradores de sistemas desejam saber freqüentemente por que eles quereriam fazer isto. Os protocolos TCP/IP básicos estiveram em uso durante 20 anos e não requerem nenhuma depuração. Mesmo se seu sistema usar algum protocolo novo que tenha um bug, é improvável que como um administrador de sistema você tenha tempo ou inclinação para tentar depurar um protocolo.

456 | *Linux: servidores de rede*

Estas coisas são verdadeiras, mas estas ferramentas têm usos além de depurar um protocolo. O papel mais importante para análise de protocolo é como uma ferramenta para ganhar mais informação e discernimento sobre um problema de rede. Descobrir que uma conexão termina durante a negociação de parâmetro pode guiá-lo para a verificação da configuração, ou descobrir que uma conexão suspende sem uma terminação limpa pode apontá-lo a um script oculto de funcionamento ruim. A análise de protocolo pode ser a última ferramenta que você usa, mas há momentos em que é muito útil.

Verificando o estado de socket com *netstat*

netstat é um comando que pode ser usado para inspecionar uma variedade de informações de rede, como o estado de conexões de rede, os conteúdos da tabela de roteamento, quais conexões mascaradas são suportadas pelo sistema, e quais grupos multicast o sistema associou. O mais importante destes é o estado de conexões da rede, que é a exibição default do netstat. Para limitar esta exibição a conexões de rede TCP/IP, use a opção de linha de comando —inet, como mostrado na Listagem 13.13.

Listagem 13.13 Como exibir conexões de socket de rede.

```
$ netstat —inet
Active  Internet  connections  (w/o  servers)
Proto  Recv-Q Send-Q  Local  Address  Foreign  Address   State
tcp    1      0       robin:1967     www.sybex.com:80  CLOSE_WAIT
tcp    1      0       robin:1966     www.sybex.com:80  CLOSE_WAIT
tcp    1      0       robin:1964     www.sybex.com:80  CLOSE_WAIT
tcp    1      0       robin:1963     www.sybex.com:80  CLOSE_WAIT
tcp    0      126     robin:23       phoebe:1449       ESTABLISHED
```

Este comando lista as conexões IP atualmente ativas. Cada linha exibe o protocolo de transporte sendo usado, o número de pacotes nas filas de envio e recebimento, o endereço local incluindo o número de porta, o endereço remoto incluindo o número de porta, e o estado da conexão. Na Listagem 13.13, as primeiras quatro linhas descrevem as conexões de saída para a famosa porta número 80. Da leitura do Capítulo 6, "O servidor de web Apache", você sabe que 80 é a porta de servidor web. Assim estas são conexões web de saída. A última linha no exemplo mostra uma conexão de chegada para a porta 23: a porta telnet.

O campo State em cada linha indica o estado do protocolo TCP para esta conexão. A Tabela 13.1 lista os possíveis estados do protocolo TCP que o netstat exibe.

Tabela 13.1 Estados do protocolo TCP.

Estado	Significado
CLOSED	O socket está completamente fechado.
CLOSE_WAIT	O lado remoto está inativo, mas o socket local ainda não está fechado.
CLOSING	Ambos os lados da conexão estão inativos, mas o sistema local ainda tem dados para enviar.

Capítulo 13 – Resolvendo problemas | **457**

Tabela 13.1 Estados do protocolo TCP. (continuação)

Estado	Significado
ESTABLISHED	A conexão está estabelecida.
FIN_WAIT1	O lado local da conexão está inativo.
FIN_WAIT2	O socket está esperando pelo lado remoto da conexão para encerrar.
LAST_ACK	O protocolo está esperando pelo reconhecimento final em um socket fechado.
LISTEN	O socket está escutando por conexões entrantes.
SYN_RECV	Uma solicitação de conexão foi recebida.
SYN_SENT	Uma tentativa de conexão está a caminho.
TIME_WAIT	O socket está fechado, mas está esperando para limpar os pacotes restantes da rede.
UNKNOWN	netstat não pode determinar o estado do socket.

Na Listagem 13.13, a conexão telnet de chegada tem um estado ESTABLISHED, significando que é uma conexão ativa e saudável. As três conexões de saída estão todas situadas em CLOSE_WAIT. Todas estas conexões estão direcionadas ao mesmo servidor web remoto. A causa provável para isto é um usuário com um navegador aberto ao servidor remoto que não está solicitando dados ativamente. Talvez o usuário esteja lendo os dados; talvez o usuário esteja fora para almoçar. Em qualquer caso, o usuário deixou o navegador executando. Isto é normal e não causa nenhum dano, diferente de consumir um número de porta. Quando o usuário fecha o navegador, estas portas fecharão.

Com a opção –a, netstat exibe todas os sockets (não só os que estão ativos), e não tem que limitar a exibição a sockets IP. A Listagem 13.14 é um trecho da listagem completa de sockets de um sistema Linux. Esta listagem é apenas a metade do número de linhas realmente exibidas. Para ver a listagem completa, digite o comando netstat em seu próprio sistema Linux.

Listagem 13.14 Exibe todos os sockets.

```
# netstat -a
Active Internet connections (servers and established)
Proto Recv-Q Send-Q Local Address      Foreign Address  State
tcp   0      2       parrot:telnet      robin:1027       ESTABLISHED
tcp   0      0       *:netbios-ssn      *:*              LISTEN
tcp   0      0       *:www              *:*              LISTEN
tcp   0      0       *:smtp             *:*              LISTEN
tcp   0      0       *:1024             *:*              LISTEN
tcp   0      0       *:printer          *:*              LISTEN
tcp   0      0       *:imap2            *:*              LISTEN
tcp   0      0       *:login            *:*              LISTEN
tcp   0      0       *:shell            *:*              LISTEN
tcp   0      0       *:telnet           *:*              LISTEN
tcp   0      0       *:ftp              *:*              LISTEN
```

458 | Linux: servidores de rede

```
udp      0       0          parrot:netbios-dgm   *:*
udp      0       0          parrot:netbios-ns    *:*
udp      0       0          *:netbios-dgm        *:*
udp      0       0          *:netbios-ns         *:*
udp      0       0          *:1024               *:*
udp      0       0          *:talk               *:*
raw      0       0          *:icmp               *:*                    7
raw      0       0          *:tcp                *:*                    7
Active UNIX domain sockets (servers and established)
Proto   RefCnt Flags     Type      State     I-Node  Path
unix     1      [ ]       STREAM    CONNECTED   415   @00000019
unix     1      [ ]       STREAM    CONNECTED   888   @0000003e
unix     0      [ ACC ]   STREAM    LISTENING   519   /dev/printer
unix     0      [ ACC ]   STREAM    LISTENING   725   /dev/gpmctl
unix     0      [ ACC ]   STREAM    LISTENING   395   /dev/log
unix     1      [ ]       STREAM    CONNECTED   889   /dev/log
```

A primeira linha nesta listagem mostra uma conexão telnet de chegada ativa, igual à vista antes. Vária linhas em seguida têm o estado LISTEN. Estes são os serviços TCP que este sistema oferece. Se a lista de serviços produzida por netstat em seu servidor não combinar com os serviços que acha que seu sistema oferece, você precisa verificar a configuração do servidor. Os asteriscos nos campos de endereço significam que qualquer endereço é aceito.

Depois vem os serviços UDP oferecidos pelo sistema. UDP é um protocolo sem conexão, assim não mantém o estado da conexão. Para todas as entradas UDP, o campo State está vazio. Novamente, estes serviços devem combinar os serviços que você acha que está oferecendo.

Para o teste da rede, você pode ignorar o resto da listagem. Ela contém duas entradas para *sockets raw*, que são sockets que comunicam diretamente ao IP sem usar um protocolo de transporte e várias entradas para sockets Unix. Os sockets Unix definem a E/S baseados em sockets para dispositivos Linux e não estão relacionadas à rede TCP/IP.

Use o netstat para verificar o estado do socket quando conexões de chegada ou de saída parecerem travar. Um exemplo de como estas informações de netstat podem ser usadas para diagnosticar um problema, ocorreu quando nós notamos sintomas estranhos em meu servidor de e-mail do campus. A utilização da CPU era muito alta. A fila de correio estava levando uma vida para processar, e vários usuários estavam tendo dificuldade para carregar seu correio. Nada realmente parecia estar errado com a rede, até que o comando netstat mostrou centenas de conexões em estado SYN_RECV – o sintoma clássico de uma negação de fluxo SYN de ataque de serviço!

Todas estas tentativas de conexão estavam se originando do mesmo sistema em nossa rede interna. O roteador foi configurado outra vez para bloquear conexões deste sistema específico, e imediatamente o servidor de correio começou a se recuperar. O administrador do sistema acometido foi chamado e contou que um intruso poderia ter invadido o computador dele. Porém, este não era o caso. O computador acometido era um computador paralelo possante e experimental com centenas de processadores. Um engano no software experimental fez o sistema iniciar centenas de solicitações de conexão simultaneamente sempre que o sistema tentava se conectar a um host remoto. Os experimentadores removeram o sistema de teste da rede, e nós vivemos felizes desde então. Usando netstat

Capítulo 13 – Resolvendo problemas | **459**

para descobrir o problema e filtrar a rota para bloquear o ofensor, o problema inicial foi resolvido em apenas alguns minutos.

A versão Linux do netstat tem uma opção interessante que perde em muitas outras implementações do netstat: a opção –p. Quando netstat é executado com a opção –p pelo usuário root, exibe o PID e nome de programa de todos que estão usando cada socket. Isto pode ser muito útil, particularmente quando você suspeita de um problema.

Observando os protocolos com *tcpdump*

O tcpdump lê todo pacote Ethernet, e o compara a um filtro que você define. Se combinar com o filtro, o cabeçalho do pacote é exibido em seu terminal, o que lhe permite monitorar o tráfego em tempo real. A Listagem 13.15 fornece um exemplo do tcpdump simples.

Listagem 13.15 O handshake(negociação) *telnet* como visto por *tcpdump*.

```
# tcpdump host 172.16.5.1 and 172.16.24.1
tcpdump: listening on eth0
10:46:11.576386 phoebe.1027 > wren.telnet: S
     400405049:400405049(0) win 32120
     <mss 1460> (DF)
10:46:11.578991 wren.telnet > phoebe.1027: S
     1252511948:1252511948(0) ack 400405050 win 32120
     <mss 1460> (DF)
10:46:11.773727 phoebe.1027 > wren.telnet: .
     ack 1 win 32120 <nop> (DF)
```

Este exemplo mostra uma negociação do TCP, realizada em três etapas, bem-sucedido entre wren e phoebe. O TCP é um protocolo orientado a conexão. Antes que dados TCP possam ser enviados, a conexão deve ser estabelecida com uma negociação em três etapas. Primeiro, o sistema solicita a conexão enviando um pacote com números de seqüência de sincronização (SYN) para o host de destino. O pacote contém os números seqüenciais que serão usados pela fonte, bem como outros parâmetros, como o tamanho da janela de transmissão (win) e o comprimento de segmento máximo (mss). Se o sistema de destino aceitar a conexão, envia um pacote de reconhecimento (ack) SYN (S) que inclui a numeração seqüencial que o destino estará usando. Finalmente, a fonte envia um pacote que reconhece o pacote recebido do destino, e a conexão está feita. Os pacotes trocados em sua rede podem conter muito mais pacotes opcionais, mas a negociação sempre será um SYN (S), reconhecimento (ack) SYN (S) e reconhecimento (. ack).

Cada pacote TCP exibido por tcpdump começa com um carimbo de horário (time stamp), seguido pela fonte e endereço de destino. Do primeiro pacote enviado na Listagem 13.15, você pode dizer que phoebe é a fonte da conexão, e está tentando se conectar a porta telnet de wren.

Em seguida, o campo de sinalização do cabeçalho TCP é exibido. No exemplo, os dois primeiros pacotes têm um valor de sinalização de S, o que quer dizer que a parte SYN está ajustada. Esta configuração indica que esta é uma solicitação de conexão e que os computadores estão sincronizando números seqüenciais. (O primeiro pacote é o pacote SYN, e o segundo pacote é o pacote ACK de SYN.) Os próximos campos nos primeiros dois pacotes são a numeração seqüencial sendo usada. (400405049 no caso de phoebe e

460 | Linux: servidores de rede

1252511948 no caso de wren.) O exemplo também indica que phoebe solicitou um tamanho de janela de 32120 bytes, um tamanho de segmento máximo de 1460 bytes, e que seus pacotes não sejam fragmentados (DF).

> **NOTA** É óbvio que os detalhes desta exibição não fazem muito sentido, a menos que você tenha uma compreensão detalhada dos protocolos TCP/IP. Para avançar em assuntos complicados, outros protocolos produzirão outros formatos de exibição, porque eles têm formatos de cabeçalho diferentes. Se você realmente quiser se deter os detalhes de tal exibição, deve ler *Internetworking with TCP/IP: Principles, Protocols and Architecture, Vol. 1*, por Douglas Comer (Prentice-Hall, 2000).

O exemplo mostra apenas os três primeiros cabeçalhos do pacote. Imediatamente depois da negociação, muitos pacotes são trocados. Se o exemplo realmente parasse depois da negociação em três etapas, a conexão teria uma falha. Uma falha neste ponto na conexão indica que o sistema remoto não oferece o serviço solicitado. Talvez o serviço não esteja instalado ou está bloqueado por razões de segurança. Indiferentemente, uma falha neste ponto mostra claramente que o sistema remoto não permite conexões à porta solicitada.

Um teste projetado para depurar um verdadeiro problema de protocolo pode envolver centenas ou até mesmo milhares de pacotes. Tentar depurar um problema de protocolo complexo requer muita habilidade técnica, o que a maioria dos administradores de sistemas tem; e muito tempo, o que nenhum administrador de sistema tem. Ignore os detalhes, e procure falhas graves, que possam indicar onde o problema de rede ocorre.

Filtros de *tcpdump*

No exemplo do tcpdump, o filtro é o host 172.16.5.1 e 172.16.24.1, que captura todo o tráfego indo ou vindo destes dois endereços IP. Uma grande variedade de filtros tcpdump pode ser definida. A Tabela 13.2 lista alguns filtros IP básicos que estão disponíveis para tcpdump.

Tabela 13.2 - Filtros de pacote tcpdump.

Filtro	Captura pacotes
dst host | net | port *value*	Destinados para o host, a rede ou a porta especificados.
src host | net | port *value*	Do host, rede ou porta especificados.
host *host*	Para ou do host especificado.
Net address [/*len* | *mask* mask]	Para ou da rede especificada. Uma máscara de endereço opcional pode ser definida como um comprimento de bits ou uma máscara decimal separada por pontos.
port *port*	Para ou da porta especificada.
ip proto *protocol*	Do tipo de protocolo especificado. Protocolos válidos são icmp, igrp, udp, nd ou tcp.
ip broadcast | multicast	Pacotes de broadcast IP ou pacotes multicast IP.

Capítulo 13 – Resolvendo problemas | **461**

Com estes filtros, você deve poder capturar qualquer pacote que precisar para depurar um problema de rede. Mas meu conselho é manter isto simples. Projetar filtros complexos e analisar depósitos de pacotes grandes pode levar mais tempo que outros métodos mais simples de atacar um problema.

A utilidade de ferramentas de monitoração Ethernet como tcpdump está limitada pela arquitetura de rede. Os switches Ethernet só enviam tráfego de uma porta diretamente para a porta de destino Um sistema conectado a uma porta padrão em um switch não pode monitorar o tráfego que flui entre outros sistemas com tcpdump, porque o tráfego não está no cabo conectado ao sistema. Todo o sistema pode ver seu próprio tráfego e o tráfego de broadcast, como mostrado neste exemplo:

```
[root]#  tcpdump  host  172.16.8.8  and  172.16.8.2
tcpdump:  listening  on  eth0
09:37:25.541133  arp  who-has  duck  tell  robin

1  packets  received  by  filter
0  packets  dropped  by  kernel
```

Neste exemplo, o monitor vê a solicitação ARP porque é uma transmissão do tipo broadcast, mas não vê o tráfego ping porque este tráfego é unicast. O sistema executando tcpdump deve estar anexado a uma porta supervisora que está autorizada a ver todo o tráfego. Em alguns switches, esta é uma porta física; em outros, a porta supervisora pode ser configurada no software do switch. A Listagem 13.16 mostra o mesmo filtro tcpdump, executar no mesmo sistema Linux, depois que a rede foi configurada outra vez para permitir ao sistema Linux monitorar a rede.

Listagem 13.16 Monitorando o tráfego com *tcpdump*.

```
[root]#  tcpdump  host  172.16.8.8  and  172.16.8.2
tcpdump:  listening  on  eth0
10:04:50.341133  arp  who-has  duck  tell  robin
10:04:50.341133  arp  reply  duck  is-at  0:e0:98:a:13:e1
10:04:50.341133  arp  who-has  robin  tell  duck
10:04:50.341133  arp  reply  robin  is-at  0:S0:ba:3f:c2:5e
10:04:50.341133  robin  >  duck:  icmp:  echo  request
10:04:50.341133  duck  >  robin:  icmp:  echo  reply
10:04:51.361133  robin  >  duck:  icmp:  echo  request
10:04:51.361133  duck  >  robin:  icmp:  echo  reply
10:04:52.371133  robin  >  duck:  icmp:  echo  request
10:04:52.371133  duck  >  robin:  icmp:  echo  reply
10:04:53.371133  robin  >  duck:  icmp:  echo  request
10:04:53.371133  duck  >  robin:  icmp:  echo  reply

12  packets  received  by  filter
0  packets  dropped  by  kernel
```

Na Listagem 13.16, o sistema de monitoração vê as transmissões ARP e as respostas ARP unicast, bem como todo o tráfego ICMP causado pelo ping. Note a diferença de tempo dos registros de horário nos pacotes do exemplo falhado para o exemplo mostrado na Listagem 13.16. Quase 30 minutos decorreram enquanto o switch era configurado outra vez para

462 | *Linux: servidores de rede*

permitir a monitoração. Durante uma verdadeira emergência, 30 minutos são uma eterni-dade. Muitos administradores de rede pré-configuram uma porta para atuar como uma porta supervisora. Quando um problema ocorrer, o administrador pode ligar o laptop que ele usa para testar na porta de espera.

Testando serviços

No topo da pilha de protocolo estão as aplicações e os serviços que os usuários precisam. Muitos erros são informados quando um usuário tenta usar um serviço e a tentativa falha. Para ser completo, o teste precisa incluir os serviços.

Normalmente, um serviço pode ser testado diretamente. Para testar um servidor web, conecte o servidor com seu navegador. Para testar um servidor de FTP, use o comando ftp para se conectar a este servidor. Estes são serviços orientados a usuário, assim eles vêm com comandos orientados a usuário que você pode usar para seu teste.

Alguns serviços, porém, têm o propósito de fornecer serviço a um computador remoto, ao invés de um usuário remoto. Testar diretamente estes serviços é ligeiramente mais difícil, mas geralmente é possível usando telnet para conectar diretamente a porta do servidor. Você já viu vários exemplos disto em capítulos anteriores. Recorra aos exemplos de teste imapd e o daemon POP no Capítulo 11, "Mais serviços de correio".

Se os testes de ping tiverem sucesso, mas os testes envolvendo um serviço específico falham, o problema está na configuração do serviço no lado do cliente ou do servidor. A configuração de cliente geralmente é simples e fácil de verificar, mas a configuração do servidor pode ser muito complexa. Alguns serviços complexos, como sendmail e DNS, incluem seus próprios programas de teste. O Capítulo 5, "Como configurar um servidor de correio", fornece exemplos detalhados para usar sendmail –bt fim testar a configuração de sendmail local. A próxima seção deste capítulo olha para as ferramentas que estão disponíveis para testar uma configuração de DNS.

Testando o DNS com *nslookup*

O nslookup é uma ferramenta de teste que vem com o software BIND. É um programa interativo que lhe permite consultar um servidor DNS para qualquer tipo de registro de recurso e ver diretamente a resposta do servidor. Esta ferramenta é útil para verificar seus próprios servidores, mas (até mesmo mais importante) pode ser usada para consultar diretamente os servidores remotos. Note a ênfase na palavra *diretamente*. Usando nslookup, é possível se conectar diretamente a um servidor remoto, para ver como este servidor responde a consultas sem passar por seu servidor de nome local. Isto é importante porque elimina a possibilidade de que os erros na configuração de seu servidor local estejam afetando os resultados. Qualquer programa de teste que lhe permite separar problemas locais de problemas remotos vale seu preço.

Para ilustrar o que isto significa, a Listagem 13.17 contém um exemplo de como usar nslookup:

Listagem 13.17 Testando o DNS com *nslookup*.

```
% nslookup
Default  Server:  wren.foobirds.org
Address:  172.16.5.1

> set type=NS
> example.org.
Server:  wren.foobirds.org
Address:  172.16.5.1

example.org          nameserver  =  goat.example.org
example.org          nameserver  =  shark.fish.org
example.org          nameserver  =  whale.example.org
goat.example.org     inet  address  =  172.32.3.2
shark.fish.org       inet  address  =  172.30.8.2
whale.example.org    inet  address  =  172.32.3.1
```

Comece digitando o comando nslookup sem argumentos. Isto inicia nslookup em modo interativo, que é o melhor modo de usá-lo para depurar um problema de servidor. Quando nslookup começa, está usando seu servidor local, como indicado pela mensagem Default Server. Você precisa dos registros de servidor de nome (NS) para localizar os servidores de nome para o domínio remoto que você deseja testar, assim ajuste o tipo de consulta para NS e então digite o nome de domínio que quer consultar. No exemplo, o nome de domínio é example.org e o servidor de nome local retorna todos os registros de NS para este domínio, o que identifica três servidores: goat e whale no domínio example.org e shark.fish.org.

Agora que você conhece os servidores autorizados, conecte a um deles para executar a próxima fase do teste:

Listagem 13.18 Continuação do teste.

```
> server  goat.example.org
Default  Server:  goat.example.org
Address:  172.32.3.2

> set type=ANY
> dolphin.example.org
Server:  goat.example.org
Address:  172.32.3.2

dolphin.example.org inet  address  =  172.32.3.8
> exit
```

Para conectar diretamente ao servidor remoto, use o comando server. No exemplo, nós escolhemos conectar a goat. Então, ajuste a consulta ao tipo de registros de recurso que você está interessado. Esta pode ser a palavra-chave ANY para todos os registros de recurso disponíveis ou quaisquer dos tipos de registro de recurso padrão: registros de endereço (A), registros de servidores de correio (MX), registros de start of authority (SOA), etc. (Veja a Tabela 4.2 no Capítulo 4, "Serviços de nome Linux", para os possíveis tipos de registros de

464 | *Linux: servidores de rede*

DNS.) A consulta ANY é particularmente útil porque fornece toda a informação disponível do servidor de nome.

Um teste bem-sucedido lhe diz que o servidor remoto está respondendo e pode solucionar o nome de host desejado. Se o teste falhar completamente, o usuário pode ter o nome de host errado. Se o teste funciona, mas seu servidor local está tendo dificuldade com o nome do host, o problema pode estar em seu servidor local ou um dos outros servidores remotos.

Às vezes, servidores remotos saem de sincronização, assim, consultar todos os servidores remotos autorizados vale a pena quando você tiver problemas intermitentes, solucionando um nome de host. Por exemplo, suponha que você está tendo problemas intermitentes solucionando o nome do host dolphin.example.org. Você pode começar com o teste idêntico ao mostrado na Listagem 13.17, mas, ao invés de digitar exit depois de testar o primeiro servidor remoto, você pode trocar para outro servidor e executar outra vez o teste:

```
> server  shark.fish.org
Default  Server:  shark.fish.org
Address:  172.30.8.2
> dolphin.example.org
Server:  shark.fish.org
Address:  172.30.8.2

***  shark.fish.org  can't  find  dolphin.example.org:  Non-existent
     domain
```

Neste caso, o segundo servidor autorizado discorda do primeiro. goat soluciona a consulta de dolphin para um endereço, mas shark não pode. A causa mais provável para este problema é que os servidores têm duas cópias diferentes do arquivo de zona. Como no exemplo seguinte, verifique os registros SOA em cada sistema para ver se os números de série são diferentes:

```
> set  type=SOA
> example.org.
Server:  shark.fish.org
Address:  172.30.8.2

example.org origin  =  goat.example.org
    mail  addr  =  amanda.goat.example.org
    serial=10164,  refresh=43200,  retry=3600,  expire=3600000,
    min=2592000
> server  goat.example.org
Default  Server:  goat.example.org
Address:  172.32.3.2

> example.org.
Server:  goat.example.org
Address:  172.32.3.2

example.org origin  =  goat.example.org
    mail  addr  =  amanda.goat.example.org
    serial=10164,  refresh=43200,  retry=3600,  expire=3600000,
    min=2592000

> exit
```

Neste exemplo, os números de série são os mesmos. Esta é a notícias ruim. Se os números de série fossem diferentes, o problema poderia ser temporário, o que seria solucionado assim que o servidor escravo atualizasse a zona a partir do servidor mestre. O fato dos números de série serem os mesmos, mas os conteúdos dos arquivos de zona serem diferentes é um problema maior, que deve ser tratado pelo administrador do domínio remoto. Afortunadamente, o registro SOA lhe informa que é isso. Envie mensagem a amanda@goat.example.org, e informe o problema. Ela precisa ter isto ajustado!

Os desenvolvedores de DNS planejam derrubar o nslookup no futuro. Isto é muito ruim, porque nslookup é uma boa ferramenta. A natureza interativa do nslookup lhe permite resolver um problema, ajustando o próximo teste baseado nos resultados de testes prévios. A desvantagem do nslookup é que é difícil de fazer scripts para testes repetitivos. Porém, o Linux fornece mais duas ferramentas de teste de DNS que continuarão sendo mantidas no futuro e são satisfatórias para escrever script: host e dig.

Como testar DNS com *host*

O comando host é uma ferramenta muito simples para procurar um endereço IP. O formato do comando host é:

```
host  [options]  domain-name  [server]
```

Só o comando host e o nome de domínio do host remoto são necessários para procurar um endereço IP. Para procurar tipos de registro de recurso diferentes, especifique o tipo de registro desejado (mx, soa, ns etc.) com o argumento –t no campo *options*. Para passar a consulta a um servidor específico, identifique o servidor no campo *server*. Se nenhum servidor for especificado, o servidor local é usado.

A Listagem 13.19 é um exemplo do comando host em ação.

Listagem 13.19 Testando DNS com o comando *host*.

```
$  host  -t  any  dolphin.example.org  goat.example.org
Using  domain  server  172.32.3.2:
dolphin.example.org  has  address  172.32.3.8
$  host  -t  any  dolphin.example.org  shark.fish.org
Using  domain  server  172.30.8.2:
Host  not  found.
```

Este é o mesmo teste que foi executado anteriormente usando nslookup. Dois servidores diferentes, goat e shark, são consultados para quaisquer tipos de registros DNS relativos a dolphin. goat responde com um registro de endereço, e shark responde com um erro.

O comando host é simples de usar, escrever script e entender. Como a Listagem 13.19 mostra, pode ser usado para as mesmas tarefas que o nslookup. Na Listagem 13.19, você descobriu que os dois servidores dão respostas diferentes. Então, seu próximo passo é consultar cada servidor para o registro SOA da zona, executando outra vez o comando host com novas opções de linha de comando. Se você usa nslookup, host ou dig (que é discutido a seguir) é principalmente uma questão de preferência pessoal.

Testando DNS com *dig*

dig é outro comando de teste de DNS que é bem parecido com host. Tem as mesmas vantagens e desvantagens, mas é mais poderoso e mais complexo. O formato básico de um comando dig é

```
dig [@server] domain-name [type]
```

Se um servidor for definido, o nome do servidor deve ser precedido por um @. Se um servidor não for especificado na linha de comando, o servidor local é usado. O tipo de registro de recurso sendo solicitado é identificado usando um tipo de registro padrão ou a palavra-chave any; se um tipo de registro de recurso não for especificado, o comando dig vai buscar registros de endereço. Por exemplo, para consultar o servidor goat por qualquer registro que pertence a dolphin, digite

```
$ dig @goat.example.org dolphin.example.org any
```

Um recurso interessante do dig é tornar as consultas de domínio inverso simples. Lembre-se de que quando os endereços IP são mapeados de volta para nomes de domínio, eles são primeiro invertidos para tornar a estrutura compatível com nomes de domínio, e o nome de domínio in-addr.arpa é acrescentado ao final do endereço invertido. Para fazer uma busca inversa com nslookup, você primeiro ajusta o tipo de consulta para PTR e então manualmente digita o endereço invertido e expandido. Com dig, você usa apenas a opção −x, como mostrado na Listagem 13.20.

Listagem 13.20 Testando DNS com *dig*.

```
$ dig -x 172.16.55.105
; <<>> DiG 8.2 <<>> -x
;; res options: init recurs defnam dnsrch
;; got answer:
;; ->>HEADER<<- opcode: QUERY, status: NOERROR, id: 6
;; flags: qr aa rd ra; QUERY: 1, ANSWER: 1, AUTHORITY: 2, ADDITIONAL: 5
;; QUERY SECTION:
;;      105.55.16.172.in-addr.arpa, type = ANY, class = IN
;; ANSWER SECTION:
105.55.16.172.in-addr.arpa.  8H IN  PTR  rail.foobirds.org.
;; AUTHORITY  SECTION:
55.16.172.in-addr.arpa.  8H IN  NS  dove.foobirds.org.
55.16.172.in-addr.arpa.  8H IN  NS  hawk.foobirds.org.
;; ADDITIONAL  SECTION:
dove.foobirds.org.  19h7m19s IN A 172.16.2.2
hawk.foobirds.org.  16m17s IN A 172.16.16.1
;; Total query time: 2 msec
;; FROM: rail.foobirds.org to SERVER: default − 172.16.5.1
;; WHEN: Tue Jun 29 16:07:30 1999
;; MSG SIZE sent: 43 rcvd: 213
```

Este exemplo mostra alguma coisa a mais sobre o dig – é muito falador. Ele exibe tudo o que é trocado entre o cliente e o servidor DNS. A parte principal da resposta é a seção de resposta

Capítulo 13 – Resolvendo problemas | **467**

perdida no meio da exibição, que informa que o endereço 172.16.55.105 está atribuído a rail.foobirds.org. As outras partes da exibição são as seguintes:

- A seção de consulta, que exibe a consulta enviada ao servidor
- A seção de autoridade, que dá uma lista dos servidores de nome autorizados para o domínio que foi consultado
- A seção adicional, que fornece os endereços dos servidores autorizados

As seções na saída do dig combinam exatamente com as seções em um pacote de resposta de DNS. Isto lhe permite observar as trocas de mensagens do protocolo e ver todas as informações que o sistema recebe com respeito a uma consulta de DNS.

Dig, host e nslookup são um trio poderoso de ferramentas para testar e depurar o serviço de nomes do domínio. Quando a mensagem de erro for Unknown Host, um sistema Linux está bem equipado para tentar resolver o problema.

Resumo

Esta parte final de *Servidores de rede Linux* examinou algumas das tarefas contínuas necessárias para manter um servidor operacional seguro. Este livro focalizou a construção de um servidor de rede Linux do nível mais baixo. A partir da configuração da interface de rede, você viu como pôr o alicerce para um servidor operacional seguro. Este livro descreveu como os serviços básicos da Internet de roteamento, serviço de nomes, serviço de e-mail e serviço de web são configurados, mantidos e seguros. Além disso, você aprendeu que um sistema Linux fornece serviços de configuração e compartilhamento de arquivos e impressoras que são compatíveis com todos os tipos de clientes, tornando o Linux o sistema operacional que pode integrar sua rede departamental e, assim, simplificar a manutenção.

Quando configurado e mantido por um profissional de informática bem informado, o Linux é uma plataforma excelente para um servidor de Internet ou departamental. Você provê a habilidade profissional, e este livro provê a informação para dar a partida. Quando mergulhar mais profundamente em serviços e tarefas específicos, você encontrará a informação detalhada que precisa em muitos destes tópicos nos outros livros na Craig Hunt Linux Library.

Apêndices

Biblioteca Linux

Apêndices:

- Apêndice A: Instalando o Linux
- Apêndice B: Referência para o BIND
- Apêndice C: Macros *m4* para *sendmail*

Instalação do Linux

A instalação do Linux, que é uma parte essencial para tornar operacional um servidor de rede Linux, está relegado a um apêndice porque a maioria dos leitores da Biblioteca Linux de Craig Hunt tem experiência em instalação e tem um sistema que já está executando o Linux. A instalação está descrita em um apêndice, não porque é sem importância, mas porque muitos leitores não precisam desta informação. Muitos livros na biblioteca são lidos por administradores de Linux experientes. Porém, este livro, assim como o *Linux System Administration*, é um dos que os administradores de Unix e de Windows apanharão primeiro quando quiserem aprender sobre Linux. A experiência com a administração do sistema Unix não lhe dá experiência na instalação de Linux. Se você nunca instalou o Linux antes, o apêndice é para você.

Em alguns casos, a instalação inicial da distribuição do software Linux é mais desafiadora do que configurar os vários serviços de rede depois que o sistema operacional está instalado. Este apêndice examina as tarefas de instalação básicas, e observa as armadilhas que podem tornar esta a parte mais frustrante da construção de um servidor de rede Linux.

Este apêndice também ilustra uma das razões sutis por que o Linux tem um custo total de propriedade muito baixo. Alguns sistemas operacionais exigem que você domine a instalação do sistema operacional e então domine instalações igualmente complicadas para adicionar acesso remoto, suporte a roteamento ou serviço web. Ao final deste apêndice, tudo estará instalado – nenhuma instalação adicional complicada é exigida – e você estará pronto para configurar qualquer serviço.

Linux: servidores de rede

Administradores vindos de experiências Unix ou Microsoft geralmente acham a instalação do Linux desafiadora porque eles têm experiência limitada com relação às instalações que requerem integração de hardware e software. Muitas empresas compram PCs com o Microsoft Windows pré-instalado e servidores Unix com o Unix pré-instalado. Isto significa que o hardware foi "pré-qualificado" para o software pelo revendedor. Então, mesmo se o administrador precisar reinstalar ou atualizar o sistema operacional, ele não precisa executar qualquer integração de hardware/software.

É possível comprar computadores com o Linux pré-instalado. Isto geralmente é muito caro, porque o custo do tempo de equipe no local de trabalho é normalmente mais alto que o pequeno prêmio envolvido em comprar sistemas com software pré-instalado. Apesar da efetividade do custo desta abordagem, eu não recomendo isto para todas as instalações. Você deve instalar várias vezes o Linux por si mesmo, até mesmo se usar alguns sistemas com software pré-instalado. A razão é simples: para manter um servidor de rede Linux corretamente, você precisa se sentir confiante em instalar e reinstalar o sistema operacional.

Para ganhar confiança, pegue um sistema obsoleto ou sem utilização, e use-o como uma ferramenta de treinamento. Desmonte o sistema. Remova o hardware desnecessário. Adicione o tipo de placa Ethernet que você usará em seu servidor verdadeiro. Então instale o Linux repetidamente até que se sinta à vontade em arrasar o hardware e instalar o software do Linux.

Neste apêndice, o Red Hat Linux 7.2 é usado como o principal exemplo, mas os passos da instalação descritos aqui são para toda distribuição Linux. Independente da distribuição que esteja trabalhando, quando você instalar o Linux de um CD-ROM, o processo de instalação é basicamente o mesmo. Você começa planejando a instalação e criando qualquer material de inicialização necessário. Para alguns sistemas, isto significa criar disquetes de boot. Você então reinicia o sistema, de forma a executar o Linux e então executa o programa de instalação do Linux. A maioria das distribuições Linux inicia o programa de instalação automaticamente; em alguns, você inicia o programa manualmente. De qualquer modo, o sistema é inicializado de forma que um pequeno sistema Linux esteja executando antes da real instalação do Linux iniciar. Você então particiona o disco, e carrega o software Linux nas partições de disco novas. Quando o carregamento tiver terminado, você tem uma instalação de Linux permanente. As seções seguintes discutem cada um destes passos em detalhes para o Red Hat 7.2. Os detalhes variam para cada distribuição, mas o padrão global é o mesmo.

O Linux lhe permite direcionar a instalação e o processo de configuração, e o programa de instalação lhe pede que tome muitas decisões. A maioria destas decisões é fácil, mas sempre é melhor estar preparado de antemão. Nós começamos planejando a instalação.

Planejamento da instalação

Linux são escolhas—mais escolhas que a maioria dos outros sistemas operacionais. Muitos sistemas Unix limitam sua escolha de revendedores de hardware porque o sistema operacional executa em só um tipo de hardware. A Microsoft Windows limita sua escolha de revendedores de sistemas operacionais porque o Windows só está disponível da Microsoft. Com o Linux, você pode escolher de muitas distribuições diferentes, todas que executem em uma ampla gama de hardware. Escolhas significam decisões, e decisões precavidas requerem planejamento cuidadoso. Antes de você começar uma instalação, colete todas as informações necessárias para instalar e configurar seu sistema.

Informação de hardware

O Linux executa em quase qualquer hardware, de um PDA a um mainframe da IBM. Se sua empresa é muito grande, e você planeja executar o Linux em um mainframe, seu revendedor da IBM ficará contente em lhe ajudar a selecionar e integrar seu hardware. Por outro lado, se você for como a maioria de nós, executará o Linux no hardware do PC. Se você montar seu próprio servidor de componentes de PC, algumas regras de manuseio lhe ajudarão a evitar problemas de hardware durante a instalação:

- Confira o "Linux Hardware Compatibility HOWTO". Também, confira a home page da distribuição do Linux que você planeja usar. Veja se o revendedor lista qualquer incompatibilidade antes de você comprar. Quando possível, pegue a lista de hardware fornecida pelo revendedor.

- Não compre o modelo mais recente de qualquer parte do hardware. A maioria das placas adaptadoras é entregue inicialmente com drivers do Microsoft Windows. Leva algum tempo antes que os drivers estejam disponíveis para outros sistemas operacionais, inclusive o Linux. Evite hardware lançado recentemente, a menos que você saiba que há um driver do Linux completamente funcional.

- Um servidor de rede não precisa de gráficos de alto desempenho. Você usará o console de servidor para executar aplicações administrativas, não jogos. Não invista nos mais recentes gráficos 3D de alto desempenho ou no maior monitor de alta resolução. Compre uma placa de vídeo bem estabelecida e um monitor que estejam documentados para funcionar com o Linux. Use o dinheiro que você economizar para mais memória ou uma CPU mais rápida.

- Não compre coisas das quais você não precisa. Por exemplo, servidores de rede não requerem placas de som ou alto-falantes. Evite comprar equipamentos que complicam a configuração e não acrescenta nenhum valor.

- Nunca compre qualquer hardware "Win". Alguns modems internos são chamados de "Winmodems" porque são projetados para funcionar com o Microsoft Windows. Algumas impressoras, chamadas de impressoras GDI, dependem do Sistema de Impressão Windows. Estes dispositivos são tão dependentes do sistema operacional Windows que não podem funcionar sem ele.

- Às vezes, os melhores negócios em PCs estão em sistemas que vêm pré-configurados com muitas características. Se você se encontra com tal sistema, remova todo equipamento desnecessário, e use-o para melhorar seu sistema de desktop. Um ótimo sistema de som é um bom acréscimo para seu desktop, mas é desnecessário em um servidor. Equipamento supérfluo é apenas uma fonte de problemas em um sistema servidor.

474 | *Linux: servidores de rede*

Se você selecionar seu próprio hardware, saberá tudo que precisa saber sobre o hardware. Muitas vezes, porém, outra pessoa lhe pede para configurar um sistema do qual você sabe muito pouco. Olhe a documentação que vem com o sistema e, se o Windows estiver instalado, use a informação da configuração do Microsoft Windows para aprender sobre o hardware. Se você tiver problemas ao instalar o Linux com a informação que recolheu do Windows e da documentação, não tenha medo de abrir o gabinete do sistema e examinar as placas e dispositivos instalados no sistema.

O Linux detecta corretamente a maioria do hardware. Geralmente, você pode deixar o Linux configurar o hardware para você. Porém, há vezes em que alguma parte do hardware não é detectada. Aqui está uma lista de informação de hardware que é útil ter à mão se você encontrar um problema de detecção de hardware:

Características do disco rígido - Saiba o fabricante, modelo e capacidade de cada unidade; e a geometria da unidade, que é o número de cilindros, cabeçotes e setores. Saiba se é uma unidade SCSI ou IDE. Se você tiver uma unidade IDE, saiba se executa em modo Logical Block Addressing (LBA ou Endereçamento de Bloco Lógico), que mapeia os setores físicos na unidade de disco para setores lógicos. A documentação que vem com a unidade de disco deve fornecer toda esta informação. Se o seu não executar, verifique as configurações no programa de configuração do BIOS. Se isto falhar, você sempre pode remover a unidade do PC para ver se as características da unidade estão impressas na caixa — geralmente estão.

Informação do adaptador SCSI - Saiba o fabricante e modelo exato do adaptador.

Informação do adaptador Ethernet - Saiba o fabricante e o modelo do adaptador Ethernet. Adaptadores PCI não requerem nenhuma informação adicional. Se for um adaptador ISA, porém, você também deve saber o número da Interrupt Request (IRQ ou Pedido de Interrupção), o endereço de porta E/S, o endereço de memória do adaptador, e (se usado) o número do Direct Memory Address Request (DRQ ou Pedido de Endereço de Memória Direto). A documentação de um adaptador ISA mostrará as configurações default; o Windows pode lhe informar as configurações atuais.

Características de vídeo do monitor - Saiba o fabricante e o modelo do monitor, e suas especificações técnicas, inclusive as faixas de sincronia horizontal e vertical do monitor, bem como sua resolução máxima. A documentação do monitor fornecerá as especificações técnicas.

Características da interface de vídeo - Saiba o fabricante e o modelo da placa de vídeo, e a quantidade de memória de vídeo na placa. Informação adicional que pode ser útil é o fabricante e o modelo do conjunto de chips de vídeo usado na placa, e se a placa tem um clock chip (e se tiver, o modelo do clock chip). (Clock chips separados são muito raramente usados.)

Características de CD-ROM - Saiba o tipo de interface: SCSI, IDE ou "outra". Se uma "outra" interface, como uma placa de som, for usada, o fabricante e o modelo do CD-ROM também é necessário. (Novamente, "outros" CD-ROMs são extremamente raros hoje em dia em qualquer sistema, e nunca devem ser usados em um servidor.)

Informação de rede

Além de informação sobre o hardware do sistema, você precisa de informação sobre a rede para configurar um sistema em rede. Se DHCP for usado, o sistema Linux obterá a configuração correta automaticamente do servidor DHCP. Se não for usado, forneça manualmente a configuração correta durante a instalação. A informação de configuração de rede exigida inclui

- O endereço de Internet atribuído a este sistema pelo administrador de rede.
- A máscara de rede usada em sua rede.
- O hostname atribuído a este sistema pelo administrador de domínio.
- O nome de domínio atribuído a sua empresa.
- Os endereços dos servidores de nome de domínio.
- O endereço do gateway default, a menos que um protocolo de roteamento seja usado. Se um protocolo de roteamento for usado, é configurado como descrito no Capítulo 7, "Serviços de gateway de rede", depois que o Linux estiver instalado.

Considerações de software

Ao planejar uma instalação de servidor, considere como o servidor será usado. Muitos servidores são sistemas de finalidades gerais, que fornecem uma ampla gama de serviços. Estes podem precisar de todo software do sistema. Outros, porém, têm um propósito dedicado, que requer só algum software do sistema. Não instale tudo nestes sistemas dedicados. Escolha só o software necessário.

Sistemas Linux agrupam pacotes de software relacionados para simplificar a seleção do software apropriado. O Red Hat fornece vários grupos de software diferentes, chamados de *componentes de software.*

Cada componente de software Red Hat tem um nome descritivo, que o ajuda a determinar se é útil ou não para seu servidor. Vários componentes são claramente identificáveis como pacotes de servidor de rede. Por exemplo, News Server, NFS Server, Anonymous FTP Server, Web Server e DNS Server são todos componentes de software. Só pelo nome, é fácil dizer que pacote será requerido para um servidor DNS dedicado.

Outros componentes fornecem os pacotes de software necessários para o lado do cliente de uma conexão de rede. Mail/WWW/News Tools, DOS/Windows Connectivity, Networked Workstation, Dialup Workstation, SMB (Samba) Connectivity e IPX/NetWare™ Connectivity fornecem ferramentas Unix tradicionais, bem como ferramentas para conectar a servidores NetBIOS e NetWare.

Finalmente, há muitos componentes, como os componentes de desenvolvimento de software, que não estão relacionados diretamente a um servidor de rede, mas podem ser necessários em seu sistema para desenvolvimento e manutenção. Na fase de planejamento, é útil pensar em todos os grupos de software que serão requeridos em seu servidor para cumprir seu propósito.

Selecionando um método de instalação

O Linux pode ser instalado de várias fontes diferentes: FTP (Protocolo de Transferência de Arquivo), NFS (Sistema de Arquivo de Rede), SMB (Bloco de Mensagem de Servidor), HTTP (Protocolo de Transferência de Hipertexto), disco rígido local ou CD-ROM. Um sistema de servidor é geralmente instalado de um CD-ROM. É um método de instalação simples e rápido, e o CD-ROM fornece um meio de backup seguro quando você precisar reinstalar.

Nunca instale um servidor de um disco rígido local. Este é um método de instalação obsoleto, que envolve copiar o sistema operacional duas vezes: primeiro para uma partição DOS no disco local e, então, quando parte da instalação atual, de lá para a partição Linux. Este método de instalação data do tempo em que a maioria dos sistemas não tinha nem um CD-ROM nem uma interface de rede.

Todos os outros métodos de instalação dependem de uma interface de rede.O FTP é usado principalmente para carregar arquivos da Internet, e o método de FTP instala pela rede a partir de um servidor de FTP. Este método é usado para carregar o software Linux grátis diretamente pela Internet para um sistema de desktop. É claro que carregar da Internet é muito lento e inseguro para um ambiente de produção. Se você decidir usar a instalação FTP, coloque os arquivos do Linux em um servidor FTP anônimo em sua rede de área local, e use o modo de instalação FTP para instalar sistemas conectados à esta rede.

O método de instalação HTTP é bem parecido ao método FTP, e tem restrições semelhantes. A única verdadeira diferença é o protocolo usado para mover os arquivos pela rede: um usa FTP e o outro usa HTTP.

Se você usar um método de instalação de rede, provavelmente será NFS ou SMB. Detalhes da configuração de NFS e de SMB são encontrados no Capítulo 9, "Compartilhamento de arquivos".

O SMB é o protocolo usado por servidores NetBIOS para compartilhar arquivo entre sistemas Microsoft Windows. Se o servidor de arquivo primário em sua rede for um servidor Windows NT/2000, você pode colocar os arquivos da distribuição Linux neste servidor, e usar SMB para instalar o Linux em seus clientes de rede.

Provavelmente, você usará NFS em lugar de SMB para compartilhar arquivos entre dois sistemas Linux. NFS é o protocolo mais popular, por compartilhar sistemas de arquivos entre computadores Unix. Coloque os arquivos da distribuição Linux em um servidor Linux, e seus clientes Linux de desktop podem usar o NFS para instalar o Linux a partir deste servidor. A maioria das distribuições simplesmente pode ser colocada no servidor copiando os arquivos do CD-ROM do Linux para o diretório no servidor que é exportado aos clientes, o que pode ser feito com um comando cp. Porém, se o NFS for usado para instalar o Red Hat 7.2, copiar os arquivos individuais não é o bastante: a imagem do CD-ROM deve ser armazenada no servidor. As imagens são copiadas usando o comando dd. Na seção "Como criar discos de instalação adicional", usamos o comando dd para copiar uma imagem de disquete do armazenamento em um disquete. Um comando dd semelhante pode ser usado para colocar uma imagem de um CD-ROM em um servidor NFS.

Todos estes métodos de instalação baseados em rede geralmente são usados em sites que administram um grande número de sistemas Linux. Servidores independentes geralmente são instalados a partir da mídia local. Por default, o Red Hat usa o método de instalação de CD-ROM, e espera seu sistema inicializar da instalação do CD-ROM. Se seu sistema não puder inicializar de um CD-ROM, o último passo no planejamento da instalação é preparar todo o material de inicialização necessário.

Fazendo um disco de inicialização

Um computador que não pode inicializar de um CD-ROM precisa de um disquete de boot. Nem toda distribuição Linux vem com um disco de boot, mesmo quando você compra um jogo fechado topo de linha. Geralmente, quando um disco de boot é necessário, você tem que fazer um por si mesmo.

Fazer um disquete de boot é simples, e o processo é essencialmente o mesmo para todas as distribuições Linux: uma imagem de boot é copiada do CD-ROM para o disquete usando rawrite sob DOS ou dd sob Unix. Um exemplo de cada comando ilustra como eles são usados.

Na distribuição do Red Hat 7.2, a imagem de boot é armazenada no diretório de imagens, e o programa rawrite é armazenado no diretório dosutils. A Listagem A.1 cria um disco de boot do Red Hat dos arquivos armazenados em um CD-ROM montado na unidade D do DOS:

Listagem A.1 - Usando *rawrite.*

```
D:\>dosutils\rawrite
Enter disk image source file name:  images\boot.img
Enter target diskette drive:  a:
Insert a formatted disk into drive A: and press -ENTER- :
D:\>
```

Criando discos de instalação adicional

Discos de boot não são os únicos discos que podem ser necessários para uma instalação. Embora uma instalação de servidor provavelmente não vá requerer discos de instalação adicionais, você pode ser chamado para instalar um sistema que exija. Um laptop que precisa instalar o Linux por um adaptador de rede PCMCIA ou por uma unidade de CD-ROM conectada a uma controladora SCSI PCMCIA é um exemplo excelente de um sistema que pode precisar de um disco de instalação adicional. Por exemplo, para instalar o Red Hat 7.2 em um laptop, você precisa de um disco pcmcia.img. O código de exemplo na Listagem A.2 cria este disco em um sistema Linux:

Listagem A.2 - Criando disquetes com dd.

```
#  mount  /dev/cdrom  /mnt/cdrom
mount:  block  device  /dev/cdrom  is  write-protected,  mounting  read-only
#  cd  /mnt/cdrom/images
#  dd  if=pcmcia.img  of=/dev/floppy
2880+0  records  in
2880+0  records  out
```

478 | *Linux: servidores de rede*

A primeira linha desta listagem anexa um dispositivo físico a um ponto de montagem com o comando mount. O dispositivo, /dev/cdrom, é a unidade de CD-ROM. O ponto de montagem, /mnt/cdrom, é um diretório vazio no sistema Linux. A estrutura de diretório do CD-ROM está agora disponível pelo ponto de montagem, como ilustrado pelo comando (cd) de mudança de diretório, que nos coloca no diretório de imagens do CD-ROM. A criação real do disquete é feita pelo comando dd, que copia o arquivo de entrada (if) pcmcia.img para o arquivo de saída (of) /dev/floppy. Neste caso, o arquivo de saída é um dispositivo físico. Em muitas distribuições Linux, o nome de dispositivo /dev/floppy é equivalente ao nome de dispositivo /dev/fd0, porque /dev/floppy é geralmente simbolicamente ligado a /dev/fd0.

Depois que selecionou o hardware, planejou o software e preparou os materiais de boot, você está pronto para executar a instalação. O primeiro passo é inicializar o programa de instalação.

Inicializando o programa de instalação

Insira o CD-ROM do Linux na unidade de CD, e ligue o computador. Na maioria dos computadores, isso é tudo para inicializar o programa de instalação do Red Hat.

Quando você inicializa o programa de instalação, uma tela cheia de informação é exibida, e você é levado a um prompt de boot. A informação que você recebe varia de distribuição para distribuição. Em nosso exemplo, o Red Hat a usa para lhe informar sobre o programa de instalação e para prover informações de ajuda.

Mas a coisa importante nesta tela não é a informação; é o prompt de boot. A maioria das distribuições tem isto, e serve ao mesmo propósito para todos: dá ao administrador de sistema uma oportunidade de fornecer entrada ao processo de boot. Por exemplo, para executar uma instalação de modo texto de estilo especialista em um sistema Red Hat, digite

```
boot: text expert
```

Isto desvia o programa de instalação gráfica, e inicia o instalador baseado em texto. A opção expert faz o programa de instalação apresentar mais opções de configuração. A maioria das instalações não requer modo texto ou modo especialista. Este é apenas um exemplo de como o prompt de boot é usado, e o prompt de boot pode fazer muito mais do que apenas controlar que programa de instalação é usado. Por exemplo, pode ser usado para introduzir a geometria correta para o disco rígido.

A maioria dos sistemas não precisa de entrada no prompt de boot; assim, a primeira vez que você executar o programa de instalação em qualquer sistema, apenas pressione a tecla Enter. Somente se a instalação falhar é que você deve tentar isto novamente com entrada no prompt de boot. Um exemplo disto é se o programa de instalação não puder detectar automaticamente tudo armazenado no disco rígido por sondagem normal. Isto pode acontecer com unidades de disco muito grandes, em sistemas nos quais o BIOS informa a geometria de disco errada ao sistema operacional. Veja o Capítulo 1, "O processo de inicialização", para mais informações sobre os comandos que podem ser digitados no prompt de boot.

Apêndice A – Instalação do Linux | **479**

Em resposta ao prompt de boot o kernel do Linux é inicializado, o qual por sua vez inicia o instalador do Linux. O Linux detecta algum hardware essencial durante esta fase. Enquanto o faz, exibe informações sobre este hardware na tela. Neste momento, o Linux também constrói um ambiente de execução para o programa de instalação. Se você usou um disquete de boot, a instalação pode solicitar um segundo disco para criar o ambiente de execução ou instalar os drivers de dispositivos opcionais.

Quando o sistema completar a inicialização do ambiente de execução, a instalação do Red Hat lhe pede que selecione o idioma e teclado que você está usando, e então exibe uma mensagem de boas-vindas. Se detectar um chipset PCMCIA, lhe pergunta se você precisa de suporte de PCMCIA. Neste ponto do processo de instalação, o suporte de PCMCIA só é requerido por laptops que têm um CD-ROM conectado por uma placa de interface PCMCIA ou por laptops que estão instalando sobre a rede usando uma placa Ethernet PCMCIA. Se você responder que precisa de suporte a PCMCIA, tem que fornecer um disco suplementar. Crie de antemão com rawrite ou dd copiando /images/pcmcia.img do CD-ROM do Red Hat.

Se o sistema não inicializar do CD-ROM, a instalação de Red Hat em seguida pede o método de instalação. (Para forçar um sistema que inicializa do CD-ROM a pedir um método de instalação, digite **text expert** no prompt de boot.) Se você selecionar o método de instalação Local CDROM, certifique-se de que o CD-ROM do Red Hat está na unidade, porque o programa de instalação tenta detectar a unidade correta localizando o CD-ROM. Se o programa de instalação não puder detectar o CD-ROM em uma unidade IDE, lhe perguntará que tipo de unidade de CD-ROM você tem. As escolhas são SCSI e Other (outro). Alguns servidores usam uma unidade de CD-ROM SCSI. Se selecionar SCSI, você será solicitado a informar ao programa de instalação que dispositivo SCSI é o CD-ROM. A categoria Other está reservada para unidades de CD-ROM conectadas por placas de som ou outras interfaces proprietárias. Se selecionar Other, você será levado a uma lista de unidades de CD-ROM suportadas. Selecione o fabricante e o modelo de sua unidade desta lista.

> **NOTA** Se tiver uma unidade IDE que não foi detectada, você tem que reiniciar o sistema e passar o nome do dispositivo de CD-ROM ao programa de instalação no prompt de boot (por exemplo, hdc=cdrom).

Depois que o CD-ROM for localizado, a instalação do Red Hat pergunta se esta é uma instalação ou uma atualização. Na primeira vez que você instalar o Red Hat no hardware, selecione Install (instalação). Para instalações subseqüentes, você pode usar a opção Upgrade Existing System (Atualização do sistema existente) para salvar os arquivos de configuração que você personalizou para seu sistema, embora alguns administradores prefiram sempre fazer uma instalação completa e restaurar os arquivos de configuração personalizados do backup do sistema. Quando a instalação é de atualização, os novos arquivos de configuração recebem a extensão .rpmnew, de forma que eles não anulam sua configuração; ou, em alguns casos, o arquivo antigo recebe a extensão .rpmsave, e o novo é posto no lugar. Por exemplo, depois de uma atualização o novo arquivo httpd.conf é armazenado em httpd.conf.rpmnew.

480 | Linux: servidores de rede

Quando você seleciona Install, você também tem que selecionar o tipo de instalação:

- Instalação de estação de trabalho é projetada para um sistema de desktop.
- Instalação de servidor fornece uma configuração de servidor predefinida.
- Instalação de laptop assegura que pacotes necessários para um laptop estejam instalados.
- Instalação personalizada lhe dá maior controle sobre o processo de configuração e instalação.

Como administrador de sistema, você deve saber tanto quanto possível como o seu servidor está instalado e configurado, então selecione Custom (personalizar). Escolher Server (servidor) funcionará, mas você não terá tanto controle sobre a instalação.

Particionando o disco

Red Hat oferece duas ferramentas de particionamento de disco diferentes: Disk Druid e fdisk. Muitos administradores de Red Hat usam Disk Druid, mas fdisk é usado pelos administradores de todas as distribuições Linux. Embora você use apenas uma destas ferramentas durante a instalação, esta seção discutirá ambas, de forma que você esteja preparado para instalar qualquer distribuição Linux.

Para a maioria dos administradores, particionar o disco rígido é a tarefa de instalação que cria mais tensão. Não precisa ser assim, particularmente para uma instalação de servidor. As pessoas se preocupam com o particionamento porque elas não querem perder os dados que já estão no disco.

A primeira vez que instalar um servidor, não há nada no disco que você queira. Mesmo se o PC vier do fornecedor de hardware com o Microsoft Windows pré-instalado, não importa. Você não precisa dele. Às vezes, sistemas de cliente de desktop podem *ter a capacidade de dupla inicialização (dual boot)*, o que significa que eles têm mais que um sistema operacional instalado, e o usuário do sistema inicializa os sistemas diferentes para aplicações diferentes. Servidores não têm dupla inicialização. Um servidor não pode estar off-line executando o Microsoft Windows quando um cliente precisar de serviço. Portanto, sistemas operacionais extras instalados pelo revendedor de hardware não são necessários. Por causa disto, você pode iniciar seu servidor com discos limpos, e pode particionar seus discos com menos preocupação.

Trabalhando com uma partição do Windows

Quando você instalar um servidor, não precisa se preocupar em reter os dados em uma partição do Windows. Porém, nem toda instalação é uma instalação de servidor. Geralmente você *precisa* ficar preocupado com a partição do Windows.

Para particionar um disco que contém o Windows 9x, siga estes passos:

1. Salve o Registro.

2. Execute um backup de sistema completo do Windows.

3. Desfragmente o disco rígido.

Apêndice A – Instalação do Linux | **481**

4. Depois que o disco estiver desfragmentado, verifique quanto espaço de disco é usado atualmente. Acrescente a este cálculo a quantidade de produção que você quer autorizar para o Windows. Isto lhe dá o tamanho mínimo para a partição do Windows.

5. Copie o programa fips do CD-ROM do Linux no diretório c:\windows\temp. (Eu sempre copio o fips no disco rígido porque acho que muitos usuários não configuram suporte de CD-ROM para o modo DOS.)

6. Reinicie o PC em modo DOS.

7. Execute o fips.

O programa fips divide o disco rígido em duas partições. O primeiro, chamado de *partição antiga*, contém o Windows, e é grande o bastante para os dados armazenados atualmente pelo Windows. Use as teclas de seta para ajustar o tamanho da partição antiga até que tenha pelo menos o tamanho mínimo que você calculou para a partição do Windows. O espaço restante, que o fips chama de *partição nova*, é o espaço que está disponível para instalar o Linux.

O fips é fornecido sem garantia, e não é suportado por nenhum dos revendedores Linux, assim, e embora tenha sido usado muitas vezes com grande sucesso, ninguém garante que funcionará para você.

O fips executa sob o DOS, e só funciona em sistemas de arquivos File Allocation Table (FAT ou Tabela de Alocação de Arquivo). Sistemas como Windows 2000 e Windows XP, que não podem inicializar em modo DOS, não podem executar o fips. Porém, estes sistemas podem definir partições quando são instalados. Adicionalmente, há produtos de particionamento comerciais que podem ser usados com estes sistemas operacionais. Um produto que eu usei para particionar um disco sem apagar uma partição do Windows existente ou reinstalar o Windows é o Partition Magic. É um produto comercial fácil de usar e bem documentado, e há também outros produtos semelhantes. Independente de qual ferramenta você use, faça o backup de seus dados antes de usar qualquer ferramenta de partição.

Planejamento da partição

Antes de particionar uma unidade de disco, planeje exatamente como você a quer particionada. Para fazer isto corretamente, você precisa entender o que são partições e por que elas são usadas. Se você tiver uma experiência Unix, isto provavelmente é algo que você entende bem, mas se estiver vindo de uma experiência Microsoft, uma explicação provavelmente seja necessária.

Apesar do fato de o programa de particionamento do DOS e o programa de particionamento do Linux compartilharem o mesmo nome (fdisk), o conceito de particionamento para estes dois sistemas operacionais é sutilmente diferente. O programa fdisk do DOS divide uma unidade de disco grande em unidades lógicas menores. Usando fdisk, por exemplo, a unidade C poderia se tornar C e D. Cada uma destas unidades lógicas tem seu próprio sistema de arquivo raiz, e olham o sistema operacional e o usuário como se eles fossem dispositivos fisicamente separados. Conceitualmente, o comando fdisk do DOS é usado para dividir coisas.

Por outro lado, o comando fdisk do Linux faz parte de um sistema que unifica coisas. O Linux (e todos os outros sistemas operacionais similares ao Unix) unifica todas as unidades de

482 | *Linux: servidores de rede*

disco físicas sob uma única raiz. Em vez de ver um dispositivo separado ou particionar como uma unidade lógica (C ou D), o usuário vê a partição como um diretório no sistema de arquivo, como /home.

O diretório para o qual um dispositivo ou partição é "anexado" é chamado de um *ponto de montagem*. Este termo vem do fato que o Unix esteve por toda parte por muito tempo. Tempos atrás, um operador de computador tinha que montar manualmente um "disk pack" no eixo na montagem da unidade de disco. Os disk pack já não são usados, mas a flexibilidade de montar e desmontar dispositivos físicos em diretórios dentro do sistema de arquivo permanece nos comandos *mount* e *umount.*

A tabela de partição que você cria é gravada diretamente na unidade de disco. Os pontos de montagem e as partições que são mapeadas a eles são gravados no arquivo /etc/fstab, de onde são lidos durante o processo de inicialização, e montados usando um mount –a command. O comando mount é coberto em detalhes no Capítulo 9.

A filosofia dos sistemas de arquivos do DOS e do Linux pode ser diferente, mas o último propósito de particionar é o mesmo. As partições mantêm dados incompatíveis separados, e dividem um espaço de armazenamento grande em partes que são mais gerenciáveis e podem ser usadas mais efetivamente. No mínimo, o Linux requer duas partições: uma partição de troca e uma partição raiz.

A maioria dos administradores usa mais de duas partições. Fornecer uma partição para manter os arquivos do usuário e outra para manter o software de sistema operacional é um exemplo do que os administradores fazem para organizar e administrar o espaço de disco deles. A Tabela A.1 lista as partições mais comuns e descreve o propósito de cada uma.

Tabela A.1 - Partições comuns.

Nome de partição	Descrição
swap	Exigido. Mantém o espaço de troca para o sistema operacional.
root (/)	Exigido. A raiz é a base do sistema de arquivo inteiro.
/boot	Algumas distribuições colocam os arquivos de boot em um diretório separado, de forma que uma partição de inicialização pode ser criada separada da partição raiz.
/usr	A partição usr contém a maioria do software do sistema.
/home	A partição home contém todos os diretórios dos usuários e quase todos os arquivos de usuário.
/var	O diretório var mantém todos os arquivos de spool de impressora, os arquivos de correio, os arquivos de notícias e os arquivos de registro de sistema.
/opt	O diretório opt mantém software opcional. Alguns pacotes de software de terceiros assumem que o diretório /opt está disponível, e se instalam lá por default.

Apêndice A – Instalação do Linux | **483**

Partições de troca

A partição de troca é necessária para fornecer espaço de troca para o sistema operacional. O Linux, como todos os sistemas operacionais Unix, usa memória virtual. Em outras palavras, usa armazenamento de disco como uma extensão da memória RAM. Processos inativos são tirados da memória e mantidos no disco sempre que a RAM que eles ocupam for necessária por um processo ativo.

A unidade de disco, e portanto a troca, é muito lenta. Você quer projetar seu servidor para evitar troca a maior parte do tempo possível. Se você precisar de mais memória, adicione mais RAM — não mais espaço de troca. Espaço de troca deve ser necessário somente para picos de atividade que temporariamente criam um número extraordinariamente grande de processos.

O espaço de troca deve ter duas vezes o tamanho da memória real; porém, menos memória real disponível para sua máquina, mais importante se torna o espaço de troca. Para sistemas com memória de 256MB ou menos, você deve sempre planejar uma partição de troca duas vezes tão grande quanto a memória. Se a memória for maior que 256MB, um espaço de troca do mesmo tamanho da memória pode ser adequado para seu servidor.

Adicionalmente, se tiver discos em múltiplas controladoras, você pode acelerar o acesso de troca tendo uma partição de troca pequena em cada disco, em lugar de apenas uma grande. Por exemplo, suponha que você queira 512MB de espaço de troca e você tem quatro discos; você pode criar uma partição de troca de 128MB em cada disco. O Linux vai executar automaticamente um "circuito de gravação" entre todos eles, resultando em períodos de acesso mais rápidos.

Partições raiz

Planejar a partição de troca é fácil: você deve ter uma, que provavelmente terá duas vezes o tamanho da memória real. Planejar as outras partições leva um pouco mais de reflexão. Há duas escolas básicas de pensamento em particionamento: uma escola diz para tomar todo o espaço de disco restante e criar uma partição raiz grande, e a outra diz para criar várias partições de tamanho cuidadoso. Cada escola de pensamento tem algum mérito.

A principal vantagem de criar uma única partição raiz grande é que é fácil. Também evita o erro "sistema de arquivo raiz cheio" que acontece quando /tmp ou /opt cresce muito. Se o disco inteiro for dedicado ao diretório raiz, você realmente não terá um sistema de arquivo raiz cheio até que o disco inteiro esteja cheio de dados.

O problema com esta abordagem é que é *muito* fácil. Não leva em conta a variabilidade e a carga de um servidor. Funciona bem para um sistema cliente de usuário único, com uma única unidade de disco, mas um ambiente de servidor é mais complexo:

- Um servidor normalmente tem mais de uma unidade de disco. Uma partição única não pode abarcar múltiplas unidades de disco.
- Um servidor suporta muitos usuários. O diretório /home mantém os arquivos para estes usuários, e geralmente cresce muito.

484 | *Linux: servidores de rede*

Uma partição única simplesmente não é flexível nem confiável o bastante para um servidor. Colocar todos os arquivos na partição raiz reduz a confiança desta partição crítica, aumentando a chance da partição ser corrompida.

A partição raiz é crítica porque contém os arquivos necessários para inicializar o sistema. Algumas distribuições Linux consideram isto importante o suficiente para colocar os arquivos de inicialização críticos dentro de /boot, de forma que uma partição separada possa ser criada só para eles. Adicionalmente, colocar os arquivos de boot críticos em uma partição /boot separada cria uma partição pequena o bastante para colocar quase em qualquer lugar no disco. Se as classes de instalação Workstation (Estação de trabalho) ou Server (Servidor) estão selecionadas em um sistema Red Hat, uma partição /boot é criada. A classe de instalação Workstation cria uma partição de troca, uma partição /boot e uma partição raiz. Esta é uma leve variação do esquema de partição "única raiz grande". A classe de instalação de servidor cria uma partição de troca, uma partição /boot, uma partição raiz, uma partição /usr, uma partição /home e uma partição /var. Embora os diferentes revendedores Linux recomendem esquemas de particionamento diferentes, todos eles recomendam mais de uma partição para um servidor.

Um esquema de particionamento de servidor básico

É possível criar muitas partições. Porém isto cria uma estrutura confusa, e pode desperdiçar espaço. A classe de instalação de servidor do Red Hat fornece um exemplo razoável de particionamento para um servidor. Uma estrutura de partição básica para um servidor multidisco e multiusuário baseado no esquema do Red Hat é

- Uma partição de troca que tem duas vezes o tamanho da memória real.
- Uma partição raiz (/) de 500MB.
- Uma partição /var de 300MB. Crie um diretório /var/tmp, e ligue simbolicamente /tmp a ele. O tamanho da partição /var pode variar muito, dependendo do número de usuários que deixam as mensagens deles no servidor, e se o servidor é um servidor de notícias ou não. Notícias em rede consomem uma quantidade enorme de espaço — muitos gigabytes diariamente. Se este for o servidor de notícias da empresa, você precisa de uma partição /var maior. Porém, se os usuários não armazenam mensagem no servidor e não for o servidor de notícias, uma partição /var separada não é necessária. Uma partição /var de 300MB é adequada para a maioria dos servidores departamentais, particularmente se o crescimento dos arquivos de registro e spool for monitorado de perto.
- Uma partição /usr de 3GB. Crie um diretório /usr/local para conter software local. Crie um diretório /usr/opt e ligue simbolicamente /opt a ele. 3GB são adequados para o software do Linux, mas se você planeja instalar muitos pacotes grandes de softwares de terceiros, pode precisar de uma partição /usr duas vezes maior.
- Dados de usuário são colocados no diretório /home. Se você tiver múltiplas unidades de disco especificamente para manter dados de usuário, crie uma partição /home/user1 utilizando o resto da primeira unidade de disco, uma partição /home/user2 compreendendo a segunda unidade de disco inteira, e assim por diante. Segmentar o diretório deste modo permite abarcar múltiplos discos.

Para simplificar os nomes de caminho para os usuários e para simplificar o deslocamento de usuários entre discos físicos, crie uma pequena partição /home no primeiro disco que contenha somente links simbólicos aos diretórios principais verdadeiros dos usuários que residem em outros discos. Contas de usuário são cobertas no Capítulo 3, "Serviços de login".

Links simbólicos

Em Linux, os diretórios podem ser "vinculados" criando um indicador de um diretório para outro. Estes indicadores são chamados de *links simbólicos*. Use o comando ln para criar links simbólicos. Por exemplo, para criar um "diretório" chamado /opt que vincula ao diretório real /usr/opt, digite

```
ln -s /usr/opt /opt
```

Depois que este link simbólico for criado, referências para o link /opt têm um efeito correspondente no diretório /usr/opt. Um comando ls de /opt lista os conteúdos de diretório de /usr/opt. Um arquivo armazenado em /opt realmente está armazenado em /usr/opt. Os links simbólicos aumentam a flexibilidade do sistema de arquivo de Linux.

Nenhuma sugestão de qualquer pessoa, não importa o quanto tenha sido experimentada, pode tomar lugar do seu próprio julgamento. Você sabe o que você quer fazer com seu servidor, sabe a quantas pessoas servirá, e sabe as tarefas que executará. Use este conhecimento para planejar suas partições.

Depois que desenvolveu um plano de particionamento, você precisa gravar o esquema de particionamento no disco rígido. O Red Hat fornece duas ferramentas para fazer isto: o programa fdisk do Linux extensamente usado e o programa do Red Hat, Disk Druid.

Como particionar com o Disk Druid

Se você selecionar uma instalação personalizada, o programa de instalação de Red Hat pergunta que ferramenta de particionamento deve usar. Selecione o programa fdisk tradicional ou Disk Druid, que usa uma interface de tela cheia (veja a Figura A.1). Quando executa sob o instalador gráfico, Disk Druid usa uma interface de apontar-e-clicar básica.

486 | Linux: servidores de rede

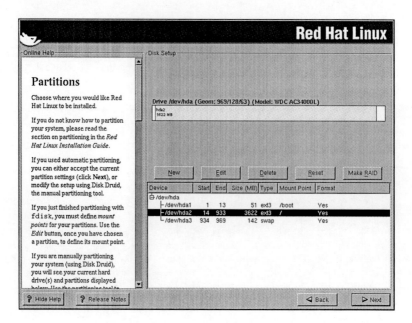

Figura A.1 – Tela principal de Disk Druid.

A parte superior da tela exibe o nome de dispositivo, a geometria de disco, o fabricante e o modelo do disco, junto com uma representação gráfica das partições. A área de texto na parte inferior da tela exibe todos os dispositivos e partições disponíveis. Selecionar um dispositivo ou partição na parte inferior da tela muda a exibição na parte superior da tela.

A descrição de cada partição mostrada na janela de texto na parte inferior da tela contém mais sete partes de informação:

Device (dispositivo) - O campo Device contém o nome de dispositivo da partição. Por exemplo, /dev/hda1 é a primeira partição no primeiro disco rígido IDE.

Start (início) - O campo Start contém o número de cilindro da localização física na unidade de disco onde a partição inicia.

End (fim) - O campo End contém o número de cilindro da localização física na unidade de disco onde a partição finaliza.

Size (tamanho) - O campo Size exibe o tamanho total da partição em megabytes.

Type (tipo) - O campo Type exibe o tipo de sistema de arquivo. O Disk Druid lhe permite criar cinco tipos diferentes de sistemas de arquivos:

swap é um tipo especial usado somente para o arquivo de troca.

ext2 é o sistema de arquivo do Linux nativo.

ext3 é o sistema de arquivo do Linux nativo com suporte adicionado para registro de sistema de arquivo. (O registro é importante porque impede que dados sejam perdidos durante uma quebra de sistema, e acelera a reinicialização e recuperação depois de uma quebra.)

Apêndice A – Instalação do Linux | **487**

vfat é o sistema de arquivo FAT32 da Microsoft com suporte adicionado para nomes longos. Você não deve precisar criar partições vfat com o Disk Druid, porque mesmo se o Linux for compartilhar um disco com o Microsoft Windows, o Windows já deve estar no disco quando você instalar o Linux. O Linux é muito tolerante com outros sistemas operacionais, e muitas das ferramentas de instalação são construídas com a suposição de que o Windows estará lá quando o Linux for instalado. Por outro lado, o Windows não é projetado para se ajustar no espaço deixado por outros sistemas operacionais. As coisas correm mais suavemente se você deixar o Windows pegar o que quer primeiro e então instalar o Linux.

software RAID é um tipo de partição especial usado para criar Redundant Arrays of Inexpensive Disks (RAID ou Conjuntos Redundantes de Discos Baratos). Veja abaixo o comando Make RAID.

Mount Point (ponto de montagem) - O campo Mount Point contém o nome de diretório sob o qual este dispositivo está montado. Na Figura A.1, o dispositivo /dev/hda1 está montado como /boot e /dev/hda2 está montado como /. Note que a partição de troca não tem um ponto de montagem tradicional. O espaço de troca não é tratado como um diretório Linux normal.

Format (formato) - O campo Format indica com um Yes ou No se o programa de instalação deve formatar a partição ou não.

No meio da tela, entre a janela de texto na parte inferior e a representação gráfica na parte superior, o Disk Druid exibe os botões que selecionam a ação que você deseja tomar. Os cinco botões são

New (nova), que adiciona uma partição nova.

Edit (editar), que edita a partição selecionada.

Delete (apagar), que apaga uma partição existente.

Reset (reajustar), que remove qualquer mudança que você fez à tabela de partição durante esta execução de Disk Druid.

Make RAID, que combina partições RAID de software em um dispositivo RAID. Antes de usar este botão, você tem que usar o botão New primeiro, para criar partições com um tipo de sistema de arquivo de software RAID. Para saber mais sobre RAID, veja *Linux System Administration*, de Stanfield e Smith, Sybex 2000.

Usando estes botões você pode adicionar, editar ou apagar uma partição. Para apagar uma partição, por exemplo, realce a partição na lista de partições na parte inferior da tela e então clique Delete.

Apagando uma partição

Apagar uma partição geralmente é o primeiro passo no particionamento de um disco; independente do tipo de sistema que for instalado, você normalmente começa removendo partições não desejadas do disco, para abrir espaço para as partições novas. Por exemplo, computadores novos geralmente vêm com o Windows instalado em uma partição que consome o disco inteiro. Para uma instalação de servidor, você começa apagando a partição Windows porque os servidores normalmente não inicializam duplamente.

Se você estiver instalando o Linux em um sistema de cliente que será inicializado duplamente, você não apaga a partição Windows, mas começa apagando a outra partição criada por fips ou por Partition Magic. (Veja a discussão sobre fips anteriormente neste apêndice.)

Adicionando uma partição

Para acrescentar uma partição nova a um disco, simplesmente clique no botão New na tela principal do Disk Druid. Isto exibe a caixa mostrada na Figura A.2. Aqui, você digita o ponto de montagem, seleciona o tipo de sistema de arquivo e define o tamanho da partição nova em megabytes.

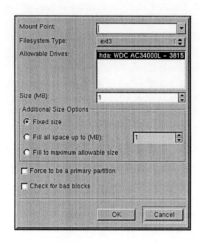

Figura A.2 - *Adicionando uma partição em Disk Druid.*

Use a lista Allowable Drives (Unidades permitidas) para selecionar a unidade de disco na qual será criada a partição nova. Tenha certeza de que só uma unidade esteja selecionada. Caso contrário, o Disk Druid pode colocar a partição nova em qualquer uma das unidades selecionadas, o que pode não ser onde você quer.

Três caixas de verificação controlam o tamanho da partição. Você pode digitar um tamanho fixo para a partição, permitir que a partição cresça a um tamanho especificado ou permitir que a partição cresça em todo espaço novo no disco. A maioria dos administradores de sistemas cria partições com um tamanho fixo, porque eles anteciparam o crescimento razoável, e querem se assegurar de que a partição tem esta quantidade de armazenamento alocada a ela. Outros preferem deixar as partições crescerem baseadas em demandas de sistema. Ambas as técnicas funcionam. A decisão é controle *versus* flexibilidade. Escolha a abordagem que o deixe mais confortável.

Há uma caixa de verificação para especificar se o programa de instalação deve verificar ou não blocos ruins ao formatar a partição. Verificar blocos ruins é uma boa idéia na primeira vez em que a partição for formatada. É normalmente desnecessário durante formatações subseqüentes.

Apêndice A – Instalação do Linux | **489**

Finalmente, há uma caixa de verificação que lhe permite forçar a partição nova sobre uma partição primária. Um disco pode conter quatro partições primárias; todas as outras partições são partições lógicas. (Os diferentes tipos de partições são discutidos depois neste apêndice, quando cobrimos fdisk.) Forçar o particionamento em uma partição primária é necessário somente se a partição conterá o carregador de inicialização LILO. O Capítulo 1 explica como o carregador de inicialização é usado. Se sua unidade de disco não contém mais do que quatro partições, todas elas podem ser partições primárias.

Usando o Disk Druid para apagar partições antigas, adicionar novas e editar existentes, você pode desenvolver a tabela de particionamento que quiser. Quando tiver terminado, clique o OK na janela principal para encerrar o Disk Druid. Alternativamente, a tabela de particionamento pode ser desenvolvida e gravada no disco usando o comando fdisk tradicional.

Particionando com *fdisk*

fdisk é um utilitário baseado em texto, com a introducçao de comandos. No prompt fdisk, digite quaisquer dos comandos de um caractere do utilitário. Use o comando m para exibir a lista de comandos mostrada aqui na Tabela A.2.

Tabela A.2 - Comandos *fdisk* de um caractere.

Comando	Função
A	Alterna a sinalização de inicialização
B	Edita um rótulo de disco BSD
C	Alterna a sinalização de compatibilidade DOS
D	Apaga uma partição
L	Lista os tipos de partição
M	Exibe uma lista de comandos fdisk
N	Adiciona uma partição nova
P	Imprime a tabela de particionamento
Q	Sai sem salvar as alterações
S	Cria um rótulo vazio para um disco Sun Microsystems
T	Ajusta o tipo de partição
U	Seleciona setores ou cilindros como as unidades usadas para exibir o tamanho de partição
V	Verifica a tabela de particionamento nova
W	Grava a tabela de particionamento no disco e sai
X	Entra no modo especialista

490 | *Linux: servidores de rede*

Para particionar um disco usando fdisk, comece exibindo a tabela de particionamento atual com o comando p. Depois, use o comando d para apagar qualquer partição desnecessária. Em um servidor, a partição desnecessária é provavelmente a partição do Windows ou a partição criada por fips. A Listagem A.3 mostra estes passos iniciais:

Listagem A.3 – Particionamento com *fdisk*.

```
#  fdisk  /dev/hda

Command  (m  for  help):  p

Disk  /dev/hda:  240  heads,  63  sectors,  557  cylinders
Units  =  cylinders  of  15120  *  512  bytes

     Device  Boot  StartEnd  Blocks   Id System
/dev/hda1     1   224   1693408+ c  Win95  FAT32  (LBA)
/dev/hda2    225   557   2517480  c  Win95  FAT32  (LBA)

Command  (m  for  help):  d
Partition  number  (1-4):  2
```

Depois de criar espaço suficiente no disco rígido para a instalação do Linux, crie as partições Linux com o comando n. Este exemplo cria uma partição nova:

```
Command  (m  for  help):  n
Command  action
     e  extended
     p  primary  partition  (1-4)
p
Partition  number  (1-4):  2
First  cylinder  (225-557,  default  225):  225
Last  cylinder  or  +size  or  +sizeM  or  (225-557,  default  557):  +128M
```

Quando você cria uma partição nova, o fdisk pergunta que tipo de partição você quer criar, o cilindro específico onde a partição começará, e o tamanho da partição. Comece a partição no primeiro cilindro livre. Ajuste o tamanho da partição selecionando um cilindro final para a partição ou usando um tamanho absoluto em megabytes. No exemplo, nós usamos +128M para uma partição de 128 megabytes. Ajustar o ponto inicial e o tamanho de uma partição é fácil; compreender os tipos de partição é um pouco mais difícil.

Partições primárias e partições estendidas são *partições físicas*, porque elas existem como entidades físicas no disco. Uma partição primária sempre é tratada como uma única entidade. Se a partição número 2 é uma partição primária, só pode ser referida como partição número 2. Uma partição estendida é uma partição física que age como um host para *partições lógicas*. Partições lógicas são entidades lógicas que fornecem um modo de recorrer a partes diferentes de uma partição física. O exemplo anterior mostra a partição primária número 2 sendo criada. Os primeiros quatro números de partição, partições de 1 a 4, estão reservados para partições físicas. Para criar mais de quatro partições, primeiro crie uma partição estendida e então crie partições lógicas dentro desta partição física. A Listagem A.4 mostra um exemplo:

Apêndice A – Instalação do Linux | **491**

Listagem A.4 – Adicionando partições lógicas.

```
Command (m for help): n
Command action
e    extended
p    primary partition (1-4)
e
Partition number (1-4): 3
First cylinder (243-557, default 243): 243
Last cylinder or +size or +sizeM or +sizeK (243-557, default 557): 557
Command (m for help): n
Command action
l    logical (5 or over)
p    primary partition (1-4)
l
First cylinder (243-557, default 243): 243
Last cylinder or +size or +sizeM or +sizeK (243-557, default 557): 350

Command (m for help): n
Command action
l    logical (5 or over)
p    primary partition (1-4)
l
First cylinder (351-557, default 351): 351
Last cylinder or +size or +sizeM or +sizeK (351-557, default 557): 557
Command (m for help): p

Disk /dev/hda: 240 heads, 63 sectors, 557 cylinders
Units = cylinders of 15120 * 512 bytes

       Device   Boot  Start  End    Blocks    Id  System
/dev/hda1   *    1     224   1693408+   c    Win95 FAT32 (LBA)
/dev/hda2        225   242   136080    83    Linux
/dev/hda3        243   557   2381400    5    Extended
/dev/hda5        243   350   816448+   83    Linux
/dev/hda6        351   557   1564888+  83    Linux
```

Neste exemplo, nós criamos uma partição estendida (hda3). Depois que criamos uma partição estendida, comandos n de fdisk subseqüentes perguntam se queremos criar uma partição lógica ou uma partição primária. No exemplo, nós criamos duas partições lógicas.O fdisk atribui números de partição automaticamente a partições lógicas, começando com a partição número 5. O comando p lista todas as partições. Note que a partição física hda3 e a partição lógica hda5 começam exatamente na mesma localização — cilindro 243. Mais adiante, note que a partição física termina exatamente no mesmo cilindro — 557 — como a partição lógica hda6. Esta exibição mostra que partições estendidas realmente são um modo de subdividir partições físicas em partes adicionais.

Eu normalmente limito a tabela de partição às partições primárias. Quatro partições por disco geralmente são o bastante; muitas partições criam, desnecessariamente, uma estrutura complexa. Se eu quiser mais partições, normalmente acrescento discos adicionais. As únicas verdadeiras exceções para isto são ao trabalhar com discos muito grandes (60GB ou mais) que pode beneficiar um número grande de partições, ou ao usar Disk Druid para criar partições que são permitidas crescer. Disk Druid usa partições estendidas para implementar partições "que podem crescer"

492 | *Linux: servidores de rede*

Depois de criar as partições novas, use o comando p para vê-las. Você notará no exemplo da Listagem A.4 que o tipo de sistema de arquivo para todas as partições recentemente criadas é "Linux". Use o comando t para ajustar os tipos de partição corretos. A partição de 128MB no exemplo é suposta ser uma partição de troca do Linux. Como mostrado na Listagem A.5, uma partição de troca do Linux é uma partição tipo 82:

Listagem A.5 – Atribuindo tipos de sistema de arquivo.

```
Command (m for help): t
Partition number (1-4): 2
Hex code (type L to list codes): 82
Changed system type of partition 2 to 82 (Linux swap)

Command (m for help): p

Disk /dev/hda: 240 heads, 63 sectors, 557 cylinders
Units = cylinders of 15120 * 512 bytes

Device    Boot  Start End    Blocks    Id System
/dev/hda1   *    1     224   1693408+   c   Win95 FAT32  (LBA)
/dev/hda2        225   242   136080     82  Linux swap
/dev/hda3        243   557   2381400    5   Extended
/dev/hda5        243   350   816448+    83  Linux
/dev/hda6        351   557   1564888+   83  Linux
```

Tipos de sistema de arquivo são digitados como códigos hexadecimais. O comando l lista o valor hex para cada tipo de sistema de arquivo. fdisk suporta 85 tipos diferentes de sistema de arquivo! Porém, você raramente precisa usar a maioria deles. Uma instalação de servidor Linux normal usa só o sistema de arquivo de troca Linux (tipo 82) e o sistema de arquivo Linux (tipo 83).

A tabela de particionamento completa é gravada no disco com o comando w.

```
Command (m for help): w
The partition table has been altered!

Calling ioctl() to re-read partition table.
Syncing disks.
Reboot your system to ensure the partition table is updated.

WARNING: If you have created or modified any DOS 6.x
partitions, please see the fdisk manual page for additional
information.
```

O fdisk então termina com uma série de mensagens de status. A mensagem de advertência final sempre é impressa. Ela lhe informa para criar partições DOS com o programa fdisk de DOS e partições Linux com o programa fdisk de Linux. Esta é a razão pela qual eu recomendo instalar o Microsoft Windows primeiro em um sistema de cliente com dupla inicialização. Então, use fips ou Partition Magic para ajustar a partição DOS antes de instalar o Linux.

Como você pode ver, fdisk difere de Disk Druid de vários modos. Disk Druid é usado em sistemas Red Hat; fdisk executa em todas as versões de Linux. fdisk requer mais entrada manual do que Disk Druid. Adicionalmente, quando você cria uma partição, fdisk não lhe permite atribuir o ponto de montagem à partição, como o Disk Druid faz. Você tem que definir o ponto de montagem separadamente. Todas as versões do Linux lhe dão algum modo de definir pontos de montagem para as partições.

Se você digitar os pontos de montagem no Disk Druid ou depois no processo de instalação, os pontos de montagem são armazenados na tabela do sistema de arquivo, fstab, que é lido durante a inicialização. O arquivo fstab é coberto nos capítulos 1 e 9.

Instalando o carregador de inicialização

Depois que você configurou as partições, a instalação de Red Hat lhe pede para selecionar um carregador de inicialização, para decidir onde você o quer instalado, e selecionar quais partições devem ser inicializadas pelo carregador.O Red Hat 7.2 oferece dois carregadores de inicialização: GRUB e LILO. GRUB é novo para a versão 7.2 de Red Hat; LILO é mais amplamente usado por outras distribuições do Linux. A maioria das pessoas que instala o Red Hat 7.2 usa GRUB porque é o default. Eu uso o LILO porque é o que tenho usado, e é o que uso em meus outros sistemas Linux. Porém, o GRUB funciona da mesma maneira, e se GRUB for selecionado, o programa de instalação do Red Hat lhe dá uma chance para digitar uma senha de inicialização. Uma senha de inicialização controla quem pode com informações no prompt quando o sistema reiniciar, o que aumenta a segurança. GRUB e LILO têm a capacidade de senha, mas o Red Hat torna fácil digitar uma senha para o GRUB. A configuração detalhada para GRUB e LILO é coberta no Capítulo 1.

Independente de qual carregador de inicialização você escolher, ele pode ser instalado no registro de inicialização mestre (MBR) ou no primeiro setor da partição de inicialização. O MBR é o primeiro setor de um disco. A partição de inicialização é a partição marcada "active" (ativa) ou "bootable" (inicializável) na tabela de particionamento.

Há vantagens e desvantagens para ambas as localizações. Se o carregador de inicialização for instalado no MBR, qualquer coisa existente no MBR é destruída. Na maioria das vezes, isto é sem importância. Os carregadores de inicialização do Linux são projetados para serem compatíveis com a função e a estrutura padrão do registro de inicialização mestre. Mas em raras ocasiões, as coisas podem dar errado quando você gravar sobre o MBR. Por exemplo, uma vez eu perdi o uso de um disco rígido antigo instalando o LILO no registro de inicialização mestre e sobrescrevendo acidentalmente o software EZ Drive da Western Digital armazenado lá. Para recuperar, eu tive que reinstalar o software EZ Drive e então instalar o LILO no primeiro setor da partição de inicialização de Linux.

Se o carregador de inicialização for instalado no primeiro setor da partição de inicialização, o MBR não é afetado, mas outro problema pode aparecer. O problema acontece quando a partição de inicialização é uma partição lógica, porque um MBR padrão só inicializa em uma partição física ativa. Para evitar este problema ao trabalhar com partições lógicas, instale o carregador de inicialização no registro de inicialização mestre.

Para pôr o carregador de inicialização no primeiro setor da partição de inicialização, coloque a partição de inicialização do Linux em uma partição física. Com o Linux em uma partição física, você pode instalar o carregador no MBR ou no setor de inicialização da partição raiz.

494 | *Linux: servidores de rede*

O programa de instalação do Red Hat lhe dá uma chance para digitar qualquer parâmetro de kernel exigido. É a mesma coisa que a entrada no prompt de inicialização mencionada antes neste apêndice e descrita no Capítulo 1. A maioria dos sistemas não requer nenhuma entrada neste momento, mas se você teve que usar entrada de inicialização para executar o programa de instalação do Linux, pode precisar usar esta mesma entrada *toda vez* que o Linux inicializar. Veja o Capítulo 1 para mais informações sobre entradas de inicialização, GRUB e LILO.

Na parte inferior da tela, o programa de instalação exibe uma lista de todas as partições que ele acha que você pode querer inicializar. Listará a partição de inicialização do Linux e atribuirá um rótulo de inicialização. Muitas distribuições usam o rótulo "linux"; o Red Hat 7.2 usa o rótulo "Red Hat Linux". A caixa de verificação Default mostra que partição o carregador inicializará por default.

Se o disco tiver uma partição Windows, o programa de instalação do Red Hat a atribui o rótulo de inicialização "DOS". Você pode mudar os rótulos de inicialização ou mudar a partição de inicialização default durante a instalação. Em geral, não há razão para fazer isto.

Configurando o adaptador Ethernet

Configurar a interface de rede é o próximo passo no processo de instalação do Red Hat 7.2. Se este for um sistema que foi instalado pela rede, você é levado à opção de manter a configuração temporária criada para a instalação. Para todos os outros sistemas, a interface de rede é configurada neste momento.

> **NOTA** Detalhes sobre a configuração de rede criada pelo programa de instalação são cobertos no Capítulo 2, "A interface de rede".

O programa de instalação do Red Hat fornece duas técnicas de configuração do adaptador Ethernet: DHCP (Dynamic Host Configuration Protocol ou Protocolo de Configuração de Host Dinâmico) ou configuração manual. Sistemas de cliente podem usar DHCP. Se você estiver configurando um desktop, simplesmente selecione "Configure using DHCP" (Configure usando DHCP) e a configuração de rede está completa, porque o servidor DHCP fornece toda a informação de configuração. Para usar DHCP, você deve, é claro, instalar, manter e operar um servidor DHCP. O Capítulo 8, "Servidores de configuração de desktop", descreve como configurar um servidor DHCP.

Um servidor de rede Linux, porém, normalmente não é configurado por DHCP — um servidor de rede precisa de um endereço dedicado. Para configurar um servidor, entre manualmente um endereço IP, uma máscara de rede, um endereço de rede, um endereço de broadcast, um hostname, um endereço de gateway default e até três endereços de servidor DNS. O programa de instalação do Red Hat faz a sua melhor suposição para vários valores de configuração baseado no endereço IP que você digitar. Verifique estes valores para ter certeza que eles são o que você realmente quer. Os valores para todos estes parâmetros de configuração devem ser os valores que você decidiu durante o planejamento de instalação descrito anteriormente.

Configurando o firewall

O kernel 2.4 do Linux implementa filtragem de pacote no nível do kernel, configurável com o comando iptables. O comando iptables e como é usado para criar um firewall básico é coberto no Capítulo 12, "Segurança". O Red Hat 7.2 inclui configuração de firewall durante a instalação. O programa de instalação não fornece o mesmo nível de controle que você tem ao construir suas próprias regras de iptables (como descrito no Capítulo 12), mas fornece um modo simples de criar um filtro de pacote de controle de acesso básico. A tela de configuração de firewall do Red Hat é mostrada na Figura A.3.

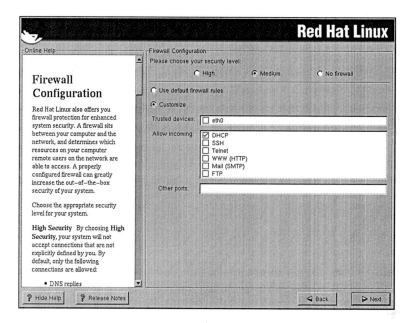

Figura A.3 - *Configuração de firewall do Red Hat.*

Na parte superior da tela estão os três níveis de segurança:

High (Alta) - O nível de segurança High bloqueia todas as conexões entrantes. Isto não impede o sistema local de se conectar a serviços oferecidos por sistemas remotos, e não bloqueia respostas DNS ou DHCP. Esta é uma boa configuração para clientes de desktop, porque o usuário de desktop pode acessar serviços remotos, mas ninguém pode acessar um serviço no desktop que o usuário pode ter deixado executando acidentalmente.

Medium (Média) - O nível de segurança Medium bloqueia quaisquer conexões entrantes para portas abaixo de 1024. Números de portas abaixo de 1024 são chamadas de *portas privilegiadas*, e são atribuídas a serviços conhecidos. Muitos deles são os serviços listados no arquivo /etc/services. Adicionalmente, conexões para a porta de servidor NFS, as portas do X Windows System e a porta de servidor

496 | Linux: servidores de rede

X Font são bloqueadas. Conexões para a maioria das portas não-privilegiadas são permitidas. Esta é uma boa configuração para sistemas de desktop que usam ferramentas como o RealAudio, que requer conexões vindas para portas não-privilegiadas.

No firewall (Sem firewall) - A configuração No firewall permite todas as conexões entrantes, não fornecendo nenhuma filtragem de pacote. Esta configuração é usada quando você planeja criar sua própria configuração de firewall com iptables depois que a instalação estiver completa.

As restrições de filtragem de porta default associadas com as configurações de segurança High e Medium podem ser facilitadas clicando o botão Customize (Personalize). Quando o botão Customize é selecionado, três áreas ficam ativas na tela:

Trusted devices (Dispositivos confiados) - A caixa de dispositivo Trusted lista todas as interfaces de rede configuradas no sistema. Clicar a caixa de verificação próxima à interface listada significa que os filtros de pacote do firewall não serão aplicados a qualquer tráfego recebido deste dispositivo. Isto só é usado em sistemas multihomed; quer dizer, computadores conectados a mais de uma rede. Ele lhe permite aplicar filtros à conexão para o mundo externo, permitindo à rede interna ter acesso ilimitado ao sistema. Na Figura A.3, há só uma interface Ethernet, eth0, configurada. Neste caso, a caixa de dispositivo Trusted não seria usada.

Allow incoming (Permitir tráfego entrante) - A caixa Allow incoming fornece caixas de verificação para seis serviços: DHCP, SSH, Telnet, HTTP, SMTP e FTP. Por default, conexões vindas para todos estes seis serviços são negadas. Marcar a caixa permite conexões para estes serviços.

Other ports (Outras portas) - A caixa Other ports é usada para digitar outras portas para as quais devem ser permitidas conexões. As portas são digitadas na caixa no formato ***port:protocol***, onde ***port*** é um número de porta ou o nome de um serviço do arquivo /etc/services, e ***protocol*** é um nome de protocolo do arquivo /etc/protocols. (***protocol*** normalmente é tcp ou udp.) Por exemplo, para permitir conexões a um servidor imap, você digitaria **imap:tcp** nesta caixa.

As configurações de segurança High e Medium defaults são usadas para sistemas de cliente de desktop. Servidores têm que permitir conexões entrantes aos serviços que eles oferecem. Um servidor pode começar com uma configuração de segurança High, mas depois deve ser personalizado para reduzir este nível de segurança. Por exemplo, um servidor de e-mail pode começar com a configuração High, mas depois deve ser usado Customize para permitir conexões SMTP entrantes, e talvez para permitir conexões aos serviços IMAP e POP3. Geralmente, os administradores de servidor de rede selecionam No firewall nesta tela e então constroem um firewall usando iptables, como descrito no Capítulo 12.

Depois de configurar o firewall, a instalação lhe pede para selecionar o idioma que deve ser usado e acertar o relógio do sistema. Então você é solicitado a digitar uma senha para o usuário root. Selecionar a senha de root durante a instalação inicial assegura que você não se esqueça de selecionar uma antes de o sistema se tornar on-line. Qualquer conta sem uma senha é um convite a um intruso. Uma conta root sem uma senha é um desastre de segurança. Escolha uma boa senha (há diretrizes em como escolher uma boa no Capítulo 12).

Também lhe é dada a oportunidade para criar contas de usuário. Este não é o momento para criar um grupo de contas de usuário, mas você deve criar pelo menos uma conta para você. Você usará esta conta depois para se registrar ao sistema para terminar de personalizar a configuração do servidor.

Selecionando um tipo de autenticação

Além de selecionar uma senha para o usuário root, o programa de instalação lhe dá a oportunidade de selecionar segurança de senha opcional. Tradicionalmente, o Linux armazena senhas no arquivo /etc/passwd, e codifica as senhas armazenadas lá usando criptografia de senha Unix padrão. Há dois problemas com isto. Primeiro, a criptografia de senha Unix usa só os primeiros oito caracteres da senha. Limitar senhas em oito caracteres limita a escolha de senhas pelo usuário, e as torna mais fáceis de adivinhar. Segundo, o arquivo /etc/passwd deve ser "legível" por todo usuário e processo no sistema. Armazenar senhas codificadas em um arquivo que todo o mundo pode ler as tornam vulneráveis a ataques com programas de adivinhação de senha.

Duas caixas de verificação na parte superior da janela Authentication Configuration (Configuração de autenticação) é voltada para estes problemas de segurança. Selecione a caixa Enable Shadow Passwords (Habilitar sombra de senhas) para armazenar as senhas codificadas no arquivo /etc/shadow, que não pode ser lido por todos os usuários. Em seguida, marque a caixa de verificação Enable MD5 Passwords (Habilitar senhas MD5) para usar o algoritmo Message Sigest 5 (MD5) para codificar suas senhas. A codificação MD5 permite senhas de até 256 caracteres de comprimento, mais do que qualquer usuário precisará. A Figura A.4 mostra a janela Authentication Configuration com ambas as melhorias de segurança selecionadas.

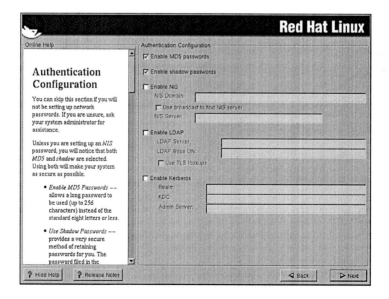

Figura A.4 - A tela Authentication Configuration.

Linux: servidores de rede

Além destas duas melhorias na segurança, a janela Authentication Configuration pode ser usada para selecionar um servidor de senha. Há quatro tipos de servidores de senha disponíveis:

NIS - Originalmente desenvolvido pela Sun Microsystems, o Network Information Service (NIS ou Serviço de Informação de Rede) armazena vários bancos de dados administrativos em um servidor de rede. Estes bancos de dados incluem /etc/passwd e /etc/shadow. Se você usar um servidor NIS para senhas, selecione Enable NIS (Habilitar NIS), e forneça o nome de domínio NIS de sua rede e como o servidor NIS deve ser localizado — por nome ou por broadcast.

LDAP - O Lightweight Directory Access Protocol (LDAP ou Protocolo de Acesso de Diretório Leve) é um serviço de diretório que pode ser configurado para fornecer uma gama extensa de informações, inclusive senhas. Se você obtiver senhas de um servidor LDAP, habilite LDAP, digite o nome de servidor, e digite o nome do diretório a ser usado. Se o serviço LDAP não estiver executando diretamente em seu servidor, você pode usar o Transport Layer Security (TLS ou Segurança de Camada de Transporte) para assegurar a conexão ao servidor remoto.

Kerberos 5 - Kerberos é um serviço de autenticação baseado em rede, originalmente desenvolvido no MIT. Se seu sistema usa um servidor Kerberos para autenticar usuários, habilite o Kerberos, e digite o nome de seu domínio Kerberos e o nome do servidor. O nome do servidor de autenticação entra na caixa KDC. (KDC representa Key Distribution Center ou Centro de Distribuição de Chave.) Se lhe permitirem acessar o servidor de administração de Kerberos, você também pode digitar o nome deste servidor na caixa Admin Server.

SMB - O protocolo Server Message Block (SMB ou Bloco de Mensagem de Servidor) é usado em redes Microsoft para compartilhamento de arquivos e impressoras, e para autenticação. Se você usa SMB para autenticação de usuário, habilite SMB, e digite o nome de seu grupo de trabalho e o nome do servidor SMB. Configurar um sistema Linux para agir como um servidor SMB é coberto no Capítulo 9, com informação adicional no Capítulo 10, "Serviços de impressora".

Como você pode ver, o Linux fornece uma gama de possíveis técnicas de autenticação de usuário. A autenticação de usuário é discutida em mais detalhes no Capítulo 12.

Instalando o software

O programa de instalação lhe pede que selecione o software para instalar. Todas as distribuições Linux fornecem escolhas semelhantes. Você pode selecionar grupos relacionados de software (Red Hat os chama de componentes), pacotes individuais, ou tudo.

Instalar tudo é simples, mas só é útil quando todas as funções do computador que servem ao servidor de correio estão concentradas em um sistema. Instalar tudo não é a melhor abordagem para a maioria dos servidores operacionais. Software desnecessário desperdiça armazenamento de disco, e pode abrir uma brecha para um intruso entrar.

Selecionar pacotes individuais dá maior controle sobre a instalação, mas também requer maior conhecimento sobre cada parte do software — e é muito demorado. Há várias centenas de pacotes individuais, e muitos deles são dependentes de outros pacotes para funcionar corretamente. Depois que você selecionar os pacotes que devem ser instalados, o Red Hat verifica dependências de pacote, e o adverte se um pacote precisar de software adicional para funcionar corretamente. Neste momento, você tem que permitir ao sistema instalar os pacotes necessários para satisfazer as dependências.

Selecionar componentes é um bom acordo para a maioria dos sistemas. É mais rápido que revisar pacotes individuais para instalação, e lhe dá mais controle sobre a configuração que instalar tudo.

Selecione o software mínimo necessário para executar efetivamente o servidor. Às vezes, isto não é óbvio. Por exemplo, você pode planejar criar um servidor de correio dedicado. Você sabe que precisa do sendmail e do software de rede TCP/IP, mas e sobre linguagens de programação, como C? Você pode querer carregar e compilar a mais recente versão de sendmail, que requer C. E você precisa de m4 para criar o arquivo de configuração de sendmail. Uma possibilidade é ter uma máquina de desenvolvimento separada compilando o sendmail, e construir o arquivo de configuração antes de os colocar no servidor de correio. Esta é uma configuração mais segura que ter um compilador situado no servidor de correio, mas muitos administradores de sistemas preferem ter o compilador na máquina onde é necessário. Selecione os pacotes que se ajustam ao modo que você administra seus sistemas.

X Windows

Muitos servidores Unix só executam com uma interface de linha de comando, e não usam X. Se uma interface de linha de comando é tudo o que você quer, não selecione os componentes X Windows para a instalação de software. Porém, muitos servidores Linux usam X. X fornece uma interface de console poderosa, e há várias ferramentas baseadas em X disponíveis para administração de sistema.

O programa de instalação de Red Hat tenta configurar o X se os componentes X Windows foram selecionados. O programa de instalação sonda o sistema, e seleciona uma placa de vídeo. Você pode aceitar a placa selecionada pelo programa de instalação, digitar sua própria configuração do X, ou pode saltar a configuração do X.

> **NOTA** O Red Hat 7.2 primeiro configura a placa de vídeo e então faz as tarefas não relacionadas (instalar software do CD-ROM e criar o disco de boot) antes de voltar à configuração do monitor. Apesar disto, a configuração da placa de vídeo e a configuração do monitor são componentes da configuração do X.

Se você decidir configurar X manualmente, tenha certeza de que saiba a faixa de sincronização horizontal e vertical de seu monitor, a resolução máxima do monitor, o fabricante e o modelo de sua placa de vídeo, a quantidade de memória na placa de vídeo e se a placa de vídeo tem um clock chip ou não (e se sim, o modelo deste chip). Armado com estas informações, você não terá problemas configurando X.

Se você não tiver todas as informações exigidas na mão, aceite os valores default fornecidos pelo Red Hat. Eles devem funcionar, e você recebe uma chance de testá-los antes de tomar uma decisão final. A Figura A.5 mostra a janela final da configuração de X. Nesta janela, selecione a resolução de tela desejada, e clique Test Setting (Testar a configuração). Se a exibição for a sua preferência, aceite as configurações. Se você não obtiver uma boa exibição, pode tentar outras configurações, ou saltar a configuração do X por ora. Para saltar a configuração do X, selecione Text (Texto) como o tipo de logon. Muitos administradores de sistemas Linux deixam a configuração do X Windows para mais tarde.

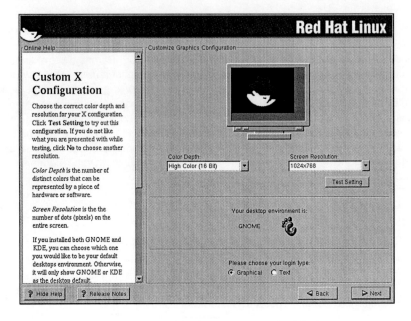

Figura A.5 – Janela de configuração de X final.

A configuração do X pode ser complexa. Se você tiver dificuldade configurando X, não se preocupe — você pode inicializar o sistema sem problemas, porque X não é essencial para conseguir que o sistema execute. Se você selecionar Text como o tipo de logon, você pode inicializar o sistema, se registrar no prompt de texto, e executar o Linux da linha de comando de texto. Depois, quando estiver pronto para configurar o X, execute uma das ferramentas de configuração para o X.

Usando o *Xconfigurator*

Xconfigurator é o programa que a instalação de Red Hat usa para configurar o X Windows. Pode ser executado a qualquer hora digitando **Xconfigurator** no prompt shell. Quando é executado do prompt shell, Xconfigurator fornece uma interface gráfica conduzida por menu. Use a tecla de tabulação e a teclas de setas para mover-se no menu, e a barra de espaços e a tecla enter para selecionar os itens.

Apêndice A – Instalação do Linux | **501**

Quando o Xconfigurator começa, exibe uma janela introdutória. Selecione o OK para começar a configuração. Xconfigurator então sonda o sistema para detectar a configuração da placa de vídeo e o monitor. Exibe os resultados de cada sondagem em telas separadas. Se estiverem corretos, aceite estes valores de configuração. (Se os valores não estiverem corretos, execute outra vez o Xconfigurator em modo —expert, como descrito depois.)

Em seguida, o Xconfigurator pergunta quanta memória está disponível na placa de vídeo. Digite a quantidade correta. Pergunta então que clock chip é usado na placa de vídeo. Selecione o clock chip correto, ou selecione No Clockchip, que é a configuração recomendada.

Finalmente, você é solicitado a selecionar o modo de vídeo, que é a combinação da profundidade de cor e a resolução de tela.O Xconfigurator determina os possíveis modos de vídeo da informação que foi fornecida na configuração. A maioria dos sistemas oferece três profundidades de cor (8-, 16- e 24-bits), e várias resoluções de tela para cada profundidade de cor. Selecione a resolução que você quer para a exibição, e selecione o OK. O Xconfigurator reinicia o X, e testa a configuração nova. Se for o que quer, você terminou. Se não, selecione outra resolução até que obtenha a exibição desejada.

A descrição anterior supõe que Xconfigurator pode determinar a configuração correta de seu sistema por sondagem, o que pode não ser o caso. Para ter mais opções de configuração, execute o Xconfigurator com o argumento de linha de comando —expert. O sistema ainda sonda o adaptador e o monitor, mas também fornece uma lista muito longa de placas de vídeo suportadas e monitores pré-configurados. Tudo o que você precisa fazer é selecionar sua placa de vídeo da primeira lista e seu monitor da segunda lista. Adicionalmente, o modo — expert lhe dá a oportunidade de selecionar manualmente as características de uma placa de vídeo e as de um monitor se sua placa de vídeo e monitor não estiverem nas listas de hardware suportado.

Executar Xconfigurator com a opção —expert depois que o Linux tiver inicializado apropriadamente pode lhe ajudar a configurar o X, mesmo que você não pudesse configurá-lo apropriadamente durante a instalação inicial. Na maioria dos casos, o X é configurado facilmente quando o Linux é instalado, mas o Xconfigurator está lá se você precisar.

O disquete de boot

Como observado anteriormente, a configuração do X não é um processo contíguo durante a instalação inicial do Red Hat. Entre a seleção da placa de vídeo e a configuração do monitor, o programa de instalação do Red Hat lhe pede para criar um disquete de boot para o sistema novo. Não é o mesmo que o disquete de boot de instalação que foi criado antes neste apêndice. O disquete que você cria durante este passo contém o kernel de Linux e os arquivos de configuração básicos, necessários para inicializar um servidor completamente operacional com a configuração que você acabou de criar. É absolutamente essencial.

AVISO Não salte este passo! O disco de boot é essencial se algo der errado.

502 | *Linux: servidores de rede*

Você terminou! O Red Hat o avisa que reiniciará o sistema; quando o fizer, o sistema deve iniciar sob o Linux. O Capítulo 1 cobre o processo de boot em detalhes.

Resumo

A maioria dos passos de instalação neste apêndice está integrada em um único programa de instalação. No entanto, cada passo é distinto, e requer seu raciocínio e entrada. O planejamento adequado é essencial para tudo fluir suavemente. A maioria das decisões em uma instalação depende de conhecer o hardware no qual o servidor é instalado e o software necessário para o servidor cumprir seu propósito. Entenda os detalhes do hardware do servidor, e saiba exatamente para que você quer usar o servidor antes de começar a instalação. Desenvolva um plano de particionamento satisfatório para o propósito do servidor. Com esta preparação, você estará pronto para a instalação.

Este apêndice contém um exemplo detalhado da instalação de Red Hat Linux 7.2. Porém, há muitas distribuições Linux diferentes para escolher. Se você tiver tempo, e eu sei que isso é um grande se para um administrador de rede, escolha algumas distribuições e trabalhe com elas. Instalar algumas distribuições diferentes fornece percepção no funcionamento de Linux e aumenta a confiança ao lidar com problemas do Linux. Uma comparação lado a lado lhe ajuda a selecionar o Linux que você mais gosta. As distribuições Linux são tão baratas que o dinheiro não é o problema com esta abordagem. O problema é, claro, tempo.

Além disso, use uma distribuição que vem com documentação de instalação de alta qualidade. Compre o conjunto fechado da distribuição que inclui o conjunto completo de CD-ROMs e um guia de instalação impresso. Os procedimentos de instalação podem mudar dramaticamente de uma distribuição para outra, e a documentação mais atual é a sua melhor proteção contra ser pego de surpresa por estas mudanças. Só a documentação que vem com a distribuição pode lhe dar todos os detalhes que você precisa para instalar a distribuição que selecionar.

B

Referência BIND

Há duas versões do software Berkeley Internet Name Domain (BIND) em uso difundido. As versões atuais do Linux vêm com BIND 9; versões recentes do Linux vêm com BIND 8. Os arquivos de banco de dados DNS usados por estas versões diferentes de BIND são os mesmos. As mudanças mais aparentes nas duas versões de BIND são algumas novas opções e declarações nos arquivos de configuração.

Este apêndice fornece uma referência à sintaxe e estrutura dos comandos de configuração para BIND 9 e BIND 8. É uma referência, não um tutorial. (Veja o Capítulo 4, "Serviços de nome Linux", para um tutorial sobre como configurar um servidor DNS de Linux e para exemplos realísticos dos comandos de configuração que você na verdade usará.) A maioria dos comandos mostrados aqui não são requeridos para uma instalação comum; alguns destes comandos só são úteis para servidores raiz de domínio. Use este apêndice para lhe ajudar a ler comandos pouco conhecidos em um arquivo de configuração de exemplo. Use o Capítulo 4 para lhe ajudar a criar seu próprio arquivo de configuração.

A sintaxe dos comandos de configuração do BIND é descrita com estas convenções:

negrito	Indica que algo deve ser digitado como mostrado.
Itálico	Indica que você fornece seu próprio valor para o campo especificado.
Colchetes [ ]	Indica que o item é opcional.
Barra vertical |	Indica que você escolhe uma palavra-chave ou outra.

> **NOTA** A fonte para muita destas informações é a documentação on-line no site da web www.isc.org. Visite este site da web para as últimas informações.

504 | *Linux: servidores de rede*

Comandos do *named.conf*

O arquivo named.conf é usado para configurar o daemon de servidor de nomes do BIND. O arquivo define o ambiente operacional named, e aponta as fontes de informações de banco de dados DNS. Para BIND 8, o arquivo é composto de oito declarações de configuração básicas: acl, options, logging, zone, server, key, trusted-key e controls. BIND 9 usa as mesmas oito declarações e acrescenta uma nona — a declaração view. Além destes comandos de configuração, uma declaração include pode ser usada com BIND 8 e BIND 9. include faz com que um arquivo externo seja carregado no arquivo named.conf. O arquivo externo pode conter qualquer ou todas as declarações de configuração básicas.

A declaração *options*

A declaração options define opções globais que afetam a operação do BIND e o protocolo DNS. A sintaxe do comando options para BIND 8 é mostrada na Listagem B.1:

Listagem B.1 - A sintaxe da declaração *options* de BIND 8.

```
options {
[  version string; ]
[  directory pathname; ]
[  named-xfer pathname; ]
[  dump-file pathname; ]
[  memstatistics-file pathname; ]
[  pid-file pathname; ]
[  statistics-file pathname; ]
[  auth-nxdomain yes|no; ]
[  deallocate-on-exit yes|no; ]
[  dialup yes|no; ]
[  fake-iquery yes|no; ]
[  fetch-glue yes|no; ]
[  has-old yes|no; ]
[  host-statistics yes|no; ]
[  multiple-cnames yes|no; ]
[  notify yes|no; ]
[  recursion yes|no; ]
[  rfc2308-type1 yes|no; ]
[  use-id-pool yes|no; ]
[  treat-cr-as-space yes|no; ]
[  also-notify { address-list; }; ]
[  forward only|first; ]
[  forwarders { address-list; }; ]
[  check-names master|slave|response warn|fail|ignore; ]
[  allow-query { address_match_list }; ]
[  allow-transfer { address_match_list }; ]
[  allow-recursion { address_match_list }; ]
[  blackhole { address_match_list }; ]
[  listen-on [ port ip_port ] { address_match_list }; ]
[  query-source {address ip_addr |*] [port ip_port|*] ; ]
[  lame-ttl number; ]
[  max-transfer-time-in number; ]
[  max-ncache-ttl number; ]
[  min-roots number; ]
```

```
[ serial-queries  number;  ]
[ transfer-format  one-answer|many-answers;  ]
[ transfers-in  number;  ]
[ transfers-out  number;  ]
[ transfers-per-ns  number;  ]
[ transfer-source  ip_addr;  ]
[ maintain-ixfr-base  yes|no;  ]
[ max-ixfr-log-size  number;  ]
[ coresize  size;  ]
[ datasize  size;  ]
[ files  size;  ]
[ stacksize  size;  ]
[ cleaning-interval  number;  ]
[ heartbeat-interval  number;  ]
[ interface-interval  number;  ]
[ statistics-interval  number;  ]
[ topology  {  address_match_list  };  ]
[ sortlist  {  address_match_list  };  ]
[ rrset-order  {  order_spec  ;  [  order_spec  ;  ... ]  ]  };
};
```

Os significados de alguns dos valores usados com as opções são bastante óbvios. *pathname* é um caminho de arquivo, que é relativo ao valor fornecido para a opção directory ou um caminho absoluto da raiz. *ip_port* é um número de porta IP; *number* é apenas isso, um número; e *size* é o tamanho de um arquivo em bytes, que pode ser abreviado com K para kilobyte ou M para megabyte (por exemplo, 5M são 5 milhões de bytes). Valores booleanos são yes ou no, e valores de palavra-chave são as palavras-chave mostradas na Listagem B.1 (por exemplo, one-answer é um valor de palavra-chave que deve ser digitado como mostrado na sintaxe).

Várias opções aceitam endereços IP como argumentos. *ip_addr* é um único endereço IP. Um *address-list* é uma lista de endereços IP, separados por ponto-e-vírgula. Um endereço em um *address_match_list* pode incluir um prefixo de máscara de endereço opcional. Por exemplo, 172.16.0.0/16 combina todos os endereços nos quais os primeiros 16 bits são 172.16. Um ponto de exclamação (!) antes de um endereço significa "não combinar" o valor. Então, colocar um ponto de exclamação em frente a nosso endereço de exemplo indicaria combinar tudo, menos endereços nos quais os primeiros 16 bits sejam 172.16. Um *address_match_list* também pode incluir palavras-chave especiais:

any (qualquer) - Combina todo endereço possível.

none (nenhum) - Combina nenhum endereço.

localhost - Combina todo endereço atribuído ao host local.

localnet - Combina todo endereço onde a porção de rede do endereço seja igual à porção de rede de qualquer endereço atribuído ao host local.

O valor *order_spec* tem uma sintaxe especial por si mesmo. Um *order_spec* é uma regra que define como ordenar registros de recurso quando múltiplos registros são enviados em resposta a uma única consulta. A estrutura de um *order_spec* é

```
[ class  class  ]  [ type  type  ]  [ name  "domain"  ]  order  order
```

506 | Linux: servidores de rede

onde *class, type* e *domain* são os valores encontrados nos campos classe, tipo e nome dos registros de recurso a serem ordenados, e *order* é um de três possíveis valores:

fixed (fixado) - A ordem na qual os registros são definidos no arquivo de zona é mantida.

random (aleatório) - Registros de recurso são embaralhados em uma ordem aleatória.

cyclic (cíclico) - Os registros de recurso são rotacionados em uma ordem padrão cíclica fixa

Cada opção de configuração disponível para BIND 8 é descrita na Tabela B.1.

Tabela B.1 – Opções de configuração de BIND 8.

Opção	Significado
Version	A string devolvida quando o servidor é consultado por sua versão.
Directory	O caminho do diretório de trabalho do qual o servidor lê e grava arquivos.
named-xfer	O caminho para o programa named-xfer.
dump-file	O arquivo onde o banco de dados é descarregdo se o named recebe um sinal SIGINT. O default é named_dump.db.
memstatistics-file	O arquivo onde são gravadas as estatísticas de uso de memória se deallocate-on-exit estiver ajustada. O default é named.memstats.
pid-file	O arquivo onde o ID de processo é armazenado.
statistics-file	O arquivo onde são gravadas as estatísticas quando o named recebe um sinal SIGILL. O default é named.stats.
auth-nxdomain	yes faz com que o servidor responda como um servidor que tem autoriadade. O default é yes.
deallocate-on-exit	yes é usado para detectar falhas de memória. O default é no.
dialup	yes otimiza o servidor para uma operação de rede discada. O default é no.
fake-iquery	yes faz com que o servidor responda a consultas inversas com uma falsa resposta, ao invés de um erro. O default é no.
fetch-glue	yes faz com que o servidor busque todos os *glue records* para uma resposta. O default é yes.
has-old-clients	yes ajusta auth-nxdomain e maintain-ixfr-base para yes e rfc2308-type1 para no para compatibilidade com sistemas antigos.
host-statistics	yes faz com que o servidor mantenha as estatísticas em todo host. O default é no.
multiple-cnames	yes permite múltiplos registros CNAME para um nome de domínio. O default é no.
notify	yes, o default, faz com que o servidor envie mensagens DNS NOTIFY quando uma zona é atualizada.

Apêndice B – Referência BIND | **507**

Tabela B.1 – Opções de configuração de BIND 8. (continuação)

Opção	Significado
recursion	yes, o default, faz com que o servidor busque recursivamente respostas a consultas.
rfc2308-type1	yes devolve registros NS com o registro SOA para cache negativo. no, o default, devolve só o registro SOA para compatibilidade com servidores antigos.
use-id-pool	yes rastreia IDs de consulta pendente para aumentar a falta de aleatoriedade. no é o default.
treat-cr-as-space	yes trata os retornos de carro como espaços ao carregar um arquivo de zona. no é o default.
also-notify	Identifica servidores de nome não oficiais para os quais o servidor deve enviar mensagens DNS NOTIFY.
forward	first faz com que o servidor consulte primeiro os servidores listados na opção forwarders e então procura a reposta ele próprio. only faz com que o servidor examine somente os servidores listados na opção forwarders.
forwarders	Lista os endereços IP dos servidores para os quais são remetidas as consultas. O default é não usar encaminhamento.
check-names	Verifica os hostnames para conformidade com as especificações da RFC. Você pode selecionar para verificar nomes quando o servidor mestre carregar a zona (master), quando o escravo transferir a zona (slave), ou quando uma resposta for processada (response). Se um erro for detectado, você pode escolher ignorá-lo (ignore), enviar um aviso ao administrador sobre isto (warn), ou rejeitar o nome ruim (fail).
allow-query	As consultas só são aceitas de hosts na lista de endereço. O default é aceitar consultas de todos os hosts.
allow-transfer	Somente hosts na lista de endereço estão autorizados a receber transferências de zona. O default é permitir transferências para todos os hosts.
allow-recursion	Somente os hosts listados estão autorizado a fazer consultas recursivas através este servidor. O default é fazer consultas recursivas para todos os hosts.
blackhole	Lista hosts dos quais este servidor não aceitará consultas.
listen-on	Define as interfaces e portas nas quais o servidor fornece serviço de nome. Por default, o servidor escuta a porta padrão (53) em todas as interfaces instaladas.
query-source	Define o endereço e porta usada para consultar outros servidores.
lame-ttl	Ajusta a quantidade de tempo que uma indicação de um lame-server é mantida em cache. O default é 10 minutos.
max-transfer-time-in	Ajusta a quantidade máxima de tempo que o servidor espera por uma transferência que chega, completar. O default é duas horas.

508 | *Linux: servidores de rede*

Tabela B.1 – Opções de configuração de BIND 8. (continuação)

Opção	Significado
max-ncache-ttl	Ajusta a quantidade de tempo que este servidor mantém em cache as respostas negativas. O default é três horas, e o valor máximo aceitável é de sete dias.
min-roots	Ajusta o número mínimo de servidores raiz que devem estar acessíveis para consultas que envolvem servidores raiz, serem aceitas. O default é 2.
serial-queries	Ajusta o número de consultas SOA pendentes que um servidor escravo pode ter de uma vez. O default é 4.
transfer-format	one-answer transfere um registro de recurso por mensagem. many-answers transfere tantos registros de recurso quanto possível em cada mensagem. Para compatibilidade com sistemas mais antigos, o default é one-answer.
transfers-in	Ajusta o número máximo de transferências de zona que chegam simultaneamente . O valor default é 10.
transfers-out	Limita o número de transferências de zona que saem simultaneamente.
transfers-per-ns	Limita o número de transferências de zona que chegam simultaneamente de qualquer servidor de nomes. O valor default é 2.
transfer-source	Especifica a interface de rede que este servidor usa para transferir zonas de mestres remotos.
maintain-ixfr-base	yes registra transferências de zona incrementais. no é o default.
max-ixfr-log-size	Ajusta o tamanho máximo do arquivo de registro de transferência de zona incremental.
coresize	Ajusta o tamanho máximo de um arquivo de depósito central.
datasize	Limita a quantidade de memória de dados que o servidor pode usar.
files	Limita o número de arquivos que o servidor pode ter aberto simultaneamente. O default é ilimitado.
stacksize	Limita a quantidade da pilha de memória, que o servidor pode usar.
cleaning-interval	Ajusta o intervalo de tempo para que o servidor remova os registros de recurso expirados. O default é 60 minutos.
heartbeat-interval	Ajusta o intervalo de tempo usado para manutenção de zona quando a opção de discagem for ajustada para yes. 60 minutos é o default.
interface-interval	Ajusta o intervalo de tempo que o servidor varre a lista de interfaces de rede procurando por interfaces novas ou interfaces que foram removidas. O default é 60 minutos.
statistics-interval	Ajusta o intervalo de tempo que o servidor registra estatísticas. O default é a cada 60 minutos.
topology	Força o servidor a preferir certos servidores de nomes remotos sobre os outros. Normalmente, o servidor prefere o servidor de nomes remoto que está topologicamente mais próximo de si mesmo.

Apêndice B – Referência BIND | **509**

Tabela B.1 – Opções de configuração de BIND 8. (continuação)

Opção	Significado
Sortlist	Define um algoritmo de classificação aplicado aos registros de recurso antes de os enviar ao cliente.
rrset-order	Especifica a ordenação usada quando múltiplos registros são devolvidos para uma única consulta.

Há muitas semelhanças entre as declarações options de BIND 8 e BIND 9. Muitas opções de BIND 9 são iguais às usadas em BIND 8, e executam exatamente as mesmas funções. Mas há diferenças. Várias opções de BIND 8 não são usadas com BIND 9. A lista de opções, contudo, não é curta, porque algumas opções novas foram adicionadas. A sintaxe de BIND 9 do comando options é mostrada na Listagem B.2:

Listagem B.2 - A sintaxe de declaração *options* de BIND 9.

```
options  {
[  version  string;  ]
[  directory  pathname;  ]
[  additional-from-auth  yes|no;  ]
[  additional-from-cache  yes|no;  ]
[  dump-file  pathname;  ]
[  pid-file  pathname;  ]
[  statistics-file  pathname;  ]
[  auth-nxdomain  yes|no;  ]
[  dialup  yes|no;  ]
[  notify  yes|no|explicit;  ]
[  notify-source  [ip_addr|*]  [port  ip_port]  ;  ]
[  notify-source-v6  [ip_addr|*]  [port  ip_port]  ;  ]
[  recursion  yes|no;  ]
[  recursive-clients  number;  ]
[  tcp-clients  number;  ]
[  also-notify  {  address-list;  };  ]
[  forward  only|first;  ]
[  forwarders  {  address-list;  };  ]
[  allow-notify  {  address_match_list  };  ]
[  allow-query  {  address_match_list  };  ]
[  allow-transfer  {  address_match_list  };  ]
[  allow-recursion  {  address_match_list  };  ]
[  blackhole  {  address_match_list  };  ]
[  listen-on  [  port  ip_port  ]  {  address_match_list  };  ]
[  listen-on-v6  [port  ip_port  ]  {  address_match_list  };  ]
[  port  ip_port;  ]
[  query-source  [address  ip_addr|*]  [port  ip_port|*]  ;  ]
[  query-source-v6  [address  ip6_addr|*]  [port  ip_port|*]  ;  ]
[  lame-ttl  number;  ]
[  max-transfer-time-in  number;  ]
[  max-transfer-time-out  number;  ]
[  max-tranfer-idle-in  number;  ]
[  max-transfer-idle-out  number;  ]
[max-refresh-time  number;  ]
[  max-retry-time  number;  ]
```

510 | Linux: servidores de rede

```
[   max-cache-ttl   number;   ]
[   max-ncache-ttl   number;   ]
[   min-refresh-time   number;   ]
[   min-retry-time   number;   ]
[   transfer-format   one-answer|many-answers;   ]
[   transfers-in   number;   ]
[   transfers-out   number;   ]
[   transfers-per-ns   number;   ]
[   transfer-source   ip_addr|*   [port   ip_port|*]   ;]
[   transfer-source-v6   ip6_addr|*   [port   ip_port|*   ]   ;]
[   coresize   size;   ]
[   datasize   size;   ]
[   files   size;   ]
[   stacksize   size;   ]
[   cleaning-interval   number;   ]
[   heartbeat-interval   number;   ]
[   interface-interval   number;   ]
[   sortlist   {   address_match_list   };   ]
[   sig-validity-interval   number;   ]
[   tkey-dhkey   key_name   key_tag;   ]
[   tkey-domain   domain;   ]
[   zone-statistics   yes|no;   ]
};
```

Algumas das novas opções, foram adicionadas ao BIND 9 para controlar IPv6, que é uma parte integrante do BIND 9. Estas opções, listen-on-v6, notify-source-v6, query-source-v6 e transfer-source-v6, executam exatamente as mesmas funções que as opções de nomes semelhantes para IPv4, com a exceção de que estas opções executam estas funções para IPv6. A Tabela B.2 mostra as novas opções de BIND 9 que se aplicam a IPv4.

Tabela B.2 – Novas opções do BIND 9.

Opção	Significado
additional-from-auth	yes, o default, usa informações de qualquer zona para a qual o servidor está autorizado a completar a seção de dados adicional de uma resposta.
additional-from-cache	yes, o default, usa informações mantidas em cache para completar a seção de dados adicional de uma resposta.
notify-source	Define o endereço e porta usados para enviar mensagens DNS NOTIFY.
recursive-clients	Define o número máximo de procuras por pendências recursivas que o servidor aceitará. O default é 1000.
tcp-clients	Define o número máximo de conexões de cliente simultâneas. O default é 1000.
allow-notify	Identifica os servidores que estão autorizados a enviar mensagens DNS NOTIFY para os servidores escravos.
port	Define o número de porta usada pelo servidor. O default é 53.

Apêndice B – Referência BIND | 511

Tabela B.2 – Novas opções do BIND 9. (continuação)

Opção	Significado
max-transfer-time-out	Define o tempo máximo permitido para transferências de zona de saída. O default é duas horas.
max-transfer-idle-in	Define o tempo inativo máximo permitido para uma transferência de zona de chegada. O default é 1 hora.
max-transfer-idle-out	Define o tempo inativo máximo permitido para uma transferência de zona de saída. O default é uma hora.
max-refresh-time	Ajusta o tempo máximo de atualização permitido quando este servidor agir como um escravo. Este valor anula o tempo de atualização ajustado no registro SOA do servidor mestre.
max-retry-time	Ajusta o tempo máximo de nova tentativa permitido quando este servidor agir como um escravo. Este valor anula o tempo de nova tentativa ajustado no registro SOA do servidor mestre.
max-cache-ttl	Ajusta a quantidade máxima de tempo que este servidor irá manter dados em cache. Este valor anula os valores TTL definidos na zona da qual o dados foram recuperados.
min-refresh-time	Ajusta o tempo de atualização mínimo permitido quando este servidor agir como um escravo. Este valor anula o tempo de atualização ajustado no registro SOA do servidor mestre.
min-retry-time	Ajusta o tempo mínimo de nova tentativa permitido quando este servidor agir como um escravo. Este valor anula o tempo de nova tentativa ajustado no registro SOA da zona para a qual este servidor age como um escravo.
sig-validity-interval	Define a quantidade de tempo que as assinaturas digitais geradas para atualizações automáticas são consideradas válidas. O default é 30 dias.
tkey-dhkey	Identifica a chave Diffie-Hellman usada pelo servidor para gerar chaves compartilhadas.
tkey-domain	Define o nome de domínio anexado a chaves compartilhadas.
zone-statistics	yes faz com que o servidor colete estatísticas em todas as zonas. O default é no.

As opções mudam o tempo todo. Verifique a documentação que vem com a distribuição de BIND 9 para a mais recente lista de opções.

A declaração *logging*

A declaração logging define as opções de registro para o servidor. A sintaxe do comando logging para BIND 8 é mostrada na Listagem B.3.

512 | Linux: servidores de rede

Listagem B.3 – Sintaxe do comando *logging* de BIND 8.

```
Logging  {
  [ channel  channel_name {
    ( file  pathname
     [ versions  number|unlimited ]
     [ size size ]
    |syslog  (kern|user|mail|daemon|auth|syslog|lpr
         |news|uucp|cron|authpriv|ftp
         |local0|local1|local2|local3
         |local4|local5|local6|local7)
    |null;)

    [ severity  critical|error|warning|notice
         |info|debug  [ level]]|dynamic;  ]
    [ print-category  yes|no;  ]
    [ print-severity  yes|no;  ]
    [ print-time  yes|no;  ]
  }; ]

  [ category  category_name {
    channel_name;  [  channel_name;  ...  ]
  }; ]
  ...
};
```

A declaração logging pode incluir dois tipos diferentes de cláusulas subordinadas: a cláusula channel e a cláusula category. A cláusula channel define como as mensagens de logging são controladas. As mensagens são gravadas em um arquivo (file), enviadas a syslogd (syslog), ou descartado (null). Se um arquivo for usado, você pode especificar quantas versões antigas reter (versions), e o quanto o arquivo de registro está autorizado a crescer (size). Se syslogd for usado, selecione uma facilidade syslogd, como daemon ou authpriv, para registrar as mensagens. Para ambos os tipos de logging, você pode especificar também a severidade das mensagens gravadas no registro (severity), e que o tempo (print-time), a categoria (print-category) e a severidade (print-severity) da mensagem sejam incluídos na entrada de registro.

A cláusula category define a categoria de mensagens enviadas ao canal. Assim, a cláusula category define o que é registrado, e a cláusula channel define onde é registrado. As categorias de logging são listadas na Tabela B.3.

Tabela B.3 – Categorias de logging de BIND 8.

Categoria	Tipo de mensagens registradas
cname	Mensagens de gravação de referências CNAME.
config	Mensagens sobre processamento de arquivo de configuração.
db	Mensagens que registram operações de banco de dados.
default	Vários tipos de mensagens. Este é o default se nada for especificado.

Apêndice B – Referência BIND | 513

Tabela B.3 – Categorias de logging de BIND 8. (continuação)

Categoria	Tipo de mensagens registradas
eventlib	Mensagens que contêm dados de depuração do sistema de evento.
insist	Mensagens que informam falhas de verificação de consistência interna.
lame-servers	Mensagens sobre delegações de lame-server.
load	Mensagens sobre carregamento de zona.
maintenance	Mensagens que informam eventos de manutenção.
ncache	Mensagens sobre negative caching.
notify	Mensagens que mapeiam o protocolo DNS NOTIFY.
os	Mensagens que informam problemas de sistema operacional.
Packet	Mensagens contendo os depósitos de todos os pacotes enviados e recebidos.
panic	Mensagens geradas por uma falha que faz o servidor interromper o serviço.
parser	Mensagens sobre processamento de comandos de configuração.
queries	Mensagens sobre toda consulta de DNS recebida.
response-checks	Mensagens que informam os resultados de verificação de resposta.
security	Mensagens relativas à aplicação de critérios de segurança. Estas são muito significantes se as opções allow-update, allow-query e allow-transfer estiverem em uso.
statistics	Mensagens contendo estatísticas do servidor.
update	Mensagens de interesse de atualizações dinâmicas.
xfer-in	Mensagens que registram chegadas de transferências de zona .
xfer-out	Mensagens que registram saídas de transferências de zona.

A declaração logging do BIND 9 é bem parecida com o comando do BIND 8. Tem as mesmas cláusulas channel e category, embora algumas das opções nestas cláusulas sejam diferentes. A sintaxe de comando logging de BIND 9 é mostrada na Listagem B.4.

Listagem B.4 – Sintaxe de comando *logging* de BIND 9.

```
logging {
  [ channel  channel_name {
    ( file  pathname
      ( versions  number|unlimited  ]
      [ size  size ]
    |syslog  kern|user|mail|daemon|auth|syslog|lpr
        |news|uucp|cron|authpriv|ftp
        |local0|local1|local2|local3
        |local4|local5|local6|local7
    |stderr
    |null;
```

514 | *Linux: servidores de rede*

```
   [  severity  critical|error|warning|notice
         |info|debug  [  level]  |dynamic;  ]
   [ print-category  yes|no;  ]
   [ print-severity  yes|no;  ]
   [ print-time  yes|no;  ]
   }; ]

   [ category  category_name  {
     channel_name;  [  channel_name;  ...  ]
     }; ]
   ...
};
```

A cláusula channel é a mesma que em BIND 8, com apenas o acréscimo de stderr como um possível destino para mensagens. A cláusula category parece a mesma, mas as categorias mudaram. Uma dúzia de categorias mostradas na Tabela B.3 já não são suportadas: cname, eventlib, insist, load, maintenance, ncache, os, packet, panic, parser, response-check e statistics. Dez das categorias listadas na Tabela B.3 permanecem: config, db, default, lame-server, notify, queries, security, update, xfer-in e xfer-out, embora uma categoria tenha sido renomeada de db para database. Seis novas categorias foram adicionadas a BIND 9:

general Uma grande variedade de mensagens.

resolver Mensagens que se relacionam a resolução de DNS.

client Mensagens de interesse de processos de pedidos de cliente.

network Mensagens que se relacionam a operações de rede.

dispatch Mensagens que rastreiam pacotes enviados a vários módulos do servidor.

dnssec Mensagens que rastreiam o processo dos protocolos DNSSEC e TSIG.

A maioria dos servidores usa a configuração de logging default, que registra as mensagens por syslogd usando a categoria default. Para saber mais sobre configurações de registro personalizadas, veja *Linux DNS Server Administration*, de Craig Hunt, que também faz parte da Biblioteca Linux de Craig Hunt.

A declaração *zone*

A declaração zone identifica a zona sendo servida, e define a fonte de informação de banco de dados do domínio. Há quatro variantes da declaração zone: uma para o servidor mestre, uma para os servidores escravos, uma para o arquivo de referência e uma especial para encaminhamento. A sintaxe de cada variante usada em sistemas BIND 8 é mostrada na Listagem B.5.

Listagem B.5 – Sintaxe de declaração *zone* de BIND 8.

```
zone  domain_name  [  in|hs|hesiod|chaos  ]  {
type  master;
file  pathname;
      [  forward  only|first;  ]
      [  forwarders  {  address-list;  };  ]
      [  check-names  warn|fail|ignore;  ]
      [  allow-update  {  address_match_list  };  ]
```

```
         [ allow-query  {  address_match_list  };  ]
         [ allow-transfer  {  address_match_list  };  ]
         [ notify yes|no;  ]
         [ also-notify  {  address-list  };
         [ dialup yes|no;  ]
         [ilxfr-base  pathname;  ]
         ( pubkey  flags protocol  algorithm  key;  ]
};
zone  domain_name  [.  In|hs|hesiod|chaos  ]  {
         type  slave|stub;
         [ file pathname;  ]
         [ ixfr-base  pathname;  ]
         masters  {  address-list  };
         [ forward  only|first;  ]
         [ forwarders  {  address-list;  };  ]
         [ check-names  warn|fail|ignore;  ]
         [ allow-update  {  address_match_list  };  ]
         [ allow-query  {  address_match_list  };  ]
         [ allow-transfer  {  address_match_list  };  ]
         [ transfer-source  ip_addr;  ]
         [ max-transfer-time-in  number;  ]
         [ notify yes|no;  ]
         [ also-notify  {  address-list  };
         [ dialup yes|no;  ]
         [ pubkey  flags protocol  algorithm  key;  ]
};

zone  "."  [ in|hs|hesiod|chaos  ]  {
         type  hint;
         file  pathname;
         [ check-names  warn|fail|ignore;  ]
};

zone  domain_name  (in|hs|hesiod|chaos]  {
         type  forward;
         [ forward  only|first;  ]
         [ forwarders  {  address-list;  };  ]
         [ check-names  warn|fail|ignore;  ]
};
```

A declaração zone começa com a palavra-chave zone seguida pelo nome do domínio. Para o cache raiz, o nome de domínio é sempre ".". O nome de domínio é então seguido pela classe de dados. Isto é sempre in para serviço DNS de Internet, que é o default se nenhum valor for fornecido.

A opção type define se este é um servidor mestre, um servidor escravo ou o hints file para o cache raiz. Um servidor stub é um servidor escravo que só carrega os registros NS, ao invés do domínio inteiro.

A opção file para um servidor mestre aponta para o arquivo fonte do qual a zona é carregada. Para o servidor escravo, ela aponta para o arquivo para o qual a zona é gravada. Na declaração de cache raiz, a opção file aponta para o arquivo de referência para inicializar o cache.

516 | Linux: servidores de rede

forward, forwarders, check-names, allow-query, allow-transfer, transfer-source, mas-transfer-time-in, dialup, notify e also-notify foram cobertos na seção sobre a declaração options. Com exceção ao escopo das opções, elas funcionam da mesma maneira aqui. Quando especificado em uma declaração zone, estas opções só se aplicam à zona específica. Quando especificado na declaração options, elas se aplicam a todas as zonas. As configurações específicas para uma zona anulam as configurações globais da declaração options.

Há algumas opções que ainda não foram discutidas:

allow-update - Identifica os hosts que estão autorizados a atualizar dinamicamente a zona. Por default, nenhum sistema remoto está autorizado a modificar a zona.

ixfr-base - Define o caminho ao arquivo onde as transferências de arquivo de zona incremental são armazenadas. Se você usar transferências de arquivo de zona incremental, atualize para BIND 9, para uma implementação mais estável.

pubkey - Define a chave de criptografia pública de DNSSEC para a zona, quando não houver nenhum mecanismo de confiança para distribuir chaves públicas sobre a rede. pubkey define as sinalizações, protocolo e algoritmo de DNSSEC, bem como uma versão codificada base-64 da chave. O servidor remoto que estará acessando este domínio por DNSSEC define as mesmas configurações usando o comando trusted-key, descrito antes neste apêndice. Se você tiver que usar criptografia para DNS, não use BIND 8; atualize para BIND 9.

BIND 9 usa as mesmas quatro variações do comando zone que BIND 8. A diferença entre as duas versões de BIND é que BIND 8 e BIND 9 usam opções diferentes. A sintaxe de BIND 9 das quatro variantes da declaração zone é mostrada na Listagem B.6.

Listagem B.6 – Sintaxe da declaração *zone* de BIND 9.

```
zone  domain_name  [  in|hs|hesiod|chaos  ]  {
      type  master;
      file  pathname;
      [  forward  only|first;  ]
      [  forwarders  {  address-list;  };  ]
      [  allow-update  {  address_match_list  };  ]
      [  allow-update-forwarding  {  address_match_list  };  ]
      [  allow-query  {  address_match_list  };  ]
      [  allow-transfer  {  address_match_list  };  ]
      [  allow-notify  {  address_match_list  };  ]
      [  dialup  yes|no;  ]
      [  notify  yes|no|notify-passive|refresh|passive;  ]
      [  also-notify  {  address-list  };  ]
      [  database  string;  [...]  ]
      [  update-policy  {  policy  };  ]
      [  sig-validity-interval  number;  ]
      [  max-refresh-time  number;  ]
      [  max-retry-time  number;  ]
      [  max-transfer-idle-out  number;  ]
      [  max-transfer-time-out  number;  ]
      [  min-refresh-time  number;  ]
      [  min-retry-time  number;  ]
};
```

```
zone  domain_name  [  in|hs|hesiod|chaos  ]  {
      type  slave|stub;
      [ file  pathname;  ]
      [ ixfr-base  pathname;  ]
      masters  [port  ip_port]  {  address-list  };
      [ forward  only|first;  ]
      [ forwarders  {  address-list;  };  ]
      [ check-names  warn|fail|ignore;  ]
      [ allow-update  {  address_match_list  };  ]
      [ allow-update-forwarding  {  address_match_list  };  ]
      [ allow-query  {  address_match_list  };  ]
      [ allow-transfer  {  address_match list  };  ]
      [ transfer-source  ip_addr;  ]
      [ dialup  yes|no|notify-passive|refresh|passive;  ]
      [ max-transfer-time-in  number;  ]
      [ notify  yes|no;  ]
      [ also-notify  {  address-list  };  ]
      [ max-refresh-time  number;  ]
      [ max-retry-time  number;  ]
      [ max-transfer-idle-in  number;  ]
      [ max-transfer-idle-out  number;  ]
      [ max-transfer-time-in  number;  ]
      [ max-transfer-time-out  number;  ]
      [ min-refresh-time  number;  ]
      [ min-retry-time  number;  ]
      [ transfer-source  ip_addr|*  [port  ip_port|*];  ]
      [ transfer-source-v6  ip6_addr|*  [port  ip_port|*];  ]
};

zone  "."  [  in|hs|hesiod|chaos  ]  {
      type  hint;
      file  pathname;
};

zone  domain_name  [in|hs|hesiod|chaos]  {
      type  forward;
      [ forward  only|first;  ]
      [ forwarders  {  address-list;  };  ]
};
```

A maioria das opções mostradas na sintaxe do BIND 9 foi explicada na discussão da declaração options do BIND 9. As duas opções que são únicas para a declaração zone do BIND 9 são

> **allow-update-forwarding -** Identifica os sistemas que estão autorizados a submeter atualizações de zona dinâmica a um escravo, que então será encaminhado ao mestre.

> **database -** Especifica o tipo de banco de dados usado para armazenar dados de zona. O default é rbt, que é o único tipo de banco de dados suportado pelo executável BIND 9 padrão.

A declaração *server*

A declaração server define as características de um servidor remoto. A Listagem B.7 é a sintaxe da declaração Server do BIND 8.

Listagem B.7 - A sintaxe da declaração *server* do BIND 8.

```
server address {
[ bogus yes|no; ]
[ support-ixfr yes|no; ]
[ transfers number; ]
[ transfer-format  one-answer|many-answers;  ]
[ keys { key_id [key_id ... ] }; ]
};
```

transfers e transfer-format foram cobertas na seção na declaração options. Aqui, elas se aplicam só a este servidor remoto. Isto é particularmente útil para o comando transfer-format. Você pode ajustar isto globalmente, para maior eficiência, no formato many-answers na declaração options e então usar declarações server individuais para voltar à configuração de one-answer, mais compatível com servidores que não podem manipular o formato mais novo.

As outras opções incluídas na declaração server são

> **bogus** - yes impede o servidor local de enviar consultas a este servidor. O default é no, o que permite consultas para o servidor remoto.

> **support-ixfr** - yes habilita transferência de arquivo de zona incremental com o servidor remoto. no, o default, incapacita transferências de arquivo de zona incremental. Atualize para BIND 9 se você precisar de transferências de arquivo de zona incremental.

> **keys** - Especifica a chave usada pelo host remoto para criptografia. Isto não está implementado em todas as versões de BIND 8. Use BIND 9 se você precisar de autenticação forte.

A sintaxe da declaração server de BIND 9 varia ligeiramente do comando de BIND 8. Isto é mostrado na Listagem B.8.

Listagem B.8 - A sintaxe da declaração server de BIND 9.

```
server address {
       [ bogus yes|no; ]
       [ provide-ixfr yes|no; ]
       [ request-ixfr yes|no; ]
       [ transfers number; ]
       [ transfer-format  one-answer|many-answers;  ]
       [ keys { key_id [key_id ... ] }; ]
};
```

Todos os campos são iguais a BIND 8, exceto support-ixfr que foi substituído por duas opções:

provide-ixfr - Indica que o servidor local fornecerá transferências de zona incrementais ao servidor remoto.

request-ixfr - Indica que o servidor local pedirá transferências de zona incrementais do servidor remoto.

A declaração *key*

A declaração key atribui um nome interno, chamado de um key-id, para um par de algoritmo/chave usado para autenticação forte. A sintaxe da declaração key é a mesma para BIND 8 e BIND 9. A Listagem B.9 mostra a sintaxe.

Listagem B.9 - A sintaxe da declaração key.

```
key  key_id {
     algorithm   algorithm_id;
     secret   secret_key;
};
```

key_id - O nome atribuído ao par de algoritmo/chave.

algorithm_id - O algoritmo de autenticação usado. Até este livro ser escrito, o único valor aceitável para BIND 8 e BIND 9 era hmac-md5.

secret_key - Uma chave codificada base-64 usada pelo algoritmo. Use a utilidade dnskeygen para gerar a *secret_key*.

A declaração *acl*

O comando acl atribui um nome a uma lista de controle de acesso, de forma que isto pode estar referenciado em outro lugar na configuração. A sintaxe do comando acl para BIND 8 e BIND 9 é mostrada na Listagem B.10.

Listagem B.10 - A sintaxe da declaração acl.

```
acl name {
access_list
};
```

name - *Um nome interno para a lista. Há quatro nomes predefinidos:*

any - Combina todo endereço possível.

none - Combina nenhum endereço.

localhost - Combina todo endereço atribuído ao host local.

localnet - Combina todo endereço onde a porção de rede é igual à porção de rede de qualquer endereço atribuído ao host local.

520 | Linux: servidores de rede

access_list - Uma lista de endereços IP escrita em notação decimal com um prefixo de máscara de endereço opcional. Um ponto de exclamação (!) antes de um endereço significa "não combine" o valor. Uma *access_list* também pode conter o nome de uma lista de controle de acesso previamente definida, inclusive os quatro nomes predefinidos.

A declaração *trusted-keys*

A declaração trusted-keys define manualmente a chave pública para um domínio remoto quando esta chave não puder ser obtida com segurança da rede. A Listagem B.11 mostra a sintaxe de BIND 8 e BIND 9 para a declaração trusted-keys.

Listagem 8.11 - A sintaxe da declaração trusted-keys.

```
trusted-keys {
     domain_name  flags  protocol  algorithm  key;  [...]
};
```

domain_name - O nome do domínio remoto.

flags, protocol e algorithm - Atributos do método de autenticação usado pelo domínio remoto. Estes valores são fornecidos pelo administrador do domínio remoto. Elas são o campo sinalizações, protocolo e algoritmo do registro de recurso KEY do domínio remoto, que, é gerado no servidor remoto usando a utilidade dnskeygen.

key - Uma string codificada na base-64 representando a chave pública do domínio remoto. Esta chave é obtida do administrador do domínio remoto, que a gera usando o utilitário dnskeygen.

Para aprender mais sobre como chaves públicas e privadas são usadas com DNS, e aprender mais sobre o utilitário dnskeygen, veja *Linux DNS Server Administration* de Craig Hunt, Sybex, 2001.

A declaração *controls*

A declaração controls do BIND 8 define os canais de controle usados por ndc. O ndc pode usar um socket Unix ou um socket de rede como um canal de controle. A declaração controls define estes sockets. A declaração controls do BIND 8 é mostrada na Listagem B.12.

Listagem B.12 – A sintaxe da declaração *controls* do BIND 8.

```
controls {
     [ inet  ip_addr
     port  ip_port
     allow {  address_match_list;  };  ]
     [ unix  pathname
     perm  file_permissions
     owner  uid
     group  gid;  ]
};
```

Apêndice B – Referência BIND | **521**

As primeiras três opções (inet, port e allow) definem o endereço IP e o número de porta de um socket de rede e a lista de controle de acesso destes sistemas autorizados a controlar o named por este canal. Devido ao BIND 8 ter autenticação fraca, criar um canal de controle que seja acessível da rede é uma coisa arriscada a fazer. Quem ganhar acesso a este canal tem controle sobre o processo do servidor de nomes.

As últimas quatro opções (unix, perm, owner e group) definem o socket de controle Unix. O socket Unix aparece como um arquivo no sistema de arquivos. É identificado por um nome de caminho de arquivo normal (por exemplo, /var/run/ndc). Como qualquer arquivo, o socket Unix é atribuído ao id de usuário (*uid*) de seu proprietário e um id de grupo válido (*gid*). É protegido por permissões de arquivo padrão. Só valores *uid*, *gid* e *file_permissions* numéricos são aceitáveis. O valor de *file_permissions* tem que começar com um 0. Por exemplo, para ajustar leitura e gravação de proprietário, leitura de grupo e nenhuma permissão para mundo, o valor numérico seria 0640.

A maioria das configurações do BIND 8 não contém uma declaração controls, porque a configuração default não precisa ser mudada.O ndc não pode ser usado seguramente sobre uma rede, então as opções inet, port e allow não são usadas para configurar um socket de rede. O ndc funciona localmente no servidor sem qualquer modificação para o socket UNIX. Para BIND 8, a configuração default é tudo o que é requerido.

A declaração controls do BIND 9 define os canais de controle usados por rndc.O rndc executa as mesmas funções que o programa ndc mais antigo, mas pode ser usado com confiançasobre uma rede. A declaração controls de BIND 9 é mostrada na Listagem B.13.

Listagem B.13 – Sintaxe da declaração *controls* de BIND 9.

```
controls  {
      [  inet  ip_addr|*
      port  ip_port
      allow  address_match_list;
      keys  key_list;  ]
};
```

As opções inet, port e allow executam as mesmas funções definindo um socket de rede para BIND 9 como fizeram para BIND 8, exceto que agora elas são verdadeiramente úteis, porque rndc pode executar com confiança sobre um socket de rede. Para estas opções, BIND 9 adiciona uma opção keys, que define as chaves criptográficas usadas para fornecer autenticação forte para os clientes e servidor rndc.

Em BIND 9, a declaração controls sempre define um socket de rede. Ela não fornece opções para definir um socket Unix. O socket de rede sempre é usado, mesmo quando rndc é executado localmente do console do servidor de nomes. Veja o Capítulo 4 para um exemplo da declaração controls que é exigida para executar rndc localmente no servidor.

522 | *Linux: servidores de rede*

Declaração *view* do BIND 9

A declaração view permite que a mesma zona seja vista diferentemente por clientes diferentes. Isto torna possível fornecer uma visão interna a clientes dentro de uma empresa, e uma visão externa mais limitada para clientes no mundo externo. A sintaxe do comando view é mostrada na Listagem B.14.

Listagem B.14 - A sintaxe da declaração view.

```
view  view-name {
      match-clients  {  address_match_list  };
      [ view-option;  ... ]
      [ zone-statement;  ... ]
};
```

view-name - Um nome arbitrário usado dentro da configuração para identificar esta exibição. Para prevenir conflitos com palavras-chave, *view-name* deve estar entre aspas, por exemplo, "internal".

match-clients - Define a lista de clientes que acessarão a zona para esta exibição.

view-option -Qualquer opção do BIND 9 padrão. Qualquer opção definida dentro da declaração view só se aplica à esta exibição. Isto permite que opções diferentes sejam aplicadas para a mesma zona, dependendo de qual visão da zona está sendo usada.

zone-statement - Uma declaração zone de BIND 9 padrão. Uma declaração zone completa é embutida dentro da declaração view para definir a zona acessada por esta exibição.

A declaração view só está disponível em BIND 9. BIND 8 não suporta exibições.

C

As macros *m4* para *sendmail*

Este apêndice é um guia de referência rápido às macros m4 que você pode usar para construir um arquivo de configuração do sendmail. (Veja o Capítulo 5, "Configurando um servidor de correio", para um tutorial sobre como as macros m4 são usadas.) Este apêndice descreve a sintaxe e o funcionamento das macros; a informação é precisa até a data da publicação. Para a descrição mais atual e precisa destas macros, veja a documentação que vem com a distribuição do sendmail e o arquivo README no diretório sendmail/cf.

> **NOTA** Em sistemas Red Hat, o diretório sendmail/cf é o diretório /usr/share/sendmail-cf. Para ser uma "distribuição neutra", este apêndice se refere ao diretório como sendmail/cf, mas a localização atual do diretório varia, dependendo da distribuição de Linux.

A Tabela C.1 lista as macros m4 de sendmail, bem como os poucos comandos m4 embutidos que geralmente aparecem nas configurações do sendmail. Nesta tabela, e por convenção, são mostrados os comandos que fazem parte da linguagem de m4 em minúscula, e macros especificamente desenvolvidas para sendmail são mostradas em maiúscula.

524 | *Linux: servidores de rede*

Tabela C.1 - As macros m4 do sendmail.

Comando	Uso
CANONIFY_DOMAIN	Lista domínios que devem ser convertidos ao formato de nome canônico, mesmo se a característica nocanonify for selecionada.
CANONIFY_DOMAIN_FILE	Identifica um arquivo que lista domínios que devem ser convertidos ao formato de nome canônico, mesmo se a característica nocanonify for selecionada.
DAEMON_OPTIONS	Define opções de tempo de execução para o daemon sendmail.
define	Define um valor para uma variável de configuração.
divert	Direciona a saída do processo m4.
dnl	Apaga todos os caracteres até e inclusive o próximo caractere de nova linha.
DOMAIN	Seleciona um arquivo que contém atributos para seu domínio específico.
EXPOSED_USER	Lista nomes de usuários que devem ser isentos de mascaramento.
FEATURE	Identifica uma característica opcional do sendmail para ser incluída na configuração.
GENERICS_DOMAIN	Define domínios completamente qualificados que devem ser convertidos pelo banco de dados genericstable.
GENERICS_DOMAIN_FILE	Identifica um arquivo que lista domínios completamente qualificados que devem ser convertidos pelo banco de dados genericstable.
HACKS	Seleciona um arquivo contendo um problema temporário definido localmente.
INPUT_MAIL_FILTER	Define um filtro de correio e as variáveis necessárias para chamar o filtro.
LDAPROUTE_DOMAIN	Define um domínio para o qual o correio deve ser roteado baseado em uma entrada de diretório LDAP.
LDAPROUTE_DOMAIN _FILE	Identifica um arquivo que lista domínios para os quais o correio é roteado baseado em entradas de um diretório LDAP.
LOCAL_CONFIG	Marca o começo de uma seção que contém comandos sendmail.cf do tipo raw
LOCAL_DOMAIN	Define um hostname alias para o servidor de correio.
LOCAL_NET_CONFIG	Marca o começo das regras novas de reescrita que definem como o correio destinado para a rede local é controlado.
LOCAL_RULE_*n*	Marca o começo de uma seção que contém regras novas de reescrita. O *n*, que deve ser 0, 1, 2 ou 3, identifica o conjunto de regras para o qual as regras de reescrita são adicionadas.
LOCAL_RULESETS	Marca o começo de um conjunto de regras a ser acrescentado à configuração.

Apêndice C – As macros m4 para sendmail | 525

Tabela C.1 - As macros m4 do sendmail. (continuação)

Comando	Uso
LOCAL_USER	Lista nomes de usuários que devem ser isentos de retransmitir, mesmo quando o correio local estiver sendo retransmitido.
MAIL_FILTER	Define um filtro de correio.
MAILER	Identifica um conjunto de mailers a ser incluído no arquivo sendmail.cf.
MAILER_DEFINITIONS sendmail.cf.	Marca o começo de uma seção contendo novos comandos de mailer
MASQUERADE_AS	Define o nome de domínio de correio de saída mascarado.
MASQUERADE_DOMAIN	Define um domínio que deve ser mascarado.
MASQUERADE_DOMAIN _FILE	Identifica um arquivo que lista domínios que devem ser mascarados.
MASQUERADE _EXCEPTION	Define um host que não deve ser mascarado.
MODIFY_MAILER_FLAGS	Anula as sinalizações definidas para um mailer.
OSTYPE	Seleciona um arquivo contendo atributos específicos do sistema em operação.
RELAY_DOMAIN	Define um domínio para o qual a correiodeve ser retransmitida.
RELAY_DOMAIN_FILE	Identifica um arquivo que lista domínios para os quais a correiodeve ser retransmitido.
SITE	Identifica um host UUCP localmente conectado.
SITECONFIG	Identifica o arquivo que lista todos os sites UUCP localmente conectados.
TRUST_AUTH_MECH	Define uma lista de mecanismos de autorização confiáveis.
undefine	Limpa o valor ajustado para uma variável de configuração.
UUCPSMTP	Mapeia um hostname UUCP para um hostname Internet.
VERSIONID	Define a informação de controle de versão para a configuração.
VIRTUSER_DOMAIN	Define um domínio virtual que será aceito para processamento pelo virtusertable.
VIRTUSER_DOMAIN_FILE	Identifica o arquivo que lista domínios virtuais que serão aceitos para processamento pelo virtusertable.

Os quatro comandos m4 embutidos, mostrado na Tabela C.1 em caracteres minúsculos, são compostos de dois comandos usados para controlar o fluxo de saída e dois comandos usados para ajustar valores de macro. Os dois comandos que controlam o fluxo de saída são dnl e divert. O comando dnl começa uma linha de comentário inteira ou parcial. O comando divert(-1) marca o começo de um bloco de texto de comentário, e o comando divert(0) marca o fim do bloco de comentários.

526 | *Linux: servidores de rede*

Os dois comandos m4 embutidos que ajustam valores de macro são define e undefine. define ajusta uma variável para um valor, e undefine reajusta isto a seu valor default. Mais parâmetros de configuração podem ser controlados pelo comando define do que por qualquer outro, assim a maior parte deste apêndice é dedicado a definição de variáveis, mais do que a qualquer outra coisa.

Várias macros — quase a metade — fazem essencialmente a mesma coisa que o comando define: elas ajustam uma variável a um valor. MASQUERADE_AS, MASQUERADE_DOMAIN e VIRTUSER_DOMAIN_FILE são todos exemplos de comandos para ajustar variáveis. Todos estes comandos são cobertos depois neste apêndice.

A macro TRUST_AUTH_MECH é um bom exemplo de uma macro que complementa um define. O parâmetro confAUTH_MECHANISMS define os mecanismos de confiança anunciados a outros servidores. A macro TRUST_AUTH_MECH é o inverso disto. Identifica os mecanismos aceitos de outros servidores. A mesma lista de palavras-chave é usada para configurar confAUTH_MECHANISMS e TRUST_AUTH_MECHANISMS.

Os nomes de macro OSTYPE, DOMAIN, FEATURE, MAILER, HACK e SITECONFIG são todos nomes de subdiretórios dentro do diretório sendmail/cf. O valor passado a cada uma destas macros é o nome de um arquivo dentro do diretório especificado. Por exemplo, o comando OSTYPE(linux) informa ao m4 para carregar o arquivo linux.m4 do diretório ostype, e processa o código-fonte do m4 encontrado lá. Os arquivos-fonte do m4 apontados pelo comando OSTYPE, DOMAIN, FEATURE e MAILER são construídos principalmente dos comandos define e FEATURE.

Duas das macros que também são nomes de diretório, SITECONFIG e HACK, raramente são usadas. A macro HACK aponta a um arquivo-fonte do m4 que contém uma correção temporária específica do site, um problema do sendmail. Você cria o arquivo dentro do diretório hack e então usa o comando HACK para adicionar este arquivo à configuração. O uso de hacks é desestimulado e é geralmente desnecessário.

SITECONFIG aponta a um arquivo-fonte que contém macros SITE que definem os sites UUCP conectados ao host local. Você cria o arquivo contendo as macros SITE e então o invoca com o comando SITECONFIG. Estes comandos, junto com UUCPSMTP, estão obsoletos e só são mantidos para compatibilidade com sistemas antigos.

Apesar do fato de comandos mais antigos como SITE, SITECONFIG e UUCPSMTP estarem obsoletos e poderem ser ignorados, há um grande número de outros comandos na Tabela C.1. As descrições destes comandos compõem o resto deste apêndice. Use este apêndice para lhe ajudar a ler arquivos existentes e escrever seu próprio arquivo de configuração.

define

define ajusta um valor usado pelo sendmail. Muitos "defines" são feitos nos arquivos-fonte de m4, que são chamados pelo arquivo .mc, não no próprio arquivo .mc. Devido a muitos parâmetros define afetarem diretamente uma única opção, macro ou classe do sendmail.cf, muitas declarações define correspondem a linhas de comando individuais do sendmail.cf. Por exemplo, o seguinte comando define

```
define('confMAILER_NAME',  'MAILER_DAEMON')
```

Apêndice C – As macros m4 para sendmail | **527**

colocado em um arquivo-fonte do m4 tem o mesmo efeito que o seguinte comando

```
DnMAILER_DAEMON
```

colocado diretamente no arquivo sendmail.cf.

A maioria dos parâmetros de configuração disponível é mostrada nas seções seguintes. Muitos destes parâmetros correspondem a opções, macros e classes de sendmail. Na lista de descrição de parâmetros, o nome correspondente da opção, macro ou classe é mostrado entre colchetes ([]). Nomes de macro começam com um sinal de dólar ($j), nomes de classe começam com um sinal de dólar e um sinal de igual ($=w), e opções são mostradas com nomes de opção longos (SingleThreadDelivery).

A lista dos parâmetros define é bastante longa. Porém, devido a maioria dos parâmetros ter o default para um valor razoável, eles não têm que ser ajustados explicitamente no arquivo-fonte do m4. O valor default de cada parâmetro é mostrado na listagem seguinte (a menos que não haja nenhum default).

confALIAS_WAIT - Ajusta a quantidade de tempo para esperar a reconstrução o arquivo de alias. O default é 10m. [AliasWait]

confALLOW_BOGUS_HELO - Define caracteres especiais que normalmente não são permitidos em hostnames DNS, e que serão permitidos no hostname em uma linha de comando HELO . [AllowBogusHELO]

confAUTH_MECHANISMS - Define uma lista separada por espaços de mecanismos de autenticação que serão usados para SMTP AUTH. [AuthMechanisms] O default é GSSAPI, KERBEROS_V4, DIGEST-MD5 e CRAM-MD5.

confAUTH_OPTIONS - O argumento AUTH= é acrescentado ao cabeçalho MAIL FROM somente quando a autenticação tiver sucesso se estiver ajustado para A. [AuthOptions]

confAUTO_REBUILD - Reconstrói automaticamente o arquivo alias se True. O default é False. [AutoRebuildAliases]

confBIND_OPTS - Ajusta as opções do resolvedor de DNS. O default é undefined. [ResolverOptions]

confBLANK_SUB - Define o caractere usado para substituir caracteres em branco em final de aspas em endereços de e-mail. [BlankSub]

confCACERT - Identifica um arquivo contendo um certificado criptográfico de uma autoridade de certificado. [CACERTFile]

confCACERT_PATH - Define o caminho ao diretório que contém os certificados criptográficos. [CACERTPath]

confCF_VERSION - Ajusta o número de versão do arquivo de configuração. [$Z]

confCHECKPOINT_INTERVAL - Verifica os arquivos de fila depois que este número de itens postos em fila for processado. O default é 10. [CheckpointInterval]

confCHECK_ALIASES - Procura todos os aliases durante a construção do arquivo alias. O default é False. [CheckAliases]

528 | *Linux: servidores de rede*

confCLIENT_CERT - Identifica o arquivo contendo o certificado criptográfico que o sendmail usa quando age como cliente. [ClientCertFile]

confCLIENT_KEY - Identifica o arquivo contendo a chave privada associada com o certificado usado quando sendmail age como um cliente. [ClientKeyFile]

confCLIENT_OPTIONS - Define as opções de porta usadas por conexões de cliente SMTP de saída. [ClientPortOptions]

confCOLON_OK_IN_ADDR - Trata dois pontos como caractere normal em endereços. O default é False. [ColonOkInAddr]

confCONNECTION_RATE_THROTTLE - Ajusta o número máximo de conexões permitidas por segundo. [ConnectionRateThrottle]

confCONNECT_ONLY_TO - Define conectividade limitada. Necessário apenas quando sendmail é testado pelos desenvolvedores. Isto não é usado em ambientes de produção. [ConnectOnlyTo]

confCONTROL_SOCKET_NAME - Define um socket usado para administrar o daemon de sendmail. [ControlSocketName]

confCON_EXPENSIVE - Mantém correio para mailers que tem a sinalização e ajustada até a próxima execução de fila. O default é False. [HoldExpensive]

confCOPY_ERRORS_TO - Ajusta o endereço que recebe cópias de correio de erro. [PostmasterCopy]

confCR_FILE - Aponta o arquivo que lista os hosts para os quais este servidor retransmitirá o correio. O default é para /etc/mail/relay-domains. [$=R]

confCT_FILE - Define o arquivo de nomes de usuários de confiança. O default é para /etc/mail/trusted-users. [$=t]

confCW_FILE - Aponta para o arquivo de aliases de host local. O default é para /etc/mail/local-host-names.cw. [$=w]

confDEAD_LETTER_DROP - Define o arquivo no qual as mensagens com problemas, que não puderam ser retornadas ao remetente ou enviadas ao agente postal, são salvas. [DeadLetterDrop]

confDAEMON_OPTIONS - Ajusta opções de daemon SMTP. [DaemonPortOptions]

confDEF_AUTH_INFO - Identifica o arquivo que contém a informação de autenticação usada para conexões de saída. [DefaultAuthInfo]

confDEF_CHAR_SET - Define o conjunto de caracteres default para dados MIME de 8 bits sem rótulo. O default é para unknown-8bit. [DefaultCharSet]

confDEF_USER_ID - Define o ID de usuário e ID de grupo usados por sendmail. O default é 1:1. [DefaultUser]

confDELIVERY_MODE - Ajusta o modo de entrega default. O default é background. [DeliveryMode]

confDF_BUFFER_SIZE - Define a quantidade máxima de buffer de memória que será usada antes de um arquivo do disco ser usado. [DataFileBufferSize]

confDH_PARAMETERS - Identifica o arquivo que contém os parâmetros DH para o algoritmo DSA/DH de assinatura digital. [DHParameters]

Apêndice C – As macros m4 para sendmail | 529

confDIAL_DELAY - Ajusta o retardo de tempo antes de tentar novamente uma conexão "discagem sob demanda". O default é 0s, o que significa "não tente novamente". [DialDelay]

confDOMAIN_NAME - Define o hostname completo. [$j]

confDONT_BLAME_SENDMAIL - Não executa a verificação de segurança de arquivo se True. O default é False. Não use esta opção. É uma ameaça à segurança de seu servidor. [DontBlameSendmail]

confDONT_EXPAND_CNAMES - Não converte apelidos em nomes canônicos se True. O default é False, o que significa "converta". [DontExpandCnames]

confDONT_INIT_GROUPS - Incapacita a rotina initgroups(3) se True. O default é False, o que significa "use a rotina initgroups(3)". [DontInitGroups]

confDONT_PROBE_INTERFACES - Não aceita automaticamente os endereços das interfaces de rede do servidor como endereços válidos se True. O default é False. [DontProbeInterface]

confDONT_PRUNE_ROUTES - Não reduz os endereços de rota ao mínimo possível se True. O default é False. [DontPruneRoutes]

confDOUBLE_BOUNCE_ADDRESS - Quando erros acontecem enviando uma correiode erro, envia a segunda correiode erro a este endereço. O default é postmaster. [DoubleBounceAddress]

confEBINDIR - Define o diretório no qual executáveis para FEATURE('local_lmtp ') e FEATURE('smrsh ') são armazenados. O diretório default é /usr/libexec.

confEIGHT_BIT_HANDLING - Define como dados de 8 bits são controlados. O default para pass8. [EightBitMode]

confERROR_MESSAGE - Aponta para um arquivo contendo mensagens que estão preparadas como mensagem de erro. [ErrorHeader]

confERROR_MODE - Define como os erros são controlados. O default é print. [ErrorMode]

confFALLBACK_MX - Define um host MX de backup. [FallbackMXhost]

confFORWARD_PATH - Define lugares para procurar arquivos .forward. O default é $z/.forward.$w:$z/.forward. [ForwardPath]

confFROM_HEADER - Define o formato do cabeçalho From:. O default é $?x$x<$g>$|g..

confFROM_LINE - Define o formato da linha From do Unix. O default é From $g $d. [UnixFromLine]

confHOSTS_FILE - Define o caminho para o arquivo de hosts. O default é para /etc/hosts. [HostsFile]

confHOST_STATUS_DIRECTORY - Define o diretório no qual o status do host é salvo. [HostStatusDirectory]

confIGNORE_DOTS - Ignora pontos em correio entrantes se True. O default é False. [IgnoreDots]

confLDAP_DEFAULT_SPEC - Define os defaults usados para bancos de dados LDAP, a menos que especificamente anulado por um comando K para um mapeamento individual. [LDAPDefaultSpec]

confLOCAL_MAILER - Define o mailer usado para conexões locais. O default é local.

confLOG_LEVEL - Define o nível de detalhes para o arquivo de registro. O default é 9. [LogLevel]

confMAILER_NAME - Define o nome do remetente usado em correio de erro. O default é MAILER-DAEMON. [$n]

confMATCH_GECOS - Combina o nome de usuário de e-mail para o campo GECOS. Esta combinação não é feita se este parâmetro não estiver ajustado. O campo GECOS é o campo "comment" no arquivo /etc/passwd descrito no Capítulo 3, "Serviços de login". O campo GECOS normalmente contém o nome verdadeiro do usuário. [MatchGECOS]

confMAX_ALIAS_RECURSION - Aliases podem recorrer a outros aliases. Isto ajusta a profundidade máxima que a referência a alias pode ser aninhada. O default é 10. [MaxAliasesRecursion]

confMAX_DAEMON_CHILDREN - Recusa conexões quando este número de filhos é alcançado. Por default, as conexões nunca são recusadas. [MaxDaemonChildren]

confMAX_HEADERS_LENGTH - Define o comprimento máximo da soma de todos os cabeçalhos em bytes. [MaxHeadersLength]

confMAX_HOP - Define o contador usado para determinar loops de correio. O default é 25. [MaxHopCount]

confMAX_MESSAGE_SIZE - Ajusta o tamanho máximo para uma correioque o servidor aceitará. Por default, nenhum limite é ajustado. [MaxMessageSize]

confMAX_MIME_HEADER_LENGTH - Define o comprimento máximo de cabeçalhos MIME. [MaxMimeHeaderLength]

confMAX_QUEUE_RUN_SIZE - Define o número máximo de entradas processadas em uma execução de fila. O default é 0, o que significa nenhum limite. [MaxQueueRunSize]

confMAX_RCPTS_PER_MESSAGE - Define o número máximo de receptores permitidos para uma mensagem. [MaxQueueRunSize]

confMCI_CACH_SIZE - Ajusta o número de conexões abertas que podem ser mantidas em cache. O default é 2. [ConnectionCacheSize]

confMCI_CACHE_TIMEOUT - Ajusta a quantidade de tempo que as conexões inativas abertas são mantidas em cache. O default é 5m. [ConnectionCacheTimeout]

confME_TOO - Envia uma cópia ao remetente se True. O default é False. [MeToo]

confMIME_FORMAT_ERRORS - Envia correio de erro encapsuladas por MIME se True. O default é True. [SendMimeErrors]

confMIN_FREE_BLOCKS - Ajusta o número mínimo de blocos que devem estar disponíveis no disco para aceitar correio. O default é 100. [MinFreeBlocks]

confMIN_QUEUE_AGE - Ajusta o tempo mínimo que um trabalho deve ser colocado em fila. O default é 0. [MinQueueAge]

confMUST_QUOTE_CHARS - Acrescenta caracteres à lista de caracteres que devem ser citados quando eles são incluídos no nome completo do usuário ($x). Os caracteres @ , ; : \ ( ) [ ] sempre são citados. Por default, . e ' são acrescentados à lista. [MustQuoteChars]

confNO_RCPT_ACTION - Define manipulação para correio sem cabeçalhos de receptor: não faça nada (none); adicione um cabeçalho To: (add-to); adicione um cabeçalho Aparentemente-para: (add-apparently-to); adicione um cabeçalho Bcc: (add-bcc); adicione um cabeçalho de receptores não-revelados To: (add-to-undisclosed). O default é none. [NoRecipientAction]

confOLD_STYLE_HEADERS - Trata cabeçalhos sem caracteres especiais como estilo antigo se True. O default é True. [OldStyleHeaders]

confOPERATORS - Define os caracteres de operador de endereço. Os defaults são . : % @ ! ^ / [ ] +. [OperatorChars]

confPID_FILE - Especifica o caminho do arquivo PID. [PidFile]

confPRIVACY_FLAGS - Ajusta sinalizações que restringem o uso de alguns comandos de correio. O default é authwarnings. [PrivacyOptions]

confPROCESS_TITLE_PREFIX - Identifica a string usada neste sistema como o prefixo para o título de processo em listagens ps. [ProcessTitlePrefix]

confQUEUE_FACTOR - Define um valor usado para calcular quando um sistema carregado deve colocar o correio na fila, ao invés de tentar entregar. O default é 600000. [QueueFactor]

confQUEUE_LA - Envia a correiodiretamente à fila quando esta média de carga é alcançada. O default é 8. [QueueLA]

confQUEUE_SORT_ORDER - Classifica a fila por ordem de Priority (prioridade) ou Host. O default é Priority. [QueueSortOrder]

confRECEIVED_HEADER - Define o formato de cabeçalho Received:. O default é $?sfrom $s $.$?_($?s$|from $.$_) $. by $j ($v/$Z)$?r with r. id i?u for u.; $b.

confRAND_FILE - Identifica o arquivo que contém dados aleatórios necessários por STARTTLS se o sendmail não foi compilado com a sinalização HASURANDOM. [RandFile]

confRECEIVED_HEADER - Define o formato de cabeçalho Received:. O default é $?sfrom $s $.$?_($?s$|from $.$_) $. by $j ($v/$Z)$?r with r. id i?u for u.; $b.

confREFUSE_LA - Define a média de carga a partir da qual conexões entrantes são recusadas. O default é 12. [RefuseLA]

confREJECT_MSG - Define a correioexibida quando a correioé rejeitada por causa do banco de dados de controle de acesso. O default é 550 Access denied.

confRELAY_MAILER - Define o nome do mailer default para retransmissão. O default é relay.

confRRT_IMPLIES_DSN - True informa ao sendmail para interpretar um cabeçalho Return-Receipt-To: como um pedido para notificação de status de entrega (DSN). O default é false. [RrtImpliesDsn]

confRUN_AS_USER - Executa como este usuário lê e entrega correio. Por default, isto não é usado. [RunAsUser]

Linux: servidores de rede

confSAFE_FILE_ENV - Faça Chroot () para este diretório antes de gravar arquivos. Por default, isto não é feito. [SafeFileEnvironment]

confSAFE_QUEUE - Cria uma fila de arquivos; então tenta entregar. Isto não é feito, a menos que este parâmetro seja especificado. [SuperSafe]

confSAVE_FROM_LINES - Não descarta linhas From de Unix. Elas são descartados se isto não estiver ajustado. [SaveFromLine]

confSEPARATE_PROC - Entrega correio com processos separados se True. O default é False. [ForkEachJob]

confSERVER_CERT - Identifica o arquivo que contém o certificado criptográfico usado quando este sistema agir como um servidor. [ServerCertFile]

confSERVER_KEY - Identifica o arquivo que contém a chave privada associada com o certificado criptográfico usado quando este sistema agir como um servidor. [ServerKeyFile]

confSERVICE_SWITCH_FILE - Define o caminho ao arquivo de troca de serviço. O default é para /etc/service.switch. [ServiceSwitchFile]

confSEVEN_BIT_INPUT - Força entrada para sete bits se True. O default é False. [SevenBitInput]

confSINGLE_LINE_FROM_HEADER - Força uma linha From: de várias linhas a uma única linha quando True. O default é False. [SingleLineFromHeader]

confSINGLE_THREAD_DELIVERY - Força entrega de correio de fila única quando True e HostStatusDirectory estiver definido. O default é False. [SingleThreadDelivery]

confSMTP_LOGIN_MSG - Define a correio de boas-vindas ao SMTP. O default é $j Sendmail $v/$Z; $b. [SmtpGreetingMessage]

confSMTP_MAILER - Define o mailer usado para conexões SMTP; deve ser smtp, smtp8 ou esmtp. O default é esmtp.

confTEMP_FILE_MODE - Ajusta o modo de arquivo usado para arquivos temporários. O default é 0600. [TempFileMode]

confTIME_ZONE - Ajusta o fuso horário do sistema (USE_SYSTEM) ou a variável TZ (USE_TZ). O default é USE_SYSTEM. [TimeZoneSpec]

confTO_COMMAND - Ajusta o tempo máximo para esperar por um comando. O default é 1h. [Timeout.command]

confTO_CONNECT - Ajusta o tempo máximo para esperar por uma conexão. [Timeout.connect]

confTO_CONTROL - Ajusta a quantidade máxima de tempo permitida para uma transação de socket de controle completar. O default é dois minutos (2m). [Timeout.control]

confTO_DATABLOCK - Ajusta o tempo máximo para esperar por um bloco durante a fase DATA. O default é 1h. [Timeout.datablock]

confTO_DATAFINAL - Ajusta o tempo máximo para esperar por uma resposta ao terminar ".". O default é 1h. [Timeout.datafinal]

confTO_DATAINIT - Ajusta o tempo máximo para esperar por uma resposta do comando de DATA. O default é 5m. [Timeout.datainit]

Apêndice C – As macros m4 para sendmail | **533**

confTO_FILEOPEN - Ajusta o tempo máximo para esperar por um arquivo aberto. O default é 60s. [Timeout.fileopen]

confTO_HELO - Ajusta o tempo máximo para esperar por uma resposta HELO ou EHLO. O default é 5m. [Timeout.helo]

confTO_HOSTSTATUS - Ajusta o cronômetro para informação de status do host. O default é 30m. [Timeout.hoststatus]

confTO_ICONNECT - Ajusta o tempo máximo para esperar pela primeira tentativa de conexão a um host. [Timeout.iconnect]

confTO_IDENT - Ajusta o tempo máximo para esperar por uma resposta de consulta IDENT. O default é 30s. [Timeout.ident]

confTO_INITIAL - Ajusta o tempo máximo para esperar pela resposta de conexão inicial. O default é 5m. [Timeout.initial]

confTO_MAIL - Ajusta o tempo máximo para esperar por uma resposta de comando MAIL. O default é 10m. [Timeout.mail]

confTO_MISC - Ajusta o tempo máximo para esperar por outras respostas de comando SMTP. O default é 2m. [Timeout.misc]

confTO_QUEUERETURN_NONURGENT - Ajusta a interrupção "Correionão entregue" para correio de prioridade baixa. [Timeout.queuereturn.non-urgente]

confTO_QUEUERETURN_NORMAL - Ajusta a interrupção "Correionão entregue" para correio de prioridade normal. [Timeout.queuereturn.normal]

confTO_QUEUERETURN_URGENT - Ajusta a interrupção "Correionão entregue" para correio de prioridade urgente. [Timeout.queuereturn.urgent]

confTO_QUEUERETURN - Ajusta o tempo até que uma correioseja devolvida da fila como não entregue. O default é 5d. [Timeout.queuereturn]

confTO_QUEUEWARN_NONURGENT - Ajusta o tempo até que um aviso "ainda na fila" seja enviado para correio de prioridade baixa. [Timeout.queuewarn.non-urgente]

confTO_QUEUEWARN_NORMAL - Ajusta o tempo até um que aviso "ainda na fila" seja enviado para correio de prioridade normal. [Timeout.queuewarn.normal]

confTO_QUEUEWARN_URGENT - Ajusta o tempo até que um aviso "ainda na fila" seja enviado para correio de prioridade urgente. [Timeout.queuewarn.urgent]

confTO_QUEUEWARN - Ajusta o tempo até que um aviso "ainda na fila" seja enviado sobre uma mensagem. O default é 4h. [Timeout.queuewarn]

confTO_QUIT - Ajusta o tempo máximo para esperar por uma resposta de comando QUIT. O default é 2m. [Timeout.quit]

confTO_RCPT - Ajusta o tempo máximo para esperar por uma resposta de comando RCPT. O default é 1h. [Timeout.rcpt]

confTO_RESOLVER_RETRANS - Define, em segundos, o tempo de retransmissão para todas as procuras no resolvedor. [Timeout.resolver.retrans]

confTO_RESOLVER_RETRANS_FIRST - Define, em segundos, o tempo de retransmissão para a procura no resolvedor, para a primeira tentativa de entregar uma mensagem. [Timeout.resolver.retrans.first]

534 | *Linux: servidores de rede*

confTO_RESOLVER_RETRANS_NORMAL - Define, em segundos, o tempo de retransmissão para todas as procuras no resolvedor depois da primeira tentativa de entregar uma mensagem. [Timeout.resolver.retrans.normal]

confTO_RESOLVER_RETRY - Define o número total de vezes para tentar novamente uma consulta ao resolvedor. [Timeout.resolver.retry]

confTO_RESOLVER_RETRY_FIRST - Define o número de vezes que é tentada uma consulta ao resolvedor para a primeira tentativa de entrega. [Timeout.resolver.retry.first]

confTO_RESOLVER_RETRY_NORMAL - Define o número de vezes para tentar novamente consultas ao resolvedor depois da primeira tentativa de entrega. [Timeout.resolver.retry.normal]

confTO_RSET - Ajusta o tempo máximo para esperar por uma resposta do comando RSET. O default é 5m. [Timeout.rset]

confTRUSTED_USER - Define o usuário que controla o daemon de sendmail, e possui os arquivos criados pelo sendmail. Não confunda esta opção com confTRUSTED_USERS. [TrustedUser]

confTRUSTED_USERS - Define nomes de usuários de confiança para acrescentar a root, uucp e daemon.

confTRY_NULL_MX_LIST - Conecta ao host remoto diretamente se o MX apontar ao host local e for ajustado para True. O default é False. [TryNullMXList]

confUNSAFE_GROUP_WRITES - Não faz referência a programas ou arquivos de arquivos de grupo graváveis :include: e .forward se True. O default é False. [UnsafeGroupWrites]

confUSERDB_SPEC - Define o caminho do arquivo de banco de dados de usuário. [UserDatabaseSpec]

confUSE_ERRORS_TO - Entrega erros usando o cabeçalho Errors-To: se True. O default é False. [UserErrorsTo]

confUUCP_MAILER - Define o mailer default do UUCP. O default é uucp-old.

confWORK_CLASS_FACTOR - Define o fator usado para favorecer trabalhos de prioridade alta. O default é 1800. [ClassFactor]

confWORK_RECIPIENT_FACTOR - Define o fator usado para trabalhos de prioridade mais baixa por cada receptor adicional. O default é 30000. [RecipientFactor]

confWORK_TIME_FACTOR - Define o fator usado para trabalhos de prioridade mais baixa por cada tentativa de entrega. O default é 90000. [RetryFactor]

As macros define são as macros mais comuns nos arquivos-fonte de m4. A próxima macro geralmente mais usada é a macro FEATURE.

FEATURE

A macro FEATURE processa código-fonte do m4 do diretório feature. Arquivos-fonte neste diretório definem características opcionais do sendmail. A sintaxe da macro FEATURE é

```
FEATURE(name, [argument])
```

Apêndice C – As macros m4 para sendmail 535

O *argumento* é opcional. Se um argumento for passado ao arquivo-fonte, é usado pelo arquivo-fonte para gerar código para o arquivo sendmail.cf. O exemplo seguinte gera o código para acessar a mailertable, e define esta tabela como sendo um banco de dados dbm localizado no arquivo /usr/lib/mailertable:

```
FEATURE(mailertable,  dbm  /usr/lib/mailertable)
```

As características disponíveis e seus propósitos estão listadas na Tabela C.2.

Tabela C.2 - FEATURE opcionais do sendmail

Nome	Propósito
accept_unqualified_senders	Permite correio de redes com endereços que não incluem um hostname válido.
accept_unresolvable_domains	Aceita correio de hosts que são desconhecidos para DNS.
access_db	Habilita o uso do banco de dados de acesso.
allmasquerade	Também mascara endereços de receptor.
always_add_domain	Adiciona o hostname local a toda correioentregue localmente.
bestmx_is_local	Aceita correio endereçado a um host que lista o sistema local seu servidor MX como local.
bitdomain	Usa uma tabela para mapear os hosts Bitnet para endereços de Internet.
blacklist_recipients	Filtra correio que chegam baseado em valores ajustados no banco de dados de acesso.
delay_checks	Retarda os conjuntos de regras check_mail e check_relay até que check_rcpt seja chamado.
dnsbl	Rejeita correio de hosts listados em uma lista de rejeição baseada em DNS. Substitui rbl.
domaintable	Usa uma tabela de domínios para mapeamento de nomes de domínios.
generics_entire_domain	Mapeia nomes de domínio identificados na classe G pelo genericstable.
genericstable	Usa uma tabela para reescrever endereços locais.
ldap_routing	Habilita e-mail de roteamento baseado em LDAP.
limited_masquerade	Somente mascara hosts listados em $=M.
local_lmtp	Usa mail.local com suporte a LMTP.
local_procmail	Usa procmail como o mailer local.
loose_relay_check	Incapacita verificações de validade para endereços que usam a barra %.
mailertable	Roteia correio usando uma tabela de mailer.

536 | *Linux: servidores de rede*

Tabela C.2 - FEATURE opcionais do sendmail

Nome	Propósito
masquerade_entire_domain	Mascara todos os hosts dentro dos domínios mascarados.
masquerade_envelope	Mascara o endereço de remetente do envelope, além do endereço de remetente do cabeçalho.
no_default_msa	Permite anular a configuração default do Message Submission Agent (Agente de Submissão de Correio) pela macro DAEMON_OPTIONS.
nocanonify	Não converte nomes com a sintaxe $[... $].
nodns	Não inclui suporte a DNS.
nouucp	Não inclui processamento de endereço UUCP.
nullclient	Encaminha todas as mensagens para um servidor central.
promiscuous_relay	Retransmite correio de qualquer site para qualquer site.
rbl	Habilita o uso do servidor Realtime Blackhole List. Substituído por dnsbl.
redirect	Suporta o pseudo domínio .REDIRECT.
relay_based_on_MX	Retransmite correio para qualquer site cujo MX aponta a este servidor.
relay_entire_domain	Retransmite o correio para qualquer host em seu domínio.
relay_host_only	Retransmite o correio somente para hosts listados no banco de dados de acesso.
relay_local_from	Retransmite o correio se a fonte for um host local.
relay_mail_from	Retransmite o correio se o remetente estiver listado como RELAY no banco de dados de acesso.
smrsh	Usa smrsh como o programa mailer.
stickyhost	Trata o usuário diferentemente de *user@local.host*.
use_ct_file	Carrega $=t do arquivo definido por confCT_FILE.
use_cw_file	Carrega $=w do arquivo definido por confCW_FILE.
uucpdomain	Usa uma tabela para mapear os hosts UUCP a endereços de Internet.
virtuser_entire_domain	Mapeia nomes de domínio inteiros através de virtusertable.
virtusertable	Mapeia nomes de domínio virtuais para endereços de correio verdadeiros.

As características use_cw_file e use_ct_file são equivalentes aos comandos Fw/etc/mail/local-host-names e Ft/etc/mail/trusted-users no arquivo sendmail.cf. Veja o Capítulo 5 para descrições de aliases de host ($=w) e usuários de confiança ($=t). A característica redirect também é coberta no Capítulo 5.

Apêndice C – As macros m4 para sendmail | **537**

Várias macros FEATURE removem linhas desnecessárias do arquivo sendmail.cf. nouucp remove o código que controla endereços UUCP para sistemas que não têm acesso a redes UUCP, e nodns remove o código para procuras de DNS para sistemas que não têm acesso a DNS, ou não querem usar DNS. nocanonify incapacita o código que converte apelidos e endereços IP em hostnames. Finalmente, a característica nullclient tira tudo da configuração, com exceção da capacidade de encaminhar correio para um único servidor de correio por um link SMTP local. O nome deste servidor de correio é fornecido como o argumento na linha de comando de nullclient, por exemplo, FEATURE(nullclient, big.isp.net) encaminha todas o correio para big.isp.net sem qualquer processamento de correio local.

Várias características se relacionam a retransmissão e mascaramento de correio. Elas são stickyhost, allmasquerade, limited_masquerade e masquerade_entire_domain. Todas estas características são depois cobertas na seção DOMAIN neste apêndice.

Várias das características definem bancos de dados que são usados para executar processamento de endereço especial. Todas estas características aceitam um argumento opcional que define o banco de dados. (Veja o comando mailertable de amostra no começo desta seção para um exemplo sobre como definir o banco de dados com o argumento opcional.) Se o argumento opcional não for fornecido, a descrição de banco de dados sempre padroniza a hash –o /etc/*filename*, onde *filename* é o nome da característica. Por exemplo, mailertable padroniza para a definição hash –o /etc/mailertable. As características de banco de dados são como segue:

access_db - Controla retransmissão de correio e entrega. O arquivo de acesso contém dois campos: um endereço de e-mail, que é a chave, e uma ação tomada para correio contendo este endereço. O banco de dados de acesso é coberto no Capítulo 11, "Mais serviços de correio".

mailertable - Mapeia nomes de domínio e host a pares mailer:host específicos. O trio mailer, host, usuário é devolvido através de análise do conjunto de regras baseado no endereço de entrega. O arquivo mailertable lhe permite definir o mailer e o host do trio de entrega baseado no nome de domínio no endereço de entrega. Se o host ou nome de domínio nos endereços de entrega combinarem um campo-chave no banco de dados mailertable, devolve o mailer e host para este endereço. O formato de uma entrada de mailertable é

```
domain-name mailer:host
```

onde *domain-name* é um hostname completo (host mais domínio) ou um nome de domínio. Se um nome de domínio for usado, tem que começar com um ponto (.), e combinará com todo host no domínio especificado. mailer é o nome do mailer no sendmail.cf interno do mailer que controla o correio para o domínio especificado, e *host* é o hostname do servidor de mailer que controla o correio para este domínio.

domaintable - Converte um nome de domínio antigo para um nome de domínio novo. O nome antigo é a chave, e o nome novo é o valor devolvido para a chave.

bitdomain - Converte um hostname Bitnet a um hostname de Internet. O nome de Bitnet é a chave, e o hostname de Internet é o valor devolvido. O programa bitdomain, que vem com a distribuição do sendmail, pode ser usado para construir este banco de dados. Bitnet está obsoleta.

538 | Linux: servidores de rede

uucpdomain - Converte um nome UUCP a um hostname de Internet. A chave é o hostname UUCP, e o valor devolvido é o hostname de Internet. Isto só é útil se você ainda tiver usuários que endereçam e-mail usando endereços UUCP antigos.

genericstable - Converte um endereço de e-mail de remetente. A chave para o banco de dados é um nome de usuário ou um endereço de e-mail completo (username e hostname). O valor devolvido pelo banco de dados é o endereço de e-mail novo. (Veja o Capítulo 5 para um exemplo de como usar genericstable.) Se você usa o genericstable e não usa mascaramento, use generics_domain e generics_domain_file para conseguir as mesmas funções normalmente fornecidas por masquerade_domain e masquerade_domain_file.

virtusertable - Aliases de endereços de e-mail que chegam. Essencialmente, este é um banco de dados de alias estendido para endereços alias que não são locais para este host. A chave para o banco de dados é um endereço de e-mail completo ou um nome de domínio. O valor devolvido pelo banco de dados é o endereço do receptor para o qual o correio é entregue. Se um nome de domínio for usado como uma chave, tem que começar com um sinal @. Correio endereçado a qualquer usuário no domínio especificado é enviado ao recipiente definido pelo banco de dados virtusertable. Qualquer hostname usado como uma chave no banco de dados virtusertable também deve ser definido na classe w.

Algumas características são importantes na briga contra spam porque elas ajudam a controlar o correio que um servidor entrega ou encaminha para entrega. Estas são accept_unqualified_senders, accept_unresolvable_domains, access_db, blacklist_recipients e dnsbl. Todas estas são cobertas na seção de controle de spam no Capítulo 11.

Dois dos comandos FEATURE restantes se relacionam a domínios. A macro always_add_domain faz com que o sendmail acrescente o nome de domínio local a todo correio entregue localmente, mesmo para estas partes de correio que normalmente têm apenas um nome de usuário como um endereço. A característica bestmx_is_local aceita correio endereçado a um host que lista o host local como seu servidor MX preferido se o correio fosse correio local. Se esta característica não for usada, correio para um host remoto é enviado diretamente ao host remoto, mesmo se seu registro MX listar o host local como seu servidor MX preferido. A característica bestmx_is_local não deve ser usada se você usar um registro MX curinga para seu domínio.

As últimas duas características são usadas para selecionar programas opcionais para os mailers local e de programa. local_procmail seleciona o procmail como o mailer local. Forneça o caminho para o procmail como o argumento no comando FEATURE. A característica smrsh seleciona o SendMail Restricted Shell (smrsh) como o mailer de programa. smrsh fornece segurança melhorada sobre /bin/sh, que é geralmente usado como o mailer de programa. Forneça o caminho a smrsh como o argumento do comando FEATURE.

Os comandos FEATURE discutidos nesta seção e as macros define discutidas anteriormente são usados para construir os arquivos-fonte de m4. As próximas seções deste apêndice descrevem o propósito e a estrutura dos arquivos-fonte OSTYPE, DOMAIN e MAILER.

OSTYPE

OSTYPE aponta ao arquivo-fonte do m4, que contém a informação específica de sistema operacional para esta configuração. Este arquivo exigido é examinado em detalhes no Capítulo 5.

Embora todas as macros m4 possam ser usadas nos arquivos-fonte OSTYPE, a Tabela C.3 lista os parâmetros define geralmente mais associados ao arquivo OSTYPE e a função de cada parâmetro. Se o parâmetro tiver um valor default, é mostrado entre colchetes depois da descrição funcional do parâmetro.

Tabela C.3 – defines de OSTYPE.

Parâmetro	Função
ALIAS_FILE	Nome do arquivo de alias. [/etc/aliases]
CYRUS_BB_MAILER_ARGS	Argumentos de mailer cyrusbb. [deliver -e -m $u]
CYRUS_BB_MAILER_FLAGS	Sinalizações acrescentadas a lsDFMnP para o mailer cyrusbb.
CYRUS_MAILER_ARGS	Argumentos do mailer cyrus. [deliver -e -m $h — $u]
CYRUS_MAILER_FLAGS	Sinalizações acrescentadas a lsDFMnP para o mailer cyrus. [A5@]
CYRUS_MAILER_MAX	Tamanho máximo de mensagem para o mailer cyrus.
CYRUS_MAILER_PATH	Caminho para o mailer cyrus. [/usr/cyrus/bin/deliver]
CYRUS_MAILER_USER	Usuário e grupo usados para o mailer cyrus. [cyrus:mail]
DSMTP_MAILER_ARGS	Argumentos do mailer dsmtp. [IPC $h]
ESMTP_MAILER_ARGS	Argumentos do mailer esmtp. [IPC $h]
FAX_MAILER_ARGS	Argumentos do mailer FAX. [mailfax $u $h $f]
FAX_MAILER_MAX	Tamanho máximo de um FAX. [100000]
FAX_MAILER_PATH	Caminho para o programa FAX. [/usr/local/lib/fax/mailfax]
HELP_FILE	Nome do arquivo de ajuda. [/usr/lib/sendmail.hf]
LOCAL_MAILER_ARGS	Argumentos para entrega de correio local. [mail -d $u]
LOCAL_MAILER_CHARSET	Conjunto de caracteres para correio MIME de 8 bits local.
LOCAL_MAILER_DSN_ DIAGNOSTIC_CODE	O código de notificação de status de entrega usado para correio local. [X-Unix]
LOCAL_MAILER_EOL	O caractere de final de linha para correio local.
LOCAL_MAILER_FLAGS	Sinalizações de mailer local acrescentadas a lsDFM. [rmn]
LOCAL_MAILER_MAX	Tamanho máximo de correio local.
LOCAL_MAILER_MAXMSG	O número máximo de mensagens entregues com uma única conexão.

540 | *Linux: servidores de rede*

Tabela C.3 – defines de OSTYPE. (continuação)

Parâmetro	Função
LOCAL_MAILER_PATH	O programa de entrega de correio local. [/bin/mail]
LOCAL_SHELL_ARGS	Argumentos para o programa mail. [sh -c $u]
LOCAL_SHELL_DIR	Diretório que o shell deve executar. [$z:/]
LOCAL_SHELL_FLAGS	Sinalizações acrescentadas ao IsDFM para o shell do mailer. [eu]
LOCAL_SHELL_PATH	Shell usado para entregar e-mail transportado. [/bin/sh]
MAIL11_MAILER_ARGS	Argumentos de mailer mail11. [mail11 $g $x $h $u]
MAIL11_MAILER_FLAGS	Sinalizações para o mailer mail11. [nsFx]
MAIL11_MAILER_PATH	Caminho para o mailer mail11. [/usr/etc/mail11]
PH_MAILER_ARGS	Argumentos do mailer phquery. [phquery — $u]
PH_MAILER_FLAGS	Sinalizações para o mailer phquery. [ehmu]
PH_MAILER_PATH	Caminho para o programa phquery. [/usr/local/etc/phquery]
POP_MAILER_ARGS	Argumentos do mailer POP. [pop $u]
POP_MAILER_FLAGS	Sinalizações acrescentadas a IsDFM para o mailer POP. [Penu]
POP_MAILER_PATH	Caminho do mailer POP. [/usr/lib/mh/spop]
PROCMAIL_MAILER_ARGS	Argumentos do mailer procmail. [procmail -m $h $f $u]
PROCMAIL_MAILER_FLAGS	Sinalizações acrescentadas a DFMmn para o mailer procmail. [Shu]
PROCMAIL_MAILER_MAX	Tamanho máximo de mensagem para o mailer procmail.
PROCMAIL_MAILER_PATH	Caminho para o programa procmail. [/usr/local/bin/procmail]
QPAGE_MAILER_ARGS	Argumentos de mailer qpage. [qpage -10 -m -P$u]
QPAGE_MAILER_FLAGS	Sinalizações para o mailer qpage. [mDFMs]
QPAGE_MAILER_MAX	Tamanho máximo da mensagem do mailer qpage. [4096]
QPAGE_MAILER_PATH	Caminho do mailer qpage. [/usr/local/bin/qpage]
QUEUE_DIR	Diretório contendo arquivo de filas. [/var/spool/mqueue]
RELAY_MAILER_ARGS	Argumentos do mailer relay. [IPC $H]
RELAY_MAILER_FLAGS	Sinalizações acrescentadas a mDFMuX para o mailer relay.
RELAY_MAIL_MAXMSG	O número máximo de correio para o mailer relay entregue por uma única conexão.
SMTP8_MAILER_ARGS	Argumentos do mailer smtp8. [IPC $H]
SMTP_MAILER_ARGS	Argumentos do mailer smtp. [IPC $H]

Apêndice C – As macros m4 para sendmail | **541**

Tabela C.3 – defines de OSTYPE. (continuação)

Parâmetro	Função
SMTP_MAILER_CHARSET	Conjunto de caracteres para correio MIME de 8 bits SMTP.
SMTP_MAILER_FLAGS	Sinalizações acrescentadas a mDFMUX para todos os mailers smtp.
SMTP_MAILER_MAX	Tamanho máximo de mensagens para todos os mailers smtp.
SMTP_MAIL_MAXMSG	O número máximo de mensagens smtp entregue por uma única conexão.
STATUS_FILE	Nome do arquivo de status. [/etc/sendmail.st]
USENET_MAILER_ARGS	Argumentos para o mailer usenet. [-m -h -n]
USENET_MAILER_FLAGS	Sinalizações do mailer usenet. [rlsDFMmn]
USENET_MAILER_MAX	Tamanho máximo de mensagens do correio usenet. [100000]
USENET_MAILER_PATH	Programa usado para notícias. [/usr/lib/news/inews]
UUCP_MAILER_ARGS	Argumentos do mailer UUCP. [uux - -r -z -a$g -gC $h!rmail ($u)]
UUCP_MAILER_CHARSET	Conjunto de caracteres para correio MIME de 8 bits UUCP.
UUCP_MAILER_FLAGS	Sinalizações acrescentadas a DFMhuU para o mailer UUCP.
UUCP_MAILER_MAX	Tamanho máximo para mensagens UUCP. [100000]
UUCP_MAILER_PATH	Caminho para o programa de correio do UUCP. [/usr/bin/uux]

DOMAIN

A macro DOMAIN identifica o arquivo-fonte de m4 que contém informações de configuração específicas para o domínio local. O Capítulo 5 fornece um exemplo detalhado de como criar um arquivo-fonte de domínio e então chamar este arquivo com a macro DOMAIN.

A Tabela C.4 lista as macros define que geralmente aparecem em arquivos-fonte DOMAIN. Todas definem os hosts de retransmissão de correio. O valor fornecido para cada parâmetro é um hostname (quer dizer, o nome de um servidor de retransmissão de correio); ou um par *mailer:hostname*, onde *mailer* é um nome do mailer interno e *hostname* é o nome do servidor de retransmissão de correio. Se só um hostname for usado, o mailer padroniza para relay, que é o nome do mailer de retransmissão SMTP.

542 | *Linux: servidores de rede*

Tabela C.4 – defines de retransmissão de correio.

Parâmetro	Função
UUCP_RELAY	Servidor para e-mail endereçado por UUCP.
BITNET_RELAY	Servidor para e-mail endereçado por BITNET.
DECNET_RELAY	Servidor para e-mail endereçado por DECNET.
FAX_RELAY	Servidor para correio para o pseudo domínio .FAX. O mailer fax anula este valor.
LOCAL_RELAY	Servidor para nomes não-qualificados. Isto está obsoleto.
LUSER_RELAY	Servidor para nomes locais que realmente não são locais.
MAIL_HUB	Servidor para todo correio que chega.
SMART_HOST	Servidor para todo correio que sai

A precedência dos relays definida por estes parâmetros é do mais específico para o menos específico. Se a retransmissão UUCP_RELAY e SMART_HOST estiver definida, o UUCP_RELAY é usado para correio UUCP de saída, embora a retransmissão SMART_HOST esteja definida para controlar "todo" correio de saída. Se você definir LOCAL_RELAY e MAIL_HUB, use o comando FEATURE(stickyhost). Quando a característica stickyhost for especificada, LOCAL_RELAY controla todos os endereços locais que não têm uma parte de host, e MAIL_HUB controla todos os endereços locais que têm uma parte de host. Se stickyhost não for especificado, e ambas as retransmissões estiverem definidas, LOCAL_RELAY é ignorado, e MAIL_HUB controla todos os endereços locais.

Além dos defines mostrados na Tabela C.3, macros que se relacionam a mascaramento e retransmissão aparecem no arquivo-fonte DOMAIN. As macros são como segue:

EXPOSED_USER(*username*) - Incapacita mascaramento quando a porção de usuário do endereço de remetente combinar com *username*. Alguns nomes de usuários, como root, ocorrem em muitos sistemas, e então não é único do outro lado de um domínio. Para estes nomes de usuários, converter a porção de host do endereço torna impossível classificar de onde a mensagem realmente veio, e torna as respostas impossíveis. Este comando impede a macro MASQUERADE_AS de ter um efeito no endereço do remetente para usuários específicos. Isto é o mesmo que ajustar os valores na classe E no arquivo sendmail.cf.

LOCAL_USER(*usernames*) - Define nomes de usuários locais que não devem ser retransmitidos, mesmo se LOCAL_RELAY ou MAIL_HUB estiverem definidos. Este comando é o mesmo que adicionar nomes de usuários na classe L no arquivo sendmail.cf.

MASQUERADE_AS(*host.domain*) - Converte a porção de host do endereço de remetente em correio de saída para o nome de domínio especificado. Endereços de remetentes que não têm nenhum hostname ou que têm um hostname encontrado na classe w são convertidos. Isto tem o mesmo efeito como a macro M no arquivo sendmail.cf. Veja exemplos de MASQUERADE_AS e da macro M no Capítulo 5.

MASQUERADE_DOMAIN(*otherhost.domain*) - Converte a porção de host do endereço de remetente em correio de saída para o nome de domínio definido pelo comando MASQUERADE_AS se a porção de host do endereço de remetente combinar com o valor definido aqui. Este comando deve ser usado junto com MASQUERADE_AS. Seu efeito é o mesmo que adicionar hostnames para a classe M no arquivo sendmail.cf. Veja o Capítulo 5.

MASQUERADE_DOMAIN_FILE(*filename*) - Carrega hostnames da classe M do arquivo especificado. Isto pode ser usado em lugar de múltiplos comandos MASQUERADE_DOMAIN. Seu efeito é o mesmo que usar o comando FM*filename* no arquivo sendmail.cf.

MASQUERADE_EXCEPTION(*host.domain*) - Esta macro define um host que não é mascarado, mesmo se pertencer a um domínio que está sendo mascarado. Isto lhe permite mascarar um domínio inteiro com a macro MASQUERADE_DOMAIN e então isentar alguns hosts que devem ser expostos para o mundo externo.

RELAY_DOMAIN(*otherhost.domain*) - Esta macro identifica um host para o qual o correio deve ser retransmitido. O host identificado desta maneira é adicionado para a classe R.

RELAY_DOMAIN_FILE(*filename*) - Esta macro identifica um arquivo que contém uma lista de hosts para os quais o correio deve ser retransmitido. Esta macro carrega a classe R do arquivo especificado.

Também há várias características que afetam a retransmissão e o mascaramento. Uma, FEATURE (stickyhost), já foi discutida. As outros são as seguintes:

FEATURE(masquerade_envelope) - Faz com que endereços de envelope sejam mascarados da mesma forma que os endereços de remetente são mascarados. Veja o Capítulo 5 para um exemplo deste comando.

FEATURE(allmasquerade) - Faz com que o endereço receptor seja mascarado da mesma forma que os endereços de remetente são mascarados. Assim, se a porção de host do endereço receptor combinar com as exigências do comando MASQUERADE_AS, ela é convertida. Não use esta característica, a menos que você esteja certo de que todo alias conhecido no sistema local também é conhecido do servidor de correio que controla o correio para o domínio mascarado.

FEATURE(limited_masquerade) - Limita o mascaramento aos hosts definidos na classe M. Os hosts definidos na classe w não são mascarados.

FEATURE(masquerade_entire_domain) - Faz com que MASQUERADE_DOMAIN seja interpretado como se referindo a todos os hosts dentro de um domínio inteiro. Se esta característica não for usada, só um endereço que combina exatamente com o valor definido por MASQUERADE_DOMAIN é convertido. Se esta característica for usada, então todos os endereços que terminam com o valor definido por MASQUERADE_DOMAIN são convertidos. Por exemplo, suponha que MASQUERADE_AS(foobirds.org) e MASQUERADE_DOMAIN(swans.foobirds.org) estejam definidos. Se FEATURE(masquerade_entire_domain) estiver ajustado, todo hostname no domínio de swans.foobirds.org é convertido a foobirds.org no e-mail de saída. Caso contrário, só um host denominado swans.foobirds.org é convertido.

544 | Linux: servidores de rede

Algumas características definem como o servidor controla o correio se for o servidor de retransmissão de correio. Estas características, que também são descritas no Capítulo 11 são as seguintes:

access_db - Mapeia um usuário, um nome de domínio ou um endereço IP para uma palavra-chave que informa ao sendmail como controlar a retransmissão para o host, domínio ou rede. Este banco de dados é usado no Capítulo 11.

blacklist_recipient - Usa o banco de dados access para controlar a entrega de correio baseado no endereço de recepção. A característica access_db básica controla a retransmissão e entrega baseado na fonte da mensagem. Esta característica acrescenta a capacidade de controlar retransmissão e entrega de correio baseado no destino.

dnsbl - Controla entrega de correio baseado em uma lista negra de DNS. Endereços-fonte e endereços de destino listados no banco de dados DNS podem ter negados serviços de retransmissão e entrega de correio..

promiscuous_relay - Retransmite de qualquer site para qualquer site. Normalmente, o sendmail não retransmite correio. Usar esta característica é uma idéia ruim porque o torna um possível servidor de retransmissão para spammers.

relay_entire_domain - Retransmite de qualquer domínio definido na classe M para qualquer site.

relay_hosts_only - Retransmite correio de qualquer host definido no banco de dados de acesso ou classe R.

relay_based_on_MX - Retransmite correio de qualquer site para o qual seu sistema é o servidor MX.

relay_local_from - Retransmite correio com um endereço de remetente que contém seu nome de domínio local.

O arquivo-fonte DOMAIN também é usado para características e macros que se relacionam diretamente ao DNS. Estas características e macros incluem o seguinte:

FEATURE(accept_unqualified_senders) - Aceita correio da rede mesmo se o endereço de remetente não incluir um hostname. Normalmente, apenas correio de um usuário diretamente registrado para o sistema é aceito sem um hostname. Esta é uma característica perigosa que só deve ser usada em uma rede isolada.

FEATURE(accept_unresolvable_domains) - Aceita correio de hostnames que não podem ser solucionados pelo DNS. Esta é uma característica perigosa que só é usada em sistemas que carecem de serviço DNS de tempo integral, como laptops móveis.

FEATURE(always_add_domain) - Acrescenta o hostname do sistema a todo correio local. Com esta característica habilitada em um servidor denominado ibis.foobirds.org, correio do usuário local craig para o usuário local kathy seria entregue como correio de craig@ibis.foobirds.org para kathy@ibis.foobirds.org.

FEATURE(bestmx_is_local) - Aceita correio endereçado a qualquer host que lista o servidor de sendmail como seu servidor MX como correio local.

CANONIFY_DOMAIN(*domain*) - Define um nome de domínio que será passado ao DNS para conversão para sua forma canônica, mesmo se a característica nocanonify estiver em uso. Esta macro é geralmente usada para habilitar a canonização do domínio local quando nocanonify estiver em uso.

CANONIFY_DOMAIN_FILE(*filename*) - Identifica um arquivo contendo uma lista de nomes de domínio que devem ser convertidos a forma canônica, mesmo se nocanonify estiver selecionado.

LOCAL_DOMAIN(*alias-hostname*) - Define um alias para o host local. Correio endereçado ao alias será aceito como se fosse endereçado diretamente ao host local.

As macros e características descritas nesta seção não estão limitadas ao arquivo-fonte DOMAIN. Elas podem aparecer em qualquer arquivo-fonte do m4, e, na realidade, são encontradas geralmente no arquivo de controle de macro. Elas são listados aqui porque estão naturalmente associadas com o arquivo DOMAIN.

MAILER

O comando MAILER identifica um arquivo-fonte do m4 que contém os comandos de configuração que definem um mailer de sendmail. Pelo menos um comando MAILER tem que aparecer no arquivo de configuração. Geralmente mais que um comando MAILER é usado.

É possível que você vá precisar personalizar uma localização de arquivo em um arquivo OSTYPE, ou que vá precisar definir informações específicas de domínio em um arquivo DOMAIN. A menos que você desenvolva seu próprio programa de entrega de correio, entretanto, não precisará criar um arquivo-fonte MAILER. No lugar, você precisará invocar um ou mais arquivos existentes em seu arquivo de configuração da macro.

A Tabela C.5 lista cada nome de MAILER e função. Estes são invocados usando o comando MAILER(*name*) no arquivo de configuração de macro (.mc).

Tabela C.5 – Valores de MAILER.

Nome	Função
local	Os mailers local e prog.
smtp	Todos os mailers SMTP: smtp, esmtp, smtp8, dsmtp e relay.
uucp	Todos os mailers UUCP: uucp-old (uucp) e uucp-new (suucp).
usenet	Suporte a notícias Usenet.
fax	Suporte FAX usando o software FlexFAX.
pop	Suporte a Post Office Protocol (POP).
procmail	Uma interface para procmail.
mail11	O mailer mail11 de DECnet.

546 | *Linux: servidores de rede*

Tabela C.5 – Valores de MAILER. (continuação)

Nome	Função
phquery	O programa phquery para catálogo telefônico CSO.
qpage	O mailer QuickPage usado para enviar e-mail a um pager.
cyrus	Os mailers cyrus e cyrusbb.

Seu arquivo de configuração de macro deve ter uma entrada MAILER(local) e MAILER(smtp). Selecionar local e smtp fornece tudo o que você precisa para uma instalação TCP/IP padrão. Nenhum dos mailers restantes são extensamente usados. Os outros mailers são os seguintes:

uucp - Fornece suporte de correio UUCP para sistemas diretamente conectados a redes UUCP. O mailer uucp-old suporta correio UUCP padrão, e o mailer uucp-new é usado para sites remotos que podem controlar os múltiplos receptores em uma transferência. Especifique MAILER(uucp) depois da entrada MAILER(smtp) se seu sistema tiver conexões TCP/IP e UUCP.

usenet - Envia correio local que contém .usenet no nome de receptor para o programa inews. Use um agente de correio de usuário que suporte Usenet news. Não use o sendmail para controlar isto.

fax - Suporte experimental para HylaFAX.

pop - Em sistemas Linux, o suporte POP é fornecido pelo popd, assim o comando MAILER(pop) não é usado.

procmail - Fornece uma interface procmail para o mailertable.

mail11 - Usado apenas em redes de correio DECNET que usam o mailer mail11.

phquery - Fornece serviço de diretório de catálogo telefônico CSO (ph).

qpage - Este mailer fornece uma interface de e-mail para pagers usando o programa QuickPage.

cyrus - Fornece um programa de entrega de correio local que usa uma estrutura de caixa postal. Mailers cyrus e cyrusbb não são usados amplamente.

Código local

Há várias macros m4 que lhe permitem modificar diretamente o arquivo sendmail.cf com comandos de configuração não adulterados do sendmail.cf. Estas macros são colocadas no começo de um bloco de código de sendmail.cf, e elas informam ao m4 onde pôr este código no arquivo de saída. Estas macros são como segue:

LOCAL_RULE - LOCAL_RULE_*n* encabeça uma seção de código a ser acrescentado ao conjunto de regras *n*, onde *n* é 0, 1, 2 ou 3. O código que segue o comando LOCAL_RULE são regras de reescrita de sendmail.cf.

LOCAL_CONFIG - LOCAL_CONFIG encabeça uma seção de código a ser acrescentado ao arquivo sendmail.cf depois da seção de informação local e antes das regras de reescrita. A seção de código contém comandos de configuração de sendmail.cf padrão.

LOCAL_RULESETS - Esta macro encabeça uma seção de código que contém um conjunto de regras completo que será acrescentado ao arquivo sendmail.cf. Geralmente, estes são denominados como o oposto aos conjuntos de regras numerados.

LOCAL_NET_CONFIG - Esta macro encabeça uma seção de regras de reescrita de sendmail.cf que definem como o correio endereçado a sistemas na rede local é controlado.

MAILER_DEFINITIONS - Esta macro é colocada antes de um comando M de sendmail.cf, que é uma definição de mailer.

DAEMON_OPTIONS

A macro DAEMON_OPTIONS define parâmetros para o daemon sendmail. Quando o sendmail aceita correio de um programa de e-mail local, está agindo como um Agente de Submissão de Correio (MSA). Quando transfere este correio a um servidor remoto, está agindo como um Agente de Transferência de Correio (MTA). A macro DAEMON_OPTIONS ajusta opções para ambas as "personalidades" do sendmail.

Dois comandos DAEMON_OPTIONS são necessários para ajustar os parâmetros para MTA e MSA. A configuração do sendmail padroniza os seguintes valores:

```
DAEMON_OPTIONS('Port=25,  Name=MTA')
DAEMON_OPTIONS('Port=587, Name=MSA, M=E')
```

Estas duas linhas atribuem as portas padrão para MTA e MSA, e um modificador para MSA. Use a característica no_default_msa para limpar os defaults de MSA antes de ajustar novos valores MSA com a macro DAEMON_OPTIONS. E então use dois comandos DAEMON_OPTIONS: o primeiro para MTA e o segundo para MSA.

Os parâmetros DAEMON_OPTIONS são atribuídos usando o par *keyword=value*. As possíveis palavras-chave e valores são:

Port - A palavra-chave Port atribui um número de porta de rede ao daemon. A porta padrão para um MTA é 25, e a porta padrão para um MSA é 587. Mudar estas portas padrão significa que os clientes terão dificuldade localizando o serviço. Os números de porta então raramente são mudados.

Name - A palavra-chave Name identifica o aspecto do daemon de sendmail para o qual os parâmetros estão sendo ajustados. Há quatro valores documentados:

MTA - Isto identifica a interface Mail Transport Agent tradicional de sendmail que é usada para entregar correio.

548 | *Linux: servidores de rede*

MSA - Isto identifica a interface Mail Submission Agent de sendmail que pode ser usada por MUAs externos para submeter correio. Na prática, esta função é idêntica à função de MTA, com exceção ao número de porta, porque ambos os aspectos de sendmail asseguram que todo o correio, não importa como chega, é processado por todos os conjuntos de regras, filtros e bancos de dados necessários.

MTA-v4 - Isto é igual a interface de MTA, e é projetado para controlar entrega de e-mail a hosts com endereços Ipv4 de 32 bits padrão.

MTA-v6 - MTA-v6 é uma interface projetada para controlar entrega a hosts que usam endereços Ipv6 de 128 bits.

Family - A palavra-chave Family define a família do endereço. Por default, este é inet, o que significa que endereços IPv4 padrão devem ser usados. Um valor alternativo é inet6, que solicita endereçamento IPv6.

M - A palavra-chave M é um modificador que solicita processamento opcional. M=E desabilita o comando ESMTP ETRN. Esta configuração é o default para o MSA porque é requerido pelo padrão de MSA. A configuração M=a requer autenticação por um método de autenticação de confiança antes do MSA aceitar a mensagem de correio.

Roteamento de correio LDAP

Além dos vários bancos de dados construídos no sendmail, um servidor Lightweight Directory Access Protocol (LDAP ou Protocolo de Acesso de Diretório Leve) pode ser usado com o sendmail. Se seu site usa LDAP para outros propósitos, você pode encontrar alguma vantagem usando-o com o sendmail. Suporte a LDAP é adicionado ao sendmail usando os seguintes defines, features e macros:

define('confLDAP_DEFAULT_SPEC', *'ldap-arguments'*) - Ajusta argumentos que são requeridos para a definição de mapeamento do LDAP. No mínimo, o nome do servidor LDAP (-h *server*) e o nome distintivo básico (-b o=*org*,c=*country*) deve ser fornecido. Por exemplo:

```
define('confLDAP_DEFAULT_SPEC',   '-h egret.foobirds.org  -b
o=foobirds.org  ,  c=us')
```

FEATURE ('ldap_routing') - Adiciona o suporte necessário para roteamento LDAP à configuração.

LDAPROUTE_DOMAIN(*domainname*) - Acrescenta um domínio à classe {LDAPRoute}. As informações de roteamento de correio para domínios nesta classe são observados pelo servidor LDAP.

LDAPROUTE_DOMAIN_FILE(*filename*) - Identifica o arquivo do qual a classe [LDAPRoute] é carregada. O arquivo contém uma lista dos domínios para os quais as informações de roteamento de correio devem ser obtidas do servidor LDAP.

Isto conclui a discussão sobre macros m4. A saída de todos os arquivos e comandos que entram no processador m4 é um arquivo sendmail.cf. A maior parte das informações sobre a configuração de sendmail é encontrada no Capítulo 5.

Índice

A

A (Address), registros, 113, 117
a e A, opção e sinalização
  em arp, 220, 444
  em definições de mailer, 158
  em exportfs, 304-305
  em fdisk, 489
  em netstat, 457-458
  em procmail, 378-379
  em tabelas de roteamento, 224
  em umount, 308
  para cadeias, 405
A Shell, 76
abandoned, valor, 268
abort, comando, 346
accept, palavra-chave, 405
accept_unqualified_senders, característica, 535, 538
Acceptable Use Policies (AUPs), 365
accept-unresolvable_domains, característica, 366-367, 535, 538
Access, banco de dados, 370-371
access.conf, arquivo, 180
access_db, característica, 371, 535, 537-538, 544
access_list, opção, 520
access_times, atributo, 403
AccessFileName, diretiva, 197-198
Account Info, tabulação, 56
Accounts, tabulação, 56
acdirmax, opção, 311
acdirmin, opção, 311
acesso não-autorizado, 386
acesso remoto, rastrear, 394-395
acl, comando, 104, 109, 519
acregmax, opção, 311
acregmin, opção, 311
actimeo, opção, 311
action, campo, 21-22
active, comando, 345
active, roteadores, 233
add, opção, 202

AddEncoding, opção, 189
AddHandler, opção, 189
AddIcon, opção, 188
AddIconByEncoding, opção, 188
AddIconByType, opção, 188
additional-from-auth, opção, 510
additional-from-cache, opção, 510
AddLanguage, opção, 189
AddModule, diretiva
  em http.conf, 182-183
  em mod_ssl, 204
Address (A), registros, 112, 117
Address Resolution Protocol (ARP), 220-221
address, campo, 53
address_match_list, opção, 505
address-list, opção, 505
AddType, opção, 189
adduser, opção, 202
adm, grupo, 77-78
Advanced, tabulação, 57
af, parâmetros, 343-344
AFSTokenpassing, opção
  em ssh_config, 423
  em sshd_config, 417
age in days, opção, 377
ajustar opções para dhcpd, 272-273
algorithm, opção, 520
algorithm_id, opção, 519
alias, declaração, 289
Alias, diretiva, 187
ALIAS_FILE, parâmetro, 539
aliases de correio pessoal, 145
aliases
  correio, 142-145, 463
  em dhclient.conf, 288-289
  em hosts, 92
  em http.conf, 187, 194
all e ALL, palavras-chave
  em hosts.allow, 396-397
  em lpc, 347
  em Options, 197
  para AllowOverride, 198
  para gated, 256

all_squash, configuração, 303
allmasquerade, característica, 534, 536
Allow incoming, opção, 549
Allow, diretiva, 198-201
allow, opção
  em dhcpd, 269
  em hosts.allow, 399-400
  em named.conf, 580
  em rndc.conf, 149
Allowable Drives, lista, 488
allow-gid, opção, 98
AllowGroups, valor, 417
allow-notify, opção, 567
AllowOverride, diretiva, 197-198
allow-query, opção, 121, 562
allow-recursion, opção, 563
AllowTcpForwarding, valor, 417
allow-transfer, opção, 507
allow-uid, comando, 88
allow-update, opção, 107-108, 117, 516
allow-update-forwarding, opção, 517
AllowUsers, valor, 417
all-subnets-local, opção, 272
also-notify, opção, 107, 507
alvos com iptables, 257
always add_domain, característica, 535, 538
always-reply-rfc1048, parâmetro, 269
Amateur radio support, categoria de kernel, 434
amd (daemon automounter), 298, 313-314
amd.conf, arquivo, 314
ameaças
  básicas, 386
  informações para, 387-389
  verificação real para, 387
anônimo, FTP, 62, 86-87, 173
Apache, servidor web, 173
apagar
  contas de usuário, 85
  grupos, 80

550 | Linux: servidores de rede

partições, 484
apelidos, pseudônimos para, 142
aplicações de compartilhamento de
  Windows, 316
APOP, comando, 356
append e APPEND, comando
  em dhclient.conf, 289
  em IMAP, 359
  em lilo.conf, 13, 14
áreas em roteamento, 232
Arguments, campo, 67
ARP (Address Resolution Protocol),
  220-221
arp, comando, 220-221
arp.dat, arquivo, 445-448
arp-cache-timeout, opção, 272
arpwatch, utilidade
  para conflitos de endereço, 445-
  448
  para diagnóstico de rede, 439
arquivo de aliases, 142-145
arquivo de banco de dados de domínio, 120-123
arquivo de controle de macro, 163-
  164
arquivo de domínio inverso, 127-128
arquivo de segurança, 426
arquivo de serviços, 65-66, 239
arquivo de sombra, 80, 409-410
arquivos de host local, 103, 113-114
arquivos de mapa, 314-315
arquivos de sugestão
  configuração de cache apenas,
  112-113
  para DNS, 93-94, 102-103
arquivos de troca
  ativação de, 25
  em fstab, 310
arquivos de zona reversa, 103
arquivos raiz em DNS, 93
arquivos
  comandos F para, 147-148
  compartilhar, 291
  permissões para, 292-293, 326
  Samba para. *Veja* serviços Samba
arrendamentos para servidores
  DHCP, 267
ASE (autonomous system external),
  roteadores, 256
ASNs (autonomous system numbers)
  em bgpd.conf, 247
  para gated, 255
ASs (autonomous systems), 232
asteriscos (*) em registros de recurso, 117
async, opção, 306

ATA/IDEIMFM/RLL, categoria de su-
  porte de kernel, 433
Atime, opção, 307
ATTEMPT, valor de registro, 402
Attempts, opção, 97
AUPs (Acceptable Use Policies), 365
autenticação básica, 201
autenticação de usuário, 200-203
autenticação, 408-409
Auth, opção, 50, 52
AuthConfig, opção, 197
AuthDBUserFile, opção, 202
AUTHENTICATE, comando, 358
Authentication Configuration, janela,
  497-498
Authentication, parâmetro, 251
Authkey, cláusula, 253
AuthName, diretiva, 200
auth-nxdomain, opção, 506
Authoritative, declaração, 269
Authpriv, facilidade, 394
authtype simple, cláusula, 253
AuthType, diretiva, 200-201
AuthUserFile, diretiva, 201-202
auto, verificação automática do sistema de arquivo, 310
auto.master, arquivo, 314-315
autofs, script, 298
automount, montador, 313-314
automounter, daemon (amd), 298,
  313-314
automounters para diretórios NFS,
  313-315
autonomous system external (ASE),
  roteadores, 256
autonomous system numbers (ASNs)
  em bgpd.conf, 247
  para gated, 255
autonomous systems (ASs), 232
autonomoussystem, declaração, 255
auto-probing, proteção de, 16
autoridades de certificado (CAs), 205,
  207, 209-210

B

b e B, opção e sinalização
  em dhcpcd, 281
  em fdisk, 489
  em procmail, 379
B Shell, 76
Backbone, áreas, 232
backoff-cutoff, comando, 289
banco de dados de aliases, 137
banco de dados de serviços, 137
banco de dados de sombra, 137
banco de dados e registros de banco
  de dados
    Access, 370-371

comandos K para, 147-148
  na configuração de servidor
  mestre, 117-123
  nsswitch.conf para, 137
Banner, valor, 417
Banners, opção, 399
BatchMode, opção, 423
-bd, opção em sendmail, 145
Begin Connection When the Computer
  Is Turned On, opção, 57
Berkeley Internet Name Domain
  (BIND), software, 94-95, 503
bestmx_is_local, característica, 535,
  538
bg, opção em fstab, 311
BGP (Border Gateway Protocol), 229,
  253-256
bgpd, programa, 245-247
bgpd.conf, arquivo, 246-247
BIND (Berkeley Internet Name
  Domain), software, 94-95, 503
  named.conf, comandos. *Veja*
  arquivo named.conf
  resolvedor em. *Veja*
  resolvedor
bind, valor, 135
BindAddress, opção, 186
bitdomain, característica, 535, 537
BITNET_RELAY, macro, 542
blackhole, opção, 507
blacklist_recipients, característica,
  535, 538, 544
Block, categoria de dispositivos de
  kernel, 433
blocklist, valores, 9
blocos ruins, 488
b-node (nó de transmissão) em NBT,
  316
body, opção, 376
bogus, opção, 518
Boolean, parâmetros, 342
boot
  configuração de interface em,
  41
  kernel, 435-437
  programas de instalação, 478-
  479
Boot, ação, 22
boot, carregadores de, 3
boot, opção, 10
boot, processo de, 3
boot, prompt, 14-17
boot, segurança, 13-14
boot, setores, 4-6
bootfile-name, opção, 274
booting, palavra-chave, 269
BootP (Bootstrap Protocol), 262

Índice 551

bootp, comando
em dhclient.leases, 286
em dhcpd, 269
BootPrompt-HOWTO, documento, 17
BOOTPROTO, declaração, 283, 439
BOOTREPLY, pacotes, 262
BOOTREQUEST, pacotes, 262
boot-size, opção, 274
Bootstrap Protocol (BootP), 262, 269, 286
Bootstrap, carregadores, 3
Bootwait, ação, 22
Border Gateway Protocol (BGP), 228, 253-256
Bourne Shell, 76
Bourne-Again Shell, 76
Bring Link Up And Down Automatically, opção, 57
broadcast e BROADCAST, opção
em ifcfg-eth0, 283
em ifconfig, 440
para gated, 253
broadcast-address, opção, 271
broadcast-node (b-node) em NBT, 316
browsable, parâmetro, 325
BrowserMatch, diretiva, 191-192
bt, opção em sendmail, 160-162, 369
bug, informação, 387-361
Bugtraq Archives, 387-390
bv, opção em sendmail, 160

C

c e C, opção e sinalização
em dhcpcd, 281
em fdisk, 490
em lwresd, 102
em procmail, 379
em sendmail, 161-162
em sendmail.cf, 147
em tabelas de roteamento, 224
em useradd, 81
em usermod, 80-81
no campo Mask, 221
C Shell, 76
ca, entrada em inittab, 23
cabeçalhos em sendmail.cf, 151-152
cache, 192-193
CacheDefaultExpire, diretiva, 193
CacheGcInterval, diretiva, 192
CacheLastModifiedFactor, diretiva, 192
CacheMaxEmpire, diretiva, 192
CacheRoot, diretiva, 192
CacheSize, diretiva, 192
camada Network Control para PPP, 45

Canonical Name (CNAME), registros, 118, 125, 128, 194
canonify, conjunto de regras, 154-155
CANONIFY_DOMAIN FILE, macro, 524, 545
CANONIFY_DOMAIN, macro, 524, 545
CAPABILITY, comando, 358
características de interface de vídeo, 474
características de monitor de vídeo, 474
carregar
kernel, 9-14
Linux, 6-10
objetos compartilhados dinamicamente, 182-184
serviços Linux, 19-24
setor de boot, 4-6
Carrier Sense Multiple Access with Collision Detection (CSMACD), 442
CAs (certificate authorities), 205, 207, 209-210
categoria de kernel de características e tipo de processador, 433
categoria de kernel de configuração Plug and Play, 433
categoria de kernel de drivers de CD-ROM antigos, 434
categoria de kernel de suporte de dispositivo de rede, 434
categorias para configuração de kernel, 432-435
CC, opção para filtros de spam, 377
CD-ROM
características de, 475
instalação de, 476
certificados auto-assinados, 210
certificados para SSL, 205-210
cf, opção em dhcpd, 266-267
CGI (Common Gateway Interface), ameaças, 195-196
Chainloader, comando, 9
chains, 257, 405
Challenge Handshake Authentication (CHAP), segurança, 52-53
challenge, string, 52
challenger, campo, 52
ChallengeResponseAuthentication, opção
em ssh_config, 424-425
em sshd_config, 417
chamada a procedimento remoto (RPC), protocolos, 296
CHAP (Challenge Handshake Authentication), segurança, 52-53

chap-secrets, arquivo, 52-53
chat, scripts, 54-55, 448-449
chaves de usuário para SSH, 416-417
CHECK, comando, 359
Check, opção, 202
CheckHostIP, opção, 423
CheckMail, valor, 417
check-names fail, opção, 107
check-names, opção, 507
Chgrp, comando, 295-296
chkconfig, ferramenta
para dhcpd, 266
para gated, 249-250
para Samba, 320
para scripts, 27-28, 299
para servidor web Apache, 175-176
para xinetd, 72-73
chmod command
em DOMAIN, 166
para permissões, 293-294
ciclo de atualização em registros SOA, 121-122
ciclo de nova tentativa em registros SOA, 122
Cipher, opção, 423
Ciphers, opção
em ssh_config, 423
em sshd_config, 417
class, opção
em ftaccess, 88
em lpc, 346
em registros de recurso, 117
em sendmail.cf, 147-148
classless, endereços de IP, 38
cláusula de categoria em named.conf, 513-514
cleaning-interval, opção, 508
Clear To Send (CTS), controle de fluxo de hardware, 48-49
Clear To Send (CTS), pin, 43
ClearModuleList, diretiva, 184
CLF (Common Log Format), 213-215
client, opção
em dhcpd.leases, 268
em lpc, 346
em named.conf, 514
ClientAliveCountMax, valor, 418
ClientAliveInterval, valor, 418
clientes diskless, opções, 274
close e CLOSE, opção
em IMAP, 359, 361
em sombra, 410
CLOSE_WAIT, estado, 456
CLOSED, estado, 456
CLOSING, estado, 456

552 | Linux: servidores de rede

CNAME (Canonical Name), registros, 117, 124-125, 128, 194
cname, opção, 512
códigos de status para logging condicional, 215-216
colisões em redes Ethernet, 442
comentários
   em ftpaccess, 88
   em gated, 251
   em grub.conf, 6-7
   em http.conf, 180-181
   em inetd.conf, 68
   em inittab, 21-22
   em lilo.conf, 10
   em login.defs, 83-84
   em named.conf, 104, 110-111
   em passwd, 75
   em printcap, 342
   em protocolos, 63-64
   em pump.conf, 285
   em sendmail.cf, 147-148
   em serviços, 65-66
   em sshd_config, 422
   em useradd, 81-82
   em wu-ftpd, 72
   em xinetd.conf, 69
comment, parâmetro em smb.conf, 325
Common Gateway Interface (CGI), ameaças, 195-196
Common Log Format (CLF), 213-215
compartilhar
   arquivos, 291, 316-319
   com Samba. *Veja* Samba, serviços
   impressoras, 345-349
compartilhar, 320, 327
compat source, valor, 138
compilar
   drivers de dispositivo, 36-37
   kernel, 435-437
compress, comando, 89
Compression, opção, 423
CompressionLevel, opção, 423
condrestart, argumento, 129
conexão direta, cabos de, 43
conexões
   diagnóstico, 451-452
   interface serial, 44-45
conf, diretório, 206
conf, parâmetros, 527-534
config e #config, opção
   em named.conf, 512
   para SSIs, 195
—config-file, opção, 284
configuração de dispositivos de confiança, 496

configuração de impressão, 350
configuração de outras portas, 496
configuração de placa adaptadora, 441-443, 494
configuração de servidor escravo, 114-115
configuração de servidor mestre, 116-117
configuração só cache, 108-109
configuração, protocolos de
   BootP, 262
   DHCP, 262-263
   RARP, 264
configurações de retransmissão de mensagens, 366-367
configurações de retransmissão para spam, 366-367
Configure Name Resolution Automatically, opção, 57
configure terminal, comando, 241
conjunto de regras de remetente, 154-155
ConnectionAttempts, opção, 423
Console drivers, categoria de kernel, 435
contagem para o infinito, problema, 230
contas de usuário, 74
control, declarações em gated.conf, 250
controle de acesso
   com iptables, 405-407
   com tcpd, 393-394
   com xinetd, 401-404
   para compartilhamento, 327
   para servidor web Apache, 198-200
controle de acesso, arquivos de 395-400
controle de fluxo, 48-49
controle de fluxo de hardware, 48-49
controle de fluxo de software, 48-49
converter endereços IP para endereços Ethernet, 220-222
convidado, FTP, 88
cookie-servers, opção, 274
COPY, comando, 359
Coresize, opção, 508
cps, atributo, 70
create mode, parâmetro, 325-326
CREATE, comando, 358
CREATE_HOME, parâmetro, 84
criptografia de chave pública, 202
criptografia
   em SSH, 416
   em SSL, 203
crtscts, opção, 48-49, 50

CSMACD (Carrier Sense Multiple Access with Collision Detection), 441-442
Ctlaltdel, ação, 22
CTS (Clear To Send), controle de fluxo de hardware, 48-49
CTS (Clear To Send), pin, 43
CustomLog, diretiva, 212-215
cyrus, mailer, 546
CYRUS_, parâmetros, 539

D

d e D, opção e sinalização
   em dhcpcd, 280, 282
   em dhcpd, 266-267
   em fdisk, 490
   em iptables, 407
   em lwresd, 102
   em nmbd, 318
   em procmail, 379
   em sendmail.cf, 147-148
   em tabelas de roteamento, 224
   em useradd, 81
   em Zebra, 236
   para cadeias, 405
daemon, grupo, 77
DAEMON_OPTIONS, macro, 524, 547-548
Data Carrier Detect (DCD), pin, 43
Data Link, camada para PPP, 45
Data Set Ready (DSR), pin, 43
Data Terminal Ready (DTR), pin, 43
data, campo em registros SOA, 121-122
Database, opção em named.conf, 517
datagramas, 63
datasize, opção, 508
date, opção para filtros de spam, 376-377
db, opção
   em named.conf, 513
   em nsswitch.conf, 137-138
dbmmanage, comando, 202-203
DCD (Data Carrier Detect), pin, 43
DCE (data communication equipment), 42
dd, comando, 477
DDNS (Dynamic DNS), 263
deallocate-on-exit, opção, 506
debug, opção
   em LogLevel, 212-213
   em lpc, 346
   em resolv.conf, 96
declarações agregadas em gated.conf, 250

Índice | 553

declarações de controles
  em named.conf, 104, 520-521
  em rndc.conf, 133-134
declarações em named.conf, 104
default, opção
  em dbclient.conf, 289
  em grub.conf, 6-7
  em lilo.conf, 11
  em named.conf, 513
DefaultIcon, opção, 188
default-ip-ttl, opção, 272
default-key, opção, 133
default-lease-time, declaração
  em dbcp.conf, 275-276
  em dhcpd, 269
defaultmetric, cláusula, 253
defaultq, comando, 346
defaultroute, opção, 49
defaults
  configuração de resolvedor, 96
  roteamentos, 228, 233
defaults, opção
  em fstab, 310
  em lpc, 345-346
  em mount, 306
  em wu-ftpd, 72
  em xinetd.conf, 69-70
default-server, opção, 133
default-tcp-ttl, opção, 272
DefaultType, opção, 189
define, declaração
  em DOMAIN, 166-167
  em OSTYPE, 164-165
define, macro, 524, 526-528
definição de servidor de nome, 123
delay checks, característica, 526
DELE, comando, 356, 357
delegação de subdomínio, 125-126
delegação de subdomínio inverso, 128-129
delete e DELETE, opção
  em dbmmanage, 202-203
  em Disk Druid, 487
  em IMAP, 358, 306-361
Denial of Service (DOS), ataques, 386
Deny, diretiva, 198-199, 201
deny, opção
  em dhcpd, 269
  em hosts.allow, 398-399
deny-gid, opção, 88
DenyGroups, valor, 418
deny-uid, opção, 88
DenyUsers, valor, 418
dependências, modulo de, 30
desativar serviços desnecessários, 68

desempenho, http.conf para, 191-192
Destination, campo, 223
detach, parâmetro em pppd, 448-449
dev, opção em mount, 307
Device, campo, 486
DEVICE, declaração, 283
device, diretiva, 284-285
Devices, aba, 41
devpts, tipo de sistema de arquivo, 310
dhclient, 286-290
dhclient.conf, arquivo, 286-287
dhclient.leases, arquivo, 286-287
DHCP (Dynamic Host Configuration Protocol), 261-262
dhcpcd, programa, 280-283
dhcp-client-identifier, opção, 271, 281
dhcpd, script
  básico, 271-272
  com outros kernels, 265-266
  executar, 266
  opções de configuração para
dhcpd.conf, arquivo, 266, 268, 275-276
dhcpd.leases, arquivo, 267-268
dhcpd-eth0.cache, arquivo, 282
dhcpd-eth0.info, arquivo, 282-283
dhcrelay, servidor, 277-279
diagnóstico, 429-430
Dialup Configuration, opção, 56
dial-up, configuração, 49-51
dialup, opção, 506
dicionário, ataques de, 409
dig, utilitário
  para diagnóstico de rede, 439
  para DNS, 466-467
Digest, autenticação, 201
Dijkstra Shortest Path First, algoritmo, 231
Dip, comando, 448
Direct Memory Access Request (DRQ), números, 443
directory mode, parâmetro, 325
Directory, diretiva em http.conf, 180
directory, opção
  em exportações, 300
  em named.conf, 105, 109, 111
  para servidor web Apache, 196-197
DirectoryIndex, opção, 188
diretórios principais
  automounting, 315
  para ftp, 86
diretórios, compartilhar, 326-327
disable, opção
  em lpc, 346
  em wu-ftpd, 72-73

DISCARD, palavra-chave, 371
disco rígido, características de, 474
discos, particionar. *Veja*
  particionamento de discos
Disk Druid, programa, 485-489
dispatch, opção, 514-515
disponibilidade de dados, ameaças a, 386
dispositivos de caracteres, categoria de kernel, 434
dispositivos de hardware
  informações para instalação, 472-474
  inicialização de driver para, 18-19
disquetes de boot, 477, 502
disquetes
  boot, 477
  setores de boot em, 4
distance-vector, algoritmos, 229
distâncias em Zebra, 234
divert, macro, 163-164, 524, 525
DMA Request (DRQ), números, 443
dmesg, comando, 18
DNAT, política, 257-258
dnl, macro, 163-164, 524, 525
DNS (Domain Name System), 91-93
DNS NOTIFY, mensagem, 107
dns proxy, opção, 317, 324
DNS, aba, 41
dnsbl, característica, 368-369, 535, 538, 543
dnskey-gen, utilidade, 111
dnssec, opção, 514
DocumentRoot, diretiva, 178-179, 187, 205
documents em http.conf, 181, 196-197
doesn't contain, opção, 377
Domain Name System. *Veja* DNS (Domain Name System)
DOMAIN, macro, 166-169, 524, 526
domain, opção
  em resolv.conf, 96, 101
  em smb.conf, 323
domain-name, opção, 271
domain-name-servers, opção, 271
domainsearch, diretiva, 284
domaintable, característica, 535
domínio, 200-201
domínios inversos, 113
domínios locais em resolv.conf, 96
DOS (Denial of Service), ataques, 386
down, comando, 346
—dport, parâmetro, 406
Driver Options, aba, 339
Driver, aba, 338

554 | Linux: servidores de rede

drivers carregáveis para Ethernet, 34-40

drivers de dispositivo
carregáveis, 34-40
compilar, 36-37
impressora, 336-337
inicializar, 18-19

drop, palavra-chave, 405

dsmtp, comando, 157

DSO (Dynamic Shared Object), 182-184

DSR (Data Set Ready), pin, 43

dst, filtro, 460

DTE (data terminal equipment), 42

DTR (Data Terminal Ready), pin, 43

dump, comando, 311

dumpdb, argumento, 132

dump-file, opção, 506

Dynamic DNS (DDNS), 263-264

Dynamic Host Configuration Protocol. *Veja* DHCP (Dynamic Host Configuration Protocol)

Dynamic Shared Object (DSO), 182-184

dynamic-bootp-lease-cutoff, parâmetro, 270

dynamic-bootp-lease-length, parâmetro, 263-264

E

e e E, opção e sinalização
em definições de mailer, 158
em rpm, 174
em useradd, 81-82
para cadeias, 405
sinalização em procmail, 379

E/S, endereços de porta, 443

e2label, comando, 309

echo e #echo, opções
em stty, 49
para SSIs, 195

Edit Internet Connections, janela, 55-56

Edit Queue, janela, 338-341

Edit, opção em Disk Druid, 486

elegante, indexação, 188, 199

elm, programa para spam, 374-375

email, comando, 89

e-mail. *Veja* serviços de correio

emerg, configuração, 212-213

Enable MD5 Passwords, opção, 497

enable mode para Zebra, 239

enable password, comando, 237, 239

Enable Shadow Passwords, opção, 409, 497

enable, comando, 346

encaminhamento de pacote, 222-223

encaminhamento, firewalls, 405

encaminhar correio, aliases para, 142

encrypt passwords, parâmetro, 323

End, campo, 486

endereço, máscaras de, 37-38

endereços de destino em roteamento, 219, 223

endereços de entrega em conjuntos de regras, 155

endereços de IP, 37-38

endereços de receptores em conjuntos de regras, 155

endereços de remetente
em conjunto de regras, 155
em sendmail.cf, 160

endereços Ethernet, converter endereços de IP para, 220-222

endereços lógicos, 220

endereços
em conjunto de regras, 155
IP. *Veja* endereços de IP

endereços, conflitos de, 442-448

ends with, opção, 377-378

ends, opção, 267

entrada de clientes em hosts.allow, 395-396

entradas de finalidade especial em inittab, 23-24

entradas, firewalls de, 405-406

envelhecimento de senhas, 411-412

equipamento de comunicação de dados (DCE), 42

equipamento terminal de dados (DTE), 42

ErrorLog, diretiva, 212-213

EscapeChar, opção, 423

escravo (slave) no tipo master, 106

escrever, permissão, 292-294

esmtp, comando, 156

ESMTP_MAILER ARGS, parâmetro, 539

ESTABLISHED, estado, 457

etc, diretório, 237

ether, argumento, 17

Ethernet, adaptadores
configurar, 494
na instalação, 474
prompts de, 17

ethers, arquivo, 264

ethers, banco de dados, 137

eventlib, opção, 513

EXAMINE, comando, 359

exec e #exec, opção
em mount, 307
para SSIs, 195-196

ExecCGI, configuração, 197

executar, permissão, 292-294

exit, comando
em lpc, 346
em zebra.conf, 241

EXIT, valor de registro, 402-403

—expert, opção, 501

expiração, tempo de, 122-123

expire, comando, 286

export, declarações, 255-256

exportação, diretórios de, 296

exportfs, comando, 304-305

exports, arquivo, 300-302

EXPOSED_USER, macro, 168, 524

EXPUNGE, comando, 359, 361

ext2, sistema de arquivo, 486

ext3, sistema de arquivo, 310, 487

ExtendedStatus, diretiva, 211

extensões em http.conf, 188

exteriores, protocolos, 228

F

f e F, opção e sinalização
em definições de mailer, 157
em dhcpd, 266
em iptables, 406
em lwresd, 102
em procmail, 379
em sendmail.cf, 147-148
em tail, 212-213
em umount, 308
em useradd, 81-82
em Zebra, 235-237
para cadeias, 405

fake-iquery, opção, 506

FallBackToRsh, opção, 423

Family, valor, 548

FancyIndexing, opção, 188

fax, mailer, 546

FAX_MAILER, parâmetros, 539

FAX_RELAY, macro, 542

fdisk, programa, 481, 489-493

FEATURE, macro, 524, 526, 534-538

FETCH, comando, 359, 361

fetch-glue, opção, 506

fg, opção em fstab, 312

fila, tipos de, 334

filas de impressoras locais, 334

File Transfer Protocol (FTP), 61-62, 71

file, cláusula em named.conf, 115, 516

FILE, valor em xinetd.conf, 69

FileInfo, opção, 198

filename, parâmetro
em dhclient.leases, 286
em dhcpd, 270

Files, diretiva em http.conf, 180-181

files, opção em named.conf, 508

Índice 555

Filesystems, categoria de kernel, 435
Filter Rules, janela, 375-377
filter-rules, arquivo, 374-375
filters
    firewalls. *Veja* firewalls
    spam, 374
    tcpdump, 460-462
filtro de endereço de rede, 461
filtro, ferramenta de, 374-375
FIN_WAIT1, estado, 457
FIN_WAIT2, estado, 457
final, conjunto de regras, 154
find, comando, 178
finger-server, opção, 274
fips, programa, 6, 481
firewalls
    configuração, 495-498
    na configuração de DNS, 111
    regras de iptables para, 405-406
fixed-address, opção
    em dhclient.leases, 287
    em dhcpd, 270
flags e Flags, opção em arp, 221
    em named.conf, 520
    em tabelas de roteamento, 224
flip flop, mensagens, 446, 447
fluxo de dados multiflexível, 63
fluxo de dados multiplexados, 63
FollowSymLinks, configuração, 197
font-servers, opção, 274
Format of Headers, seção, 151-152
Format, campo, 487
formatos, registro, 213-214
forward, opção, 507
forward first, opção, 106
forward only, opção, 106
ForwardAgent, opção, 423
forwarders only, opção, 106
Forwarders, opção, 106, 507
ForwardX11, opção, 423, 426
FQDNs (fully qualified domain names), 93
fsck, comando, 25, 311
fstab, arquivo, 25, 308-313
FTP (File Transfer Protocol), 61-62, 72
FTP real, 88
ftpchroot, comando, 88

G

g e G, opção e sinalização
    em lwresd, 102
    em tabelas de roteamento, 224
    em useradd, 81
    em usermod, 80
g, permissões, 294
gabaritos para regras de reescrita, 152-154

gated, pacote, 247-248
gated.conf, arquivo, 250-251
Gateway, campo, 224
GatewayPort, opção em ssh config, 423
GatewayPorts, valor em sshd config, 418
gateways, 218
gateways, arquivo, 232-234
General, aba, 41
General, categoria de kernel de configuração, 433
general, opção em named.conf, 514
GENERICS_DOMAIN, macro, 524
GENERICS_DOMAIN_FILE, macro, 524
generics_entire_domain, característica, 535
genericstable, característica, 170, 535, 538
Genmask, campo, 224
get-lease-hostnames, parâmetro, 270
getty, programa
    em inittab, 23-24
    para interfaces seriais, 44
GID, entrada, 75
gid, opção em fstab, 311
GID_MAX, parâmetro, 84
GID_MIN, parâmetro, 84
GIDs (IDs de grupo), 78-79
global, seção
    em lilo.conf, 10
    em pump.conf, 285
    em smb.conf, 322-324
GlobalKnownHostsFile, opção, 423
GlobalKnownHostsFile2, opção, 423
gnorpm, ferramenta, 264
Grand Unified Bootloader (GRUB), 6-9, 493
grep, comando, 18
group, arquivo, 77-80
Group, diretiva em http.conf, 191
group, opção
    em dhcpd, 269
    para gated, 255
groupadd, comando, 79
groupdel, comando, 79
groupmod, comando, 79
GRUB (Grand Unified Bootloader), 6-9, 493
grub.conf, arquivo, 6-9, 436-437
grupo de correio, 77-78
grupo de usuários, 77-78
grupo, banco de dados de, 137
grupos
    criar, 77-79
    permissões para, 292, 294
guest ok, opção, 351
guestgroup, comando, 88

H

h e H, opção e sinalização
    em dhcpcd, 281
    em nmbd, 318
    em procmail, 379
    em tabelas de roteamento, 224
habilitar encaminhamento de pacote IP, 222-223
HACK, macro, 526
HACKS, macro, 524
halt, argumento, 132
hard, opção em fstab, 311
Hardware Device, aba, 41
Hardware, aba, 41
hardware, opções
    em dhcpd, 270
    em dhcpd.leases, 267
    para arquivo lilo.conf, 12-13
has-old-clients, opção, 506
HDLC (High-Level Data Link Control), protocolo, 45
HeaderName, opção, 188
heartbeat-interval, opção, 508
help e —help, opção
    em lpc, 346
    em pump, 283-284
HELP_FILE, parâmetro, 539
hesiod, valor-fonte, 138
High, nível de segurança, 495-496
High-Level Data Link Control (HDLC), protocolo, 44-45
hmac-md5, algoritmo, 111
h-node (hybrid-node) em NBT, 317
holdall, comando, 346
home, entrada em passwd, 75
HOME, variável, 44
homes, seção em smb.conf, 325
host e HOST, opção
    em dhcp.conf, 276
    em dhcpd, 268
    em exportações, 301
    em ssh, 423, 426
    para testar DNS, 438, 465
Host IP, campo, 340
host, filtro, 460
host, porção de endereços de IP, 38
host, tabela, 135
HOST, valor de registro, 402
host.conf, arquivo, 135-136
HostbasedAuthentication, opção
    em ssh_config, 423
    em sshd_config, 418
hostip, entrada, 353
HostKey, valor, 418
HostKeyAlgorithms, opção, 423
HostKeyAlias, opção, 423
hostname e HostName, opção
    em dhcpd.leases, 267

556 | *Linux: servidores de rede*

em pump, 284
em resolv.conf, 95
em ssh_config, 423
em zebra.conf, 237, 241
host-name, opção, 271
hosts allow, comando
em smb.conf, 327
para impressoras, 352
hosts deny, comando, 327
hosts virtuais, 193-194
hosts
aliases para, 194
em meios de acesso, 233
na configuração de servidor
mestre, 124
Hosts, aba, 41
hosts, arquivos, 91-92
hosts, banco de dados, 137
hosts, valor, 135
hosts.allow, arquivo, 395-397, 399-402, 404
hosts.deny, arquivo, 395-396, 398, 400-402, 404
host-statistics, opção, 506
HTML (HyperText Markup Language), documentos, 180
html, diretório, 178
htpasswd, comando, 202
HTTP, instalações, 476
http.conf, arquivo, 178-179
http_core.c, arquivo, 182
httpd, script, 27, 176-177
httpd.conf, arquivo, 178-179
hwconf, arquivo, 35
hybrid-node (h-node) em NBT, 317
HyperText Markup Language (HTML), documentos, 179

I

i e I, opção e sinalização
em dhcpcd, 281
em dhcrelay, 277
em iptables, 407
em lwresd, 102
em procmail, 379
em pump, 283-284
em rpm, 174
para cadeias, 405
I2O, categoria de kernel de suporte a dispositivo, 434
IBGP (internal BGP), 255
ICMP Time Exceeded, erros, 454
ICMP Unreachable Port, erros, 454
—icmp-type, parâmetro, 406
id, entrada em inittab, 23
ldap, valor-fonte, 137-138
identd (identification daemon), 365-366

IdentityFile, opção, 424
IDs de grupo (GIDs), 78-79
IDs de usuário (UIDs)
mapeamento, 302-304
para arquivos, 292
para contas de usuário, 77
para NFS, 77
ieee802-3-encapsulation, opção, 272
ien116-name-servers, opção, 274
-lf, opção, 266
if, parâmetros, 343
Iface, campo, 283
ifcfg.interface, arquivo, 40
ifcfg-eth0, arquivo, 283
ifconfig, comando, 37-38, 440-441
ifdef, comando, 165
IfDefine, diretiva, 181
IfModule, diretiva, 181
ifup, script, 284
ifup-ppp, script, 47
ignore thread, ação, 378
IgnoreRhosts, valor, 418
IgnoreUserKnownHosts, valor, 418
image, declaração, 11
IMAP (Internet Message Access Protocol), 355
imap, arquivo, 362
imapd, programa, 361-363
imaps, arquivo, 363
import, opção, 202-203
impressoras remotas, 399-341
impressoras
compartilhar, 351
instalação, 333-341
serviços para, 333, 341-345
impress-servers, opção, 274
in, palavra-chave, 106
inactive, entrada, 410
inbox, 361
include e #include, comando
em named.conf, 104
para SSIs, 196
includedir, declaração, 69-70
Includes, configuração, 197
IncludesNOEXEC, configuração, 196-197
index.html, arquivo, 178-179
Indexes, opção
em Options, 197
para AllowOverride, 198
IndexIgnore, opção, 188
IndexOptions, diretiva, 188
inet e —inet, opção
em named.conf, 521
em netstat, 456
em rndc.conf, 133-134
inet6, opção, 99
inetd, script, 62-63, 392

inetd.conf, arquivo, 66-68
informação de rede para instalação, 475
inicialização dupla, sistemas de, 438, 480
inicialização
aluguéis DHCP, 267-268
drivers de dispositivo de hardware, 18-19
nível de execução, 25-26
sistema, 24-25
iniciar serviços de login em demanda, 62-63
init, processo, 15-16, 19-20
Initdefault, ação, 22
initial-interval, comando, 289-290
initrd, comando, 8
inittab, arquivo, 19-20
Input core, categoria kernel de suporte, 434
INPUT_MAIL_FILTER, macro, 524
insist, opção, 513
insmod, comando, 30, 36
instalação, 471-472
install, opção em lilo.conf, 10
instances, atributo, 69
integridade dos dados, ameaças de, 386
interface e —interface, opção
em dhclient.leases, 287
em pump, 284
em zebra.conf, 238, 241-243
para gated, 251-255, 253
interface Ethernet
configuração, 33
diagnóstico, 440-442
interface, declaração em ospfd.conf, 244
interface, declarações em dhclient.conf, 287-288
interface-interval, opção, 508
interface-mtu, opção, 272
interfaces de rede, 33
interfaces, declaração para gated, 252
interiores, protocolos, 228-229
internal BGP (IBGP), 255
Internet Connections, janela, 55-56
Internet Message Access Protocol (IMAP), 355
Internet Protocol Control Protocol (IPCP), 44
interrupções em resolvedor, 97, 99-100
Interrupt Request (IRQ), números, 443
intr, opção, 312
inundação, 231

Índice | 557

ip address, comando, 238, 241
ip broadcast, filtro, 460
ip ospf, cláusula de chave de autenticação, 244
ip ospf, cláusula de prioridade, 244-245
ip proto, filtro, 461
ip route, comando, 237
IP, encaminhamento de pacote, 222-223
IP, roteadores, 218
IP, transmissões em NBT, 316
ip_forward, arquivo, 222-223
IPADDR, declaração, 283
Ipc (Line Printer Control), programa, 346-348
IPCP (Internet Protocol Control Protocol), 45
Ipd, programa, 345-349
ip-down, script, 53
ip-forwarding, opção, 273
ipop2, arquivo, 361
ipop3, arquivo, 361
ip-port, opção, 504-505
Ipr (Line Printer Remote), programa, 345
Iprm, comando, 346, 349
iptables, comando, 405
ip-up, script, 53
IPv6, endereços
    em resolv.conf, 98
    no resolvedor, 101
irc-server, opção, 274
IrDA (infrared), categoria de suporte de kernel, 434
IRQ (Interrupt Request), números, 442
Is, comando, 292-293
is, opção, 477
ISDN, categoria de subsistema de kernel, 434
Ismod, comando, 29-30
isn't, opção, 377
iso9660, tipo de sistema de arquivo, 310
Issuer, campo, 207
ixfr-base, opção, 516

J

j, parâmetro em iptables, 405-406
JetDirect, filas de impressora, 335

K

k e K, opção
    em dhcpcd, 280
    em sendmail.cf, 147-148
Kbrequest, ação, 22

KeepAlive, opção
    em hosts.allow, 399
    em http.conf, 191
    em ssh_config, 423
    em sshd_config, 418
Kerberos 5, servidor de senha, 498
KerberosAuthentication, opção
    em ssh_config, 423
    em sshd_config, 418
KerberosOrLocalPasswd, valor, 418
KerberosTgtpassing, opção
    em ssh_config, 424
    em sshd_config, 418
KerberosTicketCleanup, valor, 418
Kernel Configuration, janela, 430-431
kernel
    carregar, 9-14
    categorias para, 432-435
    compilar e instalar, 435-437
    diagnóstico, 430-437
    para inicialização de driver de dispositivo de hardware, 18
    para TCP/IP, 18-19
    xconfig para, 430-432
Kernel, categoria hacking, 434
kernel, comando, 8, 14-15
kernel, modulo para PPP, 46-47
kernel, panic de, 15
key, declaração
    em named.conf, 104, 111, 519-520
    em rndc.conf, 133
key_id, opção, 519
KeyRegenerationInterval, valor, 418
keys e keys, opção
    em named.conf, 111, 518
    em rndc.conf, 133-134
    em SSH, 416-417
    em SSL, 203
kill e —kill, opção
    em lpc, 346
    em pump, 284
    para named, 131
KNOWN, palavra-chave, 397
Korn Shell, 77
kudzu, programa, 35

L

l e L, opção
    em definições de mailer, 158
    em dhcpcd, 281
    em fdisk, 490
    em ls, 292-293
    para cadeiras, 405
label, opção, 11
lame-servers, opção, 513
lame-ttl, opção, 507
LanguagePriority, opção, 189

laptops para diagnóstico, 438
last e LAST, commando
    em POP3, 356
    para logins, 426
LAST_ACK, estado, 457
lba32, opção, 12
LCP (Link Control Protocol), 45
LDAP (Lightweight Directory Access Protocol), 498
ldap_routing, característica, 535
LDAPROUTE_DOMAIN, macro, 524
LDAPROUTE_DOMAIN_FILE, macro, 524
—lease, opção, 284
—leasesecs, opção, 284
leitura, permissão, 292-293
less, commando, 18
Let PPP Do All Authentication, opção, 57
Let The User Start The Connection, opção, 57
—level, opção, 27
Lightweight Directory Access Protocol (LDAP), 498
lightweight, resolvedor, 101-102
LILO, carregador de inicialização, 9-13, 493-494
lilo.conf, arquivo, 9, 435-436
Limit, opção, 198
limited masquerade, característica, 535, 537
Line Printer Control (lpc), programa, 345-348
Line Printer Daemon (lpd), 345-349
Line Printer Remote (lpr), programa, 345
linear, opção, 12-13
linger, opção, 399
Link Control Protocol (LCP), 45
links simbólicos, 485
link-state, protocolos, 231
Linux Hardware Compatibility HOWTO, 33, 473
Linux services
    carregar, 19-21
    entradas de finalidade especial, 23-24
    níveis de execução para, 20-23
Linux, 471-473
    impressoras, 333-341
    NFS, 298-300
    pacote Zebra, 235-236
    PPP, 45-47
    Samba, 319-320
LIST e —list, opção
    em chkconfig, 27
    em IMAP, 359
    em POP3, 356, 357

558 | Linux: servidores de rede

LISTEN, estado, 457
Listen, opção, 186
ListenAddress, valor, 418
listen-on, opção, 507
listen-on-v6, opção, 510
listing, módulos carregados, 29-30
literais
    em named.conf, 104
    para reescrever padrões de regra, 152-153
lmhosts, arquivo, 316, 318-319
load printers, opção, 351
load, opção, 513
Loadable module, categoria de suporte de kernel, 433
LoadModule, diretiva
    em http.conf, 182
    para mod_ssl, 203-204
Local Code, macros, 546-547
Local Info, seção, 147-148
Local Printer, opção, 335
Local_check, conjunto de regra de correio, 372
Local_check, conjunto de regra de retransmissão, 372
Local_check, conjunto de regra rcpt, 372
LOCAL_CONFIG, macro, 524, 547
LOCAL_DOMAIN, macro, 524, 545
local_lmtp, característica, 535
LOCAL_MAILER_, parâmetros, 539-540
LOCAL_NET_CONFIG, macro, 524, 547
LOCAL_RELAY, macro, 542
LOCAL_RULE_, macros, 524, 547
LOCAL_RULESETS, macro, 524, 547
LOCAL_RULESETS, seção, 373
LOCAL_SHELL_, parâmetros, 540
LOCAL_USER, macro, 525, 542
LocalForward, opção, 424
localhost., arquivo, 111-112
localhost.zone, arquivo, 111
local-procmail, característica, 535
Location, diretiva, 180
lockfiles, 379
log file, comando
    em smb.conf, 322
    em zebra.conf, 237
log syslog, comando, 238
log, comando, 89
LogFormat, diretiva, 212-215
logging, comando, 104, 511-514
LOGIN, comando, 359
login, programa, 44-45
login, serviços de, 61-62
    configuração de FTP, 85-90

contas de usuário. *Veja* contas de usuário
    inicializar em demanda, 62-63
login, shells, 75-77
login.defs, arquivo, 82-84
loginfails, comando, 89
LoginGraceTime, valor, 419
LogLevel, opção
    em http.conf, 212-213
    em ssh_config, 424
    em sshd_config, 419
LOGNAME, variável, 44
log-on failure, atributo
    em wu-ftpd, 72
    em xinetd.conf, 70, 402
log-on success, atributo
    em wu-ftpd, 72
    em xinetd.conf, 70, 402
LOGOUT, comando, 358, 361
log-servers, opção, 275
log-type, atributo, 70
—lookup-hostname, opção, 284
loopback, domínios de, 113
loopback, endereços de, 92
loose_relay_check, característica, 535
lpchains, script, 27
lpd.conf, arquivo, 345-346
lpd_bounce, parâmetros, 344
lpq, comando, 346, 349
lpr-servers, opção, 271
LSUB, comando, 359
LUSER_RELAY, macro, 542
lwres, comando, 104
lwresd, comando, 101-102

M

M (Mail Exchanger), registros, 118
m e M, opção e sinalização
    em DAEMON_OPTIONS, 547
    em definições de mailer, 155-156
    em fdisk, 490
    em tabelas de roteamento, 225
    em useradd, 81, 84-85
    no campo Mask, 221
m4, macros, 162-163, 523-526
macros em gabaritos de cabeçalho, 151-152
MACs, opção
    em ssh_config, 424
    em sshd_config, 419
Mail Abuse Prevention System (MAPS), 368
Mail Exchanger (M), registros, 117
MAIL, variável, 44
MAIL_DIR, parâmetro, 84

MAIL_FILTER, macro, 525
MAIL_HUB, macro, 541-542
mail11, mailer, 546
MAIL11_MAILER_, parâmetros, 540
Mailer Definitions, seção, 155-158
mailer usenet, 545
mailer, comando, 155
MAILER, macros, 165, 525, 545-546
MAILER_DEFINITIONS, macro, 524, 547
Mailertable, característica, 535, 537
mailing lists, aliases para, 142
maintain-ixfr-base, opção, 508
maintenance, opção, 513
Make RAID, opção, 487-488
Make This Connection The Default Route, opção, 57
make xconfig, comando, 430
make, comando, 205-206, 430
Makefile, 205-206, 430
makemap, comando, 170
many-answers, opção, 517
map, opção, 10
mapeador, 12
mapear IDs de usuário e IDs de grupo, 302-304
MAPS (Mail Abuse Prevention System), 368
mark read, ação, 378
mascaramento
    em DOMAIN, 168
    em sendmail, 159, 161, 536-537
máscaras de rede, 38-39
máscaras de sub-rede, 38-39, 272
máscaras, IP, 37-39, 221-222
Mask, campo, 221-222
mask-supplier, opção, 272
MASQUERADE, política, 258
MASQUERADE_AS, macro, 525, 542-543
MASQUERADE_DOMAIN, macro, 525, 543
MASQUERADE_DOMAIN_FILE, macro, 525, 543
masquerade_entire_domain, característica, 536-537
masquerade_envelope, característica, 536
MASQUERADE_EXCEPTION, macro, 525, 543
master boot record (MBR), 4, 5, 493-494, 543
masters, cláusula, 115
Match All Of The Following, opção, 377
match-clients, opção, 522
max log size, parâmetro, 323

Índice | 559

max, opção em sombra, 410
max-cache-ttl, opção, 511
MaxClients, opção, 190
max-dgram-reassembly, opção, 272
max-ixfr-log-size, opção, 508
MaxKeepAliveRequests, diretiva, 191
max-lease-time, opção
  em dhcp.conf, 275-276, 281
  em dhcpd, 270
max-ncache-ttl, opção, 508
max-refresh-time, opção, 511
MaxRequestsPerChild, opção, 190
max-retry-time, opção, 511
MaxSpareServers, opção, 190
MaxStartups, valor, 419
max-transfer-idle-in, opção, 511
max-transfer-idle-out, opção, 511
max-transfer-time-in, opção, 507
max-transfer-time-out, opção, 511
MBR (master boot record), 4, 5, 493-494
MD5 (Message Digest 5), algoritmo, 201, 497
media, comando, 290
medidas em tabelas de roteamento, 224, 229, 233
Medium, nível de segurança, 495-496
Mell, Peter, 387
memória de vídeo, 501
memória virtual, 483
Memory Technology Devices (MTDs), categoria de kernel, 433
memstatistics-file, opção, 506
mensagem de host desconhecido, 452
mensagem de rede inalcançável, 452
merit-dump, opção, 274
mesg, comando, 49-50
Message Digest 5 (MD5), algoritmo, 201, 497
Message Precedence, seção, 149
message, opção, 11
metric e Metric, opção
  em meios de acesso, 233
  para interface Ethernet, 441
métrica de rota, 229, 233
min, opção em sombra, 410
mingetty, programa, 23
minicom, programa, 448-449
min-refresh-time, opção, 511
min-retry-time, opção, 511
min-roots, opção, 508
MinSpareServers, opção, 190
mixed-node (m-node) em NBT, 316-317
mknod, comando, 309

ml, parâmetros, 344
m-node (mixed-node) em NBT, 316-317
mobile-ip-home-agent, opção, 274
mod_auth, módulo, 201
mod_auth_db, módulo, 201-202
mod_auth_dbm, módulo, 201-202
mod_modules, 183-184
mod_so.c, arquivo, 182
mod_ssl, pacote, 203-204
mode, opção em fstab, 311
modem, opção, 50
modems para PPP, 50, 55-56
Modems, aba, 55-56
MODIFY_MAILER_FLAGS, macro, 525
modo vídeo, seleção, 501
modo view em zebra.conf, 241
Modprobe, comando, 30, 46-47
módulos carregáveis, 29-30
monitor, características de, 474
monitorar
  servidor web Apache, 210-212
  sistema, 426-427
montagem
  compartilhamento de SMB, 329-330
  diretórios, 296, 308-315
Mount Point, campo, 486
mount, comando, 306-307, 482
mount.smbfs, programa, 330
mountd, daemon, 297
mounthost, opção, 312
mountport, opção, 312
mountprog, opção, 312
mountvers, opção, 312
move to folder, ação, 377
move, comando, 346
Movemail, 364
msg, comando, 346
mtab, arquivo, 313
MTU, sinalização, 441
mudar prioridade, ação, 378
multi, opção em host.conf, 136
multicast, cláusula
  em zebra.conf, 238, 241
  para gated, 251
multihomed, hosts, 136
multi-homed, servidores, 186
Multimedia, categoria de kernel de dispositivos, 434
multiple-cnames, opção, 506
MultiViews, configuração, 197
mundo, permissões, 292, 294
mx, parâmetros, 344
MX, registros, 123-124

N

n e N, opção
  em arp, 221
  em dhcpcd, 280
  em fdisk, 490
  em lwresd, 102
  em mesg, 49
  em route, 223, 453-454
  em useradd, 81
  para cadeias, 405
Name and Aliases, aba, 338
Name Daemon Control (ndc), ferramenta, 131, 134, 520
name e Name, opção
  em inetd.conf, 66-67
  em named.conf, 519-520
  em registros de recurso, 117
  para DAEMON_OPTIONS, 547
Name Server (NS), registros, 113, 118, 123, 463
named, script, 27, 129-130
named.conf, arquivo, 102-104, 130, 504
named.conf, comandos. *Veja* arquivo named.conf, resolvedor em. *Veja* resolvedor
named.local, arquivo, 113-114
named.root, arquivo, 113
named_dump.db, arquivo, 130
named-xfer, opção, 506
names
  em grupo, 78-79
  impressoras, 342
nameserver, comando, 96, 100
NameVirtualHost, diretiva, 193
namlen, opção, 312
NAT (Network Address Translation), 256-258
NBNS (NetBIOS Name Server), 316
NBT (NetBIOS over TCP/IP), 273-274, 316, 318
ncache, opção, 513
ndc (Name Daemon Control), ferramenta, 131, 135, 520
ndots, opção, 96-97
neighbor, cláusulas, 247
Nessus, ferramenta, 427
net e -net, opção
  em meios de acesso, 233
  em route, 226
net, diretório, 34
NetBIOS Name Server (NBNS), 316
NetBIOS Name Server daemon (nmbd), 317-319
NetBIOS over TCP/IP (NBT), 273-274, 316-317
NetBIOS
  operação de, 316-317

560 Linux: servidores de rede

serviço de nome, 317-319
netbios-dd-server, opção, 273
netbios-name-servers, opção, 274
netbios-node-type, opção, 274
netbios-scope, opção, 274
netdev, opção, 307
netfs, script, 298
netgroup, banco de dados, 137
netmask e NETMASK, opção
    em ifcfg-eth0, 283
    para endereços de IP, 37-39
Netscape para filtragem de spam,
    375-378
Netstat, utilidade
    para diagnóstico de rede, 438-
    439
    para status de socket, 456-457
Network Address Translation (NAT),
    256-258
Network Configuration, ferramenta,
    36
Network Device Support, janela, 431-
    432
Network File System. *Veja* NFS
    (Network File System)
Network Information System (NIS),
    137, 498
network, arquivo, 41
network, banco de dados, 137
network, categoria, 514
network, cláusula
    em ospfd.conf, 245
    em ripd.conf, 243-244
NETWORK, declaração, 282
New, opção em Disk Druid, 486
newaliases, comando, 144
next-server, parâmetro, 270
NFS (Network File System), 296-298,
    476
nfs, script, 27, 298
nfslock, script, 298
nfsprog, opção, 312
nfsvers, opção, 312
nice, opção
    em hosts.allow, 399
    em wu-ftpd, 72
NIS (Network Information System),
    136-137, 498
nis, opção
    em host.conf, 135-136
    em nsswitch.conf, 137-138
nis-domain, opção, 275
nisplus, opção, 138
nisplus-domain, opção, 275
nisplus-servers, opção, 275
nis-servers, opção, 275
níveis de execução
    inicialização, 24-27

para inittab, 20-23
nível de diretório, configuração de
    servidor em, 197-198
nível de maturidade de código, op-
    ções de categoria de kernel, 432
nlockmgr, daemon, 298
Nmap, ferramenta, 427
nmbd (NetBIOS Name Server
    daemon), 317-319
nntp-servers, opção, 271
No firewall, nível de segurança, 495
no_access, atributo, 403-404
no_answer, mensagem, 452
no_default_msa, característica, 536
no_root_squash, configuração, 303
noac, opção, 312
noatime, opção, 307
noauto, opção
    em fstab, 311
    em mount, 307
nobroadcast, cláusula, 251-252
NoCache, diretiva, 193
nocanonify, característica, 536
no-check-names, opção, 98-99
nocto, opção, 312
nodev, opção, 307
nodns, característica, 536
—no-dns, opção, 284
noexec, opção, 307
nogateway, diretiva, 285
—no-gateway, opção, 284
noholdall, comando, 346
nolock, opção, 312
nomes de caminho de processos, 23
nomes de domínio completamente
    qualificados (FQDNs), 93
nomes de usuário em sombra, 410
nomes distintos em certificados, 207
None, configuração
    em Options, 196
    para AllowOverride, 197
nonisdomain, diretiva, 285
non-local-source, opção, 273
NOOP, comando
    em IMAP, 358
    em POP3, 356
nospoof, opção, 136
nosuid, opção, 307
not authoritative, declaração, 269
notícias, grupo de, 77-78
notify, opção, 107, 506, 513
notify-source, opção, 510
notify-source-v6, opção, 510
notrace, argumento, 132
NOTRAILERS, sinalização, 441
nouser, opção, 307
nouucp, característica, 536
Novell, filas de impressora, 335

NS (Name Server), registros, 112,
    117, 123, 463
nslookup, utilidade
    para diagnóstico de rede, 439
    para DNS, 462-463
nsswitch.conf, arquivo, 137-138, 263-
    264
ntp-servers, opção, 272
nullclient, característica, 536
null-modem, cabos de, 43
NumberOfPasswordPrompts, opção,
    424
números de rede privada, 256-257
números seriais em registros SOA,
    122

O

o e O, opção
    em exportfs, 304
    em iptables, 407
    em mount, 306
    em sendmail.cf, 149-150
o, permissões, 293-294
objetos compartilhados, carregar,
    182-184
Off, ação, 22
OK, palavra-chave, 370
old, comando, 346
ONBOOT, declaração, 283
Once, ação, 22
Ondemand, ação, 22
one-answer, opção, 517
One-time Passwords In Everything
    (OPIE), programa, 412-414
only_from, atributo, 403-404
opção auto em mount, 307
Open Shortest Path First (OSPF),
    protocol
        gated para, 252-253
        operação de, 231-232
openssh, pacote, 415
openssh-clients, pacote, 415
openssh-server, pacote, 415
OpenSSL, 203
openssl, comando, 206-207, 209-
    210
operações de protocolo para servido-
    res DHCP, 268-271
operações de servidor para servido-
    res DHCP, 269-271
OPIE (One-time Passwords In
    Everything), programa, 412-414
opiekey, programa, 413-414
opiepasswd, programa, 413
option, comando em dhclient.leases,
    286
option, variável em exports, 301
optional, comando, 12

Índice | 561

options, arquivo, 47-48
options, declaração
  em gated.conf, 251
  em named.conf, 105-106, 111, 504-511
  em resolv.conf, 97
  em rndc.conf, 133
Options, diretiva em http.conf, 196-197
Options, seção, 149
Order, diretiva, 198-199, 201
order, opção, 135-136
order_spec, opção, 506
os, opção, 513
OSPF (Open Shortest Path First), protocolo
  gated para, 252-253
  operação de, 231-232
ospf6d, programa, 234
ospfd, programa, 243-245
ospfd.conf, arquivo, 245-246
OSTYPE, arquivo, 164-166
OSTYPE, macro, 168, 525, 526, 539-541
Other Options, janela, 55
Other, opção, 12
other, permissões, 292-293
owner-staff, alias, 145

P

p e P, opção e sinalização
  em definições de mailer, 156-157
  em dhcpd, 266
  em fdisk, 490
  em iptables, 407
  em lpq, 349
  em lwresd, 102
  em netstat, 458
  em useradd, 82
  no campo Mask, 221
  para cadeias, 405
packet, opção, 513
padrões para regras reescritas, 152-154
pam_cracklib, módulo, 409
PAMAuthenticationViaKbdInt, valor, 419
panic, opção
  em named.conf, 513
  para prompt de boot, 15
PAP (Password Authentication Protocol), 51-52
pap-secrets, arquivo, 51-53
parâmetro de arquivo de senha smb, 323
parâmetro de opções de socket, 324

parâmetros numéricos em printcap, 342
parse, conjunto de regra, 154
parser, opção, 513
particionamento de discos, 480-481
partições
  raiz, 483-484
  troca, 483
partições de troca, 482
partições físicas, 490
partições lógicas
  em Disk Druid, 489
  em fdisk, 490-491
partições primárias, 489
partições raiz, 482-484
Partition Magic, programa, 481
PASS, comando, 356, 357
PASS_MAX_DAYS, parâmetro, 84
PASS_MIN_DAYS, parâmetro, 84
PASS_MIN_LEN, parâmetro, 84
PASS_WARN_AGE, parâmetro, 84
passive, opção, 50
passive, roteadores, 233
passive-interface, cláusula, 242
passphrases para SSH, 416-417
passwd, arquivo
  arquivos de sombra para, 411
  ataques de dicionário no, 409
  limitações de, 497
  para contas de usuário, 74-75
  para PPP, 49
  registro para, 44
  useradd para, 79-81
passwd, banco de dados, 137
passwd-check, comando, 89-90
Password Authentication Protocol (PAP), 51-52
password, opção
  em lilo.conf, 13-14
  em script.cfg, 354
  em zebra.conf, 237-238
  para filas, 341
PasswordAuthentication, opção
  em ssh_config, 424
  em sshd_config, 419
path, opção, 350
PATH, variável, 44
path-mtu-aging-timeout, opção, 272
path-mtu-plateau-table, opção, 272
path-vector, protocolos, 228
peers para gated, 255
perform-mask-discovery, opção, 273
permissões, 292-293
PermitEmptyPasswords, valor, 419
PermitRootLogin, valor, 419
pf, entrada em inittab, 23
PH_MAILER_, parâmetros, 539-540
phquery, mailer, 546

PID, valor de registro, 402
pidentd, 365-366
PidFile, diretiva
  em http.conf, 186
  em sshd_config, 419
pid-file, opção, 506
ping, ferramenta, 439, 451-452
p-node (point-to-point-node) em NBT, 316
Pointer (PTR), registros, 117, 127-128
Point-to-Point Protocol. *Veja* PPP (Point-to-Point Protocol)
point-to-point-node (p-node) em NBT, 316
poison reverse, 230
policy-filter, opção, 273
políticas
  com iptables, 258
  para roteamento, 228
pontos de exclamação (!) em tabelas de roteamento, 224
pontos de montagem, 306, 310, 482, 487
pontos, configuração de, 96-97
POP (Post Office Protocol), 355
pop, mailer, 546
POP_MAILER_, parâmetros, 540
pop3s, arquivo, 362
pop-server, opção, 272
porção de rede de endereços IP, 39
port e Port, opção
  em fstab, 312-313
  em named.conf, 510, 521
  em ssh_config, 424
  em sshd_config, 420
  para DAEMON_OPTIONS, 547
Port, diretiva, 186
port, filtro, 460
porta paralela, categoria de kernel de suporte de, 433
portas e números de porta
  em firewalls, 496
  impressora, 334-335
  para serviços de login em demanda, 63-66
  para Zebra, 243
portas privilegiadas, 495
portmap, programa, 296
portmapper, programa, 400
PortSentry, ferramenta, 427
posix, opção, 312
Post Office Protocol (POP), 355
postrouting, cadeias, 257
poweredby.png, arquivo, 179
Powerfail, ação, 22
Powerokwait, ação, 22
Powerwait, ação, 22

562 | *Linux: servidores de rede*

PPP (Point-to-Point Protocol)
  clientes, 53-54
  diagnóstico, 448-450
  instalação, 45-46
  servidores, 48-49
ppp, diretório, 53
pppd, comando, 45-52, 53
ppplogin, script, 49-50
pr, entrada, 23
preference, valor, 248
PreferredAuthentications, opção, 424
prepend, comando, 288-289
prerouting, cadeias, 257
printable, opção, 352
printcap, arquivo, 341-345
printcap, configuração de nome, 350
printcap.locaf, arquivo, 344
printconf, comando, 333-334
printconf-gui, comando, 333
printconf-tui, comando, 333
printers, seção, 350
PrintLastLog, valor, 419
PrintMotd, valor, 420
prioridade
  em filtros spam, 376
  em ospfd.conf, 244
  em sendmail, 149-150
  para gated, 253
Priority, opção, 376-377
probe, argumento, 129
process, campo, 22-23
PROCESS_OPTIONS, opção, 399
processamento de sinal, 130-131
processos filhos, 189-190
processos
  filhos, 189-190
  nomes de caminho de, 23
  status de, 299-300
procmail, mailer, 546
PROCMAIL_MAILER_, parâmetros, 540
PROMISC, sinalização, 441
promiscuous_relay, característica, 366-367, 536, 543-544
prompt
  boot, 14-17
  em lilo.conf, 10-11
proprietário, permissões de, 292, 294
Protocol, opção
  em inetd.conf, 66-67
  em named.conf, 520
  em ssh_config, 424
  em sshd_config, 420
protocolos
  configuração, 261-263
  em início de serviços de login em
    demanda, 63-66

para roteamento dinâmico, 228-232
rede. *Veja* interfaces de rede
protocolos, banco de dados, 137
Protocols, aba, 41
protocols, arquivo, 63-64
provide-ixfr, opção, 518-519
proxy, ARP, 50, 222
ProxyCommand, opção, 424
ProxyRequests, diretiva, 192
ProxyVia, diretiva, 192
ps, comando, 299-300, 426
PTR (Pointer), registros, 118, 127-128
pubkey, opção, 516
PubkeyAuthentication, opção
  em ssh_config, 424
  em sshd_config, 420
public, comando, 326
publickey, banco de dados, 137
pump, comando, 283-285
pump.conf, arquivo, 284-285

Q

q e Q, opção
  em dhcpd, 266
  em dhcrelay, 277
  em fdisk, 490
  em routed, 232
  em rpm, 174
  em sendmail, 145-146
-qa, opção em rpm, 174
QPAGE_MAILER_, parâmetros, 540
quebras, 15
queries, opção, 513
querylog, argumento, 132
query-source, opção, 110, 507
query-source-v6, opção, 509-510
Queue Type, aba, 338-340
queue, palavra-chave, 405
QUEUE_DIR, parâmetro, 540
quit e QUIT, commando
  em lpc, 346
  em POP3, 357

R

r e R, opção e sinalização
  em definições de mailer, 158
  em dhcpcd, 281-282
  em exportfs, 304-305
  em procmail, 379
  em tabelas de roteamento, 224
  em useradd, 81
  para cadeias, 405
r, permissão, 294
RAID, dispositivos, 487
RAM, arquivos de disco, 437

range, opção
  em dhcp.conf, 276
  em dhcpd, 270
  em sub-rede, 268
RARP (Reverse Address Resolution
  Protocol), 263-264
rastreamento, ligar, 130
rastrear acesso remoto, 394-395
RBL (Realtime Blackhole List), 368-370, 536
RBL, característica, 536
rc, script, 25-26
rc.inetl, arquivo, 40
rc.local, script, 29, 40, 48-49
rc.sysinit, script, 24
rc5.d, diretório, 26
RD (Receive Data), pin, 42, 43
readme, comando, 89
ReadmeName, opção, 188
read-only, opção, 11
Realtime Blackhole List (RBL), 368-370, 536
rebind, comando, 286
reboot, configuração, 287
Receive Data (RD), pin, 42, 43
receptores, conjunto de regra, 154-155
reconfigSys, arquivo, 35
RECORD, valor do registro, 402
recursion, opção, 507
recursive-clients, opção, 510
Red Hat, configuração somente
  cache em, 109-112
rede, categoria de kernel de opções
  de, 433
redirect, comando
  em lpc, 346
  em sendmail, 536
redistribute, cláusula
  em bgpd.conf, 247
  em ripd.conf, 243-244
redistribute bgp, cláusula, 246
redo, comando, 347
Ref, campo, 225
registro condicional, 215-216
registro
  em Bind8, 104, 511-514
  em Samba, 323
  em zebra, 238
  no servidor web Apache, 212-216
registros de recurso (RRs), 117
registros de recurso padrão, 117
registros glue, 126
regras de reescrita, 152-155, 373-374
regras
  iptables, 405-406

reescrita, 152-155, 372-374
wrapper, 401
Reijnen, Patrick, 33
reject e REJECT, opção
  em dhclient.conf, 289
  para banco de dados Access,
    370-371
relatórios de atividade nova, 446
relatórios de nova estação, 446
relay e RELAY, opção
  em definições de mailer, 157
  para banco de dados Access,
    371-372
relay_based_on_MX, característica,
  366, 536, 544
RELAY_DOMAIN, macro, 525, 543
RELAY_DOMAIN_FILE, macro, 525,
  543
relay_entire_domain, característica,
  366-363, 536, 543
relay_host_only, característica, 536
relay_hosts_only, característica, 543-
  544
relay_local_from, característica, 366-
  367, 536, 544
relay_mail_from, característica, 536
RELAY_MAIL_MAXMSG, parâmetro,
  540
RELAY_MAILER_, parâmetros, 540
release e —release, opção
  em lpc, 346
  em pump, 284
reload, argumento
  para named, 129
  para rndc, 132, 134
Remote Name Daemon Control (rndc),
  ferramenta, 131-132
RemoteForward, opção, 424
remount, opção, 307
RENAME, comando, 359
renew e —renew, opção
  em dhclient.leases, 287
  em pump, 284
reorder, opção, 136
Request To Send (RTS), controle de
  fluxo de hardware, 48
Request To Send (RTS), pin, 43
request, comando, 288-289
request-ixfr, opção, 518-519
require, comando em dhclient.conf,
  288
Require, diretiva para servidor web
  Apache, 201
reread, comando, 347
reserve, argumento, 16
Reset, opção, 487-488
resolvedor, 95-96
resolvedor, código de, 95

resolver, opção, 514
resource-location-servers, opção,
  275
Respawn, ação, 22
respondent, campo, 52
response-checks, opção, 513
restrict, opção
  em lilo.conf, 13
  para gated, 255-256
RETR, comando, 356, 357
retrans, opção, 312
retries, diretiva, 285
retry, opção
  em dhclient.conf, 288
  em fstab, 312
  em resolv.conf, 99
return, palavra-chave, 405
Reverse Address Resolution Protocol
  (RARP), 263-264
ReverseMappingCheck, valor, 420
rewrite, programa, 477
Rewriting Rules, seção, 152-155
rfc2308-type1, opção, 507
rfc931, opção, 399
RhostsAuthentication, opção
  em ssh_config, 424
  em sshd_config, 420
RhostsRSAAuthentication, opção
  em ssh_config, 425
  em sshd_config, 420
RIP (Routing Information Protocol),
  229
  problema de contagem para o
    infinito em, 230
ripd, programa, 241-243
ripd.conf, arquivo, 241-243
ripngd, programa, 234
rmmod, comando, 31
rndc (Remote Name Daemon Control),
  ferramenta, 131-132
rndc.conf, arquivo, 132-134
ro, opção
  em fstab, 311
  em mount, 307
ROM BIOS
  carregador bootstrap em, 3
  limitações de, 5
  para setor de boot, 4
root squash, configuração, 302-303
root, opção
  em grub.conf, 8
  em lilo.conf, 11
rootnoverify, comando, 8-9
root-path, opção, 274
rotas e roteadores, 219-220
rotas estáticas, 226-227, 273
rotate, opção, 98
roteadores, 223, 233

roteamento baseado em política, 228
roteamento dinâmico, 228-232
rótulos
  em arquivos CLF, 213
  em inittab, 21
  em lilo.conf, 11
route, comando, 223, 226-227, 458
routed, programa, 232-234
router bgp, declaração, 247
router ospf, declaração, 244-245
router rip, declaração, 243-244
router-discovery, opção, 273
routerid definition, declaração, 253
routers, opção, 272
router-solicitation-address, opção,
  273
Routing Information Protocol (RIP),
  229
routing, opções para dhcpd, 273
RPC (remote procedure call), protocolos, 296-297
rpc, banco de dados, 137
rpc.nfsd, comando, 300
rpc.portmap, programa, 296-297
rpcinfo, comando, 296-297
rpm, comando, 174
rquotad, daemon, 297
RRs (resource records), 117
rrset-order, opção, 509
RS-232, conector, 42
RSAuthentication, opção
  em ssh_config, 424-425
  em sshd_config, 420
RSET, comando, 356
rsize, opção, 312
RTS (Request To Send), controle de
  fluxo de hardware, 48
RTS (Request To Send), pin, 43
runlevel, campo, 21-22
RUNNING, sinalização, 441
rw, opção em mount, 307

S

s e S, opção
  em arp, 222
  em definições de mailer, 157
  em dhcpcd, 281
  em fdisk, 490
  em iptables, 406
  em lwresd, 102
  em minicom, 448-449
  em routed, 232
  em useradd, 81-82
s, permissão, 293-294, 295
safe_finger, programa, 397-398
saída, firewalls de, 405-406
SAINT (Security Administrator's
  Integrated Network Tool), 427

564 | Linux: servidores de rede

saltar contagem, 229
Samba, serviços
   cliente, 327-328
   compartilhar impressoras com,
     349-354
   instalar, 319-320
   servidores, 320-321
SARA (Security Auditor's Research
   Assistant), 427
SATAN (Security Administrator's Tool
   for Analyzing Networks), 427
Scheck_MID_header, comando, 373
ScoreBoardFile, diretiva, 186
script, garotos de, 387
script, opção
   em dhclient.conf, 289
   em pump.conf, 285
script.cfg, arquivo, 353-354
ScriptAlias, diretiva, 187
ScriptAlias, diretório, 195
scripts
   início, 24
   remover, 392
scripts iniciais, 24
SCSI, categoria kernel de suporte,
   433
SCSI, informações de adaptador, 474
sd, parâmetros em printcap, 344
search e SEARCH, comando
   em IMAP, 359
   em resolv.conf, 96, 101
secret_key, opção, 519
secret-field, 52
Secure Sockets Layer (SSL), 203-
   210
Security Administrator's Integrated
   Network Tool (SAINT), 427
Security Administrator's Tool for
   Analyzing Netwoks (SATAN), 427
Security Auditor's Research Assistant
   (SARA), 427
security, opção
   em named.conf, 513
   em smb.conf, 323
segredo de dados, ameaças a, 386
segurança, 385
SELECT, comando, 359, 360
select-timeout, configuração, 288
send, declarações, 288
send, script, 27
sender, opção, 376-377
sendmail, programa, 26-27, 145, 355-
   356, 367
sendmail.cf, arquivo, 146, 371-372
senhas de uso único, 412-414
senhas
   armazenar, 497
   delicada e forte, 408-409

em GRUB, 7-8, 493
em grupo, 78-79
em lilo.conf, 13-14
em zebra.conf, 237, 239
envelhecimento de, 411-412
para contas de usuário, 74-75
para PPP, 51-52
para servidor web Apache, 201
servidores para, 498
sombra, 409-411
texto claro, 324
uso único, 412-414
serial, interface, 42-43
serial-queries, opção, 508
server e Server, opção
   em inetd.conf, 67
   em lpc, 346
   em named.conf, 104, 518-519
   em rndc.conf, 133
   em smb.conf, 322
   para teste de DNS, 463-464
Server Message Block (SMB), protocolo, 316-317, 476, 498. *Veja tam-*
   bém Samba, serviços
Server Parsed HTML, 195
Server Side Includes (SSI), ameaças, 195-196
server string, parâmetro, 322
server, atributo, 71
server_args, atributo, 71
ServerAdmin, diretiva, 185
server-identifier, parâmetro, 270
ServerKeyBits, valor, 420
ServerName, diretiva, 185-186
server-name, opção
   em dhclient.leases, 287
   em dhcpd, 270
ServerRoot, diretiva, 185
serverstatus, monitor, 210-211
ServerType, diretiva, 185-186
service, declaração, 71
serviços de correio, 355
   spam, prevenção. *Veja* spam
serviços de meio de acesso de
   rede, 217-219. *Veja também* rotas
   e roteamento
serviços de nome, 91
serviços
   carregar, 19-20
   diagnóstico, 462
   em hosts.allow, 395-396
   em wu-ftpd, 71
   entradas de finalidade especial,
     23-24
   níveis de execução para, 20-23
servidores de computação, 61
servidores de configuração de
   desktop, 261

servidores de correio, 141
   sendmail. *Veja* sendmail, pro-
     grama
servidores de rede, diagnóstico, 437-
   439
servidores não-recursivos, 126
servidores raiz, 94
servidores recursivos, 126
servidores terminais, 61
setenv, opção, 399-400
SetGID, permissão, 326-328
SetUID, permissão, 294-295
sf, parâmetro em printcap, 344
sh, parâmetro em printcap, 344
share, opção
   em script.cfg, 353
   em smb.conf, 322
   para filas, 340
shell seguro (SSH), programa, 415-
   416
shell, opção
   em hosts.allow, 396-398
   em passwd, 75
   para controle de acesso, 397-
     398
SHELL, variável, 44
shells para contas de usuário, 75-77
showmount, comando, 305-306
shutdown, comando, 89
SIGHUP, sinal, 130
SIGTERM, sinal, 130
SIGUSR1, sinal, 130
SIGUSR2, sinal, 130
sig-validity-interval, opção, 511
símbolos para padrões de regra de
   reescrita, 153
Simple Mail Transfer Protocol (SMTP),
   141
sinais e (@) em registros de recurso,
   117
sincronização em IMAP, 358
single, argumento, 15-16
sistema de arquivos de software, 486
sistema
   inicializar, 24-25
   monitorar, 426-427
sistemas de arquivos, 292
SITE, macro, 525-526
SITECONFIG, macro, 525-526
Size, campo, 486
size, partição, 486, 488
skel, diretório, 74
SMART_HOST, macro, 541-542
SMB (Server Message Block), protocolo, 316-317, 476. *Veja também*
   Samba, serviços
SMB, entrada printer de, 340

smb.conf, arquivo, 317, 320, 349-350

smbclient, programa, 328

smbd, 319

smbfs, programa, 330

smbmount, programa, 329-330

smbprint, script, 353

smc-ultra, módulo, 29-30

smrsh, programa, 165-166, 536

SMTP (Simple Mail Transfer Protocol), 141

smtp, comando, 157

SMTP_MAIL_MAXMSG, parâmetro, 541

SMTP_MAILER_, parâmetros, 541

smtp8, comando, 157

SMTP8_MAILER_ARGS, parâmetro, 540

smtp-server, opção, 272

SNAT, política, 258

SO_ATTACH_FILTER, erro não declarado, 265

SOA (Start of Authority), registros, 118, 121-123

socket, status, 456-458

socket_type, atributo, 71

soft, opção, 312

software
em instalações Linux, 475
instalação, 498-499

sombra de senha, 409-412

sortlist, opção
em named.conf, 509
em resolv.conf, 99

Sound, categoria de kernel, 434

spam, 364

spawn, opção, 399

splashimage, comando, 7-8

split horizon, regra, 230

spoofalert, opção, 136

spoofing, 257

—sport, parâmetro, 406

src, filtro, 460

srm.conf, arquivo, 180

SSH (secure shell), programa, 415-416

ssh, cliente, 423-426

ssh_config, arquivo, 423-426

sshd, programa, 417-422

sshd_config, arquivo, 417-422

ssh-keygen, programa, 416

SSI (Server Side Includes), ameaças, 195-196

SSL (Secure Sockets Layer), 203-210

SSLCertificateFile, diretiva, 205-206

SSLCertificateKeyFile, diretiva, 205-206

SSLEngine, diretiva, 205

SSLOptions, diretiva, 205

ssl-unclean-shutdown, diretiva, 205

stacksize, opção, 508

staff-request, pseudônimo, 144-145

start e Start, opção
em Disk Druid, 486
em lpc, 347
para named, 129
para rndc, 132

Start of Authoriry (SOA), registros, 118, 121-123

starts, valor em dhcpd.leases, 267

StartServers, opção, 190

STAT, comando, 356, 357

State, campo, 456, 458

static, declarações em gated.conf, 250

static-routes, opção, 273

statistics, opção, 513

statistics-file, opção, 506

statistics-interval, opção, 508

stats, argumento, 132

status e STATUS, opção
em IMAP, 359
em lpc, 347
em NFS, 297
em pump, 284
para filtros de spam, 376
para named, 129
para rndc, 132

STATUS_FILE, parâmetro, 541

sticky bit, 294-295

stickyhost, característica, 536-537

stop, argumento
em lpc, 347
para named, 129
para rndc, 132

STORE, comando, 359

streettalk-directory-assistance-server, opção, 275

streettalk-server, opção, 275

StrictHostKeyChecking, opção, 425

StrictModes, valor 420

String, parâmetros em printcap, 342

stty, comando, 49-50

stub, resolvedores, 95

subject, opção
para certificados, 207
para filtros de spam, 376

sublinhas (_) em hostnames, 98-99

subnet, opção
em dhcp.conf, 277
em dhcpd, 268

subnet-mask, opção, 272

subrede, 39

SUBSCRIBE, comando, 359

Subsystem, valor, 420

sugestão de valor para tipo mestre, 106

suid, opção, 307

supersede, comando, 288

support-ixfr, opção, 518

swap-server, opção, 274

SymLinksIfOwnerMatch, configuração, 197

SYN (synchronize sequence numbers), pacotes, 459

SYN_RECV, estado, 457

SYN_SENT, estado, 457

sync, opção, 307

synchronize sequence numbers (SYN), pacotes, 459

sysconfig, arquivo, 439

sysctl.conf, arquivo, 223

sysinit, ação, 22

SYSLOG, valor, 69-70

syslogd, programa, 54

SyslogFacility, valor, 420

SYSV Runlevel Manager, janela, 27-28

T

t e T, opção
em definições de mailer, 158
em dhcpcd, 280-281
em fdisk, 490
em lwresd, 102
em sendmail.cf, 151
em umount, 308

t nat, opção, 258

t, permissão, 294

tabelas de roteamento, 223-225

tail, comando
em DOMAIN, 170
para arquivos de registro, 212-213

tar, comando, 89

TARA (Tiger Auditors Research Assistant), 427

tcp, opção
em fstab, 312
em protocolos, 64

TCP/IP
kernel para, 18-19
NetBIOS sobre TCP/IP, 273-274, 316-317
sobre portas seriais, 45

tcp-clients, opção, 510

tcpd, 393-394

tcpdump, ferramenta, 441-442

tcp-keepalive-garbage, opção, 273

tcp-keepalive-interval, opção, 273

tcpproto.mc, arquivo, 163-164

TD (Transmit Data), pin, 42-43

566 | Linux: servidores de rede

técnica de compartilhar arquivo de rede de Microsoft, 291
técnica de mainframe para compartilhar arquivo, 291
técnica de rede unix para compartilhar arquivo, 291
Telephony, categoria de kernel de suporte, 433-434
telnet
  para compartilhar arquivos, 292
  para IMAP, 360, 362-363
  para POP3, 357
telnetd, programa, 61-62
Tenex C Shell, 76
TERM, variável, 44
texto claro, senhas, 324
tftp-server-name, opção, 275
Tiger Auditors Research Assistant (TARA), 427
TIME_WAIT, estado, 454
timeo, opção, 312
time-offset, opção, 272
Timeout, diretiva em http.conf, 191
timeout, opção
  em dhclient.conf, 287-288
  em grub.conf, 7
  em lilo.conf, 11
  em pump.conf, 286
  em resolv.conf, 98
timers de protocolo, 287
time-servers, opção, 275
time-to-live (ttl) e campo TTL
  em registros de recurso, 117
  em registros SOA, 123
  para traceroute, 453-454
tipo de sistema de arquivo de troca, 310, 486-487
tipos de arquivo em http.conf, 189
title, comando, 7-8
t-key-dhkey, opção, 511
tkey-domain, opção, 511
tksysv, ferramenta
  para dhcpd, 266
  para gated, 249
  para Samba, 320
  para script de início, 299
  para servidor web Apache, 176
TLDs (top-level domains), 93
tmp, diretório, 49-50
tmpfs, tipo de sistema de arquivo, 310
to, opção, 376
to ou CC, opção, 377
Top Ten Vulnerabilities, site, 390
TOP, comando, 356
top-level domains (TLDs), 93
topology, opção, 508
topq, comando, 347
trace, argumento, 132

traceroute, comando, 439, 453-455
trailer-encapsulation, opção, 273
transações, 110-111
transaction signatures (TSIGs), 110-111
transferências de arquivo de zona, 116
transfer-format, opção, 508, 517
TransferLog, diretiva, 213
transfers, opção, 518
transfers-in, opção, 508
transfer-source, opção, 508
transfer-source-v6, opção, 510
transfers-out, opção, 508
transfers-per-ns, opção, 508
translate, entrada, 353-354
transmissões
  em NBT, 316
  endereços para, 39
Transmit Data (TD), pin, 42-43
transversais, cabos, 43
treat-cr-as-space, opção, 507
triggered updates, 230
trim, opção, 136
troca de circuito, 217-218
troca de pacote, 217-218
TRUST_AUTH_MECH, macro, 525-526
Trusted Users, seção, 150
trusted-key, declaração, 105, 520
TSIGs (transaction signatures), 111
ttl (time-to-live) e campo TTL
  em registros de recurso, 117
  em registros SOA, 123
  para traceroute, 453-454
twist, opção, 399, 400
type e Type, opção
  em Disk-Druid, 486
  em inetd.conf, 66-67
  em named.conf, 115, 515
  em registros de recurso, 117
type external, parâmetro para gated, 255
type master, opção, 106

U

u e U, opção
  em exportfs, 305
  em fdisk, 490
  em lwresd, 102
  em smbclient, 328
  em tabelas de roteamento, 224
  em useradd, 81
u, permissões, 294
UARTs (Universal Asynchronous Receiver Transmitters), 18
ud, entrada, 23
udp, opção

em fstab, 312
em protocolos, 64
uid e UID, opção
  em dhcpd.leases, 267
  em IMAP, 359
  em inetd.conf, 64
  em passwd, 75
UID_MAX, opção, 75
UID_MIN, opção, 84
UIDL, comando, 356
UIDs (user IDs)
  diretiva User para, 191
  mapeamento, 302-304
  para arquivos, 292
  para NFS, 77
umask, opção, 399
umount, comando, 308
uname, comando, 175
undefined, macro, 525
Universal Asynchronous Receiver Transmitters (UARTs), 18
Unix, filas de impressora, 334
UNKNOWN, opção
  em hosts.allow, 396-397
  em netstat, 457
unknown-clients, palavra-chave, 269
unmount, comando, 482
UNSUBSCRIBE, comando, 359
up e UP, opção e sinalização
  em lpc, 347
  para interface Ethernet, 440
update, opção
  em dbmmanage, 202-203
  em named.conf, 513
update-policy, opção, 108
Upgrade Existing System, opção, 479
—usage, opção, 284
USB, categoria de kernel de suporte, 435
Use, campo, 225
use_ct_file, característica, 536
use_cw_file, característica, 536
UseCanonicalName, diretiva, 185
use-host-decl-name, parâmetro, 277
use-id-pool, opção, 507
use-lease-addr-for-default-route, parâmetro, 270
UseLogin, valor, 420
USENET_MAILER_, parâmetros, 541
UsePrivilegedPort, opção, 425
user, atributo, 72
USER, comando, 356, 357
User, diretiva, 191
user e User, opção
  em hosts.allow, 400
  em mount, 307
  em passwd, 75

Índice 567

em script.cfg, 353
em smb.conf, 322
em ssh_config, 425
para filas, 340
useradd, comando, 79-82
USERCTL, declaração, 283
userdel, comando, 85
USERDEL_CMD, parâmetro, 84-85
UserDir, diretiva, 187
UserKnownHostsFile, opção, 425
UserKnownHostsFile2, opção, 425
usermod, comando, 80-81, 85, 411-413
UseRsh, opção, 424
usuário, contas de. *Veja* contas de usuário
usuários
em grupo, 79
permissões para, 292, 294
uucp, mailer, 545
UUCP_MAILER_, parâmetros, 541
UUCP_RELAY, macro, 542
uucpdomain, característica, 536-537
UUCPSMTP, macro, 525-526

V

v e V, opção
em chat, 54, 448
em dip, 448
em fdisk, 490
em lwresd, 102
valid users, parâmetro, 325
Validity, campo, 207-208
valor stub para tipo mestre, 106
version, opção, 506
VERSIONID, macro, 168, 525
vfat, tipo de sistema de arquivo, 310, 486
view, opção
em dbmmanage, 202-203

no arquivo named.conf, 105, 522
view-name, opção, 522
view-option, opção, 522
VirtualHost, diretiva, 194
VIRTUSER_DOMAIN, macro, 525
VIRTUSER_DOMAIN_FILE, macro, 525
virtuser_entire_domain, característica, 536
virtusertable, característica, 536-537
vtysh, ferramenta, 238-241

W

W e W, opção e sinalização
em fdisk, 490, 491-492
em procmail, 370
em smbclient, 328
w, permissão, 294
wait, ação, 22
wait, atributo, 72
Wait-status, campo, 67
warn, entrada
em sombra, 410
para LogLevel, 212-213
watch thread, ação, 378
who, comando, 426
—win-client-id, opção, 284
Windows Internet Name Service (WINS), 317
Windows, filas de impressão, 335
Windows, partições, 480
WINS (Windows Internet Name Service), 317
wins proxy, opção, 317
wins server, opção, 317
wins support, opção, 317
workgroup, opção
em script.cfg, 354
em smb.conf, 322-323
para filas, 340

wrapper, regras, 401
wrapper, variáveis para shell, 398
writable, parâmetro, 325, 351
write file, comando, 241
write terminal, comando, 240
wsize, opção, 312
wu-ftpd, arquivo, 70-73
WU-FTPD, serviço, 87-88
www-server, opção, 275

X

x e X, opção
em dig, 466
em fdisk, 490
para cadeias, 405
X Windows, 499-500
X, ferramentas, 55-57
x, permissão, 294
X11Authentication, valor, 420
X11DisplayOffset, valor, 420
X11Forwarding, valor, 420
XAuthLocation, opção, 424
xconfig, comando, 430-432
XConfigurator, programa, 500-501
x-display-manager, opção, 275
xfer-in, opção, 513
xfer-out, opção, 513
xinet, script, 26-27
xinetd, script, 62-63
xinetd.conf, arquivo, 68-73, 401-404
xtab, arquivo, 304-305

Z

Z Shell, 77
Z, opção para cadeias, 405
Zebra, pacote, 234-235
zebra.conf, arquivo, 236-244
zones e arquivos zone, 103
zone-statement, opção, 522
zone-statistics, opção, 511

ANOTAÇÕES

Impressão e acabamento
Gráfica da Editora Ciência Moderna Ltda.
Tel: (21) 2201-6662